国家社会科学基金项目结题成果（优秀成果，证书号：20110722）
中央高校基本科研业务费项目"海峡西岸经济区发展研究报告"之研究成果（项目号：2011231042）

海峡西岸和其他台商投资相对集中地区的经济发展

基于两岸经济整合的视角

THE ECONOMIC DEVELOPMENT ON THE WEST COAST OF THE STRAITS AND IN OTHER AREAS WHERE TAIWAN INVESTMENT IS CONCENTRATED: FROM THE PERSPECTIVE OF ECONOMIC INTEGRATION ACROSS THE STRAITS

戴淑庚 等◎著

图书在版编目(CIP)数据

海峡西岸和其他台商投资相对集中地区的经济发展:基于两岸经济整合的视角/戴淑庚等著. —北京:北京大学出版社,2012.4
ISBN 978-7-301-20171-8

Ⅰ.①海… Ⅱ.①戴… Ⅲ.①区域经济发展—研究—中国 Ⅳ.①F127

中国版本图书馆 CIP 数据核字(2012)第 019265 号

书　　　名:	海峡西岸和其他台商投资相对集中地区的经济发展——基于两岸经济整合的视角
著作责任者:	戴淑庚　等著
责 任 编 辑:	贾米娜
标 准 书 号:	ISBN 978-7-301-20171-8/F·3041
出 版 发 行:	北京大学出版社
地　　　址:	北京市海淀区成府路205号　100871
网　　　址:	http://www.pup.cn
电　　　话:	邮购部 62752015　发行部 62750672　编辑部 62752926
	出版部 62754962
电 子 邮 箱:	em@pup.cn
印　刷　者:	北京鑫海金澳胶印有限公司
经 销 者:	新华书店
	730毫米×1020毫米　16开本　27.75印张　467千字
	2012年4月第1版　2012年4月第1次印刷
定　　　价:	59.00元

未经许可,不得以任何方式复制或抄袭本书之部分或全部内容。
版权所有,侵权必究
举报电话:010-62752024　电子邮箱:fd@pup.pku.edu.cn

序　言

2005年10月,中国共产党第十六届中央委员会第五次全体会议通过了《中共中央关于制定国民经济和社会发展第十一个五年规划的建议》,在其中提出了"支持海峡西岸和其他台商投资相对集中地区的经济发展,促进两岸经济技术交流和合作"的问题。2009年5月,国务院颁布了《关于支持福建省加快建设海峡西岸经济区的若干意见》,从而海峡西岸经济区(以下简称"海西区")发展战略从地方发展战略上升为国家发展战略,"海西区"与其他台商投资相对集中地区的"珠三角"、"长三角"、"环渤海"等经济区一道成为我国沿海经济带的重要组成部分。这一战略举措凸显了"海西区"在全国发展大局中的战略地位,以及在促进祖国统一大业中肩负的历史使命。

而2010年6月签署并于9月实施的《两岸经济合作框架协议》(ECFA)则意味着后金融危机时代两岸经济整合的进程加快了,是促进海峡西岸和其他台商投资相对集中地区与台湾经贸合作可持续发展及各区经济可持续发展的重大举措。

在上述国家发展和时代发展的"双重发展之需"的背景下,厦门大学经济学院戴淑庚教授领导其课题组对"海峡西岸和其他台商投资相对集中地区的经济发展"这个富有时代特色的重要课题进行了研究,不仅具有理论意义与现实意义,而且对于加强大陆台商投资相对集中地区与台湾的经贸交流与合作、增进两岸民众福祉、促进祖国统一大业具有重要的战略意义。

该书以区域竞争力—效应分析—绩效比较—经济整合—可持续发展这条主线将全书内容贯穿起来,将理论分析与实证分析有机结合,全面、系统而又深入地分析了"海峡西岸和其他台商投资相对集中地区的综合竞争力"、"大陆台商投资相对集中地区各区与台湾经贸合作的经济发展绩效"、"台湾与大陆台商投资相对集中地区的经济整合"、"后ECFA时期大陆台商投资相对集中地区与台湾经贸合作及各区经济的可持续发展"等问题。该书逻辑性强,体系完整,资料翔实,是国内第一本系统研究"海峡西岸和其他台商投资相对集中地区经济发展"的专著。

该书无论在内容或方法上都有很大程度的创新,如在内容创新方面:该书运用区域经济一体化理论探讨后ECFA时期台湾与大陆台商投资相对集中地区的经济整合尤其是台湾与大陆台商投资相对集中地区具体产业的整合问题,以及探讨后ECFA时期台湾与大陆台商投资相对集中地区各区经济的可持续发展问题;这些研究内容具有鲜明的时代特点和创新色彩。在方法创新方面:该书运用数量分析方法,同时建构了18个计量模型对相关问题进行实证研究,这大大增强了论证力度和结论的可信度。该书所应用的统计软件以及建构的模型之多在以往的同类研究中是不曾有的。

该书的主要特色和建树表现在:一是应用计量方法进行了大量的实证研究,二是提出了许多新颖的观点以及具有较强针对性、实用性、可操作性的对策建议。该书的学术价值主要体现在:一是丰富了区域经济整合(区域一体化)理论,二是丰富了区域经济研究方法。其应用价值主要体现在书中所提出的论点及对策建议上,诸如就提高大陆台商投资相对集中地区各区与台湾经贸合作对各区经济发展的绩效所提出的因应对策,就各区应根据自身竞争力的优劣势制定适合自身发展的区域发展战略、区域合作机制以促进各区经济的可持续发展所提出的对策建议等,对于理论界和决策部门具有重要的参考价值和指导作用。

该书实证研究得出的结论:"各地区与台湾的经贸合作对其经济发展的综合技术效率总体上并不高,其原因主要是由于规模效率偏低。另外,各区的经济发展绩效差异显著。Tobit回归模型显示人口素质、交通状况、科技水平等因素均显著地影响各区的经济发展绩效",可能会引起学术界的争鸣。

总之,该书内容丰富,资料翔实,且布局合理,层次分明,脉络清晰,文献评述中肯,研究方法先进、独到,许多方面的研究走在国内同类研究的前沿,其对策建议具有针对性和可操作性,行文流畅,是一本优秀的专著。倘若该书能对ECFA签订前后的两岸经贸交往状况进行详细比较,以及从实证角度探讨台湾与大陆台商投资相对集中地区的经济整合问题,则将更臻完善。我希望该书的出版能进一步推动对两岸经济合作的深入研究。

洪永淼

美国康奈尔大学 Ernest S. Liu 经济学与国际研究讲席教授
厦门大学经济学院与王亚南经济研究院"长江学者"讲座教授
2011年10月21日

前　言

本课题源自于2005年10月11日中国共产党第十六届中央委员会第五次全体会议通过的《中共中央关于制定国民经济和社会发展第十一个五年规划的建议》(以下简称《建议》),在《建议》的第44项中提出了"支持海峡西岸和其他台商投资相对集中地区的经济发展,促进两岸经济技术交流和合作"的问题。

2004年年初,福建省已经提出了建设海峡西岸经济区的构想;2005年1月24日,福建省第十届人民代表大会第三次会议通过了《关于促进海峡西岸经济区建设的决定》,海峡西岸经济区建设作为地方发展战略得以正式启动。2009年5月,国务院颁布了《关于支持福建省加快建设海峡西岸经济区的若干意见》,从而,海峡西岸经济区(以下简称"海西区")发展战略从地方发展战略上升为国家发展战略,"海西区"与其他台商投资相对集中地区的"珠三角"、"长三角"、"环渤海"等经济区一道成为我国沿海经济带的重要组成部分。这一战略举措凸显了"海西区"在全国发展大局中的战略地位,凸显了"海西区"在促进祖国统一大业中肩负的历史使命。因为,"海西区"的主体福建省与台湾地区地缘相近、血缘相亲、文缘相承、商缘相连、法缘相循,具有对台交往的独特优势。"海西区"只有充分发挥对台优势,寻求更大发展,才能在新一轮区域经济整合过程中力抗"边缘化",从而起到北承"长三角经济区"、南接"珠三角经济区"的作用,进而实现沿海经济一体化,促进祖国和平统一。

而2010年6月签署并于9月12日实施的《两岸经济合作框架协议》(ECFA)则标志着中国大陆参与区域经济整合的进程加快了。它既是后金融危机时代在区域经济一体化方面所做出的重大举措,也是为了促进海峡西岸和其他台商投资相对集中地区与台湾经贸合作可持续发展及各区经济可持续发展的重大举措。

正是在上述背景即国家发展之需和时代发展之需的背景下,对"海峡西岸和其他台商投资相对集中地区的经济发展"这个课题进行研究显得尤为重要和迫切。对这个富有时代特色的课题进行研究不仅具有理论意义、现实意义;而且对于加强大陆台商投资相对集中地区乃至整个大陆与台湾地区的经贸交流及合作、增进两岸民众福祉、促进祖国统一大业具有重要的战略意义。

另外,本书应用密切值法对海峡西岸和其他台商投资相对集中地区的竞争力进行比较;通过实证研究分析台商投资对台商投资相对集中地区的效应,以及大陆台商投资相对集中地区与台湾贸易所产生的效应,尤其是探讨大陆台商投资相对集中地区各区与台湾经贸合作的经济发展绩效并揭示其原因,据此提出相应的对策建议;探讨大陆台商投资相对集中地区各区乃至整个大陆与台湾的经济整合、经贸合作及各区的可持续发展问题并提出相应对策。这些对策措施具有重要的参考价值,能够为政府决策提供科学依据。尤其值得一提的是,本书最大的特色之一是进行了大量的实证研究,不仅具有方法论上的意义,而且增强了说服力。

基于以上认识,本书遵循从理论到实践、从一般到特殊的逻辑,通过区域竞争力—效应、经济发展绩效分析—经济整合—可持续发展这条主线将全书内容贯穿起来,从而形成有机的整体。本书内容共有六章,各章内容简述如下:

第一章是导论部分,主要阐述本课题国内外研究现状、选题意义和价值,主要研究内容和重点、难点,主要观点,创新之处,研究的基本思路和方法五个方面的内容。

第二章是本课题的理论基础。该章在系统梳理区域经济一体化理论(亦称为区域经济整合理论)的基础上,阐述了区域经济一体化的发展历程以及我国参与区域经济一体化的战略意义;随后介绍了"区域贸易分工理论"、"区域空间组织理论"等。全书主要应用上述理论尤其是区域经济一体化理论对本课题进行深入探讨。

第三章是海峡西岸和其他台商投资相对集中地区的综合竞争力比较。该章采用经济学上的 CR_4 指数、CR_8 指数、赫尔芬达尔－赫希曼指数(HHI 指数)界定台商投资相对集中地区的内涵和范围;应用资金密度指标计算了八大台商投资区台商投资项目的资金密度情况,比较台资企业投资规模和企业性质;应用 Moran's I 指数对大陆台商投资的空间关联性问题进行测度,并通过建立一般空间自回归模型探讨其原因;而后应用密切值法对海峡西岸和其他台商投资相对集中地区的竞争力进行比较。

第四章是大陆台商投资相对集中地区各区与台湾经贸合作的经济发展绩效比较。该章首先对两岸经贸合作的态势进行考察,同时对各台商投资相对集中地区与台湾经贸合作发展现状进行比较;然后运用面板数据模型对台商投资相对集中地区的台商投资与两岸贸易所产生的效应进行分析;接着通过建立一般空间自回归模型对 GDP 影响台商投资区位流向的作用方向和方式做实证研究;最后应用 DEA－Tobit 相关模型比较大陆台商投资相对集中地区各区与台湾经贸合作的经济发展绩效并揭示其原因,据此提出相应的对策建议。

第五章是后 ECFA 时期台湾与海峡西岸和其他台商投资相对集中地区的

经济整合。该章第一节从两岸这个大的视角阐述两岸实行经济整合的必要性、可行性、整合的进程;而后聚焦到台湾与海峡西岸和其他台商投资相对集中地区经济整合这个主题上来,在论述经济整合的现状、经济整合面临的困境之后,提出了后 ECFA 时期经济整合的模式和路径选择。第二节则阐述台湾与大陆台商投资相对集中地区的产业分工。也就是说,第一、第二节是从理论的高度以及综合的角度、宏观的视野阐述经济整合、产业分工问题。而余下的五节则是从微观的角度就台商投资相对集中地区各区与台湾的农业、制造业、高科技产业、服务业、金融业等具体产业的整合展开论述;在比较各自产业优劣势、分析整合的现状及存在问题的基础上,提出整合的对策。

第六章是后 ECFA 时期台商投资相对集中地区各区与台湾的经贸合作及各区经济的可持续发展。该章是在前面各章节之后的进一步升华。该章论述后 ECFA 时期,台商投资相对集中地区即"海西区"、"环渤海"、"长三角"、"珠三角"与台湾的经贸合作,并以此促进各区经济的可持续发展问题。在对各区与台湾经济发展状况进行比较,并分析各区与台湾经贸合作面临的挑战与机遇之后,提出促进各区与台湾经贸合作可持续发展及各区经济可持续发展的对策。随后,对大陆台商投资相对集中地区乃至整个大陆与台湾的经贸合作的发展趋势进行预测。

本书的主要结论如下:

第一,大陆台商投资相对集中地区是一个动态变化的概念,不同时期其地域范围是不断变化的。目前台商投资相对集中地区主要包括福建、广东、上海、江苏、浙江、北京、天津、山东八个省市,从经济区来说,台商投资相对集中地区主要包括"海西区"、"珠三角"、"长三角"、"环渤海"四大经济区。台商在大陆投资表现为在地理空间上的聚集特征,其影响因素主要有市场容量、劳动力成本、基础设施和沿海内陆差异等。据此,应当采取的主要政策措施是,构建"泛长三角经济区"、"泛珠三角经济区"、"泛环渤海地区"和"泛海峡西岸经济区"等,拓宽经济区的空间范围,有利于发挥台商投资的空间聚集效应,从而最大限度地吸引台商投资。

第二,区域竞争力是一个地区不断增强自身软、硬条件以促使该地区可持续发展的能力。各台商投资相对集中地区的区域竞争力依序为沪、京、苏、粤、浙、津、鲁、闽;而综合评价的结果是:"长三角"、"环渤海"、"珠三角"具有综合竞争力优势,"海西区"是仅次于以上三个地区最具竞争力的地方。鉴于各区的竞争力存在较大差别,各区应根据自身优势与台湾的相关产业进行合作。

第三,两岸经贸合作始于 20 世纪 70 年代末,经过两岸同胞三十多年的共同努力,两岸经贸合作发展迅速。从地域分布来看,两岸经贸合作主要集中在海峡西岸(主体部分为闽)和其他台商投资相对集中地区(苏、粤、沪、浙、津、鲁、京)。本课题的实证研究表明:(1)台商大陆投资对台商投资相对集中地区的经济增长、就业、进出口贸易、三大产业具有显著的正向影响。(2)大陆台商投资相对集中地区与台湾贸易对其经济增长具有明显的促进作用,但自台进口贸易的促进效应却明显小于对台出口贸易的促进效应。(3)大陆台商投资相对集中地区的对台出口对其就业具有促进效应,自台进口对就业存在挤出效应,而且自台进口的挤出效应大于对台出口的促进效应,究其原因主要是由于长期以来大陆对台贸易逆差所致。(4)大陆台商投资相对集中地区的经济增长会带动就业增长,而且经济增长的就业效应明显大于对台出口的就业效应。此外,大陆台商投资相对集中地区存在一定程度的资本替代劳动的现象。

因此,后 ECFA 时代,一方面,要以 ECFA 的签署为契机化解影响台商投资的不利因素,加大对台招商引资力度;另一方面,必须扩大大陆台商投资相对集中地区与台湾的进出口贸易,扩大对台出口,尤其要注重贸易质与量的提高,扩大高新技术产品贸易,进一步提高高新技术产品在两岸贸易产品中所占的份额,使贸易额实现量和质的大飞跃,改变当前大陆对台贸易逆差状况,做大做强对台贸易。

第四,应用 DEA－Tobit 相关模型对大陆台商投资相对集中地区各省市与台湾经贸合作的经济发展绩效及其成因进行探讨。结果表明,各地区与台湾的经贸合作对其经济发展的综合技术效率总体上并不高,其原因主要是由于规模效率偏低。另外,各区的经济发展绩效差异显著。Tobit 回归模型显示人口素质、交通状况、科技水平等因素均显著地影响各区的经济发展绩效。

为提高各地区的绩效,宜采取以下措施:一是对于台资劳动密集型产业集中的闽、粤、苏等地区,各地政府应积极引导台商投资产业的转型升级,同时鼓励那些在福建东南沿海、"珠三角"等地区已处于劣势但在大陆中西部仍具比较优势的台资传统制造业转移至中西部地区以获得新的发展;另外,福建在上述各地区中交通便捷程度比较差,因此应当抓住"海西区"建设的契机,加快交通等基础设施的建设,不断改善台商投资环境,促使台商投资再上新台阶。二是对于沪、京、津等经济比较发达、科技力量雄厚的地区,各地政府应积极引导台湾高新技术产业到上述地区投资,促进台资企业规模效率的提高和改善。三是对于大陆第二大人口大省——山东而言,尤其要注重对台资劳动密集型产业的引进。而对浙江而言,更多的是加大对资本密集型和技术密集型台资企业的引进。四是各地对台商投资要从过去只重视引资数量转向重视投资质量的轨道上来,强化资源的合理利用与生态环境的有效保护,促使那些"能耗高、污染大"的台资企业向"高能效、低能耗和低碳排放"的模式转型,走可持续发展之路。五是应当牢牢抓住 ECFA 签订后所带来的"陆资赴台、扩大对台出口"的机遇,不仅要加大引进台资的力度,而且要鼓励资金富足的粤、沪、京等地以及各地企业赴台投资,以此提升规模效率乃至整体绩效。

第五,2010 年 6 月 ECFA 的签署标志着两岸经济整合由功能性整合进入制度性整合时期,标志着两岸经济关系进入了一个新阶段。因此,台湾与海峡西岸和其他台商投资相对集中地区的经济整合进程更快了。不过,应当清醒地认识到,从区域整合理论来看,ECFA 属于特惠贸易协定的性质,也是经济整合的最低级阶段;两岸的经济整合向自由贸易区、关税同盟、共同市场等目标迈进还有一段较长的路要走。在后 ECFA 时期,两岸将继续就 ECFA 的具体内容进行磋商并签署相关协议,经过十年左右时间的努力,两岸经济整合将达到一个较高的程度,两岸自由贸易区将基本建成。

第六,ECFA 的签订意味着两岸的经济合作享有比 WTO 更多的优惠,两岸间的贸易、投资更加自由,两岸间的经济合作更趋紧密。从长远来看,这对于两岸经济合作乃至经济发展具有促进作用;不过,目前两岸经济发展所处阶段不同,发展程度有差距,随着两岸贸易壁垒的逐步剔除,大陆竞争力弱的产业即处于劣势的产业将受到严峻的挑战。换言之,台商投资相对集中地区各区与台湾的经贸合作面临着新的机遇与挑战,各区应根据自身竞争力的优劣势制定适合自身发展的区域发展战略、区域合作机制以促进各区经济的可持续发展。

就"海西区"而言,要在"先行先试"的优惠政策下,大胆进行制度创新,将"海西区"建成"对台经贸特区";要始终抓住两地产业合作的主轴,以台湾产业促进"海四区"产业的转型升级;"海西区"产业要走新型发展模式即农业要走"产业化"的发展模式,工业要走"集群化、高新技术化、低碳化"的发展模式,服务业要走"高端化"、"特色化"的发展模式。更重要的是,"海西区"的发展和繁荣是发挥对台优势、促进祖国和平统一的重要基础。"海西区"只有加快发展,才能在新一轮区域经济整合过程中融入沿海经济带,才能肩负起促进祖国统一大业的历史使命。

就"珠三角"而言,"珠三角"应与台湾资本、技术密集型产业展开全面合作,进一步提升制造业竞争力;应积极吸引台资金融机构在"珠三角"合理布局,鼓励台资参与到广州、深圳市区域金融中心的建设当中,力争设立"海峡两岸金融合作试验区"和"海峡两岸金融高新技术服务区",推动粤台贸易采用人民币结算,利用深圳证券交易平台为台资高新技术产业提供融资途径,打造"海峡两岸现代服务业集聚区"。

就"长三角"而言,应加快与台湾制造业、服务业尤其是金融业、文化创意产业的整合,努力将自己打造成全球先进的制造业中心、国际金融中心、现代服务业中心、文化创意产业中心。

就"环渤海"而言,应充分发挥重化工业基础雄厚、人才资源丰富的优势,加快与台湾电子信息产业的整合,促进产业转型升级;应加强与台湾节能环保产业的合作,充分利用台湾在环境保护、生态建设等方面的先进技术和成功经验,发展绿色经济,实现经济的可持续发展,努力将"环渤海"打造成中国经济增长的"第三极"。

第七,通过线性回归预测方法所做的趋势预测表明,后 ECFA 时期,大陆台商投资相对集中地区乃至整个大陆与台湾的经贸合作将出现以下六大趋势:一是两岸经贸合作的规模与地位继续上升;二是台湾对大陆出口的工业和农业商品技术含量不断增加,大陆向台湾出口商品中台资企业回销商品增加,并且以劳动密集型商品为主;三是台商投资动机从主要考虑生产成本因素转变为考虑潜在的消费市场;四是台商投资以大企业为主导,且出现台资企业本土化趋势;五是台商投资大陆的区位选择为:"长三角"及"珠三角"依然是台商首选之地,"环渤海"和东北地区的经济发展战略将吸引台资北上,台资西进的步伐不断加快;六是台商在大陆投资的产业选择为:高科技产业成为台商投资的重点产业,服务业投资将成为台商投资的新亮点。

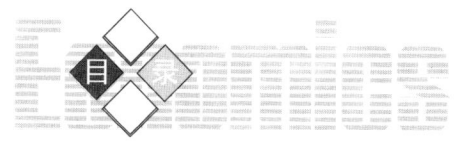

第一章	导　论	/1
第二章	相关理论基础	/11
第一节	区域经济一体化理论	/11
第二节	区域贸易分工理论	/37
第三节	区域空间组织理论	/46
第三章	大陆台资集中区的综合竞争力比较	/52
第一节	大陆台资集中区的内涵和范围界定	/52
第二节	大陆台资集中区的竞争力比较	/73
第四章	两岸经贸合作对大陆台资集中区经济发展的绩效	/93
第一节	两岸经贸合作的态势	/93
第二节	大陆台资集中区各区与台湾经贸合作现状比较	/114
第三节	大陆台资集中区的台商投资效应分析	/157
第四节	大陆台资集中区的两岸贸易效应分析	/173
第五节	大陆台资集中区GDP对台商投资的影响与"海西区"台资企业的绩效分析	/183
第六节	大陆台资集中区各区与台湾经贸合作的经济发展绩效比较	/195
第五章	后ECFA时期台湾与大陆台资集中区的经济整合	/211
第一节	台湾与大陆台资集中区的经济整合分析	/211
第二节	台湾与大陆台资集中区的产业分工	/233
第三节	后ECFA时期台湾与大陆台资集中区的农业整合	/243
第四节	后ECFA时期台湾与大陆台资集中区的制造业整合	/261
第五节	后ECFA时期台湾与大陆台资集中区的高科技产业整合	/284
第六节	后ECFA时期台湾与大陆台资集中区的服务业整合	/302
第七节	后ECFA时期台湾与大陆台资集中区的金融整合	/317

第六章 后ECFA时期大陆台资集中区与台湾经贸合作及各区经济的
　　　　可持续发展　　　　　　　　　　　　　　　　　　　　　　／328
　　第一节　后ECFA时期"海西区"与台经贸合作及"海西区"经济的
　　　　　　可持续发展　　　　　　　　　　　　　　　　　　　　／328
　　第二节　后ECFA时期粤台经贸合作与"珠三角"经济的可持续发展　／354
　　第三节　后ECFA时期"长三角"与台经贸合作及"长三角"经济的
　　　　　　可持续发展　　　　　　　　　　　　　　　　　　　　／377
　　第四节　后ECFA时期"环渤海"与台经贸合作及"环渤海"经济的
　　　　　　可持续发展　　　　　　　　　　　　　　　　　　　　／398
　　第五节　后ECFA时期两岸经贸合作及台商在大陆投资趋势预测　　／412
参考文献　　　　　　　　　　　　　　　　　　　　　　　　　　　　／421
后　记　　　　　　　　　　　　　　　　　　　　　　　　　　　　　／431

第一章 导 论

一、国内外研究现状述评,选题意义和价值

(一) 相关课题国内外研究现状述评

从检索的文献来看,相关课题还处在讨论、论证过程中,尚未对此课题进行系统、深入的研究。国外学者(Leonard K. Cheng & Yum K. Kwan, 2000; Canfei He, 2003)和我国台湾学者(陈建勋, 1994)等人主要从实用的角度侧重研究外商投资中国的区位选择,而对相关课题几无研究。我国大陆学者分别就海峡西岸(以福建为主体)、其他台商投资相对集中地区(如长江三角洲地区、珠江三角洲地区、环渤海地区等)的经济发展进行研究的已有不少成果。就前项的研究而言,可追溯至1998年,当时福建省委统战部组织了党内外专家就"福建建设海峡西岸繁荣带若干战略问题研究"这个课题进行了论证;此后,有许多学者,如严正、张志南、李闽榕、王勤、黄家骅、伍长南、林其屏、林卿、丛澜、林世渊等人,从不同的角度阐述了海峡西岸的经济发展。就后项的研究而言,关于各区域的经济发展有相当多的论述,但从台商投资、两岸经济技术交流与合作的角度探讨台商投资集中地区的经济发展的则相对较少。从此角度进行研究的学者有殷存毅、曹小衡、冯邦彦、陈恩,以及其他后起之秀。

从研究成果来看,除了上述所说的缺乏系统、深入的研究之外,还存在以下不足:一是尚未建立一套科学、合理的指标体系来衡量台商投资集中地区的经济发展水平和投资环境状况。二是大部分研究没有结合现今主流的区域经济学、产业经济学和城市经济学理论解释各地区的区际差异,很多停留在现象描述上,缺乏理论探讨。三是从台商投资、两岸经济技术交流与合作的角度探讨其对台商投资集中地区经济发展促进机制的研究还很欠缺。四是从计量的角度研究相关课题的相当欠缺。

(二) 选题意义和价值

本课题源自于2005年10月11日中国共产党第十六届中央委员会第五次全体会议通过的《中共中央关于制定国民经济和社会发展第十一个五年规划的建议》(以下简称《建议》),在《建议》的第44项中提出了"支持海峡西岸和其他台商投资相对集中地区的经济发展,促进两岸经济技术交流和合作"的问题。

2004年年初,福建省委、省政府提出了建设海峡西岸经济区的构想;2005年1

月24日,福建省第十届人民代表大会第三次会议通过了《关于促进海峡西岸经济区建设的决定》,海峡西岸经济区建设正式启动。2009年5月,国务院颁布了《关于支持福建省加快建设海峡西岸经济区的若干意见》,从而,海峡西岸经济区(以下简称"海西区")发展战略从地方发展战略上升为国家发展战略,"海西区"与其他台商投资相对集中地区的"珠三角"、"长三角"、"环渤海"等经济区一道成为我国沿海经济带的重要组成部分。这一战略举措凸显了"海西区"在全国发展大局中的战略地位,凸显了"海西区"在促进祖国统一大业中肩负的历史使命。因为,"海西区"的主体福建省与台湾地区地缘相近、血缘相亲、文缘相承、商缘相连、法缘相循,具有对台交往的独特优势。"海西区"只有充分发挥对台优势,寻求更大发展,才能在新一轮区域经济整合过程中力抗"边缘化",从而起到北承"长三角经济区"、南接"珠三角经济区"的作用,进而实现沿海经济一体化,促进祖国和平统一。

而2010年6月签署的《两岸经济合作框架协议》(ECFA)则标志着中国大陆参与区域经济整合的进程加快了;是后金融危机时代在区域经济一体化方面所做出的重大举措;也是为了促进海峡西岸和其他台商投资相对集中地区与台湾经贸合作可持续发展及各区经济可持续发展的重大举措。

正是在上述背景即国家发展之需和时代发展之需的背景下,对"海峡西岸和其他台商投资相对集中地区的经济发展"这个课题进行研究显得尤为重要和迫切。对这个富有时代特色的课题进行研究不仅具有理论意义、现实意义;而且对于加强海峡西岸和其他台商投资相对集中地区(为行文简便,下文将"海峡西岸和其他台商投资相对集中地区"统称为"大陆台资集中区")乃至两岸与台湾的经贸交流与合作、增进两岸民众福祉、促进祖国统一大业具有重要的战略意义。

另外,本书应用密切值法对大陆台资集中区的竞争力进行比较;通过实证研究分析台商投资对大陆台资集中区的效应以及大陆台资集中区与台湾贸易所产生的效应,尤其是探讨大陆台资集中区各区与台湾经贸合作的经济发展绩效并揭示其原因,据此提出相应的对策建议;探讨大陆台资集中区各区乃至整个大陆与台湾的经济整合、经贸合作及各区的可持续发展问题并提出相应对策。这些对策措施具有重要的参考价值,能够为政府决策提供科学依据。尤其值得一提的是,本课题最大的特色之一是进行了大量的实证研究,不仅具有方法论上的意义,而且增强了说服力。

二、本书研究的主要内容和重点难点

(一)本书研究的主要内容

(1)采用经济学上的 CR_4 指数、CR_8 指数、赫尔芬达尔-赫希曼指数(HHI

指数)对台商投资相对集中地区的地域范围进行界定。应用资金密度指标计算大陆台资集中区各区之台商投资项目的资金密度情况,比较大陆台资集中区各区的台资企业投资规模和企业性质。应用全局 Moran's I 指数、局部 Moran's I 指数对大陆台商投资区位的空间关联性问题进行测度,并通过建立一般空间自回归模型探讨其影响因素。

(2)建立区域竞争力评价指标体系,应用密切值法探讨大陆台资集中区的竞争力,以揭示各区的优劣势,于此基础上,提出提升各自竞争力的对策,力求在与台湾经贸合作中再创新的辉煌。

(3)通过建立一般空间自回归模型对 GDP 影响台商投资区位流向的作用方向和方式进行实证研究。

(4)探讨两岸经贸合作的态势,同时对大陆台资集中区各区与台湾经贸合作发展现状进行比较。然后,运用面板数据模型分析大陆台资集中区的台商投资与两岸贸易所产生的效应;接着应用数据包络分析法(DEA),探讨"海西区"之福建省制造业台商投资的投入产出绩效差异及其原因,并据此提出针对性的措施以引导台商在"海西区"进行新一轮投资;应用该方法对大陆台资集中区各区与台湾经贸合作的经济发展绩效进行比较并应用 Tobit 回归模型揭示其原因,在此基础上,提出相应的对策建议。

(5)2010 年 6 月 29 日,《两岸经济合作框架协议》(ECFA)的签订意味着两岸的经济整合由功能性整合进入了制度性整合时期;因此,台湾与大陆台资集中区的经济整合进程更快了。在阐述两岸经济整合必要性、可行性的基础上,分析了两岸经济整合的进程、现状及所面临的困境;进而探讨台湾与大陆台资集中区经济整合的模式、路径选择。在分析台湾与大陆台资集中区的产业分工的基础上,分别比较各自的农业、制造业、科技产业、服务业、金融业等产业的优劣势,阐述其整合的现状,而后提出整合对策。

(6)ECFA 的签订意味着两岸的经济合作享有比 WTO 更多的优惠,两岸间的贸易、投资更加自由,两岸间的经济合作更趋紧密。从长远来看,这对于两岸经济合作乃至经济发展具有促进作用;不过,目前由于两岸经济发展所处阶段不同,发展程度有差距,随着两岸贸易壁垒的逐步剔除,大陆竞争力弱的产业即处于劣势的产业将受到严峻的挑战。换言之,大陆与台湾经贸合作面临着新的机遇与挑战。因此,后 ECFA 时期,大陆台资集中区如何与台湾进行经贸合作,并以此促进大陆台资集中区各区经济的可持续发展,确实是值得研究的课题。为此,基于对台湾与"海西区"、"珠三角"、"长三角"、"环渤海"各区之经济发展状况的比较,阐述台湾与上述各区的经贸合作现状与特征,接着分析后 ECFA

时期大陆台资集中区各区与台湾经贸合作面临的机遇与挑战,进而就大陆台资集中区各区提出针对性的对策以促进各区经济的可持续发展。

(7)后ECFA时代,两岸经贸交流与合作必将迎来新一轮的辉煌。应用线性回归预测方法对台商投资与两岸贸易规模进行预测,然后对两岸贸易商品结构、台商投资空间分布以及产业结构的发展趋势分别进行预测。

(二)本书研究的重点、难点

(1)本书研究的重点有四个方面:一是运用经济学理论,建立区域竞争力评价指标体系,应用密切值法探讨大陆台资集中区的竞争力,以揭示各区的优劣势,进而提出提升各自竞争力的对策。二是运用面板数据模型分析大陆台资集中区的台商投资与两岸贸易所产生的效应;应用数据包络分析法(DEA)对大陆台资集中区各区与台湾经贸合作的经济发展绩效进行比较并揭示其原因,提出提高各区绩效的对策建议。三是探讨后ECFA时期台湾与大陆台资集中区经济整合的模式、路径选择。四是在对台湾与"海西区"、"珠三角"、"长三角"、"环渤海"各区之经济发展状况比较以及阐述台湾与上述各区的经贸合作现状与特征的基础上,分析后ECFA时期大陆台资集中区各区与台湾经贸合作面临的机遇与挑战、可持续发展的对策;更进一步地,就是要以ECFA的签署为契机,促进两岸经贸交流与合作永续发展,促进两岸关系向前迈进,并最终推进祖国统一进程。

(2)本书研究的难点有五个方面:①区域竞争力评价指标体系的构建;②一般空间自回归模型的构建;③大陆台资集中区各区与台湾经贸合作的经济发展绩效分析方法的选择以及Tobit回归模型的构建;④台商在大陆投资及两岸经贸合作的趋势预测模型;⑤最艰难之处是数据的收集,本课题研究所跨越的时空大,时间上从1978—2010年,时间跨度达33年,而进行实证研究的数据则是从1991—2009年,空间上是从南部的"珠三角"到北部的"环渤海",涵盖"珠三角"、"海西区"、"长三角"、"环渤海"四大经济区共计八大省市,需要到这些地区进行实地调研和收集大量资料并进行大量数据处理。

三、本书的主要观点

第一,大陆台资集中区是一个动态变化的概念,不同时期其地域范围是不断变化的。目前大陆台资集中区主要包括福建、广东、上海、江苏、浙江、北京、天津、山东八个省市,从经济区来说,台商投资相对集中地区主要包括"海西区"、"珠三角"、"长三角"、"环渤海"四大经济区。台商在大陆投资表现为在地理空间上的聚集特征,其影响因素主要有市场容量、劳动力成本、基础设施和沿海内陆差异等。因此,保持区域经济的持续增长是吸引台商投资大陆的关键;通过适当的政策引导台资企业从劳动密集型向资金、技术密集型转变,不仅可以减弱因大陆劳动力成本上升对投资的负面影响,而且可以促进人力资本的积累和使用;不断完善基础设施建设是改善投资环境、吸引台资的重要途径;构建"泛长三角经济区"、"泛珠三角经济区"、"泛环渤海地区"和"泛海峡西岸经济区"等,拓宽经济区空间范围,有利于发挥台商投资的空间聚集效应,从而最大限度地吸引台商投资。

第二,区域竞争力是一个地区不断增强自身软、硬条件以促使该地区可持续发展的能力。根据密切值法的计算,台商投资相对集中区的八个省市其区域竞争力依序为沪、京、苏、粤、浙、津、鲁、闽;而综合评价的结果是:长三角地区、环渤海地区、珠三角地区具有综合竞争力优势,海峡西岸是仅次于以上三个地区最具竞争力的地方。鉴于各区的竞争力存在较大差别,各区应根据自身优势与台湾的相关产业进行合作。

第三,两岸经贸合作始于20世纪70年代末,经过两岸同胞三十多年的共同努力,两岸经贸合作发展迅速。从地域分布来看,两岸经贸合作主要集中在海峡西岸(主体部分为福建省)和其他台商投资相对集中地区(苏、粤、沪、浙、津、鲁、京)。从各区与台湾贸易规模来看,虽然近几年上述各省市对台贸易增长有所放缓,但其绝对值还在不断扩大;2009年,受国际金融危机的影响,各省市与台湾的贸易额有所下滑,但其在各省市进出口贸易中的地位是相当重要的。至于台商赴大陆台资集中区方面,自1979年特别是1991年以来得到蓬勃发展;台商对上述地区投资的产业结构是:20世纪90年代以来,除台商未涉足天津的第一产业外,其他七个省市三大产业皆有台商投资,其中,台商在北京和上海主要以投资第二、第三产业为主,台商在其他六省市主要以投资第二产业为主,而第二产业主要集中在制造业。

第四,采用1991—2008年京、津、沪、苏、浙、闽、鲁、粤八个省市的相关数据,运用面板数据模型,就台商投资对大陆台资集中区的经济增长效应、就业效应、贸易效应以及产业结构效应进行探讨,表明台商投资对大陆台资集中区的经济增长、就业、进出口贸易、三大产业具有显著的正向影响。与此同时,就大陆台资集中区与台湾贸易的经济增长效应与就业效应进行考察,结果表明:①大陆台资集中区与台湾贸易对其经济增长具有明显的促进作用。虽然自台进口贸易额远大于对台出口贸易额,但其促进效应却明显小于对台出口贸易;②大陆台资集中区的对台出口对其就业具有促进效应,自台进口对就业存在挤出效应,而且自台进口的挤出效应大于对台出口的促进效应,究其原因主要是由于长期以来大陆对台贸易逆差所致;③大陆台资集中区的经济增长会带动就业增长,而且经济增长的就业效应明显大于对台出口的就业效应。此外,大陆台资集中区存在一定程度的资本替代劳动现象。

因此,后 ECFA 时期,一方面,要以 ECFA 的签署为契机化解影响台商投资的不利因素,加大对台招商引资力度。为此,我们建议:一是大陆台资集中区应加强与台湾高科技产业、服务业领域的合作,加大资本密集型和技术密集型台资企业的引进,引导现有台商劳动密集型企业转型升级。二是各地应积极改善投资软、硬环境,提升政府服务水平,加大对台招商引资力度,确保台商投资质与量的提升。三是进一步优化台资企业出口结构,扩大高新技术产品出口贸易,提高高新技术产品在台资企业出口产品中所占的份额,使台资企业出口贸易实现质和量的大飞跃。四是政府应积极出台相关政策措施鼓励台商在大陆直接投资上游生产所需原材料、零部件生产基地,同时加强对台湾整个产业链的招商引资力度,随着台商在大陆投资设立原材料、零部件等中间产品生产基地的增多,这些商品依赖于从台湾进口的状况会逐渐改变,从而改善大陆对台长期贸易逆差的局面。五是大陆台资集中区对台商投资要从过去只重视引资数量转向重视投资质量的轨道上来,强化资源的合理利用与生态环境的有效保护,促使那些"能耗高、污染大"的台资企业向"高能效、低能耗和低碳排放"的模式转型,走可持续发展之路。另外,各区在吸引台资方面表现为竞争大于合作,因此,应建立引资的协调机制,以使资本产生最大效益,避免恶性竞争。

另一方面,必须扩大大陆台资集中区与台湾的进出口贸易,扩大对台出口,尤其要注重贸易质与量的提高,扩大高新技术产品贸易,进一步提高高新技术产品在两岸贸易产品中所占的份额,使贸易额实现质和量的大飞跃,改变当前大陆对台贸易逆差状态,做大做强对台贸易。为此,宜采取如下措施:(1)大陆台资集中区应抓住 ECFA 签署的契机扩大两岸贸易规模,特别是要扩大 ECFA《货物贸易早期收获产品清单及降税安排》中台湾要对其实施降税的产品,即包括石化产品、机械产品、纺织产品及其他产品等四类共计 267 项原产于大陆的产品的对台出口,要在这些产品上下足工夫,扩大对台出口,以此扭转大陆对台贸易长期逆差的局面,使对台出口在促进大陆台资集中区的经济增长及带动就业中发挥更大的作用。(2)应当抓住 ECFA 签订后所带来"双向投资,陆资赴台"的机遇,鼓励大陆企业赴台投资,带动两岸贸易,尤其是对台出口贸易。(3)政府应积极出台相关政策措施鼓励台商在大陆直接投资上游生产所需原材料、零部件生产基地,从而减小大陆台资集中区自台进口的就业挤出效应。(4)应该按照生产要素禀赋特征和比较优势原理,对劳动密集型产业的发展仍然给予重视。

第五,应用 DEA－Tobit 相关模型对大陆台资集中区各省市与台湾经贸合作的经济发展绩效及其成因进行探讨。结果表明,各地区与台湾的经贸合作对其经济发展的综合技术效率总体上并不高,其原因主要是由于规模效率偏低。另外,各区的经济发展绩效差异显著。Tobit 回归模型显示人口素质、交通状况、科技水平等因素均显著地影响各区的经济发展绩效。为提高各地区的绩效,我们建议:一是对于台资劳动密集型产业集中的闽、粤、苏等地区,各地政府应积极引导台商投资产业的转型升级,同时鼓励那些在福建东南沿海、"珠三角"等地区已处于劣势但在大陆中西部仍具比较优势的台资传统制造业转移至中西部地区以获得新的发展;另外,福建在上述各地区中其交通便捷程度比较差,因此应当抓住"海西区"建设的契机,加快交通等基础设施的建设,不断改善台商投资环境,促使台商投资再上新台阶。二是对于沪、京、津等经济比较发达、科技力量雄厚的地区,各地政府应积极引导台湾高新技术产业到上述地区投资,促进台资企业规模效率的提高和改善。三是对于大陆第二大人口大省——山东而言,尤其要注重对台资劳动密集型产业的引进。而对浙江而言,更多的是加大对资本密集型和技术密集型台资企业的引进。四是统计数据表明,上述各地台资、各地与台湾的贸易额在各地的境外投资、贸易额中所占比重很小,为此,应当牢牢抓住 ECFA 签订后所带来的"陆资赴台、扩大对台出口"的机遇,不仅要加大引进台资的力度,而且要鼓励资金富足的粤、沪、京等地以及各地企业赴台投资,同时各地应当扩大对台出口,以此提升规模效率乃至整体绩效。五是从实证结果看,金融危机对绩效有负的影响,因此,要从东南亚金融危机、美国次贷危机中吸取教训,不断完善金融体质,促使金融业更好地为大陆经济发展服务。另外,值得一提的是规模效率小的一个很重要的原因是各地的各项产出项的增长比较缓慢,因此,各地区还得通过扩大内需等促进自身 GDP 等各项产出项的持续增长,从而提升各地经济发展绩效。

第六,2010 年 6 月 ECFA 的签署标志着两岸经济整合由功能性整合进入制度性整合时期,标志着两岸经济关系进入了一个新阶段。因此,台湾与大陆台资集中区的经济整合进程更快了。不过,应当清醒地认识到,从区域整合理论来看,ECFA 属于特惠贸易协定的性质,也是经济整合的最低级阶段;两岸的经济整合向自由贸易区、关税同盟、共同市场等目标迈进还有一段较长的路要走。在后 ECFA 时期,两岸将继续就 ECFA 的具体内容进行磋商并签署相关协议,经过十年左右时间的努力,两岸经济整合将达到一个较高的程度,两岸自由贸易区将基本建成。

第七,ECFA 的签订意味着两岸的经济合作享有比 WTO 更多的优惠,两岸间的贸易、投资更加自由,两岸间的经济合作更趋紧密。从长远来看,这对于两岸经济合作乃至经济发展具有促进作用;不过,目前两岸经济发展所处阶段不同,发展程度有差距,随着两岸贸易壁垒的逐步剔除,大陆竞争力弱的产业即处于劣势的产业将受到严峻的挑战。换言之,大陆台资集中区各区与台湾经贸合作面临新的机遇与挑战,各区应根据自身竞争力的优劣势制定适合自身发展的区域发展战略、区域合作机制以促进各区经济的可持续发展。

就"海西区"而言,要在"先行先试"的优惠政策下,大胆进行制度创新,将"海西区"建成"对台经贸特区";要始终抓住两地产业合作的主轴,以台湾产业促进"海西区"产业的转型升级。更重要的是,"海西区"的发展和繁荣是发挥对台优势、促进祖国和平统一的重要基础。"海西区"要充分发挥对台优势,寻求更大发展,才能在新一轮区域经济整合过程中力抗"边缘化",从而起到北承"长三角"、南接"珠三角"的作用,进而实现沿海经济一体化。

就"珠三角"而言,应与台湾资本、技术密集型产业展开全面合作,进一步提升制造业竞争力;应积极吸引台资金融机构在"珠三角"合理布局,鼓励台资参与到广州、深圳区域金融中心的建设当中,力争设立"海峡两岸金融合作试验区"和"海峡两岸金融高新技术服务区",推动粤台贸易采用人民币结算,利用深圳证券交易平台为台资高新技术创业提供融资途径,打造"海峡两岸现代服务业集聚区"。

就"长三角"而言,应加快与台湾制造业、服务业尤其是金融业、文化创意产业的整合,努力将自己打造成全球先进制造业中心、国际金融中心、现代服务业中心、文化创意产业中心。

就"环渤海"而言,应充分发挥重化工业基础雄厚、人才资源丰富的优势,加快与台湾电子信息产业的整合,促进产业转型升级;应加强与台湾的节能环保产业的合作,充分利用台湾在环境保护、生态建设等方面的先进技术和成功经验,发展绿色经济,实现经济的可持续发展,努力将"环渤海"打造成中国经济增长的"第三极"。

第八,在经济一体化和区域化的浪潮下,台商对大陆投资、两岸经贸交往更趋热络。其对台商投资集中地区经济发展的影响也将加深。通过线性回归预测方法所做的趋势预测表明,后ECFA时期,大陆台资集中区乃至整个大陆与台湾的经贸合作将出现以下六大趋势:一是两岸经贸合作的规模与地位继续上升;二是台湾对大陆出口的工业和农业商品技术含量不断上升,大陆向台湾出口商品中台资企业回销商品增加,并且以劳动密集型商品为主;三是台商投资动机从主要考虑生产成本因素转变为考虑潜在的消费市场;四是台商投资以大企业为主导,且出现台资企业本土化趋势;五是台商投资大陆的区位选择为:"长三角"及"珠三角"依然是台商首选之地,"环渤海"和东北地区的经济发展战略将吸引台资北上,台资西进的步伐不断加快;六是台商在大陆投资的产业选择为:高科技产业成为台商投资的重点产业,服务业投资将成为台商投资的新亮点。

四、本书的创新之处

1. 内容创新

本书重新界定了台商投资集中区域的范围,突破了以往主要以行政区划对某一区域的台商投资和综合经济状况进行研究的模式。运用区域经济一体化理论探讨后 ECFA 时期大陆台资集中区的经济整合尤其是台湾与大陆台资集中区具体产业的整合问题;从两岸经贸合作的视角,探讨后 ECFA 时期大陆台资集中区各区与台湾的经贸合作及各区经济的可持续发展,从而对所研究的内容赋予全新的时代特色。本书内容上的最大创新是实证研究部分。本书的第三、第四两章都是实证研究,尤其是第四章应用 DEA - Tobit 计量模型对大陆台资集中区各区与台湾经贸合作的经济发展绩效及其成因进行探讨。这是在以往的相关文献中所没有的,因而丰富了实证研究的内容。

2. 体系创新

本书运用三级指标体系,对所研究区域的综合竞争力做深入、全面的探讨。通过区域竞争力、台商投资对大陆台资集中区的效应以及大陆台资集中区与台湾贸易所产生的效应,尤其是大陆台资集中区各区与台湾经贸合作的经济发展绩效分析这条主线将全书内容贯穿起来,最后结笔于后 ECFA 时期大陆台资集中区各区与台湾经贸合作及各区经济的可持续发展,从而形成前后逻辑联系紧凑的体系。

3. 方法创新

本书最大的特色之一是方法上的创新。(1)应用经济学上的 CR_4 指数、CR_8 指数、赫尔芬达尔 - 赫希曼指数(HHI 指数)界定台商投资相对集中地区的地域范围。应用资金密度指标计算各台商投资相对集中地区之台商投资项目的资金密度情况。应用 Moran's I 指数测度大陆台商投资的空间关联性,而后通过建立一般空间自回归模型并应用 Matlab 7.0 软件探讨其影响因素。(2)采用数据包络分析法(Data Envelopment Analysis,DEA),应用 Efficiency Measurement System 软件(EMS 1.3.0)探讨"海西区"之福建省制造业台商投资的投入产出绩效差异及其原因。(3)通过建立面板数据模型并应用 EViews 6.0 软件分析台商投资对大陆台资集中区的效应以及大陆台资集中区与台湾贸易所产生的效应。(4)通过 DEA - Tobit 相关模型、应用 DEAP2.1 软件对大陆台资集中区各省市与台湾经贸合作的经济发展绩效及其成因进行探讨。总之,本书应用了四大软件,建构了 18 个模型对相关问题进行实证研究,所应用软件以及建构的模型之多在以往的相关文献中是不曾有的。

海峡西岸和其他台商投资相对集中地区的经济发展

五、研究的基本思路和方法

1. 本课题研究的基本思路

基于经济全球化和区域经济一体化的大背景,探讨后 ECFA 时期大陆台资集中区各区与台湾的经贸合作问题,并从两岸经贸合作的视角探讨大陆台资集中区的经济可持续发展问题。以区域竞争力—效应分析—绩效比较—经济整合—可持续发展这条主线将内容贯穿起来。循着这条主线,本课题研究的具体思路是:

在对台商投资相对集中地区的地域范围进行界定之后,探讨大陆台资集中区的竞争力,而后通过建立一般空间自回归模型揭示台商在大陆投资的空间聚集特征及其影响因素。

紧接着,则是在阐述两岸经贸合作的态势以及大陆台资集中区各区与台湾经贸合作现状、特点之后,探讨台商投资对大陆台资集中区的效应以及大陆台资集中区与台湾贸易所产生的效应,以及大陆台资集中区各区与台湾经贸合作的经济发展绩效及其成因,并提出相应的对策建议。

随后,从区域经济一体化的视角探讨台湾与大陆台资集中区的经济整合问题。之后,论述后 ECFA 时期大陆台资集中区与台湾经贸合作及各区经济的可持续发展。最后,对两岸经贸合作的发展趋势进行预测。

2. 本课题研究的基本方法

以马克思主义经济理论为指导,综合应用计量经济学、区域经济学、发展经济学、制度经济学、数理经济学、统计学等多学科的方法与理论,对大陆台资集中区各区与台湾的经贸合作及后 ECFA 时期大陆台资集中区各区经济的可持续发展进行综合、系统的研究。具体而言:采用数据包络分析法,应用 Matlab 7.0 软件、Efficiency Measurement System 软件(EMS 1.3.0)、EViews 6.0 软件、DEAP 2.1 软件,通过构建一般空间自回归模型、面板数据模型、Tobit 回归模型等计量方法研究台商投资对大陆台资集中区的效应、大陆台资集中区与台湾贸易所产生的效应,以及大陆台资集中区各区与台湾经贸合作的经济发展绩效及其成因,并对两岸经贸合作的发展趋势进行预测。尤其从"区域经济一体化理论"论述后 ECFA 时期台湾与大陆台资集中区各区的经济整合问题,以及大陆台资集中区与台湾经贸合作及各区经济的可持续发展问题。总之,采用理论分析与实证研究相结合、定性分析与定量分析相结合的研究方法探讨本课题。

第二章 相关理论基础

由于本书研究的是"海峡西岸和其他台商投资相对集中地区的经济发展",而立足点则是与海峡东岸台湾的经贸合作,因此,本书应用"区域经济一体化理论(亦称为区域经济整合理论)"、"区域贸易分工理论"、"区域空间组织理论"等来分析相关问题。

第一节 区域经济一体化理论

西方区域经济一体化理论形成于20世纪50年代,经过短短半个多世纪的发展,已经形成了比较完整的理论体系。

一、区域经济一体化的内涵及分类

(一)经济全球化、经济一体化、区域经济一体化

1. 经济全球化

经济全球化的概念是西方经济学家20世纪80年代末90年代初,对世界经济相互联系的范围日益广泛、相互依赖的程度日趋加深这一经济现象的概括,是指为增进国家利益,通过弱化国家经济边界,强化国际通行的市场规则和运行机制,依靠组织程度不断深化的宏观、微观经济组织机构,各国经济在市场经济的道路上全面开放,且相互依存、相互联系日益密切,进而趋于一体的过程。它表现为贸易服务全球化、金融自由化、生产国际化,技术、人才和劳务等各种生产要素在全球流动配置更全面、更自由;也表现为各世界经济组织、各区域经济组织、各国、各跨国公司之间的触角延伸范围的不断扩大,经济组织管理程度的不断深化。

2. 经济一体化

一体化(integration)一词最初是指企业的组合,被用于产业组织的研究,并从中衍生出垂直一体化和水平一体化两种企业归并的组合方式。而"经济一体化"一词始见于20世纪50年代初的西欧,当时还只是偶然出现在个别场合,直到西欧国家酝酿建立煤钢共同体后,人们才开始用经济一体化这个词来表示各

国之间在经济上结合成一个经济联合体的过程。① 那么,何谓经济一体化?迄今为止,并没有一个被普遍接受的定义,其中较有代表性的观点有:①20 世纪 50 年代,荷兰经济学家 J.丁伯根(J. Tinbergen)从生产要素流动性与政府机构之间的关系出发,把经济一体化分为"消极一体化"和"积极一体化",前者指取消各种歧视和管制制度,后者指建立新的自由化政策和制度;之后,约翰·平德(John Pinder)借用丁伯根的术语做了新的解释,"消极一体化"即取消差别,"积极一体化"即形成和运用协调的政策以实现经济和福利目标。②J.平德(J. Pinder)认为,经济一体化是指两个或两个以上的国家,不仅商品在它们之间自由流动,而且还允许各生产要素的自由流动,为此必须消除各国在这些方面存在的各种歧视,做出一定的政策协调。③匈牙利经济学家 B.巴拉萨(B. Balassa)在其著作《经济一体化理论》中将经济一体化定义为既是一个过程,又是一种状态,既强调了国家间取消经济歧视的动态性质,又强调了国家间差别待遇消失的静态性质。④彼得·罗布森(Peter Robson)认为"国际经济一体化是手段不是目的"。⑤P. H.林德特(P. H. Lindert)认为经济一体化是指国家间宏观经济政策的一体化和生产要素的自由移动,以及成员国之间的自由贸易,通过共同的商品市场、生产要素市场或是两者的结合,达到生产要素价格的均等。

综上所述,经济一体化的定义和实质可以归纳为:国家之间为了促进经济联合,共同调整经济政策和制度安排,消除产品和生产要素流通的障碍,实现经济利益和福利的最大化。它既是一个过程,又是一种状态。

从上述文字上看,经济全球化和经济一体化的区别在于:全球化表达的是在范围上的扩大,世界上绝大多数的国家和地区都被纳入世界经济的运行体系;一体化表达的是各国经济内在机制上的统一,世界各国经济关系高度的融合。同时,两者也存在内在的联系。经济全球化和一体化都是从增加国家间的经济联系、增进经济利益出发,从政策和制度上进行调整,以达到全球范围内的资源优化配置,使经济协调功能更加有效。全球化是一体化的外在形式、前提条件,一体化是全球化的内在机制,是全球化发展的趋势。所以,可以说两者间的关系是一种辩证统一的关系,所反映的是世界经济关系的不同层面的状态。

3. 区域经济一体化

对于区域经济一体化内涵的探讨,国内外的专家学者们有着不同的见解,但是尚未达成一致的看法。基于以上对于区域和经济一体化的各种见解,笔者将区域经济一体化(regional economical integration)的内涵界定为:两个或两个

---

① 陈岱孙.市场经济百科全书[M].中国大百科全书出版社,1998 年,第 9 页。

以上的国家或地区,为了维护既有并实现未来的经济和政治利益,基于一定的地域或经济关系,在区域分工和产业协作的基础上,通过签订契约或协定,逐步取消区域内的贸易和非贸易壁垒,促使商品、资本、劳动力等生产要素的自由流动,最终取消彼此间的经济边界,实现宏观经济政策的协调和统一,达成经济乃至政治统一的融合体。

(二)世界经济一体化和区域经济一体化

上文所指的经济一体化主要是世界经济的一体化,这一过程不可能是直线发展、一帆风顺的,其间充满了矛盾,各民族、各国家现实利益之间的不平衡决定了矛盾的复杂性。所以,在特定的区域,由于各国间地理上的毗邻、需求相似、经济发展水平接近等原因,国家间开展的经济一体化运动成为现实的选择,出现了区域经济一体化,以特定区域为突破口,率先尝试建立多边体制,在探索中发展,不断吸收包容其他国家,从而使世界经济一体化在时机成熟时得以顺利实现。区域经济一体化是追求世界经济一体化过程中的次优选择和阶段性准备,是一个关键性的阶段。

在现实世界中,区域经济一体化使得世界经济区域化,区域内商品和要素流动的障碍相对于区外得以降低,不同程度上还存在一定的地方保护主义,阻碍了区内、区外的资源合理配置,表面上是"分裂"而不是"整合",对世界经济一体化形成消极作用。但是,这只是世界经济一体化发展道路上必经的阶段,历史经验证明,期望"一步到位"直接通过全球多边谈判达成世界经济一体化是不现实的。随着区域经济一体化的深入,各区域集团加强内部联合和强化竞争力,有利于推动内部贸易和投资的增长,使成员国之间的经济更加紧密,国际分工更为合理,随着区域子系统的日趋完善,世界经济范围内将形成各个相对独立、完整、各级侧重的区域经济发展体系,这些数目有限的区域经济力量可能替代为数众多的主权国家,构筑国际经济的新框架,从而向着世界经济一体化的方向前进。典型的例子就是欧盟和亚太经合组织。

在研究世界经济一体化和区域经济一体化的问题时,有必要提出制度性一体化和功能一体化这两个不同的概念。制度性一体化是以一定的国际协定和组织形式为框架的一体化;而功能一体化则是指由经济活动本身的高度密切关系为基础而不依赖于协定或组织保证的若干国家经济整体性的增强。后者是前者的发展基础和准备,前者为后者提供了保障,进一步促进后者的发展。所以功能性一体化具有一体化的实质性意义,而制度性一体化是功能性一体化的阶段性标志,具有一体化的形态性意义,两者互为因果关系。[①] 经济一体化伴随

---

① 张幼文等.全球村落:一体化进程中的世界经济[M].上海学林出版社,1999年,第15、16页。

着经济生活国际化的发展,从低级阶段发展到高级阶段,从区域经济一体化至世界经济一体化,是一个非常漫长的历史过程。迄今为止的经济一体化,还都只是局部的有限的地域范围和有限的国家之间组成的经济一体化。因此,就本课题而言,我们重点分析区域经济一体化的相关理论,这对于大陆台资集中区的经济发展更具实际意义。

(三) 区域经济一体化的分类

首先,从空间角度来看,区域经济一体化至少有三种不同的形式,包括:国内区域一体化、国家区域一体化和国际区域一体化。形成该差异的根源在于区域经济一体化水平的不同[①],主要是由于城乡、产业和市场一体化的差异。具体来看,最初级的城乡经济一体化是以工业化为前提,逐步建立起对外部资源进行聚集和扩散的城市化与现代化体系,以克服二元结构所带来的弊端;产业一体化则是在企业分工和协作的基础上,通过发挥行业内各企业的比较优势,形成具备一定竞争力的产业结构和稳定的产业成长体系;而市场一体化是在区域内的各成员国间,通过区域互动和合作,消除贸易障碍,促使各生产要素的自由流动和资源的有效配置,提高成员国的经济效益。

其次,按照发展阶段来划分,可以把区域经济一体化分为:特惠贸易协定、自由贸易区、关税同盟、共同市场、经济同盟、完全经济一体化。可以说,这些区域经济一体化的形式体现了从低级向高级发展的过程,它们有着不同的鲜明特征(见表 2.1.1)。在世界各国的区域经济一体化的实践中,许多一体化组织都是从特惠贸易协定或自由贸易区起步,然后随着区域经济的发展和规模效应的形成,逐渐过渡到更高层次的一体化。实际上,这种分类也是从生产要素自由流动的程度以及区域间政策协调的程度来考虑的,生产要素在区域内流动性的增强,为区域内的国家或地区结成更加紧密的经济和政治伙伴关系奠定了基础。

最后,根据合作国家政府的态度,还可以把区域经济一体化分为两种类型,即消极的一体化和积极的一体化。前者是指合作国之间消除了一切贸易和非贸易壁垒,在一定区域内实现了自由贸易,如北美自由贸易区的建立;后者则指成员国为实现共同的经济目标而积极调整现有政策和手段,旨在建立新的规章制度和协调机构,以促进市场一体化的形成,欧盟的成立即是积极经济一体化的典型例子。

---

① 徐胜.浅议我国区域经济一体化发展战略[J].企业经济,2004 年第 1 期。

表 2.1.1　区域经济一体化的形式及其特征

特征＼形式	对内关税的优惠乃至取消	对外共同关税	生产要素的自由流动	经贸政策的统一	经济、政治及法律制度的全面统一
特惠贸易协定	优惠	否	否	否	否
自由贸易区	取消	否	否	否	否
关税同盟	取消	是	否	否	否
共同市场	取消	是	是	否	否
经济同盟	取消	是	是	是	否
完全经济一体化	取消	是	是	是	是

资料来源:张永安.区域经济一体化理论与实践[M].上海人民出版社,2010年,第34页。

二、区域经济一体化理论的演变与发展

区域经济一体化理论或区域经济整合理论形成于20世纪50年代,经过大半个世纪的不断发展和完善,形成了比较丰富而完整的体系。

（一）早期理论:一体化阶段相关理论

1. 自由贸易区理论

自由贸易区是经济一体化最基本的形式,它通过消除区内贸易壁垒来实现成员国之间的贸易自由化,是比关税同盟在一定程度上应用更为广泛的一体化形式。按照国际经济学的解释,自由贸易区是指两个或者两个以上的国家或行政上独立的经济体之间达成协议,相互取消关税和与关税具有同等效力的其他措施而形成的国际区域经济一体化组织。世界贸易组织对自由贸易区的解释为:由两个或两个以上的关税领土所组成的一个对这些组成领土产品的贸易实质上已取消关税和贸易限制的集团(关贸总协定其他条款规定者除外)。与关税同盟等其他国际区域经济一体化形式相比,自由贸易区有以下两个显著特征:(1)自由贸易区成员国在实行内部自由贸易的同时对外不实行统一的关税和贸易政策;(2)实行严格的原产地规则,只有原产于区域内或主要在区域内生产的产品才能进行自由贸易。

2. 关税同盟理论

关税同盟是经济一体化组织的基本形式,也是国际一体化进程的核心内容,主要研究对内取消关税和对外统一关税所引起的贸易变化。20世纪50年

代美国经济学家雅各布·维纳(Jacob Viner)在其代表性著作《关税同盟理论》中系统地提出了关税同盟理论,该理论一直在国际区域经济一体化理论中居于主导地位,也是较为完善的部分。在第二次世界大战之前,关税同盟可以给参与国带来经济利益的观点就已存在,这些早期的关税同盟理论认为:以比较利益为基础的自由贸易可扩大各国的经济利益,带来生产和消费的有益变化,关税同盟在区域内实行关税减免,从而趋向于自由贸易,这必然导致成员国的福利增加,而对于整个世界来讲,福利也是增加的。维纳认为,任何形式的区域经济一体化对于成员国和集团外国家都将产生一定的影响,这便是区域经济一体化的效应。于是维纳指出了这些早期关税同盟理论的不确定性,区分了"贸易创造"(trade creation)和"贸易转移"(trade diversion),认为关税同盟得益与否取决于二者的最终结果,从而将定量分析应用于关税同盟的经济效应研究,奠定了关税同盟理论的坚实基础。在研究贸易创造和贸易转移效应方面,维纳主要侧重于生产效应,而忽略了消费效应。继维纳之后,米德(Meade)、维纳克(Vanek)、科登(Corden)、瑞泽曼(Reitherman)等人在此基础上提出了三国三商品(3×3)模型,麦克米兰(Mcmillan)、麦克兰(Mclann)和劳埃德(Lloyd)进行了总结和归纳。关税同盟理论经过许多经济学家的补充,日益成为一种较为成熟的经济理论。

3. 共同市场理论

共同市场是指区内除了取消贸易壁垒外,还允许资本、劳动力等生产要素跨国界自由流动,与此同时,对非成员国实施共同的要素流动政策与规则的区域性一体化形式,不仅实现了产品市场的一体化,还实现了生产要素市场的一体化。

共同市场的概念早期出现在1956年斯巴克的报告中,但总的来讲,第二次世界大战后,"共同市场"一词已被广泛使用。共同市场理论主要是探讨在关税同盟的基础上消除生产要素自由流动的障碍以后成员国所获得的经济效应。当经济一体化演进到共同市场之后,区内不仅实现了贸易自由化,其要素也可以在区内自由流动,从而形成了一种超越国界的大市场。一方面,使生产在共同市场的范围内沿着生产可能线重新组合,从而提高了资源的配置效应。另一方面,区内生产量和贸易量的扩大使生产可能线向外扩张,促进了区内生产的增长和发展。

与关税同盟相比,共同市场最大的区别在于实现了全要素的自由流动。从目前理论分析来看,大多数研究是在产品市场一体化的基础上分析要素市场一体化带来的额外收益。最早对此进行分析的是米德(Meade,1953),他在完全传统的构架下分析了从要素流动中获得的利益以及原因。彼得·罗布森在其所著的《国际一体化经济学》中,通过一个一产品两国两要素模型分析了在关税同盟基础上附加一个资本自由流动可能带来的额外收益,分析结论是:资本从丰裕的国家流向稀缺的国家后,尽管不是所有的要素都增加收益,但结果产生了明确的效率收益,它使两国均从共同市场中获益。此外,西托夫斯基(Scitovsky,1958)和德纽(Deniau,1962)动态地分析了共同市场。他们研究发现,以前各国之间推行狭隘的只顾本国利益的贸易保护政策,把市场分得过于细小而缺乏弹性,因而只能提供狭窄的市场,无法实现规模经济和大批量生产的利益。共同市场的目的就是把那些被保护主义肢解得分散孤立的小市场统一起来,结成大市场,通过大市场内部的激烈竞争,实现大批量生产等的技术利益。

共同市场的目的就是消除贸易保护主义,把被保护主义分割的国内市场统一成为一个大市场,通过大市场内的激烈竞争,实现专业化、大批量生产等方面的利益。通过对共同市场理论的分析发展出了大市场理论,从动态角度来分析国际区域经济一体化所取得的经济效应,其代表人物是经济学家西托夫斯基和德纽。这一理论以共同市场为分析基础,主要论述了国际区域经济一体化的竞争效应。其核心思想是扩大市场是获取规模经济的前提条件,市场扩大带来的竞争加剧将促成规模经济利益的实现。西托夫斯基和德纽分别从"小市场"和"大市场"的角度分析了大市场理论的经济效应,西托夫斯基认为"小市场"的经济会出现"恶性循环",因此建立共同市场之后,大市场的经济会出现"良性循环",德纽认为大市场建立后,"经济就会开始滚雪球式的扩张"。[①]

4. 货币一体化理论

当产品等要素实现自由流动后,货币一体化就成为一个区域追求的目标,它具有一些超越关税同盟的收益。首先,货币一体化有助于降低资源的使用成本,提高市场对其的配置效率,从而使产品与要素市场的一体化更有效率。其次,P. 罗伯特(P. Robert)认为货币一体化还会导致金融市场的高度一体化,而金融市场一体化可能提高融资过程中的资源配置效率,为借贷双方提供更广泛的金融工具。第三个潜在收益来自于货币兑换中交易成本的减少,从而导致永久资源的节约。第四个收益来源于共同货币及共同外汇储备建立后的长远经济效益。此外,货币联盟还可以增加反通胀的货币政策的信用度。

5. 经济同盟理论

共同市场要实现要素市场一体化,除了要废除限制成员体之间要素自由流动的立法,还需要制定一些积极和一致的政策措施,如相应的货币政策、财政政策、社会政策等,确保一体化内部市场上能够公平对待劳动力、资本和企业。因

---

① 梁双陆,程小军.国际区域经济一体化理论综述[J].经济问题探索,2007年第1期。

此,在共同市场的基础上,出现了经济同盟,不仅实现了产品市场和生产要素市场一体化,而且还实现了政策一体化。

经济同盟理论中 B. 巴拉萨等人的理论颇具代表性,他们对产业政策、货币政策、社会政策、财政政策和汇率政策等一体化对成员体的影响进行了分析,得出结论:政策一体化的程度决定了政策一体化可避免各成员体因政策的差异而给贸易量和生产要素流动带来的负面影响的大小,即政策一体化能使各成员体的资源得到有效配置,而不会因为各国政策的差异而扭曲资源配置。①

6. 完全的经济一体化理论

完全的经济一体化作为区域经济一体化的最高形式,是指在经济联盟的基础上进一步发展,制定单一的经济政策,实行完全的超国家经济管理,此时可以看做国家经济边界的完全消除,体现为经济、政治和法律等诸方面的一体化,或者称为政策的一体化。对其研究的典型代表是希夫(Schiff)和温斯特(Winsters),他们在所著的《区域一体化与发展》中认为,政策一体化的经济效应表现在:通过减少边境手续和摩擦性交易成本以及通过标准认证带来交易成本的降低;摧毁市场进入(市场开放)壁垒,对政府利用国内管理政策保护国内企业给予一定限制,从而增加国内市场的竞争;通过外部性的"内部化",即解决一国行为没有通过价格机制而给另一国带来侵害的问题,来增加社会福利;政策一体化可以作为一种对实行自由贸易的成员方进行补偿的机制,或者在自由贸易因政治原因无法实行的"敏感"部门,促进其市场的整合,增强自由贸易承诺的执行效力,有助于阻止在贸易自由化上出现承诺上的倒退。

由于目前世界上还没有真正意义上的完全经济一体化,所以这方面的研究甚少。比较有代表性的理论是欧内斯特·哈斯的职能"外溢"理论,其核心观点是经济一体化能自动"溢出"政治一体化。哈斯的理论为急于实现政治联盟的欧洲国家建立一个经济一体化程度很高的欧共体提供了理论依据。但该理论也引起了许多学者(如霍尔曼等人)的争议,他们认为政治一体化的产生只能是主动的政治决策的结果,而不是经济压力的结果。②

7. 贸易效应条款

关于贸易效应条款,阿姆迪特(Amdt,1968)、肯普和万(Kemp & Wan,1969,1976)曾专门对此做过详细分析。阿姆迪特提出了一个包括三至四个国家的一般均衡分析模型,他证明如果关税同盟所包含的国家数目足够大,那么关税同

---

① 田青. 国际经济一体化——理论与实证研究[M]. 中国经济出版社,2005年,第54页。
② 伍贻康等. 区域性国际经济一体化的比较[M]. 经济科学出版社,1994年,第35—40页。

盟会改善其成员的贸易条件。肯普和万则更深入地证明,在组成关税同盟之后,一方面,同盟外的国家的福利不会受损;另一方面,同盟内的国家的福利将会得到改善。此外,肯普等人的一般模型从根本上诠释了贸易效应条款,其创新之处在于关注了在伙伴国间及伙伴国和非伙伴国间的收益分配,主要的结论是:进入同盟前就和同盟内国家贸易比较多的国家,可能从一体化中获益,而和联盟外国家贸易比较多的国家就会受损。

20世纪70年代后期和80年代早期的理论研究,其核心在于确定了关税同盟的作用。其中,具有代表性的是肯普和万(1976)证明关税同盟是潜在的,世界商品依赖于这么一个事实,那就是后者总是能防止贸易转移。此外我们必须提及旺纳科特兄弟(Wonnacott & Wonnacott,1981,1984,1992),他们从比较单边关税下降后,关税同盟是次优产物(second best creatures)这一角度,提出了不同的观点。旺纳科特兄弟(1981)证明,如果在关税同盟成立之前,一个国家对伙伴国和非成员国都征收关税,那么单边关税削减并不优于关税同盟。

(二) 近期理论:内生化和外部性问题

从20世纪80年代末开始,对区域经济一体化的理论分析已经从单纯地探讨贸易效应问题,转变为探讨区域经济一体化的内生化与外部性问题。具体表现在以下两个方面:

第一,对一体化策略选择的探讨,即内生化的区域经济一体化理论。较有代表性的是盖兹斯(Gatsios)和卡普(Karp)在1991年提出的关税同盟的非合作博弈模型。①假设存在一个包括两个国家A和B的关税同盟,其中对外关税的制定可以授权给任一成员,假设在制定共同对外关税时,政策制定者(A国或者B国)把世界其他国家的反应考虑进去,即政策制定者的行为是策略性的。假设同盟和世界其他国家所选择的关税分别为t和T,而且成员i是同盟政策制定者,那么它在制定共同对外关税时,对应于某一给定的T,会选择一个使其福利最大化的共同对外关税,该关税是世界其他国家关税T的函数,可表示反应函数。如果两个成员比较相似但不完全相同,则它们的反应函数会比较接近但不会相同。非合作博弈的分析得出的结论是:关税同盟的最佳共同政策选择不仅取决于同盟与世界其他国家的策略行为,还取决于同盟内成员间关于对外政策制定权的选择。

---

① Gatsios K,Karp L. Delegation Games in Customs Unions[J]. Review of Economic Studies,1991,58(2):391-397.

第二,区域一体化的外部性问题也逐渐成为人们关注的热点,因为这关系着区域内外国家的经济利益。争论的焦点问题是区域一体化对多边体制或全球贸易自由化究竟有无裨益(Bhagwati,1991)。如果区域一体化安排改善了其成员的福利,而又不降低世界其他国家的福利,那么这样的区域一体化与多边主义是一致的。然而,克鲁格曼(Krugman,1991)指出,当世界上区域性经济组织的数目减少时,贸易转移会因共同对外关税的上升而加重,最后总的来看区域经济一体化会导致世界福利下降。同时,他证明了上述情况并不是一成不变的。克鲁格曼模型的基本框架是这样的:假设世界上有 N 个完全相同的国家,分成 B 个贸易组织,这里 $B<N$。在每个贸易组织内,成员间取消贸易壁垒,而对非成员国实施共同的关税,共同关税的选择遵循组织福利最大化原则。克鲁格曼的结论是:在世界经济一体化初期,区域经济一体化的安排使世界福利恶化,因为虽然少数国家之间实现了贸易自由化,但对世界整体的贸易保护程度的减轻作用还很微弱,而共同对外政策的制定导致的贸易转移则相对明显,从而使整个世界福利降低。同时,随着 B 下降到某一水平,世界福利达到最小。一旦区域经济一体化的发展程度超过这一界限,由于多数国家都参与了区域经济一体化组织,国际间的贸易障碍将被逐渐消除,从而促进了全球贸易自由化进程,这样世界福利会随着区域经济一体化的发展而改善。特别地,当 $B=1$ 时,即可实现全球贸易自由化,世界福利达到最大。

(三) 新近理论:不完全竞争与规模经济分析

随着区域经济一体化和经济全球化的发展,产业内贸易的比重也在不断加大,因此,仅仅用比较优势理论来分析区域经济一体化的收益显得缺乏说服力。关于产业内贸易动因的解释,目前有两个基本的方向:一个着眼于规模经济与产品差异化的相互作用(Krugman,1979;Dixit and Norman,1980),另一个则强调不完全竞争市场上企业的行为特征。随着产业内贸易理论的提出与发展,经济学家建立了分析区域经济一体化收益的新框架。

第一,将不完全竞争理论纳入区域经济一体化研究中。20世纪80年代,在对于产业经济学的研究中,人们开始将不完全竞争下的国际贸易新模型与规模经济的观点紧密结合在一起。过去人们普遍认为贸易自由化能替代竞争政策,尤其在和被预期的欧盟的内部市场的竞争利益相联系时(Smith & Venables,1988)。明显的暗示或清楚的共谋在某些情况下可能十分值得发生(Fung,1992)。然而,史密斯和维纳布斯(Smith & Venables)认为,类似跨国界的产品交换不会发生,用这种方法消除产业内贸易障碍的收益是适度的。被迫降低的国内价格和增加的联盟内出口价格导致损失甚于更多的联盟内贸易(Venables,1990;Krugman,1979)。① 尽管如此,依然有对竞争政策的需求,那就是最终或中间消费者感到产品有相当不同的交易。竞争政策必须补偿在同盟水平的经济一体化以阻止垄断力量(Hine,1985;Jacquemin & Sapir,1991;Fung,1992)。竞争政策好于贸易政策的优点在于它是基于规则的,而不是基于判断力的。因此,面对规模经济,经济一体化可能导致的不仅是更矛盾的成员体和非成员体间的关系,还有成员体间更多的摩擦,除非后者在他们中间或者和其他的战略行动者扮演一个合作博弈的角色。②

第二,在不完全竞争的市场下,规模经济的效益也越来越得到人们的重视。区域经济一体化的新框架,除了承认根据比较优势所带来的专业化分工方面的收益外,还在规模经济的前提下分析了区域经济一体化的其他收益。这些收益包括竞争加剧导致的市场分割降低效应、规模经济导致的生产成本降低效应、市场规模扩大导致的商品品种增加效应、专业化分工导致的服务成本降低效应等。其中降低市场分割方面的收益可以在现有经济结构的基础上在短期内获得,这一收益通常也是区域经济一体化规范分析的重点。其余的收益必须在新投资或减少原有投资的基础上,通过产业结构调整在长期内获得。市场分割降低方面的收益主要来源于两个方面的效应(Bliss,1994):降低贸易壁垒效应与消除价格歧视效应。前者的思想是由于一体化后伙伴国出口商的贸易成本降低,导致市场竞争加剧,国内市场价格将会降低,消费者显然会从中获益。生产者虽然在国内市场上会受损,但由于同时又会在出口市场上获益,所以总收益应该会大于生产者在国内市场的损失。后者建立在布兰德和克鲁格曼(Brander and Krugman,1983)的相互倾销模型上。③ 模型认为,如果一体化降低或消除了市场分割造成的价格歧视,那么会产生两个结果:一是厂商会将产品从要价较低的国外市场转移到要价较高的国内市场,在贸易平衡的前提下,一体化后成员国的出口收益都会大于进口损失,整体福利水平得以改善;二是所有厂商的市场力量都会被削弱,总产出会变化,在国内及国外需求价格弹性较大的条件下,一体化必然导致平均成本降低,总销售量上升,从而使总福利增加。

---

① Krugman. The Lessons of Massachusetts for EMU. In F. Torres & F. Giavazzi (ed.) Adjustment and Growth in the European Monetary Union[M]. London:Cambridge University Press,1993.
② 赵伟,程艳. 区域经济一体化的理论溯源及最新进展[J].商业经济与管理,2006年第6期,第59页。
③ 保罗·克鲁格曼,茅瑞斯·奥伯斯法尔德著,海闻等译. 国际经济学(第六版)[M].中国人民大学出版社,2006年,第144—145页。

海峡西岸和其他台商投资相对集中地区的经济发展

三、区域经济一体化的经济效应

随着区域经济一体化浪潮不断推向新高潮,国内外学者对其带来的经济效应展开了激烈的讨论,主要探讨的是区域经济一体化对区内外国家福利的影响,以及其他的延伸经济效应。而本书对福利效应的探讨将以关税同盟效应为基础进行说明。

(一)影响福利的相关效应

如前所述,关税同盟作为区域经济一体化的典型形式之一,针对该形式的理论——关税同盟理论也成为区域经济一体化的核心。关税同盟理论可以划分为静态效应和动态效应两个部分。

1. 静态效应

传统的贸易理论普遍认为,关税同盟是值得鼓励的,其理由在于既然关税同盟是向自由贸易迈进了一步,那么关税同盟即使没有实现福利最大化,也会提高世界的福利水平。然而,维纳就对此提出了质疑,他和利普西(Lipsey)共同提出了关税同盟的静态效应理论。他们认为"关税同盟"是以"对内自由,对外保护"为特征的,结成关税同盟的静态福利效果,以贸易创造和贸易转移最为重要,而贸易创造和贸易转移的概念几乎被每一位从事国际贸易理论研究的学者所接受。

所谓贸易创造(trade creation),指的是在成员国结成关税同盟后,随着彼此间关税的取消,依据比较优势的原理,原先在一国国内生产的产品,转由更具有成本优势的成员国进行生产,以利于发挥生产专业化和规模效益的优势,从而带来贸易品价格的下降,增进了各成员国的福利。因此,贸易创造效应也通常被称为"福利外溢效应"。与贸易创造效应相对应,"贸易转移"效应带来的是一种名副其实的"福利恶化"效应。其实在建立关税同盟后,由于成员国实行"对内自由,对外一致"的关税政策,原来从非成员国的低成本进口贸易为成员国间较高成本的进口贸易所替代,导致成员国福利的恶化,以及资源配置效率的下降。

因此,关税同盟的静态效应理论认为,关税同盟的一体化组织形式未必带来福利的改善,而应取决于两种效应的强弱对比。当贸易创造效应大于贸易转移效应时,关税同盟将会带来成员国福利水平的提高,反之亦然。此外,还存在一些影响静态福利效应的因素,如:结盟前的关税水平、成员国间的经济结构竞争性与互补性、成员国的数量与经济规模、同盟对非成员出口品的进口需求弹性、成员国的供需价格弹性、成员国与非成员国产品的成本或价格差等。[①] 由于维纳采用的是局部均衡分析方法,将市场视为单一产品市场,而当其他商品的相对价格受其所分析的市场的变化影响时,这种单一产品市场的分析是不合适的。因此后来的经济学家们采用两商品的一般均衡模型,如凡涅克(Vanek,1965)和肯普(Kemp,1969)提出的三国两商品模型、米德(Meade,1955)提出的三国三商品模型,但是他们的分析方法都是静态的。

2. 动态效应

在静态效应引起国内外专家学者的共鸣后,新近的理论研究又在此基础上提出了关税同盟的动态效应理论。总体来看,关税同盟的动态效应是由于竞争加剧、规模经济、要素流动等因素共同作用的结果。

首先,关税同盟加剧了成员国之间的竞争。西托夫斯基(Scitovsky,1958)指出,高关税导致了高垄断。成立关税同盟后,由于各成员国之间消除了关税和贸易限额,各国大公司之间不得不进行竞争,而小企业则可能通过兼并、联合来提高效率,增强竞争力。同时,竞争的加强也对企业的经营管理、技术创新、成本节约等方面提出了更高的要求。各国厂商必须迎接集团内其他国家厂商的竞争,从而刺激劳动生产率的提高和成本的降低,并有利于新技术的开发和利用。因此,激烈的竞争促使不同行业和不同企业经过不断的优胜劣汰,提高了市场资源配置的效率,推动了同盟内的生产可能性曲线向外扩展,改善了联盟内国家的福利水平,从而也降低了贸易转移的可能性。

其次,通过关税同盟所获得的规模经济效益也是不容小觑的。美国经济学家巴拉萨认为,区域经济一体化可以使厂商获得重大的内部与外部经济的好处。内部规模经济主要来自于对外贸易的增加,以及由此带来的生产厂商的生产规模的扩大和生产成本的降低。而外部规模经济则来源于不断扩大的市场为整个国民经济或一体化组织内部所带来的经济发展。当区域内的国家彼此开放市场时,扩张的市场容量将有利于生产要素的充分流动,不仅可以促进国家间进出口规模的膨胀,更重要的是依靠专业化分工程度的提高,使大规模的生产成为可能,最终获得规模效益。

最后,因关税同盟而建立起来的内部共同市场将促进商品、资本和劳动力等生产要素的自由流动,使各成员国做到收益共享、风险共担,提高资源配置的效率。当区域经济一体化组织成立后,生产要素在成员国间的流动将更加频繁

---

① 曲如晓,阎庆悦. 新编国际经济学[M]. 经济管理出版社,2004年,第343—344页。

和自由,其中劳动和资本将从边际生产率低的地区流向边际生产率高的地区,而劳动力的自由流动将有效地发挥人力资源的优势,提高劳动者的素质。同时,技术资本的充分流动也将刺激技术的进步,鼓励科技创新的能力,并提高区域的整体竞争力。

关税同盟的动态效应,就其本质而言是模糊不清的,因而很难加以度量,但却可能比静态效果重要得多。动态效果的基础主要在于结成关税同盟的各个国家的市场存在着不完全竞争的情形,它对静态理论的补充也奠定了区域经济一体化的后续理论的基础。

3. 拓展效应

一方面,蒙代尔(Mundell,1964)对优惠安排的贸易条件效应进行了比较深入的研究。他的研究成果表明,当关税同盟的建立影响世界其余地区的进口需求,即便其余地区的供给不是完全弹性时,同盟与世界其余地区的贸易条件也将有改善的趋势。这将减少贸易转向所带来的损失,而且如果进口产品的价格下降到足够的程度,该效应将足以消除这种损失。在贸易转移条件下,如果非成员国出口商品供给弹性小、供给量又充分大,同盟成员进口需求的大量下降会造成供给过剩,所以在新市场没有形成之前,价格必然下跌,这样非关税同盟成员的进口国会有较好的贸易条件。但当经济大国参与关税同盟后,往往会导致区内成员从区外国家的进口减少,区外国家的出口商品价格趋于下跌,贸易条件恶化。

另一方面,科登(Corden,1972)对关税同盟效应分析的独创之处在于,将静态规模经济引入分析框架。该分析的一个重要结论是,即便两国比较成本不存在任何差异,通过一体化而达到专业化也可以获得效率收益。但值得注意的是,在规模经济条件下,不可能基于比较静态预测出关税同盟将达到哪种可能的均衡状态。其结果取决于一些动态因素,包括反应的传导途径、是否在每个国家都存在着不止一家生产者以及垄断竞争的性质。他也认为,当存在规模经济时,贸易创造和贸易转移的传统效应仍与关税同盟的评价密切相关,但他又补充了另两种效应,即贸易抑制和成本下降效应。世界其余地区的进口被国内生产取代即为贸易抑制效应。而成本降低效应则是当组成同盟后,一国以更低的价格供给国内市场而获取的效应。

(二)影响整体经济的相关效应

1. 贸易扩张效应

从某种意义上说,国际贸易可谓是区域经济一体化的最大受益者。一方面,区域经济一体化为区域内成员国的经济贸易注入了新的动力。随着国与国之间的关税和非关税壁垒的逐步消除、数量限制的取消,以及外汇管制的解禁,区内自由贸易的空间急速膨胀,统一的交易市场为成员国的贸易往来和经济融合提供了有力的平台,促进了各国经济的互动发展,即产生"收入溢出效应"。据统计[1],1993 年以来东盟区内贸易的规模迅速扩大。据统计,1993—2001 年期间,东盟区内贸易额从 824.44 亿美元增至 1 521.28 亿美元,增长 84.5%;东盟区外贸易额从 3 475.04 亿美元增至 5 356.46 亿美元,增长 54.1%;东盟总贸易从 4 299.48 亿美元增至 6 877.74 亿美元,约增长 60%。可见,东盟区内贸易的增长速度要快于区外贸易和总贸易额的增长速度。另一方面,区域经济一体化显著提高了区内国家的整体贸易地位。这种福利的改善效应在"南北"制的一体化组织中表现得尤为突出。如墨西哥在加入北美自由贸易区之前的经济实力和贸易状况均不容乐观,然而,在实行经济一体化后,它借助于与美加两国的贸易联系及支持,增强了进出口部门的竞争力,也提高了自身在国际经贸谈判中的地位,以一种超越国家的集团身份登上历史舞台。

2. 投资加速效应

区域经济一体化的投资加速效应主要体现在对资本流动和跨国企业的外国直接投资两个方面。对于资本流动来说,区域经济一体化带来了一系列的投资加速效应:首先,区域内部投资上升。贸易自由化和统一市场的形成、区域内贸易占比的攀升,均加剧了成员国之间的市场竞争,优胜劣汰使得一些中小企业遭淘汰或被兼并。同时大企业在市场扩大和竞争的压力下,力求扩大生产规模,增强资本实力,趋向于结成或扩大一国的或跨国的垄断组织。在上述两种力量的作用下,资本在成员国间的流动得以加快。据统计[2],从东盟自由贸易区进程正式启动到金融危机之前,东盟吸收的外国直接投资有较快的增长。1993—1997 年间,东盟吸收的外国直接投资从 154.3 亿美元增至 297.8 亿美元。此外,随着东盟自由贸易区计划的实施,区内贸易与投资壁垒不断降低,市场规模效应逐步显现,也带动了区内资本的流动。其次,区域经济一体化将推动成员国加快对区域外的直接投资。跨国公司对外直接投资最重要的目的是绕过其他国家的贸易壁垒,有效地占领国外市场。而区域经济一体化所带来的一体化组织内部贸易壁垒的降低,则相对地降低了区域内跨国投资的动力。最

---

[1] 王勤.论东盟区域经济一体化[J].厦门大学学报(哲学社会科学版),2005 年第 5 期。
[2] 廉晓梅.论区域经济一体化对经济全球化的促进作用[J].东北亚论坛,2003 年第 9 期。

后,收购与兼并成为国际直接投资的主要形式之一。随着区域贸易市场的扩张,国际资本的流动更加自由和频繁,一些颇具实力的跨国企业敏锐地抓住统一市场成立的契机,加快了国际投资的步伐,并选择了收购和兼并这条捷径,不断增强其整体竞争实力。

跨国公司外商直接投资的投资刺激效应一度并未引起学者们的广泛关注,直到 20 世纪 80 年代,随着一体化及产业组织理论的发展,经济学家开始关注跨国公司与区域经济一体化间的关系。彼得·罗布森认为,从国际贸易理论的角度来看,跨国公司的运作通过三个重要的途径影响区域经济一体化的成本和利润。第一,内部化可能会影响效率。实施内部化的能力使跨国公司能够克服公共政策扭曲和减少交易成本,以满足公司的利益。从集团目标来看,这种行动未必有利。第二,当涉及外国跨国公司时,跨国公司的存在和行为明确要求对分配效应加以考虑。第三,必须考虑跨国公司在追求市场权利时的战略行为,因为它可能反作用于内部化能力所产生的效率效益。①

针对上述跨国公司带来的经济效应影响,金德尔伯格(Kindleberger,1966)提出了类似于关税同盟静态效应理论的两个核心概念,即"投资创造"与"投资转移"。前者指由贸易转移引起的国外直接投资的增加,后者指由贸易创造引起的区域内原有投资的地区转移。在此基础上,扬诺普洛斯(Yannopoulos,1990)进一步就跨国公司对地区经济一体化的反应而做出的投资决策进行了细分。防御性进口替代投资战略对应于一体化的贸易转移效应,重组投资战略对应于一体化的贸易创造效应,理性投资战略对应于一体化后区域内生产成本的降低,进攻性进口替代投资战略对应于一体化对资源配置效率的影响。四种投资战略都会引发区域经济一体化后跨国公司对集团内直接投资的增加。

可见,区域经济一体化与跨国公司外商直接投资是既相互制约,又相互促进的。有关区域经济一体化对外商直接投资的影响,近期研究(Blomst & Kokko,1997)认为,区域贸易协定对外商直接投资的影响包括直接影响和间接影响。前一种表现在有关投资便利化措施的规定上,后一种则主要体现在贸易自由化上,关税的降低扩大外国直接投资,同时可能导致原关税避让的投资者转而出口。布洛姆斯特伦和科科(Blomstrom & Kokko,1997)推测区域贸易协定对外国直接投资的影响取决于两个重要因素:一国作为外国直接投资的目的国的吸引力,一国贸易和投资政策的自由化程度。

---

① 彼得·罗布森著,戴炳然等译.国际一体化经济学[M].上海译文出版社,2001 年,第 104 页。

3. 技术扩散效应

技术扩散是指技术从一个地方传播到另一个地方,或者从一个使用者转移到另一个使用者手中。它主要包括三个层面的扩散①:(1)产品,包括原材料、最终产品、设备和零部件,有利于专业化生产和规模效应的显现;(2)设计,包括产品和设备的设计、技术诀窍,设计蓝图等,能够提供基本的信息和指南;(3)能力,包括技术诀窍和"软件",能够保证提高现有产品的生产效率,以及新产品的研发。技术扩散不仅是对生产技术的简单获取,而且是要形成引进方的技术能力。这里所说的扩散效应主要是针对区域经济一体化发展到自由贸易区阶段以后产生的效应。这种扩散效应的大小是多因素共同作用的结果:首先是成员国的技术水平的差异,尤其是当成员国处于不同的产业等级上时,扩散效应是明显存在的。其次是成员国的技术扩散能力和接受能力。对于技术扩散国来说,其研发能力越高,可扩散技术源的价值也就越高。同时,技术接受国的研发水平越高,技术的扩散也就越充分。最后,成员国间的经济关联度越高,技术扩散的渠道就越广泛,技术扩散效应也就越强。

4. 凝聚与趋同效应

凝聚与趋同效应解决的核心问题仍然是成员国间的福利差异问题。对此研究最早的是缪尔达尔(Myrdal,1957)、赫希曼(Hirschman,1958)、卡尔多(Kaldor,1970,1972)提出的累积因果模型。按照他们的观点,由于要素流动和贸易对累积的加强,初始差别会持续下去,因为要素流动会产生报酬递增。当存在报酬递增时,区域间的贸易是扩大而不是缩小比较成本之间的差距,并且不会让所有人获益。富裕地区会对落后地区产生不利和有利两种效应。赫希曼认为有利效应会超过恶化效应,因此他的结论是由于两极化的作用,增长差距开始时扩大,但随着核心地区外部不经济的结果,增长会达到趋同;而缪尔达尔则持悲观的观点。后来卡尔多对累积因果理论做了许多改进,其主要特点是资源的增长首先是自生式的。他的结论是在产出和生产率的增长速度相对较快的地区,效率工资趋于下降,使得该地区与增长速度相对较慢的地区相比获得了累积竞争优势。狄克逊和瑟尔沃尔(Dixon & Thirlwall,1975)发展了卡尔多的模型,他们在模型中进一步解释了维多恩效应在区域增长差别中的作用,解释了结构性因素在增长趋异中的作用,使趋异会随时间缩小或扩大这一问题得到了圆满的解释。

---

① 秦熠群.中日韩自由贸易区对中国贸易和产业影响的实证研究[M].人民出版社,2006年,第19—20页。

5. 风险防范效应

区域经济一体化组织建立后,成员国之间的竞争更加激烈,他们竞相争夺更广大的贸易市场、更有利的谈判条件以及国际产业分工的地位,同时也有利于促进成员国国内规制和制度的改革,取得国内制度革新的效果。仍以墨西哥为例,作为一个发展中国家,其经济基础薄弱,在加入北美自由贸易区之前,曾耗费了近十年的时间来消化1982年的货币危机;而加入北美自由贸易区后,仅用了一年的时间就化解了1995年的通货膨胀危机,恢复了经济发展的良好势头。进入21世纪以来,随着北美自由贸易区的巩固,墨西哥的经济保持着稳步增长的态势。由此可见,在贸易协定缔结后,区域内的优惠政策在促进成员国国内改革的同时,也提高了成员国抵御风险的能力。

四、区域经济一体化的发展历程

区域经济一体化作为当今世界经济发展的主要趋势之一,有着较为悠久的发展历程。从本源上来看,它的出现可归因于人们对潜在利润的追求,因此具有诱致性制度变迁的特征。最早的区域经济一体化可以追溯到1241年成立的普鲁士各城邦之间的"汉萨同盟"。对于近代区域经济一体化的雏形则有两种不同的看法:其一是美国学者斯奈德在《国际经济学导论》中提出的,在1843年由北德、中德、南德三个关税同盟联合建立起来的德意志关税同盟应该是区域经济一体化的"历史原型";而喻志军(2002)则认为近代区域经济一体化可以追溯到1921年比利时与卢森堡结成的后有荷兰加入的卢比荷同盟。① 然而,现代的区域经济一体化形成并发展于20世纪中叶,尤其是第二次世界大战后掀起了两次发展高潮。其一是在20世纪50、60年代,发起于经济发达的欧洲;其二是在20世纪80年代末至90年代初,其间美洲和亚洲诸国纷纷加入了区域经济一体化的行列。进入21世纪以来,世界上的绝大多数国家都已融入区域经济一体化的浪潮中。在众多的区域经济一体化组织中,尤以欧、美、亚三大洲的发展最具影响力,因此,回顾这三大区域的一体化发展史对于我国借鉴其经济一体化的经验也是有所裨益的。

(一)初步发展阶段(第二次世界大战结束至20世纪60年代初)

从世界范围来看,区域经济一体化的形成与发展实际上也是一部战后欧洲的发展史。区域经济一体化起源于经济最发达和市场机制发展最充分的西欧。

---

① 喻志军.发展"两岸四地"经济一体化促进中国经济的持续增长[J].成人高教学刊,2002年第6期。

第二次世界大战期间,欧洲的一些资本主义国家由于战争受到的影响是巨大的,其经济遭受了严重的冲击,国家独立和稳定的根基也随之动摇。在这样的背景下,欧洲的一些国家为了巩固和发展本国经济,同时为了抵御在第二次世界大战中快速崛起的美国的冲击,选择了区域经济一体化这条崭新的道路。在初步的探索过程中,欧洲建立了三个区域经济一体化的组织。

第一,经济互助委员会。该组织是第二次世界大战后首个区域经济一体化组织,成立于 1949 年 1 月,其由苏联发起,与保加利亚、匈牙利、波兰、罗马尼亚、捷克斯洛伐克等六国共同组建,并逐步扩容到十个加盟国。经济互助委员会成立的目的是建立苏联和其他人民民主国家之间广泛的经济合作,但实际上建立之初该组织主要是一个政治组织。该组织的宗旨是在平等互利的基础上,实行经济互助,加强技术交流与合作,促进成员国人民生活水平的持续提高,促进工业化,加强经济合作和国际分工,提高社会主义经济的联合。在 20 世纪 70 年代后,该组织更是提出了其终极目标是要实现经济、政治和军事的"全面一体化"。后来,由于东欧和苏联局势的巨变,1991 年 6 月 28 日,经济互助委员会在布达佩斯举行了最后一次成员国大会,会议宣布经济互助委员会正式解散。

第二,欧洲共同体。确切地说,欧洲共同体是由欧洲煤钢共同体、欧洲原子能委员会以及欧洲经济共同体合并而成的。首先,1950 年 5 月 9 日,法国外长罗贝·舒曼提出了著名的"舒曼计划"(Schuman Plan),标志着经济一体化思想的形成,并正式开始实施。遵循"舒曼计划",比利时、法国、联邦德国、意大利、荷兰和卢森堡等六国于 1952 年成立了欧洲煤钢共同体。同时,荷兰、比利时和卢森堡组成荷比卢经济联盟(Benelux),该联盟的目的是要实现统一的对外关税,协调经济政策。其次,1957 年,上述六国在罗马签订了《罗马条约》,标志着欧洲原子能共同体(Euratom)和欧洲经济共同体(EEC)的成立,其目标是利用十年的时间逐步建立关税同盟,实现商品、人员、服务和资本的自由流动。最后,1967 年 7 月 1 日,为了更好地实现经济政策的协调,欧洲煤钢共同体、欧洲经济共同体和欧洲原子能共同体合并成为欧洲共同体(EC),简称欧共体。欧共体在成立后的一年内就建成了关税同盟,取消了成员国之间的关税,并且对外实行统一关税以及共同的农业政策,使得对外贸易不断扩大,生产效率不断提高。据测算,结成关税同盟后,欧共体国家的国内生产总值年平均增长率达到了 5%,高于同期英国和美国的经济增长速度。与此同时,欧共体的范围也在不断扩大,至 1986 年,共拥有 12 个成员国,人口总数占欧洲的九成左右。

第三,欧洲自由贸易联盟(EFTA)。该一体化组织成立于 1960 年,由奥地利、丹麦、挪威、葡萄牙、瑞典、瑞士和英国在斯德哥尔摩签订《建立欧洲自由贸易联盟公约》,即《斯德哥尔摩公约》。该公约经各国议会批准后于同年5月3日生效,欧洲自由贸易联盟(简称欧贸联)正式成立,总部设在日内瓦。欧贸联的宗旨是在联盟区域内实现成员国之间工业品的自由贸易和扩大农产品贸易;保证成员国之间的贸易在公平竞争的条件下进行;发展和扩大世界贸易并逐步取消贸易壁垒;不谋求任何形式的欧洲政治一体化。在此后的发展过程中,芬兰和冰岛也先后获准加入,成员国间的贸易也逐渐得以消除。

(二) 曲折发展阶段(20世纪60年代中后期至80年代中期)

在欧洲率先兴起的区域经济一体化浪潮不仅在欧洲产生了革命性的影响,也为其他各洲带来了一定的辐射效应。可以说,在欧共体成立后的20年内,区域经济一体化是发展与滞后并存的。一方面,20世纪60年代后半期以来,区域经济一体化在欧洲先行的推动力下,不断在世界各地蓬勃地发展。其中,有代表性的是澳新自由贸易区,它是一个由发达国家组成的一体化组织,也称为"北北式"组织。然而,对于亚洲、非洲和美洲的大多数国家来说,经济和政治体制的相似性为其结成区域经济联盟奠定了坚实的基础。因此,在这个阶段,世界上的发展中国家一共组建了20个以上的区域经济组织,其中典型的组织有:拉美一体化协会、安第斯条约组织、东南亚国家联盟、南亚地区合作组织、西非国家共同市场、中美洲共同市场、西非国家经济共同体、阿拉伯委员会等。而且,发展中国家的"南南式"组织由于合作层次不高,虽然打着"共同市场"、"共同体"的旗号,但实质上还仅局限于关税同盟这一初级形式。

另一方面,从20世纪70年代中期开始到80年代中期,西方国家普遍处于"滞胀"的困境中,除欧共体外,绝大多数区域经济一体化组织或进展缓慢,或陷于停滞瘫痪状态,个别的甚至解散了。究其根本原因在于这些地区的市场经济还很不发达,成员国之间缺乏进行贸易合作和产业分工的物质基础。一方面,各国的经济发展水平均比较低,这决定了它们的经济结构类似,因而难以形成产业间贸易;另一方面,各国经济发展水平不高还决定了它们没有进行产业内贸易的基础,加上内部政治纷争和外部环境的干扰,致使不少一体化协议竟成一纸空文,连初级的经济合作和协调也难以奏效。

(三) 全面发展阶段(20世纪80年代中期至今)

世界经济在经历了前20年的动荡后,自20世纪80年代中期开始,在国际政治局势日渐趋缓和经济全球化加速推动的大背景下,伴随着新技术革命的兴起,一体化高潮再起。一些原有组织经过调整重新复苏,新建的区域经济一体化组织如雨后春笋般地遍及世界各个地区,并且有逐步壮大的趋势。

20世纪90年代以来,不仅区域经济一体化协议和经济联合组织在数量上猛增、规模上不断扩大,而且在体制、机制等方面出现多样化和跃进的变革创新。

1. 欧洲区域经济一体化的进程

欧共体为了促进生产要素的自由流通,于1985年发布了完善内部市场的白皮书,提出计划在1992年年底前建立一个没有国界的"内部统一大市场",实现商品、劳务、人员和资金的自由流通。出于该目的,欧共体成员国在1986年正式签订了《单一欧洲法》(Single European Act),并将建立欧洲货币联盟作为实行欧洲货币体系的重要目标,从而使在欧洲形成共同市场的设想得以法制化。在这个关键的转折点后,欧共体当时的12国首脑在荷兰的马斯特里赫特达成了建立欧洲联盟的决议,并于次年2月签订了《欧洲联盟条约》(Treaty of European Union, TEU),简称《马约》。《马约》的签订为欧共体的发展指明了道路,即从单一的经济联盟,分三个阶段,逐步走向经济、货币乃至政治的联盟,从而使经济一体化建设进入更高的阶段,具备完全的贸易自由和便利。

当欧盟正式取代欧共体后,其显著加速了区域经济一体化的进程,许多欧洲国家也在其巨大经济潜力的吸引下加盟进来。到1995年年初,其成员国由欧盟成立时的12个扩大到了15个。2002年11月18日,欧盟15国外长在布鲁塞尔举行会议,决定邀请马耳他、塞浦路斯、波兰、匈牙利、捷克、斯洛伐克、斯洛文尼亚、爱沙尼亚、拉脱维亚、立陶宛10个国家入盟。2003年4月16日,在希腊首都雅典举行的欧盟首脑会议上,上述10国正式签署加入欧盟协议。欧盟的扩张趋势始终在延续着,2007年1月1日,保加利亚和罗马尼亚成为其新的成员,至今,欧盟已经成为拥有27个成员国的世界上最大的区域经济一体化组织,同时它还是拥有全球第三大人口的区域,以及全球第二大贸易体。近年来,欧盟不仅在容量上取得了突破,而且在合作内容和成效上也显现了强劲的实力。最成功的合作当属统一货币——欧元的推出。1999年1月1日,欧盟如期推出欧元,并宣称于三年后开始正式流通,从而该区域经济一体化组织真正实现了货币经济层面的整合。目前,使用欧元的国家为德国、法国、意大利、荷兰、比利时、卢森堡、爱尔兰、希腊、西班牙、葡萄牙、奥地利、芬兰、斯洛文尼亚13国,统称为欧元区。此外,欧盟成立后,合作范围不断扩大,从关税同盟、共同农业政策,发展到建立欧洲货币体系,社会和政治合作也不断加强,成为全面一体化的典型。其显著的特点在于基本上是由工业化发展程度较高的国家构成,并且拥有一些专门负责协调的超国家机构,由其来分阶段实施相应的协调政策。

2. 美洲区域经济一体化的进程

美洲的区域经济一体化兴起于20世纪80年代末期,最具代表意义的是北美自由贸易区(NAFTA)的建立,因为它是全球首个发达国家和发展中国家组成的一体化组织,可以说开创了区域经济合作的新纪元。该组织的成立始于1987年的《美加自由贸易协定》(The U.S. – Canada Free Trade Agreement)的达成。随后,美、加、墨三国又于1992年8月12日达成了《北美自由贸易协定》,并于1994年年初正式生效。从此,北美自由贸易区这个独具特色的一体化组织诞生了,成为一个拥有3.6亿人口、年生产总值达6万亿美元的大型自由贸易区。

北美自由贸易区的宗旨是:取消贸易壁垒,制造公平竞争的条件,增加投资机会,保护知识产权,建立解决贸易争端的有效机制,促进三边和多边合作。同时,该组织的协定提出要在15年内分三阶段逐步取消关税及其他贸易壁垒,以符合关贸总协定的精神为主要原则,实现商品等生产要素的自由流通。与欧盟一样,北美自由贸易区的建立也是为三国乃至全美洲经济的协调发展服务的,因此,在美国的积极推动下,1998年三国首脑就建立美洲自由贸易区达成了共识,并规划在2005年时建立拥有7.4亿人口,北起阿拉斯加、南至火地岛的泛美洲自由贸易区。在这一理念的指引下,2001年4月23日,美洲自由贸易区(FTAA)协议签署,从而将北美自由贸易区(NAFTA)、中美洲共同市场(CACM)、安第斯山共同体(AC)、南方共同市场(SC)、加勒比共同市场(CARICOM)纳入了泛美洲贸易区的范畴。

值得一提的是,北美自由贸易区的成立实现了发达国家和发展中国家的经济整合,而这种经济整合的根基不是经济发展水平的相似性,而是经济和产业的互补性。同时,这个先例也对三国的经济都产生了重要的影响。美国和加拿大同属于发达国家,墨西哥属于发展中国家,因此,这种南北合作的模式也决定了在区域贸易上,美国和加拿大会给予墨西哥一定的优惠政策。就三方利益来看,美国在经济实力上占有绝对优势,其通过该合作形式增加了出口贸易额,同时提高了国内的就业率;而加拿大虽然不具备美国的优势地位,但是区内贸易也提升了其贸易水平和对外直接投资的规模;墨西哥作为唯一的发展中国家却是其中最大的受益者,依托优惠的税收政策,充分发挥了廉价劳动力的优势,成为重要的劳动密集型产品的出口国。此外,北美自由贸易区的诞生,对拉美国家带来了重要的示范作用。它将促使美国与拉美国家的双边或多边贸易协定的谈判,为美国实现"所有拉美国家贸易自由化"的规划,创造了极为有利的条件。

3. 亚洲区域经济一体化的进程

与战后兴起的欧美经济不同的是,亚洲的经济发展可谓历史悠久,尤其是包括中国在内的东亚国家。然而,曾经繁荣一时的亚洲经济盛世,在经历了19世纪至20世纪的战争动乱和金融危机后,已经不复存在了。据统计,在1997年爆发的亚洲金融危机中,韩国、马来西亚、泰国等东亚国家的经济损失高达6 000亿美元左右,按美元计算的人均收入大约倒退了10年的水平。[①] 危机过后,亚洲地区要想重新获得经济复苏,就必须从整体上采取应对措施。因此,加速亚洲地区的区域经济整合就成为必由之路。其区域经济一体化的步伐始于20世纪90年代中后期,比较有代表意义的一体化组织包括东盟自由贸易区、中国—东盟自由贸易区和亚太经济合作组织。

东盟,即"东南亚国家联盟",是由菲律宾、印度尼西亚、新加坡、泰国和马来西亚五国于1967年8月成立的。作为一种区域合作组织,其主要着力于政治和安全方面的合作,较少涉及经济领域。因此,为了应对经济全球化下欧美国家的经济挑战,东盟在1992年提出了建立东盟自由贸易区的重要决定,并要分阶段降低关税,取消非关税壁垒。1999年9月,在第13次东盟自由贸易区理事会上,各成员国确定东盟自由贸易区的最终目标为零关税,东盟6个老成员国(印度尼西亚、泰国、新加坡、菲律宾、马来西亚、文莱)实现零关税的最后期限为2015年,新成员国(越南、老挝、缅甸和柬埔寨)的最后期限为2018年。作为过渡措施,各成员国要在2003年之前把60%的产品关税降为零。同年11月举行的第三次东盟非正式首脑会议把最后期限再次提前,即6个老成员国在2010年实现零关税,而新成员国则于2015年实现这一目标。东盟自由贸易区的建立要比规划的更为顺利,2002年年初,东盟6个老成员国率先启动东盟自由贸易区,从而奠定了东亚地区经济和贸易合作一体化的基础。

1997年发生的东南亚金融危机,使东盟国家此前的高速经济增长暂时处于停顿,也凸显了中国与东盟经济的相互依赖性。从1999年开始,东盟各国经济开始出现复苏的迹象,而此时的中国经济正处于快速增长时期。因此,中国对于东盟的整体经济腾飞具有举足轻重的作用,二者必将拥有广阔的合作情景。2002年11月,中国与东盟10国领导人签署了《中国与东盟全面经济合作框架协议》,决定到2010年前建成"中国—东盟自由贸易区"。2010年1月1日中国—东盟自由贸易区正式建成并实行零关税,双边贸易额随之进入了快速增长

---

① 曲如晓,阎庆悦. 新编国际经济学[J]. 经济管理出版社,2004年,第355页。

的新阶段。2010年中国东盟的双边贸易额达到了2 928亿美元,创历史新高。至今为止,中国—东盟自由贸易区是中国同时也是东盟与其外部组建的第一个自由贸易区,又被称为继北美自由贸易区、欧盟之后"未来世界第三大经济体",拥有18亿人口,将是发展中国家间组建的最大自由贸易区,二者将遵照"面向和平繁荣的战略伙伴关系"的联合宣言而共同努力。

亚太经合组织(Asia-Pacific Economic Cooperation, APEC)是亚太地区最具影响的经济合作官方论坛,它成立于1989年。经与有关国家磋商,1989年11月5日至7日,澳大利亚、美国、加拿大、日本、韩国、新西兰和东南亚国家联盟六国在澳大利亚首都堪培拉举行亚太经济合作会议首届部长级会议,标志着亚太经济合作会议的成立。1993年6月改名为亚太经济合作组织,简称亚太经合组织。该组织的最初成员为澳大利亚、文莱、加拿大、印度尼西亚、日本、韩国、马来西亚、新西兰、菲律宾、新加坡、泰国和美国等12国。至今已经发展成为拥有21个成员的世界三大区域经济贸易集团之一。经过多年的发展,形成了领导人非正式会议、部长级会议、高官会议及其下属委员会和工作组、秘书处等工作机制,主要讨论和关注贸易投资自由化、宏观经济政策、经济技术合作、保持经济的增长和发展、维护本地区人民的共同利益等议题。此外,亚太经合组织的成长速度是相当惊人的,目前已经成为中国的第一大贸易合作伙伴,同时,亚太经合组织的贸易额占世界贸易总额的近一半。该组织将以全面开放、自主自愿、协商一致、灵活务实、循序渐进的方式行事,在促进亚太地区的稳定、安全和繁荣等方面作出自己的贡献。

五、我国参与区域经济一体化的战略意义

自20世纪80年代以来,区域经济一体化的进程进一步加快。我国在这方面起步较晚,1991年加入亚太经合组织标志着我国在参与区域经济一体化方面才开始起步;不过,发展态势比较迅猛,尤其是进入后WTO时代以来,我国加快了区域经济一体化的步伐。2002年11月,我国与东盟十国签署了《中国与东盟全面经济合作框架协议》,正式启动了建立中国—东盟自由贸易区的进程;2003年6月和10月,分别与香港和澳门特区政府签署"更紧密经贸关系的安排";2010年6月29日,大陆海协会与台湾海基会签署了《海峡两岸经济合作框架协议》(ECFA);与此同时,我国与东南亚、中日韩、欧盟等分别于2003年前后达成或宣布了《东南亚友好合作条约》、《中日韩推进三方合作联合宣言》、《中国对欧盟政策文件》。这些条约或文件的发布充分体现了我

国参与区域经济一体化的决心和战略转型,既是经济全球化与区域经济一体化趋势的浪潮所迫,也是我国经济高速增长以后与国际经济紧密融合的客观要求,更是我国入世以后实现各种承诺、发展双边关系的必然选择,具有重要的战略意义。

1. 有利于改善出口市场的环境

在促进我国经济增长的"三驾马车"中,进出口尤其是出口一直是动力的首要来源。从图 2.1.1 可以看出,2004—2008 年,我国出口额一直在上升。虽然我国近年来保持着较高水平的贸易顺差,但是出口市场的整体环境面临着一些日益严重的问题。其一,加入 WTO 后,虽然我国产品出口遇到的关税壁垒降低,但是所面临的非关税壁垒,诸如数量限制、出口配额、技术性壁垒等也是不可小觑的。而参与区域经济一体化,有利于消除针对我国的歧视性条款,改善我国出口产品在区域内其他国家的市场环境,增强我国出口产品的国际竞争力;其二,目前我国仍然是世界第一大加工厂,出口产品的技术含量较低,结构上仍以劳动密集型为主,因此十分不利于高增加值行业,尤其是第三产业的发展。而区域经济一体化的道路将充分发挥我国技术实力雄厚、资本充裕、经济增长空间大等比较优势,促进国际分工和协调,加速产业结构的调整和升级,为经济增长注入更多的能量。其三,我国出口环境的日益严峻还重点表现在逐年

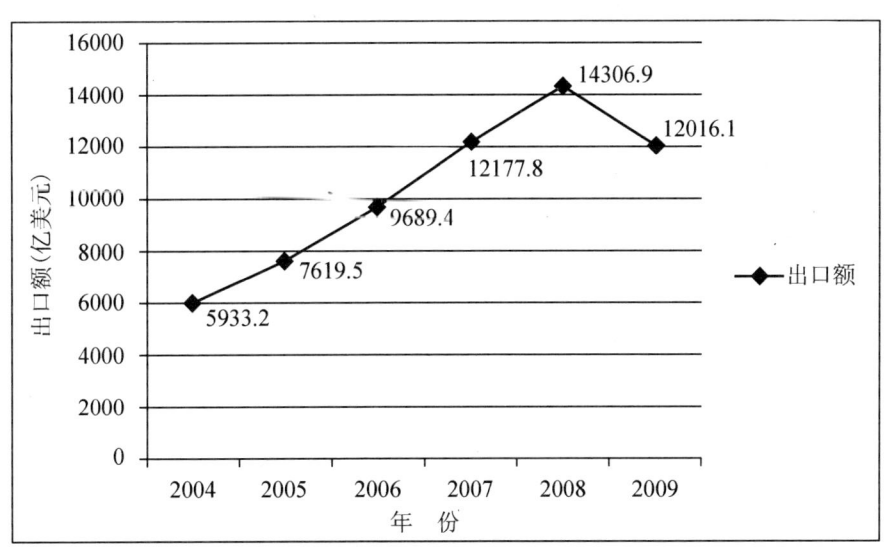

图 2.1.1　2004—2009 年我国出口额变动情况

资料来源:根据《中国统计年鉴 2010》数据绘制。

增加的反倾销案件上,如美欧频频运用反倾销措施对中国产品发起调查,由于非市场经济地位和其他一些问题,导致我国产品被排挤出美欧市场或付出沉重代价。近年来,随着我国经济的强势崛起,各式各样的"中国威胁论"甚嚣尘上,这就从客观上要求我国改变对外经济的发展战略,不仅是要提升出口产品的竞争力,更重要的是要营造一个良好的国际经贸环境,通过开放市场,组建或参与区域经济一体化组织,让贸易伙伴更好地分享我国经济成长带来的机遇,努力创造一个共赢的新局面。

2. 有助于增强进口资源供应的稳定性

战略物资储备是保障一国经济安全和金融稳定的核心。我国很多重要的战略性资源需要从国外进口,尤其是石油等重要能源。我国从1993年成为石油净进口国后,对成品油的需求保持平稳增长的态势,特别是从2003年起进口额大幅度增加,2005年在人民币升值的外部压力下更是一举突破了百亿美元大关(见图2.1.2)。在能源紧缺的情况下,尤其是在石油价格不断飙升的严峻形势下,我国只有通过与世界石油富产国,特别是我国周边的产油国进行区域经济一体化,加强与周边石油生产国政府及石油企业间的交流与合作,建立彼此间稳定的协作关系和利益纽带,才能尽快摆脱过分依赖单一的石油供应的境况,降低石油进口的脆弱性,获得比较稳定的海外石油供应保障,提高我国的石油安全。

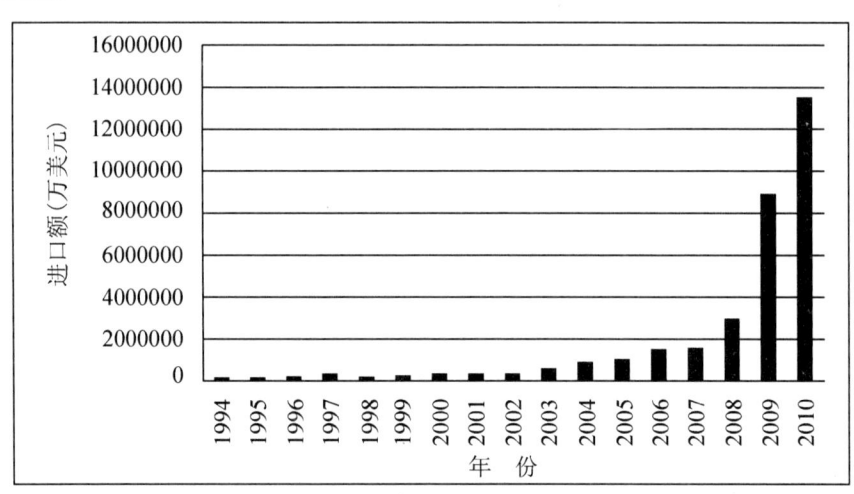

图 2.1.2　我国成品油的进口额(1994—2010年)

资料来源:根据中华人民共和国海关总署历年数据绘制。

3. 有助于提高抵御经济危机的能力

在信息化和科技化的今天,国际游资风起云涌,金融衍生工具层出不穷,这在无形中加大了一国的经济风险。尤其在国际金融领域,金融自由化将全世界所有的银行和金融机构连成一个相互影响的网络,在信息技术的推动下,国际资本正以极快的速度向世界各地流动。在这样的情形下,任何国家的经济陷入困境都会引起"多米诺骨牌"效应。1997年爆发的亚洲金融危机就是典型的例子,虽然我国成功抵御了该次危机,但是那时我国的资本市场和金融市场是近乎闭锁的,而且危机过后的1998年和1999年我国的经济增长仍然受到了一定的负向冲击,GDP的增长速度从1997年的9.3%分别下降到7.8%、7.6%。后WTO时代,随着经济全球化的加速发展和我国市场的日渐开放,我国经济受全球经济的影响日渐加深,他国的经济困境对我国的负向冲击将日趋强烈。2007年下半年发端于美国的金融危机,最终演变为全球金融危机即是很典型的事例。目前,我国的金融市场已经全面开放,人民币升值的外在压力骤升,流动性过剩和经济偏热的问题急需解决。因此,当务之急是在不断完善我国自身金融监管体制的同时,积极融入区域经济一体化的大潮,因为区域经济一体化能为区域内国家建立起地区经济安全的屏障,通过区域内的充分合作,国家间连成一个整体,共同抵御经济全球化带来的风险。

4. 有助于借力全球化,促进中国经济区的发展

区域经济一体化是与经济全球化相伴而生的,前者是后者的基础。然而,对于整体竞争力有待提高的我国来说,参与区域经济一体化可以抵制经济全球化对我国带来的负面影响,增强我国参与多边合作的能力和对国际规则的影响能力,从而推动经济全球化的发展。ECFA等协议的签署促进了两岸四地贸易的自由化,也促进了四地经济和金融的深度整合,为我国的产业结构调整和经济转型争取到有利的外部环境,成为应对全球化激烈竞争的必要保障。此外,区域经济一体化的发展有力地推动了两岸四地的经济繁荣,为早日实现祖国统一大业,促进中国经济区的全面崛起发挥着不可估量的作用。

第二节 区域贸易分工理论

一、绝对成本说和相对成本说

英国经济学家亚当·斯密(Adam Smith)是最早系统研究国际(区际)贸易

和分工协作问题的开拓者,他在 1776 年出版的《国家财富的性质和原因的研究》一书中提出了"绝对成本说"。斯密主张自由贸易,认为国际贸易起因于不同国家(区域)在不同产品的生产上具有优势,并且国际间各类商品存在成本差异,各国(区域)将分别专业化生产具有绝对优势的产品,并用于交换其他产品,随着市场的扩大,将促进分工并带来规模经济,从而使各国(区域)的资源、劳动力和资本得到有效利用,有利于各国经济的增长和国民福利的增进。

但是,该理论存在一个明显的缺陷:无任何绝对优势的国家(区域)如何参与分工并从中获利?因此,李嘉图(Ricardo)对斯密的学说进行了发展,在 1817 年的著作《政治经济学及赋税原理》中提出了更为完善的"比较成本说"。他认为,由于两国劳动生产率的差距在各商品之间是不均等的,因此,在所有产品生产上具有绝对优势的国家不必生产所有的商品,而只应生产并出口具有较大优势的商品;而处于绝对劣势的国家可以生产相对劣势较小的商品,再用于交换其他商品,从中获利。该理论与我国墨家的哲学思想"利之中取其大,害之中取其小"颇为相似。

长期以来,比较优势理论成为指导国家(区域)分工的基本原则,各国(区域)应该把资本和劳动用在具有相对优势的产业上,充分发展本国最有利的产品生产,以便从国际贸易中取得最大的经济效益。比较成本说也存在着局限性:首先,如果从这一理论出发,劳动生产率落后者不仅不会因竞争而被淘汰,反而仍有可能从国际贸易中获利,这与价值规律的作用产生了矛盾;其次,对有关比较优势的来源未能加以说明,对比较优势相同的两个国家间能否发生贸易往来的问题未给予回答;最后,忽视了自然资源和规模经济在国际贸易中的作用。

1933 年,美国经济学家哈伯勒(Harberler)从机会成本概念出发,并借助"生产可能曲线"对比较优势进行了规范叙述:如果一个国家(区域)在本国(区域)生产一种产品的机会成本低于在其他国家生产这种产品的机会成本的话,则该国(区域)在这种产品上具有比较优势。这一理论被称为"机会成本理论",在西方经济学界得到很高的评价。

二、要素禀赋理论

(一)赫克歇尔-俄林的要素禀赋理论与里昂惕夫之谜

要素禀赋理论亦称赫克歇尔-俄林理论(即 H-O 模型),狭义的要素禀赋理论是指生产要素供给比例说,广义的要素禀赋理论还应该包括与之相联系的三个重要推论:斯托尔帕-萨缪尔森贸易分配理论、萨缪尔森的要素价格均等化理论以及雷勃津斯基(Rybczinsiki)定理。

H-O模型是用生产要素的丰缺程度来解释国际贸易发生原因和商品流向的理论。该理论的分析过程可做如下概括：国际贸易的直接原因是各国(区域)生产同样产品的价格不同,而价格的国际绝对差来自成本的国际绝对差;国际贸易发生的第二个原因是商品的成本比例不同,国际间生产要素价格比例的不同造成了商品的成本比例不同,而生产要素价格比例的不同又是由生产要素的供给比例不同造成的,即使生产要素供给比例相同,不同的需求也会产生生产要素价格比例的不同。因此,各国(区域)的要素资源禀赋相对而言是不同的,通过分工生产其相对密集使用、较充裕的生产要素的产品,就拥有由成本优势所决定的国家(区域)竞争优势,通过国际贸易,各自都可以获得比较利益。简言之,生产要素供给比例的差异,引起价格结构的不同,构成了国际分工与国际贸易的基础。

由H-O模型引申出三个重要理论:(1)斯托尔帕-萨缪尔森贸易分配理论。征收关税会对各种生产要素间的收入分配产生影响,解释了相当一部分国家不完全接受自由贸易原则的原因。(2)要素价格均等化理论。H-O模型不仅认为不同国家的要素禀赋不同导致了国际贸易的发生,而且论述了国际贸易将会导致各国生产要素的相对价格和绝对价格的均等化。萨缪尔森发展了这个理论,认为当两国进行产品贸易时,实际上是以间接的方式交换各自丰裕的生产要素,从而导致生产要素价格的均等化。因此这个理论又称为H-O-S理论。(3)雷勃津斯基定理。雷勃津斯基考察了生产要素禀赋的变动或流动对一国贸易与专业化分工的影响,得出结论:若一国由于各种原因使特定生产要素的数量增加,则该国密集使用该生产要素生产的商品数量及出口量会由此增加。[①]

H-O模型用全新的方法和体系对李嘉图的"比较优势理论"进行了重新诠释,成为现代国际贸易分工协作的基础性理论。但由于其严格的理论假设前提与国际和区域间贸易的现实不太符合,因此在实证中存在着较大的局限性,其中最著名的实证检验是"里昂惕夫之谜"(The Leontief Paradox)。根据H-O模型,发达国家的劳动力资源相对稀缺,资金资本相对丰裕,因此在其经济结构中,应当生产并出口资本密集型产品,进口劳动密集型产品。但是,里昂惕夫利用"投入—产出"分析方法对美国的进出口商品结构进行计算,却得到了相反的结论。对于"里昂惕夫之谜",西方经济学界提出了各种各样的解释,促进了国际贸易分工理论的向前发展。

(二)新要素学说:人力资本学说、研究开发学说、创新学说

新要素学说是对要素禀赋理论的丰富与发展,H-O模型主要研究的是自

---

① 陈秀山,张可云.区域经济理论[M].商务印书馆,2003年,第291页。

然要素与一般经济要素,而新要素学说则大大地扩展了生产要素的范围,把劳动智力投资、科技进步与创新、获取信息的便利程度都列入生产要素范畴。这一学说在一定程度上解释了"里昂惕夫之谜"。

(1)人力资本学说。以舒尔茨(Schultz)为代表的人力资本理论认为:劳动力实质上是一种不同质的生产要素,当人们通过对劳动力进行投资,使一定量的资本与劳动力相结合时,就会使劳动力的质量升华,从而生产出一种新的生产要素,即人力资本。人力资本实质上是指高素质的劳动者。

(2)研究与开发学说。美国经济学家格鲁伯(Gruber)、梅塔(Mehta)以及弗农(Vernon)三人提出该学说,他们认为:随着经济的发展和技术的进步,无形的生产要素正起着日益重要的作用,研发就是最重要的一种无形生产要素。

(3)创新学说。美籍奥地利经济学家熊彼特(Schumpeter)在其著作《经济发展理论》中提出了创新理论,他认为:经济发展是包含结构变迁、技术进步等提高经济质量内涵的经济运行过程,而不同于单纯的人口与财富增加的经济增长。创新是产生于经济生活内部,并推动经济发展的力量,是企业家实行对生产要素的新的结合。创新是推动经济发展的根本动力,它应该作为一种崭新的生产要素被引入生产函数。①

三、技术差距理论和产品生命周期理论

美国经济学家波斯纳(Posner)提出技术差距理论,该理论认为:由于技术差距原因,能产生大量创新并开发为新产品和新工艺的国家(区域),会获得这些高新技术产品生产和出口方面的比较优势。但这种优势不是永久的,因为随着进口该新产品的国家(区域)开始仿造该类产品,就使得创新国家(区域)逐渐丧失其优势与出口的主导地位。不过,这一过程存在一个仿造滞后期,当创新区域生产出新产品时,区内因需求的滞后而不输出这类产品;对于其他区域来说,需要了解新产品并调整其消费习惯以适应新产品,最后才能进口新产品并开始仿造。所以,创新国家可以暂时保持在这种新产品上的比较优势。尽管如此,创新区域可能随着时间的推移,拥有越来越强的新产品创新能力,因而在一些新产品、新技术被仿造后,仍能创新并生产出新产品以替代以前的新产品,从而继续保持其在贸易中的比较优势。

之后,美国经济学家弗农发展了这一理论,从产品技术发展过程的角度来研究区域间经济传播,提出了产品生命周期理论。该理论认为,任何工业产品

---

① 聂华林,王成勇.区域经济学通论[M].中国社会科学出版社,2006年,第409、410页。

都具有一定的生命周期,即随着生产和技术的发展,产品的技术密集程度会下降,且随着产品技术密集度的变化,产品的生产会发生区间转移,从而导致不同区域间贸易关系的变化。

弗农的产品生命周期理论根据对美国市场的研究,说明了发达国家的发展过程,先是开发并出口某一新产品,然后是向那些模仿创新的国家出口的份额逐渐减少,最后成为那种产品的净进口国。这一周期可分为创新期、发展期和成熟期三个阶段(如图 2.2.1 所示)。

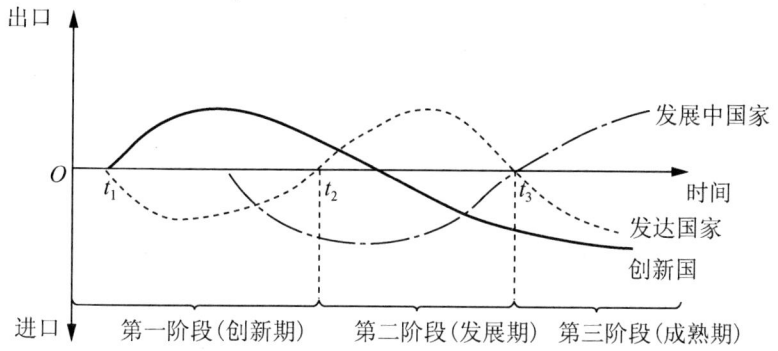

图 2.2.1　产品生命周期模型

创新期(t_1—t_2 时期)是产品的早期开发和改进期,最有能力提供大量研究与发展投入和高技术素质劳动力的国家(创新国)将垄断生产,并开始向其他国家(发达国家和发展中国家)出口,这一阶段的产品生产集中在技术力量大、协作条件优良的高梯度地区,属于技术密集型。

发展期(t_2—t_3 时期),产品生产逐渐标准化,大规模生产方式开始引入,技术开始传播,并且随着市场需求的日益扩大、竞争的加剧,新产品的生产开始向要素价格低、管理和资本方面占优的低梯度地区(发达国家)扩散,实现规模经济,该阶段的生产属于资本密集型。

成熟期(t_3 以后的时期),经过长期的生产和普及后,技术更易于掌握,产品完全不存在垄断价格,市场对产品的需求趋于饱和,原来的技术密集型产业已经完全沦为劳动密集型产业,那些拥有丰富、廉价劳动力的低工资地区在以高度标准化进行产品生产方面取得了优势,产品生产从创新区域转移至发展中国家(区域),最后创新区域从落后区域进口这种产品。

新产品的国际贸易模式之所以发生上述有规则的变化,是因为不同类型的国家,在产品生命周期的各个阶段上的比较优势不同,而比较优势又是与新产品生命周期的各阶段产品的要素密集度联系在一起的。产品生命周期理论把静态的比较成本理论、生产要素禀赋理论和新要素理论结合起来,从动态的角度分析了贸易分工的基础和贸易格局的改变。

四、新贸易理论

传统贸易理论都是建立在比较利益基础上的,以规模报酬不变、完全竞争市场等为假定前提,用要素禀赋差异来解释国家或区域的分工与贸易。第二次世界大战后,国际政治经济关系发生了深刻的变化,特别是发达国家之间的贸易问题,用传统的贸易理论进行解释,已日益显示出其缺陷。20 世纪 70 年代后期,随着经济学分析方法与工具的改进和发展,以克鲁格曼等人为代表的经济学家提出了与传统贸易理论既相承又有突破的新贸易理论。该理论的主要观点有以下几个方面:

1. 规模经济和多样化消费之间的两难选择模型——DS 模型

1977 年,迪克西特(Dixit)和斯蒂格利茨(Stiglitz)建立 DS 模型。这一模型假设,存在两个国家,生产中具有规模经济,而消费者具有多样化消费的偏好,则即使两国其他条件完全相同,仍然可以通过专业化生产的选择获得比较优势。DS 模型认为,从生产者方面来讲,由于产品的生产规模越大成本就越低,因此产品的品种越少越好;从消费者方面来讲,由于多样化消费的偏好,因此产品的品种越多越好。这就产生了一个两难冲突:消费者要求产品的品种更多;而生产者在资源稀缺性的约束条件下,生产规模就会缩小,导致每种产品的生产成本及价格上升。但由于规模经济的作用,市场竞争能使这种两难冲突达到一定的或是一种次优的均衡:每一个生产者都去生产一种差别性产品——既满足了消费者多样化和廉价的消费需求,又能使生产者本身获得一定程度的垄断利益——从而形成某种垄断竞争的局面。结论是,一个统一的规模扩大的市场更能发挥规模经济的优势,从而使这一两难冲突的解决空间增大。由于国际贸易能使市场规模延伸并覆盖整个世界,使更多的人有更多机会消费更多样化和更廉价的产品,因此能更容易地达到均衡。DS 模型为国际贸易理论的深入研究提供了一个明确的方向。

2. 产业组织理论和市场结构理论嫁接入国际贸易理论——产业内贸易理论

20 世纪 70 年代末期,克鲁格曼在前人研究的基础上,借用 DS 模型分析方法并对其做了少许修改,首先较为系统地将产业组织理论和市场结构理论嫁接入国际贸易理论中,从国际贸易的三个现象——全球贸易很大部分发生在要素禀赋相似的国家之间,相同国家之间的贸易大多呈现出产业内贸易的特征,产业内贸易的增长还没有提出严重的收入分配问题——出发,以不完全竞争替代传统贸易理论的完全竞争的假设,并提出所有的厂商都有垄断力量,故以规模报酬递增替代传统贸易理论的规模报酬不变的假设,建立了一个贸易模型以解释这些现象。他认为,贸易的原因不仅仅是比较优势,而且还有规模递增收益;要素禀赋差异决定着产业间的贸易,而规模经济决定着产业内部的国际贸易。产业内贸易中,出口方的利益就是不完全竞争厂商获得的市场势力与规模经济利益的总和;进口方利益则是从小差异产品中获得消费上的满足,进而使福利水平得以提高。在不完全竞争的市场结构中,由于规模经济的存在,即使在各国的偏好、技术和要素禀赋都一致的情况下,也会产生相异产品之间的产业内贸易,国家间产品的差异越大,产业间的贸易量就越大;国家间越相似,产业内的贸易量就越大。[①]

3. 技术竞争理论

新贸易理论把国际贸易、经济增长以及技术进步结合起来进行研究,认为技术变动有两种情况:一种是通过贸易等经济行为被动地接受"技术外溢",称为"干中学";另一种是经过研究和开发(R&D),主动革新而得到的。技术进步很多情况下是通过第一种方式。一国要维护和创造竞争优势、改善贸易地位必须积极接受"技术外溢",同时努力促进本国技术革新。

4. 战略性贸易政策理论

1984年,克鲁格曼在《以进口保护促进出口》一文中证明,在寡头垄断市场和规模经济条件下,一国政府可以采取较高的进口关税这种战略性政策来保护本国具有战略性意义的幼稚产业,当本国市场容量足够大时,将会使其获得静态规模经济收益,降低其边际生产成本,在此基础上提高其出口竞争力,从而促进出口。这就是影响广泛的"战略性贸易政策"(Strategic Trade Policy)的重要命题之一。

加拿大经济学家布兰德(Brander)和美国经济学家斯潘塞(Spencer)在对新贸易理论研究的基础上提出了另一最具影响的贸易政策——以出口补贴促进出口,又称利润转移论。这是战略性贸易政策又一重要命题。他们认为,尽管完全竞争条件下自由贸易是最优的选择,但在现实经济中完全竞争是不存在的,而规模经济和不完全竞争(垄断竞争、寡占)是经常的、普遍的现象;世界上许多产业都是由为数有限的几个具有市场力量的厂商所左右的;如果在本国厂商做出生产决策前,政府采取"干预性"(战略性)贸易政策(如出口补贴)对本国的重要产业进行扶持和保护,提高这些产业领域中的厂商在国际市场上的竞

---

① 陈秀山,张可云. 区域经济理论[M]. 商务印书馆,2003年,第295页。

争能力,使其有能力抢占国际市场份额以谋取"经济租(垄断利润)",那么利润从国外厂商向国内厂商的转移会使本国的贸易福利得到提高。

外部经济论又称技术外溢论,是新贸易理论另一最为重要的政策主张。外部经济论有两层含义,一层含义是外部经济存在于厂商的外部但在同一产业的内部,同一产业内部的厂商既相互协作并共同分享信息、管理经验以及"技术溢出"等公共品,又相互竞争。在这种相互协作、相互竞争的过程中,同一产业内部的厂商提高了效率和管理技能,从而又促进了该产业的发展。另一层含义是外部经济应放在全球的范围去讨论。克鲁格曼1983年在《工业国家间贸易的新理论》一文中,在提出技术竞争理论的同时进一步发展和总结了外部经济的观点。他指出,假设在某产业中有本国和外国两家厂商,他们都以加大R&D的投入展开技术竞争的手段来降低生产成本及开发新产品,则他们对R&D投入的多少决定了他们以后在产品市场上的竞争地位,哪一国的该产业对R&D投入得多则该国就可能率先抢占该产业的制高点。但是新产品开发的一种可能的结果是自己独享利益,另一种可能的结果是通过"技术外溢"和"干中学"使另一家厂商也能获得一部分利益。因此,一国政府应该采取保护主义和干预主义的政策来保护具有战略性意义的高新技术产业。由此可见,外部经济论为政府干预经济提供了重要的理论依据,也为此后一些发达国家政府干预经济提供了一个很好的借口。

5. 相互倾销论

相互倾销论是新贸易理论的又一重要模型,1983年由布兰德和克鲁格曼提出。该模型假设,有两个相同的国家具有相同的需求;两国各有一家厂商,每家厂商用同样的成本生产同样的产品,且在各自国家内均具有垄断力量。这实际上是一个全球背景下的双寡头垄断模型,而两国在该产品上并没有比较优势。但由于存在国际间运输成本,两寡头厂商将展开古诺竞争——只要垄断加价大于国际间运输成本,两家厂商就有可能在对方国家相互倾销商品。相互倾销模型从表面上看似乎是两家在各自国内具有垄断力量的厂商利用运输成本导致的成本和价格优势在对方国家销售相同的产品,是一种无谓的贸易,但实际上这两家厂商从全球的角度来看转换成了一种寡头垄断的市场结构,因此古诺竞争将导致价格趋于下降,即使一些资源会消耗在国际间的运输上,但只要运输成本不是太高且低于垄断加价,则两国间的贸易将会削弱厂商在各自国家市场上的垄断程度,从而提高消费者的福利。

五、国家竞争优势理论

20世纪70年代以后,随着经济全球化的发展,发展中国家和经济转轨国家普遍推行投资自由化政策,国际竞争日益激烈,如何获取竞争优势是各个国家必须面对和思考的问题。迈克尔·波特(Michael Porter)不仅从国家角度,更重要的是从产业和企业本身竞争的角度来考察国际贸易的原因,提出了国家竞争优势理论。他认为,国家的竞争优势是通过创造得来的,关键在于优势产业的建立和创新,即所谓的竞争优势产业。因此,分析产业的国际竞争优势,就必须考察一个国家(区域)的经济、社会、政治等环境如何影响各个产业的国际竞争优势。竞争优势理论的提出反映了时代的需要,并对20世纪90年代美国的对外贸易政策产生了重大影响,因此受到广泛的推崇。

波特的国家竞争优势主要取决于"钻石体系"系统(见图2.2.2)中的诸因素,利用这一体系来分析一国如何创造竞争优势。它包括四个要素:生产要素,需求条件,相关产业与支持性产业,企业战略、企业结构和同业竞争。(1)一个国家如果拥有某一产业十分重要的要素禀赋或者高质量要素禀赋,该国就可能获得竞争优势;(2)如果一国拥有和国际市场需求相似的需求或者该国对产品、服务较内行,则有利于该国提升竞争优势;(3)如果一国在国内具有国际上有竞争力的供应商产业和相关产业,该国就很容易产生新的有竞争力的产业;(4)国内的激烈竞争能创造和保持一个国家的竞争优势。

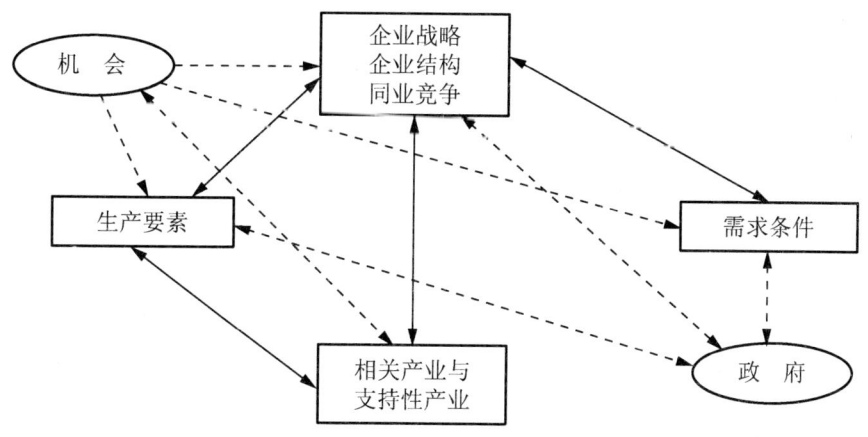

图2.2.2 完整的"钻石体系"图

资料来源:迈克尔·波特,国家竞争优势[M].中信出版社,2007年,第114页。

除了这四大关键要素外,还有两个重要的变量可能对国家竞争优势产生重要的影响,那就是机会和政府。"机会"是指那些超出企业控制范围内的突发事件,打破了现存的竞争环境、竞争秩序,为原来竞争力弱的国家提供机会,可以后来居上;政府则通过成功的政策直接影响企业、产业的国际竞争优势。但这两个因素的影响并不是决定性的。

六、国际相互依赖理论

20世纪50—60年代,随着世界经济的发展,国际相互依赖理论开始兴起,1968年美国经济学家库珀(Cooper)首次系统阐述了国际相互依赖理论。该理论阐明了国家与国家之间、地区与地区之间的经济社会发展不是独立的,而是彼此依存、相互联系的,因此,各国、各地区之间应该积极开展经济合作,谋求共同发展。

综合国际相互依赖理论的各种观点,世界各国经济社会发展之所以相互依赖,主要源于三个方面的原因:(1)政治军事力量的制衡;(2)经济技术的发展使各国都具有各自的特殊优势,但经济技术的不均衡格局导致各国都必须依赖其他国家的经济技术力量完成本国的技术进步和经济发展;(3)一系列影响全球经济社会的重大问题要求世界各国必须加强合作,共同面对。

第三节 区域空间组织理论

一、区域空间结构的演变阶段理论

该理论从一般的区域属性出发探索共同性的规律,认为区域空间的演变具有共同的阶段性特征,其中以美国经济学家弗里德曼(Fredmann)的区域空间结构演变理论最具有代表性,他将空间结构的演化划分为四个阶段。

1. 前工业阶段:低水平均衡阶段

生产力发展水平低下,经济活动前后向联系少,城市化水平极低,工业不发达;经济活动以分散孤立、小地域范围内的封闭式循环为特征;城镇规模小,职能较单一,等级均衡,城镇联系较为松散,以上下等级之间的行政、商业及其他服务性活动的联系为主。

2. 工业化初期阶段:极核式集聚发展阶段

基本经济部门在空间上集聚发展,促使中心城市逐步成长,形成极化发展的空间结构;城市首位度提高,城镇数目比(即下一等级城镇数量与上一等级城镇数量之比)增加,城市化进度加快;同时,技术革新较快发展,第三产业大量出现,依托大力开发的区域交通网络,将周边和外围地区的资源和潜力更多地吸聚到经济循环中来,并分配给原有的中心和形成新的中心,从而形成极核城市发展较快的非均衡城市体系。

3. 工业化成熟阶段:极核式扩散发展阶段

生产的高度发达使极核城市的反集聚效益开始出现,交通信息手段的日益进步为城市的扩散发展创造了技术条件,在区位级差地租的内在作用下,经济活动由极核城市向外围地区扩散,周围城镇得到发展,形成新的增长点;随着扩散作用的日益加强,城市等级系列规模基本形成,各城镇的基础设施日益完善,小城镇数量增多,城镇职能分工和互补性明显;由此,区域经济活动过疏过密的问题将日益缓和,并有可能出现一批后来居上的新产业极核城市。

4. 后工业化阶段:高水平的均衡阶段

区域经济进入繁荣发达、产业结构高技术化阶段,知识和信息成了推动生产力发展的主要动力;区域生产力逐步向均衡化发展,中心城市发展速度减缓,并出现郊区化、逆城市化现象;城市间联系密切,形成以网络化、均衡化、多中心为特征的空间结构,地区间的阻隔和差异已逐渐消失并完全融合为一个整体,各地区的空间和资源得到更充分和合理的利用,整个区域空间结构处于一个高水平的、动态的均衡发展之中。[①]

弗里德曼还从区域经济学角度提出了"中心—外围"模型,他思考的出发点是创新问题,这种创新不仅仅指经济意义上的技术创新,还包括制度创新(社会变革)。区域发展是通过一个不连续的但又逐步累积的创新过程实现的,而发展通常起源于区域内少数的"变革中心",创新使这些中心增强了发展能力和活力,并由这些中心向周边地区扩散,周边地区依附于"中心"而获得发展。他认为,任何区域的空间系统都可看做是由中心—外围两个空间子系统组成的。他将区域经济增长的特征与经济发展的阶段联系起来,即上文中提到的四个阶段:前工业化阶段、工业化初期阶段(中心—外围阶段一)、工业化成熟阶段(中心—外围阶段二)、后工业化阶段(空间经济一体化阶段)。在最后一个阶段,资源要素在整个区域内全方位流动,更多的核心区形成,少数中心大城市失去原有主导地位,城市体系形成,随着市场的扩大、交通条件的改善,中心与外围的界限会逐步消失,区域经济的持续增长将推动空间经济逐渐向一体化方向发展。

---

① 聂华林,王成勇.区域经济学通论[M].中国社会科学出版社,2006年,第339页。

二、增长极理论及其发展

(一) 增长极理论

"增长极"概念最早是20世纪50年代由法国经济学家佩鲁(Perroux)提出的,他针对古典经济学家的均衡发展观点,指出现实世界中经济要素的作用完全是在非均衡条件下发生的,增长不是同时出现在所有地方,而是以不同的强度首先出现在一些增长点或增长极上,然后通过不同的渠道向外扩散,并对整个经济产生不同的最终影响。这一理论以及之后的缪尔达尔和赫希曼对导致区域发展极化机制的探讨,形成了区域经济发展的极化理论。

佩鲁的增长极概念的原始含义比较模糊,他是从抽象的经济空间出发,强调产业联系,强调推动型企业对区域经济增长的作用,"极"是指推动型的企业及与其相互依赖的产业,是一个纯经济概念,并没有把地域的极化作用作为增长极的一个内在要素。60年代,法国经济学家布代维尔(Boudeville)和其他许多学者一起将"极"的概念引入地理空间,重新探讨了空间的含义,拓展了佩鲁的理论,将其从抽象的空间转换为具体的地理空间,强调了增长极的空间特征。他认为经济空间不仅包括与一定地理范围相联系的经济变量之间的经济关系,而且也包括经济现象的地域结构关系。他将"增长极"简要地定义为:在城市区域配置的不断扩大的工业综合体,并在其影响范围内引导经济活动的进一步发展。他把增长极同极化空间和城镇联系起来,使增长极有了确定的地理位置,即增长极的"极"位于城镇或其附近的中心区域。因此,增长极包含了两个明确的内涵:一是作为经济空间上的某种推动型产业,即部门增长极;二是作为地理空间上的产生集聚的城镇,即空间增长中心。增长极便有了"推动"和"空间集聚"双重意义上的增长之意。

增长极对周围地区的作用机理表现在两个方面:极化效应和扩散效应。(1)极化效应:由于增长极主导产业的发展,具有相对利益,产生吸引力和向心力,使周围区域的劳动力、资金、技术等要素转移到核心区域,剥夺了周围区域的发展机会,使核心地区与周围地区的经济发展差距扩大。(2)扩散效应:与极化效应同时存在但作用方向相反的另一种地域变化过程,表现为经济要素从核心地区向外围扩散、延展,从而带动整个区域经济的发展,使经济在地区间均衡地发展。所以,极化效应是增长极对周围地区的经济发展的负面影响,扩散效应是正面影响。

(二) 点轴模式理论

点轴模式理论是增长极论的延伸,是由增长极和生长轴相结合而成的一种新的区域不平衡发展理论,最早由波兰经济学家萨伦巴和马利士提出。该理论在重视"点"增长极的作用的同时,还强调"点"与"点"之间的"轴"及交通干线的作用,认为随着重要交通干线的建立,连接地区的人流和物流迅速增加,生产和运输成本降低,形成了有利的区位条件和投资环境。轴的实质是产业带,是资源开发、产品和劳务生产流通的基地,而且必须处于水陆空交通干线上,即有相对发达而稠密的运输网,把这些流通基地连成一线,以缩短空间距离并节省时间。产业和人口向交通干线聚集,使交通干线连接地区成为经济增长点,沿线成为经济增长轴。

(三) 网络开发模式

这是一种比较完备的区域空间组织模式,是点轴模式的延伸,主要适用于经济发展水平处于工业化中后期的区域以及更发达的区域。该理论认为,依据空间一体化的一般规律,在区域点轴体系完善后,开发重点应放在点轴与其腹地之间的综合网建设上,以促进区域经济一体化,特别是城乡一体化。综合网由点轴体系向外伸展,可将发展机会传播到更多的地区,生产要素的利用更加充分,空间结构与产业结构更趋合理,进而缩小地区间的发展差距。[1]

三、梯度转移理论

20 世纪 60 年代,弗农提出产品生命周期理论,此后,区域经济学家对该理论进行了验证,并做了充实和发展,将这一理论引入区域经济学中,便产生了梯度转移理论。所谓梯度是指区域之间经济总体水平的差异,而不仅仅是技术水平的差异。经济和技术发展的区域梯度差是客观存在的,是产品生命周期在空间上的表现形式;产业发展有个过程,即创新阶段—扩展阶段—成熟阶段—衰老阶段,处在创新阶段的产业一般出现在高梯度发达地区,而产业发展到衰老阶段后,一般会有向低梯度落后地区转移的趋势。该理论认为,创新活动是决定区域发展梯度层次的决定性因素,而创新活动大都发生在高梯度区域,然后,依据产品周期循环的顺序由高梯度区域向低梯度区域推移。梯度转移过程主要是通过多层次的城市系统扩展开来的,创新从发源地向周围相邻的城市推移,或是向较远的第二、第三级城市推移,以此类推,推移到所有区域。[2]

日本经济学家赤松要(Kaname Akamatsu)的"雁行产业发展形态说"与梯度理论有相似之处,该理论立足于经济落后的发展中国家的需要,论述了如何接

---

[1] 陈秀山,张可云.区域经济理论[M].商务印书馆,2003 年,第 378 页.
[2] 黄绍臻.海峡经济区的战略构想[M].社会科学文献出版社,2005 年,第 51 页.

海峡西岸和其他台商投资相对集中地区的经济发展

受发达国家传递下来的技术相对成熟的产业,并将它由幼小产业发展成为世界性生产基地。20世纪80年代以后,随着日本经济的成功和"亚洲四小龙"的崛起,"雁行模式"用于解释20世纪60—80年代东亚经济内部产业分工和转移的动态关系,将日本、"亚洲四小龙"、东盟等国(区域)列为不同发展梯度,日本已失去比较优势的产业通过投资和技术转移,首先向"亚洲四小龙",其次向东盟和其他亚洲各国(区域)转移。"雁行模式"本质上是投资国与被投资国之间的动态产业转移理论,通过这种产业间的依次传递,必将带来各国(区域)产业结构的调整或优化,带来相互间贸易流量的增大,使得各国(区域)生产规模、生产能力扩大,工业化水平提高,最终形成更高层次的产业依次传递。

四、新产业区理论

20世纪70年代后,实施凯恩斯主义的国家面临着经济衰退的危机,市场和计划各自作为经济发展手段的失败使人们认识到,经济发展还有第三条道路——市场和计划的混合。意大利北部的普拉托、美国的硅谷等地的成功也给出了实践的论证。同时,科斯开创的交易费用理论也为人们分析集群提供了新的角度,这一理论在张五常和威廉姆森等人的发展下,使人们认识到在市场和等级制度之间存在着稳定的网络组织形态。在这一背景下,新产业区理论产生了,这既源于实践的推动也源于理论的推动。

产业区的概念最早是由英国经济学家马歇尔提出的。他认为,产业区是某种产业在地域上的企业集聚,由于外部效应和局域化优势使它获得发展活力。马歇尔特别强调产业的氛围对信息扩散和企业创新行为的积极作用。但是,他没有考虑到区域内企业的成长和区域间企业的迁移等区域发展的动态因素,过分地强调了区域垄断的作用,也没有明确提出企业网络的概念。新产业区与传统的工业集聚区或工业区有很大的不同,它是指面向国内、国际市场的中小型企业在一定地理区域内集聚而成的,以本地网络和根植性为特征的既竞争又合作的中小型企业的综合体。在新技术时代,随着科技的迅速发展、制造业生产方式的转变,由生产驱动的标准化大批量产品的刚性生产方式,正在转变为由市场驱动的小批量定制产品的柔性专业化生产方式。新产业区被视为柔性专业化的空间组织形式,所谓柔性专业化,是指企业运用全能性机器和训练有素的、适应能力强的劳动力,进行多种多样的、自身不断改变的专门化集合式生产。

新产业区具有很强的区域一致性、集体企业家、柔性专业化、竞争与合作的共存、信息的迅速扩散、经济和社会的融合、很强的集团一致性等特征,概括来说,有以下四个特点[①]:(1)高度专业化分工基础上的企业集聚,产业区中的企业按照整个制造链条的各个环节进行分工协作,包括相关的服务;(2)这种分工植根于区域特定的社会结构之中,由于企业的国际竞争力不仅取决于国家环境,更重要的是取决于它所在的区域和地方环境,因此有活力的社会文化环境保证了经济活动和技术创新的持续发展;(3)在新产业区中,除了生产方面之外,还有各自产业的共同的集体知识中心和创新中心;(4)各种机构形成的密集网络,承担着对外代表和对内解决冲突的任务,它创造了共同信任的基础并促进企业之间共同合作,这种网络是企业发展和区域经济发展的一种制度性手段,它可以活化资源、扩大信息交流、增强柔性、减少不确定性。

[①] 陈秀山,张可云.区域经济理论[M].商务印书馆,2003年,第263页。

第三章 大陆台资集中区的综合竞争力比较

大陆台资集中区是一个动态变化的概念,不同时期其地域范围是不断变化的。本章采用经济学上的 CR_4 指数、CR_8 指数、赫尔芬达尔－赫希曼指数(HHI指数)计算得出,目前大陆台资集中区主要包括福建、广东、上海、江苏、浙江、北京、天津、山东 8 个省市,从经济区来说,大陆台资集中区主要包括"海西区"、"珠三角"、"长三角"、"环渤海"四大经济区。另外,本章应用资金密度指标计算了 8 个省市台商投资项目的资金密度情况,发现上述 8 个省市的台资企业投资规模和企业性质有较大差异。

本章采用 Moran's I 指数对大陆台商投资的空间关联性问题进行测度,并通过建立一般空间自回归模型探讨其原因。结果表明台商在大陆投资表现为在地理空间上的聚集特征,其影响因素主要有市场容量、劳动力成本、基础设施和沿海内陆差异等。

为了探讨大陆台资集中区的竞争力,本章第二节运用密切值法计算并进行排序,上述 8 个省市的综合竞争力排序依次为沪、京、粤、苏、浙、津、鲁、闽;而综合评价的结果是:长三角地区、环渤海地区、珠三角地区具有综合竞争力优势,海峡西岸是仅次于以上三个地区最具竞争力的地方。

第一节 大陆台资集中区的内涵和范围界定

一、海峡西岸与海峡西岸经济区

1. 区域与经济区域

区域作为一个科学概念,产生于以人地关系、区域差异为研究对象的地理学。20 世纪以来,这一概念在社会学、行政学、政治学和经济学等诸多领域得到了十分广泛的应用,以至于美国经济学家 W. 伊萨德(W. Isard)认为区域是一种空间聚类方法,是一种描述和理解人类活动空间差异的工具。其实,按地理学观点,区域是地球表壳的地域单元;按行政学观点,区域就是国家管理的行政单元;按社会学观点,区域是具有共同语言、共同信仰和民族特征的人类社会聚落。概括地说,区域是按一定标准划分出的连续、有限的空间范围,是具有自然、经济或社会特征同质性的地域单元。[①]

经济区域是根据经济活动的空间分布规律划分出来的地域单元。社会劳动的地域分工是社会分工的空间表现形式,经济区域是在地域分工的基础上发展起来的、具有发达的内部生产联系和地方化特点的地域经济综合体。其基本特征是:经济区域是人类长期经济活动的产物,而人类的经济活动是一个复杂的社会再生产过程,必须具有满足一定基本条件的空间范围,因此经济区域不能无限细分;随着生产力的发展、科学技术的进步和经济条件的改善,人类经济活动的布局就需要调整,因而经济区域不是固定不变的;由于受到区域外和区域之间各种因素的影响,经济区域是开放的,区域边界的存在形态往往是一条过渡地带,所以其界限是模糊的。但是在具体分析问题、表现区域状况或进行定量分析时,通常要使用行政区域的统计数据,这就要求经济区域的确定与行政区域相协调。

经济区域的确定,借鉴地理学的区域方法可分三类:同质区域(homogeneous region)、极化区域(polarizable region)和计划区域(planning region)。例如从全国来看(不含港、澳、台地区),按沿海与内陆划分,基于地域形态可得到2个同质区域的经济地带;以核心大城市为中心划分,基于地域功能可得到东北、华北、华东、华中、华南、西南和西北7个极化区域的经济协作区;以行政区域划分,基于政府管理可得到31个计划区域的省级经济区。

改革开放初期,我国在广东、福建两省的深圳、珠海、汕头和厦门4个地级市设立了经济特区,为探索具有中国特色的社会主义市场经济打下了基础。随着经济体制改革的进一步深入,生产要素在市场机制的作用下向一定地理单元自然聚集,相关联的地理单元因经济发展的协作需要,在区域政府的大力推动下,逐步形成了"珠三角"、"长三角"和"环渤海"等经济区,为中国经济的发展作出了巨大的贡献。

2. 海峡西岸与海峡西岸经济区

"海峡两岸"泛指台湾海峡两侧的中国台湾和大陆的广大地区,相对于"海峡东岸"的台湾地区,我们通常把北起浙江温州、南至广东汕头的沿海地区及其腹地统称为"海峡西岸",其主体为福建省。"海峡西岸经济区"最早出现在2004年1月8日召开的福建省第十届人民代表大会第二次会议的《政府工作报

[①] 白雪梅.中国区域经济发展的比较研究[M].北京:中国财政经济出版社,1998年,第45页。

告》上;2005年1月24日,福建省第十届人民代表大会第三次会议通过了《关于促进海峡西岸经济区建设的决定》,海峡西岸经济区建设作为地方发展战略正式启动。2005年10月11日通过的《中共中央关于制定国民经济和社会发展第十一个五年规划的建议》中明确提出"支持海峡西岸的经济发展",2009年5月6日国务院又批复了《关于支持福建省加快建设海峡西岸经济区的若干意见》,自此,"海峡西岸经济区"建设正式上升为国家发展战略。

海峡西岸经济区建设,其中心目标就是要加快福建经济的发展。改革开放以来,福建省政府在不同的发展阶段都对福建的区域经济发展提出了相应的发展思路。以厦门经济特区为基础,1985年初期政府提出了加快发展厦、漳、泉闽南金三角的设想,成立厦门、漳州、泉州经济协作区,得到了国务院有关部门的认可;1995年政府提出了建设"海峡西岸繁荣带"的战略目标,把福州、莆田、泉州、厦门、漳州作为全省经济发展轴心,形成以厦门、福州为发展极,向省内其他地市辐射的极化经济区。福建的经济发展,从加快发展闽南金三角到建设海峡西岸繁荣带,再到建立海峡西岸经济区,经过了二十余年的积累,现在已经进入了全面发展的更高阶段。

3. 海峡西岸经济区的合理性与范围界定

周一星基于 J. Gottmann 的大都市(Megalopolis)观点①,提出了都市连绵区(Metropolitan Interlocking Region)理论。都市连绵区是若干个都市区沿综合交通走廊连绵分布而形成的巨型城乡一体化区域,是国家的经济核心。在这一经济核心上必然能够建立与其现有条件相适应的经济区,但不是所有经济区都能成为国家的经济核心。他认为中国人多、地大、一面靠海、区域差异巨大的基本地理结构决定了都市连绵区不可能在内陆发育形成,因此只有沿海地区才具备形成都市连绵区的条件。② 他给出了形成都市连绵区必须具备的5个条件:①具有2个以上人口超过百万的特大城市作为发展极;②有对外口岸;③发展极和口岸之间有便利的交通干线作为发展走廊;④交通走廊及其两侧人口稠密,有较多的中小城市;⑤经济发达,城乡间有紧密的经济联系。按这一理论,我国的"珠三角"、"长三角"、京津唐、辽中南、山东半岛、闽东南有条件形成6个都市连绵区。

利用《福建统计年鉴2011》的数据,我们发现闽东南已初步具备了形成都市连绵区的条件,说明海峡西岸经济区的建立有其现实合理性。第一,按2010年年末常住人口的统计数字,厦门、福州、莆田、泉州都成为市辖区人口在100

---

① J Gottmann. Meglopolis: The Urbanization of Northeastern Seaboard[J]. Economic Geography, 1957, 33: 189 – 200.

② 周一星. 解读海峡西岸经济区[J]. 地域研究与开发. 2007 年第 2 期.

万以上的特大城市,其中厦门、福州分别是经济特区和省会城市,较高的对外开放程度使它们理所当然地成为发展极。第二,闽东南地区内拥有众多的天然港口群,其中福州、厦门的大型现代化海港年吞吐容量都在亿吨以上,2010年福州港、厦门港、泉州港、湄州港的货物吞吐量总计达3.01亿吨;厦门高崎国际机场、福州长乐国际机场已开通了十余条国际航线。第三,闽东南地区拥有由海运、空运、公路运输、铁路运输组成的立体交通综合网,福厦高速公路贯穿两极,南接"珠三角"、北承"长三角"、东出台湾海峡、西连湘赣皖鄂,还有多条铁路、高速公路正在规划建设之中。第四,闽东南地区拥有较多的中小城市,其中福清、晋江、南安、安溪的常住人口都超过了100万,还有十余个城市的人口在50万—100万之间。2010年福州、莆田、泉州、厦门、漳州市辖区人口密度分别为每平方公里2 881、881、1 609、2 251、1 928人(见表3.1.1),市辖区累计平均达每平方公里1741人,人口相当稠密。第五,闽东南地区经济发达,2010年市辖区累计人均产值(GDP)超过5万元,厦门则近6万元。闽东南地区陆地面积近4.2万平方公里,也就是说以不到全省35%的土地(福建省陆地面积12.14万平方公里),承载了全省71%的人口(2010年福建省常住人口3 689.42万人),提供了全省68%的产值(2010年福建省经济总量14 737.12亿元)。

表3.1.1 2010年闽东南地区经济社会基本状况

		土地面积	常住人口	生产总值	人口密度	人均产值
市辖区	福州	1 014	292.18	1 545.23	2 881	52 886
	莆田	2 218	195.38	710.53	881	36 367
	泉州	892	143.52	825.88	1 609	57 545
	厦门	1 569	353.13	2 060.07	2 251	58 337
	漳州	366	70.56	349.04	1 928	49 467
合 计		6 059	1 054.77	5 490.75	1 741	52 056
全 市	福州	12 153	711.54	3 123.41	585	43 896
	莆田	4 119	277.85	850.33	675	30 604
	泉州	11 244	812.85	3 564.97	723	43 858
	厦门	1 569	353.13	2 060.07	2 251	58 337
	漳州	12 888	481.00	1 430.71	373	29 744
合 计		41 973	2 636.37	10 029.49	628	38 043

注:本表的土地面积、常住人口、生产总值和人均产值数据来自《福建统计年鉴2011》,单位分别为平方公里、万人、亿元和每人元。合计值为直接计算获得。

海峡西岸和其他台商投资相对集中地区的经济发展

关于如何确定海峡西岸经济区腹地的问题,专家、学者们有不同的看法。周一星认为福建省的对外经济联系是一个相对独立的子系统,进行经济区规划,其核心区是闽东南地区,通过当时既有的人流、物流、信息流的实证分析,认为其腹地是福建全境。① 但随着近年来福建与周边省份高速公路、铁路等基础设施的建成,经济交往不断加强,省际间的经济协作客观上已逐步形成。福建省内大多数学者认为,经济区腹地不应囿于福建全境,而应拓展到邻近省份。魏世恩较早提出了自己的观点,他认为海峡西岸经济区腹地是以浙江境内浙赣铁路西段以东、江西境内京九铁路南段以东为边界,北起温州南至汕头所形成的区域。其中包括福建全省,浙江的温州、丽水、衢州,江西的上饶、鹰潭、抚州、赣州、吉安,广东的梅州、揭阳、潮州、汕头等21个地级行政区划。② 其他较具代表性的有:以铁路干线为参照,以西北浙赣线、东北金华温州铁路、西部京九线、南部梅州汕头铁路为区域边界,含22个地级行政区划(与魏比较,增加了金华市)③;以福清市江阴港为圆心,覆盖整个台湾岛圆形区域所及的台湾海峡西岸地区,含20个地级行政区划(与魏比较,少了吉安市,也是至目前为止的官方口径)④;部分学者认为要把湖南南部的株洲、衡阳、郴州3个地级行政区划入。⑤ 两岸共同市场基金会董事长萧万长先生在第一届海峡西岸经济区论坛上表示,建设海峡西岸经济区,应采取开放性经济整合模式,以福建及台湾经济的自然整合作为核心,秉持包容、开放、不划地为限的做法,将邻近地区纳为腹地,包括上海、江苏、浙江、广东、江西、海南乃至港澳地区,都可以作为建立合作关系的战略伙伴。2011年3月10日国家发改委会同有关部门和地方政府编制的《海峡西岸经济区发展规划》(下称《规划》)获国务院正式批复。《规划》首次明确了"海峡西岸经济区"的具体地域范围。包括福建省全境以及浙江省温州市、衢州市、丽水市,广东省汕头市、梅州市、潮州市、揭阳市,江西省上饶市、鹰潭市、抚州市、赣州市,陆域面积约27万平方公里。《规划》指出,福建省在海峡西岸经济区中居主体地位,具有对台交往的独特优势。《规划》明确,海峡西岸经济区是两岸人民交流合作先行先试区域,服务中西部发展新的对外开放综合通道,东部沿海地区先进制

---

① 周一星.张莉.改革开放条件下的中国城市经济区[J].地理学报,2003年第2期。
② 魏世恩.关于构建海峡西岸经济繁荣带的几点思考[J].开发研究,1997年第3期。
③ 戴淑庚.繁荣带的内涵及其指标体系[A].福建建设海峡西岸繁荣带若干战略问题研究[M].厦门大学出版社,1999年,第17页。
④ 叶飞文.海峡西岸经济区发展现状、趋势目标、功能定位与发展对策[A].2006年:海峡西岸经济区发展报告[C].社会科学文献出版社,2006年,第4页。
⑤ 郭文贵,颜志平,钟锐辉.建设台湾海峡西岸经济区的战略构想[J].福建改革,2007年第6期。

造业的重要基地,我国重要的自然和文化旅游中心。《规划》按照各地发展基础和资源环境承载能力将海峡西岸经济区划分为三大功能区,即东部沿海临港产业发展区,中部、西部集中发展区,生态保护和生态产业发展区。此外,《规划》确定了"一带、五轴、九区"的网状空间开发格局。"一带"即"加快建设沿海发展带","五轴"即福州—宁德—南平—鹰潭—上饶发展轴,厦门—漳州—龙岩—赣州发展轴、泉州—莆田—三明—抚州发展轴、温州—丽水—衢州—上饶发展轴和汕头—潮州—揭阳—梅州—龙岩—赣州发展轴;"九区"即厦门湾发展区、闽江口发展区、湄洲湾发展区、泉州湾发展区、环三都澳发展区、温州沿海发展区、粤东沿海发展区、闽粤赣互动发展区、闽浙赣互动发展区。

4. 海峡西岸与台湾地区的关系

福建地处"长三角"与"珠三角"的联结点,受到了"长三角"和"珠三角"的共同影响,因此应积极推进与"长三角"、"珠三角"两大经济区的对接。同时,必须从地处"长三角"和"珠三角"过渡带这一特点出发,积极谋求与两大相邻经济体的分工与合作,发挥自身的对台窗口优势,寻求更大的发展。

福建与台湾地处台湾海峡两侧,虽然经历了近50年的人为隔绝,但自古以来有着十分密切的社会经济联系。台湾民众80%的祖籍地在福建,同时福建与台湾的气候和地理环境十分相近,有着人缘、地缘、文缘、法缘、商缘的"五缘"之说。随着两岸关系的逐步缓和,福建成为台商到大陆投资最早的地区,台商到大陆的农业投资75%落户福建。闽东南地区的厦门港距台湾地区的嘉义县仅120海里,距高雄港165海里;福州港距基隆港也仅149海里。因此,自2001年1月1日起实施"小三通"以来,福建成为台商经水路进入大陆腹地的最主要通道;而自2008年12月15日由海协会与海基会达成实施"大三通"以来,福建仍然是台商经水路进入大陆腹地的重要通道。

福建省与台湾地区的经济合作有着极强的互补优势。福建具有丰富的自然资源、充沛的劳动力市场,而且海峡西岸经济区被写入中央"十一五"建议和国家"十一五"规划,得到了中央各部委的全力支持;台湾地区具有雄厚的资金、较高的技术水平和管理经验,两岸互惠合作,不仅能够继续保持台湾地区的经济发展,也能使福建省通过有效承接台湾地区的产业转移,缩短与世界先进水平的差距,提升经济实力。实际上,台湾学者对海峡西岸经济区的前景也十分看好,认为大陆希望通过建构海峡经济区,将海峡西岸(经济特区、保税区、台商投资区)与海峡东岸(加工出口区、科学园区、自由贸易港区)相连接。而2010年9月12日《海峡两岸经济合作框架协议》(ECFA)正式生效以来,海峡西岸经济区的建设步伐不断加快。我们相信,随着海峡西岸经济区的迅速成长,中国

海峡西岸和其他台商投资相对集中地区的经济发展

东南沿海将会形成一个大金三角经济圈,长江、珠江和海峡西岸"两江一海"三地互动合作,不仅可以构筑全中国最大且最具实力的经济区域,而且有利于祖国统一大业的早日完成。

二、大陆台商投资相对集中地区

1. 台商的大陆投资

台湾自 1979 年全面完成十大建设之后,经济迈入了一个崭新的阶段。[①] 随着台湾经济的不断发展,工商企业开始投资海外,赴海外从事生产,经济实力逐步向外延伸。1980—1984 年台湾的海外投资主要流向泰国、马来西亚、印度尼西亚和菲律宾等华人相对聚集的东南亚国家[②],这些地方都是传统意义上的"南洋",只是与早年的华人不同,台商是带着资本去淘金的。1984 年在政府提出"经济自由化、国际化、制度化"政策的推动下,较有实力的企业开始向美国、英国、日本等经济发达国家或地区投资。

台商到海外投资自然是以盈利为目的,即所谓的利润走向、在商言商。其对外投资的利益驱动不外乎四种:第一,着眼于生产成本的考虑。20 世纪 80 年代后期随着台湾经济的快速发展,出现了资金富余、劳力短缺、土地不足等问题,同时由于劳工意识高涨、地价上扬导致生产成本激增,有效利用海外丰富的天然资源和廉价劳动不失为一种较优的选择。台商赴东南亚国家投资橡胶、造纸、矿产和木竹制品等正是出于这一考虑。第二,为规避先进国的贸易设限,将生产活动转移到第三国或先进国的境内进行。由于国际贸易保护主义抬头,区域经济组织对进口商品实行了配额制度,使诸如纺织、制鞋等业不得不向外疏散,异地生产以求绕过进口国贸易壁垒。第三,岛内的夕阳产业攻占海外滩头,以求充分利用该产业的"剩余价值"。如纺织、制伞、制鞋、玩具、食品加工业等,由于新台币升值、生产成本上升,导致出口贸易不具备比较优势,在产品无法升级换代的情形下,只好把机器设备移至海外工资成本低廉的地方,重置厂房,以压低成本的方式恢复其贸易竞争力。第四,为引进新技术而从事"反投资",采取迂回策略获得无法从国外直接购入的高层次技术。台商赴美等先进国投资电子电讯、化学制品和塑料制品等行业,能够获得受资国先进的生产管理技术,一旦有效移植岛内,自然有助于岛内的产业和技术升级。由于台湾的中小企业居多,到大陆投资可以兼得上述之前的各种利益,因此,绝大部分台商自然对祖国大陆情有独钟。

---

① 罗智. 两岸经贸之回顾与展望[J]. 中华技术学院学报(台),2003 年第 26 期.
② 钟琴. 正视对大陆投资热问题[J]. 经济前瞻(台),1988 年第 12 期.

中国大陆自1979年开始实行改革开放,为了加快经济发展步伐,政府积极鼓励外商、港澳台商到大陆投资。全国人大常委会发布了《告台湾同胞书》首倡两岸"三通"主张,有关部门主动邀请台商参加广交会,并陆续出台一系列政策重启海峡两岸的经济交流与合作。一些台胞出于亲情、乡情及友情,通过探亲访友、参观访问等形式,开始在沿海地区进行试探性的投资,1981年第一家在大陆注册的台资农业企业就落户福建漳州。当然台商到大陆投资更多的是出于利益考虑:大陆丰富的资源、廉价的劳动、低廉的土地费用和巨大的潜在市场等种种有利于投资的因素,再加上人文、历史和语言高度的同质性,自然使台资逐渐流向大陆。1987年台湾政府对外汇实施了自由化政策,并开放民众赴大陆探亲,但尚未正式开放对大陆的投资。大量中小台商借由大陆探亲之便,利用港澳或第三地区作为间接投资的跳板,抢先进入了大陆市场。根据台湾《联合时报》的报道(1988年8月13日第九版),1988年1—6月仅厦门地区的台商投资就达到7000多万美元,可以想象台商投资大陆的规模和热情。1988年7月,在国民党的第十三次"全代会"期间,国民党元老陈立夫先生领衔,向国民党"中常会"提出了一项关于促进两岸合作与统一的议案,建议以50亿—100亿美元,经由台湾的"中国输出入银行"以5年的低息贷款方式提供给大陆作为发展经济之用,两岸共同成立"国家实业计划推行委员会",在经济发展的基础上实现以中国文化为基础的国家统一。由于农业合作易见成效,台湾方面对两岸农业的交流、合作持有乐观与开放的态度,提出对大陆进行农业援助与开发的设想。1990年,受大陆农业部的邀请,台湾"农委会"派出了18位农业专家到福建进行实地考察,确定海峡两岸的农业交流与合作项目。1991年,在台湾"亚农中心"和海峡两岸农业交流协会的共同推动下,两岸农业交流与合作以东山县为起点,制定了"海峡两岸合作试验——东山农业综合试验区"实施方案。台商的农业投资也紧随其后,这样大量的资金、技术为福建的农业注入活力,从此闽台农业的交流与合作渐入佳境。1990年及之前的若干年中,福建在利用台资方面曾领先于其他省市,但由于当时两岸迟迟无法三通,福建吸引台商的优势在逐步下降。1991年广东超过福建,1992年江苏也超过了福建。①

1979年以来中国大陆经济持续稳定的增长,为投资者带来十分可观的回报。即使以GDP增长率作为企业的平均收益,也是其他国家和地区无法比拟的,更不必说地方政府给予台商的各种优惠政策了。由于台商以中小企业为

---

① 郑思奋.建设"海峡西岸经济繁荣带"的对策研究[J].福州大学学报(社会科学版),1997年第3期。

海峡西岸和其他台商投资相对集中地区的经济发展

主,相对有限的财力迫使他们只能选择一个最佳投资地,大陆自然成为他们的首选。表3.1.2给出了台商1991—2010年投资中国大陆及美国占台商全部海外投资的金额和比例,美国是台商仅次于中国大陆的投资地。

表3.1.2 台商投资中国大陆、美国比较

年 份	海外总投资（百万美元）	投资美国		投资中国大陆	
		金额(百元美元)	占比(%)	金额(百万美元)	占比(%)
1991	1 830.39	297.80	16.27	174.16	9.51
1992	1 134.25	193.03	17.02	246.99	21.78
1993	4 829.46	529.06	10.95	3 168.41	65.61
1994	2 579.05	143.88	5.58	962.21	37.31
1995	2 449.59	248.21	10.13	1 092.71	44.61
1996	3 394.65	271.33	7.99	1 229.24	36.21
1997	7 228.14	547.42	7.57	4 334.31	59.96
1998	5 330.92	598.59	11.23	2 034.62	38.17
1999	4 521.79	445.08	9.84	1 252.78	27.71
2000	7 684.20	861.64	11.21	2 607.14	33.93
2001	7 175.80	1 092.75	15.23	2 784.15	38.80
2002	10 093.10	577.78	5.72	6 723.06	66.61
2003	11 667.37	466.64	4.00	7 698.78	65.99
2004	10 322.69	557.04	5.40	6 940.66	67.24
2005	8 454.40	314.64	3.72	6 006.95	71.05
2006	11 957.76	484.62	4.05	7 642.34	63.91
2007	16 440.52	1 346.02	8.19	9 970.55	60.65
2008	15 157.88	399.58	2.64	10 691.39	70.53
2009	10 148.15	1 113.92	10.98	7 142.59	70.38
2010	17 441.32	490.73	2.81	14 617.87	83.81
1952—2010	162 918.51	12 273.71	7.53	97 320.92	59.74

资料来源:根据台湾"经济部"投资审议委员会《"中华民国"历年核准华侨及外国人投资、对外投资、对大陆间接投资统计月报》编制。

从表 3.1.2 我们发现,自 1993 年起台商在海外的投资每年至少有 1/3 的资金流向中国大陆(实际利用台资数额可查阅国家统计局各年的统计年鉴,两者之间存在一定的差距),只是其中投资额明显受到两岸政治关系的影响。[①] 台湾学者认为台商在大陆投资,对大陆经济至少带来以下的效果:第一,增加了大陆的资本积累与外汇收入;第二,提升了大陆乡镇企业的技术水平,无形中缩短了城乡的技术差距;第三,扩大了新增劳动力的就业机会;第四,带动了旅游业的发展。[②] 事实也确实如此。

2. 台商投资集中度和资金密度

台商在大陆的投资早期由于得不到台湾政府的准许,项目隐蔽、资金规模较小。开始主要集中在大陆最早开放且与台湾有较强文化地缘关系的福建、广东两省,当时台商在福建、广东(含海南)的投资额占到了大陆各省的 70%,仅深圳、汕头、厦门三个经济特区台商的投资就占其中的 40%。[③] 台湾政府开放大陆投资之后,台商企业在大陆的投资规模与数量逐渐扩大。随着大陆区域经济的发展与开发重心的转移,台商投资的重点区域也在发生着变化。据统计,20 世纪 80 年代福建是台商投资最集中的地方,20 世纪 90 年代广东成为台商投资的中心,从 2000 年起至今江苏一直是台商最重要的投资地。由于台商大陆投资的热点是动态变化的,对台商投资相对集中地区我们只能根据各省市台商投资累计金额的大小来选取,在方法上存在一定的局限,因而打算通过省市之外的区域变化做些弥补。对于省域台商投资的相对集中地区,我们借用经济学反映行业市场结构、体现垄断程度的企业集中度(concentration ratio)指数给予确认(见表 3.1.3)。

表 3.1.3　台商大陆投资集中省市

	件　数	金　额 (百万美元)	资金密度	占总金额比例 (%)	集中度 (%)	资金密度领先指标
江苏	5 934	27 880.49	4.70	33.71	79.02	2.97
广东	12 157	19 423.08	1.60	23.49		-1.03
上海	5 228	12 183.57	2.33	14.73		0.09
福建	5 317	5 862.22	1.10	7.09		-1.37

---

① 吴重礼,严淑芬."戒急用忍"或"大胆西进"?我国对于大陆投资的影响因素评估.问题与研究(台),1999 年第 7 期。
② 陈丽英.港、韩、台商大陆投资之比较[J].经济前瞻(台),1993 年第 30 期。
③ 段小梅.台商投资大陆的区域特征及未来走向[J].亚太经济,2006 年第 3 期。

(续　表)

	件　数	金　额 (百万美元)	资金密度	占总金额比例 (%)	集中度 (%)	资金密度领先指标
浙江	1 973	5 711.39	2.89	6.91	—	0.68
天津	892	1 571.10	1.76	1.90	—	-0.51
山东	933	1 550.27	1.66	1.87	—	-0.61
北京	1 142	1 504.46	1.32	1.82	—	-0.97
总计	37 771	82 703.05	2.19	100	91.52	

资料来源：根据台湾"经济部"投资审议委员会《"中华民国"历年核准华侨及外国人投资、对外投资、对大陆间接投资统计月报》编制。

台湾政府于 1990 年 10 月公布了《对大陆地区投资及技术合作管理办法》，要求赴大陆投资厂商向台湾"经济部"投资审议委员会申请备案或核准[①]，因此，其官方统计资料始于 1991 年。我们把 1991 年至 2009 年台商到大陆投资的金额按省域进行累计，然后按从大到小排列的前 8 个省市列于表中，计算各省台商投资的单项平均金额，以此作为衡量台资项目资金密度的指标，同时计算了 8 个省市在台商大陆投资总金额的占比（实际上从第 9 个省份湖北开始，投资额占比都小于 1.2 个百分点）。

经济学上有三种主要的垄断指数：第一种为 4 企业集中度——CR_4 指数，即某一市场前 4 家最大企业所占市场份额；第二种为 8 企业集中度——CR_8 指数，其含义与 CR_4 相似；第三种为赫尔芬达尔-赫希曼指数（HHI 指数），指某一行业市场中每个企业市场份额的平方之和。根据百分比数据我们计算出对应的 4 省市台商投资集中度、8 省市台商投资集中度和台商大陆投资省域集中度的 HHI 指数：

$CR_4 = 33.71\% + 23.49\% + 14.73\% + 7.09\% = 79.02\%$

$CR_8 = 33.71\% + 23.49\% + 14.73\% + 7.09\% + 6.91\% + 1.9\% + 1.87\% + 1.82\%$
$= 91.52\%$

$HHI = 33.71^2 + 23.49^2 + 14.73^2 + 7.09^2 + 6.91^2 + 1.9^2 + 1.87^2 + 1.82^2$
$= 2\ 013.42$

其中在计算 HHI 指数时，我们舍弃了百分数小于 1.2 的其余各省，因为其他省份的百分数较小，对指数贡献甚微。参照贝恩对 CR_4 的分类法，如果集中度 $CR_4 < 30\%$，则认为台商投资对省域的选择是分散的；如果 $CR_4 \geq 30\%$，则认

---

① 严宗大.大陆投资的省思——资料篇[J].经济前瞻(台),1991 年第 23 期。

为省域选择是集中的,更进一步还可以分为5类:30%≤CR_4<35%为低集中、35%≤CR_4<50%为中下集中、50%≤CR_4<65%为中上集中、65%≤CR_4<75%为高度集中、CR_4≥75%为极度集中。据此由CR_4=79.02%表明台商投资在省域选择上是极度集中的。对于CR_8则更多地使用日本学者植草益的简化标准:当CR_8≥70%时,认为台商投资在省域选择上极度集中;当40%≤CR_8<70%时,认为高中度集中;当20%≤CR_8<40%时,认为低集中;当CR_8<20%时,认为是分散的。由CR_8=91.52%,说明台商投资在省域选择上是极度集中的。对于HHI我们的分类相对简单:若HHI<1 000,则不存在集中问题;若1 000≤HHI<1 800,则认为投资在省域选择上中度集中;若HHI≥1 800,则认为台商在省域选择上存在高度集中。HHI=2 013.42,远高于1 800,认为存在高度集中。三种方法得出的一致结果就是:台商大陆投资在省域选择上存在集中行为。

因此从省域的角度,我们选择福建、广东、上海、江苏、浙江、北京、天津、山东8个省市作为台商投资相对集中地区来研究。实际上,如前所述台商投资相对集中地区是一个动态的概念,它很大程度上取决于影响台商投资的因素,不同时期是变化的。在表3.1.3的最后一栏,我们定义和计算了8个省市台商投资项目的资金密度领先(落后)指标。资金密度既能反映企业投资的规模,也能反映劳动密集型向资金、技术密集型的转变。就企业状态而言,从劳动密集型向资金、技术密集型变化,是一种从低级向高级的发展进程,体现了社会进步的一种趋势。台资省域资金密度领先指标是指:该省市台资项目平均资金密度高出其他7个省市平均资金密度的部分。[①] 设 k_i、m_i 分别表示第 i 个省市的台商投资的项目数和投资额($i=1,2,\cdots,8$),记 DM_i 为资金密度领先指标,则

$$DM_i = \frac{m_i}{k_i} - \frac{\sum_{l \neq i} m_l}{\sum_{l \neq i} k_l} \quad i = 1, 2, \ldots, 8$$

如浙江省台商项目的资金密度领先指标 DM_4 的计算如下:

$$DM_5 = \frac{5\,711.39}{1\,973} - \frac{27\,880.49 + 19\,423.08 + 12\,183.57 + 5\,862.22 + 1\,571.1 + 1\,550.27 + 1\,504.46}{5\,934 + 12\,157 + 5\,228 + 5\,317 + 892 + 933 + 1\,142}$$

$$= 0.68$$

类似地,我们可以计算出其余7省市的资金密度领先指标。由于 $DM_5>0$,说明浙江省台资项目的资金密度高于其余7省市的平均水平,即台商投资的平

---

① 楼祯祺,龚尚智等.技术创新与成本优势对半导体厂商财务绩效之影响——亚洲专业晶园代工产业之实证[J].厦门大学与辅仁大学经济管理学术交流研讨会论文集,2007年6月,第82—93页。

均单项资金密度领先68万美元。如福建省$DM_4 < 0$,则说明福建省台商投资的资金密度低于其余7省市的平均水平,落后了137万美元。在8个省市中,福建省的资金密度最低,反映出福建省台商投资企业的劳动密集型特征;江苏、上海、浙江3省市的资金密度领先指标大于0,表明台商向大陆长三角地区的投资已从过去的劳动密集型企业向资金密集型、科技密集型发展,并不单纯追求低成本策略,而是更多地考虑大陆广阔的潜在市场和企业长远的持续发展,这是自1995年以来不少台湾大企业投资大陆带来的喜人景象。广东和其他内地省份的台资企业也仍以劳动密集型为主。广东、福建的劳动密集型特征一方面是早期台商投资地选择存在集中行为的表现(经济学称之为"羊群效应"),另一方面也是两省因地缘关系主动承接台湾产业转移的结果。其实台湾的产业转移,随着大陆沿海地区经济的发展逐步向内地延伸。

3. 多视角审视台资相对集中地区

台资相对集中地区是一个动态变化的概念,不能仅仅从省域一个视角来分析。为了更全面、具体地了解台商在大陆的投资行为和分析影响台商投资的主要因素,我们可以不按地域考察台资相对集中的若干城市,诸如内陆省会城市以及位于"海西区"、"珠三角"、"长三角"、"环渤海"等都市连绵区的地级市;还可以根据地域考察华南、华东等地区。

三、大陆台商投资地区的空间关联度分析

近年来GIS(Geographic Information System)广泛应用于资源管理、环境规划等领域,极大地推动了空间统计学和空间计量经济学的发展。空间关联(spatial association)被认为是地理分布现象客观存在的本质特征,它反映了地表所有事物和现象在空间上的关联性:距离越近,关联程度就越强;距离越远,关联程度就越弱。台商大陆投资的相对集中地区,表现为台资在地理空间上的聚集。因此,对台商大陆投资地区进行空间关联分析,可以让我们更好地了解台资在大陆地区的空间分布特征;于此基础上,建立一般空间自回归模型探讨大陆台商投资的主要影响因素。

(一)空间关联度Moran指数

空间关联是指同一变量在不同空间位置上的相关性,因而其研究对象主要为变量的空间自相关。[①] 空间自相关使用全局和局部两种指标,全局指标用于探测整个研究区域的空间模式,用单一指标值来反映该区域的自相关程度;局部指标计算每一空间单元与邻近单元就某一属性的相关程度。全局空间自相

---

① Anselin L. 1988. Spatial Econometrics: Methods and Models[M]. Boston: Kluwer Academic Publishers.

关、局部空间自相关都有若干种测度指标,这里只介绍最常用的全局 Moran's I 指数、局部 Moran's I 指数。

1. 全局 Moran's I 指数[①]

$$I = \frac{\sum_{i=1}^{n}\sum_{j=1}^{n}W_{ij}(X_i - \overline{X})(X_j - \overline{X})}{\sum_{i=1}^{n}(X_i - \overline{X})^2} = \frac{e'We}{e'e}, \overline{X} = \frac{\sum_{i=1}^{n}X_i}{n}$$

其中 X_i 为空间第 i 单元的属性值,W_{ij} 为空间第 i 单元与第 j 单元的相邻结构系数,n 为空间单元个数。用 e 表示空间单元属性值 X_i 的中心化向量($i = 1,2\cdots,n$),W 表示空间单元的相邻结构矩阵,我们可以得到后面的简化矩阵表达式。在这里空间相邻矩阵 W 要求对角元素等于 0,并经过行标准化(同一行元素各自相加等于 1)。

空间单元属性值的自相关程度是否显著,可以进行统计检验。统计量为

$$Z(I) = \frac{I - E(I)}{\sqrt{Var(I)}}$$

在属性值服从正态分布或随机分布的原假设下,统计量 $Z(I)$ 服从标准正态分布。[②] 两种情形的期望值相同 $E(I) = -1/(n-1)$,但方差不一样:

① 若 X 产生于正态分布

$$Var_1(I) = \frac{n^2 S_1 - n S_2 + 3 S_0^2}{S_0^2 (n^2 - 1)} - E^2(I)$$

② 若 X 随机产生

$$Var_2(I) = \frac{n[(n^2 - 3n + 3)S_1 - n S_2 + 3 S_0^2] - k[(n^2 - n)S_1 - 2n S_2 + 6 S_0^2]}{S_0^2 (n-1)(n-2)(n-3)}$$
$$- E^2(I)$$

其中记 $W_{i\cdot} = \sum_{j=1}^{n} W_{ij}$,$W_{\cdot i} = \sum_{j=1}^{n} W_{ji}$,方差中的符号表示

$$S_0 = \sum_{i=1}^{n}\sum_{j=1}^{n} W_{ij}, S_1 = \frac{1}{2}\sum_{i=1}^{n}\sum_{j=1}^{n}(W_{ij} + W_{ji}), S_2 = \sum_{i=1}^{n}(W_{i\cdot} + W_{\cdot i})^2,$$

$$k = \frac{\sum_{i=1}^{n}(X_i - \overline{X})^4 / n}{(\sum_{i=1}^{n}(X_i - \overline{X})^2 / n)^2}$$

---

① Cliff A D, Ord J. 1981. Spatial Processes, Models and Applications[M]. Pion, London.
② Goodchild M F. 1986. Spatial Autocorrelation, Concepts and Techniques in Modern Geography[M]. Geo Books, Norwich.

通常两种情况下的全局 Moran's I 方差值相当接近,计算软件如 ArcView GIS 等同时提供两种相对应的结果。如果全局 Moran's I 标准化指数 $Z(I)$ 的绝对值大于临界值(对应于显著性水平如给定5%的显著性水平,标准正态分布的临界值为1.96),那么说明属性值 X 不产生于通常假定的正态分布或随机分布,具有空间自相关特性。因此我们能够判断属性值 X 存在着空间聚集特征,可以进一步建立空间自回归模型。

2. 局部 Moran's I 指数①

$$I_i = \frac{(X_i^* - \bar{X})}{S^2} \sum_{j=1}^{n} W_{ij}(X_j - \bar{X}), \quad (i = 1, 2, \ldots, n), S^2 = \frac{1}{n} \sum_{i=1}^{n} (X_i - \bar{X})^2$$

在属性值 X 随机产生假设条件下,I_i 的标准化值服从标准正态分布,期望值 $E(I_i)$ 和方差 $Var(I_i)$ 由下式给出($i = 1, 2, \cdots, n$):

$$E(I_i) = -\frac{W_i.}{(n-1)}$$

$$Var(I_i) = \frac{n-k}{n-1} \sum_{j=1}^{n} W_{ij}^2 + \frac{[(\sum_{j=1}^{n} W_{ij})^2 - \sum_{j=1}^{n} W_{ij}^2](2k-n)}{(n-1)(n-2)} - E^2(I_i)$$

因而可以对局部 Moran's I 指数进行显著性检验,说明每个空间单元与邻近单元关于属性值的相关关系,并通过显著的相关性,揭示聚集点的空间分布位置。

(二) 台商大陆投资聚集的实证分析

1. 大陆53个城市台商投资聚集点分布

利用台湾《投资中国》杂志社2003年对台商大陆投资的调查数据,我们先计算台商超过百家的53个城市单元局部的 Moran's I 指标。表3.1.4列出了各城市的指标值及对应的均值、方差和 Z 统计量,中心化值为属性值与其均值的差额。

为了便于城市间的比较,在数据处理上我们采用人均实际利用台资金额,同时考虑建立空间自回归模型要使用的是自然对数值,我们对各城市人均实际利用台资金额取自然对数作为属性值。空间相邻矩阵由两个城市距离的倒数经过行标准化后得到,即按距离越近两者的相关性越强来构造。

从表3.1.4各城市的 Z 统计量可以看出,按5%的显著性水平有东莞、漳州、深圳、厦门、惠州、成都、沈阳、郑州、济南、哈尔滨、西安、湖州、石家庄等13

---

① Anselin L. 1995. The Local Indicators of Spatial Association – LISA[J]. Geographical Analysis, 27, 93 – 115.

个城市成为空间关联的聚集点:其中东莞、漳州、深圳、厦门、惠州 5 个城市是 H－H 型(即自身属性值高、邻近城市综合属性值高)聚集点,因为它们的属性值高于平均值(中心化值大于0),与邻近城市正相关(局部 Moran's I 大于0);成都、沈阳、郑州、济南、哈尔滨、西安、石家庄 7 个城市是 L－L 型(即自身属性值低、邻近城市综合属性值低)聚集点,因为它们的中心化值小于0,而局部 Moran's I 大于0;湖州的情况最为特殊,它是一个 L－H 型聚集点,其中心化值小于0,局部 Moran's I 小于0,说明其自身属性值低、邻近城市综合属性值高。

表 3.1.4　台商企业超过 100 家城市投资聚集状况

指标地区	中心化值	局部I指数	均　值	方　差	Z统计量	指标地区	中心化值	局部I指数	均　值	方　差	Z统计量
苏　州	3.031	0.872	－0.019	0.229	1.863	沈　阳	－1.311	1.076	－0.019	0.229	2.288
东　莞	2.195	0.957	－0.019	0.123	2.786	莆　田	－0.477	－0.270	－0.019	0.229	－0.524
漳　州	3.034	1.154	－0.019	0.123	3.348	长　沙	－0.503	0.125	－0.019	0.180	0.340
广　州	1.071	0.565	－0.019	0.229	1.221	郑　州	－1.157	0.837	－0.019	0.105	2.640
无　锡	1.774	0.361	－0.019	0.180	0.897	潍　坊	－0.376	0.139	－0.019	0.229	0.330
深　圳	2.093	1.045	－0.019	0.180	2.512	绍　兴	0.280	0.037	－0.019	0.180	0.134
厦　门	2.104	1.198	－0.019	0.312	2.182	清　远	0.413	0.207	－0.019	0.081	0.796
宁　波	0.959	－0.240	－0.019	0.147	－0.577	南　昌	－0.727	0.033	－0.019	0.105	0.160
福　州	1.156	0.345	－0.019	0.229	0.761	济　南	－1.592	0.971	－0.019	0.229	2.070
南　京	0.125	0.004	－0.019	0.180	0.055	扬　州	0.045	0.004	－0.019	0.180	0.056
杭　州	0.244	－0.018	－0.019	0.229	0.002	哈尔滨	－1.382	1.058	－0.019	0.180	2.542
镇　江	1.338	0.107	－0.019	0.229	0.264	珠　海	0.060	0.006	－0.019	0.147	0.066
大　连	0.366	－0.269	－0.019	0.180	－0.589	温　州	－0.795	－0.117	－0.019	0.147	－0.254
中　山	1.373	0.646	－0.019	0.229	1.389	九　江	0.040	－0.010	－0.019	0.105	0.027
惠　州	1.578	1.226	－0.019	0.180	2.938	西　安	－2.440	1.750	－0.019	0.229	3.698
青　岛	0.107	－0.030	－0.019	0.123	－0.030	湖　州	－1.632	－0.880	－0.019	0.147	－2.248
嘉　兴	1.534	0.463	－0.019	0.147	1.261	昆　明	－1.227	0.292	－0.019	0.147	0.812
佛　山	－0.042	－0.021	－0.019	0.229	－0.003	海　口	－0.995	0.041	－0.019	0.180	0.143
常　州	－0.009	－0.004	－0.019	0.180	0.037	三　亚	0.166	－0.069	－0.019	0.180	－0.118
汕　头	－0.653	－0.539	－0.019	0.147	－1.359	南　宁	－0.966	－0.082	－0.019	0.147	－0.165
烟　台	0.268	－0.133	－0.019	0.105	－0.349	江　门	－0.919	－0.325	－0.019	0.147	－0.800
泉　州	0.733	0.625	－0.019	0.312	1.155	鞍　山	－1.702	0.566	－0.019	0.229	1.222
桂　林	1.294	－0.427	－0.019	0.180	－0.963	长　春	－2.801	0.714	－0.019	0.147	1.917

(续表)

指标地区	中心化值	局部I指数	均值	方差	Z统计量	指标地区	中心化值	局部I指数	均值	方差	Z统计量
南通	0.423	0.145	-0.019	0.081	0.579	合肥	-1.132	0.165	-0.019	0.180	0.435
肇庆	1.280	-0.168	-0.019	0.147	-0.389	淄博	-1.911	0.522	-0.019	0.180	1.278
武汉	-1.646	0.621	-0.019	0.123	1.827	石家庄	-1.747	1.439	-0.019	0.105	4.496
成都	-0.946	0.815	-0.019	0.180	1.968						

资料来源：台商投资额取自《投资中国》（台湾）2003年的调查数据，按人均实际利用台资口径，人口数取自中经网数据库2003年的数据。

一个城市的局部Moran's I 大于0时，表明它与邻近城市呈H-H或者L-L相关；局部Moran's I 小于0时，表明它与邻近城市呈H-L或者L-H相关。13个聚集点中有5个H-H高值型、7个L-L低值型和1个L-H变异型。而宁波、杭州、大连等城市的中心化值大于0，局部Moran's I 小于0，表明自身与邻近城市呈H-L型关系，只是由于Z统计量不显著因而不是空间关联的聚集点。

2. 大陆31个省、市、自治区台商投资聚集点分布

对31个省、市、自治区我们进行了类似的处理，以人均实际利用台资金额的自然对数值为省域单元的属性值，计算省域单元的局部Moran's I 指标。空间相邻结构矩阵 W 按两个省会城市距离的倒数来表示，并经过行标准化。表3.1.5给出了省域的局部Moran's I 指标、相应的数字特征和Z统计量，同时列出了省域单元属性的中心化值。

从表3.1.5我们发现，按5%的显著性水平，上海、江苏、浙江、福建、广东、西藏、甘肃、新疆8个省、市、自治区Moran's I 指数的Z统计量拒绝了属性值随机产生的原假设，认为这8个点是空间关联的聚集点。其中上海、江苏、浙江、福建、广东5个省市为H-H的高值聚集点，而西藏、甘肃、新疆3个省区为L-L的低值聚集点。

表3.1.5　台商企业省域投资聚集状况

指标地区	中心化值	局部I指数	均值	方差	Z统计量	指标地区	中心化值	局部I指数	均值	方差	Z统计量
北京	1.510	-0.114	-0.033	0.133	-0.222	湖北	0.101	-0.037	-0.033	0.133	-0.009
天津	2.079	0.521	-0.033	0.216	1.194	湖南	-0.793	0.163	-0.033	0.216	0.422
河北	-0.425	-0.036	-0.033	0.133	-0.006	广东	2.727	1.377	-0.033	0.216	3.035
山西	-1.604	0.220	-0.033	0.133	0.693	广西	0.006	0.000	-0.033	0.133	0.092

(续 表)

指标 地区	中心化值	局部I指数	均值	方差	Z统计量	指标 地区	中心化值	局部I指数	均值	方差	Z统计量
内蒙古	-1.044	0.289	-0.033	0.133	0.882	海 南	1.937	0.220	-0.033	0.166	0.622
辽 宁	0.593	0.366	-0.033	0.133	1.092	重 庆	-0.157	0.056	-0.033	0.133	0.244
吉 林	-0.688	-0.178	-0.033	0.166	-0.354	四 川	-0.351	0.167	-0.033	0.166	0.491
黑龙江	-0.793	0.066	-0.033	0.216	0.214	贵 州	-2.297	0.362	-0.033	0.166	0.970
上 海	2.827	1.154	-0.033	0.133	3.251	云 南	-1.044	0.280	-0.033	0.133	0.858
江 苏	2.394	0.912	-0.033	0.133	2.590	西 藏	-2.990	0.864	-0.033	0.133	2.459
浙 江	1.692	1.434	-0.033	0.216	3.158	陕 西	0.101	-0.040	-0.033	0.133	-0.019
安 徽	-0.592	-0.091	-0.033	0.166	-0.142	甘 肃	-1.604	0.731	-0.033	0.133	2.094
福 建	2.662	2.094	-0.033	0.166	5.215	青 海	-1.198	0.875	-0.033	0.216	1.955
江 西	0.229	0.098	-0.033	0.092	0.433	宁 夏	-0.505	0.310	-0.033	0.166	0.842
山 东	0.723	0.123	-0.033	0.133	0.429	新 疆	-1.892	1.032	-0.033	0.166	2.613
河 南	-1.604	0.028	-0.033	0.133	0.168						

资料来源:台商投资额取自《投资中国》(台湾)2003年的调查数据,按人均实际利用台资口径,人口数取自中经网数据库2003年的数据。

3. 两个总体的空间自相关

局部 Moran's I 指数能够通过某一属性值反映各个空间单元与邻近单元的相关性,从而揭示总体的空间自相关特征。如果仅仅是为了探究总体的空间自相关,那么利用全局 Moran's I 指数就更直接得多了。我们把53个城市以及31个省、市、自治区的全局 Moran's I 指标的计算结果列于表3.1.6,通过相应的 Z 统计量就可以分别判断两个总体是否存在显著的空间自相关特征。其中,我们假定属性值 X 是随机产生的,在方差计算时选用对应的表达式。

表3.1.6 台商投资省域总体、城市总体的空间自相关

指标 总体	全局 Moran's I	均值	方差	Z统计量
大陆53个台商企业过百城市	0.3308	-0.0192	0.0064	4.3802
大陆31个省、市、自治区	0.4272	-0.0333	0.0101	4.5862

根据全局 Moran's I 指标的 Z 统计量,我们以1%的显著性水平拒绝了属性值随机产生的原假设,认为两个总体都存在显著的空间自相关。这一点也可通过建立属性值的一阶空间自回归模型加以验证,其相关系数显著不为0。实际

上,一阶空间自回归模型可以表示为

$$Y = \rho WY + \varepsilon, \varepsilon \sim N(0, I)$$

其中 Y 为各空间单元属性值构成的中心化向量,W 为空间相邻结构矩阵,ρ 为属性值的空间自相关系数。我们在 Matlab 7.0 上用 53 个城市和 31 个省、市、自治区 2003 年的数据对该模型参数进行了估计,它们的空间自相关系数分别为 0.5450、0.6390,显著性水平(p 值)分别等于 0.0115 和 0.0079,获得的空间自相关结论与全局 Moran's I 指标的分析结果完全一致。

(三)台商投资大陆区位流向的影响因素分析

1. 国内外相关研究

关于外国直接投资区位流向的理论大多集中在传统的比较优势上,如市场容量、劳动力成本、交通和通信成本、相对技术水平等投资硬件;关税、非关税壁垒、税收优惠和语言文化差异等软环境也成为影响投资流向的重要因素。Dunning(1993)的折中理论对受资国的区位优势进行了较全面的总结,这些因素包括资源、市场空间分布等 9 个方面的内容。有不少研究对中国外商直接投资的区域分布和影响因素进行了分析,其中 Broadman & Sun(1997)选取了反映市场容量的 GDP,反映劳动力成本的年平均工资额,反映人力资本的文盲率(15 岁以上人口),反映基础设施的每平方公里铁路、公路、水路总里程,以及反映与区位政策有关的沿海、内陆虚拟变量作为影响因素,用 1992 年的数据对中国 30 个省、市、自治区的外商直接投资进行对数线性回归(四川省含重庆市,外商直接投资为截至 1992 年年底的累计数,虚拟变量不取自然对数)。实证的结果表明,5 个因素中,除劳动力成本外,市场容量、基础设施、人力资本、政策变量对外商直接投资有显著的影响(显著性水平为 10%),其中基础设施作用较弱,文盲率对外商直接投资产生负向作用。鲁明泓(1997)用 GDP、国有工业占全部工业产值的比重(SAT)、第三产业占 GDP 的比重(TER)、城镇化指数(URB)、劳动力成本(LAB)、优惠政策虚拟变量(POL)、外资企业出口额占总出口的比重(FE)、外资企业进口额占总进口的比重(FI)等 8 个指标作为外商直接投资的解释变量,对 1988—1995 年的面板数据进行了对数线性回归(虚拟变量不取自然对数),结果除外资企业出口额占总出口的比重外,其余 7 个变量都在 5% 的显著性水平下对外商直接投资具有显著影响。除反映工资水平的 LAB 和反映市场化程度的 SAT 对外商直接投资有负向作用外,其他变量为正向作用。

2. 模型建构和实证分析

考虑到大陆台商投资缺乏逐年的调查数据,我们对台资区位流向影响因素的分析借鉴 Broadman & Sun 的做法,即以人均台资实际利用额代替外商直接投资,解释变量选用省域人均 GDP,年平均工资,每平方公里铁路、公路、水路总里程,文盲率和沿海内陆虚拟变量进行对数线性回归(虚拟变量不取对数)。5 个解释变量通过了不存在共线性的方差膨胀因子(VIF)检验,说明全部数据都可以投入模型进行实证。通过 Breusch – Pagan 异方差检验,表明对数线性回归模型无异方差。但对残差进行空间自相关检验,Moran's I 统计量表明残差存在显著的空间自相关,因此使用误差空间自回归模型可能会更好地反映变量间的数量关系。

(1) 空间自回归模型(Space Auto – Regression)

空间计量经济学是在 Cliff 和 Ord 开拓性工作的基础上建立起来的一个计量经济学分支[1],Anselin 经过系统的研究,给出了无异方差空间自回归模型中所有参数的具体求解方法[2],并提供了相关的计算公式和检验统计量;而 Lesage 利用 Bayesian 方法也彻底解决了有异方差空间自回归模型的参数求解问题。[3] 由于他们出色的贡献,空间计量经济学方法在许多领域都得到了广泛的应用。国内的部分学者近年来也尝试把空间计量方法引入一些经济指标的区域特征研究,取得了较好的效果。

一般空间自回归模型可以表示为:

$$\begin{cases} Y = \rho W_1 Y + X\beta + \mu \\ \mu = \lambda W_2 \mu + \varepsilon \\ \varepsilon \sim N(0, \sigma^2 I) \end{cases}$$

其中 ρ、λ 分别为被解释变量 Y 的自相关系数和误差自相关系数;W_1、W_2 分别为被解释变量、误差的相邻结构矩阵,通常取 $W_1 = W_2$。普通回归模型可以看做是两个自相关系数为零时的特例,由 $\rho = 0$,或 $\lambda = 0$,分别得到误差空间自回归模型(SEM)和空间自回归混合模型(SAR)。两个参数都不等于 0 时,我们称之为一般空间模型(SAC)。

本节主要是采用一般的误差空间自回归模型,表达式为:

$$\begin{cases} Y = X\beta + \mu \\ \mu = \lambda W\mu + \varepsilon \\ \varepsilon \sim N(0, \sigma^2 I) \end{cases}$$

其中 $\beta = (\beta_0, \beta_1, \beta_2, \beta_3, \beta_4, \beta_5)^T$ 表示常数项和 5 个解释变量的系数,λ 为误

---

[1] Cliff, A & J Ord. 1981. Spatial Processes, Models and Applications[M]. London: Pion.
[2] Anselin, L. 1988. Spatial Econometrics: Methods and Models[M]. Dorddrecht: Kluwer Academic Publishers.
[3] LeSage, J P. 1997. Bayesian Estimation of Spatial Autoregressive Models[J]. International Regional Science Review, 20: 113 – 129.

差自相关系数,W 为误差的相邻结构矩阵(取省域间距离的倒数且行标准化)。其中,普通回归模型可以看做是 $\lambda=0$ 时的特例。

(2) 实证分析

利用 Matlab 7.0 软件,我们对模型参数进行了估计,结果列于表 3.1.7。

从表 3.1.7 可以发现在 10% 的显著性水平下,普通回归模型 M_1 中反映劳动力成本的年平均工资额、反映人力资本的文盲率对台商投资区位流向没有显著的影响,前者与 Broadman & Sun 的结果一致。但鲁明泓通过引入劳动力成本虚拟变量(高于全国平均水平取 1,其他取 0)得出了对外商直接投资有显著影响的结论。客观上劳动力成本对外商直接投资具有负向影响,然而 Broadman & Sun 认为从中国的劳动报酬长期实行计划经济的角度看,改革开放初期省域间的工资水平差异不大,判明其工资水平对外商直接投资没有显著影响有其合理性;鲁明泓的影响因素中没有人力资本的代理变量,但在 Broadman & Sun 的实证中文盲率对外商直接投资有负向影响,与这里分析的结果不同。

表 3.1.7 台商投资区位流向的影响因素分析

参 数		β_0	β_1	β_2	β_3	β_4	β_5	λ	R^2
普通回归模型	M_1	-6.43 (0.0000)	1.49 (0.0169)	-0.5986 (0.4728)	0.6511 (0.0017)	0.3593 (0.3278)	0.9807 (0.0164)	—	0.8149
误差空间模型	M_2	-6.28 (0.0000)	2.15 (0.0001)	-1.40 (0.0439)	0.6648 (0.0004)	0.4683 (0.1194)	0.6721 (0.0545)	0.5360 (0.0068)	0.8413

注:括号内为参数估计显著性检验统计量的 p 值。

关于文盲率对台商投资没有显著影响我们的解释是,台商在大陆投资多数为中小企业,生产经营实行低成本策略,企业以劳动密集型为主,因而对劳工文化水平的要求不高,在消化农村剩余劳动力方面的作用十分明显。

从模型的拟合优度来看,误差空间模型 M_2 的 R^2 有了一定程度的提高。较高的 R^2 表明,考虑数量空间自相关的模型 M_2 比 M_1 更好地反映了省域台商投资与 5 个影响区位流向因素间的数量关系。根据模型 M_2,5 个影响因素在 10% 的显著性水平下只有文盲率对台商投资缺乏显著影响(系数大于 0 也与作用方向不符),值得注意的是在误差空间模型(M_2)中反映劳动力成本的工资水平不仅作用方向与实际相符,而且显著异于 0,即工资水平显著影响台商投资,表明误差空间模型具有一定的变量发现功能。同时误差空间模型也通过系数变化调整了各因素作用的大小,对模型有了改善。

(四) 结论和建议

大陆台商投资表现为区域显著相关性的空间聚集特征。利用数据空间自相关,能够更好地揭示市场容量、劳动力成本、基础设施和沿海内陆差异对台商投资区位流向的显著影响。其中市场容量、基础设施和沿海内陆差异三大因素对台商投资区位流向的作用结果与 Broadman & Sun 的研究相吻合,但劳动力成本的显著影响与 Broadman & Sun 的研究不同,而与鲁明泓的研究相一致;文盲率对台商投资的区位流向无显著影响,这与 Broadman & Sun 的研究存在差异,说明台商投资在外商直接投资中有其独特之处。我们认为[1]保持区域经济的持续增长是吸引台商投资大陆的关键;通过适当政策引导台资企业从劳动密集型向资金、技术密集型转变,不仅可以减弱因大陆劳动力成本上升对投资的负面影响,而且可以促进人力资本的积累和使用;不断完善基础设施建设是改善投资环境、吸引台资的重要途径;构建"泛长三角经济区"、"泛珠三角经济区"、"泛西北地区"和"泛海峡西岸经济区"等,拓宽经济区空间范围,有利于发挥台商投资的空间聚集效应,从而最大限度地吸引台商投资。

第二节 大陆台资集中区的竞争力比较

区域竞争力简而言之就是一个地区的竞争能力,是一个地区不断增强自身软、硬条件以促使该地区可持续发展的能力。区域竞争力的研究日益受到人们的重视,因为区域竞争力的强弱已成为衡量一个地区是否具有综合实力(经济、社会、文化等诸因素构成的实力)、是否可持续发展的重要标志。本节应用密切值探讨大陆台资集中区的竞争力,以揭示各区的优劣势,进而提升各自的竞争力,为求在与台湾经贸合作中再创新的辉煌。

一、区域竞争力评价指标体系的建构

随着海峡两岸经贸交流的不断深化,台商的大陆投资地已逐渐由乡情的感性选择朝着对投资因素考量的理性选择发展。投资环境好、投资风险小或区域竞争力较强的地区,通常能够吸引更多的台资。对环境、风险、竞争力要进行科学的评价,首先必须构建用于评价的指标体系。指标体系的建立一般应遵循以

---

[1] 戴淑庚,戴平生.大陆台商投资地区的空间关联性与影响因素分析[J].台湾研究集刊,2008年第12期。

下四个基本原则:一是综合性原则,即选择可以系统反映区域现有社会经济状况的变量;二是可比性原则,即所选择的指标在时间、空间上可比;三是可操作性原则,即指标的含义明确、资料容易获得;四是简明性原则,即选择具有代表性的指标,避免相近变量重复出现。

1. 综合竞争力

在区域竞争力评价指标体系的建构中,必须以相关的社会经济理论为指导,同时借鉴国内外的成功经验。国际上较具影响力的评价机构如美国哈佛大学的战略与竞争力研究所(ISC)、瑞士达沃斯的世界经济论坛(WEF)和瑞士洛桑的国际管理学院(IMD)各自建立了一套相当完整的指标体系,特别是 IMD 评价受到了世界各国的普遍认可。在省域竞争力评价方面,国内借鉴以上三个国际评价机构的做法,结合中国的具体实际形成了两个较具代表性的组织机构,定期发布省域竞争力报告:一个是由社会科学文献出版社推出的由李建平等主编的《中国省域经济综合竞争力发展报告》,其指标体系参见表 3.2.1[①];另一个是由中国统计出版社推出的由肖红叶主编的《中国区域竞争力发展报告》,其指标体系参见表 3.2.2。[②]

表 3.2.1 省域经济综合竞争力评价指标

	二级指标	三级指标
省域综合竞争力	宏观经济	经济实力、经济结构、经济外向度
	产业经济	农业、工业、服务业、企业
	可持续发展	资源、环境、人力资源
	财政金融	财政、金融
	知识经济	科技、教育、文化
	发展环境	基础设施、软环境
	政府作用	政府发展经济、政府规调经济、政府保障经济
	发展水平	工业化进程、城市化进程、市场化进程
	统筹协调	统筹发展、协调发展

---

① 李建平等主编.中国省域经济综合竞争力发展报告 2008—2009[M].社会科学文献出版社,2010年,第 1255—1266 页。

② 肖红叶,李晶.我国区域国际竞争力研究[J].河北大学学报(哲学社会科学版),2003 年第 1 期。

表 3.2.2　区域经济国际竞争力评价指标

二级指标	三级指标
经济实力	增加值、投资、最终消费、市场规模
国际化	进出口、旅游、国外投资
企业竞争力	生产率、劳动成本、公司绩效、管理效率、研究与开发
产业竞争力	产业结构高度化、产业结构专业化、劳动生产率
科学与技术	科技资金投入、科技队伍、科技产出
基础设施	基础设施资金投入、能源、交通运输、通信、基础设施利用效率
人力资本	人口特征、劳动力特征、教育特征
环境竞争力	环境污染、环境质量、环境保护
生活质量	居民收入水平、消费水平、生活条件
政府管理	政府债务情况、政府支出情况、参与经济状况、政府财政政策、政府效率

（左侧合并单元格：区域国际竞争力）

省域经济综合竞争力指标体系由 9 个二级指标、25 个三级指标和 208 个四级指标构成。其中四级指标属于客观性的直接指标，基本上是国家现行统计体系公开发布的指标数据，只有少量不可缺少的指标需要通过计算得到或采用替代指标。

区域经济国际竞争力指标体系由 10 个二级指标、37 个三级指标和 119 个四级指标组成。其中有 103 个指标可以从国家统计体系公布的数据中直接获取或通过简单的计算合成，16 个是难以量化问题的认识或判断指标，必须通过专家调查取得。

两套指标体系在指标选取上有很大的相似性，而且都用于省域竞争力的评价。我们认为前者的客观性更强，同时考虑了省域间的资源禀赋差异等因素，特别是在二级指标的设立上更具系统性；而后者设立了部分的主观性指标，其优点在于充分利用国家现有的统计调查手段，弥补统计数据可能出现的偏差，更好地反映现实经济状况。当然鉴于现有的数据资料，我们在指标选取上参照省域经济综合竞争力指标体系的做法。

2. 投资环境和投资风险

尽管区域竞争力较强的地区经济发展一般较快，能够获得较高的回报，但投资环境和投资风险在更大程度上影响台商大陆投资地的选择。① 由于这些因素更多地作为台商的心理感受,评价指标体系可以建立在问卷调查的基础上,这方面我们将直接利用台湾区电机电子工业同业公会的资料。从2000年开始该公会就针对大陆各主要城市的台商进行年度性调查,对这些城市的投资环境和投资风险进行评估。② 我们从台湾区电机电子工业同业公会的问卷调查表中整理出了投资环境评价指标体系(表3.2.3)和投资风险评价指标体系(表3.2.4)。

表3.2.3 投资环境评价指标

一级指标	二级指标	三级指标
投资环境	自然环境	地理位置优越、气候条件优良、水及矿产资源丰富、土地多地价低
	基础建设	交通运输便利、邮电通信设施完善、网络建设完善、水电燃料供应良好、污水处理完善、固体废物处理完善、仓储物流完善、发展规划完善
	公共设施	居住环境良好、医疗卫生条件良好、教育机构完善、娱乐设施完善、城市建设国际化程度高
	社会环境	社会治安良好、民众文化素质高、民风纯朴开明、民众国际观程度高、民众欢迎台商投资程度高
	法政环境	地方行政与国家法令的一致性高、优惠政策多、执法公正性高、解决纠纷途径完善、工商行政效率高、税务行政效率高、海关行政效率高、劳工消防卫生检查效率高、官员操守清廉、政府对台商友善程度高、环保法规适宜、政策稳定透明、知识产权保护程度高
	经济环境	人均所得高、经济成长快、金融机构效率高、金融机构国际化程度高、汇兑容易、融资容易、利润汇出容易、财政税收稳定摊派少、允许经营范围广、地方政府积极改善投资环境
	经营环境	基层劳力供应充裕、专业人才甄补容易、员工流动性低、外资企业劳资关系和谐、厂房相关设施成本低廉、原材料取得容易、上下游供应链完整、技术研发水平高、市场开发潜力大、不正当竞争程度低

投资环境评价指标分为三级,其中含二级指标7个、三级指标55个。台商评价则根据是否同意以上的判断按不同程度分为五级:非常不同意、不同意、没意

---

① 鲁明泓,潘镇.中国各地区投资环境评估与比较:1990~2000[J].管理世界,2002年第11期;李黎.不确定性、预期与外国投资[J].国际贸易问题,1999年第4期。
② 林祖嘉.大陆七大地区总体竞争力、投资环境与投资风险之趋势分析[J].亚太经济管理评论(台),2004年第7期。这里非常感谢台湾辅仁大学的蔡渭伟教授为我们提供了林教授论文的全稿以及相关的资料。

见、同意、非常同意,对应得分为1、2、3、4、5分,分值越高越好(按正向指标设计)。

投资风险评价指标体系分为三级,其中含二级指标4个、三级指标38个。调查问卷根据是否同意以上负面观点按程度分为五级:非常不同意、不同意、没意见、同意、非常同意,这五个等级相当于完全无风险、略有风险、中度风险、高度风险、极高风险,对应得分为1、2、3、4、5分,分值越低越好(按逆向指标设计)。

表3.2.4 投资风险评价指标

	二级指标	三级指标
投资风险	社会风险	劳工争议事件频繁、民工流窜社会问题多、纠纷不易排解、人身财产安全难保障
	法制风险	地方政令经常变动、法令认知常有不同、合同规范认知常有不同、法令认知执法常有不同、与地方政府协商时间难掌握、调解纠纷对台商不公平、仲裁机构对台商不公平、不能有效执行司法及仲裁结果、不当回馈要求过高或频繁、常以刑事方式处理经济案件
	经济风险	物价波动频繁、外汇管制严格、税费变动频繁、利润汇出不易、筹资困难、银行信用业务无法满足台商要求、优惠政策变动频繁缺乏透明、优惠政策兑现率低、经贸纠纷频发、地方保护主义浓厚企业营运不易、税费罚款多
	经营风险	能源供应不稳定、运输状况不易掌握、跨地区不当收费频繁、配套厂商供应不稳定、市场开拓困难、当地企业缺乏信用追债不易、适任员工招募留用不易、当地员工敬业忠诚度低、环境不易使台商干部留下、维持人际网络成本过高、地方政府干预企业运作、台商常因经贸税务纠纷被羁押、海关通关障碍多

二、区域竞争力的计量方法

根据初级指标获得的基础数据,通常由于社会经济现象的数字特征量纲不一致、基数差异大等问题,无法进行综合指标的科学比较,这就需要对原始数据进行规范化。

1. 数据规范化

数据有多种规范化的方式,经过规范化后数据通常具有以下两个特点:一是无量纲,二是介于0—1之间(或表示为百分数介于0—100之间)。规范化不同于统计学上的数据标准化,标准化只是消去了量纲,但一般不具有第二个特点。设一项指标有 n 个观察值 $x_i, i=1,2,\cdots,n$,常用的数据规范化公式有

$$s_i = \frac{x_i - \min\{x_i\}}{\max\{x_i\} - \min\{x_i\}} \quad i = 1, 2, \ldots, n$$

其中 s 表示数据的规范化值,或

$$s_i = \frac{x_i}{\sqrt{x_1^2 + x_2^2 + \ldots + x_n^2}} \quad i = 1, 2, \ldots, n$$

或记 $\max\{x_i\} = 100$、$\min\{x_i\} = 1$,把 x_i 经线性变换可以转化为 1—100 之间的百分数(略去百分号):

$$s_i = \frac{\max\{x_i\} - 100\min\{x_i\} + 99x_i}{\max\{x_i\} - \min\{x_i\}} \quad i = 1, 2, \ldots, n$$

三种方法在一般情况下并不等价,但都能达到数据规范化要求。规范化的目的是对不同社会经济数据进行综合比较。

2. 加权平均法

初级指标的数据经规范化之后,就可以计算综合指标值。研究对象的某一综合指标可能由若干个初级指标构成,最常见的计算方法就是对初级指标的规范化值进行加权平均。设其 m 个初级指标的规范化值分别为 $s_1, s_2, \cdots, s_m$,权数分别为 $k_1, k_2, \cdots, k_m$,则综合指标值 A 可以表示为

$$A = \frac{s_1 k_1 + s_2 k_2 + \ldots + s_m k_m}{k_1 + k_2 + \ldots + k_m}$$

如果该综合指标只是一个子项,重复这一过程就可以计算出更上一级的综合指标,当然权数可能不同。权数最简单的取法是全部取值为 1,我们称之为简单平均或求平均数。根据综合指标值的大小,就可以把研究对象进行排序,从而获得所需要的比较结果。

前面所涉及的省域经济综合竞争力、区域经济国际竞争力比较,以及台湾区电机电子工业同业公会对大陆的投资环境、投资风险的区域比较都是利用这一方法。加权平均法关键的部分是各级权数的设定,一般根据各指标的重要程度或通过专家问卷调查确定。权数设置后通常较少调整,这样逐年分析的结果可以保持相对的一致性,因而加权平均这一方法不仅简单易行而且相当稳健。但由于权数的确定主观性较强,近年来人们开始尝试加权平均之外的一些综合评价方法,如基于主成分分析的因子得分法,基于数据包络分析的技术前沿法,基于最大最小原理的密切值法等。在这些方法中,由于密切值法含义直观、计算简单、评价结果更符合实际情况,受到不少学者的推崇。

3. 密切值法

在本节第三部分关于区域综合竞争力、投资环境、投资风险的综合评价中,

我们准备对省域综合竞争力发展报告中2007年、2008年的次级数据、台湾区电机电子工业同业公会投资环境、投资风险2000—2009年问卷调查所获得的初级数据,利用密切值法分别进行省域综合竞争力、区域投资环境、投资风险的综合评价。这里有必要对密切值法进行简要的介绍,以期对后面的分析有所铺垫。

设在我们的综合评价中有 m 个对象、n 个评价指标,第 i 个对象的第 j 个评价指标值记为 x_{ij},$i=1,2,\cdots,m$,$j=1,2,\cdots,n$ 构成指标矩阵 $X=(x_{ij})_{m\times n}$。为了便于不同指标间的比较,采取以下步骤。

第一步,对每组指标值进行规范化:

$$a_{ij} = \frac{x_{ij}}{\sqrt{x_{1j}^2 + x_{2j}^2 + \ldots + x_{mj}^2}} \quad i=1,2,\ldots,m \quad j=1,2,\ldots,n$$

如果第 j 个指标是越小越好的逆向指标,我们就把第 j 列的规范化值全部添上负号。

第二步,取每个指标的最大值构成最大数组 A^+;取每个指标的最小值构成最小数组 A^-:

$$A_j^+ = \max_i \{a_{ij}\}, \quad A_j^- = \min_i \{a_{ij}\}, \quad j=1,2,\ldots,n$$

即虚拟的最优点集和最劣点集:$A^+ = \{A_1^+, A_2^+, \ldots, A_n^+\}$,$A^- = \{A_1^-, A_2^-, \ldots, A_n^-\}$。

评价标准:离最优点越近越好,离最劣点越远越好。

第三步,分别计算第 i 个对象评价指标 $(a_{i1}, a_{i2}, \cdots, a_{in})$ 到最优点的欧氏距离 d_i^+、到最劣点的欧氏距离 d_i^-,$i=1,2,\cdots,m$。再记距最优点最近值为 d^+、距最劣点最远值为 d^-:

$$d^+ = \min_i \{d_i^+\}, \quad d^- = \max_i \{d_i^-\}$$

就可以算出第 i 个对象的密切值 C_i:

$$C_i = \frac{d_i^+}{d^+} - \frac{d_i^-}{d^-}, \quad i=1,2,\ldots,m$$

显然密切值是非负的,取值越小越优,等于0时最优。

4. 单项指标分析

综合指标评价可以把握对象的总体形势,进行单项指标的分析则可以了解对象领先或落后的原因,提出可以改善或加强的方向。同时大量的数据信息通过单项指标的分析得到更充分的利用。如前面台商大陆投资资金密度领先指标的计算,就是一个例子。实际上结合其他经济数据,我们可以做更加深入的计量分析,如我们将在本节的第三部分利用若干个单项指标的截面数据建立空间自回归模型,揭示指标间的数量关系。

三、大陆台资集中区竞争力比较

1. 综合竞争力

鉴于可比性,考虑到与台湾区电机电子工业同业公会调查数据年度不应相差太远,我们直接利用《中国省域经济综合竞争力发展报告(2008—2009)》中22项三级指标,即 2007 年、2008 年的次级指标值为基础[①],根据前面介绍的密切值法进行综合评价。我们把排序的结果列于表 3.2.5,表中同时列出了该报告综合评价的省域排序,目的是方便对两种方法所得结果的比较。

计算工作全部在 Excel 中进行。首先录入省域综合竞争力指标体系的次级数据,利用最大、最小值函数确定各指标的最大、最小值构成最优、最劣点,计算各省指标值与最优、最劣点的欧氏距离,再从各省与最优点距离中取出最小值、从各省与最劣点距离中取出最大值作为参照,计算各省与最优、最劣点距离的相对数,接着根据两者差值获得各省的密切值,最后按密切值从小到大排列确定序号。从表 3.2.5 我们不难看出,用密切值法与加权平均法排序结果是相当接近的。从台商投资相对集中地区来看,2007 年密切值法的排序分别为上海、北京、广东、江苏、浙江、天津、山东、福建;而加权平均法的排序除北京、山东互换位置外,其他与密切值法排序一致。2008 年台商投资相对集中地区的密切值法排序与加权平均法排序相同,与 2007 年相比较江苏取代广东位列第 3 位,而广东退居第 4 位,此外福建从第 8 位降为第 9 位。此外,从表 3.2.5 我们还发现,福建的综合竞争力在 31 个省市中(不含港澳台)处于上游的末位。

密切值法在进行综合评价时两次建立了"标杆":第一次,确定最优点和最劣点;第二次,确定与最优点的最小距离、与最劣点的最大距离。加权平均法在进行综合评价时,通常建立一次"标杆":数据规范化时取了各指标的最大值和最小组作为参照,然后是确定初级指标的权数(多级权数可最终转化为初级指标的一次性权数)。加权平均法综合评价的结果一般与权数的设置有关,会随着权数的改变而有所不同,密切值法则没有这样的变化,这也是我们认为密切值法较具客观性的原因。如果综合评价是服务于某种政策导向的话,那么权数设置的加权平均法就能更好地满足这种目的。

综合评价的结果是:长三角地区、环渤海地区、珠三角地区具有综合竞争力

---

① 《中国省域经济综合竞争力发展报告(2008—2009)》(下册),附表 1—9,第 1283—1291 页。

优势,海峡西岸是仅次于以上三个地区最具竞争力的地方。如果我们把31个省市的前10位称为优势位、后10位称为劣势位的话,台商投资相对集中的8个省市:北京(2,2)、天津(6,6)、山东(7,7)、上海(1,1)、江苏(4,3)、浙江(5,5)、福建(8,9)、广东(3,4)都是综合竞争力处于优势地位或中游的省市(括号内的数字是根据密切值法获得的2007年、2008年综合竞争力排序)。北京、天津两个直辖市台商的投资份额相对较少,这与台商大陆投资大多考虑廉价劳动和土地使用成本有关,劳动力、土地成本都是其他省市具有比较优势的方面。

表3.2.5 省域经济综合竞争力排名

年份 地区	2007		2008	
	密切值法	加权平均法	密切值法	加权平均法
北 京	2	2	2	2
天 津	6	7	6	6
河 北	13	12	13	12
山 西	10	13	11	17
内蒙古	11	10	8	10
辽 宁	9	9	10	8
吉 林	23	17	21	15
黑龙江	14	16	12	13
上 海	1	1	1	1
江 苏	4	4	3	3
浙 江	5	5	5	5
安 徽	17	18	19	19
福 建	8	8	9	9
江 西	22	21	28	21
山 东	7	6	7	7
河 南	12	11	16	14
湖 北	15	14	14	11
湖 南	20	19	23	18
广 东	3	3	4	4
广 西	25	23	29	26

(续 表)

年份\地区	2007 密切值法	2007 加权平均法	2008 密切值法	2008 加权平均法
海 南	18	24	15	23
重 庆	19	22	18	22
四 川	16	15	17	16
贵 州	29	30	27	29
云 南	28	26	31	27
西 藏	27	29	30	31
陕 西	21	20	24	20
甘 肃	30	31	20	30
青 海	26	27	25	28
宁 夏	31	28	22	24
新 疆	24	25	26	25

下面我们分析作为海峡西岸经济区主体的福建9个二级竞争力指标的状况。类似于综合竞争力评价,由三级指标值可以计算各省市9个二级指标的密切值,从而获得各省市的二级指标排名。福建各个二级指标的排名见表3.2.6。2007年、2008年9个二级指标中福建都是3个指标处于优势地位,1个指标处于劣势地位,其他5个指标处于中游水平。由于其他省市社会经济环境的改善,福建综合竞争力在整个二级指标面上处于下降趋势。

从可持续发展竞争力来看,福建两年的排位都极具劣势。福建的地形特点可以概括为"八山一水一分田",在资源竞争力、环境竞争力和人力资源竞争力中,福建的资源竞争力弱是由于耕地、矿产资源少这一客观条件造成的;由于森林覆盖率高等因素,环境竞争力却是福建的一大优势;但在人力资源方面福建对人才的吸引力极弱,缺乏吸引人才的项目,缺少留住人才的环境。

表3.2.6 福建二级竞争力指标评价

指 标	2007	2008	状 态
宏观经济	8	8	0
产业经济	12	14	−
可持续发展	12	12	0

(续　表)

指　　标	2007	2008	状　　态
财政金融	11	19	+
知识经济	9	9	0
发展环境	12	13	+
政府作用	12	13	+
发展水平	6	5	−
统筹协调	22	13	

从政府作用来看,福建在政府发展经济竞争力、政府规调经济竞争力、政府保障经济竞争力三个方面,前两项指标都有较好的表现,但政府在医疗、养老的社会保障上相对于其他省市发展严重滞后。由于按密切值排序更强调的是横向对比,即省际间的比较,一旦其他省份有较大的改善,落后局面便自然形成。

从财政金融来看,福建从2007年的第11位下滑到2008年的第19位,较大的变动幅度应该引起足够的重视。在财政竞争力、金融竞争力这两大组成部分中,财政支出占GDP比重过低、地方财政收入增长不快是财政金融竞争力下降的主要原因。

此外,从统筹协调来看,从2007年的第22位下滑到2008年的第13位,出现了较大幅度的提升。

2. 投资环境

省域经济综合竞争力主要是反映一个省(市)总体的社会经济水平,其中也涉及外商投资与环境的相关内容,如外商直接投资及外商直接投资增长率、外资企业增长数等,但这些指标过于宏观且单纯从政府角度来审视,无法反映外商十分关注的投资环境与风险问题。要侧重于对投资环境的评价必须建立相对独立的评价指标体系,这里直接采用台湾区电机电子工业同业公会的评估指标(参见表3.2.4)。我们按华东、华北、华南、华中、东北、西南、西北把大陆地区划分为7大区域,基础数据取自该公会《中国大陆地区投资环境与风险调查报告》2000—2009年各期,用密切值进行综合评价。2000年、2009年的区域数据及排名结果分别列于表3.2.7以及表3.2.8中。

表 3.2.7 2000 年大陆 7 大区域投资环境评价

指标 区域	样本量	自然环境	基础建设	公共设施	社会环境	法制环境	经济环境	经营环境	排名
华东 3 省(市)	258	3.58	3.54	3.18	3.55	3.03	3.19	3.26	1
华北 5 省(市)	85	3.35	3.46	3.04	3.37	2.94	3.00	3.04	2
华南 3 省	237	3.46	3.26	2.78	3.00	2.75	2.89	2.92	5
华中 5 省	39	3.49	3.43	2.99	3.20	2.85	3.08	3.16	3
东北 3 省	133	3.42	3.18	2.52	2.73	2.40	2.62	2.91	7
西南 6 省（市、自治区）	38	3.62	3.28	2.78	3.24	2.90	3.11	3.18	4
西北 6 省（市、自治区）	23	3.22	3.04	2.54	3.08	2.76	2.73	2.92	6
大陆地区	813	3.48	3.36	2.89	3.19	2.81	2.97	3.06	—

注：华东 3 省(市)为上海、江苏、浙江，华北 5 省(市)为北京、天津、河北、山西、山东，华南 3 省为福建、广东、海南，华中 5 省为安徽、江西、河南、湖北、湖南，东北 3 省为辽宁、吉林、黑龙江，西南 6 省(市、自治区)为广西、四川、贵州、云南、西藏、重庆，西北 6 省(市、自治区)为内蒙古、陕西、甘肃、青海、宁夏、新疆。其中列入样本量是为了计算整个大陆地区的台商评分，按满意程度从高到低依次记为 5、4、3、2、1 分。数据全部取自台湾区电机电子工业同业公会《中国大陆地区投资环境与风险调查报告》。

表 3.2.8 2009 年大陆 7 大区域投资环境评价

指标 区域	样本量	自然环境	基础建设	公共设施	社会环境	法制环境	经济环境	经营环境	排名
华东 3 省(市)	1 223	4.01	4.07	3.90	3.98	3.95	4.00	3.92	1
华北 5 省(市)	296	3.77	3.81	3.77	3.80	3.72	3.76	3.75	2
华南 3 省	635	3.38	3.47	3.29	3.21	3.19	3.35	3.28	5
华中 5 省	189	3.60	3.53	3.47	3.62	3.56	3.57	3.62	4
东北 3 省	91	3.36	3.33	3.38	3.27	3.23	3.30	3.25	6
西南 6 省（市、自治区）	124	3.75	3.76	3.72	3.74	3.72	3.72	3.74	3
西北 6 省（市、自治区）	30	2.77	2.54	2.76	2.71	2.63	2.56	2.68	7
大陆地区	2 588	3.68	3.80	3.66	3.70	3.63	3.73	3.66	—

由表 3.2.7 可以看出，2000 年台商对 7 大区域投资环境的综合评价，华东地

区、华北地区的投资环境较好,对东北地区、西北地区的评价最差。从整个大陆地区来看,7项指标中较满意的是自然环境、基础建设,最不满意的是法制环境、公共设施。这些评价与实际情况基本相符:大陆地区的自然环境相当优越,地方政府为吸引外商投资重视基础建设,但住房、医疗卫生、教育等公共设施严重滞后,存在以"人治"为主的通病:政府机构办事效率不高,存在吃、喝、卡、要等官员贪污腐败现象。实际上法制环境是台湾区电机电子工业同业公会最为关注的一大指标,在7项指标权数中法制环境最高,反映了台商对这一指标的关注程度。

到了2009年,台商对整个大陆地区投资环境的评价有很大的改观。根据表3.2.7及表3.2.8最后一行的数据,我们制作雷达图比较了2000年、2009年的评分结果(见图3.2.1)。

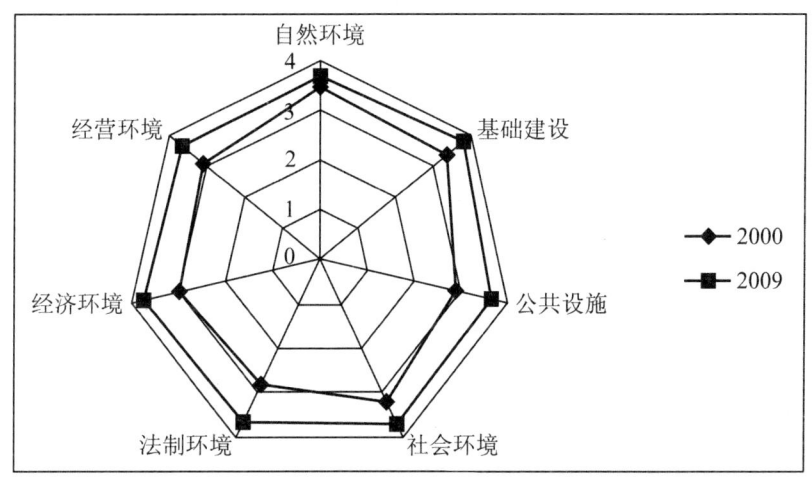

图3.2.1 大陆地区投资环境变化趋势

2009年与2000年比较,雷达图的区域向外扩张,表明总体环境朝着好的方向发展,同时从各方向的轴线来看,各项指标的评分都有不同程度的提高,台商对大陆投资环境的满意度上升。我们把2000—2009年7大区域的综合排名结果列于表3.2.9,可以看出10年间各大区域的名次虽然发生了一些变化,但概言之变化不是很大,其中西南与东北地区排名略有提高,而华中与西北地区排名有所下降。

华南地区的福建、广东、海南三省,由于地缘关系是台商投资最早的区域。但从投资环境来看,这一地区是台商较不满意的两大地区之一,近年来不少台商在华南地区做强之后便迁往华东地区发展。实际上从纵向来看,10年来华南地区的投资环境也在不断改善之中,只是略显迟缓而已。图3.2.2是根据表3.2.8、表3.2.9台商对华南地区评分所做的2000年与2009年对比图。雷达图中明显的区域扩张,表明总体投资环境的改善,以及各项指标都向好的方向发生了变化。其中公共设施、经营环境、经济环境方面改变较快,但台商最为关注的法制环境仍为短板,社会环境也无较大的改善。

表3.2.9 大陆7大区域投资环境排名

年份 区域	2000	2001	2002	2003	2007
华东3省(市)	1	1	1	2	1
华北5省(市)	2	2	3	3	2
华南3省	5	7	5	6	4
华中5省	3	5	6	5	5
东北3省	7	3	2	4	6
西南6省(市、自治区)	4	4	4	1	3
西北6省(市、自治区)	6	6	7	7	7

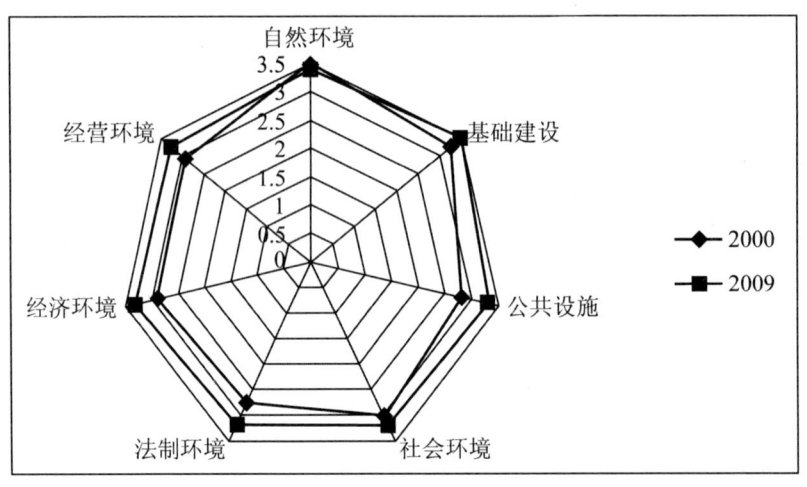

图3.2.2 华南地区投资环境变化趋势

3. 投资风险

台商对大陆投资地选择考虑的另外一个重要因素就是当地投资风险的大小。利用台湾区电机电子工业同业公会问卷调查设计的指标及2000—2009年的调查结果,我们按密切值法对逐年的数据进行了分析。限于篇幅,这里仅给出2000年、2009年的台商评分表(见表3.2.10、表3.2.11),以及7大区域的投资风险排名(见表3.2.12)。

从2000年台商对大陆投资的风险评分我们可以发现,4大风险中社会风险最低,说明大陆的政治经济稳定、治安状况良好;而法制风险最高,说明民众的法制观念相对淡薄,因而有法不依、执法不严导致的"法律白条"现象时有发生。华南、华北两大地区的投资风险排名最差,西南地区、华东地区则居于榜首。华东地区经济发达、交通便利、生活安逸、市场广大,在吸引外资及台商方面自然略胜一筹。

表 3.2.10　2000 年大陆 7 大区域投资风险评价

指标 区域	样本量	社会风险	法制风险	经济风险	经营风险	排　名
华东 3 省(市)	258	2.61	2.98	3.00	2.93	2
华北 5 省(市)	85	2.73	3.15	3.14	3.16	6
华南 3 省	237	2.89	3.25	3.15	3.13	7
华中 5 省	39	2.77	3.10	2.93	2.95	3
东北 3 省	30	2.71	3.15	2.88	3.02	4
西南 6 省 (市、自治区)	38	2.70	2.94	2.92	2.92	1
西北 6 省 (市、自治区)	23	2.57	3.02	3.20	3.13	5
大陆地区	710	2.73	3.10	3.06	3.04	—

注:台商评分按风险程度从高到低依次记为 5、4、3、2、1 分,用密切值法排序时数据前面加负号,即按逆向指标处理,风险小的排前。

表 3.2.11　2009 年大陆 7 大区域投资风险评价

指标 区域	样本量	社会风险	法制风险	经济风险	经营风险	排　名
华东 3 省(市)	1223	1.93	1.88	1.94	1.94	1
华北 5 省(市)	296	2.16	2.16	2.19	2.19	2
华南 3 省	635	2.65	2.57	2.61	2.57	6
华中 5 省	189	2.45	2.46	2.51	2.53	4
东北 3 省	91	2.54	2.56	2.60	2.58	5
西南 6 省 (市、自治区)	124	2.22	2.21	2.29	2.24	3
西北 6 省 (市、自治区)	30	3.21	3.21	3.18	3.21	7
大陆地区	2588	2.22	2.31	2.23	2.26	—

注:台商评分按风险程度从高到低依次记为 5、4、3、2、1 分,用密切值法排序时数据前面加负号,即按逆向指标处理,风险小的排前。

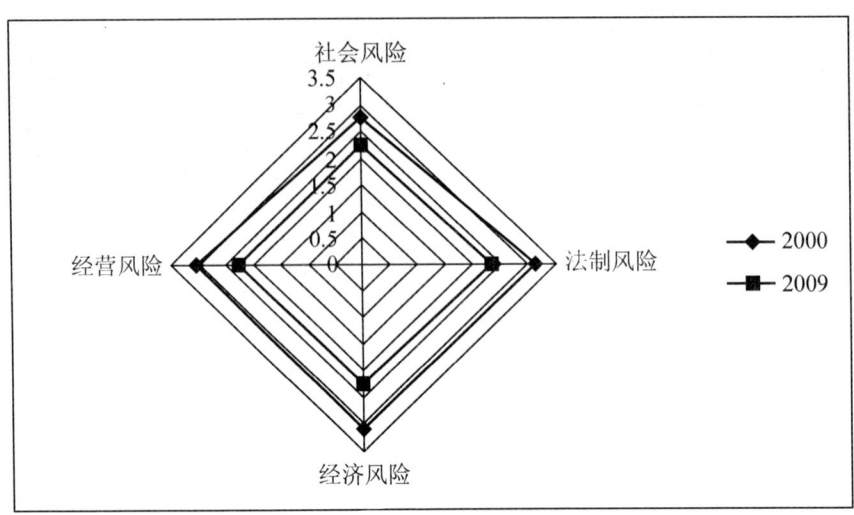

图3.2.3 大陆地区投资风险变化趋势

到了2009年4类风险都出现了较大幅度的降低,从图3.2.3不难看出,从2000年到2009年这10年间各类风险值构成的雷达图明显向内收缩,表明大陆地区的投资风险整体下降。10年间经济风险的降幅最大,其次是法制风险,再次是经营风险,社会风险降幅最小。2009年大陆投资风险从大到小排序分别为:法制风险、经营风险、经济风险与社会风险。可见,虽然近年来我国法律体系逐步完善,法制风险大幅下降,但目前仍居投资风险的首位。在经营风险中,员工的敬业精神与忠诚度低是一个令人关注的问题。与经济发达国家或地区到大陆投资的企业相比,台资企业更不重视员工的成长,通常薪酬、福利水平较低而且过于苛刻,致使当地员工频繁跳槽。实际上在台商干部中无法忍受台商家族企业的"刻薄寡恩",炒老板"鱿鱼"的也大有人在。而在经济风险中比较突出的问题就是台商中小企业在大陆的融资困难。台商的融资困难主要产生于他们在大陆投资方式的转变:从过去以"三来一补"加工贸易型企业为主,向独立经营决算的"三资企业"发展;从过去的劳动密集型企业向资金、技术密集型企业发展。这样,企业的营运方式发生了巨大变化:过去"台湾接单、大陆生产、香港出口"被"大陆接单、大陆生产、大陆直接出口"的新模式替代,导致大陆台商企业资金需求急剧上升,使融资问题突出。

根据2000—2009年台湾区电机电子工业同业公会的调查数据,我们利用密切值法得到了7大区域逐年的投资风险综合排名,结果列于表3.2.12中。

表 3.2.12　7 大区域投资风险排名

年度 区域	2000	2001	2002	2003	2007	2009
华东 3 省(市)	2	2	1	4	2	1
华北 5 省(市)	6	1	4	2	1	2
华南 3 省	7	6	6	6	6	6
华中 5 省	3	5	5	3	4	4
东北 3 省	4	7	2	5	5	5
西南 6 省(市、自治区)	1	4	3	1	3	3
西北 6 省(市、自治区)	5	3	7	7	7	7

注：按逆向指标处理,风险小的排前。

我们发现,7 大区域中西北地区、华南地区的投资风险较大,而华东地区、华北地区的投资风险较小。如果台商纯粹从投资理性的角度去考虑,华东地区和华北地区将会吸引越来越多的投资。从相对水平比较,海峡西岸所在的华南地区经过 10 年的调整,名次从 2000 年的末位上升到了 2009 年的第 6 位,综合排名略有提升。同时从自身的纵向比较来看,整个华南地区的投资风险程度有了明显的下降(参见图 3.2.4)。2009 年华南地区投资风险从大到小排序分别为：社会风险、经济风险、法制风险与经营风险。

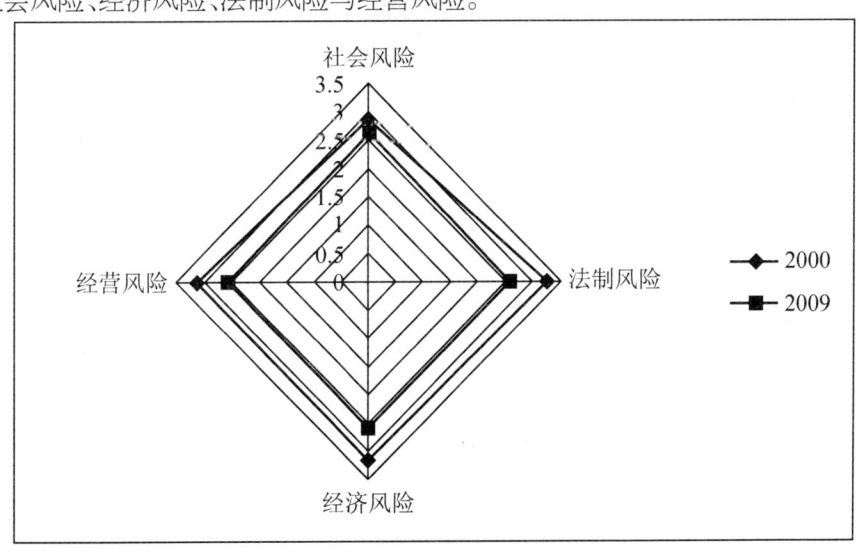

图 3.2.4　华南地区投资风险变化趋势

4. 区域投资竞争力

投资环境和投资风险是投资决策的两个最重要因素。也就是说,投资环境的好坏和投资风险的大小决定了投资区域的取向和台商投资相对集中地区的形成。我们在投资环境指标体系、投资风险指标体系的基础上,构建投资竞争力指标体系,作为区域经济综合竞争力的重要支撑。

7个投资环境指标、4个投资风险指标组成了区域投资竞争力指标体系的二级指标,并向下延伸构成投资竞争力的三级指标体系。11个二级指标中,前7个是正向指标(评分越高越好),后4个是逆向指标(评分越低越好)。我们用密切值法对11个指标评分进行综合评价(逆向指标值前加上一个负号),获得了7大区域投资竞争力排名,表3.2.13及表3.2.14给出了2000年、2009年的综合评价结果。

从表3.2.13可以发现,华东地区是2000年最具投资竞争力的地区,因此可以理解为什么台商逐渐聚集长三角地区,特别是自古繁华的江苏省。在7项投资环境指标中,华东地区除了自然环境略逊于西南地区排在7大区域的第2位,其余6项都排在了第1位;反映投资风险的4项指标值,基本上都在第2位。华中地区投资竞争力综合排名处于第2位,有不俗表现。

表3.2.13　2000年大陆7大区域投资环境风险综合评价

指标 区域	自然环境	基础建设	公共设施	社会环境	法制环境	经济环境	经营环境	社会风险	法制风险	经济风险	经营风险	排名
华东3省(市)	3.58	3.54	3.18	3.55	3.03	3.19	3.26	2.61	2.98	3.00	2.93	1
华北5省(市)	3.35	3.46	3.04	3.37	2.94	3.00	3.04	2.73	3.15	3.14	3.16	4
华南3省	3.46	3.26	2.78	3.00	2.75	2.89	2.92	2.89	3.25	3.15	3.13	5
华中5省	3.49	3.43	2.99	3.20	2.85	3.08	3.16	2.77	3.10	2.93	2.95	2
东北3省	3.42	3.18	2.52	2.73	2.40	2.62	2.91	2.71	3.15	2.88	3.02	7
西南6省(市、自治区)	3.62	3.28	2.78	3.24	2.90	3.11	3.18	2.70	2.94	2.92	2.92	3
西北6省(市、自治区)	3.22	3.04	2.54	3.08	2.76	2.73	2.92	2.57	3.02	3.20	3.13	6
大陆地区	3.48	3.36	2.89	3.19	2.81	2.97	3.06	2.73	3.10	3.06	3.04	—

2009年华东地区的投资风险是7大区域中最小的,11项指标值都处于第1位。当前台商投资主要集中在华东与华南地区,台商除选择最优的华东地区外,其他华北、西南、华中、东北地区均优于华南地区,但并未成为台商的主要选择,究其原因,主要源于华东、华南是大陆最发达地区,且与台湾一海相隔。但

我们相信,凭着华北、西南等地区连续、稳定的良好表现,一定会在下一轮的台商投资中得到更多的关注。累计至 2009 年,华东地区的江苏、上海、浙江三省(市)分别处于台商大陆投资相对集中省(市)的第 1、第 3、第 5 位;华南地区的广东、福建两省分获第 2、第 4 位;而最具投资竞争力的华北地区的天津、山东、北京三省(市)分别处于第 6、第 7、第 8 位;第 9 位的是华中地区的湖北省。

表 3.2.14 2009 年大陆 7 大区域投资环境风险综合评价

指标 区域	自然环境	基础建设	公共设施	社会环境	法制环境	经济环境	经营环境	社会风险	法制风险	经济风险	经营风险	排名
华东 3 省(市)	4.01	4.07	3.90	3.98	3.95	4.00	3.92	1.93	1.88	1.94	1.94	1
华北 5 省(市)	3.77	3.81	3.77	3.80	3.72	3.76	3.75	2.16	2.16	2.19	2.19	2
华南 3 省	3.38	3.47	3.29	3.21	3.19	3.35	3.28	2.65	2.57	2.61	2.57	6
华中 5 省	3.60	3.53	3.47	3.62	3.56	3.57	3.62	2.45	2.46	2.51	2.53	4
东北 3 省	3.36	3.33	3.38	3.27	3.23	3.30	3.25	2.54	2.56	2.60	2.58	5
西南 6 省(市、自治区)	3.75	3.76	3.72	3.74	3.72	3.72	3.74	2.22	2.21	2.29	2.24	3
西北 6 省(市、自治区)	2.77	2.54	2.76	2.71	2.63	2.56	2.68	3.21	3.21	3.18	3.21	7
大陆地区	3.68	3.80	3.66	3.70	3.63	3.73	3.66	2.22	2.31	2.23	2.26	—

5. 海峡西岸经济区提升投资竞争力的意义

改革开放以来我国经济始终保持高速、稳定的增长,这在很大程度归功于政府的出口导向政策,因为国内需求不足根本无法支撑经济的持续增长。出口导向政策的实施必须以实业投资为基础,因此国家积极鼓励外(台)商到大陆直接投资设厂。福建省作为台商大陆投资相对集中的 8 个省(市)之一,经济综合竞争力排在 8 个省(市)的末位,同时位于投资竞争力相对薄弱的华南地区,在 8 个省(市)中与广东省同处末位。可以说按现有的综合竞争力和投资竞争力水平,福建省在吸引外商投资方面处于相当不利的地位,台商评价在很大程度上反映了福建在投资环境、投资风险方面存在的不足。实际上,福建对外商在安排上存在"重招商、轻安商,重引进、轻服务"现象。[①]

海峡西岸经济区建设被纳入国家规划,受到了国务院各部委的积极支持,这为福建经济的发展带来了新的机遇。我们认为提高福建综合竞争力的着力点在于提升投资竞争力。就发展经济而言,提升投资竞争力是提升福建综合竞

---

① 张志南,李闽榕.2006 年海峡西岸经济区发展报告[C].社会科学文献出版社,2006 年,第 403—421 页。

海峡西岸和其他台商投资相对集中地区的经济发展

争力的重要途径和手段。海峡西岸经济区正在推动与规划发展海峡两岸金融全面、双向、直接的合作,强化对台经贸合作与交流,加快台商投资区和台资企业相对集中地区的发展,进一步拓展沿海地区与金门、马祖、澎湖的直接往来,构建两岸一体的旅游线路,全面拓展闽台农业合作等,这些措施对海峡两岸未来经贸互动发展必然产生深远的影响。推动台湾与福建在海峡西岸经济区的合作有两项重要工作要做:一是提升经济区的投资竞争力,吸引更多的台资;二是通过签署双边协议,建立常态的互惠交流。在目前尚未实现"大三通"的情况下,提升投资竞争力成为当务之急。从表3.2.14我们可以发现,2009年华南地区的自然环境、基础建设与经营环境排在第5位,公共设施、社会环境、法制环境、经济环境在7大区域居于第6位,而投资风险除经营风险排在第5位外,其他投资风险均排在第6位,说明福建省投资环境有待进一步提升,投资风险有待进一步改善。其中金融业可以作为一个突破口:针对台商中小企业融资难问题,可以通过贷款等渠道进行重点扶持;在投资便利化方面,可以试办台币与人民币的直接通兑业务,等等。

第四章 两岸经贸合作对大陆台资集中区经济发展的绩效

两岸经贸合作始于20世纪70年代末,据商务部统计,截至2010年年底,两岸贸易总额累计11 089.6亿美元,实际利用台资520.2亿美元,占大陆累计实际利用外资比重的5%。从分布来看,两岸经贸合作主要集中在大陆经济最发达地区,具体包括海峡西岸(闽)和其他台商投资相对集中地区(苏、粤、沪、浙、津、鲁、京)。因此,无论从规模抑或是从空间演进来看,两岸经贸合作都获得了长足的发展。而"十一五"规划中提出的"支持海峡西岸和其他台商投资相对集中地区的经济发展,促进两岸经济技术交流和合作",国务院2009年5月颁布的《关于支持福建省加快建设海峡西岸经济区的若干意见》,"十二五"规划中提出的"充分发挥海峡西岸经济区在推进两岸交流合作中的先行先试作用"等国家政策的鼎力支持;以及"三通"的实现及ECFA的签署与实施等诸多因素将推动两岸经贸交流与合作进入新一轮高潮。因此,就两岸经贸合作对大陆台资集中区经济发展的绩效进行研究具有重要的理论价值与现实意义。

本章首先对两岸经贸合作的态势进行考察,同时对大陆台资集中区各区与台湾经贸合作发展现状进行比较。然后运用面板数据模型对大陆台资集中区的台商投资与两岸贸易效应进行探讨。接着通过建立一般空间自回归模型对GDP影响台商投资区位流向的作用方向和方式进行实证研究。最后两节则是利用数据包络分析方法探讨两方面的问题:一是台资企业在大陆投资集中区的优势产业以及台资企业在不同地区的绩效差异、原因以及对策;二是大陆台资集中区各区与台湾经贸合作的经济发展绩效并据此提出针对性的措施。

第一节 两岸经贸合作的态势

两岸经贸合作始于20世纪70年代末,经过两岸同胞三十多年的共同努力,两岸经贸合作发展迅速。2008年两岸"大三通"的实现、2010年6月29日《两岸经济合作框架协议》(ECFA)的正式签署及2011年1月1日ECFA的正式启动,开启了两岸经贸关系的一个崭新时代,这必将迎来两岸经贸交流与合作的新一轮热潮。本节主要对两岸经贸合作的态势进行考察,首先对两岸经贸合作的发展历程进行阐述,然后从两岸贸易规模、依存度、产品结构以及地区分布的角度对两岸贸易发展现状与特征进行分析,接着从台商投资大陆的现状、产业构成以及地域分异的角度对台商投资大陆的变迁和地域分异特征进行考察,此外,对陆资赴台投资发展现状、产业构成进行探讨,最后对本节内容进行小结。

一、两岸经贸合作的发展历程

1949—1978 年的 30 年间,海峡两岸因政治、军事对峙而处于隔离状态,两岸经贸合作基本中断,仅存在着局部的、极为有限的、单向的间接贸易,主要是台湾自祖国大陆进口中药材。随着改革开放和"和平统一、一国两制"政策的实行,两岸交往进入一个新的发展时期,台湾与祖国大陆的经济联系不仅得以恢复,而且不断加强,两岸再度走上分工与合作的发展道路。总体来看,改革开放以来,两岸经贸合作的发展历程可以划分为以下四个发展阶段:(1)两岸经贸合作的复苏(1979—1987);(2)两岸经贸合作的复兴(1987—1992);(3)两岸经贸合作的兴盛(1992—2010)①;(4)两岸经贸合作的制度化(2010年至今)。

(一)两岸经贸合作的复苏阶段(1979—1987)

两岸经贸关系的恢复,始于 20 世纪 70 年代末。1979 年元旦,全国人大常委会发表《告台湾同胞书》,提出"和平统一"的对台政策,并发出"三通四流"(通邮、通航、通商和探亲旅游、学术交流、文化交流、体育交流)的倡议,1983 年 6 月 26 日邓小平又进一步阐述了"一国两制"的伟大构想。在祖国大陆"和平统一"政策的作用下,两岸对立的气氛开始有所缓和,两岸局势从对峙时期进入和平共存与相互竞争时期,同时,大陆加快改革开放并逐步参与经济全球化进程,使两岸经贸活动增加了新的市场诱因,两岸经贸关系随之出现复苏迹象,逐步从中断阶段走向恢复阶段。

这一阶段两岸经贸合作的特征是以间接贸易为主导,主要是两岸经香港的转口贸易逐步走向复苏,并引发或带动其他尚处于萌芽阶段的经济交流。1979年,两岸间接贸易总额为 0.77 亿美元,其中,大陆对台出口 0.56 亿美元,自台进口 0.21 亿美元,到 1987 年,两岸间接贸易总额增加到 15.16 亿美元,大陆对

---

① 黄梅波.两岸经贸关系回顾与展望[M].人民出版社,2007 年,第 6—15 页。

台出口2.87亿美元,自台进口12.27亿美元。[①] 此外,随着大陆沿海地区的改革开放,20世纪80年代初,开始有部分台商通过在中国香港、新加坡、泰国等地设立子公司,间接地对大陆进行试探性投资,其投资形式较为隐蔽,规模也相当小,投资产业基本上是出口加工型的劳动密集型产业,而且主要集中在福建、广东沿海。

(二) 两岸经贸合作的复兴阶段(1987—1992)

1987年以后,两岸经贸关系的政治经济环境得到了很大改善,两岸经贸合作随之进入复兴阶段。台湾方面,1987年7月15日解除戒严令和开放民众赴大陆探亲,同年,大幅度放宽外汇管制,允许每人每年汇出外汇500万美元,此后,1989年台湾当局核定《大陆地区物品管理办法》,同时废止《取缔匪伪物品办法》,1990年正式实施《对大陆地区从事间接投资或技术合作管理办法》,有条件开放台商对大陆的间接投资。而大陆方面,为了继续扩大两岸经贸合作,制定和采取了一系列新的法规与措施,加强鼓励台商对大陆投资与开展两岸经贸合作。1987年,国务院下发了《国务院办公厅关于台湾同胞来祖国大陆探亲旅游接待办法的通知》,保证台湾同胞到大陆探亲和旅游来去自由。1988年6月25日,国务院颁布了《国务院关于鼓励台湾同胞投资的规定》(台湾称其为"二十二条"),对台湾同胞在大陆投资的权益及其保护做出了详细的规定。此后,国务院还批准在福州的马尾,厦门的杏林、集美、海沧等地设立台商投资区,有关部门还专门为台商投资设立专业配套资金,有力地促进了台商赴大陆投资。在两岸经贸政策的互动下,两岸经贸关系转趋活跃,迅速从复苏阶段走向复兴阶段。

在这一阶段,两岸经贸合作的特征是从贸易主导向投资主导过渡,贸易与投资相辅相成的作用日益明显。[②] 据大陆统计,台商赴大陆投资项目由1988年以前的437项增加到1991年的1 735项,增长近4倍;协议投资金额同期由6亿美元增加到13.89亿美元。这一时期,赴大陆投资的企业,其大部分生产设备由台湾搬迁而来,生产原料也多自台进口,拉动了大陆自台进口的快速增长。据大陆统计,从1988年到1992年,大陆自台进口由22.42亿美元增加到62.9亿美元,大陆对台出口也相应由4.79亿美元增加到11.26亿美元。

(三) 两岸经贸合作的兴盛阶段(1992—2010)

1992年春天邓小平南方讲话掀起了第二次改革开放的高潮,进一步加快改

---

① 资料来源:中华人民共和国海关总署,国台办网站 http://www.gwytb.gov.cn/。
② 高长,宋恩荣.台海两岸三地间接贸易之实证分析,台湾"中华经济研究院",1994年。

海峡西岸和其他台商投资相对集中地区的经济发展

革开放步伐,在吸引外商投资政策方面出台了一系列新政策和优惠措施,其中,对台经贸政策也不断完善,逐步趋向法制化。1991年,外经贸部提出发展两岸经济关系应坚持"直接双向、互利互惠、形式多样、长期稳定、重义守约"的基本原则。1993年9月25日,外经贸部与海关总署又联合发布《对台湾地区小额贸易管理办法》,以便于两岸民间海上贸易往来的管理。1994年3月5日,全国人大常委会通过《台湾同胞投资保护法》,这是第一部专门就台胞在大陆投资制定的法律,标志着大陆对台政策走上法制化轨道。同年4月,国务院召开《全国对台经济工作会议》,将推动两岸经贸交流作为今后一个时期对台工作的重点。随后发布的《国务院关于进一步发展海峡两岸经济关系若干问题的决定》,提出对台商投资的领域、项目和方式,采取"同等优先、适当放宽"的原则。1996年8月,交通部和外经贸部又分别发布《台湾海峡两岸间航运管理办法》和《关于台湾海峡两岸间货物运输代理业管理办法》,规范两岸航运市场,促进两岸海上通航的发展。2000年12月,为应对两岸即将加入WTO的新形势,外经贸部颁布《对台湾地区贸易管理办法》,就对台贸易的指导原则、管理方式、纠纷解决等进行了规范,使开展对台贸易有了公开的指导依据。

与此同时,在这一时期,台湾对大陆的经贸政策也进行了一定幅度的调整,1992年后在《两岸人民关系条例》的基础上出台了一系列有关对大陆投资、贸易等领域的许可管理办法,从而步入"法制化"轨道,并逐步开放大陆产品进口与台商赴大陆投资的规模与范围。同时,在两岸间接"三通"上也有所松动。通过两岸同胞的不懈努力,2008年两岸"三通"取得重大进展。2008年11月4日,中国大陆海协会会长陈云林和台湾海基会董事长江丙坤在台北正式签订《海峡两岸空运协议》、《海峡两岸海运协议》、《海峡两岸邮件协议》与《海峡两岸食品安全协议》四项协议,标志着两岸"三通"正式实现,这对两岸经贸合作具有划时代的意义,有力地促进了两岸经贸合作的发展。2009年4月26日下午,海协会与海基会领导人的第三次会谈顺利落下帷幕,双方签署了三项协议,并就大陆资本赴台投资达成原则共识。同年6月30日,台湾正式宣布开放大陆资本赴台投资。这标志着两岸投资由单向发展为双向,加之两岸全面通邮,两岸空运、海运直接通航,两岸实现了全面直接双向"三通"。此外,台湾进一步加快经济结构调整速度,将传统劳动密集型产业加速向海外特别是祖国大陆转移,带动了中上游重化工业对大陆投资的步伐。

在上述背景下,两岸经贸合作自20世纪90年代后进入深化发展阶段。一是台商赴大陆投资持续快速增长,不断掀起投资高潮。据商务部统计,截至2010年6月,台商赴大陆投资项目累计81 456项,实际投资金额累计507亿美元,大陆成为台商赴海外投资的最主要地区。按实际利用外资统计,台资在大陆累计吸收境外投资中占5.1%。同时,赴大陆投资的厂商由过去的以中小企业为主转向以大中型企业为主,投资行业也由传统劳动密集型产业转变为以资本与技术密集型产业为主。二是两岸贸易在投资带动下呈现出高速增长态势,据商务部统计,两岸贸易总额由1992年的74.1亿美元增长到2009年的1 062.3亿美元,增长近13倍,其中大陆对台出口额和自台进口额分别由11.2亿美元与62.9亿美元增长到205.1亿美元与857.2亿美元。2010年1月至6月大陆与台湾贸易额为693.7亿美元,同比增长61.2%。其中,大陆对台湾出口为136.5亿美元,同比增长65.4%;自台湾进口为557.2亿美元,同比增长60.2%。三是两岸经贸合作呈多元化发展趋势,除贸易、投资外,两岸在农业、科技、金融等领域的合作全面展开。

(四)两岸经贸合作的制度化阶段(2010年至今)

2010年6月29日,海协会与海基会在重庆正式签署《两岸经济合作框架协议》(ECFA)和《两岸知识产权保护合作协议》。ECFA历经波折之后的最终签署,缔造了崭新的历史,基本解决了两岸经贸合作正常化、制度化、机制化问题,有助于建立投资双向化、形态多元化、产业链合作化的新模式,为未来两岸经贸关系的重塑和再造提供了里程碑式的契机。在前ECFA时代,两岸经贸交流与合作主要是台商对祖国大陆单向投资的模式。后ECFA时代,两岸经贸交流与合作将实现"双向投资,陆资赴台"模式。ECFA作为两岸官方签署的关于经贸和服务自由化的协议,将深刻改变既有的两岸关系框架和模式,大陆面向台湾地区的投资和服务势必步步为营、顽强掘进,进而一改单向投资为双向投资,陆资将大面积进入台湾。不仅投资模式将获得改变,更重要的是,随着ECFA的签署,两岸经贸交流与合作的形态也将赢得实质性进步。此前,两岸经贸互动的内容多为加工贸易,而ECFA带来的政策利好,让这种单调的合作成为历史,商品贸易、投资、服务领域的逐步开放,使得两岸经贸交流的内容趋于丰富和多元化。而告别加工贸易时代的两岸经贸合作,必将顺应历史潮流,实现更深的融合和互补,形成产业链式的一体化合作。随着ECFA的签署,两岸经贸交流与合作迎来了新一轮热潮。从台商投资来看,据商务部统计,截至2010年12月底,大陆累计批准台资项目83 133个,实际利用台资520.2亿美元。按实际利用外资统计,台资在大陆累计吸收境外投资中占5%。其中,2010年7月至12月,大陆共批准台商投资项目1 667个,同比增长18.77%,实际使用台资金额13.2亿美元,同比增长30.69%。从两岸贸易来看,据商务部统计,2010年7

月至12月大陆与台湾贸易额为760亿美元,同比增长20.25%。其中,大陆对台湾出口为160.3亿美元,同比增长30.75%;自台湾进口为599.7亿美元,同比增长17.73%。

二、两岸贸易发展现状与特征

(一)两岸贸易规模

随着两岸经贸合作的发展,两岸间接贸易规模不断扩大(见图4.1.1),截至2010年12月底,两岸间接贸易总额累计为11 089.6亿美元,其中,祖国大陆对台湾出口累计为2 019.46亿美元,自台湾进口累计为9 070.14亿美元。自1978年两岸恢复经贸关系以来,两岸贸易得到了长足的发展(见表4.1.1),特别是加入WTO以后,两岸贸易增长迅速,其中2002—2004年增长率超过30%。2008年国际金融危机爆发后,两岸贸易受到严重冲击,两岸贸易增长急剧下滑,2009年出现负增长。据商务部统计,2009年祖国大陆与台湾地区贸易额达1 062.3亿美元,同比下降17.79%。其中,祖国大陆对台湾地区出口为205.1亿美元,同比下降20.75%;自台湾进口为857.2亿美元,同比下降17.05%。2010年随着国际国内经济的回暖及ECFA的签署,两岸贸易迅速回升。2010年,祖国大陆与台湾地区贸易额达1 453.7亿美元,同比增长36.9%,其中祖国大陆对台湾地区出口为296.8亿美元,同比增长44.8%;自台湾进口为1 156.9亿美元,同比增长35%。

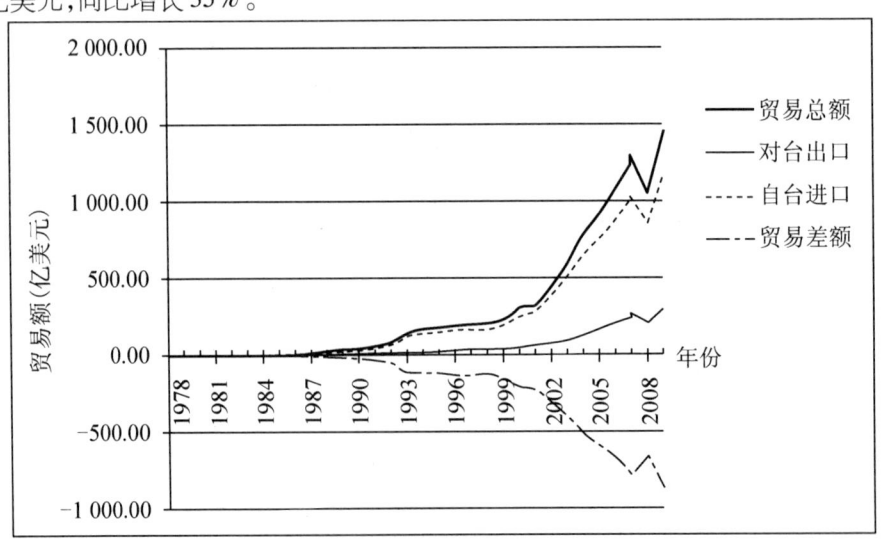

图4.1.1 1978—2010年两岸贸易情况

表 4.1.1　1978—2010 年两岸贸易统计表

年　份	贸易总额（亿美元）	增长率（%）	对台出口（亿美元）	增长率（%）	自台进口（亿美元）	增长率（%）	贸易差额（亿美元）	增长率（%）
1978	0.46	—	0.46	—	0.00	—	0.46	—
1979	0.77	67.39	0.56	21.74	0.21	—	0.35	—
1980	3.11	303.90	0.76	35.71	2.35	1 019.05	-1.59	-554.29
1981	4.59	47.59	0.75	-1.32	3.84	63.40	-3.09	94.34
1982	2.78	-39.43	0.84	12.00	1.94	-49.48	-1.10	-64.40
1983	2.48	-10.79	0.90	7.14	1.58	-18.56	-0.68	-38.18
1984	5.53	122.98	1.28	42.22	4.25	168.99	-2.97	336.76
1985	11.01	99.10	1.16	-9.38	9.85	131.76	-8.69	192.59
1986	9.55	-13.26	1.44	24.14	8.11	-17.66	-6.67	-23.25
1987	15.16	58.74	2.89	100.69	12.27	51.29	-9.38	40.63
1988	27.21	79.49	4.79	65.74	22.42	82.72	-17.63	87.95
1989	34.84	28.04	5.87	22.55	28.97	29.21	-23.10	31.03
1990	40.43	16.04	7.65	30.32	32.78	13.15	-25.13	8.79
1991	57.93	43.28	11.26	47.19	46.67	42.37	-35.41	40.91
1992	74.10	27.91	11.20	-0.53	62.90	34.78	-51.70	46.00
1993	143.95	94.26	14.62	30.54	129.33	105.61	-114.71	121.88
1994	163.27	13.42	22.42	53.35	140.85	8.91	-118.43	3.24
1995	178.82	9.52	30.98	38.18	147.84	4.96	-116.86	-1.33
1996	189.84	6.16	28.02	-9.55	161.82	9.46	-133.80	14.50
1997	198.39	4.50	33.97	21.23	164.42	1.61	-130.45	-2.50
1998	205.00	3.33	38.70	13.92	166.30	1.14	-127.60	-2.18
1999	234.89	14.58	39.51	2.09	195.38	17.49	-155.87	22.16
2000	304.92	29.81	49.95	26.42	254.97	30.50	-205.02	31.53
2001	323.40	6.06	50.00	0.10	273.40	7.23	-223.40	8.96
2002	446.49	38.06	65.86	31.72	380.63	39.22	-314.77	40.90
2003	583.66	30.72	90.04	36.71	493.62	29.68	-403.58	28.21
2004	783.24	34.19	135.45	50.43	647.79	31.23	-512.34	26.95
2005	912.34	16.48	165.50	22.19	746.84	15.29	-581.34	13.47
2006	1 078.44	18.21	207.35	25.29	871.09	16.64	-663.74	14.17

(续 表)

年 份	贸易总额(亿美元)	增长率(%)	对台出口(亿美元)	增长率(%)	自台进口(亿美元)	增长率(%)	贸易差额(亿美元)	增长率(%)
2007	1 244.80	15.43	234.58	13.13	10 10.22	15.97	-775.64	16.86
2008	1 292.20	3.81	258.80	10.32	1 033.40	2.29	-774.60	-0.13
2009	1 062.30	-17.79	205.10	-20.75	857.20	-17.05	-652.10	-15.81
2010	1 453.70	36.9	296.80	44.8	1 156.90	35	-860.10	31.90
累计	11 089.60	—	2 019.46	—	9 070.14	—	-7 050.68	—

资料来源:海关总署。

(二) 两岸贸易在祖国大陆进出口贸易中的地位

两岸贸易在祖国大陆进出口贸易中的地位可以通过贸易依存度来体现。1978年以来,祖国大陆对台出口依存度、进口依存度以及进出口依存度都呈上升趋势(见图4.1.2)。1987—1992年间,两岸经贸合作处于复兴阶段,祖国大陆对台湾出口依存度、进口依存度上升非常明显(见表4.1.2),分别从1987年的0.45%和1.89%攀升至1993年的1.59%和12.44%。加入WTO后,祖国大陆进出口贸易与两岸贸易依存度进一步提高,其中,2002年祖国大陆对台湾进口贸易依存度达12.9%,2004年祖国大陆对台湾出口贸易依存度达2.28%。2005年以后两岸贸易依存度有所下降,2008年国际金融危机爆发后,两岸贸易依存度进一步下降,2009年祖国大陆对台湾出口贸易依存度和进口贸易依存度分别为1.71%和8.52%,2010年随着经济形势的好转,两岸贸易依存度上升为1.88%,而进口贸易依存度进一步下降为8.29%。虽然近年来两岸贸易增长有所放缓,但其在祖国大陆进出口贸易中的地位是相当重要的,尤其是祖国大陆自台进口贸易更是如此。截至2010年,台湾是祖国大陆第五大贸易伙伴、第三大进口来源地和第十一大出口市场。与此同时,祖国大陆在台湾对外贸易中具有更为重要的地位,祖国大陆自20世纪90年代起就取代美国成为台湾最大的出口市场,截至2010年12月,祖国大陆为台湾最大的贸易伙伴、第一大出口目的地和第二大进口来源地。

表4.1.2 1978—2010年祖国大陆进出口贸易与两岸贸易依存度统计表　　单位:%

年 份	贸易总额依存度	出口贸易依存度	进口贸易依存度
1978	0.24	0.51	0.00
1979	0.27	0.44	0.13
1980	0.84	0.44	1.20
1981	1.04	0.36	1.73

(续 表)

年 份	贸易总额依存度	出口贸易依存度	进口贸易依存度
1982	0.65	0.36	0.98
1983	0.57	0.40	0.75
1984	1.05	0.50	1.57
1985	1.59	0.44	2.34
1986	1.29	0.45	1.89
1987	1.84	0.74	2.85
1988	2.65	1.01	4.05
1989	3.13	1.12	4.90
1990	3.51	1.24	6.15
1991	4.27	1.57	7.32
1992	4.48	1.32	7.81
1993	7.35	1.59	12.44
1994	6.90	1.85	12.18
1995	6.37	2.08	11.19
1996	6.55	1.85	11.65
1997	6.10	1.86	11.55
1998	6.33	2.11	11.86
1999	6.51	2.03	11.79
2000	6.44	2.02	11.32
2001	6.35	1.88	11.23
2002	7.20	2.02	12.90
2003	6.86	2.05	11.96
2004	6.78	2.28	11.54
2005	6.42	2.17	11.32
2006	6.13	2.14	11.01
2007	5.73	1.93	10.57
2008	5.04	1.81	9.12
2009	4.81	1.71	8.52
2010	4.89	1.88	8.29

资料来源：根据历年《中国统计年鉴》编制。

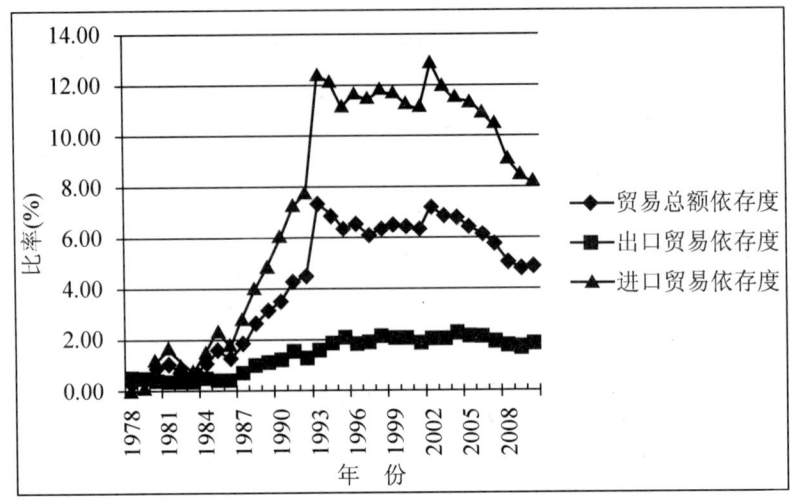

图 4.1.2 1978—2010 年大陆进出口贸易与两岸贸易依存度

（三）两岸贸易的商品结构

1. 大陆对台出口商品结构

20世纪80年代末到90年代初，大陆对台出口商品结构变化不明显，主要以土特产、原料和初级产品为主。1989年，台湾自大陆进口总额中草药占90.4%，到20世纪90年代初，大陆对台出口前五大产品仍是中草药、香烟、羽毛、生鲜海鱼、混纺梭布等。到20世纪90年代末21世纪初，台湾自大陆进口商品结构有所调整，其中，自大陆进口的农工原料相对减少，两岸分工产品（包括台商赴大陆投资生产的回销产品）相对增加，特别是台湾自大陆进口的电机、机械设备及其零件等相关产品占台湾自大陆进口比重进一步提升。1999年，台湾自大陆进口主要产品为电机设备及其零件、机械设备及其零件、钢铁、矿物燃料与矿油及其蒸馏产品、锌及其制品、玩具运动用品及其零附件、石料石灰及水泥、有机化学产品、无机化学产品、寝具灯具及其配件等，合计31.09亿美元，占台湾自大陆进口的比重为68.7%。

2000年，台湾自大陆进口主要产品为电机设备及其零件、机械用具及其零件、钢铁、矿物燃料与矿油及其蒸馏产品、锌及其制品、玩具运动用品及其零附件、有机化学产品、铁路及电车道车辆以外之车辆及其零附件、寝具灯具及其配件、石料石灰及水泥等，合计44.85亿美元，占台湾自大陆进口的比重为72.07%。其中，机械用具及其零件、钢铁、电机设备及其零件占台湾自大陆进口比重较上年同期分别增长2.5%、2%和1.2%。到2007年，台湾自大陆进口前10大产品（见表4.1.3）依序分别为电机设备及其零件，机械用具及其零件，钢铁，光学、照相等仪器及其零附件,矿物燃料、矿油及其蒸馏产品,有机化学品,杂项化学产品,塑料及其制品,铝及其制品,车辆及其零附件等产品,合计达215.8亿美元,占台湾自大陆进口的比重为77%,较上年78.3%的比重下降了1.3个百分点;另外,前述进口前10大产品与2006年相比较,杂项化学产品、车辆及其零附件等两类产品,已取代铜及其制品、石料(灰)及水泥产品进入前10大进口产品之列。

表4.1.3 大陆对台湾出口主要产品

指 标	2007 金额(百万美元)	2007 比重(%)	2006 金额(百万美元)	2006 比重(%)	较上年同期增减比较 增长率(%)	较上年同期增减比较 比重(%)
台湾自大陆进口总额	28 019.2	100.0	24 783.1	100.0	13.1	—
电机设备及其零件	9 428.6	33.7	8 619.8	34.8	9.4	-1.1
机械用具及其零件	4 193.8	15.0	3 600.6	14.5	16.5	0.4
钢铁	2 009.6	7.2	1 953.0	7.9	2.9	-0.7
光学、照相等仪器及其零附件	1 564.5	5.6	1 423.0	5.7	9.9	-0.2
矿物燃料、矿油及其蒸馏产品	1 394.3	5.0	1 208.8	4.9	15.3	0.1
有机化学品	801.5	2.9	613.2	2.5	30.7	0.4
杂项化学产品	672.9	2.4	290.5	1.2	131.6	1.2
塑料及其制品	613.8	2.2	533.8	2.2	15.0	0.0
铝及其制品	453.9	1.6	365.9	1.5	24.1	0.1
车辆及其零附件	447.4	1.6	343.1	1.4	30.4	0.2
合 计	21 580.3	77.0	18 951.6	76.5	13.9	0.5

注:比重系指台湾自大陆进口该项产品金额占台湾自大陆进口总额比重。
资料来源:台湾"经济部"国贸局。

2. 大陆自台进口商品结构

改革开放三十多年来,大陆自台进口商品结构发生了很大变化。20世纪70年代末到80年代初,大陆自台进口商品以日用消费品为主,尤其是纺织品占50%左右。随着台商赴大陆投资的增加,带动大陆自台进口工业原料与机器设备的大幅增加。到了20世纪80年代末,大陆自台进口的石化原料及半成品、电子电机零部件等生产原料或半成品,占大陆自台进口总额的70%左右。1989

年,大陆自台进口居前列的产品依次为胶合板、合成针织或钩针布、其他纺织小件、家用与装饰用木制品,占大陆自台进口总额的比重为93.8%。20世纪90年代初,大陆自台进口商品以各种合成纤维布、人造塑胶材料涂布、针织及钩针布、PVC、塑胶原料等为主。

到20世纪90年代末21世纪初,大陆自台进口商品结构发生重大变化,资本设备及其零部件成为主力。1999年,台湾对大陆出口主要产品为电机设备及其零件、机械用具及其零件、塑料及其制品、钢铁、人造纤维丝、工业用纺织物、人造纤维棉、针织品及钩针织品、生皮及皮革、铜及其制品等,合计160.87亿美元,占台湾对大陆出口的比重为75.8%;其中,增长幅度较大的项目有电机设备及其零件(45.1%)、塑料及其制品(20.9%)、钢铁(17.8%)、机械用具及其零件(16.7%)等。

2000年,台湾对大陆出口主要产品为电机设备及其零件,机械用具及其零件,塑料及其制品,钢铁,人造纤维丝,工业用纺织物,光学、照相等仪器及其零件,铜及其制品,人造纤维棉,生皮与皮革等,以上产品合计金额为202.35亿美元,占台湾对大陆出口的比重为77.3%;前述产品中,电机设备及其零件,机械用具及其零件,塑料及其制品,光学、照相等仪器及其零件等项目占台湾对大陆出口的比重分别增长1.3%、1.1%、1%及0.8%。2007年,台湾对大陆出口前10大产品依序分别为电机设备及其零件,光学、照相等仪器及其零附件,塑料及其制品,机械用具及其零件,有机化学产品,铜及其制品,钢铁,人造纤维丝,矿物燃料及杂项化学产品等,以上出口商品合计达651.9亿美元,占台湾对大陆出口的比重为87.8%;与2006年相比较,前10大输出商品项目相同,只是排名略有调整(表4.1.4)。

表4.1.4 大陆自台湾进口主要产品

指标	2007 金额(百万美元)	2007 比重(%)	2006 金额(百万美元)	2006 比重(%)	较上年同期增减比较 增长率(%)	较上年同期增减比较 比重(%)
台湾对大陆出口总额	74 279.1	100.0	63 332.4	100.0	17.3	—
电机设备及其零件	28 970.5	39.0	24 248.1	38.3	19.5	0.7
光学、照相等仪器及其零附件	11 585.7	15.6	9 298.9	14.7	24.6	0.9
塑料及其制品	6 722.7	9.1	5 578.0	8.8	20.5	0.2
机械用具及其零件	5 840.2	7.9	6 287.0	9.9	−7.1	−2.1
有机化学产品	4 161.7	5.6	2 608.3	4.1	59.6	1.5

(续　表)

指　标	2007 金额(百万美元)	比重(%)	2006 金额(百万美元)	比重(%)	较上年同期增减比较 增长率(%)	比重(%)
铜及其制品	2 660.4	3.6	2 198.9	3.5	21.0	0.1
钢铁	2 650.9	3.6	2 512.8	4.0	5.5	-0.4
人造纤维丝	1 201.3	1.6	1 277.8	2.0	-6.0	-0.4
矿物燃料	709.9	1.0	654.5	1.0	8.5	-0.1
杂项化学产品	681.6	0.9	587.8	0.9	16.0	0.0
合　计	65 185.0	87.8	55 252.1	87.2	18.0	0.5

注：台湾对大陆出口总额为台湾估算额，比重系指台湾对大陆出口该项产品金额占台湾对大陆出口总额的比重。

资料来源：台湾"经济部"国贸局。

（四）两岸贸易的地区分布

从两岸贸易的地区分布来看，主要集中在祖国大陆东部沿海发达地区，包括海峡西岸（福建）和广东、江苏、上海、浙江等其他台商投资相对集中地区。2009 年，台商投资相对集中地区与台湾地区贸易总额达 1 011.68 亿美元，占当年祖国大陆与台湾地区贸易总额的比重超过 95%，其中排名前 5 位的省市（见图 4.1.3）分别是：广东 385.8 亿美元，占比 36%；江苏 250.53 亿美元，占比 24%；上海 151.92 亿美元，占比 24%；浙江 90.63 亿美元，占比 9%；福建 69.9

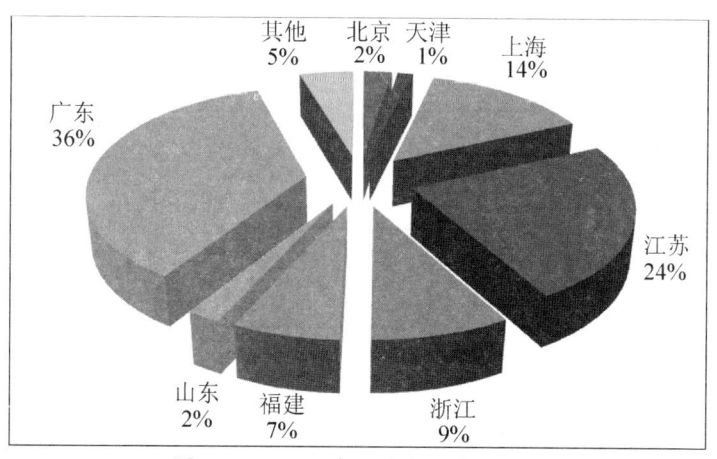

图 4.1.3　2009 年两岸贸易地区分布

资料来源：根据《中国统计年鉴 2010》以及相关各省统计年鉴绘制。

海峡西岸和其他台商投资相对集中地区的经济发展

亿美元,占比7%。可见,两岸贸易的地区分布与台商赴大陆投资的地区分布具有相同的特征。究其原因主要是由于两岸贸易主体主要由三资企业(台资企业)构成,贸易方式是加工贸易,台资企业主要秉持"台湾接单—大陆生产—香港(大陆)出口"的生产模式。在这种模式下,台湾企业接获的订单,不少都转到大陆台资企业进行生产,台湾主要向大陆输入原材料和半成品,在大陆加工成半成品,又通过香港(后来直接从大陆)销往欧美市场。

三、大陆台商投资的变迁和地域分异

(一) 台商投资大陆发展现状

自改革开放以来,特别是1991年以来,台商赴祖国大陆投资蓬勃发展(见表4.1.5)。据台湾"经济部"投资审议委员会统计,1991—2010年累计核准台商赴祖国大陆投资项目38 685个,合计金额973.2亿美元。而据商务部统计,截至2010年12月底,大陆累计批准台资项目83 133个,实际利用台资520.2亿美元。按实际利用外资统计,台资在大陆累计吸收境外投资中占5%。其中,2010年,大陆共批准台商投资项目3 072个,同比上升20.2%,实际使用台资金额24.8亿美元,同比上升31.7%。从台湾核准赴大陆投资平均每件金额来看,总体上呈现逐步上升的趋势,从1991年至2008年,平均每件金额从73万美元增加到1 663万美元,增长了近22倍。受国际金融危机的影响,2009年台商赴祖国大陆投资明显下滑,2009年台湾核准赴大陆投资平均每件金额1 211万美元,同比下降27.17%。随着2010年国际国内经济形势的好转及ECFA签署的利好消息,台商赴祖国大陆投资迅速回升,2010年台湾核准赴大陆投资平均每件金额升至1 599万美元,同比上升32.11%。

表4.1.5 台商对大陆投资金额统计

年 份	台湾核准资料			商务部公布资料				
	件 数	金额(百万美元)	平均每件金额(百万美元)	项 目	协议金额(百万美元)	平均每件金额(百万美元)	实际金额(百万美元)	资金到位率(%)
1988年以前	—	—	—	437	600.00	1.37	22.00	3.60
1989	—	—	—	539	431.69	0.80	160.00	37.04
1990	—	—	—	1 103	889.97	0.81	220.00	24.72
1991	237	174.16	0.73	1 735	1 388.52	0.80	466.41	33.59
1992	264	246.99	0.94	6 430	5 543.35	0.86	1 050.5	18.95

(续 表)

年 份	台湾核准资料			商务部公布资料				
	件数	金额(百万美元)	平均每件金额(百万美元)	项目	协议金额(百万美元)	平均每件金额(百万美元)	实际金额(百万美元)	资金到位率(%)
1993*	9 329	3 168.41	0.34	10 948	9 964.87	0.91	3 138.59	31.50
1994	934	962.21	1.03	6 247	5 394.88	0.86	3 391.04	62.86
1995	490	1 092.71	2.23	4 847	5 849.07	1.21	3 161.55	54.05
1996	383	1 229.24	3.21	3 184	5 141.00	1.61	3 474.84	67.59
1997*	8 725	4 334.31	0.5	3 014	2 814.49	0.93	3 289.39	116.87
1998*	1 284	2 034.62	1.58	2 970	2 981.68	1.00	2 915.21	97.77
1999	488	1 252.78	2.57	2 499	3 374.44	1.35	2 598.70	77.01
2000	840	2607.14	3.1	3 108	4 041.89	1.30	2 296.28	56.81
2001	1186	2 784.15	2.35	4 214	6 914.19	1.64	2 979.94	43.10
2002*	3 116	6 723.06	2.16	4 853	6 740.84	1.39	3 970.64	58.90
2003*	3 875	7 698.78	1.99	4 495	8 557.87	1.90	3 377.24	39.46
2004*	2 004	6 940.66	3.46	4 002	9 305.94	2.33	3 117.49	33.50
2005*	1 297	6 006.95	4.63	3 907	10 358.25	2.65	2 151.71	20.77
2006*	1 090	7 642.34	7.01	3 752	—	—	2 135.83	—
2007*	996	9 970.55	10.01	3 299	—	—	1 774.37	—
2008*	643	10 691.39	16.63	2 360	—	—	1 900	—
2009*	590	7 142.59	12.11	2 555	—	—	1 880	—
2010*	914	14 617.87	15.99	3 072	—	—	2 480	—
累计至2010年	38 685*	97 320.92*	2.52	83 133**	—	—	52 020**	—

注:*表示台湾核准资料含补办,根据《台湾地区与大陆地区人民关系条例》第35条的规定,向"经济部"提出补办申请许可案件件数与金额;增长率指较上年同期增减比率;细项数字不等于合计系四舍五入之故;**表示数据直接来源于商务部,并非表中各年数据累加值。

资料来源:台湾资料来源于台湾"经济部"投资审议委员会,大陆资料来源于商务部。

(二)台商投资大陆的产业构成

在20世纪90年代以前,台商投资大陆的行业主要集中在传统产业与劳动密集型产业。从三大产业来看,台商投资以第二产业为主,主要是轻纺制造业,包括制鞋、玩具、纺织、成衣、塑胶、皮件、食品、家具、体育用品等,同时,也涉及电工器材、电子、化工、金属等重工制造业。在这一时期台商对第一产业也有一定数量的投资,其中,水产养殖数量最大,包括草虾、鳗鱼、海蛏和螃蟹等高档水产养殖,还有果树、蔬菜、花卉等种植业以及养猪、养鸡等畜牧业。20世纪90年代以后,台商投资开始由劳动密集型产业向资本密集型和技术密集型产业延展。1991—1999年这段时期,虽然台商投资还是以劳动密集型产业为主,但其构成排序发生变化,电子及电器制造业跃居第一位,1999年台商对这一产业的投资金额占当年台商投资金额的比重为42.92%。同时,台商投资开始向石化产业、电子资讯产业、汽车制造业等资本密集型和技术密集型产业扩展。①

进入21世纪,特别是两岸先后加入WTO后,台商投资进入新的发展阶段,迎来了新一轮的投资高潮。在这一阶段,台商投资的产业层次进一步提高,其中第一、第二产业比重有所下降,第三产业比重不断提升,而第二产业中的电子信息、机械设备等高科技产业与先进制造业投资比重不断上升。从三大产业构成来看,20世纪90年代以来,台商投资大陆产业结构的基本特点是,三大产业皆有投资,但主要以第二产业为主,其中,第二产业主要集中在制造业。据台湾"经济部"投资审议委员会统计(见表4.1.6),1991—2010年,台湾核准赴大陆投资项目第一产业占1.42%、第二产业占83.81%、第三产业占14.77%。从核准金额来看,台商投资大陆三大产业所占比重分别为第一产业占0.28%、第二产业占86.76%、第三产业占12.96%;而在第二产业中制造业所占比重最大,占核准金额比重达85.83%,其中,电子零组件制造业,计算机、电子产品及光学制品制造业,电力设备制造业,金属制品制造业,塑料制品制造业,非金属矿物制品制造业,机械设备制造业,化学材料制造业等为主要行业,占核准金额比重达64.93%。此外,从表4.1.6可以看出,当前高科技产业已成为台商投资的主要行业,1991—2010年电子信息产业所占比重达34.1%。

表4.1.6 1991—2010年台湾核准赴大陆投资行业分布

指　标	件　数	比重A(%)	金　额(百万美元)	比重B(%)
第一产业	549	1.42	272.64	0.28
农、林、渔、牧业	549	1.42	272.64	0.28
第二产业	32 422	83.81	84 424.92	86.76
制造业	31 936	82.55	83 526.05	85.83
电子零组件制造业	2 502	6.47	19 068.30	19.60
计算机、电子产品及光学制品制造业	2 687	6.95	14 116.34	14.51

---

① 黄梅波.两岸经贸关系回顾与展望[M].人民出版社,2007年,第71页。

(续　表)

指　标	件　数	比重A（%）	金　额（百万美元）	比重B（%）
电力设备制造业	3 002	7.76	8 237.77	8.47
金属制品制造业	2 558	6.61	5 262.95	5.41
塑料制品制造业	2 323	6.00	4 625.98	4.75
非金属矿物制品制造业	1 553	4.01	4152.05	4.27
机械设备制造业	1 954	5.05	4 087.74	4.20
化学材料制造业	787	2.03	3 630.54	3.73
其他制造业	14 570	37.66	20 344.38	20.91
其他	486	1.26	898.87	0.92
第三产业	5 714	14.77	12 614.35	12.96
批发及零售业	2 297	5.94	4 445.86	4.57
信息及通信传播业	850	2.20	1 456.68	1.50
其他	2 567	6.64	6 711.82	6.90
合　计	38 685	100.00	97 311.92	100.00

注：比重A系指该产业台商投资件数占台商投资总件数的比重，比重B系指该产业台商投资金额占台商投资总金额的比重。

资料来源：根据台湾"经济部"投资审议委员会《"中华民国"历年核准华侨及外国人投资、对外投资、对大陆间接投资统计月报》编制。

(三) 台商投资大陆的变迁

20世纪90年代以前，台商在大陆投资主要集中在闽、粤两省，这和闽、粤两省对台的地缘和人缘优势及闽、粤两省正处于大陆改革开放前沿等因素是分不开的。由于历史缘故，闽、粤两省工业基础较薄弱，加上地理位置并非位于大陆经济的中心地带，同时大规模投资的诱发因素也不如长江流域充分，因此，台商早期在闽、粤两省多是投资"三来一补"的出口加工企业，投资主体大多是中小企业且投资项目与规模相对较小。自20世纪90年代尤其是邓小平南方讲话之后，随着大陆改革开放的进一步深化，台商对大陆投资规模逐渐扩大，并开始向长江流域和北方扩展，投资重心逐渐从东南沿海转向长江三角洲地区（苏、沪、浙）。长江流域地处大陆经济的黄金地带，具有深厚的工业基础和便利的交通和通信条件，加之20世纪90年代初实施的上海浦东开发计划，带动该地区经济发展进入一个较高的起点。近年来，受劳动成本上升、缺工等因素的影响，加之东部加快产业结构调整步伐，促使台资继续北上和西进，北上从长江三角洲向环渤海地区扩展，同时辐射至东北，西进从长江三角洲沿着长江流域向西推进。

(四) 台商投资大陆的分异特征

为分析台商投资大陆的分异特征,本书拟采用绝对地域分异模式分析方法,首先计算各省(自治区、直辖市)1991—2010年台商投资累计金额,然后计算各省(自治区、直辖市)台商投资累计金额占大陆台商投资累计金额的百分比,这是从台商的角度所做的分析,是地域差异的主观和绝对数量,称为绝对地域分异模式。

表4.1.7列出了台商对大陆投资绝对地域分异模式的计算值。总体来看,台商直接投资东部沿海地区高于中部地区,中部地区高于西部地区,表现为由东部向中西部递减的梯度格局,呈现自东向西递减的规律,与大陆区域经济模式基本吻合。东部沿海地区表现为以福建、广东与江苏、上海、浙江为核心向两翼扩展的态势,其中,两核心所占比重达85.02%,具体包括:江苏34.3%、广东22.65%、上海14.53%、福建6.93%和浙江6.61%,这些省市在地理分布上偏于中南部,与台湾邻近,同时福建、广东与台湾还存在特殊的社会经济文化联系。此外,山东、北京、天津所占比重分别为1.99%、1.73%与1.9%,而在东北地区,台商直接投资则相对较少。可见,台商投资主要集中在江苏、广东、上海、福建、浙江、山东、北京、天津,合计90.64%,这些地区称为大陆台资集中区①。

表4.1.7　1991—2010年台商对大陆投资绝对地域分异模式计算值

地区	所占比重(%)	地区	所占比重(%)	地区	所占比重(%)
北京	1.73	河北	0.78	湖南	0.42
天津	1.90	山西	0.71	广西	0.55
上海	14.53	辽宁	0.87	海南	0.18
江苏	34.30	吉林	0.07	重庆	1.32
浙江	6.61	黑龙江	0.10	四川	1.02
福建	6.93	安徽	0.51	贵州	0.07
山东	1.99	江西	0.67	云南	0.16
广东	22.65	河南	0.26	西藏	0.02
内蒙古	0.06	湖北	1.12	其他	0.49

资料来源:根据台湾"经济部"投资审议委员会《"中华民国"核准华侨及外国人投资、对外投资、对大陆间接投资统计月报》2010年12月刊编制。

---

① 如无特别说明,本研究中台资集中区是指海峡西岸(福建)和广东、江苏、上海、浙江、山东、北京、天津等其他台商投资相对集中地区。

四、陆资赴台投资发展态势

(一)陆资赴台投资发展现状

受台湾方面限制,台湾直到 2009 年 7 月才开放陆资赴台投资,因此陆资赴台投资极为有限。台湾当局经济主管部门于 2008 年 7 月完成赴大陆投资上限松绑规划后,随即着手进行"开放陆资来台投资"之规划,邀集"陆委会"等相关"部会",针对开放陆资入台投资法规及开放业别进行研商。经由 2009 年 4 月 26 日第三次"江陈会谈"双方已达成共同推动陆资入台投资的原则共识。台湾当局经济主管部门依据《两岸人民关系条例》,研拟"大陆地区人民来台投资许可办法"、"大陆地区之营利事业在台设立分公司或办事处许可办法",自 2009 年 6 月 30 日起生效实施,并自 2009 年 7 月 1 日起,正式受理陆资入台投资或设立办事处申请案件,标志着两岸投资由单向发展为双向。据台湾"经济部"投资审议委员会统计,截至 2010 年 12 月底,陆资赴台投资项目累计 102 件,投资金额 13183.1 万美元(见表 4.1.8)。自台湾开放陆资赴台投资以来,闽企凭借独特的"五缘"优势,独占先机,福建"新大陆"成为大陆首家赴台投资的企业。截至 2010 年年底,福建经商务部核准在台湾地区设立企业达 21 家(含 12 家分支机构),其中获台湾经济主管部门正式批准 16 家,赴台投资企业数与投资规模继续在大陆各省保持第一。但从投资产业来看,闽企赴台主要涉及果蔬、花卉、儿童服装销售、建筑、会展服务、交通物流、旅游观光等产业,涉及制造业并不多。随着 ECFA 的实施,将进一步推动"双向投资,陆资赴台",可以预见,后 ECFA 时代陆资赴台投资必将得到蓬勃发展。

表 4.1.8 2009 年 7 月—2010 年 12 月陆资赴台投资统计

	件 数	成长率(%)	金额(千美元)	成长率(%)
2009 年 7 月	7	—	380	—
2009 年 8 月	1	—	389	—
2009 年 9 月	2	—	441	—
2009 年 10 月	5	—	4 606	—
2009 年 11 月	0	—	0	—
2009 年 12 月	8	—	31 670	—
2010 年 1 月	10	—	30 468	—
2010 年 2 月	5	—	723	—
2010 年 3 月	1	—	262	—

(续 表)

	件 数	成长率(%)	金额(千美元)	成长率(%)
2010年4月	8	—	3 370	—
2010年5月	5	—	4 828	—
2010年6月	6	—	2 773	—
2010年7月	12	71	28 589	7 423
2010年8月	6	500	2 107	442
2010年9月	10	100	14 264	3 134
2010年10月	7	40	1 860	−60
2010年11月	6	—	4 695	—
2010年12月	3	−62	406	−99
合计	102	—	131 831	—

资料来源:台湾"经济部"投资审议委员会侨外投资、陆资投资、对外投资、对大陆投资统计。

(二)陆资赴台投资产业构成

2009年6月30日台湾当局方面公布大陆资本赴台投资业别第一阶段开放项目包括:制造业64件,服务业117件,公共建设(非承揽)11件。当前,从陆资赴台投资的产业分布来看主要集中在制造业和服务业,而制造业主要是电子零组件和计算机、电子产品及光学制品制造业等高科技产业。据台湾"经济部"投资审议委员会统计(见表4.1.9),2009年7月至2010年12月,陆资赴台投资制造业13件,投资金额5625万美元,占陆资赴台投资的42.67%;服务业89件,投资金额7 558.1万美元,占陆资赴台投资的57.33%。制造业中,计算机、电子产品及光学制品制造业8件,投资金额5 545.8万美元,占陆资赴台投资的42.07%;塑料制品制造业2件,投资金额45.7万美元,占陆资赴台投资的0.35%;电子零组件制造业2件,投资金额32.9万美元,占陆资赴台投资的0.25%;成衣及服饰品制造业1件,投资金额6 000美元。服务业主要集中在信息及通信传播业、批发及零售业、业务及办公室支持服务业、餐馆业和住宿服务业等行业,截至2010年12月底,上述五大行业投资金额7 395.2万美元,占陆资赴台投资的56.1%。其中,信息及通信传播业16件,投资金额最大为3 798.8万美元,占陆资赴台投资的28.82%;批发及零售业44件,投资金额1 785.9万美元,占陆资赴台投资的13.55%;业务及办公室支持服务业7件,投资金额1 000.6万美元,占陆资赴台投资的7.59%;餐馆业6件,投资金额648.8万美元,占陆资赴台投资的4.92%;住宿服务业1件,投资金额161.1万美元,占陆资赴台投资的1.22%。

表 4.1.9　2009 年 7 月—2010 年 12 月陆资赴台投资行业分布

行　业	件　数	金额(千美元)	比重(%)
制造业	13	56 250	42.67
计算机、电子产品及光学制品制造业	8	55 458	42.07
塑料制品制造业	2	457	0.35
电子零组件制造业	2	329	0.25
成衣及服饰品制造业	1	6	0
服务业	89	75 581	57.33
信息及通信传播业	16	37 988	28.82
批发及零售业	44	17 859	13.55
业务及办公室支持服务业	7	10 006	7.59
餐馆业	6	6 488	4.92
住宿服务业	1	1 611	1.22
运输及仓储业	10	954	0.72
技术检测及分析服务业	2	424	0.32
专业设计服务业	1	206	0.16
废污水处理业	2	45	0.03
合　计	102	131 831	100.00

资料来源:台湾"经济部"投资审议委员会侨外投资、陆资投资、对外投资、对大陆投资统计。

五、小　结

两岸经贸合作始于 20 世纪 70 年代末,其发展历程大体经历了复苏、复兴、兴盛、制度化四个阶段。从两岸贸易规模来看,虽然近几年两岸贸易增长有所放缓,但其绝对值还在不断扩大,其在大陆进出口贸易中的地位是相当重要的,2010 年大陆对台湾出口贸易依存度与进口贸易依存度分别为 1.88% 与 8.29%。从两岸贸易商品结构来看,20 世纪 80 年代末 90 年代初,大陆对台出口商品结构变化不大,均以土特产、原料和初级产品为主,进入 90 年代后,大陆对台出口产品结构发生了较大的变化。而对于大陆自台进口商品结构,改革开放 30 多年来,变化较大。从两岸贸易的地区分布来看,主要集中在大陆东部沿海发达地区,包括海峡西岸(福建)和广东、江苏、上海、浙江等其他台商投资相对集中地区。贸易主体主要是三资企业(台资企业)且以加工贸易为主。

自 1979 年特别是 1991 年以来,台商赴大陆投资蓬勃发展,截至 2010 年 12

海峡西岸和其他台商投资相对集中地区的经济发展

月底,大陆累计批准台资项目 83 133 个,实际利用台资 520.2 亿美元。从台商对大陆投资的产业构成来看,20 世纪 90 年代以来,台商投资大陆产业结构的基本特点是,三大产业皆有投资,但主要以第二产业为主,而第二产业主要集中在制造业,主要包括电子零组件制造业、电子产品及光学制品制造业、电力设备制造业、金属制品制造业、塑料制品制造业、非金属矿物制品制造业、化学材料制造业、机械设备制造业等行业。从台商投资的空间分布来看,主要集中在江苏、广东、上海、福建、浙江、山东、北京、天津等 8 个省市,1991—2010 年台湾核准台商赴台商投资相对集中地区(上述 8 个省市)投资累计金额占比 90.64%。

此外,从陆资赴台投资来看,据台湾"经济部"投资审议委员会统计,截至 2010 年 12 月底,陆资赴台投资项目累计 102 件,投资金额 13 183.1 万美元。从产业分布来看主要集中在制造业和服务业,而制造业主要是电子零组件和计算机、电子产品及光学制品制造业等高科技产业。

第二节 大陆台资集中区各区与台湾经贸合作现状比较

从台商投资的地区分布来看,台商在大陆投资主要集中在东部沿海发达地区。据台湾统计,截至 2010 年,台湾核准赴大陆投资累计金额为 973.21 亿美元,其中核准台商赴江苏、广东、上海、福建、浙江、山东、天津和北京 8 个台资集中地区投资累计金额 882.16 亿美元,占台湾核准台商赴大陆投资累计金额比重达 90.64%,各地具体比重为:江苏 34.3%、广东 22.65%、上海 14.53%、福建 6.93%、浙江 6.61%、山东 1.99%、天津 1.9% 和北京 1.73%。从两岸贸易的地区分布来看,主要集中在台商投资相对集中地区,据统计,2009 年,上述 8 个台资集中区与台湾贸易总额为 1 062.3 亿美元,占两岸贸易总额比重达 95%。若以地区来看,台资集中区各区不管是台商投资还是与台湾贸易,皆差异显著。因此,有必要对各台资集中区与台湾经贸合作发展现状进行比较。本节首先分别对 8 个台资集中区各省市与台湾贸易的规模、依存度以及台商投资各省市的现状与产业构成进行分析,然后对 8 个台资集中区各省市与台湾经贸合作发展现状进行比较,最后对本节内容进行小结。

一、闽台经贸合作现状、特点

(一) 福建对台贸易发展现状与特征

闽台贸易互动由来已久,福建是大陆最早与台湾发展贸易往来的地区之一。闽台贸易从 20 世纪 70 年代末开始,到 80 年代末进入稳步发展阶段。尽管

20世纪90年代中期受到台湾当局"戒急用忍"政策的阻挠,但贸易规模仍在不断扩大。近年来,福建省有关部门加强了闽台贸易的组织、协调与服务,开展各种形式的贸易交流与合作,使福建省对台的区位优势得以充分发挥。福建省通过一年一度的"9·8中国国际投资贸易洽谈会"、"海峡两岸经贸交易会"、"海峡两岸产品交易会"、"台湾商品交易会"、"海峡两岸商品博览会"、"海峡两岸花卉博览会"等重大经贸交流盛会,逐步从多方面建立起与台湾的贸易渠道,促进闽台贸易的深入发展。2008年两岸"三通"的正式实现、2010年ECFA和《两岸知识产权保护合作协议》的签署及2011年1月1日ECFA的正式实施,必将开启闽台经贸合作的新篇章。

1. 福建对台贸易规模

随着两岸经贸合作的发展,闽台贸易规模不断扩大,具体见表4.2.1。1991年以来,闽台贸易得到了长足的发展,特别是加入WTO以后,两岸贸易增长迅速,其中2007年增长率超过23%。2008年国际金融危机爆发后,闽台贸易受到严重冲击,2009年对台出口贸易额增长放缓为15.79%,比2008年下降了7.47个百分点,而自台进口贸易额与闽台贸易总额出现负增长,分别同比下降8.09%与3.72%。伴随着2010年国际国内经济形势的好转及受ECFA的推动,闽台贸易迅速回升,尤其是对台出口贸易增长率达43.65%。从贸易规模来看,2010年,闽台贸易达76.7亿美元,其中对台出口和自台进口分别为22.1亿美元和54.5亿美元,占当年福建省出口总额与进口总额的3.09%和14.62%。可见,闽台贸易在福建省对外贸易中具有举足轻重的地位。

表 4.2.1 福建对台贸易统计表

年 份	贸易总额（万美元）	增长率（％）	对台出口（万美元）	增长率（％）	自台进口（万美元）	增长率（％）	贸易差额（万美元）	增长率（％）
1991	—	—	—	—	10 384	—	—	—
1992	46 985	—	20 334	—	26 651	156.65	-6 317	—
1993	82 701	76.02	45 609	124.30	37 092	39.18	8 517	-234.83
1994	239 300	189.36	14 600	-67.99	224 700	505.79	-210 100	-2 566.83
1995	236 200	-1.30	19 500	33.56	216 700	-3.56	-197 200	-6.14
1996	258 000	9.23	23 200	18.97	234 800	8.35	-211 600	7.30
1997	263 900	2.29	35 800	54.31	228 100	-2.85	-192 300	-9.12
1998	247 600	-6.18	33 800	-5.59	213 800	-6.27	-180 000	-6.40
1999	236 400	-4.52	33 400	-1.18	203 000	-5.05	-169 600	-5.78

(续　表)

年　份	贸易总额（万美元）	增长率（%）	对台出口（万美元）	增长率（%）	自台进口（万美元）	增长率（%）	贸易差额（万美元）	增长率（%）
2000	28 2000	19.29	40 000	19.76	242 000	19.21	-202 000	19.10
2001	285 000	1.06	36 000	-10.00	249 000	2.89	-213 000	5.45
2002	335 100	17.58	43 300	20.28	291 800	17.19	-248 500	16.67
2003	356 900	6.51	51 900	19.86	305 000	4.52	-253 100	1.85
2004	435 600	22.05	67 600	30.25	368 000	20.66	-300 400	18.69
2005	488 000	12.03	78 700	16.42	409 300	11.22	-330 600	10.05
2006	560 700	14.90	95 000	20.71	465 700	13.78	-370 700	12.13
2007	690 100	23.08	107 900	13.58	582 200	25.02	-474 300	27.95
2008	726 000	5.20	133 000	23.26	593 000	1.86	-460 000	-3.01
2009	699 000	-3.72	154 000	15.79	545 000	-8.09	-391 000	-15.00
2010	766 552	9.66	221 223	43.65	545 329	0.06	-324 106	-17.11

资料来源：历年《福建年鉴》、《中国商务年鉴》及海关统计。

2. 对台贸易在福建进出口贸易中的地位

闽台贸易在福建省进出口贸易中的地位可以通过贸易依存度来体现。1991年以来，福建对台湾出口依存度呈现上升趋势，进口依存度以及进出口依存度则呈下降趋势（见图4.2.1）。

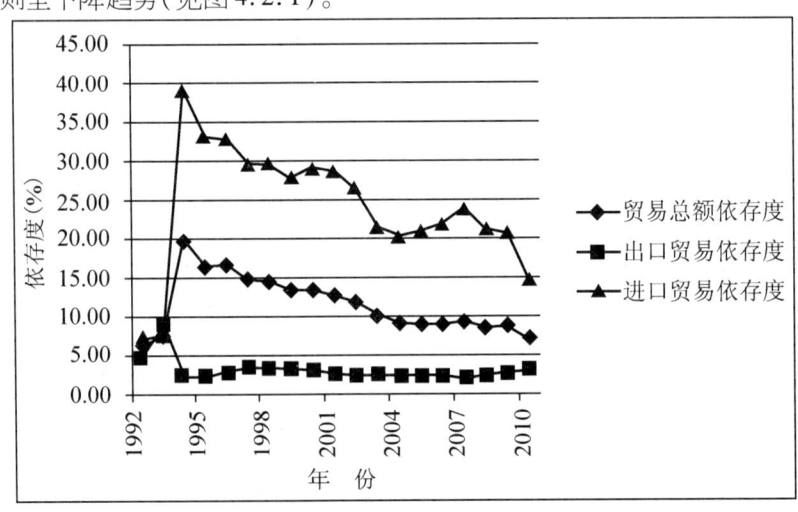

图4.2.1　1992—2010年福建进出口贸易与对台贸易依存度

1991年以来,福建进出口贸易与对台贸易依存度上升非常明显,其中,1993年福建对台湾出口贸易依存度达 8.84%,1994 年福建对台进口贸易依存度达 39.01%。随后,福建进出口贸易与对台贸易依存度呈下降趋势,至 2010 年福建对台出口贸易依存度与进口贸易依存度分别为 3.09% 和 14.62%(见表 4.2.2)。由此可见,虽然近年来福建对台贸易增长有所放缓,但其在福建进出口贸易中的地位是相当重要的,福建自台进口贸易更是如此。

表 4.2.2　1991—2010 年福建进出口贸易与对台贸易依存度统计表　　单位:%

年　份	贸易总额依存度	出口贸易依存度	进口贸易依存度
1991	—	—	3.99
1992	5.83	4.64	7.26
1993	8.24	8.84	7.60
1994	19.63	2.27	39.01
1995	16.35	2.47	33.15
1996	16.62	2.77	32.90
1997	14.70	3.49	29.63
1998	14.43	3.39	29.71
1999	13.42	3.23	27.93
2000	13.29	3.10	29.10
2001	12.60	2.59	28.61
2002	11.80	2.49	26.46
2003	10.10	2.46	21.49
2004	9.17	2.30	20.30
2005	8.97	2.26	20.92
2006	8.95	2.30	21.76
2007	9.27	2.16	23.75
2008	8.56	2.33	21.31
2009	8.77	2.89	20.70
2010	7.04	3.09	14.62

资料来源:根据历年《福建统计年鉴》、《中国商务年鉴》及海关统计编制。

(二) 台商投资福建发展现状与特征

1. 台商投资福建发展现状

福建既是台商投资相对集中地区之一,同时也是台商最早投资的目的地之一,自 1991 年以来,台商赴闽投资蓬勃发展。据台湾"经济部"投资审议委员会统计,1991—2010 年累计核准台商赴闽投资项目 5 383 件,合计金额 67.4 亿美元。2009 年受国际金融危机影响,台湾核准台商赴闽投资项目 36 件,同比下降 47.83%;核准金额 2.6 亿美元,同比下降 67.54%。2010 年台湾核准台商赴闽投资项目 66 件,较之 2009 年,同比增长 83.3%,核准金额 8.8 亿美元,同比增长 2.4 倍,核准金额恢复到金融危机发生之前的水平(见表 4.2.3)。福建作为台商投资相对集中地区之一,截至 2010 年,其吸引台资在 8 个台资集中区中位列第四,占台湾核准赴大陆投资金额的 6.93%。台资作为福建吸引的主要外资之一,在其利用外资中具有举足轻重的地位,据大陆统计,2010 年福建实际利用台资金额 19.5 亿美元,占其实际利用外资金额比重达 18.89%,可见,台商投资为福建经济发展,为海峡西岸经济区建设作出了重要贡献。

表 4.2.3 台商对福建投资金额统计

年 份	台湾核准资料			大陆统计资料			
	件 数	金额(万美元)	平均每件金额(万美元)	项 目	合同金额(万美元)	实际金额(万美元)	实际金额占比(%)
1991	59	5 596.10	94.85	322	49 987	25 482	39.54
1992	47	2 958.40	62.94	724	89 138	41 230	29.11
1993	1528	47 380.00	31.01	752	102 125	58 375	20.36
1994	108	9 662.40	89.47	448	68 201	63 402	17.08
1995	52	12 165.60	233.95	601	181 936	105 044	26.01
1996	66	11 088.40	168.01	418	222 057	120 440	29.53
1997	1026	47 222.90	46.03	456	59 874	133 322	31.77
1998	137	15 079.30	110.07	472	64 190	112 384	26.68
1999	44	5 889.90	133.86	378	71 405	92 920	23.09
2000	32	9 948.60	310.89	402	70 723	48 858	12.84
2001	37	12 012.20	324.65	499	107 856	50 514	12.89
2002	536	74 994.20	139.91	452	220 005	52 984	12.47

(续　表)

年　份	台湾核准资料			大陆统计资料			
	件数	金额（万美元）	平均每件金额（万美元）	项目	合同金额（万美元）	实际金额（万美元）	实际金额占比（%）
2003	522	49 177.80	94.21	417	56 720	63 116	12.64
2004	591	45 283.10	76.62	418	56 190	55 325	10.40
2005	157	39 832.60	253.71	381	84 866	52 808	8.48
2006	155	51 993.94	335.44	467	86 009	78 715	10.96
2007	115	38 835.99	337.70	431	99 020	97 037	11.93
2008	69	80 853.66	1 171.79	357	150 784	149 632	14.93
2009	36	26 246.68	729.07	324	72 182	187 997	18.68
2010	66	88 165.84	1 335.84	408	113 122	194 825	18.89

资料来源：台湾资料来源于台湾"经济部"投资审议委员会，大陆资料来源于福建省对外贸易经济合作厅。

2. 台商投资福建的产业构成

从三大产业构成来看，20世纪90年代以来，台商投资福建产业结构的基本特点是，三大产业皆有投资，但主要以第二产业为主，第二产业又主要集中在制造业。另外，近年来台商投资产业结构有所提升，其中，第一、第二产业投资所占比重有所下降，第三产业投资所占比重明显上升，第二产业中的高科技产业投资所占比重不断增长。据台湾"经济部"投资审议委员会统计，1991—2010年，台湾核准赴大陆投资项目第一产业占3.27%、第二产业占80.18%、第三产业占16.55%。从核准金额比重来看（见表4.2.4），台商投资福建三大产业所占比重分别为第一产业占0.98%、第二产业占88.34%、第三产业占10.67%；而在第二产业中制造业所占比重最大，占核准金额比重达87.65%，其中，电子零组件制造业，计算机、电子产品及光学制品制造业，塑料制品制造业，汽车及其零件制造业，金属制品制造业，电力设备制造业，非金属矿物制品制造业和食品制造业为主要行业，占核准金额比重达51.14%，其中高科技产业电子零组件制造业和计算机、电子产品及光学制品制造业占核准金额比重为19.29%。此外，台商投资福建的第三产业主要集中在批发及零售业和金融及保险业，分别占核准金额比重的2.82%和2.63%。

表 4.2.4　1991—2010 年台湾核准赴福建投资行业分布

指　标	件　数	比重 A（%）	金　额（百万美元）	比重 B（%）
第一产业	176	3.27	66.40	0.98
农、林、渔、牧业	176	3.27	66.40	0.98
第二产业	4 316	80.18	5 957.78	88.34
制造业	4 251	78.97	5 910.69	87.65
电子零组件制造业	140	2.60	861.62	12.78
计算机、电子产品及光学制品制造业	228	4.24	438.94	6.51
塑料制品制造业	309	5.74	400.19	5.93
汽车及其零件制造业	142	2.64	399.84	5.93
金属制品制造业	275	5.11	399.64	5.93
电力设备制造业	239	4.44	360.19	5.34
非金属矿物制品制造业	315	5.85	320.76	4.76
食品制造业	387	7.19	267.68	3.97
其他制造业	2 216	41.17	2 461.84	36.50
其他	65	1.21	47.09	0.70
第三产业	891	16.55	719.69	10.67
批发及零售业	385	7.15	190.43	2.82
金融及保险业	20	0.37	177.41	2.63
其他	486	9.03	351.85	5.22
合　计	5 383	100.00	6 743.87	100.00

注：比重 A 系指该产业台商投资件数占台商投资总件数的比重，比重 B 系指该产业台商投资金额占台商投资总金额的比重。

资料来源：根据台湾"经济部"投资审议委员会《"中华民国"历年核准华侨及外国人投资、对外投资、对大陆间接投资统计月报》编制。

二、粤台经贸合作现状、特点

（一）广东对台贸易发展现状与特征

1. 广东对台贸易规模

随着两岸经贸合作的发展，广东对台贸易规模不断扩大（见表4.2.5）。1991 年以来，广东对台贸易得到了长足的发展，1997 年增长率为 135%；加入 WTO 后，广东对台贸易得到了进一步发展，2002—2007 年对台贸易保持两位数增长。2008 年国际金融危机爆发后，广东对台贸易受到严重冲击，对台贸易出现负增长。2009 年广东对台贸易总额、对台出口和自台进口分别为 385.8 亿美元、40.4 亿美元和 345.4 亿美元,分别同比下降 11.92%、16.7% 和 11.32%。2010 年粤台贸易大幅增长,较之金融危机发生之前有所增长;其中:对台贸易总额 495.7 亿美元,与 2007 年相比增长 11.3%,对台出口 57.7 亿美元,与 2007 年相比增长 24%,自台进口 438 亿美元,与 2007 年相比增长 9.9%。

表 4.2.5　广东对台贸易统计表

年份	贸易总额（万美元）	增长率（%）	对台出口（万美元）	增长率（%）	自台进口（万美元）	增长率（%）	贸易差额（万美元）	增长率（%）
1991	17 063	—	3 652	—	13 411	—	-9 759	—
1992	31 009	81.73	6 262	71.47	24 747	84.53	-18 485	89.41
1993	68 898	122.19	9 636	53.88	59 262	139.47	-49 626	168.47
1994	443 117	543.15	79 773	727.86	363 344	513.11	-283 571	471.42
1995	505 439	14.06	105 948	32.81	399 491	9.95	-293 543	3.52
1996	505 821	0.08	99 628	-5.97	406 193	1.68	-306 565	4.44
1997	1 188 700	135.00	142 600	43.13	1 046 100	157.54	-903 500	194.72
1998	1 245 468	4.78	170 890	19.84	1 074 578	2.72	-903 688	0.02
1999	1 394 932	12.00	163 355	-4.41	1 231 577	14.61	-1 068 222	18.21
2000	1 687 748	20.99	175 095	7.19	1 512 653	22.82	-1 337 558	25.21
2001	1 705 200	1.03	172 800	-1.31	1 532 400	1.31	-1 359 600	1.65
2002	2 201 300	29.09	214 900	24.36	1 986 400	29.63	-1 771 500	30.30
2003	2 555 600	16.10	252 400	17.45	2 303 200	15.95	2 050 800	15.77
2004	3 019 100	18.14	279 300	10.66	2 739 800	18.96	-2 460 500	19.98
2005	3 440 200	13.95	353 800	26.67	3 086 400	12.65	-2 732 600	11.06
2006	3 941 200	14.56	437 600	23.69	3 503 600	13.52	-3 066 000	12.20
2007	4 452 300	12.97	465 400	6.35	3 986 900	13.79	-3 521 500	14.86
2008	4 380 000	-1.62	485 000	4.21	3 89 5000	-2.31	-3 410 000	-3.17
2009	3 858 000	-11.92	404 000	-16.70	3 454 000	-11.32	-3 050 000	-10.56
2010	4 957 000	28.49	577 000	42.82	4 380 000	26.81	-3 803 000	24.69

资料来源:历年《广东统计年鉴》。

2. 对台贸易在广东进出口贸易中的地位

广东对台贸易在广东进出口贸易中的地位可以用贸易依存度来体现。1991年以来,广东对台湾出口依存度、进口依存度以及进出口依存度均呈现先上升后下降趋势(见图4.2.2)。1991年以来,广东进出口贸易与对台贸易依存度上升非常明显(见表4.2.6),其中,1998年广东对台出口贸易依存度与进口贸易依存度分别为2.26%与19.83%。随后,广东进出口贸易与对台贸易呈下降趋势,2010年广东对台出口贸易依存度与广东对台进口贸易依存度分别为1.27%和13.21%。由此可见,虽然近年来广东对台贸易增长有所放缓,但其在广东省进出口贸易中的地位是相当重要的,尤其是自台进口贸易更是如此。

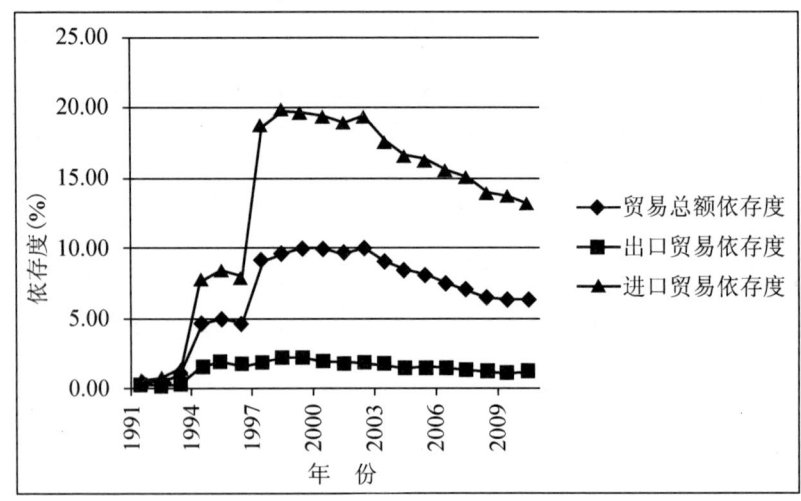

图4.2.2　1991—2010年广东进出口贸易与对台贸易依存度

表4.2.6　1991—2010年广东进出口贸易与对台贸易依存度统计表　　单位:%

年　份	贸易总额依存度	出口贸易依存度	进口贸易依存度
1991	0.32	0.13	0.53
1992	0.47	0.19	0.77
1993	0.88	0.26	1.45
1994	4.58	1.59	7.82
1995	4.86	1.87	8.43
1996	4.60	1.68	8.03

(续　表)

年　份	贸易总额依存度	出口贸易依存度	进口贸易依存度
1997	9.14	1.91	18.83
1998	9.60	2.26	19.83
1999	9.94	2.10	19.65
2000	9.92	1.90	19.35
2001	9.66	1.81	18.90
2002	9.96	1.81	19.35
2003	9.01	1.65	17.63
2004	8.45	1.46	16.55
2005	8.04	1.49	16.26
2006	7.48	1.45	15.55
2007	7.02	1.26	15.06
2008	6.41	1.20	13.95
2009	6.31	1.13	13.70
2010	6.32	1.27	13.21

资料来源：根据历年《广东统计年鉴》编制。

(二) 台商投资广东发展现状与特征

1. 台商投资广东发展现状

广东作为大陆台资集中区之一，是台商最早投资的目的地之一，自1991年以来，台商赴粤投资蓬勃发展。据台湾"经济部"投资审议委员会统计(见表4.2.7),1991—2010年核准台商赴粤投资项目累计12 316件，金额累计220.4亿美元,其中,2010年台湾核准台商赴粤投资项目159件,核准金额26.2亿美元。2009年受国际金融危机影响,台商赴粤投资有所下降,其中:台湾核准台商赴粤投资项目132件,同比下降13.16%;核准金额12.8亿美元,同比下降14.78%。截至2010年,广东吸引台资在大陆8个台资集中区中位列第二,占台湾核准赴大陆投资金额的22.65%。台商投资在广东外商投资中具有举足轻重的地位,据大陆统计,2010年广东实际利用台资金额占其实际利用外资金额的比重为1.21%。

表4.2.7 台商对广东投资金额统计

年 份	台湾核准资料			大陆统计资料			
	件 数	金 额（万美元）	平均每件金额(万美元)	项 目	合同金额（万美元）	实际金额（万美元）	实际金额占比(%)
1991	109	7 332.50	67.27	264	26 159	10 956	6.01
1992	128	11 333.80	88.55	524	65 827	12 857	3.62
1993	3 078	109 054.60	35.43	868	114 135	26 700	3.56
1994	247	23 583.20	95.48	639	85 211	43 816	4.66
1995	114	25 478.80	223.50	579	81 320	35 951	3.53
1996	100	30 450.40	304.50	621	47 930	47 436	4.08
1997	3 424	172 415.00	50.35	436	23 633	45 394	3.88
1998	549	82 456.90	150.19	498	38 971	35 115	2.92
1999	177	50 011.40	282.55	388	39 563	46 934	3.85
2000	288	101 970.30	354.06	482	48 354	49 746	4.07
2001	315	78 797.00	250.15	697	59 586	49 029	3.78
2002	877	163 509.30	186.44	802	80 706	63 562	4.85
2003	1 228	205 447.50	167.30	674	62 822	67 688	4.35
2004	464	140 408.20	302.60	589	63 108	34 897	3.49
2005	314	122 018.30	388.59	531	60 237	33 370	2.70
2006	245	141 518.15	577.63	483	60 321	38 941	2.68
2007	216	197 846.44	915.96	422	38 665	32 051	1.87
2008	152	150 459.83	989.87	228	17 899	33 382	1.74
2009	132	128 216.50	971.34	254	13 682	25 545	1.31
2010	159	261 886.69	1 647.09	326	29 271	24 543	1.21

资料来源：台湾资料来源于台湾"经济部"投资审议委员会，大陆资料来源于《广东统计年鉴》各期。

2. 台商投资广东的产业构成

从三大产业构成来看，20世纪90年代以来，台商投资广东产业结构的基本特点是，三大产业皆有投资，但主要以第二产业为主，第二产业又主要集中在制造业。据台湾"经济部"投资审议委员会统计，1991—2010年，台湾核准赴广东投资项目第一产业占0.87%、第二产业占93.52%、第三产业占5.61%。从核准金额比重来看(见表4.2.8),台商投资广东三大产业所占比重分别为第一产业占0.33%、第二产业占92.77%、第三产业占6.91%。在第二产业中制造业所占比重最大,占核准金额比重达92.47%,其中,电子零组件制造业,计算机、电子产品及光学制品制造业,电力设备制造业,塑料制品制造业,金属制品制造业,非金属矿物制品制造业,机械设备制造业和皮革、毛皮及其制品制造业为主要行业,占核准金额的比重达73.49%。其中高科技产业电子零组件制造业与计算机、电子产品及光学制品制造业占核准金额的比重为37.14%。此外,台商投资广东的第三产业比重为6.91%,主要集中在批发及零售业和信息及通信传播业,占核准金额的比重分别为3.38%和1.17%。

表4.2.8 1991—2010年台湾核准赴广东投资行业分布

指标	件数	比重A(%)	金额(百万美元)	比重B(%)
第一产业	107	0.87	72.12	0.33
农、林、渔、牧业	107	0.87	72.12	0.33
第二产业	11 518	93.52	20 447.35	92.77
制造业	11 467	93.11	20 382.20	92.47
电子零组件制造业	1 041	8.45	4 215.27	19.12
计算机、电子产品及光学制品制造业	1 099	8.92	3 971.77	18.02
电力设备制造业	1 440	11.69	2 746.08	12.46
塑料制品制造业	1 021	8.29	1 503.02	6.82
金属制品制造业	965	7.84	1 438.97	6.53
非金属矿物制品制造业	400	3.25	852.06	3.87
机械设备制造业	530	4.30	781.15	3.54
皮革、毛皮及其制品制造业	995	8.08	690.29	3.13
其他制造业	3 976	32.28	4 183.59	18.98
其他	51	0.41	65.14	0.30
第三产业	691	5.61	1 522.48	6.91
批发及零售业	347	2.82	744.18	3.38
信息及通信传播业	124	1.01	257.38	1.17
其他	220	1.79	520.92	2.36
合计	12 316	100.00	22 041.95	100.00

注:比重A系指该产业台商投资件数占台商投资总件数的比重,比重B系指该产业台商投资金额占台商投资总金额的比重。

资料来源:根据台湾"经济部"投资审议委员会《"中华民国"历年核准华侨及外国人投资、对外投资、对大陆间接投资统计月报》编制。

三、苏台经贸合作现状、特点

（一）江苏对台贸易发展现状与特征

1. 江苏对台贸易规模

随着两岸经贸合作的发展，江苏对台贸易规模不断扩大（见表4.2.9）。1991年以来，江苏对台贸易得到了长足的发展，对台贸易保持两位数增长；加入WTO后，江苏对台贸易得到了进一步发展，2002—2004年增长率超过60%。2008年国际金融危机爆发后，江苏对台贸易受到严重冲击。2009年江苏对台贸易总额250.5亿美元，与2008年相比下降26.15%；其中：对台出口49亿美元，同比下降25.57%，自台进口201.5亿美元，同比下降26.29%。2010年苏台贸易大幅增长，逐步恢复至金融危机爆发前的水平。2010年江苏对台贸易总额355亿美元，与2007年相比增长3.2%。其中：对台出口71.9亿美元，与2007年相比增长19%；自台进口283.1亿美元，与2007年相比略有下降（下降0.1%）。

表4.2.9 江苏对台贸易统计表

年份	贸易总额（万美元）	增长率（%）	对台出口（万美元）	增长率（%）	自台进口（万美元）	增长率（%）	贸易差额（万美元）	增长率（%）
1991	2 700	—	1 900	—	800	—	1 100	—
1992	7 500	177.78	5 900	210.53	1 600	100.00	4300	290.91
1993	22 000	193.33	10 800	83.05	11 200	600.00	−400	−109.30
1994	48 600	120.91	19 700	82.41	28 900	158.04	−9 200	2 200.00
1995	60 500	24.49	31 700	60.91	28 800	−0.35	2 900	−131.52
1996	104 100	72.07	25 500	−19.56	78 600	172.92	−53 100	−1 931.03
1997	140 764	35.22	23 587	−7.50	117 177	49.08	−93 590	76.25
1998	155 486	10.46	31 352	32.92	124 134	5.94	−927 82	−0.86
1999	215 334	38.49	36 468	16.32	178 866	44.09	−142 398	53.48
2000	319 202	48.24	53 763	47.43	265 439	48.40	−211 676	48.65
2001	383 835	20.25	62 297	15.87	321 538	21.13	−259 241	22.47
2002	709 906	84.95	106 273	70.59	603 633	87.73	−497 360	91.85
2003	1 307 711	84.21	186 907	75.87	1 120 804	85.68	−933 897	87.77
2004	2 113 030	61.58	327 539	75.24	1 785 491	59.30	−1 457 952	56.11
2005	2 600 972.7	23.09	486 616.2	48.57	2 114 356.5	18.42	−1 627 740.3	11.65

(续　表)

年份	贸易总额（万美元）	增长率（%）	对台出口（万美元）	增长率（%）	自台进口（万美元）	增长率（%）	贸易差额（万美元）	增长率（%）
2006	3 059 671.1	17.64	561 358.2	15.36	2 498 312.9	18.16	-1 936 954.7	19.00
2007	3 437 738	12.36	604 169	7.63	2 833 569	13.42	-2 229 400	15.10
2008	3 392 509	-1.32	658 905	9.06	2 733 604	-3.53	-2 074 699	-6.94
2009	2 505 335	-26.15	490 409	-25.57	2 014 926	-26.29	-1 524 517	-26.52
2010	3 549 711	41.69	719 031	46.62	2 830 740	40.49	-2 111 709	38.52

资料来源:历年《江苏统计年鉴》及江苏商务厅网站。

2. 对台贸易在江苏进出口贸易中的地位

江苏对台贸易在江苏进出口贸易中的地位可以通过贸易依存度来体现。1991年以来,江苏对台出口依存度、进口依存度以及进出口依存度均呈现先上升后下降趋势(见图4.2.3)。

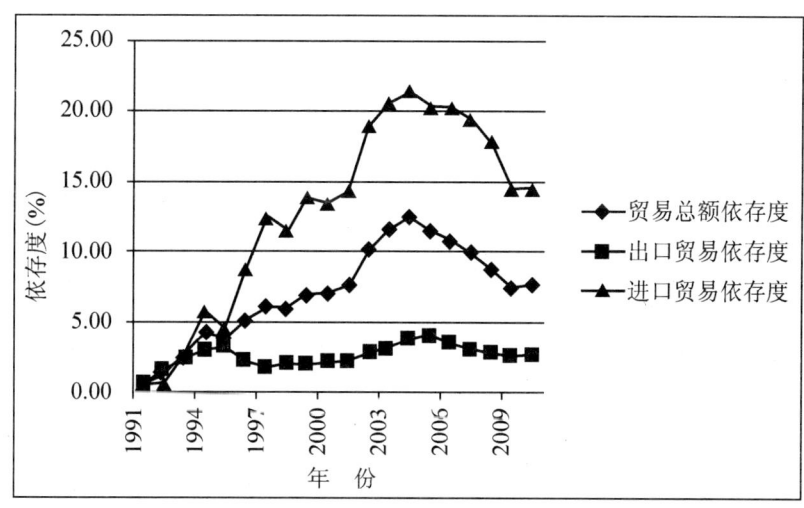

图 4.2.3　1991—2010 年江苏进出口贸易与对台贸易依存度

1991年以来,江苏进出口贸易与对台贸易依存度上升非常明显,其中,2004年江苏对台出口贸易依存度与进口贸易依存度分别为3.74%与21.42%。随后,江苏进出口贸易与对台贸易依存度呈下降趋势,其中,2009年江苏对台出口贸易依存度与江苏对台进口贸易依存度分别为2.46%和14.43%,同比分别下降11.19%和18.57%。2010年江苏进出口贸易与对台贸易依存度略有上升(见表4.2.10)。由此可见,虽然近年来江苏对台贸易增长有所放缓,但其在江苏进出口贸易中的地位是相当重要的,自台进口贸易更是如此。

表 4.2.10　1991—2009 年江苏进出口贸易与对台贸易依存度统计表　　单位:%

年　份	贸易总额依存度	出口贸易依存度	进口贸易依存度
1991	0.51	0.55	0.42
1992	1.08	1.47	0.54
1993	2.41	2.32	2.50
1994	4.13	2.95	5.70
1995	3.72	3.24	4.43
1996	5.03	2.20	8.65
1997	5.96	1.67	12.29
1998	5.88	2.00	11.52
1999	6.89	1.99	13.81
2000	6.99	2.09	13.36
2001	7.47	2.16	14.31
2002	10.10	2.76	18.97
2003	11.50	3.16	20.55
2004	12.37	3.74	21.42
2005	11.41	3.96	20.14
2006	10.77	3.50	20.22
2007	9.83	2.97	19.42
2008	8.65	2.77	17.72
2009	7.39	2.46	14.43
2010	7.62	2.66	14.50

资料来源:根据历年《江苏统计年鉴》编制。

(二) 江苏台商投资现状与特征

1. 江苏台商投资现状

江苏作为台资集中区之一,自 1991 年以来,台商赴苏投资蓬勃发展。据台湾"经济部"投资审议委员会统计(见表 4.2.11),1991—2010 年核准台商赴苏投资项目累计 6 164 件,金额累计 333.8 亿美元。其中,2010 年台湾核准台商赴苏投资项目 230 件,金额 55 亿美元,超过金融危机之前的水平。截至 2010 年,江苏作为大陆台资集中区之一,其吸引台资位列 8 个台资集中区之首,占台湾核准赴大陆投资金额的34.3%。台商投资在江苏外商投资中具有举足轻重的地位,据大陆统计,2010年江苏实际利用台资金额15.2亿美元,占其实际利用外资金额的比重为5.34%,可见,台商投资为江苏经济发展作出了重要贡献。

表4.2.11 台商对江苏投资金额统计

年 份	台湾核准资料			大陆统计资料			
	件 数	金额（万美元）	平均每件金额(万美元)	项 目	合同金额（万美元）	实际金额（万美元）	实际金额占比(%)
1991	9	326.00	36.22	247	12 600	3 200	13.72
1992	25	1 879.30	75.17	1 472	140 300	23 400	16.68
1993	970	42 260.90	43.57	1 913	169 700	56 200	18.72
1994	123	23 414.30	190.36	998	96 000	94 900	22.72
1995	74	17 061.20	230.56	811	—	49 400	10.33
1996	64	29 814.80	465.86	529	—	92 800	18.30
1997	851	65 881.60	77.42	462	—	23 500	4.06
1998	146	40 845.90	279.77	400	—	44 600	6.70
1999	99	32 380.70	327.08	397	—	67 200	10.50
2000	225	93 055.70	413.58	584	131 101	58 096	9.04
2001	314	104 634.60	333.23	874	240 511	74 418	10.45
2002	639	222 308.20	347.90	1 282	256 149	112 581	10.86
2003	815	260 110.30	319.15	1 238	347 825	182 800	11.57
2004	370	248 675.20	672.10	1 062	389 108	102 200	8.42
2005	332	234 910.40	707.56	1 105	512 826	60 802	4.61
2006	283	288 724.67	1 020.23	1 061	545 951	80 969	4.64
2007	279	384 190.08	1 377.03	940	430 881	98 837	4.51
2008	158	422 911.30	2 676.65	726	571 918	89 884	3.58
2009	158	274 663.27	1 738.38	799	656 746	123 017	4.86
2010	230	550 182.54	2 392.10	849	663 852	152 086	5.34

资料来源:台湾资料来源于台湾"经济部"投资审议委员会,大陆资料来源于历年《江苏统计年鉴》。

2. 台商投资江苏的产业构成

从三大产业构成来看,20世纪90年代以来,台商投资江苏产业结构的基本特点是,三大产业皆有投资,但主要以第二产业为主,第二产业又主要集中在制造业。据台湾"经济部"投资审议委员会统计,1991—2010年,台湾核准赴苏投资项目第一产业、第二产业和第三产业比重分别为0.5%、89%和10.5%。从核准金额比重来看(见表4.2.12),台商投资江苏三大产业所占比重分别为第一产业占0.09%、第二产业占91.75%、第三产业占8.15%。而制造业在第二产业中所占比重最大,占核准金额比重达91.04%,其中,电子零组件制造业,计算机、电子产品及光学制品制造业,电力设备制造业,金属制品制造业,机械设备制造业,塑料制品制造业,化学材料制造业和非金属矿物制品制造业为主要行业,占核准金额比重达74.45%。其中,高科技产业电子零组件制造业和计算机、电子产品及光学制品制造业占核准金额比重达40.94%。此外,台商投资江苏的第三产业比重为8.15%,主要集中在批发及零售业和信息及通信传播业,占核准金额的比重分别为2.58%和1.19%。

表4.2.12 1991—2010年台湾核准赴江苏投资行业分布

指　标	件　数	比重A（%）	金　额（百万美元）	比重B（%）
第一产业	31	0.50	31.55	0.09
农、林、渔、牧业	31	0.50	31.55	0.09
第二产业	5 486	89.00	30 628.52	91.75
制造业	5 383	87.33	30 391.93	91.04
电子零组件制造业	681	11.05	8 713.11	26.10
计算机、电子产品及光学制品制造业	530	8.60	4 952.40	14.84
电力设备制造业	627	10.17	3 484.94	10.44
金属制品制造业	526	8.53	1 882.41	5.64
机械设备制造业	453	7.35	1 841.67	5.52
塑料制品制造业	344	5.58	1 714.78	5.14
化学材料制造业	148	2.40	1 168.54	3.50
非金属矿物制品制造业	194	3.15	1 094.53	3.28
其他制造业	1 880	30.50	5 539.55	16.59
其他	103	1.67	236.59	0.71

(续 表)

指 标	件 数	比重 A（%）	金 额（百万美元）	比重 B（%）
第三产业	647	10.50	2 722.24	8.15
批发及零售业	212	3.44	860.70	2.58
信息及通信传播业	102	1.65	396.66	1.19
其他	333	5.40	1 464.88	4.39
合 计	6 164	100.00	33 382.31	100.00

注：比重 A 系指该产业台商投资件数占台商投资总件数的比重，比重 B 系指该产业台商投资金额占台商投资总金额的比重。

资料来源：根据台湾"经济部"投资审议委员会《"中华民国"历年核准华侨及外国人投资、对外投资、对大陆间接投资统计月报》编制。

四、沪台经贸合作现状、特点

（一）上海对台贸易发展现状与特征

1. 上海对台贸易规模

随着两岸经贸合作的发展，上海对台贸易规模不断扩大（见表 4.2.13）。1991 年以来，上海对台贸易得到了长足的发展；加入 WTO 后，对台贸易得到了进一步发展，2002—2004 年对台贸易增长率超过 40%。2008 年国际金融危机爆发后，上海对台贸易受到严重冲击，对台贸易出现负增长。2009 年上海对台贸易总额 151.9 亿美元，同比下降 12.33%；其中：对台出口 40.7 亿美元，同比下降 7.38%，自台进口 111.2 亿美元，同比下降 14.02%。随着全球经济的复苏，2010 年沪台贸易出现大幅增长，超过金融危机爆发前的水平。2010 年上海对台贸易总额 206.6 亿美元，与 2007 年相比增长 23.5%。其中：对台出口 56.5 亿美元，与 2007 年相比增长 26.7%；自台进口 150 亿美元，与 2007 年相比增长 22.3%。

表 4.2.13　上海对台贸易统计表

年 份	贸易总额（万美元）	增长率（%）	对台出口（万美元）	增长率（%）	自台进口（万美元）	增长率（%）	贸易差额（万美元）	增长率（%）
1991	8 043	—	4 125	—	3 918	—	207	—
1992	13 185	63.93	5 406	31.05	7 779	98.55	-2 373	-1 246.38
1993	23 784	80.39	6 635	22.73	17 149	120.45	-10 514	343.07
1994	33 413	40.49	16 200	144.16	17 213	0.37	-1 013	-90.37
1995	47 481	42.10	28 166	73.86	19 315	12.21	8 851	-973.74

(续 表)

年 份	贸易总额（万美元）	增长率（%）	对台出口（万美元）	增长率（%）	自台进口（万美元）	增长率（%）	贸易差额（万美元）	增长率（%）
1996	125 831	165.01	23 377	-17.00	102 454	430.44	-79 077	-993.42
1997	137 297	9.11	28 509	21.95	108 788	6.18	-80 279	1.52
1998	140 739	2.51	33 130	16.21	107 609	-1.08	-74 479	-7.22
1999	166 575	18.36	37 502	13.20	129 073	19.95	-91 571	22.95
2000	251 173	50.79	56 741	51.30	194 432	50.64	-13 7691	50.37
2001	298 000	18.64	61 000	7.51	237 000	21.89	-176 000	27.82
2002	485 000	62.75	87 900	44.10	397 100	67.55	-309 200	75.68
2003	741 500	52.89	142 200	61.77	599 300	50.92	-457 100	47.83
2004	1 051 900	41.86	240 600	69.20	811 300	35.37	-570 700	24.85
2005	1 244 500	18.31	257 100	6.86	987 400	21.71	-730 300	27.97
2006	1 528 900	22.85	355 600	38.31	1 173 300	18.83	-817 700	11.97
2007	1 673 400	9.45	446 100	25.45	1 227 300	4.60	-781 200	-4.46
2008	1 732 900	3.56	439 300	-1.52	1 293 600	5.40	-854 300	9.36
2009	1 519 200	-12.33	406 900	-7.38	1 112 300	-14.02	-705 400	-17.43
2010	2 065 873	35.98	565 420	38.96	1 500 453	34.90	-935 033	32.55

资料来源：历年《上海统计年鉴》及上海商务委员会网站。

2. 对台贸易在上海进出口贸易中的地位

对台贸易在上海进出口贸易中的地位可以用贸易依存度来体现。1991年以来，上海对台出口依存度、进口依存度以及进出口依存度波动幅度比较大，但总体上呈现先上升后下降的趋势（见图4.2.4）。

1991年以来，上海进出口贸易与对台贸易依存度（见表4.2.14）上升非常明显，其中，2006年上海对台进出口贸易依存度为6.72%。随后，上海进出口贸易与对台贸易依存度呈下降趋势。后来受国际金融危机的影响，上海进出口贸易与对台贸易依存度大幅下降。2009年上海对台进出口贸易依存度、上海对台出口依存度和进口依存度分别为2.95%、1.25%和5.84%，同比分别下降45.54%、51.74%和31.05%。随着国际金融危机阴霾的消散，2010年上海进出口贸易与对台贸易依存度大幅回升。由此可见，虽然近年来上海对台贸易增长有所放缓，但其在上海进出口贸易中的地位是相当重要的，自台进口贸易更是如此。

第四章 两岸经贸合作对大陆台资集中区经济发展的绩效

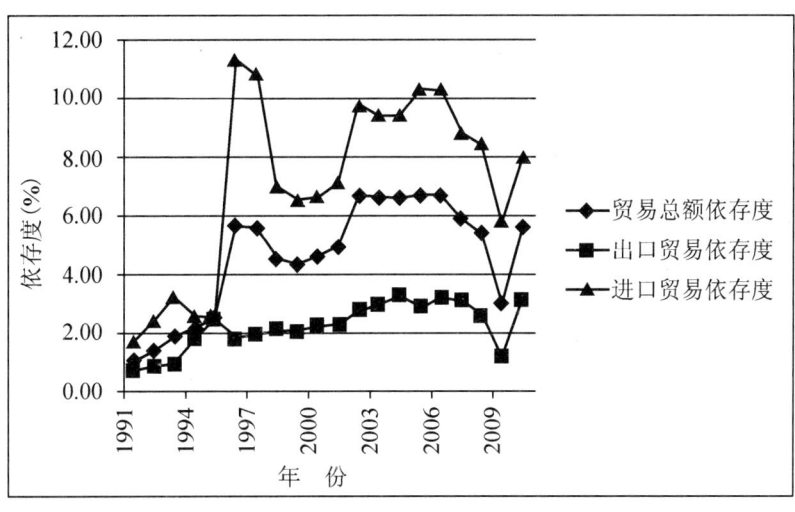

图 4.2.4　1991—2010 年上海进出口贸易与对台贸易依存度

表 4.2.14　1991—2010 年上海进出口贸易与对台贸易依存度统计表　　　单位：%

年　份	贸易总额依存度	出口贸易依存度	进口贸易依存度
1991	1.00	0.72	1.70
1992	1.35	0.82	2.43
1993	1.87	0.90	3.21
1994	2.11	1.78	2.54
1995	2.50	2.43	2.59
1996	5.65	1.77	11.35
1997	5.54	1.94	10.84
1998	4.49	2.08	6.99
1999	4.31	2.00	6.51
2000	4.59	2.24	6.62
2001	4.89	2.21	7.12
2002	6.67	2.74	9.78
2003	6.60	2.93	9.38
2004	6.57	3.27	9.38
2005	6.68	2.83	10.33

(续 表)

年 份	贸易总额依存度	出口贸易依存度	进口贸易依存度
2006	6.72	3.13	10.30
2007	5.91	3.10	8.83
2008	5.38	2.59	8.47
2009	2.95	1.25	5.84
2010	5.60	3.13	7.98

资料来源：根据历年《上海统计年鉴》编制。

(二) 上海台商投资现状与特征

1. 上海台商投资现状

上海作为大陆台资集中区之一，自1991年以来，台商赴沪投资蓬勃发展（见表4.2.15）。据台湾"经济部"投资审议委员会统计，1991—2010年核准台商赴沪投资项目累计5 365件，金额累计141.4亿美元。其中，2010年台湾核准台商赴沪投资项目137件，金额19.6亿美元。2009年受国际金融危机影响，台湾核准台商赴沪投资项目81件，同比下降27.08%；核准金额9.6亿美元，同比下降43.96%。截至2010年，上海吸引的台资额在大陆8个台资集中区中位列第三，占台湾核准赴大陆投资金额的14.53%。台商投资在上海外商投资中具有举足轻重的地位，据大陆统计，2010年上海实际利用台资金额占其实际利用外资金额的比重为0.9%。

表4.2.15 台商对上海投资金额统计

年 份	台湾核准资料			大陆统计资料			
	件 数	金额（万美元）	平均每件金额(万美元)	项 目	合同金额（万美元）	实际金额（万美元）	实际金额占比(%)
1991	19	2 113.80	111.25	56	3 144	1 127	6.43
1992	17	1 559.60	91.74	302	25 060	1 803	1.43
1993	1 047	41 069.80	39.23	604	53 000	9 478	4.09
1994	141	15 767.10	111.82	567	45 384	27 150	8.40
1995	89	22 416.00	251.87	364	42 092	17 750	5.46
1996	65	24 384.30	375.14	262	31 087	32 750	6.94
1997	940	58 848.10	62.60	229	18 071	16 173	3.36

(续 表)

年 份	台湾核准资料			大陆统计资料			
	件 数	金额（万美元）	平均每件金额(万美元)	项 目	合同金额（万美元）	实际金额（万美元）	实际金额占比(%)
1998	178	28 629.20	160.84	238	12 482	12 764	3.51
1999	70	151 20.10	216.00	220	19 200	12 228	4.01
2000	163	32 106.60	196.97	225	16 483	18 207	5.76
2001	297	37 624.50	126.68	412	35 600	29 400	6.70
2002	568	94 923.00	167.12	425	46 926	42 000	8.35
2003	641	110 429.60	172.28	427	82 700	42 100	7.20
2004	269	117 499.30	436.80	326	30 700	23 900	3.65
2005	203	101 751.30	501.24	309	22 500	23 800	3.47
2006	190	104 179.44	548.31	315	32 700	31 500	4.43
2007	138	144 022.10	1 043.64	348	29 800	10 200	1.29
2008	112	170 412.68	1 521.54	292	20 500	12 600	1.25
2009	81	95 500.03	1 179.01	286	16 000	11 900	1.13
2010	137	196 133.98	1 431.63	399	15 600	10 000	0.90

资料来源：台湾资料来源于台湾"经济部"投资审议委员会，大陆资料来源于历年《上海统计年鉴》。

2. 上海台商投资的产业构成

从三大产业构成来看，20世纪90年代以来，台商投资上海产业结构的基本特点是，三大产业皆有投资，但主要以第二产业为主，第二产业又主要集中在制造业。据台湾"经济部"投资审议委员会统计（见表4.2.16），1991—2010年，台湾核准赴沪投资项目第一产业、第二产业和第三产业比重分别为0.54%、68.65%和30.81%。从核准金额比重来看，台商投资上海三大产业所占比重分别为第一产业占0.19%、第二产业占68.34%、第三产业占31.47%。在第二产业中制造业所占比重最大，占核准金额比重达67.42%，其中，计算机、电子产品及光学制品制造业，电子零组件制造业，电力设备制造业，机械设备制造业，化学材料制造业，金属制品制造业，塑料制品制造业和食品制造业为主要行业，占核准金额比重达52.51%；高科技产业计算机、电子产品及光学制品制造业和电子零组件制造业占核准金额比重达32.77%。此外，与其他台资集中区相比较，台商投资上海的第三产业比重较大,为31.47%,主要集中在批发及零售业和金融及保险业,占核准金额的比重分别为8.57%和5.03%。

表4.2.16 1991—2010年台湾核准赴上海投资行业分布

指 标	件 数	比重A(%)	金 额(百万美元)	比重B(%)
第一产业	29	0.54	26.58	0.19
农、林、渔、牧业	29	0.54	26.58	0.19
第二产业	3 683	68.65	9 666.77	68.34
制造业	3 584	66.80	9 536.12	67.42
计算机、电子产品及光学制品制造业	363	6.77	2 615.58	18.49
电子零组件制造业	236	4.40	2 019.22	14.28
电力设备制造业	282	5.26	580.37	4.10
机械设备制造业	292	5.44	511.42	3.62
化学材料制造业	81	1.51	483.90	3.42
金属制品制造业	320	5.96	445.24	3.15
塑料制品制造业	278	5.18	421.39	2.98
食品制造业	251	4.68	349.76	2.47
其他制造业	1 481	27.60	2 109.24	14.91
其他	99	1.85	130.65	0.92
第三产业	1 653	30.81	4 451.56	31.47
批发及零售业	783	14.59	1 211.58	8.57
金融及保险业	91	1.70	711.96	5.03
其他	779	14.52	2 528.03	17.87
合　计	5 365	100.00	14 144.91	100.00

注:比重A系指该产业台商投资件数占台商投资总件数的比重,比重B系指该产业台商投资金额占台商投资总金额的比重。

资料来源:根据台湾"经济部"投资审议委员会《"中华民国"历年核准华侨及外国人投资、对外投资、对大陆间接投资统计月报》编制。

五、浙台经贸合作现状、特点

(一) 浙江对台贸易发展现状与特征

1. 浙江对台贸易规模

随着两岸经贸合作的发展,浙江对台贸易规模不断扩大(见表4.2.17)。1991年以来,浙江对台贸易得到了长足的发展,加入WTO后,对台贸易得到了进一步发展,2002—2008年对台贸易增长率超过20%。2008年国际金融危机爆发后,浙江对台贸易受到严重冲击,对台贸易出现负增长。2009 年浙江对台贸易、对台出口和自台进口分别下降 15.77%、23.76% 和 14.24%。从贸易规模来看,2009 年,浙江对台贸易达 90.6 亿美元,其中对台出口和自台进口分别为 13.2 亿美元和 77.4 亿美元。随着全球经济的复苏,2010 年浙台贸易大幅增长,超过金融危机爆发前的水平。2010 年浙台贸易总额 121.9 亿美元,同比增长 34.55%,其中:对台出口 20.1 亿美元,同比增长 52.46;自台进口 101.8 亿美元,同比增长 31.5%。

表 4.2.17　浙江对台贸易统计表

年份	贸易总额（万美元）	增长率（%）	对台出口（万美元）	增长率（%）	自台进口（万美元）	增长率（%）	贸易差额（万美元）	增长率（%）
1991	—	—	2 999.3	—	—	—	—	—
1992	6 046.8	—	4 825.3	60.88	1221.5	—	3603.8	—
1993	7 290	20.56	4 422	-8.36	2 868	134.79	1 554	-56.88
1994	13 413	83.99	9 758	120.67	3 655	27.44	6 103	292.73
1995	23 472	74.99	7 916	-18.88	15 556	325.61	-7 640	-225.18
1996	49 044	108.95	10 387	31.22	38 657	148.50	-28 270	270.03
1997	45 943	-6.32	13 979	34.58	31 964	-17.31	-17 985	-36.38
1998	45 891	-0.11	14 291	2.23	31 600	-1.14	-17 309	-3.76
1999	59 839	30.39	17 139	19.93	42 700	35.13	-25 561	47.67
2000	129 560	116.51	27 943	63.04	101 617	137.98	-73 674	188.23
2001	144 249	11.34	29 290	4.82	114 959	13.13	-85 669	16.28
2002	186 142	29.04	38 116	30.13	148 026	28.76	-109 910	28.30
2003	257 128	38.14	52 306	37.23	204 822	38.37	-152 516	38.76
2004	353 261	37.39	79 769	52.50	273 492	33.53	-193 723	27.02
2005	454 751	28.73	99 994	25.35	354 757	29.71	-254 763	31.51
2006	596 384	31.15	129 366	29.37	467 018	31.64	-337 652	32.54
2007	890 275	49.28	157 439	21.70	732 836	56.92	-575 397	70.41
2008	1 075 974	20.86	173 115	9.96	902 859	23.20	-729 744	26.82
2009	906 290	-15.77	131 978	-23.76	774 312	-14.24	-642 334	-11.98
2010	1 219 402	34.55	201 215	52.46	1 018 187	31.50	-816 972	27.19

资料来源:历年《浙江统计年鉴》。

2. 对台贸易在浙江进出口贸易中的地位

对台贸易在浙江省进出口贸易中的地位可以通过贸易依存度来体现。1991年以来,浙江对台湾出口依存度、进口依存度以及进出口依存度总体呈上升趋势(见表4.2.18、图4.2.5)。1991年以来,浙江进出口贸易与对台贸易依存度上升非常明显。1992年,浙江对台进出口贸易依存度、出口贸易依存度和进口贸易依存度分别为1.21%、1.35%和0.86%,到2010年则分别为4.81%、1.11%和13.93%。由此可见,近年来对台贸易在浙江对外贸易中的地位得到进一步加强,自台进口贸易更是如此。

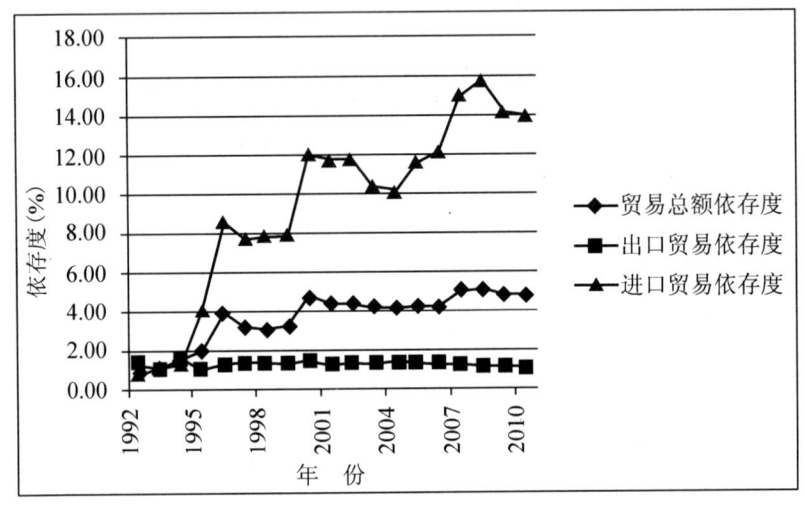

图4.2.5　1991—2009年浙江进出口贸易与对台贸易依存度

表4.2.18　1991—2010年浙江进出口贸易与对台贸易依存度统计表　　单位:%

年　份	贸易总额依存度	出口贸易依存度	进口贸易依存度
1991	—	1.03	—
1992	1.21	1.35	0.86
1993	1.08	1.02	1.19
1994	1.49	1.60	1.26
1995	2.04	1.03	4.08
1996	3.91	1.29	8.59
1997	3.22	1.38	7.67
1998	3.09	1.32	7.92

(续 表)

年 份	贸易总额依存度	出口贸易依存度	进口贸易依存度
1999	3.27	1.33	7.86
2000	4.65	1.44	12.11
2001	4.40	1.27	11.70
2002	4.44	1.30	11.80
2003	4.19	1.26	10.34
2004	4.15	1.37	10.10
2005	4.23	1.30	11.60
2006	4.29	1.28	12.21
2007	5.03	1.23	15.08
2008	5.10	1.12	15.88
2009	4.83	0.99	14.15
2010	4.81	1.11	13.93

资料来源:根据历年《浙江统计年鉴》编制。

(二) 浙江台商投资现状与特征

1. 浙江台商投资发展现状

浙江作为大陆台资集中区之一,自1991年以来,台商赴浙投资蓬勃发展。据台湾"经济部"投资审议委员会统计(见表4.2.19),1991—2010年核准台商赴浙投资项目累计2 024件,金额累计64.3亿美元,其中,2010年台湾核准台商赴浙投资项目51件,金额7.2亿美元。受国际金融危机影响,2009年台湾核准台商赴浙投资金额5.9亿美元,同比下降3.22%。截至2010年,浙江吸引台资额在大陆8个台资集中区中位列第五,占台湾核准赴大陆投资金额的6.61%。台商投资在浙江外商投资中具有重要地位,据大陆统计,2010年浙江实际利用台资金额1.8亿美元,占其实际利用外资金额的比重为1.64%。

表4.2.19 台商对浙江投资金额统计

年 份	台湾核准资料			大陆统计资料			
	件 数	金 额(万美元)	平均每件金额(万美元)	项 目	合同金额(万美元)	实际金额(万美元)	实际金额占比(%)
1991	3	19.30	6.43	117	4 975	—	
1992	10	1 675.60	167.56	410	29 803	5 743	19.54
1993	485	124 84.30	25.74	805	53 394	14 648	14.18

(续 表)

年份	台湾核准资料			大陆统计资料			
	件数	金额（万美元）	平均每件金额（万美元）	项目	合同金额（万美元）	实际金额（万美元）	实际金额占比（%）
1994	62	6 280.20	101.29	432	24 141	12 688	11.09
1995	27	5 742.50	212.69	301	35 039	17 654	14.04
1996	21	3 275.40	155.97	172	17 829	22 374	14.72
1997	447	19 527.70	43.69	151	7 287	8 106	5.39
1998	46	8 581.10	186.55	170	18 233	10 540	8.00
1999	27	7 898.40	292.53	189	21 630	8 400	5.48
2000	36	6 867.10	190.75	299	32 241	14 501	8.99
2001	72	20 848.50	289.56	451	72 542	27 696	12.52
2002	171	51 155.30	299.15	538	86 485	29 357	9.29
2003	215	60 772.10	282.66	522	91 139	38 689	7.10
2004	95	68 946.10	725.75	339	55 526	35 636	5.33
2005	79	48 480.00	613.67	312	68 448	34 090	3.90
2006	52	59 099.72	1 136.53	310	80 299	26 858	3.02
2007	56	69 079.25	1 233.56	229	68 244	26 068	2.51
2008	30	61 188.27	2 039.61	133	84 800	17 757	1.76
2009	39	59 217.96	1 518.41	139	42 865	13 570	1.37
2010	51	72 262.42	1 416.91	157	61 365	18 047	1.64

资料来源：台湾资料来源于台湾"经济部"投资审议委员会，大陆资料来源于历年《浙江统计年鉴》。

2. 浙江台商投资的产业构成

从三大产业构成来看，20 世纪 90 年代以来，台商投资浙江产业结构的基本特点是，三大产业皆有投资，但主要以第二产业为主，第二产业又主要集中在制造业。据台湾"经济部"投资审议委员会统计，1991—2010 年，台湾核准赴浙投资项目第一产业、第二产业和第三产业比重分别为 0.89%、87.75% 和 11.36%。从核准金额比重来看（见表 4.2.20），台商投资浙江三大产业所占比重分别为第一产业占 0.1%、第二产业占 93.35%、第三产业占 6.55%。而制造业在第二产业中所占比重最大，占核准金额比重达 90.85%。其中，化学材料制造业，电子零组件制造业,计算机、电子产品及光学制品制造业,电力设备制造业,机械设备制造业,金属制品制造业,纺织业和纸浆、纸及纸制品制造业为主要行业,占核准金额比重达68.33%。其中,高科技产业电子零组件制造业和计算机、电子产品及光学制品制造业占核准金额比重为22.59%。此外,台商投资浙江的第三产业比重为6.55%,主要集中在批发及零售业和信息及通信传播业,占核准金额的比重分别为1.86%和0.62%。

表4.2.20 1991—2010年台湾核准赴浙江投资行业分布

指　　标	件　数	比重A（%）	金　额（百万美元）	比重B（%）
第一产业	18	0.89	6.28	0.10
农、林、渔、牧业	18	0.89	6.28	0.10
第二产业	1 776	87.75	6 006.35	93.35
制造业	1 752	86.56	5 845.24	90.85
化学材料制造业	47	2.32	993.60	15.44
电子零组件制造业	127	6.27	980.95	15.25
计算机、电子产品及光学制品制造业	96	4.74	472.53	7.34
电力设备制造业	159	7.86	470.92	7.32
机械设备制造业	137	6.77	419.57	6.52
金属制品制造业	178	8.79	419.32	6.52
纺织业	101	4.99	331.37	5.15
纸浆、纸及纸制品制造业	59	2.92	308.27	4.79
其他制造业	848	41.90	1 448.72	22.52
其他	24	1.19	161.10	2.50
第三产业	230	11.36	421.39	6.55
批发及零售业	67	3.31	119.80	1.86
信息及通信传播业	22	1.09	39.83	0.62
其他	141	6.97	261.76	4.07
合　计	2 024	100.00	6 434.01	100.00

注:比重A系指该产业台商投资件数占台商投资总件数的比重,比重B系指该产业台商投资金额占台商投资总金额的比重。

资料来源:根据台湾"经济部"投资审议委员会《"中华民国"历年核准华侨及外国人投资、对外投资、对大陆间接投资统计月报》编制。

六、鲁台经贸合作现状、特点

(一) 山东对台贸易发展现状与特征

1. 山东对台贸易规模

随着两岸经贸合作的发展,山东对台贸易规模不断扩大(见表4.2.21)。1991年以来,山东对台贸易得到了长足的发展;加入WTO后,对台贸易得到了进一步发展,2002—2007年对台贸易保持两位数增长。2008年国际金融危机爆发后,山东对台贸易受到严重冲击,对台出口出现大幅下滑。2009年山东对台贸易总额22.1亿美元,同比下降12.61%;其中:对台出口6.7亿美元,同比下降27.93%,自台进口15.4亿美元,同比下降3.6%。2010年鲁台贸易大幅增长,超过金融危机之前的水平。2010年山东对台贸易总额32.8亿美元,同比增长48.45%;其中:对台出口11.7亿美元,同比增长72.98%,自台进口21.1亿美元,同比增长37.65%。

2. 对台贸易在山东进出口贸易中的地位

对台贸易在山东进出口贸易中的地位可以通过贸易依存度来体现。1991年以来,山东对台出口依存度、进口依存度以及进出口依存度总体呈先上升后下降趋势(见表4.2.22、图4.2.6)。

表4.2.21 山东对台贸易统计表

年份	贸易总额(万美元)	增长率(%)	对台出口(万美元)	增长率(%)	自台进口(万美元)	增长率(%)	贸易差额(万美元)	增长率(%)
1991	—	—	4 138	—	—	—	—	—
1992	—	—	4 812	16.29	—	—	—	—
1993	7 682	—	4 138	-14.01	3 544	—	594	—
1994	—	—	6 490	56.84	—	—	—	—
1995	25 488	—	19 374	198.52	6 114	—	13 260	—
1996	19 308	-24.25	10 459	-46.02	8 849	44.73	1 610	-87.86
1997	46 474	140.70	21 709	107.56	24 765	179.86	-3 056	-289.81
1998	34 498	-25.77	14 205	-34.57	20 293	-18.06	-6 088	99.21
1999	40 569	17.60	14 623	2.94	25 946	27.86	-11 323	85.99
2000	55 238	36.16	20 114	37.55	35 124	35.37	-15 010	32.56
2001	50 960	-7.74	14 426	-28.28	36 534	4.01	-22 108	47.29

(续 表)

年份	贸易总额（万美元）	增长率（%）	对台出口（万美元）	增长率（%）	自台进口（万美元）	增长率（%）	贸易差额（万美元）	增长率（%）
2002	79 120	55.26	25 304	75.41	53 816	47.30	-28 512	28.97
2003	91 866	16.11	33 098	30.80	58 768	9.20	-25 670	-9.97
2004	130 621	42.19	57 498	73.72	73 123	24.43	-15 625	-39.13
2005	152 492	16.74	57 343	-0.27	95 149	30.12	-37 806	141.96
2006	193 523	26.91	76 730	33.81	116 793	22.75	-40 063	5.97
2007	224 353	15.93	70 999	-7.47	153 354	31.30	-82 355	105.56
2008	253 095	12.81	93 798	32.11	159 297	3.88	-65 499	-20.47
2009	221 168	-12.61	67 604	-27.93	153 564	-3.60	-85 960	31.24
2010	328 320	48.45	116 941	72.98	211 379	37.65	-94 438	9.86

资料来源：历年《山东统计年鉴》及山东商务厅网站。

1991 年以来，山东进出口贸易与对台贸易依存度上升非常明显。1993 年，山东对台进出口贸易依存度、出口贸易依存度和进口贸易依存度分别为 1.05%、0.98% 和 1.15%，到 2010 年则分别为 1.74%、1.12% 和 2.5%。由此可见，近年来自台进口贸易在山东进出口贸易中的地位有所上升，而对台出口贸易则有所下降。

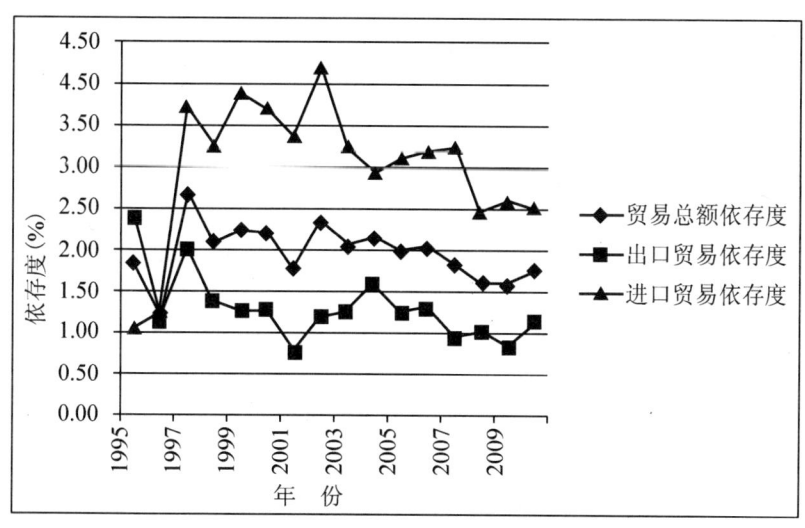

图 4.2.6　1995—2010 年山东进出口贸易与对台贸易依存度

表 4.2.22　1991—2010 年山东进出口贸易与对台贸易依存度统计表　　单位:%

年　份	贸易总额依存度	出口贸易依存度	进口贸易依存度
1991	—	1.10	—
1992	—	1.11	—
1993	1.05	0.98	1.15
1994	—	1.11	—
1995	1.83	2.37	1.06
1996	1.19	1.14	1.27
1997	2.65	2.00	3.71
1998	2.08	1.37	3.24
1999	2.22	1.26	3.88
2000	2.21	1.30	3.71
2001	1.76	0.80	3.37
2002	2.33	1.20	4.20
2003	2.06	1.25	3.25
2004	2.15	1.60	2.94
2005	1.98	1.24	3.11
2006	2.03	1.31	3.19
2007	1.83	0.94	3.24
2008	1.60	1.01	2.45
2009	1.60	0.85	2.60
2010	1.74	1.12	2.50

资料来源:根据历年《山东统计年鉴》编制。

(二) 山东台商投资发展与特征

1. 山东台商投资发展现状

山东作为大陆台资集中区之一,自 1991 年以来,台商赴山东投资蓬勃发展(见表 4.2.23)。据台湾"经济部"投资审议委员会统计,1991—2010 年核准台商赴山东投资项目累计 969 件,金额累计 19.4 亿美元,受国际金融危机的影响,2009 年台湾核准台商赴山东投资项目 15 件,金额 1.7 亿美元;就台商投资金额来看,虽然较之 2008 年同比略有上升,但较之 2007 年下降幅度较大。2010 年台商赴山东投资大幅增长,超过金融危机前的水平。2010 年台湾核准台商赴山东投资项目 36 件,金额 3.9 亿美元。截至 2010 年,山东吸引的台资额在大陆

8个台资集中区中位列第六,占台湾核准赴大陆投资金额的1.99%。台商投资作为山东外商投资的重要组成部分,据大陆统计,2010年山东实际利用台资金额占其实际利用外资金额比重为2.83%。

表4.2.23 台商对山东投资金额统计

年 份	台湾核准资料			大陆统计资料			
	件 数	金额(万美元)	平均每件金额(万美元)	项 目	合同金额(万美元)	实际金额(万美元)	实际金额占比(%)
1991	9	205.90	22.88	124	10 037	2 601	14.49
1992	5	198.30	39.66	576	41 571	9 850	10.12
1993	303	9 502.90	31.36	1110	91 143	21 306	11.56
1994	31	2 458.00	79.29	613	44 748	33 886	13.36
1995	8	2 404.30	300.54	393	35 051	26 516	10.17
1996	10	4 319.80	431.98	264	22 605	23 056	8.90
1997	250	10 916.90	43.67	191	19 628	1 4818	5.93
1998	29	6 612.00	228.00	164	16 321	15 421	6.94
1999	4	413.60	103.40	182	21 671	11 525	4.67
2000	8	1 207.50	150.94	267	42 492	18 667	6.28
2001	11	2 826.30	256.94	299	74 544	24 569	6.79
2002	40	6 444.30	161.11	352	85 929	48 370	8.66
2003	80	10 784.70	134.81	396	102 090	58 297	8.22
2004	25	13 845.20	553.81	418	162 012	66 045	7.59
2005	34	10 901.10	320.62	359	135 206	38 557	4.30
2006	23	10 924.88	474.99	251	106 300	57 906	5.79
2007	28	28 218.40	1 007.80	153	32 344	44 285	4.02
2008	20	15 747.39	787.37	80	34 871	14 973	1.83
2009	15	17 095.19	1 139.68	115	28 119	18 110	2.26
2010	36	38 666.43	1 074.07	129	54 468	25 912	2.83

资料来源:台湾资料来源于台湾"经济部"投资审议委员会,大陆资料来源于历年《山东统计年鉴》。

2. 山东台商投资的产业构成

从三大产业构成来看,20世纪90年代以来,台商投资山东产业结构的基本特点是,三大产业皆有投资,但主要以第二产业为主,第二产业又主要集中在制造业。据台湾"经济部"投资审议委员会统计(见表4.2.24),1991—2010年,台湾核准赴山东投资项目第一产业、第二产业和第三产业比重分别为3.92%、83.49%和12.59%。从核准金额比重来看,台商投资山东三大产业所占比重分别为第一产业占0.7%、第二产业占84.47%、第三产业占14.83%。在第二产业中,制造业所占比重最大,占核准金额比重达83.64%,其中,电子零组件制造业,电力设备制造业,纺织业,计算机、电子产品及光学制品制造业,非金属矿物制品制造业,食品制造业,机械设备制造业和基本金属制品制造业为主要行业,占核准金额比重达64.21%。其中,高科技产业电子零组件制造业与计算机、电子产品及光学制品制造业占核准金额比重为29.04%。此外,台商投资山东的第三产业比重为14.83%,主要集中在批发及零售业和住宿及餐饮业,占核准金额的比重分别为7.99%和1.03%。

表4.2.24 1991—2010年台湾核准赴山东投资行业分布

指 标	件 数	比重A (%)	金 额 (百分美元)	比重B (%)
第一产业	38	3.92	13.53	0.70
农、林、渔、牧业	38	3.92	13.53	0.70
第二产业	809	83.49	1 636.15	84.47
制造业	786	81.11	1 620.03	83.64
电子零组件制造业	49	5.06	435.70	22.49
电力设备制造业	37	3.82	161.88	8.36
纺织业	58	5.99	128.57	6.64
计算机、电子产品及光学制品制造业	35	3.61	126.71	6.54
非金属矿物制品制造业	67	6.91	107.37	5.54
食品制造业	114	11.76	105.09	5.43
机械设备制造业	44	4.54	103.00	5.32
基本金属制造业	29	2.99	75.30	3.89
其他制造业	353	36.43	376.41	19.43
其他	23	2.37	16.12	0.83
第三产业	122	12.59	287.25	14.83
批发及零售业	49	5.06	154.74	7.99
住宿及餐饮业	30	3.10	19.95	1.03
其他	43	4.44	112.57	5.81
合　计	969	100.00	1 936.93	100.00

注:比重A系指该产业台商投资件数占台商投资总件数的比重,比重B系指该产业台商投资金额占台商投资总金额的比重。

资料来源:根据台湾"经济部"投资审议委员会《"中华民国"历年核准华侨及外国人投资、对外投资、对大陆间接投资统计月报》编制。

七、京台经贸合作现状、特点

(一) 北京对台贸易发展现状与特征

1. 北京对台贸易规模

随着两岸经贸合作的发展,北京对台贸易规模不断扩大(见表 4.2.25)。1991 年以来,北京对台贸易得到了长足的发展;加入 WTO 后,对台贸易得到了进一步发展,2001—2004 年对台贸易增长率超过 15%。2008 年国际金融危机爆发后,北京对台贸易受到严重冲击,对台贸易出现负增长。2009 年北京对台贸易总额 26.4 亿美元,同比下降 45.08%;其中:对台出口 11.6 亿美元,同比下降 21.07%,自台进口 14.9 亿美元,同比下降 55.59%。随着国际国内经济形势的好转,北京对台贸易有所回升。2010 年北京对台贸易总额 34 亿美元,同比增长 28.52%;其中:对台出口 14.4 亿美元,同比增长 24.73%,自台进口 19.5 亿美元,同比增长 31.47%。

表 4.2.25 北京对台贸易统计表

年份	贸易总额(万美元)	增长率(%)	对台出口(万美元)	增长率(%)	自台进口(万美元)	增长率(%)	贸易差额(万美元)	增长率(%)
1991	—	—	264	—	—	—	—	—
1992	340	—	217	-17.80	123	—	94	—
1993	2 598	664.12	2 120	876.96	478	288.62	1 642	1 646.81
1994	5 842	124.87	1 513	-28.63	4 329	805.65	-2 816	-271.50
1995	—	—	2332	54.13	—	—	—	—
1996	3 711	—	1 136	-51.29	2 575	—	-1439	—
1997	9 979	168.90	1 612	41.90	8 367	224.93	-6755	369.42
1998	10 969	9.92	5 118	217.49	5 851	-30.07	-733	-89.15
1999	20 634	88.11	3 507	-31.48	17 127	192.72	-13 620	1 758.12
2000	32 125	55.69	6 339	80.75	25 786	50.56	-19 447	42.78
2001	41 343	28.69	3 476	-45.16	37 867	46.85	-34 391	76.84
2002	50 792	22.86	3 922	12.83	46 870	23.78	-42 948	24.88
2003	173 100	240.80	34 427	777.79	138 673	195.87	-104 246	142.73
2004	204 692	18.25	55 383	60.87	149 309	7.67	-93 926	-9.90
2005	205 564	0.43	63 011	13.77	142 553	-4.52	-79 542	-15.31
2006	217 103	5.61	87 171	38.34	129 932	-8.85	-42 761	-46.24

(续 表)

年份	贸易总额（万美元）	增长率（%）	对台出口（万美元）	增长率（%）	自台进口（万美元）	增长率（%）	贸易差额（万美元）	增长率（%）
2007	287 893	32.61	107 630	23.47	180 263	38.74	-72 633	69.86
2008	481 253	67.16	146 544	36.16	334 709	85.68	-188 165	159.06
2009	264 315	-45.08	115 663	-21.07	148 652	-55.59	-32 989	-82.47
2010	339 692	28.52	144 263	24.73	195 429	31.47	-51 166	55.10

资料来源：历年《北京统计年鉴》、《北京商务年鉴》以及北京海关网站。

2. 对台贸易在北京进出口贸易中的地位

对台贸易在北京进出口贸易中的地位可以通过贸易依存度来体现。1991年以来，北京对台出口依存度、进口依存度以及进出口依存度总体呈先上升后下降趋势（见表4.2.26、图4.2.7）。

1991年以来，北京进出口贸易与对台贸易依存度上升非常明显。1992年，北京对台湾进出口贸易依存度、出口贸易依存度和进口贸易依存度分别为0.11%、0.14%和0.07%，2003年，北京对台进出口贸易依存度和进口贸易依存度分别为9.14%和11.99%，随后北京进出口贸易与对台贸易依存度呈现下降趋势，2009年受国际金融危机的影响，北京进出口贸易与对台贸易依存度出现大幅下降。2009年北京对台进出口贸易依存度、出口贸易依存度和进口贸易依存度分别为1.23%、2.39%和0.89%，同比分别下降77.84%、43.23%和86.2%。2010年除出口贸易依存度略有回升外，进出口贸易依存度与进口依存度继续下降。

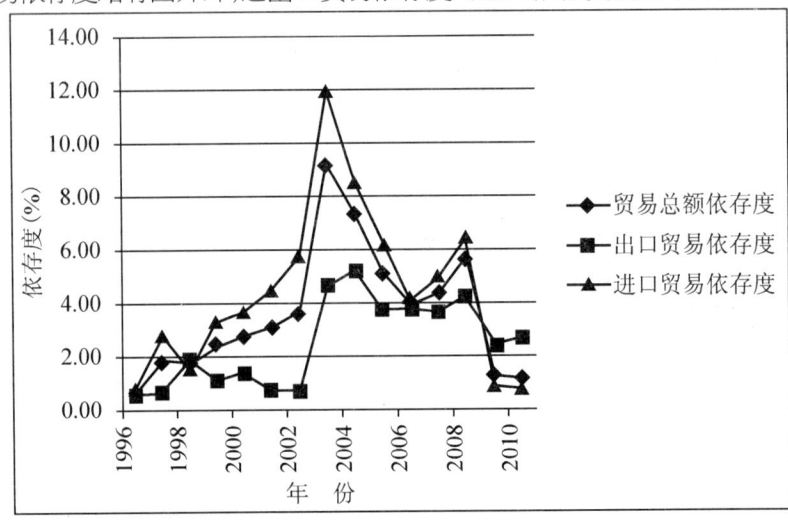

图4.2.7　1996—2010年北京进出口贸易与对台贸易依存度

表 4.2.26　1991—2010 年北京进出口贸易与对台贸易依存度统计表　单位:%

年　份	贸易总额依存度	出口贸易依存度	进口贸易依存度
1991	—	0.21	—
1992	0.11	0.14	0.07
1993	0.62	1.55	0.17
1994	1.24	0.77	1.58
1995	—	1.03	—
1996	0.69	0.54	0.78
1997	1.79	0.65	2.69
1998	1.69	1.81	1.59
1999	2.44	1.08	3.31
2000	2.76	1.37	3.67
2001	3.08	0.71	4.44
2002	3.62	0.66	5.76
2003	9.14	4.67	11.99
2004	7.29	5.22	8.55
2005	5.10	3.69	6.14
2006	3.93	3.76	4.05
2007	4.37	3.61	5.00
2008	5.55	4.21	6.45
2009	1.23	2.39	0.89
2010	1.13	2.60	0.79

资料来源:根据历年《北京统计年鉴》编制。

(二)北京台商投资现状与特征

1. 北京台商投资现状

北京作为大陆台资集中区之一,自 1991 年以来,台商赴京投资蓬勃发展(见表 4.2.27)。据台湾"经济部"投资审议委员会统计,1991—2010 年台湾核准台商赴京投资项目累计 1 181 件,金额累计 16.8 亿美元,其中,2010 年台湾核准台商赴京投资项目累计 39 件,核准金额 1.8 亿美元。2008 年国际金融危机发生后,虽然台湾核准台商赴京投资项目有所下降,但核准金额并未出现下降。2009年台湾核准台商赴京投资项目20件;核准金额1.9亿美元,同比增长39%。截至2010年,北京吸引的台资额在大陆8个台资集中区中位列第八,占台湾核准赴大陆投资金额的1.73%。台商投资作为北京外商投资的重要组成部分,据大陆统计,2008年北京实际利用台资金额1 433万美元,占其实际利用外资金额的比重为0.24%。

表4.2.27 台商对北京投资金额统计

年 份	台湾核准资料			大陆统计资料			
	件 数	金 额（万美元）	平均每件金额(万美元)	项 目	合同金额（万美元）	实际金额（万美元）	实际金额占比(%)
1991	3	597.50	199.17	112	4 536.3	1 328.1	5.42
1992	8	561.20	70.15	252	11 683.9	1 479.2	4.23
1993	289	7 723.40	26.72	495	58 454.2	3 964	5.94
1994	50	2 462.20	49.24	334	21 718.8	6 505	4.50
1995	23	1 938.00	84.26	133	44 52.9	2 940	2.10
1996	9	1 886.40	209.60	66	4 334.15	4 963	3.20
1997	212	8 077.20	38.10	66	2 959.35	3 684	2.31
1998	38	5 250.10	138.16	55	4 063.9	6 876.8	3.33
1999	22	3 536.80	160.76	58	3 586.9	3 721	1.67
2000	44	5 083.30	115.53	47	2 582.2	2 651.3	1.08
2001	59	8 691.80	147.32	85	5 425	2 092.8	1.18
2002	78	14 425.50	184.94	98	2 255	2 537.5	1.42
2003	100	11 321.30	113.21	51	4 264	2 471.2	1.15
2004	39	6 520.50	167.19	76	7 506	1 780	0.58
2005	45	6 349.10	141.09	76	3 834	1 108	0.31
2006	39	16 398.94	420.49	83	2 340	1 598	0.35
2007	40	14 684.09	367.10	104	—	1 908	0.38
2008	24	16 187.13	674.46	57	—	1 433	0.24
2009	20	18 751.97	937.60	53	—	—	—
2010	39	17 798.27	456.37	—	—	—	—

资料来源:台湾资料来源于台湾"经济部"投资审议委员会,大陆资料来源于历年《北京统计年鉴》与《北京商务年鉴》。

2. 北京台商投资的产业构成

从三大产业构成来看,20世纪90年代以来,台商投资北京产业结构(见表4.2.28)的基本特点是,三大产业皆有投资,但主要以第二、第三产业为主,其中,第二产业主要集中在制造业。据台湾"经济部"投资审议委员会统计,1991—2010年,台湾核准赴京投资项目第一产业、第二产业和第三产业比重分别为0.42%、62.24%和37.34%。从核准金额比重来看,台商投资北京三大产业所占比重分别为第一产业占0.67%、第二产业占58.02%、第三产业占41.31%。在第二产业中制造业所占比重最大,占核准金额比重达55.25%,其中,电子零组件制造业,食品制造业,计算机、电子产品及光学制品制造业,纸浆、纸及纸制品制造业,金属制品制造业,塑料制品制造业,饮料制造业和机械设备制造业为主要行业,占核准金额的比重达47.19%。其中,高科技产业电子零组件制造业与计算机、电子产品及光学制品制造业占核准金额比重为25.14%。此外,与其他台商投资相对集中地区相比较,台商投资北京的第三产业比重较大达41.31%,主要集中在批发及零售业和信息及通信传播业,占核准金额的比重分别为16.47%和11.49%。

表4.2.28　1991—2010年台湾核准赴北京投资行业分布

指标	件数	比重A(%)	金额(百万美元)	比重B(%)
第一产业	5	0.42	11.22	0.67
农、林、渔、牧业	5	0.42	11.22	0.67
第二产业	735	62.24	976.17	58.02
制造业	716	60.63	929.55	55.25
电子零组件制造业	33	2.79	230.21	13.68
食品制造业	168	14.23	192.67	11.45
计算机、电子产品及光学制品制造业	146	12.36	182.19	10.83
纸浆、纸及纸制品制造业	16	1.35	45.95	2.73
金属制品制造业	24	2.03	42.28	2.51
塑料制品制造业	11	0.93	41.47	2.47
饮料制造业	27	2.29	37.50	2.23
机械设备制造业	27	2.29	21.61	1.28
其他制造业	264	22.35	135.64	8.06
其他	19	1.61	46.63	2.77

海峡西岸和其他台商投资相对集中地区的经济发展

(续 表)

指　　标	件　数	比重A（%）	金　额（百万美元）	比重B（%）
第三产业	441	37.34	695.05	41.31
批发及零售业	100	8.47	277.13	16.47
信息及通信传播业	172	14.56	193.39	11.49
其他	169	14.31	224.54	13.35
合　　计	1 181	100.00	1 682.45	100.00

注:比重A系指该产业台商投资件数占台商投资总件数的比重,比重B系指该产业台商投资金额占台商投资总金额的比重。

资料来源:根据台湾"经济部"投资审议委员会《"中华民国"历年核准华侨及外国人投资、对外投资、对大陆间接投资统计月报》编制。

八、津台经贸合作现状、特点

(一) 天津对台贸易发展现状与特征

1. 天津对台贸易规模

随着两岸经贸合作的发展,天津对台贸易规模不断扩大(见表4.2.29)。1991年以来,天津对台贸易得到了长足的发展;加入WTO后,对台贸易得到了进一步发展,2002年对台贸易增长率超过65%。2008年国际金融危机爆发后,天津对台贸易受到严重冲击。2009年天津对台贸易总额14.4亿美元,同比下降29.26%;其中:对台出口4.7亿美元,同比下降22.15%,自台进口9.7亿美元,同比下降32.25%。

表4.2.29　天津对台贸易统计表

年份	贸易总额（万美元）	增长率（%）	对台出口（万美元）	增长率（%）	自台进口（万美元）	增长率（%）	贸易差额（万美元）	增长率（%）
1991	—	—	—	—	—	—	—	—
1992	—	—	—	—	—	—	—	—
1993	16 413	—	1 564	—	14 849	—	-13 285	—
1994	11 126	-32.21	3 210	105.24	7 916	-46.69	-4 706	-64.58
1995	20 635	85.47	4 541	41.46	16 094	103.31	-11 553	145.50
1996	24 094	16.76	3 506	-22.79	20 588	27.92	-17 082	47.86
1997	21 908	-9.07	5 506	57.05	16 402	-20.33	-10 896	-36.21
1998	39 453	80.08	8 410	52.74	31 043	89.26	-22 633	107.72

(续　表)

年份	贸易总额（万美元）	增长率（%）	对台出口（万美元）	增长率（%）	自台进口（万美元）	增长率（%）	贸易差额（万美元）	增长率（%）
1999	45 830	16.16	8 496	1.02	37 334	20.27	-28 838	27.42
2000	59 519	29.87	11 592	36.44	47 927	28.37	-36 335	26.00
2001	64 390	8.18	9 173	-20.87	55 217	15.21	-46 044	26.72
2002	107 686	67.24	16 512	80.01	91 174	65.12	-74 662	62.15
2003	107 450	-0.22	19 943	20.78	87 507	-4.02	-67 564	-9.51
2004	163 456	52.12	27 270	36.74	136 186	55.63	-108 916	61.20
2005	153 385	-6.16	29 894	9.62	123 491	-9.32	-93 597	-14.06
2006	197 246	28.60	34 937	16.87	162 309	31.43	-127 372	36.09
2007	188 157	-4.61	46 431	32.90	141 726	-12.68	-95 295	-25.18
2008	202 911	7.84	59 947	29.11	142 964	0.87	-83 017	-12.88
2009	143 531	-29.26	46 666	-22.15	96 865	-32.25	-50 199	-39.53
2010	—	—	—	—	—	—	—	—

资料来源：历年《天津统计年鉴》。

2. 对台贸易在天津进出口贸易中的地位

对台贸易在天津进出口贸易中的地位可以通过贸易依存度来体现。1991年以来，天津对台出口依存度、进口依存度以及进出口依存度总体呈下降趋势（见图4.2.8）。1991年以来，天津进出口贸易与对台贸易依存度上升非常明显。1993年，天津对台进出口贸易依存度、出口贸易依存度和进口贸易依存度分别为5.91%、0.81%和17.8%，到2009年则分别为2.24%、1.56%和2.85%（见表4.2.30）。

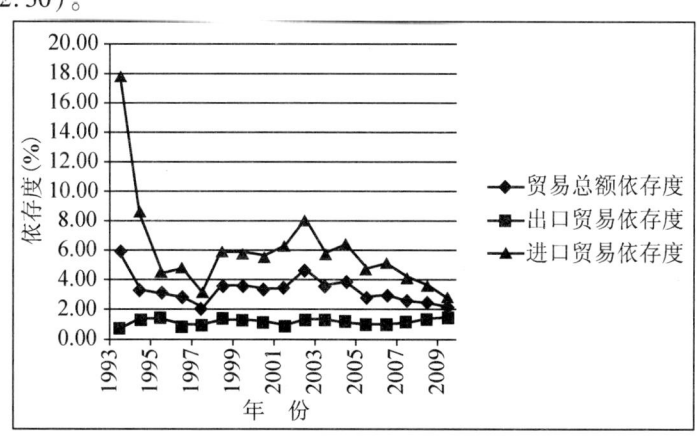

图4.2.8　1993—2009年天津进出口贸易与对台贸易依存度

表 4.2.30　1991—2010 年天津进出口贸易与对台贸易依存度统计表　　单位:%

年　份	贸易总额依存度	出口贸易依存度	进口贸易依存度
1991	—	—	—
1992	—	—	—
1993	5.91	0.81	17.80
1994	3.36	1.34	8.67
1995	3.15	1.51	4.54
1996	2.90	0.87	4.85
1997	2.19	1.10	3.28
1998	3.72	1.53	6.07
1999	3.64	1.34	5.95
2000	3.47	1.34	5.62
2001	3.54	0.97	6.36
2002	4.72	1.42	8.12
2003	3.66	1.39	5.83
2004	3.89	1.31	6.44
2005	2.87	1.09	4.75
2006	3.05	1.04	5.23
2007	2.63	1.22	4.24
2008	2.52	1.42	3.73
2009	2.24	1.56	2.85
2010	—	—	—

资料来源:根据历年《天津统计年鉴》编制。

(二) 天津台商投资发展现状与特征

1. 天津台商投资发展现状

天津作为大陆台资集中区之一,自 1991 年以来,台商赴津投资蓬勃发展(见表 4.2.31)。据台湾"经济部"投资审议委员会统计,1991—2010 年核准台商赴津投资项目累计 910 件,金额累计 18.5 亿美元。近年来,随着台商投资的继续西进和北上,台商赴津投资呈良好发展态势。2010 年台湾核准台商赴津投资项目 18 件,金额 2.8 亿美元。截至 2010 年,天津吸引的台资额在大陆 8 个台资集中区中位列第七,占台湾核准赴大陆投资金额的 1.9%。台商投资作为天津外商投资的重要组成部分,据大陆统计,2009 年天津实际利用台资金额 1 664

万美元,占其实际利用外资金额比重为0.18%。

表4.2.31 台商对天津投资金额统计

年 份	台湾核准资料			大陆统计资料			
	件 数	金额（万美元）	平均每件金额(万美元)	项 目	合同金额（万美元）	实际金额（万美元）	实际金额占比(%)
1991	4	99.00	24.75	45	1 860	632	6.73
1992	8	1 623.90	202.99	204	9 088	1 612	6.97
1993	198	7 121.30	35.97	401	28 811	2 647	4.89
1994	21	2 369.00	112.81	195	8 426	1 599	1.58
1995	16	5 331.10	333.19	149	10 459	8 544	5.62
1996	13	9 620.40	740.03	111	6 756	10 454	5.21
1997	412	12 269.70	29.78	94	14 276	12 395	4.94
1998	20	3 293.10	164.66	77	8 179	8 623	3.42
1999	8	1 510.60	188.83	44	3 674	7 384	2.92
2000	5	4 083.00	816.60	51	4 541	2 219	0.87
2001	18	3 697.00	205.39	68	15 819	4 005	1.24
2002	38	8 944.60	235.38	73	31 408	20 578	5.41
2003	37	15 912.70	430.07	58	14 589	3 253	1.99
2004	19	8 461.90	445.36	61	19 579	7 300	2.95
2005	21	11 820.20	562.87	80	23 090	7 225	2.17
2006	20	11 330.73	566.54	54	16 185	5 045	1.22
2007	10	15 578.12	1 557.81	32	9 520.22	4 075.7	0.77
2008	6	16 356.24	2 726.04	32	15 478.92	2 917.95	0.39
2009	18	17 687.85	982.66	32	19 096	1 664	0.18
2010	18	27 805.46	1 544.75	—	—	—	—

资料来源:台湾资料来源于台湾"经济部"投资审议委员会,大陆资料来源于历年《天津统计年鉴》。

2. 天津台商投资的产业构成

从三大产业构成来看,20世纪90年代以来,台商投资天津产业结构(见表4.2.31)的基本特点是,目前投资只涉及第二和第三产业,且以第二产业为主,第二产业又主要集中在制造业。据台湾"经济部"投资审议委员会统计,

1991—2010年,台湾核准赴津投资项目第二产业和第三产业比重分别为79.56%和20.44%。从核准金额来看,台商投资天津三大产业所占比重分别为:第二产业占87.75%、第三产业占12.25%。在第二产业中制造业所占比重最大,占核准金额比重达86.62%;金属制品制造业,电子零组件制造业,食品制造业,电力设备制造业,计算机、电子产品及光学制品制造业,塑料制品制造业,基本金属制造业和橡胶制品制造业为主要行业,占核准金额比重达65.73%;高科技产业电子零组件制造业与计算机、电子产品及光学制品制造业占核准金额比重为19.2%。此外,台商投资天津的第三产业主要集中在批发及零售业和住宿及餐饮业,分别占核准金额比重的3.47%和2.75%。

表4.2.32 1991—2010年台湾核准赴天津投资行业分布

指标	件数	比重A（%）	金额（百万美元）	比重B（%）
第一产业	0	0.00	0.00	0.00
农、林、渔、牧业	0	0.00	0.00	0.00
第二产业	724	79.56	1 622.66	87.75
制造业	720	79.12	1 601.65	86.62
金属制品制造业	39	4.29	222.59	12.04
电子零组件制造业	26	2.86	221.51	11.98
食品制造业	157	17.25	202.51	10.95
电力设备制造业	51	5.60	174.22	9.42
计算机、电子产品及光学制品制造业	32	3.52	133.48	7.22
塑料制品制造业	54	5.93	112.66	6.09
基本金属制造业	44	4.84	87.46	4.73
橡胶制品制造业	25	2.75	60.98	3.30
其他制造业	292	32.09	386.26	20.89
其他	4	0.44	21.01	1.14
第三产业	186	20.44	226.50	12.25
批发及零售业	105	11.54	64.11	3.47
住宿及餐饮业	4	0.44	50.88	2.75
其他	77	8.46	111.50	6.03
合计	910	100.00	1 849.16	100.00

注:比重A系指该产业台商投资件数占台商投资总件数的比重,比重B系指该产业台商投资金额占台商投资总金额的比重。

资料来源:根据台湾"经济部"投资审议委员会《"中华民国"历年核准华侨及外国人投资、对外投资、对大陆间接投资统计月报》编制。

九、小　结

本节对大陆台资集中区 8 个省市与台湾经贸合作发展现状进行比较分析，小结如下：

从各省市与台湾贸易规模来看，虽然近几年各省市对台贸易增长有所放缓，但其绝对值还在不断扩大。据统计，2009 年，各省市与台湾进出口贸易额分别为北京 26.43 亿美元、天津 14.35 亿美元、上海 151.92 亿美元、江苏 250.53 亿美元、浙江 90.63 亿美元、福建 69.9 亿美元、山东 22.12 亿美元和广东 385.8 亿美元。可见，2009 年，受国际金融危机的影响，各省市与台湾的贸易额有所下滑，但其在各省市进出口贸易中的地位是相当重要的。

自 1979 年特别是 1991 年以来，大陆台资集中区的台商投资蓬勃发展，据台湾统计，1991—2010 年，台商赴大陆台资集中区投资项目累计 34 312 项，核准金额累计 882.2 亿美元。从台商对各省市投资的产业构成来看，20 世纪 90 年代以来，台商投资产业结构的基本特点是，除天津未涉足第一产业投资外，其他 7 个省市三大产业皆有投资，其中，北京和上海主要以第二、第三产业为主，其他 6 省市主要以第二产业为主，而第二产业又主要集中在制造业。

第三节　大陆台资集中区的台商投资效应分析

从第三章可知，台商在大陆投资主要集中在江苏、广东、上海、福建、浙江、山东、北京和天津 8 个省市，即所谓的大陆台资集中区。台资作为这些省市吸引和利用外资的重要组成部分在其经济发展中的作用如何？换言之，这些省市台商投资效应如何？这是公众和很多政策研究者关心的问题，因此，有必要对这个问题进行探讨。外商直接投资理论与实证表明，外商直接投资效应主要包括经济增长效应、就业效应、贸易效应以及产业结构效应等，本节亦从这四个方面运用面板数据模型对大陆台资集中区台商投资效应进行考察。

一、理论与假设

（一）外商直接投资与经济增长

古典经济增长理论学者（Adam Smith，1776；David Ricardo，1817；Ramsey，1928；Harrod，1939；Domar，1947）关于经济增长的模型认为，增加生产要素（如资本、劳动力、土地等）的数量对经济增长很重要，而且强调市场扩张、投资需求增长和投资乘数、政府消费及出口对经济增长的影响，但他们认为一个国家经济难以持续增长,鉴于当时的生产力水平,经济没有显示出能通过技术特别是产品和生产过程创新的途径来实现持续增长。

新古典增长理论认为,经济发展并不存在固有的不稳定性,托宾(Tobin,1995)、索洛(Solow,1956,1957)及丹尼森(Denison,1985)研究了总生产函数。新古典模型主要有如下特征:投资为储蓄所决定;完全竞争市场(市场出清);要素价格等于其边际产品;技术条件既定情况下,能实现充分就业;规模报酬不变;经济增长率的平衡状态由有效劳动力增长率外生决定;在劳动力技能没有提高的状态下,人均产出将一直处于均衡状态。而索洛增长模型有所不同,在他的模型中,人口增长和影响人均收入水平的储蓄偏好只受外生因素的影响,外生技术进步是推动人均收入增长的唯一动力。但这里需要解决的一个问题是,什么是推动技术进步的内在因素?新古典经济增长理论主要提出了两种观点:一是提出"全要素生产率"(Total Factor Productivity,TFP)的概念,认为在投入不变的条件下,技术进步和效率的提高会促使产出增加,而技术进步和效率提高是由于产品革新、过程革新和知识存量的提高。然而,TFP 的缺陷在于其不可观察,无法直接测量,当使用不同生产函数时,对测算 TFP 的值影响很大。二是构造含有技术进步因素的生产函数 $Y=f(K,L,t)$,$f_t>0$。其中,K 为资本存量,L 为劳动力,t 指时间(期)。其代表知识存量,并且独立于其他经济变量,是外生变量,且假定技术进步是外生的。

20 世纪 80 年代后期东南亚经济持续高速增长及 20 世纪 90 年代美国经济实现了持续的高增长率、低失业率和低通胀率的"新经济"特征增长,新古典外生技术进步经济增长模型无法对这些经济现象做出好的解释,促使学者们提出新的经济增长模型。以罗默(Romer)、巴罗(Barro)和卢卡斯(Lucas)等为代表所提出的内生经济增长理论及模型对"新经济"现象做出了较好解释。在这种增长模型中,长期经济增长的决定因素是内生的。内生经济增长理论认为,经济增长不是外生变量作用的结果,而是由经济系统的内生变量决定的,经济不依赖外部力量的推动就能实现持续增长,技术进步和人力资本积累等对经济增长起着决定性作用。

(二) 外商直接投资与就业

联合国跨国公司中心《1992 年世界投资报告——跨国公司:经济增长引擎》指出,外商直接投资对发展中国家东道国就业主要存在以下三种影响:(1)直接影响,即跨国公司能为东道国创造就业机会,因而直接促进东道国经济增长;(2)间接影响,间接创造就业机会,因为跨国公司与东道国国内企业有密切联系,因而可以在跨国公司的供货方、销售方和服务代理机构之间创造就业机会;(3)对就业质量的影响,跨国公司可以通过对与其有关联的供应方和销售方的就业政策及就业习惯产生影响,进而提高东道国经济增长的质量,并且还可使受就业歧视的妇女和少数民族等特殊群体更多地进入就业领域。可以看出,联合国(1992)的研究主要揭示了外商直接投资对发展中东道国就业的积极影响。而联合国贸发会议跨国公司与投资司研究指出[①],外商直接投资对东道国的就业数量、就业质量和就业区位等方面既具有积极影响,同时也具有消极影响,外商直接投资对东道国就业往往同时存在积极和消极的双重影响(见表4.3.1)。

表4.3.1 外商直接投资对东道国就业的潜在效应

		就业数量	就业质量	就业区位
直接效应	积极	增加净资本并创造就业机会	工资较高,生产力水平较高	为高失业地区增加新的和更好的就业机会
直接效应	消极	兼并形式的外商直接投资可能导致合理化和裁员	在雇佣和晋职等方面引进不受欢迎的各种惯例	使已经拥挤的城市更为拥挤,加重地区不平衡状态
间接效应	积极	通过前后向联系和乘数效应增加当地就业	向内资企业传播"最佳运营"工作组织方式	促使供应商企业转移到劳动力可得性地区
间接效应	消极	依赖进口或挤垮现有企业就会降低就业水平	在国内企业试图竞争时降低工资水平	如果外国附属企业取代当地生产或依赖进口,当地生产商被挤垮,地区性失业现象会恶化

资料来源:联合国贸发会议跨国公司与投资司编写,储祥银等译,1994年世界投资报告——跨国公司、就业与工作环境[M].对外经济贸易大学出版社,1995年,第231页。

(三) 外商直接投资与对外贸易

外商直接投资与对外贸易关系的研究是当今国际经济学的重要理论课题之一。从20世纪50年代开始便不断有经济学家对国际贸易和直接投资的关系进行研究。蒙代尔最先于1957年在H-O模型的基础上提出了国际贸易和直接投资的替代关系。20世纪80年代初,马库森(Markuson)改变了H-O模型中两国技术相同的假设条件,结果发现国际贸易和要素(含劳动和资本)流动之间不但存在替代关系而且还存在互补关系。

---

① 联合国贸发会议跨国公司与投资司编写,储祥银等译.1994年世界投资报告——跨国公司、就业与工作环境[M].对外经济贸易大学出版社,1995年,第231页。

外商直接投资贸易效应主要体现在以下五个方面[①]:一是贸易替代效应,即静态角度,一种商品可以通过贸易或投资方式进入一国市场,选择了投资,便会替代贸易。如蒙代尔模型中,对国际贸易的阻碍会促进要素流动,即产生关税引致的投资(tariff-induced investment),投资主要流向进口替代部门。而对要素流动的限制则会促进国际贸易。二是贸易补充效应。如果资本的流动不是由关税引致,而且主要流入出口部门,那么资本流动增加了国际贸易,投资和贸易之间就将表现为一种互补关系而不是替代关系。马库森等人的研究指出,引入技术差异、对生产征税、垄断、外部规模经济和要素市场的扭曲等因素,贸易和投资之间会出现互补关系。三是贸易创造效应。资本流动将导致进一步的国际分工和专业化生产,从而可以在母国和东道国之间创造新的贸易机会,使贸易在更大规模上进行。四是市场扩张效应。外商直接投资实现的生产扩大,既会加深对东道国的市场渗透,也会进一步拓展新的第三国市场,从而使贸易导向的扩大生产带来世界总贸易量净增。五是贸易结构效应,即由于外商投资对国内产业结构的调整,引起了对外贸易产品结构的优化调整。在这些效应中,一般将起到减少东道国进出口贸易的外商投资称为"投资—贸易替代型"或逆贸易型投资;将起到增加东道国进出口贸易作用的外商投资称为"投资—贸易互补型"或顺贸易型投资。

(四)外商直接投资与产业结构

外商直接投资对东道国产业结构升级的促进作用一般体现在以下三个层面:一是产业部类升级,即指东道国产业结构从第一产业向第二产业,再向第三产业转变;二是产业内部升级,即指东道国产业结构从低生产率、低技术含量、劳动密集型产业向高生产率、高技术含量、技术和资本密集型产业转变;三是行业内部升级,即指东道国产业结构从低技术含量、低附加值的产品和服务生产向高技术含量、高附加值的产品和服务生产转变。另外,外商直接投资在提升产业组织结构方面的作用也不容忽视,表现为大中型企业数目和比重的增多。外商直接投资带动产业升级的主要机理是,交织在技术转让性和示范效应(诱发当地竞争)这两个主体变量中,并通过直接或间接的增量与存量调整等途径发挥作用。作为产业结构优化的决定性因素,外资的技术转让性是其产业带动效应的核心,它可以直接或间接地引起特定区域内的要素重组和要素生产率的提高。而示范效应以及国产化主要是通过后向与前向关联而形成的技术溢出从而带动产业结构的升级,相对而言有着更大的潜力和更深远的意义。

---

① 刘恩专.外商直接投资的出口贸易效应分析[J].当代经济科学,1999年第2期。

外商直接投资带动产业升级的主要途径：一是增量调整途径，外资的资本形成效果会明显改变当地当前和以后的投资结构，通过新的先进生产函数的导入，从根本上改变产业结构形成的物质基础，实现对其他部门增长有广泛影响的主导部门更迭，进而提高整个产业资本和技术密集度。在这一过程中，有些国内企业会因竞争乏力而失去生存空间，从而在短期内引起产业结构以及产业组织结构的大调整；但从长期来看，随着国内产业技术升级的实现，外资的垄断优势会逐渐缩小直至消失，国内企业竞争力则会明显增强，从而构筑起新的开放产业竞争格局。二是存量调整途径。通过与外资的"嫁接"改造和购并，可以迅速盘活国内存量资产，实现原有资产的重组和改造，从而达到加速企业技术改造、产品更新和产业升级的效果。另外，还可以通过东道国在税收等方面的优惠差别，导致内外投资、新老投资相对关系的变化，从而改变东道国产业结构。

二、模型的构建

（一）台商投资经济增长效应模型

为定量研究台商投资相对集中地区台商投资经济增长效应，本研究以台商投资为解释变量，以地区生产总值为被解释变量，构建模型如下：

$$\ln gdp_{it} = \alpha_i + \beta_1 \ln tdi_{it} + \mu_{it} \qquad (4.3.1)$$

式(4.3.1)中，$\ln gdp_{it}$表示i地区第t时期地区生产总值的对数；α_i表示截距项；$\ln tdi_{it}$表示i地区第t时期台商投资的对数；μ_{it}表示随机误差项；i表示不同地区；t表示不同时期。

（二）台商投资就业效应模型

为定量研究台商投资相对集中地区台商投资就业效应，本研究以台商投资为解释变量，以就业人数为被解释变量，构建模型如下：

$$\ln emp_{it} = \alpha_i + \beta_1 \ln tdi_{it} + \mu_{it} \qquad (4.3.2)$$

式(4.3.2)中，$\ln emp_{it}$表示i地区第t时期就业人数的对数；α_i表示截距项；$\ln tdi_{it}$表示i地区第t时期台商投资的对数；μ_{it}表示随机误差项；i表示不同地区；t表示不同时期。

（三）台商投资贸易效应模型

为定量研究台商投资相对集中地区台商投资贸易效应，本研究以台商投资为解释变量，分别以出口贸易额与进口贸易额为被解释变量，模型构建如下：

$$\ln ex_{it} = \alpha_i + \beta_1 \ln tdi_{it} + \mu_{it} \qquad (4.3.3)$$

$$\ln im_{it} = \alpha_i + \beta_1 \ln tdi_{it} + \mu_{it} \qquad (4.3.4)$$

式(4.3.3)与式(4.3.4)中，α_i 表示截距项；$\ln tdi_{it}$ 表示 i 地区第 t 时期台商投资的对数；$\ln ex_{it}$ 表示 i 地区第 t 时期出口的对数；$\ln im_{it}$ 表示 i 地区第 t 时期进口的对数；μ_{it} 表示随机误差项；i 表示不同地区；t 表示不同时期。

（四）台商投资产业结构效应模型

为定量研究台商投资相对集中地区台商投资产业结构效应，本研究分别以第一产业、第二产业和第三产业产值为被解释变量，以台商投资为解释变量，构建模型如下：

$$\ln gdpp_{it} = \alpha_i + \beta_1 \ln tdi_{it} + \mu_{it} \quad (4.3.5)$$

$$\ln gdps_{it} = \alpha_i + \beta_1 \ln tdi_{it} + \mu_{it} \quad (4.3.6)$$

$$\ln gdpt_{it} = \alpha_i + \beta_1 \ln tdi_{it} + \mu_{it} \quad (4.3.7)$$

式(4.3.5)、式(4.3.6)与式(4.3.7)中，$\ln gdpp_{it}$、$\ln gdps_{it}$ 和 $\ln gdpt_{it}$ 分别表示 i 地区第 t 时期第一产业、第二产业和第三产业产值的对数；α_i 表示截距项；$\ln tdi_{it}$ 表示 i 地区第 t 时期台商投资的对数；μ_{it} 表示随机误差项；i 表示不同地区；t 表示不同时期。

三、方法与数据

（一）回归模型的设定与检验

本研究使用的是面板数据，并且有些解释变量是滞后值以反映投资进程可能的滞后决策。所有因素可以被认为是（弱）外生性的，因此，标准的面板数据估计方法是合适的。

面板数据是指不同时刻的截面个体做连续观测所得到的多维时间序列数据。由于这类数据有其独特的优点，使面板数据模型目前被广泛应用于计量经济学领域。面板数据模型是一类利用面板数据分析变量间相互关系并预测其变化趋势的计量经济模型，模型能同时反映研究对象在时间和单元两个方向上的变化规律及不同时间、不同个体的特性。此外，面板数据模型能够同时综合利用样本信息进行较深入的研究，能够较好地解决多重共线性问题。

面板数据模型的一般形式为：

$$y_{it} = \alpha_{it} + x_{it}\beta_{it} + \varepsilon_{it}, i = 1,2,\ldots,n; t = 1,2,\ldots,T \quad (4.3.8)$$

其中，y_{it} 为被解释变量；$x_{it} = (x_{it}^1, x_{it}^2, \ldots, x_{it}^k)$ 为 $1 \times k$ 阶的解释变量向量，k 为解释变量的个数；$\beta_{it} = (\beta_{it}^1, \beta_{it}^2, \ldots, \beta_{it}^K)^T$ 为 $k \times 1$ 阶参数向量；ε_{it} 为随机误差项；下标 i 表示不同个体（地区）；t 表示不同时间（年）。模型中的系数随着时间和个体的不同而改变，因而可以反映模型中被忽略的时间因素和个体因素的影

响。由于模型中系数个数多于方程个数,无法从模型中直接识别出所有参数,所以估计参数时需要对模型附加一定的约束条件,根据约束条件的不同可以将面板数据模型分为以下三类:

1. 变系数模型与变截距模型

实际应用中通常对模型(4.3.8)附加一定的约束条件。如果台商投资效应的差异主要表现在横截面的不同个体之间,则参数不随时间而变化,则模型(4.3.8)可以表述为:

$$y_{it} = \alpha_i + x_{it}\beta_i + \varepsilon_{it} \quad (4.3.9)$$

模型中的截距系数 α 和斜率系数 β 随个体的不同而变化,即用 α_i 与 β_i 共同反映模型中被忽略的个体差异因素的影响,所以称模型(4.3.9)为变系数模型。

若再假定模型(4.3.9)中斜率系数都是常数,则得到变截距模型,表示如下:

$$y_{it} = \alpha_i + x_{it}\beta + \varepsilon_{it} \quad (4.3.10)$$

若假定模型(4.3.9)中的截距与斜率系数都是常数,则得到固定系数模型,表示如下:

$$y_{it} = \alpha + x_{it}\beta + \varepsilon_{it} \quad (4.3.11)$$

模型(4.3.11)中被忽略的个体差异因素对截距和斜率系数都无影响,此时相当于把 T 个时期的横截面数据融合成一个混合样本(样本容量为 nT),所以该模型也被称为混合估计模型。

2. 固定效应模型与随机效应模型

根据模型中待估参数的不同特性,又可以将模型(4.3.10)划分成固定效应模型与随机效应模型。如果将模型中的 α_i 看做是确定性变量,即认为模型中的忽略因素对横截面个体之间效应差异的影响是固定不变的,则模型是固定效应模型。如果将模型中的忽略因素对不同个体的影响视为随机变量,则模型为随机效应模型。更进一步说随机效应模型与固定效应模型都考虑了个体之间的差异,它们的差别在于随机效应模型假定个体之间的差异服从某一随机分布,可以用一个随机变量来表示;而固定效应模型则是假定这种差异是固定不变的,可以用一系列常数来表示。例如,在模型(4.3.10)中,如果是固定效应模型,则 α_i 可视为虚拟变量的系数,则模型满足经典假定的情况下可以用最小二乘法估计模型,所以又可以称为最小二乘虚拟变量模型(LSDV)。随机效应模型可以表示为:

$$y_{it} = \alpha + \gamma_i + x_{it}\beta_i + \varepsilon_{it} \quad (4.3.12)$$

其中, α 为常数, γ_i 为随机变量,它综合反映了被忽略的个体差异因素的随机影响。此时, $\text{Var}(y_{it}) = \text{Var}(\gamma_i) + \text{Var}(\varepsilon_{it})$,所以又称该模型为误差成分模型,一般采用广义最小二乘法(GLS)进行估计。

3. 面板数据模型的识别

面板数据模型的形式不同,采用的估计方法也是不同的,所以需要事先识别模型的具体形式。对于固定效应模型和随机效应模型,经典的判别方法是 Wu–Hausman 检验。但是易丹辉(2002)指出,如果仅仅以自身效应为条件进行推论,宜使用固定效应模型;如果是样本推断总体效应,则应该使用随机效应模型。如果我们只考虑模型在个体(或时间)上的差异且模型为固定效应模型时,可以采用 F 检验来识别模型是变系数模型、变截距模型或者混合估计模型,具体步骤如下:

首先,检验模型是否存在个体差异,即检验参数之间是否存在显著差异。在原假设 $H_{10}: \alpha_i = \alpha_j, \beta_i = \beta_j, (i,j = 1,2,\ldots,n)$ 成立的情况下,检验统计量:

$$F_1 = \frac{(S_3 - S_1)/[(n-1)(k+1)]}{S_1/[n(T-k-1)]} \sim F[(n-1)(k+1), n(T-k-1)]$$

所以当 F_1 <临界值时,则接受原假设 H_{10},认为模型中的参数与个体的变化无关,模型为混合估计模型;否则说明模型参数之间存在显著差异。

其次,检验模型参数的差异类型。在原假设 $H_{20}: \beta_i = \beta_j, (i,j = 1,2,\ldots,n)$ 成立的情况下,检验统计量:

$$F_2 = \frac{(S_2 - S_1)/[(n-1)k]}{S_1/[n(T-k-1)]} \sim F[(n-1)k, n(T-k-1)]$$

所以当 F_2 小于临界值时,则接受原假设 H_{20},认为模型的斜率系数之间无显著差异,个体之间的台商投资效应差异只是表现在截距项上,模型为变截距模型;若 F_2 大于临界值,则拒绝原假设 H_{20},个体之间的台商投资效应差异同时反映在截距和斜率系数上,模型为变系数模型。在 F 统计量中 n、T 和 k 分别表示个体数、时期数和解释变量个数,S_1、S_2 和 S_3 分别是变系数模型、变截距模型和混合回归模型的残差平方和。

本研究首先运用混合模型、固定效应模型与随机效应模型三种不同模型对所构建的模型进行回归估计,其中,混合模型与固定效应模型,为消除截面可能存在的异方差性和同期相关性,我们采用 SUR(Seemingly Unrelated Regression)加权广义最小二乘估计(EGLS)来修正截面异方差性和同期相关性。考虑到面板数据模型选择的重要性,在实证研究中我们运用 EViews 6.0 中的多余固定效应检验(Redundant Fixed Effects Tests)与相关随机效应检验(Correlated Random Effects)——Hausman 检验(Hausman Test)来选择最优面板数据模型。其中,多余固定效应检验用来选择是采用混合模型还是固定效应模型;而 Hausman 检验用于选择是采用固定效应模型还是随机效应模型。

(二) 数据处理

本研究的样本期间为 1991—2008 年,横截面为大陆台资集中区,具体包括江苏、广东、上海、福建、浙江、山东、北京和天津 8 个省市。其中,福建两岸经贸数据主要来源于历年《福建年鉴》,部分数据来源于《中国商务年鉴》[①]与福建省对外贸易经济合作厅,其他数据来源于历年《福建省统计年鉴》;广东、上海、江苏、浙江、山东、北京、天津数据主要来源于各省统计年鉴,部分两岸经贸数据来源于《中国商务年鉴》。各变量描述性统计见表 4.3.2。

表 4.3.2　各变量描述性统计

变量	均值	标准差	最大值	最小值	观测数
$\ln tdi$	5.21	1.34	7.51	1.84	144
$\ln gdp$	8.45	1.01	10.48	5.84	144
$\ln gdpp$	5.80	1.29	8.01	3.38	144
$\ln gdps$	7.71	1.04	9.82	5.28	144
$\ln gdpt$	7.54	1.04	9.64	4.76	144
$\ln ex$	5.32	1.24	8.30	2.78	144
$\ln im$	5.13	1.38	7.93	1.42	144
$\ln emp$	7.53	0.86	8.73	6.17	144

四、实证结果分析

(一) 台商投资经济增长效应分析

运用 EViews 6.0 对式(4.3.1)进行回归估计,回归结果见表 4.3.3。表 4.3.3 中的似然比值表明,多余固定效应检验拒绝原假设,接受备择假设;而相关随机效应的 Hausman 检验值表明,应该接受原假设,支持随机效应模型。因此,选择随机效应模型。

由表 4.3.3 可以看出,随机效应模型的拟合优度并非很好,调整后的 R^2 为 0.202121,说明模型并不具有十分显著的统计意义,仅可以解释台商投资相对集中地区经济增加($\ln gdp$)变化的 20% 左右。不过,从回归系数的 t 统计量来看,台商投资对台资集中区经济增长有十分显著的正向影响,表明台商投资对该地区经济增长有正效应。可见,台商投资虽然促进了台资集中区的经济增

[①] 《中国商务统计年鉴》2003 年以前为《中国对外经济贸易年鉴》。

长,但促进效应有限。

表 4.3.3　台商投资经济增长效应回归模型估计结果

被解释变量:lngdp			
解释变量	混合模型	固定效应模型	随机效应模型
cons	6.837517***	7.393578***	5.953656***
	(42.78885)	(35.18215)	(13.20522)
lntdi	0.344533***	0.202188***	0.478699***
	(34.01228)	(5.342557)	(6.106713)
调整后 R^2	0.893226	0.957912	0.202121
F 统计量	1197.277	407.8303	37.22527
DW 统计量	1.157066	0.547266	0.159541
F 检验值		226.365685	
Hausman 检验值			1.254333
(P 值)		(0.0000)	(0.2627)
样本	144	144	144

注:(1)表中 *、**、*** 分别表示在 10%、5% 和 1% 的条件下显著;(2)估计系数下的括号中的数值为估计系数的 t 统计量;(3)似然比是多余固定效应检验值;(4)Hausman 检验值是相关随机效应检验值;(5)P 值为与似然比和 Hausman 检验值相对应的概率。

(二)台商投资就业效应分析

如上,运用 EViews 6.0 对式(4.3.2)进行回归估计,回归结果见表 4.3.4。表 4.3.4 中的似然比值表明,多余固定效应检验拒绝原假设,接受备择假设;而相关随机效应的 Hausman 检验值表明,拒绝随机效应假设,支持固定效应模型。因此,选择固定效应模型。

由表 4.3.4 可以看出,固定效应模型的拟合优度很好,调整后的 R^2 为 0.998969,这说明模型具有十分显著的统计意义,大体可以解释就业(lnemp)变化的 99% 以上。从回归系数 t 统计量来看,台商投资对大陆台资集中区的就业有显著的正向影响,表明台商投资对该地区就业产生积极影响。从弹性来看,台商投资的弹性为 0.01831,因此,在其他因素不变的情况下,台商投资增长 1%,将使就业增长 0.01831%。可见,台商投资能有效促进台资集中区的就业。

表 4.3.4　台商投资就业效应回归模型估计结果

解释变量	混合模型	固定效应模型	随机效应模型
被解释变量:lnemp			
cons	5.641199***	7.430025***	7.391131***
	(96.24547)	(714.6853)	(28.64404)
lntdi	0.367963***	0.01831***	0.025779*
	(44.18154)	(9.306304)	(1.932443)
调整后 R^2	0.933218	0.998969	0.018028
F 统计量	1999.303	17319.54	3.625397
DW 统计量	1.344617	1.173918	0.127617
F 检验值		19010.53962	
Hausman 检验值			5.266933
(P 值)		(0.0000)	(0.0217)
样本	144	144	144

注:(1)表中 *、**、*** 分别表示在10%、5%和1%的条件下显著;(2)估计系数下的括号中的数值为估计系数的 t 统计量;(3)似然比是多余固定效应检验值;(4)Hausman 检验值是相关随机效应检验值;(5)P 值为与似然比和 Hausman 检验值相对应的概率。

(三) 台商投资贸易效应分析

1. 台商投资出口效应

运用 EViews 6.0 对式(4.3.3)进行回归估计,回归结果见表4.3.5。表4.3.5中的似然比值表明,多余固定效应检验拒绝原假设,接受备择假设;而相关随机效应的 Hausman 检验值表明,接受随机效应假设,支持随机效应模型。因此,选择随机效应模型。

由表 4.3.5 可以看出,随机效应模型的拟合优度并不理想,调整后的 R^2 为 0.169372,说明模型并不具有十分显著的统计意义,仅能解释台商投资相对集中地区出口(lnex)变化的17%左右。不过,从回归系数的 t 统计量来看,台商投资对大陆台资集中区出口有显著的正向影响,表明台商投资对大陆台资集中区出口有正效应。从弹性来看,台商投资的出口弹性为 0.242586,因此,在其他因素不变的情况下,台商投资增长1%,将使大陆台资集中区出口增长 0.242586%。可见,台商投资虽然能够促进大陆台资集中区的出口贸易,但促进效应有限。

表4.3.5　台商投资贸易效应回归模型估计结果(一)

解释变量	被解释变量:lnex		
	混合模型	固定效应模型	随机效应模型
cons	3.579254***	4.052561***	2.430995***
	(40.95975)	(16.41533)	(4.165743)
lntdi	0.343202***	0.242586***	0.553979***
	(32.23889)	(5.269755)	(5.509888)
调整后R^2	0.881683	0.966718	0.169372
F统计量	1066.618	520.2058	30.1588
DW统计量	1.084226	0.576818	0.158744
F检验值		321.784121	
Hausman检验值			1.941982
(P值)		(0.0000)	(0.1635)
样本	144	144	144

注:(1)表中 *、**、*** 分别表示在10%、5%和1%的条件下显著;(2)估计系数下的括号中的数值为估计系数的 t 统计量;(3)似然比是多余固定效应检验值;(4)Hausman 检验值是相关随机效应检验值;(5)P 值为与似然比和 Hausman 检验值相对应的概率。

2. 台商投资进口效应

运用 EViews 6.0 对式(4.3.4)进行回归估计,回归结果见表4.3.6。表4.3.6中的似然比值表明,多余固定效应检验拒绝原假设,接受备择假设;而相关随机效应的 Hausman 检验值表明,拒绝随机效应假设,支持固定效应模型。因此,选择固定效应模型。

由表4.3.6可以看出,固定效应模型的拟合优度很好,调整后的 R^2 为 0.884992,说明模型具有十分显著的统计意义,大体可以解释台资集中区进口(lnim)变化的88%以上。从回归系数的 t 统计量来看,台商投资对大陆台资集中区进口贸易有十分显著的正向影响,说明台商投资与进口贸易之间存在一定的互补性,台商投资带动了大陆台资集中区进口贸易的增长。从弹性来看,台商投资的进口弹性为0.407145,在其他因素不变的情况下,台商投资每增长1%,将使大陆台资集中区进口增长0.407145%。

表 4.3.6　台商投资贸易效应回归模型估计结果(二)

解释变量	混合模型	固定效应模型	随机效应模型
被解释变量:lnim			
cons	4.142819***	3.014261***	1.601843**
	(51.50963)	(10.60843)	(2.44741)
lntdi	0.198122***	0.407145***	0.678374***
	(20.34695)	(7.575143)	(6.322679)
调整后 R^2	0.743346	0.884992	0.20835
F 统计量	415.1697	138.5489	38.63541
DW 统计量	0.944008	0.770058	0.171319
F 检验值		148.566936	
Hausman 检验值			5.928213
(P 值)		(0.0000)	(0.0149)
样本	144	144	144

注:(1)表中 *、**、*** 分别表示在10%、5%和1%的条件下显著;(2)估计系数下的括号中的数值为估计系数的 t 统计量;(3)似然比是多余固定效应检验值;(4)Hausman 检验值是相关随机效应检验值;(5)P 值为与似然比和 Hausman 检验值相对应的概率。

由此可见,台商对大陆投资,一方面,促使台湾岛内生产的机械设备与中间产品对大陆的出口,另一方面,通过"台湾接单、大陆生产",然后销往第三地市场,带动了两岸之间以及大陆对其他地区贸易的发展。

(四)台商投资产业结构效应分析

运用 EViews 6.0 对式(4.3.5)、(4.3.6)和(4.3.7)进行回归估计,回归结果见表4.3.7、表4.3.8与表4.3.9。表4.3.7、表4.3.8与表4.3.9中的似然比值都表明,多余固定效应检验拒绝原假设,接受备择假设;而相关随机效应的 Hausman 检验值表明,表4.3.7 和表4.3.9 中的回归拒绝随机效应假设,支持固定效应模型,表4.3.8 中的回归拒绝固定效应假设,支持随机效应模型。因此,表4.3.7 和表4.3.9 中的回归选择固定效应模型,表4.3.8 中的回归选择随机效应模型。

由表4.3.7 可以看出,固定效应模型的拟合优度很好,调整后的 R^2 为 0.989783,说明模型具有十分显著的统计意义,大体可以解释大陆台资集中区第一产业产值(ln$gdpp$)变化的98%以上。从回归系数的 t 统计量来看,台商投资对大陆台资集中区第一产业产值有十分显著的正向影响,表明台商投资对大陆台资集中区第一产业产值增长有正效应。从弹性来看,台商投资的弹性为0.118568,因此,在其他因素不变的情况下,台商投资增长1%将使大陆台资集中区第一产业产值增长0.118568%。可见,大陆台资集中区的台商投资有力地促进了其第一产业的发展。

表 4.3.7 台商投资产业结构效应回归模型估计结果(一)

解释变量	混合模型	固定效应模型	随机效应模型
	被解释变量:$\ln gdpp$		
cons	2.398997***	5.186285***	4.137452***
	(27.86268)	(41.98401)	(10.58388)
$\ln tdi$	0.653149***	0.118568***	0.319977***
	(53.38941)	(5.220334)	(7.324552)
调整后 R^2	0.952676	0.989783	0.265977
F 统计量	2879.726	1732.677	52.81672
DW 统计量	1.306113	0.63494	0.296526
F 检验值		1695.620738	
Hausman 检验值			3.237775
(P 值)		(0.0000)	(0.072)
样本	144	144	144

注:(1)表中 *、**、*** 分别表示在10%、5%和1%的条件下显著;(2)估计系数下的括号中的数值为估计系数的 t 统计量;(3)似然比是多余固定效应检验值;(4)Hausman 检验值是相关随机效应检验值;(5)P 值为与似然比和 Hausman 检验值相对应概率。

由表 4.3.8 可以看出,随机效应模型的拟合优度并不理想,调整后的 R^2 为 0.218159,说明模型并不具有十分显著的统计意义,仅可以解释台资集中区第二产业产值($\ln gdps$)变化的22%左右。不过,从回归系数的 t 统计量来看,台商投资对大陆台资集中区第二产业产值有显著的正向影响,表明台商投资对大陆台资集中区第二产业产值增长有正效应。从弹性来看,台商投资的弹性为 0.213511,因此,在其他因素不变的情况下,台商投资增长1%将使大陆台资集中区第二产业产值增长0.213511%。可见,大陆台资集中区的台商投资虽然能够促进其第二产业的发展,但促进效应有限。

表 4.3.8　台商投资产业结构效应回归模型估计结果（二）

被解释变量：lngdps			
解释变量	混合模型	固定效应模型	随机效应模型
cons	5.633394***	6.602015***	5.090279***
	(50.57653)	(29.78189)	(11.13768)
lntdi	0.390098***	0.213511***	0.503813***
	(52.96647)	(5.535214)	(6.393386)
调整后 R^2	0.952179	0.963034	0.218159
F 统计量	2848.315	466.6813	40.90159
DW 统计量	1.261337	0.566762	0.176805
F 检验值		163.175847	
Hausman 检验值			0.909006
（P 值）		(0.0000)	(0.3404)
样本	144	144	144

注：(1)表中 *、**、*** 分别表示在 10%、5% 和 1% 的条件下显著；(2)估计系数下的括号中的数值为估计系数的 t 统计量；(3)似然比是多余固定效应检验值；(4)Hausman 检验值是相关随机效应检验值；(5)P 值为与似然比和 Hausman 检验值相对应的概率。

由表 4.3.9 可以看出，固定效应模型的拟合优度很好，调整后的 R^2 为 0.945861，说明模型具有十分显著的统计意义，大体可以解释台商投资相对集中地区第三产业产值（lngdpt）变化的 99% 以上。从回归系数的 t 统计量来看，台商投资对大陆台资集中区第三产业产值有显著的正向影响，表明台商投资对大陆台资集中区的第三产业产值增长有正效应。从弹性来看，台商投资的弹性为 0.233584，因此，在其他因素不变的情况下，台商投资增长 1% 将使大陆台资集中区的第三产业产值增长 0.233584%。可见，大陆台资集中区的台商投资有力地促进了其第三产业的发展。

表 4.3.9　台商投资产业结构效应回归模型估计结果（三）

被解释变量：lngdpt			
解释变量	混合模型	固定效应模型	随机效应模型
cons	6.426842***	6.325476***	5.009234***
	(38.52564)	(28.16283)	(10.46783)
lntdi	0.27205***	0.233584***	0.486344***
	(25.71351)	(5.689813)	(5.765632)

(续 表)

	被解释变量:lngdpt		
调整后 R^2	0.830427	0.945861	0.180798
F 统计量	701.2947	313.2912	32.56014
DW 统计量	1.103135	0.571503	0.135534
F 检验值		218.445228	
Hausman 检验值			3.975921
(P 值)		(0.0000)	(0.0462)
样本	144	144	144

注:(1)表中 *、**、*** 分别表示在10%、5%和1%的显著性;(2)估计系数下的括号中的数值为估计系数的 t 统计量;(3)似然比是多余固定效应检验值;(4)Hausman 检验值是相关随机效应检验值;(5)P 值为与似然比和 Hausman 检验值相对应的概率。

由上面的分析可知,台商投资对大陆台资集中区的第一产业、第二产业和第三产业产值增长均有显著的正向影响,从其弹性来看,台商投资对第三产业的弹性最大,其次是对第二产业的弹性,而对第一产业的弹性则最小。这说明台商投资有效地促进了大陆台资集中区产业结构的优化升级。后 ECFA 时期,台商对高科技产业及服务业投资将掀起新一轮高潮,必将进一步促进大陆台资集中区产业优化升级。

五、结论与建议

本节采用1991—2008年京、津、沪、苏、浙、闽、鲁、粤8个省市相关数据,运用面板数据模型,对台商投资对大陆台资集中区的经济增长效应、就业效应、贸易效应以及产业结构效应进行探讨,得到如下结论:(1)台商投资对大陆台资集中区的经济增长具有显著的正向影响,表明台商投资对大陆台资集中区的经济增长存在正效应,说明台商投资能有效地促进其经济增长;(2)台商投资对大陆台资集中区的就业有显著的正向影响,即台商投资会对该地区就业产生积极的影响,换言之,台商投资能有效地促进大陆台资集中区的就业增长;(3)台商投资对大陆台资集中区的进出口贸易有显著的正向影响,说明台商投资能有效促进大陆台资集中区对外贸易的发展;(4)台商投资对大陆台资集中区的三大产业均有显著的正向影响,说明台商投资能有效地促进大陆台资集中区的三大产业的发展,带动其产业结构的优化升级。

2010年6月29日 ECFA 的正式签署标志着两岸经济关系进入了一个新时

代,自此两岸经贸关系将进入正常化、制度化和自由化的轨道,为未来两岸经贸关系的重塑和再造提供了里程碑式的契机。我们在看到"机"的同时,也应注意到"危",当前大陆劳动力成本大幅上升,人民币"一张货币两张皮"、对外升值对内贬值,以及内外资所得税的统一等问题对台商投资而言,会产生不同程度的负面影响。因此,后 ECFA 时代,为推动祖国大陆台资集中区转变经济增长方式,做大做强对外贸易,增加就业,提升产业结构,保持经济平稳较快发展,必须抓住 ECFA 正式实施的契机化解影响台商投资的不利因素,深化两岸经贸合作,加大对台招商引资力度。具体建议如下:一是后 ECFA 时代,大陆台资集中区应抓住当前台商主要投资于高科技产业的机遇,加强与台湾高科技产业合作,抓住 ECFA 推动两岸服务贸易自由化的契机,加强与台湾服务业领域的合作,加大资本密集型和技术密集型台资企业的引进,引导现有台商劳动密集型企业转型升级,鼓励那些在台商投资相对集中地区已处于劣势但在大陆中西部地区仍具比较优势的台资传统制造业产业转移至中西部地区以获得新的发展。二是各地应积极改善台商投资环境,推进台商投资相关配套基础设施建设,提升政府台商投资服务水平,在改善台商投资硬环境的同时要注重软环境的提升,加大对台招商引资力度,确保台商投资质与量的提升。三是进一步优化台资企业出口结构,扩大高新技术产品出口贸易,提高高新技术产品在台资企业出口产品中所占的份额,使台资企业出口贸易实现量和质的大飞跃。四是政府应积极出台相关政策措施鼓励台商在大陆直接投资上游生产所需原材料、零部件生产基地,同时加强对台湾整个产业链的招商引资力度,随着台商在大陆投资设立原材料、零部件等中间产品生产基地的增多,这些商品依赖于从台湾进口的状况会逐渐改变,从而改善大陆对台长期贸易逆差的局面。五是台商投资相对集中地区对台商投资要从过去只重视引资数量转向重视投资质量的轨道上来,强化资源的合理利用与生态环境的有效保护,促使那些"能耗高、污染大"的台资企业向"高能效、低能耗和低碳排放"的模式转型,走可持续发展之路。

第四节　大陆台资集中区的两岸贸易效应分析

从两岸贸易的地区分布来看,主要集中在大陆台资集中区即苏、粤、沪、闽、浙、鲁、京和津 8 个省市。当前在全球经济一体化的大背景下,我国经济受全球经济大潮的影响和冲击也越来越深。加入 WTO 之后,受经济增长结构的制约,我国外贸依存度越来越高。由于我国国情的特殊性,经济高速增长,不仅需要扩大内需,还应保持外贸持续增长。两岸贸易作为祖国大陆对外贸易的重要组成部分,其效应如何？尤其是祖国大陆台资集中区的两岸贸易效应如何？这是公众和很多政策研究者关心的问题。因此,就大陆台资集中区的两岸贸易效应进行探讨具有重要的理论价值和现实意义。考虑到在贸易效应中经济增长效应及就业效应最为重要,因此,本节拟运用面板数据模型对大陆台资集中区的两岸贸易经济增长效应与就业效应进行考察。

一、理论与假设

(一)对外贸易与经济增长

亚当·斯密的"剩余产品出路"学说(Vent for Surplus)认为对外贸易使某国原来没有价值的剩余产品价值得以实现,使各国福利有所增加。另外他还认为,对外贸易是市场范围扩展的显著标志,因此对外贸易的扩大刺激各国努力生产,改进技术,使得各国"有机会实行新的分工和提供新技术",加速经济增长。大卫·李嘉图将此理论进一步扩展为,按比较优势分工可使资源配置更加合理,并增加一国和世界经济总量。1937年英国经济学家罗伯特逊(Robertson)提出了"对外贸易是经济增长引擎"(Engine for Growth)学说,其主要着眼点在于阐述后进国家可以通过对外贸易尤其是出口增长来带动本国经济增长。而经济学家诺克斯(Nurkes)在20世纪50年代分析了19世纪以英国为首的发达工业国家,通过国际贸易带动了新移民地区国家迅速发展的历史,进一步证明了这一学说。诺克斯认为,国际贸易使发达国家对农产品及原材料的迅速增长需求传递到发展中国家,使这些国家的出口产业获得迅速增长,这种增长又以"乘数效应"传递到其他非出口产业中,从而推动了整个国民经济的迅速发展。20世纪80年代以来,以杨小凯为代表的一批经济学家发展出了新兴古典经济学,并创立了新兴古典贸易理论。该理论是对斯密的贸易分工理论的继承与发展,它以专业化代替规模经济解释国际贸易,专业化促进了国际贸易的产生与发展,而国际贸易的发展又反过来促进专业化的演进,推动世界分工向纵深发展,促进经济迅速增长。

20世纪80年代中期以来,新经济增长理论的代表人物罗默、卢卡斯等都肯定外贸促进经济增长的作用,并深层次地探索了其实现的途径和方式,指出贸易自由化在长期内可以通过如下途径加快发展中国家的经济增长速度:一是技术效应。贸易壁垒的降低使得发展中国家能以更快的速度吸收发达国家的先进技术,并可增加发展中国家从R&D中得到的益处,从而促进经济增长。二是规模经济效应。贸易壁垒的降低可导致更大的生产规模经济。三是资源配置效应。贸易壁垒的降低可减少价格扭曲,实现资源的优化配置。四是专业化效应。贸易壁垒的降低鼓励了更进一步的中间投入品生产的专业化和更高的产出效率。可见,新增长理论的核心是把技术变化内生化,分析贸易、技术进步及经济增长的关系,并构建了一系列内生经济增长模型,如内维拉-巴蒂兹(Rivera-Batiz)、罗默(Romer),以及托马斯·卢瑟福(Thomas Rutherford)和大卫·塔尔(David Tarr)等的研究。尽管内生经济增长理论的研究表明贸易自由化能导致经济达到一个新的稳态增长路径,但这些模型并未表明贸易自由化对福利具有较大的积极作用,这可能是由于许多模型尚未考虑达到这种新的稳态增长路径需要一定的时间并具有相应的调整成本。

(二) 对外贸易与就业

关于对外贸易与就业关系的论述早已有之。无论是早期还是近期,学术界的论述大都倾向于对外贸易有利于促进就业。应该说,这也是国际经贸活动规模扩张的理论支撑之一。

在古典国际贸易理论当中,无论是亚当·斯密的"绝对成本说",或者大卫·李嘉图的"比较成本说",都把国际贸易理论建立在劳动价值论的基础上。比较成本说诞生一个世纪以后,在引入劳动不是唯一投入要素的基础上,H-O模型得以建立,其认为每一个地区进口那些昂贵生产要素占较大比重的商品而生产那些便宜生产要素占较大比重的商品,而生产要素禀赋的不同决定了各国的相对优势和贸易格局,也是进行国际贸易的基本原因。斯托尔帕-萨缪尔森在H-O模型中引申出另一个重要结论:国际贸易会提高一国丰裕要素所有者的实际收入,降低稀缺要素所有者的实际收入,原因在于贸易后一国出口商品相对价格上升。可见,古典国际贸易理论在研究中都涉及了对劳动问题的研究,这些研究表明了对外贸易有助于劳动的分配,也就隐含了对就业的研究。

贸易效应主要表现如下:一是出口增长的就业创造效应,即出口增长扩大了国内产品总需求,从而创造了就业机会;二是进口增长的就业替代效应,即进口增长减少了国内产品需求,从而会减少部分就业机会;三是进口增长的技术进步的就业节约效应,即贸易的扩大往往伴随着技术的扩散、劳动生产率的提高,其他条件不变的情况下,就业自然也会减少,但有时技术进步在某种程度上也会创造新的就业机会。因此,贸易对于就业总的影响等于出口增长的就业创造效应、进口增长的就业替代效应和技术进步的就业节约效应三种影响的总和。

二、模型与数据

(一) 模型构建

1. 两岸贸易经济增长效应模型

理论上,可能是贸易增长拉动了经济增长,出口增长可以通过凯恩斯乘数效应引致经济增长,进口则通过由此带来的技术进步和要素的国际置换所带来的外部效应来提高经济效率和供给力。当然,也可能是经济增长扩大了贸易,经济总量扩大引起规模经济的出现可能会使出口部门变得更具竞争力,从而促使出口增长,而所带来的国民经济增长同时也会增加进口需求。而大陆台资集中区对台贸易作为其对外贸易的重要组成部分,其经济增长效应如何? 因此,为定量研究大陆台资集中区与台湾贸易所产生的经济增长效应,构建如下模型:

$$\ln gdp_{it} = \alpha_i + \beta_1 \ln ext_{it} + \beta_2 \ln imt_{it} + \mu_{it} \qquad (4.4.1)$$

式(4.4.1)中,$\ln gdp_{it}$表示地区生产总值的对数;α_i表示截距项;$\ln ext_{it}$表示对台出口的对数;$\ln imt_{it}$表示自台进口的对数;μ_{it}表示随机误差项;i表示不同地区;t表示不同时期。

2. 两岸贸易就业效应模型

为定量研究大陆台资集中区与台湾贸易所产生的就业效应,本研究借鉴Hine 和 Wright(1998),Greenaway、Hine 和 Wright(1999)所运用的模型,从地区对外贸易出发,假定生产函数为 Cobb – Douglas 函数,即:

$$Y_{it} = A_{it} K_{it}^{\alpha} L_{it}^{\beta} \qquad (4.4.2)$$

式(4.4.2)中,i表示地区,t表示时期,Y_{it}代表i地区t时期的实际产出,K_{it}为i地区t时期的资本存量,L_{it}为i地区t时期的劳动投入,A为技术系数,α、β分别表示两种要素在生产中所占的份额($\alpha + \beta = 1$)。

由于本节拟考察贸易的就业效应,因此参考 Görg 与 Haley(2005)①,将贸易看做生产函数中的"转换系数"(shift parameter),即认为贸易会引起式(4.4.2)中技术系数A的变化。② 将贸易作为转换系数代入式(4.4.2),然后取对数,可得到式(4.4.3)。

$$\ln L_{it} = \lambda_0 + \lambda_1 T + \lambda_2 \ln m_{it} + \lambda_3 x_{it} + \beta_1 \ln K_{it} + \beta_2 \ln Y_{it} \qquad (4.4.3)$$

在式(4.4.3)的基础上可进一步得到式(4.4.4)。

$$\ln emp_{it} = \lambda_0 + \lambda_1 \ln extp_{it} + \lambda_2 \ln imtp_{it} + \lambda_3 \ln kp_{it} + \lambda_4 \ln rgdp_{it} + \mu_{it} \qquad (4.4.4)$$

式(4.4.4)中,$\ln emp_{it}$表示i地区t时期就业人数的对数;$\ln extp_{it}$反映i地区t时期对台出口导向程度,用对台出口额与地区生产总值之比的对数表示;$\ln imtp_{it}$反映i地区t时期自台进口渗透程度,用自台进口额与地区生产总值之

---

① Görg 与 Haley(2005)研究的是国际外包对劳动生产率的影响,在其实证模型中将外包视为生产函数中的转换系数,得到了类似(4.4.3)式的回归方程。

② 贸易可以通过多种途径影响技术进步和生产率增长,例如:贸易能够促进竞争,影响技术利用率,提高X效率,等等。Greenaway、Hine 与 Wright (1999)设定技术系数A与贸易变化之间存在如下函数关系:$A_{it} = e^{\delta_0 T_i} m_{it}^{\delta_1} x_{it}^{\delta_2} (\delta_0, \delta_1, \delta_2 > 0)$,其中,$T$表示时间趋势,$m$与$x$分别表示进口渗透与出口导向的程度。

比的对数表示;$\ln kp_{it}$反映 i 地区 t 时期的资本存量,用资本产出比①的对数表示;$\ln rgdp_i$ 表示 i 地区 t 时期实际生产总值(用 CPI 指数剔除价格因素的影响)的对数;μ_{it}表示随机误差项。

（二）研究方法

本节采用1994—2008年大陆八大台资集中区即江苏、广东、上海、福建、浙江、山东、北京和天津八个省市的面板数据,运用面板数据模型对大陆台资集中区与台湾贸易所产生的效应进行实证研究。首先运用混合模型、固定效应模型与随机效应模型三种不同模型对所构建模型进行回归估计,其中,对于混合模型与固定效应模型,为消除截面可能存在的异方差性和同期相关性,我们采用 SUR(Seemingly Unrelated Regression)加权广义最小二乘估计(EGLS)来修正截面异方差性和同期相关性。考虑到面板数据模型选择的重要性,我们运用 EViews 6.0 中的多余固定效应检验与相关随机效应检验——Hausman 检验(Hausman Test)来选择最优面板数据模型。其中,多余固定效应检验用来选择是采用混合模型还是固定效应模型;而 Hausman 检验用于选择是采用固定效应模型还是随机效应模型。

（三）数据说明

本研究样本期间为1994—2008年,横截面为大陆台资集中区。其中,福建省对台贸易数据主要来源于历年《福建年鉴》,部分来源于《中国商务年鉴》②及福建省对外贸易经济合作厅,其他数据来源于《福建省统计年鉴》;北京市对台贸易数据主要来源于历年《北京年鉴》与《北京商务年鉴》,其他数据来源于《北京统计年鉴》;广东、上海、江苏、浙江、山东、天津等地区数据主要来源于各省市统计年鉴,部分两岸贸易数据来源于《中国商务年鉴》以及各省市年鉴。各变量描述性统计见表4.4.1。

表4.4.1　各变量描述性统计

变量	均值	标准差	最大值	最小值	观测数
lnext	6.04	1.43	8.79	2.43	120
lnimt	7.32	1.76	10.59	3.25	120
lngdp	8.71	0.84	10.48	6.60	120
ln$extp$	−5.18	0.87	−3.58	−7.55	120

---

① 严格来讲,各地区各年度的资本存量应使用永续盘存法进行估算,但由于确定初始资本存量极为困难,一般都以固定资产净值年平均余额、固定资产投资或总资产替代,本研究是以各地区固定资产投资替代。

② 《中国商务统计年鉴》2003年以前为《中国对外经济贸易年鉴》。

(续 表)

变量	均值	标准差	最大值	最小值	观测数
ln$imtp$	-3.91	1.29	-2.11	-6.98	120
lnkp	-0.95	0.20	-0.42	-1.33	120
ln$rgdp$	8.45	0.80	10.14	6.60	120
lnemp	7.55	0.87	8.73	6.19	120

三、实证结果分析

(一) 两岸贸易的经济增长效应分析

运用 EViews 6.0 对式(4.4.1)进行回归估计,回归结果见表4.4.2,表4.4.2 中的似然比值表明,多余固定效应检验拒绝原假设,接受备择假设;而相关随机效应的 Hausman 检验值表明,拒绝随机效应假设,支持固定效应模型。因此,选择固定效应模型。

由表4.4.2 可以看出,固定效应模型的拟合优度很好,调整后的 R^2 为 0.995324,说明模型具有十分显著的统计意义,大体可以解释大陆台资集中区的生产总值(lngdp)变化的99%以上。从回归系数的 t 统计量来看,大陆台资集中区对台出口贸易对其经济增长产生显著的正向影响,说明大陆台资集中区对台出口贸易能有效拉动其经济增长。从弹性来看,对台出口弹性为 0.300157,因此,在其他因素不变的情况下,对台出口每增长1%将使大陆台资集中区 GDP 增长0.300157%。而自台进口贸易对大陆台资集中区经济增长同样产生显著的正向影响,说明大陆台资集中区自台进口贸易对其经济增长具有

表4.4.2 两岸贸易经济增长效应回归模型估计结果

被解释变量:lngdp			
解释变量	混合模型	固定效应模型	随机效应模型
cons	5.885396*** (101.8791)	5.434088*** (97.44109)	5.392553*** (30.27908)
lnext	0.612668*** (25.22944)	0.300157*** (17.10033)	0.304989*** (6.495446)
lnimt	-0.125904*** (-7.004792)	0.200504*** (14.59667)	0.202192*** (4.980118)
调整后 R^2	0.95898	0.995324	0.866203
F 统计量	1392.007	2815.743	386.2038
DW 统计量	1.184927	1.637012	0.385308

(续 表)

被解释变量:lngdp			
解释变量	混合模型	固定效应模型	随机效应模型
F检验值		1308.937358	
Hausman 检验值			8.346156
（P值）		（0.0000）	（0.0154）
样本	120	120	120

注:(1)表中 *、**、*** 分别表示在10%、5%和1%的条件下显著;(2)估计系数下的括号中的数值为估计系数的 t 统计量;(3)似然比是多余固定效应检验值;(4)Hausman 检验值是相关随机效应检验值;(5)P值为与似然和 Hausman 检验值相对应的概率。

促进作用。由于两岸贸易主体主要是三资企业(台资企业),贸易方式主要是加工贸易,而台资企业主要秉持"台湾接单—大陆生产—香港(大陆)出口"的生产模式,在这种模式下,台湾企业接获的订单,不少都转到大陆台资企业进行生产,台湾主要向大陆输入原材料和半成品,在大陆加工成半成品,又通过香港(后来直接从大陆)销往欧美市场。大陆自台进口通过其生产及溢出效应,促进了大陆科技水平、管理水平的提高及生产力的发展,从而间接地促进了其经济增长。从弹性来看,自台进口弹性为0.200504,因此,在其他因素不变的情况下,自台进口每增长1%将使大陆台资集中区 GDP 增长 0.200504%。此外,我们发现虽然大陆对台出口贸易仅为自台进口贸易的1/5,但对台出口弹性却是自台进口弹性的1.5倍,说明对台出口贸易的促进效应明显大于自台进口贸易的促进效应。

(二) 两岸贸易就业效应分析

式(4.4.4)回归估计结果见表4.4.3。表4.4.3中的似然比值表明,多余固定效应检验拒绝原假设,接受备择假设;而相关随机效应的 Hausman 检验值表明,拒绝随机效应假设,支持固定效应模型。因此,选择固定效应模型。

表4.4.3 两岸贸易就业效应回归模型估计结果

被解释变量:lnemp			
解释变量	混合模型	固定效应模型	随机效应模型
cons	-2.679044***	5.82773***	5.685893***
	（-17.04828）	（118.0502）	（25.857）
lnextp	-0.118237	0.026467***	0.026128*
	（-5.660066）	（5.449643）	（1.72046）

(续 表)

解释变量	被解释变量:lnemp		
	混合模型	固定效应模型	随机效应模型
ln*imtp*	-0.136611	-0.049318***	-0.055824***
	(-7.637028)	(-17.77132)	(-4.511424)
ln*kp*	-1.258826	-0.024653**	-0.037002
	(-36.02596)	(-2.375444)	(-1.106814)
ln*rgdp*	0.937389	0.194115***	0.206303***
	(51.01523)	(50.21087)	(13.28375)
调整后 R^2	0.981996	0.997529	0.631586
F 统计量	1 623.675	4 368.336	52.00153
DW 统计量	1.095229	1.513393	0.312064
似然比		3 315.010705	
Hausman 检验值			47.089255
(P 值)		(0.0000)	(0.0000)
样本	120	120	120

注:(1)表中 *、**、*** 分别表示在10%、5%和1%的条件下显著;(2)估计系数下的括号中的数值为估计系数的 t 统计量;(3)似然比是多余固定效应检验值;(4)Hausman 检验值是相关随机效应检验值;(5)P 值为与似然比和 Hausman 检验值相对应的概率。

由表4.4.3可以看出,固定效应模型的拟合优度很好,调整后的 R^2 为0.997529,说明模型具有十分显著的统计意义,大体可以解释大陆台资集中区就业人数(ln*emp*)变化的99%以上。从回归系数的 t 统计量来看,对台出口对大陆台资集中区的就业有显著的正向影响,表明两岸贸易的开放使得对台出口的增加能够带动地区就业的增长,从弹性来看,对台出口就业弹性为0.026467。自台进口对大陆台资集中区的就业有显著的负向影响,表明自台进口对大陆台资集中区的就业存在挤出效应。从弹性来看,自台进口就业弹性为-0.049318,其绝对值远大于对台出口就业弹性,表明自台进口的挤出效应大于对台出口的促进效应,导致这个结果主要是由于长期以来大陆对台贸易逆差所致。2009年,两岸贸易总额为 1 062.3 亿美元,其中对台出口为205.1 亿美元,自台进口为857.2 亿美元,大陆对台逆差为 652.1 亿美元。造成大陆对台贸易逆差的主要原因是台湾当局针对祖国大陆推行的"出口宽松、进口严控"的政策,同时也有两岸贸易商品结构的原因。由于两岸贸易主体主要是三资企业(台资企业),贸易方式主要是加工贸易,而台资企业主要秉持"台湾接单—大陆生产—香港(大陆)出口"的生产模式,在这种模式下,台湾企业接获的订单,不少都转到大陆台资企业进行生产,台湾主要向大陆输入原材料和半成品,在大陆加工成半成品,又通过香港(后来直接从大陆)销往欧美市场。台湾提供上游生产所需的材料及零组件,使两岸形成垂直分工的状态,台资企业自大陆出口的数量愈大,从台湾进口的数量也愈大,此种垂直分工的形态,使得两岸贸易大幅增长,大陆对台逆差也不断扩大。实际 GDP 增长对就业有显著的正向影响,换言之,大陆台资集中区经济的持续增长能有效带动就业的增长,其结论与经济增长能促进就业的理论相一致。从弹性来看,实际 GDP 的就业弹性为 0.194115,较之于对台出口就业弹性大得多,表明大陆台资集中区的经济增长较之于对台出口,其对就业的促进作用要大得多。此外,资本产出比对大陆台资集中区的就业有显著的负向影响,表明在大陆台资集中区存在一定程度资本替代劳动的现象,其结论与梁平等(2008)的结论一致。大量的研究也表明,我国产业吸收劳动力的能力低于产业的增长率和资本投入的增长率,造成资本替代了劳动。

四、结论与建议

本节利用 1994—2008 年大陆台资集中区即苏、粤、沪、闽、浙、鲁、京和津 8 省市的面板数据,对大陆台资集中区与台湾贸易的经济增长效应与就业效应进行考察。结果显示:(1)大陆台资集中区与台湾贸易对其经济增长具有明显的促进作用。虽然自台进口贸易额远大于对台出口贸易额,但其促进效应却明显小于对台出口贸易。(2)大陆台资集中区对台出口贸易对其就业具有显著的正向影响,而自台进口对其就业具有显著的负面影响,表明大陆台资集中区的对台出口对其就业具有促进效应,自台进口对就业存在挤出效应,而且自台进口的挤出效应大于对台出口的促进效应,究其原因主要是由于长期以来大陆对台贸易逆差所致。(3)大陆台资集中区的经济增长对其就业具有显著的正向影响,表明大陆台资集中区的经济增长会带动就业增长,从就业效应来看,经济增长的就业效应明显大于对台出口的就业效应。此外,在大陆台资集中区存在一定程度资本替代劳动的现象。

自 1978 年两岸恢复经贸关系以来,大陆对台长期贸易逆差,截至 2010 年大陆对台贸易逆差达 7050.68 亿美元。虽然对台出口贸易能有效促进祖国大陆台资集中区的经济增长及带动当地就业,但自台进口贸易对经济增长的促进效应远不如对台出口且对就业还存在挤出效应,而自台进口的挤出效应还大于对台出口的促进效应。因此,为使两岸贸易更有效地促进大陆台资集中区的经济增长,带动当地就业,解决大陆经济发展的就业问题,必须扭转长期以来大陆对台贸易的逆差状态。2008年两岸"大三通"的实现及2011年1月1日ECFA的正式实施为两岸经贸关系的重塑和再造提供了里程碑式的契机。因此,祖国大陆台资集中区必须抓住ECFA实施的契机扩大两岸贸易规模,特别是要进一步扩大对台出口,尤其要注重贸易质与量的提高,扩大高新技术产品贸易,进一步提高高新技术产品在两岸贸易产品中所占的份额,使贸易额实现量和质的大飞跃,改变当前大陆对台贸易逆差状态,做大做强对台贸易。具体建议如下:第一,祖国大陆台资集中区应当抓住两岸全面实施货物贸易与服务贸易早期收获计划的契机,做大做强对台贸易,扩大对台出口,改变两岸贸易逆差局面,使两岸贸易在促进祖国大陆经济发展中发挥更大的作用。按照ECFA的规定,两岸于2011年1月1日起全面实施货物贸易与服务贸易早期收获计划。在货物贸易方面,大陆将对539项原产于台湾的产品实施降税,台湾将对267项原产于大陆的产品实施降税,以上降税将在两年内分阶段降至零关税。降税进程的推进,有利于进一步扩大两岸贸易规模。此外,2011年1月6日"两岸经合会"正式成立,有利于协商并落实ECFA的各项目标,推动两岸经贸合作不断深入实施。台资集中区应抓住这个千载难逢的契机扩大对台贸易规模,特别是要扩大包括石化产品、机械产品、纺织产品及其他产品等四类共计267项原产于大陆的产品的对台出口,因为这些大陆产品是ECFA《货物贸易早期收获产品清单及降税安排》中台湾要对其实施降税的产品。所以,要在这些产品上下足工夫,扩大对台出口,以此扭转两岸贸易长期逆差的局面,使对台出口在促进祖国大陆台资集中区的经济增长及带动就业中发挥更大的效应。第二,由于两岸贸易的主体是台资企业,因此,后ECFA时代,应积极引导大陆台商投资劳动密集型产业转型升级,同时加强两岸高科技产业、服务业领域合作,加大资本密集型和技术密集型台资企业的引进,扩大两岸高新技术产品贸易,提高高新技术产品在两岸贸易产品中所占的份额,使贸易额实现量和质的大飞跃,真正做大做强对台贸易。第三,应当抓住后ECFA时期两岸经贸合作进入制度化阶段后将推动"双向投资,陆资赴台"蓬勃发展的契机,积极鼓励大陆企业赴台投资,进而带动两岸贸易,尤其是对台出口贸易,缩小大陆对台贸易逆差。第四,政府应积极出台相关政策措施鼓励台商在大陆直接投资上游生产所需原材料、零部件生产基地。随着台商在大陆投资设立原材料、零部件等中间产品生产基地的增多,这些商品依赖于从台湾进口的状况会逐渐改变,从而减小大陆台资集中区自台进口的就业挤出效应。第五,由于大陆台资集中区存在一定程度资本替代劳动的现象,因此,应该按照生产要素禀赋特征和比较优势原理,发展劳动密集型产业。发展劳动密集型产业与重视生产技术进步、提高生产率并没有本质上的冲突,因为一些技术进步可以减少资本的使用,使大陆稀缺的资本得到更好的利用。

第五节　大陆台资集中区 GDP 对台商投资的影响与"海西区"台资企业的绩效分析

本节借助台湾《投资中国》杂志的调查数据,通过建立一般空间自回归模型对 GDP 影响台商投资区位流向的作用方向和方式做实证研究。此外,利用 DEA 方法,探讨"海西区"之福建省制造业台商投资的投入产出绩效差异及其原因;并据此提出针对性的措施以引导台商在"海西区"进行新一轮投资。

一、大陆过百家台资企业的城市 GDP 对台商投资的影响

外商直接投资能够推动当地经济的发展,这是国内外不少研究得出的结论。那么反过来外商在投资地选择上是否更多地投向经济相对发达地区呢？在本章第一节的台商投资相对集中地区的分析中,我们发现台商大陆投资主要集中在经济相对发达的江苏、广东、浙江、福建等省份。下面我们要利用空间计量方法借助 2003 年台湾《投资中国》杂志社的调查数据[①],从台商企业超过 100 家的 53 个地级市的台商实际投资累计额入手,揭示台商投资的空间聚集特点。同时用人均 GDP 表示当地的经济发展水平,通过建立台商投资额与人均 GDP 的空间自回归模型说明当地经济发展水平对台商投资的影响。53 个城市的累计投资额(按投资合同额排序)及当年的 GDP 和年末人口数,列于表 4.5.1。

1. 选取空间自回归模型的依据

许多经济数据在地理空间上存在一定的相关性。如经济发达地区的周边区域经济也发达或比较发达,落后地区的周边区域经济也相对落后。空间计量模型是在线性回归的基础上考虑数据的空间相关性建立起来的一种数量模型,通常用于一个或若干个时点的截面数据分析。普通的截面数据回归在一般情况下拟合优度较低(R^2 接近 40% 就相当不错了),因而所得到的数量关系无法得到普遍的认同。空间自回归模型由于考虑了数据的空间自相关,不仅能够极大地提高模型的拟合优度,更好地反映变量间的数量关系,而且还能反映周边地区的影响程度和方向。因此,本节应用空间自回归模型以揭示大陆过百家台资企业的城市 GDP 对台商投资的影响。由于在第三章第二节已对空间自回归模型做了详细介绍,兹不再重复,直接阐述实证过程。

---

① 陈晓菁.31 省市台商投资排行榜调查总分析[J].投资中国(台),2004 年第 1 期。

表 4.5.1 台资企业超过 100 家城市累计投资额

地区	实际利用台资金额（亿美元）	GDP（亿元）	人口（万人）	地区	实际利用台资金额（亿美元）	GDP（亿元）	人口（万人）
苏州	170.00	1 010.50	216.87	沈阳	5.00	1 390.72	488.40
东莞	54.00	947.97	158.96	莆田	4.73	207.30	201.63
漳州	40.80	131.24	51.87	长沙	4.50	552.38	196.26
广州	65.00	3 187.65	588.26	郑州	2.85	530.08	239.85
无锡	49.00	1 066.12	219.60	潍坊	3.70	282.00	142.33
深圳	46.30	2 895.41	150.93	绍兴	3.20	187.15	63.86
厦门	44.00	759.69	141.76	清远	3.10	50.90	54.22
宁波	20.43	1 025.03	206.91	南昌	3.60	466.97	196.37
福州	20.00	625.49	166.24	济南	2.59	1 053.73	334.80
南京	21.00	1 453.05	489.76	扬州	4.46	300.15	112.52
杭州	19.00	1617.77	393.19	哈尔滨	3.00	821.27	315.19
镇江	14.50	283.92	100.51	珠海	3.30	473.27	82.02
大连	15.00	1 254.66	274.78	温州	2.30	530.53	134.65
中山	20.60	501.40	137.86	九江	2.45	155.51	62.20
惠州	19.93	364.95	108.74	西安	1.70	858.52	510.26
青岛	10.40	910.06	246.77	湖州	0.80	234.64	107.72
嘉兴	14.00	201.77	79.82	昆明	2.50	630.83	224.22
佛山	12.50	1 381.60	344.24	海口	1.95	228.86	139.19
常州	8.00	681.21	213.41	三亚	2.25	41.17	50.39
汕头	9.40	520.45	477.36	南宁	2.10	303.63	145.77
烟台	8.46	503.12	170.83	江门	2.00	340.03	132.45
泉州	7.70	279.09	97.77	鞍山	1.00	468.00	145.48
桂林	9.80	137.58	71.00	长春	0.70	998.22	310.01
南通	4.80	237.64	83.01	合肥	1.90	381.79	155.87
肇庆	6.50	107.52	47.75	淄博	1.54	832.90	273.37
武汉	5.70	1 662.18	781.19	石家庄	1.40	591.78	211.09
成都	6.67	1 144.29	452.57				

资料来源：台商投资额取自台湾《投资中国》2003 年的调查数据，GDP 和人口数取自中经网数据库 2003 年的数据。

2. 模型参数的估计

根据表 4.5.1 的数据,先计算反映城市经济水平的人均 GDP 和人均累计台资投入额。为了减小数据的波动幅度,我们取数据的自然对数值进行分析。利用 Breusch – Pagan 异方差检验,我们发现人均台资投入额(对数值)关于人均 GDP(对数值)的回归残差不存在异方差,说明进行线性回归是适合的。异方差检验的结果列于表 4.5.2(原假设为不存在异方差),检验及下面的模型的参数估计全部在 Matlab 软件中编程实现。

表 4.5.2　数据的 Breusch – Pagan 异方差检验

	LM 统计量	X^2 概率
数值	0.4464	0.5040

为了建立空间自回归模型,我们对回归残差进行了空间自相关检验,发现其存在空间自相关现象。几种检验的结果列于表 4.5.3(原假设为不存在空间自相关)。

表 4.5.3　回归残差的空间自相关检验

	Moran's I 统计量	LR	Wald 值	LM
指标值	4.63	11.92	11.04	16.97
p 值	0.0000	0.0006	0.0009	0.0000

我们对两组数据分别进行了空间自回归建模,还发现人均台资累计投入额(对数值)存在着空间自相关。这说明可以进一步建立空间回归模型。我们把相应的空间自回归模型列于表 4.5.4。在残差的空间自相关检验及空间模型的建立过程中,区域间的空间结构矩阵 W,通常采用相邻省份取 1,其他关系为 0 的原则,但由于 53 个城市之间一般不存在公共边界,无法以地域相邻建立关系,我们用空间距离的倒数来定义结构矩阵,即由各城市的经、纬度和地球半径计算城市间的距离,距离越近指标间就越具有相似性。对空间结构矩阵进行行标准化(即各行分量相加等于 1)。

我们发现由 53 个城市的截面数据进行直接回归,模型 M_1 的拟合优度只有 0.1526,但各参数估计显著不为 0。考虑回归残差的空间自相关性,模型 M_2 的拟合优度提高了 20 个百分点,说明误差空间自回归模型更能反映变量间的数量关系,只是模型的拟合优度为 0.3639,仍不理想。而仅考虑人均台资累计投入额空间自相关的空间自回归模型 M_5,虽然参数估计都显著不为 0,但拟合优度太低,原因是其残差空间自相关,因此必须使用同时考虑人均台资累计投入额空间自相关、残差空间自相关的更一般的空间模型。于是我们得到了无截距一般空间模型 M_6，它的参数估计不仅显著不为 0，而且模型的拟合优度为 0.7094，是普通回归模型 M_1 的 4 倍多，是一个十分理想的模型。而模型 M_3 和 M_4 分别用于人均台资累计投入额、人均 GDP 是否存在空间自相关检验，结果人均台资累计投入额具有空间自相关。

表 4.5.4　城市人均台资累计投入额与人均 GDP 模型的参数估计

		β_0	β_1	ρ	λ	R^2
普通回归模型	M_1	−4.39 (0.0000)	1.05 (0.0038)			0.1526
误差空间自回归模型	M_2	−4.29 (0.0000)	0.94 (0.0014)		0.5340 (0.0004)	0.3639
Y 的一阶空间自回归模型	M_3			0.5450 (0.0115)		0.2444
X 的一阶空间自回归模型	M_4			0.1250 (0.6730)		0.0098
空间自回归混合模型	M_5	−2.51 (0.0000)	0.5340 (0.0017)	0.5310 (0.0004)		0.1461
一般空间模型（无截距）	M_6		0.4200 (0.0000)	1.13 (0.0000)	−2.06 (0.0000)	0.7094

注：括号内为参数估计显著性检验统计量的 p 值。

几个反映台资投入与当地经济发展水平变量关系的模型（M_1、M_2、M_5、M_6）都表明，台商投资地的选择与当地的经济发展水平正相关（人均 GDP 的系数大于 0），即台商倾向于选择经济相对发达的城市投资。利用模型 M_6 我们还可以进一步分析邻近城市台商投资活动的相互影响，即利用广义差分把模型 M_6 化为：

$$Y = -0.83WY + 2.33W^2Y + X\beta + 2.06WX\beta + \varepsilon$$

表达式右边的第一项说明，邻近城市的台商投资对当地的台商投资存在负面影响的倾向，说明有利和不利因素综合后，邻近城市可能削弱本地的台商投资；从右边的第二项看，邻近城市的邻近城市（这是二级邻近概念）的台商投资存在增强本城市投资的倾向；而第三项和第四项则说明本城市的经济发展水平和邻近城市的经济发展水平都有利于本城市的台商投资，这可解释为本城市和周边城市的经济发展能够增强吸引台商投资的能力。

我们对53个城市台商投资的合同金额、31个省级行政区的实际利用金额及合同金额也进行了类似的分析,结果基本上一致。

3. 结论和建议

利用空间计量方法我们对台商的大陆投资活动进行了分析,得出以下三个基本结论:一是台商大陆投资存在明显的空间聚集现象,即出现了若干个台商投资相对集中区;二是台商在大陆投资地选择上倾向于经济相对发达地区;三是台商投资受到邻近城市台商投资及经济发展水平的影响。

鉴于台商投资的以上特点,我们建议:一是利用台商投资的空间聚集特点,积极推进台商投资区的建设,不断改善投资区内的软、硬环境,让更多的台商为大陆的经济发展服务;二是国家要加大财政对经济欠发达地区的项目资金投入,集中力量抓好省会城市、资源优势城市的建设,只有地方经济发展到一定水平,具备一定的综合竞争力,才能吸引外资在那里聚集。当然经济的发展不能仅仅借助外力,主要还是依靠自己。

二、海峡西岸台商投资企业的绩效分析

本节的第一部分我们分析了台商在大陆投资地选择上的空间聚集特点和地方经济发展水平对台商投资的影响。接下来,我们要对台商投资企业的投入、产出绩效进行分析,以了解台资企业在投资相对集中区的优势产业、台资企业在不同地区的绩效差异,目的是使地方政府能够根据台资企业的具体情况有针对性地引导台商投资,提供更具竞争力的投资环境。

1. 数据包络方法

由于目前大陆企业按登记注册分为内资、港澳台投资、外商投资三种,台资企业没有单独的分类,因此要获取专门的台资统计资料相当困难。2005年福建省统计局对福建省台商投资企业进行了专项汇总[①],这为本课题的研究提供了有用的数据资料,使我们能够以福建省的制造业为例,分析台商大陆投资企业的投入、产出绩效。要进行企业的投入、产出绩效分析,目前通常采用综合指标法和数据包络分析法(DEA),这里我们采用后者。

DEA是非参数方法中最典型的一种,自1978年Charnes、Cooper & Rhodes

[①] 国家科技部2005年地方科技统计调查课题"福建省台商投资企业科技创新统计调查与分析",由厦门大学、福建省科技厅、福建省统计局联合完成,由曾五一教授主持。

提出这一方法以来[①],这一理论得到了十分广泛的应用和发展。它用于测评一组具有多项投入和多项产出的决策单元(Decision Making Unit,DMU)的绩效和相对效率。在 DEA 理论体系中,最具代表性的模型是 C^2R 模型和 C^2GS^2 模型,前者用于研究决策单元的综合技术效率(TE),即规模效率(SE)和纯技术效率(PTE)的综合效率,后者则用于研究 DMU 的纯技术效率,其中,综合技术效率 = 纯技术效率 × 规模效率。根据 DEA 理论,各 DMU 的相对效率值介于 0—1 之间。当某个 DMU 的效率值为 1 时,表示其相对最有效率;相反,效率值越小,表示该 DMU 的效率越差。

(1) C^2R 模型

设有 n 个 DMU,每个 DMU 都有 m 个投入指标 x 和 s 个产出指标 y,投入指标的权向量 $\nu = (\nu_1, \nu_2 \ldots \nu_m)^T$,产出指标的权向量 $\mu = (\mu_1, \mu_2 \ldots \mu_s)^T$,则第 k 个 DMU 的 DEA 相对绩效 h_k 可以通过求解下面的分式规划问题来求解。

$$\max h_k = \sum_{r=1}^{s} \mu_r y_{rk} / \sum_{i=1}^{m} \nu_i x_{ik}$$
$$s.t. \sum_{r=1}^{s} \mu_r y_{rj} / \sum_{i=1}^{m} \nu_i x_{ij} \leq 1, j = 1, 2, \ldots, n \quad (4.5.1)$$
$$\mu_r \geq \varepsilon > 0, r = 1, 2, \ldots, s$$
$$\nu_r \geq \varepsilon > 0, i = 1, 2, \ldots, m$$

上面的式(4.5.1)就是 C^2R 模型,其中 x_{ij} 代表第 j 个 DMU 的第 i 个投入值;y_{ij} 代表第 j 个 DMU 的第 r 个产出值;ε 为非阿基米德数(ε 一般取 10^{-6})。式(4.5.1)是一个分式规划问题,使用 Charnes – Cooper 变换可以将其转换为一个等价的线性规划问题。

(2) C^2GS^2 模型

$$\min \theta - \varepsilon \left(\sum_{r=1}^{s} s_r^+ + \sum_{i=1}^{m} s_i^- \right)$$
$$s.t. \sum_{j=1}^{n} \lambda_j x_{ij} + s_i^- = \theta x_{ik}, i = 1, 2, \ldots, m \quad (4.5.2)$$
$$\sum_{j=1}^{n} \lambda_j y_{rj} + s_r^+ = y_{rk}, r = 1, 2, \ldots, s$$
$$\lambda_j, s_r^+, s_i^- \geq 0, i, r, j \forall$$

---

① Charnes,A,W W Cooper,and E Rhodes. 1978. Measuring the Efficiency of Decision Making Units[J]. European Journal of Operational Research,2,429 – 444.

式(4.5.2)中的 s_r^+，s_i^- 分别为产出松弛变量与投入松弛变量。通过式(4.5.2)计算出来的 θ 值即是 DMU 综合技术效率,它隐含着 DMU 规模报酬是不变的假设,我们放松这一假设,假设 DMU 的规模报酬可变。对此,我们只要在式(4.5.2)的基础上加上限制条件 $\sum_{j=1}^{n} \lambda_j = 1$ 即可,这就是 C^2GS^2 模型,如式(4.5.3)所示。

$$\min \theta - \varepsilon \left(\sum_{r=1}^{s} s_r^+ + \sum_{i=1}^{m} s_i^- \right)$$

$$s.t. \sum_{j=1}^{n} \lambda_j x_{ij} + s_i^- = \theta x_{ik}, i = 1,2,\ldots,m$$

$$\sum_{j=1}^{n} \lambda_j y_{rj} + s_r^+ = y_{rk}, r = 1,2,\ldots,s \quad (4.5.3)$$

$$\sum_{j=1}^{n} \lambda_j = 1$$

$$\lambda_j, s_r^+, s_i^- \geq 0, i, r, j \forall$$

由式(4.5.3)C^2GS^2模型计算出来的值是纯技术效率值,反映 DMU 的纯技术效率的情况。因此,我们只要用 C^2R 模型求出的综合技术效率值除以 C^2GS^2 模型求出的纯技术效率值就能得到规模效率值。

为简化起见,假设只有一项要素投入 X、一项产出 Y,CCR 模型与 BCC 模型的关系可以用图 4.5.1 来表示。

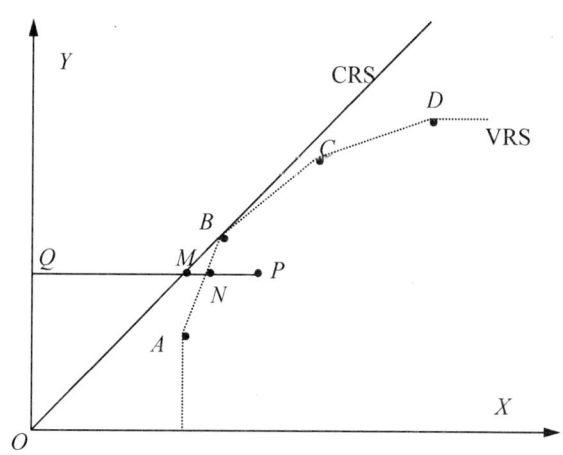

图 4.5.1 CRS 与 VRS 模型的关系

考虑 5 个企业单元 A、B、C、D、P,在固定规模报酬(CRS)条件下,OB 形成了生产可行集的有效边界,B 点成为 5 个点中唯一的有效率单元(效率值等于1);

在变化规模报酬(VRS)条件下,则经过 A、B、C、D 的折线形成了生产可行集的有效边界,只有点 P 是没有效率的。点 P 无论在 CRS 条件下还是在 VRS 条件下都是没有效率的,其效率值可以分别表示为 QM/QP 和 QN/QP,显然两者都小于1。这两个效率值分别记为 TE_{CRS}、TE_{VRS},前者称为技术效率,后者称为纯技术效率。两者的比值 QM/QN,反映了因规模报酬变化带来的差异,称为生产规模效率,记为 SE。我们有

$$TE_{CRS} = \frac{QM}{QP}, TE_{VRS} = \frac{QN}{QP}, SE = \frac{QM}{QN}$$

因此下面的关系成立:

$$TE_{CRS} = TE_{VRS} \times SE$$

我们把它称为技术效率分解式,即技术效率可分解为纯技术效率与生产规模效率的乘积。为了区别于纯技术效率,我们也称 TE_{CRS} 为综合技术效率。

由于有效边界上的企业单元效率值都等于1,相互间无法做进一步的比较,因此近十年来一些研究者提出和使用一种称为"超效率 DEA"的技术,这一技术可以用图 4.5.2 来解释。

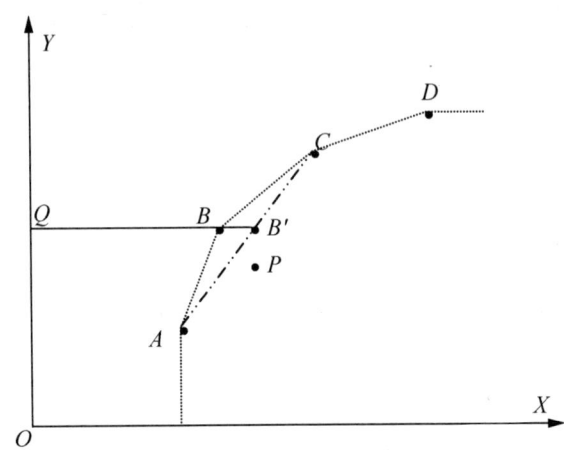

图 4.5.2 超效率 DEA 的定义

假定企业单元 A、B、C、D 构成了生产可行集的有效边界,按传统定义它们的效率值都等于1。为了进一步比较,可以分别计算这些点的超效率值。以企业单元 B 为例,首先从生产可行集中剔除 B,这样余下单元由 A、C、D 构成了有效边界,AC 代替了折线 ABC;接下来过 B 点做 X 轴的平行线交 AC 于 B',定义 QB'/QB 为单元 B 的超效率值,显然超效率值大于1。这样有效边界上的点都可以分别得到一个大于1的超效率值,可以做进一步比较。这一方法在通常情况下可行,因而在实证中得到了大量的使用。但有时会出现两个 DMU 的超效

率值仍然相等或无法确定的问题,一些学者指出超效率方法会出现不稳定、不可行的情形。① 我们在下面的分析中也将结合使用这一方法。效率及超效率的计算,我们使用 Holger Scheel 提供的 Efficiency Measurement System 软件(EMS 1.3.0)。

2. 福建台资企业的区域绩效分析

福建省的 9 个地级市中漳州、厦门、福州、泉州、莆田按台商投资累计合同金额分列台商 53 个相对集中城市排名的第 3、7、9、22、29 位。根据 2004 年台商投资制造业的统计数据,能够反映台商投入的主要指标有从业人员年平均数(q_1)、工程技术人员数(q_2)、年末固定资产原值(q_3)、生产经营用机器设备原价(q_4)、微电子控制设备原价(q_5)等 5 项指标;产出指标则有工业总产值(p_1)、工业增加值(p_2)、利润总额(p_3)等 3 项。

我们采用投入导向型,模型可以用下面的线性规划来表示:

$$\max_{\mu,\nu}\theta = \frac{\mu_1 p_1 + \mu_2 p_2 + \mu_3 p_3 + \mu_4 p_4 + \mu_5 p_5}{\nu_1 q_1 + \nu_2 q_2 + \nu_3 q_3}$$

$$st. \quad \theta \leq 1$$

$$p_2 \leq p_1, \quad p_4 \leq p_3, \quad p_5 \leq p_4$$

$$q_2 \leq q_1, \quad q_3 \leq q_2$$

我们分别计算 9 个地级市的技术效率、纯技术效率和规模效率,结果列于表 4.5.5。

表 4.5.5 福建台商投资 9 地市相对效率评价

指标 地区	技术效率	纯技术效率	规模效率	超技术效率	排名
福州市	1.000	1.000	1.000	1.331	1
厦门市	0.759	1.000	0.759	0.759	9
莆田市	1.000	1.000	1.000	1.211	2
三明市	0.880	1.000	0.880	0.880	5
泉州市	0.772	0.989	0.781	0.772	7
漳州市	0.768	0.964	0.796	0.768	8

---

① Shanling Li et al., A Super - Efficiency Model for Ranking Efficient Units in Data Envelopment Analysis[J]. Applied Mathematics and Computation. 2007,184,638 - 648.

(续 表)

指标 地区	技术效率	纯技术效率	规模效率	超技术效率	排 名
南平市	1.000	1.000	1.000	1.070	4
龙岩市	0.794	0.837	0.948	0.794	6
宁德市	1.000	1.000	1.000	1.107	3

根据表4.5.5的计算结果我们发现,从纯技术效率 TE_{VRS} 来看各地区都有较好的表现:不仅台资相对集中沿海城市漳州、厦门、福州、泉州、莆田有好的表现(都在95%以上),而且内陆地区的三明、南平、龙岩、宁德也表现不俗(最低的龙岩也在80%以上,其他3个地区都在有效边界上);从综合技术效率 TE_{CRS} 来看,各地区的台资企业技术效率都在75%以上,福州、莆田、南平、宁德4地区都在有效边界上,但令人意外的是台资相对集中的厦门、漳州、泉州3个地区的台资企业技术效率在9个地区中排在末位,其主要原因是受规模效率拖累。这里的模型效率是指企业达到最适规模的程度,它与台资项目的单项资金密度意义不同,也就是说项目的单项投资金额很大,但是仍可能偏离所在行业的最适规模,如台商在漳州、厦门的投资;泉州则主要是由于总体台商企业的技术含量偏低;而龙岩地区的技术效率较低,主要是由纯技术效率相对较低造成的。

由于福州、莆田、南平、宁德的技术效率都等于1,我们进一步计算了9个地区的超效率值,按技术效率排名的结果列于表4.5.5的最后一栏。根据超效率值,福州台商企业的技术效率排在9个地区的第1位,莆田、宁德、南平分别处于第2位至第4位。漳州、厦门应在引导台商向最适规模发展方面制定相应的政策,以提高本地区台商的投入、产出效率。

3. 福建台资企业的行业绩效分析

根据2004年福建台商投资制造业的行业分类数据,采用与投资地区绩效分析一致的做法,我们得到了表4.5.6。

表4.5.6 福建台商投资制造业相对效率评价

指标 行业	技术效率	纯技术效率	规模效率	超技术效率	排 名
农副食品加工业	0.4236	0.7414	0.5714	0.4236	15
食品制造业	0.4183	0.7632	0.5481	0.4183	16
饮料制造业	0.7408	0.9073	0.8165	0.7408	6
纺织业	0.2353	0.3807	0.6181	0.2353	27

(续　表)

行　业＼指　标	技术效率	纯技术效率	规模效率	超技术效率	排　名
纺织服装、鞋、帽制造业	0.5486	0.7358	0.7456	0.5486	10
皮革、毛皮、羽毛(绒)及其制品业	0.6884	1.0000	0.6884	0.6884	7
木材加工及木、竹、藤、棕、草制品业	0.7823	0.8610	0.9086	0.7823	5
家具制造业	0.5899	0.7218	0.8173	0.5899	8
造纸及纸制品业	0.3445	0.3452	0.9980	0.3445	24
文教体育用品制造业	0.4008	0.5204	0.7702	0.4008	18
石油加工、炼焦及核燃料加工业	0.5645	1.0000	0.5645	0.5645	9
化学原料及化学制品制造业	1.0000	1.0000	1.0000	1.2890	3
医药制造业	1.0000	1.0000	1.0000	2.9349	1
化学纤维制造业	0.2018	0.6446	0.3131	0.2018	28
橡胶制品业	0.2548	0.5179	0.4920	0.2548	26
塑料制品业	0.3757	0.6185	0.6074	0.3757	20
非金属矿物制品业	0.3609	0.5186	0.6959	0.3609	21
黑色金属冶炼及压延加工业	1.0000	1.0000	1.0000	1.0208	4
有色金属冶炼及压延加工业	1.0000	1.0000	1.0000	2.4436	2
金属制品业	0.3537	0.5310	0.6661	0.3537	22
通用设备制造业	0.4554	0.6674	0.6823	0.4554	13
专用设备制造业	0.3758	0.3760	0.9995	0.3758	19
交通运输设备制造业	0.4853	1.0000	0.4853	0.4853	11
电气机械及器材制造业	0.4110	0.6032	0.6814	0.4110	17
通信设备、计算机及其他电子设备制造业	0.4832	1.0000	0.4832	0.4832	12
仪器仪表及文化、办公用机械制造业	0.3466	0.4385	0.7904	0.3466	23
工艺品及其他制造业	0.4271	0.6756	0.6322	0.4271	14
其他未列明的制造业	0.3161	0.3258	0.9702	0.3161	25
废弃资源和废旧材料回收加工业	0.1643	0.9402	0.1748	0.1643	29

福建制造业台商的投资被归入 29 个分类。从纯技术效率来看,皮毛绒制品、石油炼焦、化学原料制品、医药、黑色金属冶炼加工、有色金属冶炼加工、交通运输设备、通信电子 8 个分类处于有效边界,按世界经济合作发展组织(OECD)1996 年的行业技术划分标准,其中医药、通信电子属于高技术行业,化学原料制品、交通运输设备属于中高技术行业,有色金属冶炼加工属于中低技术行业,其余 3 个属于低技术行业,这表明相对技术效率与技术等级不是同一个概念。但受规模效率较低的影响,皮毛绒制品、石油炼焦、交通运输设备、通信电子的综合技术效率较低,因此这 4 类企业应注意往最适规模发展,特别是较具发展前景的通信电子行业。

通过计算超效率,我们得到了台商投资制造业各分类的技术效率排名。表 4.5.6 中前 9 项分类属于农业加工业,可以看到排名前 10 位的行业(以技术效率超过 50% 为标准)中农业加工业含了 5 项,表明福建台商农业加工业的投资在制造业中具有较好的表现。截至 2006 年年底,福建省吸引的台商农业投资占台商在大陆农业投资的 75% 以上,这是福建吸引台商投资的一大优势。作为农业投资的必然延伸,台商在福建的农业加工业规模和质量上都得到了较好的发展。

我们把生产可行集缩至农业加工业的 9 个分类上,这样就得到表 4.5.7 的分析结果。由于生产可行集的变更,行业的相对效率值也出现了变化。从纯技术效率来看,除皮毛绒制品在有效边界上之外,农副食品加工,食品制造,饮料制造,木材加工及木、竹、藤、棕、草制品也成为有效边界上的点。同时规模效率也因生产可行集的变更使食品制造,饮料制造,木材加工及木、竹、藤、棕、草制品处于有效边界,这导致这 3 个行业的技术效率超过了皮毛绒制品业。因此相对技术效率的对比,与我们研究所涉及的行业范围有关,它是囿于研究对象的一个相对概念。这也是表 4.5.6 与表 4.5.7 农业加工业 9 个分类排序不一致的原因,因而确定研究范围是我们的首要任务。根据表 4.5.7 相对效率分析的结果可以认为,在福建台商投资农业加工业的 9 个行业中,饮料制造,木材加工及木、竹、藤、棕、草制品,食品制造具有较高的技术效率,纺织业要在改善规模效率方面下工夫。最后必须说明,我们的重眼点不在于对行业技术效率的排位,而在于从中找出改善投资环境的努力方向。

表 4.5.7　福建台商投资农业加工业相对效率评价

指标 行业	技术效率	纯技术效率	规模效率	超技术效率	排名
农副食品加工业	0.9226	1.0000	0.9226	0.9226	5
食品制造业	1.0000	1.0000	1.0000	1.0746	3
饮料制造业	1.0000	1.0000	1.0000	4.1819	1
纺织业	0.5582	0.7943	0.7028	0.5582	9
纺织服装、鞋、帽制造业	0.7403	0.7958	0.9303	0.7403	8
皮革、毛皮、羽毛（绒）及其制品业	0.9808	1.0000	0.9808	0.9808	4
木材加工及木、竹、藤、棕、草制品业	1.0000	1.0000	1.0000	1.1498	2
家具制造业	0.8517	0.9043	0.9418	0.8517	6
造纸及纸制品业	0.7679	0.8514	0.9019	0.7679	7

第六节　大陆台资集中区各区与台湾经贸合作的经济发展绩效比较

一、引　言

两岸经贸合作始于20世纪70年代末，经过两岸同胞30多年的共同努力，发展迅速。从两岸间接贸易规模来看，1978—2010年，两岸贸易总额累计11 089.6亿美元；其中，大陆对台出口与自台进口额分别为2 019.46亿美元与9 070.14亿美元，台湾对大陆的贸易顺差累计达7 050.68亿美元。2007年，大陆对台出口与自台进口金额分别为234.6亿美元与1 010.2亿美元，分别占当年大陆出口总额与进口总额的1.93%与10.57%；2008年以来受金融危机影响，大陆对台出口与自台进口额增长缓慢，分别为258.8亿美元与1 033.4亿美元，是年大陆对台出口总额与自台进口总额则较2007年下降了0.12%与1.45%；2009年大陆对台出口与自台进口额与2008年相比都有所下降，分别下降了53.7亿美元与176.2亿美元。截至2010年，台湾地区是祖国大陆第五大贸易伙伴、第三大进口来源地和第十一大出口市场。

海峡西岸和其他台商投资相对集中地区的经济发展

从台商赴大陆投资来看,据大陆方面统计是始于1983年,但真正大批投资是在1987年台湾当局解除戒严令、放宽外汇管制并开放台湾民众赴大陆探亲和1990年台湾当局公布《对大陆地区从事间接投资或技术合作管理办法》并有条件开放台商对大陆投资以后。据商务部统计,截至2010年12月底,大陆累计批准台资项目83 133个,实际利用台资520.2亿美元。按实际使用外资统计,台资在大陆累计吸收境外投资中占5%。

从台商投资的地区分布来看,台商在大陆投资主要集中在东部发达地区。据台湾统计,截至2010年,台湾核准赴祖国大陆苏、粤、沪、闽、浙、鲁、京和津8大台资集中区投资累计金额为882.2亿美元,占台湾核准赴大陆投资金额的90.64%,各地具体比重为:苏34.3%、粤22.65%、沪14.53%、闽6.93%、浙6.61%、鲁1.99%、津1.9%和京1.73%。此外,从两岸贸易的地区分布来看,也主要集中在东部发达地区,据统计,2009年,苏、粤、沪、闽、浙、鲁、京和津8大台资集中区与台湾贸易总额为1 062.3亿美元,占两岸贸易比重的96%。从贸易方式来看,两岸贸易主要以加工贸易为主。由上可见,目前两岸经贸合作主要集中在大陆经济最发达地区,具体包括海峡西岸(主体为闽)和其他台商投资相对集中地区(苏、粤、沪、浙、鲁、京和津),即主要集中在8个省市。那么,上述8省市与台湾的经贸交往对各省市的经济发展的绩效如何?从以往的文献来看,一是笼而统之地研究两岸经贸交往对大陆经济发展的影响,二是主要采用定性的方法,只有少数学者采用了线性回归的方法探讨两岸经贸交往对大陆经济发展的影响。其弊端是所做的研究泛泛而谈,不够深入,尤其是上述8个省市经济发展状况不同,因此,以往的研究针对性不足。为使研究更加深入且具有针对性,本节首先应用DEA方法就上述8个省市各自与台湾的经贸交往对各省市的经济发展所产生的绩效进行探讨,然后,利用Tobit回归模型来检定外在环境因素对绩效的影响。这对于各省市找出自身原因,并采取不同对策以提高绩效具有重要的现实意义。

二、理论及文献回顾

由于DEA方法用于多输入、多输出的生产函数理论时,不需要预先估计参数,使其在避免主观因素和简化算法、减少误差等方面有着不可低估的优越性,因此,DEA方法在绩效或效率的研究中应用相当广泛,涉及银行、证券、基金、工业、交通、教育、医疗、环保等诸多领域。因受篇幅所限,加之本节所涉及的是两岸经贸合作与地区经济发展的内容,所以,仅选取最有直接借鉴意义的相关文献简述之。

第四章　两岸经贸合作对大陆台资集中区经济发展的绩效

莫剑芳和叶世绮(2001)将 DEA 理论用于经济系统的分析研究,提出投入冗余率等概念;并以深圳为例,从技术分析的角度回顾总结经济特区的发展。马占新和唐焕文(2002)以 DEA 方法为基础,给出了一种用于区域经济发展评价的 DEA 方法,并对某省 1987—1995 年的宏观经济发展状况进行了试评价;计算结果表明该方法用于宏观经济发展状况综合评价是有效的,评价结果能够反映该省宏观经济发展的实际情况。薛声家、吴永新和陈浩(2004)利用 DEA 方法的 C^2R 模型,计算广东省各市经济发展的相对效率值,从有效性的角度分析珠江三角洲地带和东西两翼及山区地带城市的发展状况,并对产生效率差距的原因和对策进行了探讨;同时,还讨论了教育、科技及文化等人文资本方面的投入在经济发展中的重要作用。此外,在用 DEA 方法研究工业绩效方面,陈泽聪等(2006)用超效率 DEA 方法对 2004 年中国制造业技术创新效率进行评价,把制造业划分为若干板块,得出高科技产业通常意味着高的技术创新效率的结论。俞立平(2007)用 DEA 方法对 2005 年中国制造业的技术创新绩效进行了评价,得出创新水平低并不意味着创新效率低的结论。上述研究见仁见智,为本书提供了诸多可资借鉴之处。

在两岸经贸合作对地区经济发展的绩效研究方面:龙永枢(1998)分析了海峡两岸经贸发展的动因以及对两岸经济的影响。吴江湖(1994)指出台湾应与大陆方面共同努力,共存于两岸经贸的互动之中。戴淑庚(1997)的计量研究表明,两岸贸易尤其是台湾对大陆出口的持续快速扩张对台湾经济的绩效是相当显著的。赵弘静(2004)认为,两岸经贸交往,不论从贸易面还是从投资面来看,对中国大陆的经济发展均有一定贡献。胡伟星(2006)认为两岸的合作建立在互惠互利的基础之上,两岸政府应共同致力于维护和进一步发展两岸经贸关系。李保明等(2004)的研究表明,台商投资与两岸贸易之间具有显著的互补关系,而且台资的自台进口效应大大超过对台出口效应,台商投资贸易效应呈现出单向、不平衡的特征。戴淑庚等(2008)的计量研究表明,闽台贸易在促进海峡西岸经济区的经济发展方面绩效显著,闽台贸易与海峡西岸经济发展之间互为 Granger 成因。从检索文献来看,还没有学者运用 DEA 方法就各省市与台湾经贸合作的经济发展绩效这个问题进行实证研究。考虑到该问题是一个多输入和多输出的复杂系统,对这种复杂系统进行绩效研究,DEA 方法有其独特的优势,因此,本节在上述文献的基础上,采用 DEA 方法(方法介绍详见本章第五节)来评估各省市与台湾经贸合作的经济发展绩效,同时用 Tobit 回归模型检验影响各省市绩效的外在环境因素。

三、研究方法及资料说明

（一）数据包络分析方法

1. 模型的选取

由于 DEA 方法在本章第五节已做了详细介绍,在此仅略提一下。本节应用 DEA 方法中的 C^2R 模型以及 C^2GS^2 模型求不同的效率值。

2. 投入产出指标

在 DEA 模型中,本节将各省市视为一个决策单元(DMU)。在指标选取方面,经贸指标本来应该包括贸易额、投资额、劳务合作的经济效益、旅游的经济效益等多种指标,但鉴于后面三项指标限于各省市统计资料不系统、不全面,本节选取各省市的台商投资累计金额($X1$)、各省市与台湾的出口贸易额($X2$)和进口贸易额($X3$)三个指标作为输入变量。而在产出变量方面,选取各省市的GDP($Y1$)、财政收入($Y2$)、城镇居民人均可支配收入($Y3$)和全员劳动生产率($Y4$)四个指标。

上述指标主要根据目的性、精简性、关联性的原则[①]进行选取。由于本书的研究目的是要揭示各省市与台湾的经贸交往对各省市的经济发展有无绩效,同时本着尽量用最能说明问题且又有关联性(见表4.6.1,根据 DEA 方法,投入和产出指标之间具有正相关性的才能纳入模型)的指标来阐述问题,所以选取如上各指标。而且,从选取指标的理论依据来说,就贸易与经济增长的关系而言,无论是亚当·斯密的"剩余出路论"[②]、伯特逊和纳克斯的"增长引擎"论[③],还是 I.B.克拉维斯的"经济增长的侍女"论[④],以及近年来所采用的计量经济实证研究,都表明贸易与经济增长的关系相当密切。就投资与经济增长的关系而言,经济理论与大量的实证研究文献论证了投资对经济增长具有促进作用。所以,在 DEA 模型中选了 $X1$、$X2$、$X3$ 三个输入指标。至于产出指标中,反映经济发展绩效的指标有很多,诸如 GDP、财政收入、人均 GDP、人均可支配收入、工业产值、全员劳动生产率、物价水平、人均居住面积、教育水平、就业率、财政、金融等,不过,本书根据指标的选取原则和理论依据,对上述诸多输出指标进行相关性检验后,最终确定了地区 GDP、财政收入、城镇居民人均可支配收入和全员劳

[①] 叶世绮,颜彩萍,莫剑芳.确定 DEA 指标体系的 B-D 方法[J].暨南大学学报(自然科学版),2004年第25卷第3期.

[②] 亚当·斯密.国民财富的性质和原因的研究(下卷)[M].商务印书馆,1997年,第20页.

[③] 转引自姚曾荫.国际贸易理论[M].人民出版社,1987年,第56页.

[④] I.B.克拉维斯.贸易作为经济增长的侍女[J].经济杂志,1970年第12期,转引自李容林,张岩贵.我国对外贸易与经济增长转型的理论与实证研究[M].中国经济出版社,2001年,第27—28页.

动生产率四个最重要的经济发展指标,以检测贸易、投资对各区域经济发展产生的绩效。

3. 投入与产出指标的相关性分析

在用 DEA 进行效率衡量时,投入与产出指标的选择对于效率值的影响是非常敏感的,所以对于投入产出指标的选取必须格外谨慎。为符合投入与产出指标单调性(isotonicity)的假设,即投入数量增加,产出不得减少,将各年度投入与产出项的资料进行 Pearson 相关检定分析,Pearson 相关系数见表 4.6.1。由表 4.6.1 可以看出,投入与产出指标不但为正值,且在 1% 的显著水平下通过单尾及双尾检定标准,显示指标间存在显著的相关性,故本研究选用的投入产出指标,均具有合理的相关性。

表 4.6.1 投入与产出的 Pearson 相关系数

投入＼产出	地区 GDP（Y1）	财政收入（Y2）	人均可支配收入（Y3）	全员劳动生产率（Y4）
台商投资累计金额（X1）	0.758**	0.744**	0.499**	0.328*
对台出口贸易额（X2）	0.750**	0.815**	0.580**	0.438**
自台进口贸易额（X3）	0.740**	0.559**	0.424**	0.239**

注:**表示在 α=0.01 水平上显著。

(二) Tobit 回归模型

除各省市投入与产出指标选取会影响经济发展绩效外,外在的环境因素也可能会影响各省市的绩效。因此,采用 Tobit 回归模型来确认那些外生变量对效率的影响。

Tobit 模型,又称为截取回归模型(Censored Regression Model),是对部分连续分布和部分离散分布的因变量提出的一个经济计量学模型。一般情况下,如果自变量 Y_i 的取值在某个范围之内或者在数据整理时进行了截断,且 Y_i 与自变量 X_i 有关,则有如下线性回归模型:

$$Y_i = \beta_0 + \beta^T X_i + \mu_i \quad (4.6.1)$$

其中,$i = 1,2,3\cdots\cdots$,Y_i 为效率值,X_i 是解释变量,β^T 是未知参数向量,$\mu_i \sim N(0,\sigma^2)$。可以证明,当采用极大似然法对 Tobit 模型进行估计时,得到 $\hat{\beta}^T$ 和 $\hat{\sigma}^2$ 是一致估计量。①

---

① 当因变量为离散变量时,如果采用最小二乘法对回归模型进行估计,会导致估计量有偏且不一致。

在计量上,采用 Tobit 回归模型的理由是因为被解释变量的资料受到限制。如本研究的因变量效率值介于 0—1 之间,倘若用普通最小二乘法(OLS)估计此模型,会产生估计值渐近趋于零的问题。故本研究采用 Tobit 模型,在第二阶段,利用第一阶段所估计绩效值,分析人口素质、交通状况、科技水平以及 1997 年亚洲金融危机虚拟变量四个外在因素对绩效的影响。具体模型设定如下:

$$Y_i = \beta_0 + \beta_1 hum_i + \beta_2 com_i + \beta_3 sci_i + \beta_4 dum_i + u_i \quad (4.6.2)$$

(4.6.2)式的主要变量及衡量方式说明如下:

(1) 人口素质(hum)。本研究采用各省市 6 岁及以上人口平均受教育年限来代表各省市人口素质状况。平均受教育年限用年来表示,文盲为 0 年,小学为 6 年,初中为 9 年,高中为 12 年,大专及以上为 15 年。① 具体计算方法为:人口素质 = (小学 × 6 + 初中 × 9 + 高中 × 12 + 大专及以上 × 15)/6 岁及以上人口。

(2) 交通状况(com)。本研究采用各省市货运量来代表各省市交通状况,包括铁路、公路、水运的货运量。

(3) 科技水平(sci)。本研究采用各省市科技活动人员比例来代表各省市科技水平。以各省市科技活动人员占该省市从业人员的比例来评估。科技活动人员包括研究与开发机构、大中型工业企业及高等学校从事科技活动人员总数。

(4) 1997 年亚洲金融危机虚拟变量(dum)。设置 1997 年亚洲金融危机虚拟变量,是因为它可以反映世界经济与国内宏观环境对各省市绩效的影响。

(三) 资料说明

所选取的样本期间为 1994—2008 年,横截面为中国大陆台资集中区,具体包括福建、广东、上海、江苏、浙江、山东、北京与天津 8 个省市。各省市台商投资核准金额来源于台湾"经济部"投资审议委员会《"中华民国"核准华侨及外国人投资、对外投资、对大陆间接投资统计月报》2009 年 12 月刊;福建对台贸易数据主要来源于历年《福建年鉴》,部分数据来源于《中国商务年鉴》②;广东、上海、江苏、浙江、山东、北京③、天津对台贸易数据主要来源于各省市统计年鉴各期,部分对台贸易数据来源于《中国商务年鉴》;其他数据主要来源于历年《中国

---

① 考虑到数据的可得性,本研究将大专以上(包括本科生、研究生等)平均受教育年限均按 15 年来计算。
② 《中国商务统计年鉴》2003 年以前为《中国对外经济贸易年鉴》。
③ 北京部分两岸经贸数据来源于《北京商务年鉴》和北京商务委员会网站:http://www.bjmbc.gov.cn。

统计年鉴》、《各省统计年鉴》、《中国人口统计年鉴》、《中国科技统计年鉴》。各变量描述性统计见表4.6.2。

表4.6.2　各变量描述性统计

变　　量	均　　值	标准差	最大值	最小值	观测数
$X1$	308 871.73	439107.11	2 301 930.00	10 028.70	120
$X2$	793 570.46	1071451.44	459 4101.08	9 444.93	120
$X3$	4 141 864.41	6 666 201.48	30 316 387.60	21 409.07	120
$Y1$	8 482.22	7 279.44	35 696.46	732.89	120
$Y2$	1 233.10	1 439.71	7 532.91	95.99	120
$Y3$	10 801.53	5 133.62	26 675.00	3 444.36	120
$Y4$	40 231.71	27 923.81	139 611.79	8 775.99	120
hum	8.21	1.28	11.09	5.49	120
sci	1.22	1.12	4.28	0.17	120
com	73 978.08	46 779.87	247 489.00	20 770.00	120

四、实证结果分析

本研究利用上述各种方法来评估、确认各省市与台湾经贸合作对各地的经济发展绩效及其影响因素，实证结果分述如下：

（一）大陆台资集中区各区绩效分析——DEA实证结果

根据DEA理论，各决策单元（DMU）的相对效率值介于0—1之间。当某一DMU的效率值为1时，表示其相对最有效率；反之，效率值越小则表示该DMU的效率越差。DEA模型所求算的综合效率表示各地的整体表现情况，其值越高代表各地与台湾经贸交往对各地的经济发展所产生的绩效越显著，且当同时达到技术效率与规模效率时，才能达到综合效率。而模型所求得的技术效率，表示各地对于各项投入要素是否有效运用，以达到产出极大化或投入极小化的状况，其值越高代表在各投入要素使用上越有效率。至于模型所求算的规模效率表示产出与投入要素的比例是否适当，也就是达到最大生产力与否的程度，其值越高代表其规模大小越合适，越接近最适规模，生产力也越大。本节利用DEAP 2.1软件，采用产出导向型的C2R模型和C2GS2模型对各地进行各项效率分析（见表4.6.3）。

海峡西岸和其他台商投资相对集中地区的经济发展

表 4.6.3　各省市 1994—2008 年绩效均值排名

地　区	综合技术效率		纯技术效率		规模效率	
	TE	排　名	PTE	排　名	SE	排　名
北京	0.9209	1	0.9963	1	0.9239	2
天津	0.5829	4	0.7856	5	0.7353	4
上海	0.5713	5	0.9478	3	0.6007	5
江苏	0.2398	6	0.6329	6	0.3965	6
浙江	0.6499	3	0.8765	4	0.7487	3
福建	0.1781	7	0.5172	8	0.3715	7
山东	0.9167	2	0.9605	2	0.9530	1
广东	0.1237	8	0.5642	7	0.2509	8

注：模型计算值根据四舍五入原则皆取到小数点后四位，表4.6.6、表4.6.7同。

首先对各省市 1994—2008 年绩效均值进行分析。从表 4.6.3 可以看出，各省市 1994—2008 年综合技术效率均值排名顺序分别是北京、山东、浙江、天津、上海、江苏、福建和广东；纯技术效率均值排名顺序分别是北京、山东、上海、浙江、天津、江苏、广东和福建；规模效率均值排名顺序分别是山东、北京、浙江、天津、上海、江苏、福建和广东。

就 1994—2008 年纯技术效率均值来看，各省市均高于 0.5，其中，北京、山东和上海三个省市表现较好，纯技术效率均值达 0.9 以上。从规模效率来看，山东和北京两个省市表现较好，规模效率均值高于 0.9，而江苏、福建和广东规模效率均值不足 0.4。从综合技术效率均值来看，北京和山东两个省市较好，综合技术效率均值高于 0.9，而江苏、福建和广东综合技术效率不足 0.3。由比较可知，各省市纯技术效率比规模效率表现好，而综合技术效率表现不佳主要是由规模效率表现不佳所致。此外，广东、江苏和福建作为 20 世纪 90 年代中期以前与台湾经贸交往最活跃地区（吸引台资最集中、与台湾贸易额最多地区）排名反而在末尾，究其原因主要是规模效率低的缘故，即上述三个省的地区 GDP、财政收入、城镇居民人均可支配收入和全员劳动生产率这四个产出项与各地的台商投资累计金额、各省市与台湾的出口贸易额和进口贸易额这三个投入项的比例并未达适度规模。进一步从规模报酬分析（见表 4.6.4）来看，江苏、福建、广东自 1994 年以来都处于规模报酬递减状态，即产出增加率小于投入增加率（亦即投入量越多，所得到的每单位投入平均产出量越少）。造成这种态势的原因主要是台商在上述地区投资的产业仍然是以劳动密集型产业为主，即主要为传统的制造业,诸如技术含量低的食品、饮料、纺织品、制鞋、服装、玩具以及塑料制品等产业;虽然20世纪90年代后期,台商投资的技术密集型产业的比重不断上升,但仍未扭转其劳动密集型产业为主的格局,福建、广东依然是大陆最大的台商传统产业投资区。传统产业的显著特点是投入多、产出少、绩效低。其他地区一方面也存在类似的情况,另一方面,上海、浙江、山东、天津、北京这些地区是台商掀起第二、第三波[①]投资热潮所波及的地区,这些地区在这些时段的台商投资额、与台湾的贸易额迅猛增长,换言之,投入项的增长率凸显,而产出项的主要指标如地区GDP、城镇居民人均可支配收入和全员劳动生产率等指标的增长速度比不上投入项的增长速度。1995—2008年这13年期间,上述五个省市的GDP以及城镇居民的年均增长率分别为:北京17.14%、12.54%,天津16.68%、11.98%,山东16.10%、11.75%,上海14.77%、11.42%,浙江16.00%、11.32%;而同期各地与台湾的贸易额以及累计台商投资额这两项投入项的年均增长率分别为:北京37.04%、19.04%,天津23.05%、19.73%,山东25.41%、18.80%,上海32.58%、23.20%,浙江36.78%、25.86%。此外全员劳动生产率的年均增长速度也比投入项的年均增长速度慢(见表4.6.5)。

表4.6.4　各省市1994—2008年规模报酬分析

年　份	北京	天津	上海	江苏	浙江	福建	山东	广东
1994	irs	irs	drs	drs	—	drs	—	drs
1995	irs	irs	drs	drs	drs	drs	—	drs
1996	—	drs	drs	drs	drs	drs	—	drs
1997	drs	drs	drs	drs	drs	drs	drs	drs
1998	drs	drs	drs	drs	drs	drs	drs	drs
1999	drs	drs	drs	drs	drs	drs	drs	drs
2000	drs	drs	drs	drs	drs	drs	drs	drs
2001	—	drs	drs	drs	drs	drs	—	drs
2002	—	drs	drs	drs	drs	drs	drs	drs
2003	drs	drs	drs	drs	drs	drs	drs	drs

[①] 第二波从1992年至1999年,这个时期以大陆确立市场经济体制和台湾首次以"正面表列"准予部分制造业产品项目到大陆投资为转折点,自1992年台商投资大陆掀起了新的热潮。第三波从2000年至2010年,2000年下半年以来,随着两岸先后加入WTO,台湾产业掀起了新一轮以高新技术及相关产业主导的转移祖国大陆的热潮,台商投资增速明显加快。

海峡西岸和其他台商投资相对集中地区的经济发展

(续 表)

年 份	北京	天津	上海	江苏	浙江	福建	山东	广东
2004	drs	drs	drs	drs	drs	drs	drs	drs
2005	drs	drs	drs	drs	drs	drs	drs	drs
2006	drs	drs	drs	drs	drs	drs	drs	drs
2007	–	drs	drs	drs	drs	drs	–	drs
2008	–	drs	drs	drs	drs	drs	drs	drs

注：drs 代表规模报酬递减，irs 代表规模报酬递增，– 代表规模报酬不变。

表 4.6.5 1995—2008 年各要素增长率　　　　　单位：%

	京	津	鲁	沪	苏	浙	闽	粤
地区生产总值	17.14	16.68	16.10	14.77	15.45	16.00	14.41	15.73
城镇居民人均收入	12.54	11.98	11.75	11.42	12.09	11.32	11.45	8.41
财政收入	25.05	21.64	21.07	15.98	25.57	22.84	17.99	18.75
全员劳动生产率	13.86	14.89	13.34	12.97	14.93	13.78	12.12	12.00
对台出口	38.63	23.25	21.02	26.58	28.29	22.80	17.09	18.46
自台进口	36.42	22.96	29.77	36.14	38.40	48.22	7.18	17.53
台商累计投资金额	19.14	19.73	18.80	23.20	29.43	25.86	16.55	19.41
与台湾贸易额	37.04	23.05	25.41	32.58	35.43	36.78	8.25	17.78

资料来源：根据《中国统计年鉴》、各省统计年鉴，以及《"中华民国"统计月报》的相关数据计算。

尤值得一提的是，2000 年下半年以来，随着两岸先后加入 WTO，台湾产业掀起了新一轮以高新技术及相关产业主导的转移祖国大陆的热潮，台商投资增速明显加快。一方面，祖国大陆不断履行加入 WTO 承诺，各项法律、法规进一步健全，政策措施的透明度增强，整体投资环境不断改善。此外，祖国大陆拥有庞大且快速成长的市场潜力，对台商产生很大的吸引力，有利于拓宽台商在大陆的投资发展空间。另一方面，台湾岛内面临的竞争压力加大，产业调整与外移步伐逐渐加快。因此，2000 年下半年以来，两岸经贸活动日益热络。2000 年前后的绩效会有所变化，故本节分别对各地区 1994—2000 年与 2001—2008 年两个时期的相对效率均值做进一步的分析。

从表4.6.6可以看出,各省市1994—2000年综合技术效率均值排名分别为北京、山东、浙江、上海、天津、江苏、福建和广东;纯技术效率均值排名分别为北京、上海、山东、浙江、天津、江苏、广东和福建;规模效率均值排名分别为北京、山东、浙江、天津、上海、江苏、福建和广东。我们发现北京1994—2000年综合技术效率、纯技术效率和规模效率均值都排在第一位,而江苏、福建和广东的综合技术效率、纯技术效率和规模效率则排在末三位。从综合技术效率均值来看,各地区差异显著,北京和山东表现较好,分别为0.9551和0.8964,而江苏、福建和广东三个省则不足0.3。从纯技术效率均值来看,北京、上海和山东排在前三位,高于0.9,而广东最低,为0.3943。从规模效率均值来看,北京和山东表现较好,分别为0.9551和0.9424,广东表现不理想,规模效率不足0.4。

表4.6.6 各省市1994—2000年绩效均值排名

地区	综合技术效率		纯技术效率		规模效率	
	TE	排名	PTE	排名	SE	排名
北京	0.9551	1	1.0000	1	0.9551	1
天津	0.5624	5	0.7397	5	0.7480	4
上海	0.6721	4	0.9607	2	0.6986	5
江苏	0.2969	6	0.5696	6	0.5246	6
浙江	0.7247	3	0.8159	4	0.8833	3
福建	0.1786	7	0.3911	8	0.4711	7
山东	0.8964	2	0.9491	3	0.9424	2
广东	0.1339	8	0.3943	7	0.3447	8

从表4.6.7可以看出,各省市2001—2008年综合技术效率均值排名分别为山东、北京、天津、浙江、上海、江苏、福建和广东;纯技术效率均值排名分别为北京、山东、上海、浙江、天津、广东、江苏和福建;规模效率均值排名分别为山东、北京、天津、浙江、上海、江苏、福建和广东。从综合技术效率均值来看,各省市差异显著,山东和北京分别为0.9344和0.8910,而江苏、福建和广东则不足0.2。从纯技术效率均值来看,各省市表现较好,其中北京、山东、上海和浙江均高于0.9。从规模效率均值来看,山东表现最好,为0.9623,广东表现最差,规模效率不足0.2。

表 4.6.7　各省市 2001—2008 年绩效均值排名

地　区	综合技术效率		纯技术效率		规模效率	
	TE	排　名	PTE	排　名	SE	排　名
北京	0.8910	2	0.9930	1	0.8965	2
天津	0.6008	3	0.8258	5	0.7241	3
上海	0.4830	5	0.9365	3	0.5151	5
江苏	0.1899	6	0.6883	7	0.2845	6
浙江	0.5844	4	0.9295	4	0.6309	4
福建	0.1779	7	0.6275	8	0.2844	7
山东	0.9344	1	0.9704	2	0.9623	1
广东	0.1148	8	0.7129	6	0.1688	8

此外,将各省市 2001—2008 年绩效均值与 1994—2000 年绩效均值相比较可以看出:从综合技术效率来看,除天津和山东两个省市略有上升外,其他省市都有所下降;从纯技术效率来看,除北京和上海略有下降外,其他省市都有所上升;从规模效率来看,除山东略有上升外,其他省市都有所下降。由此可见,2000 年后,8 个省市之规模效率的进一步下降导致了其综合技术效率的进一步下降。其原因是产出项即上述各地的 GDP、财政收入、城镇居民人均可支配收入和全员劳动生产率这四个指标的增加率赶不上投入项即各省市的台商投资累计金额、各省市与台湾的出口贸易额和进口贸易额三个指标的增加率。由于这个时期两岸先后加入 WTO,一时间台商赴大陆各地投资额以及各地与台湾的贸易额陡增,2001—2009 年,台商赴大陆投资总额达 656 亿美元,是 1991—2000 年这十年台商赴大陆投资总额的 3.84 倍[1],至于两岸贸易额,2001—2009 年累计 2 566.8 亿美元,是 1991—2000 年这十年两岸贸易额的 1.47 倍[2],2001—2008 年两岸贸易年均增长率为 18.63%,而 1991—2000 年的年均增长率为 13.10%;相反,产出项的指标增长相对缓慢,2001—2008 年各地的人均 GDP 增长率分别为北京 16.17%、天津 17.90%、山东 17.87%、上海 14.09%、江苏 17.13%、浙江 16.95%、福建 14.11%、广东 16.70%。

为了进一步探讨各省市与台湾经贸合作所产生的经济发展绩效,下面对 1994—2008 年各地区绩效均值变动趋势进行分析(见图 4.6.1)。

---

[1]　依据《"中华民国"核准华侨及外国人投资、对外投资、对大陆间接投资统计月报》2009 年 12 月刊统计数据计算。

[2]　根据中华人民共和国商务部统计数据计算。

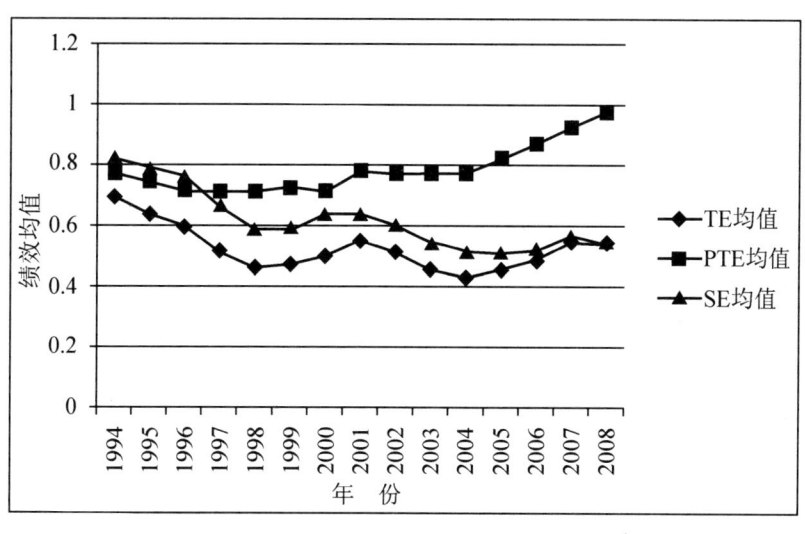

图 4.6.1　1994—2008 年各地区绩效均值变动趋图

图 4.6.1 反映了 1994—2008 年各地区绩效均值变动趋势，从图中可以看出，大陆台资集中区纯技术效率总体上呈上升趋势；规模效率总体上呈下降趋势，但波动幅度较大，从 1994 年后开始呈下降趋势，1999 年后开始上升，2001 年后又开始下降，至 2003 年达最低点，随后开始回升；综合技术效率变动趋势与规模效率变动趋势相仿，总体上呈下降趋势。

（二）影响各省市绩效的其他因素分析——Tobit 回归模型

将上述 8 省市的人口素质、交通状况、科技水平，以及 1997 年亚洲金融危机虚拟变量这 4 个外在影响因子纳入模型进行考量。Tobit 回归分析的实证结果见表 4.6.8。

（1）人口素质（hum）与各省市的综合技术效率、纯技术效率和规模效率都存在显著的正向关系，表明各省市人口素质越高，其绩效越佳。

（2）交通状况（com）与各省市的纯技术效率存在显著的正向关系，表明各省市交通状况越好，其纯技术效率越佳；与各省市综合技术效率和规模效率不存在显著关系，表明交通状况对各省市综合技术效率及规模效率影响不明显。

（3）科技水平（sci）与各省市综合技术效率、纯技术效率与规模效率都存在显著的正向关系，表明各省市科技水平越高，其绩效越佳。

（4）1997 年亚洲金融危机虚拟变量（dum）与各省市综合技术效率、纯技术效率与规模效率都存在显著的负向关系，表明 1997 年亚洲金融危机对各省市绩效包括综合技术效率、纯技术效率和规模效率均产生负面影响。

表4.6.8　各省市绩效影响因素Tobit回归结果

	综合技术效率 TE	纯技术效率 PTE	规模效率 SE
hum	0.069551***	0.08569***	0.112817***
	(5.263504)	(11.46419)	(9.181046)
com	0.000000631	0.00000131***	-0.000000427
	(0.928638)	(3.366733)	(-0.677636)
sci	0.10485***	0.048088**	-0.000688
	(2.850903)	(2.350379)	(-0.020204)
dum	-0.268068***	-0.095186**	-0.331853***
	(-3.502954)	(-2.20691)	(-4.656201)
对数似然值	-31.96558	44.61939	-23.36071

注:(1) *、**、*** 分别表示在10%、5%和1%的条件下显著;(2)估计系数下的括号中的数值为估计系数的 t 统计量。

五、结论与建议

本节利用1994—2008年江苏、广东、上海、福建、浙江、山东、北京和天津8个台资集中区的面板数据,采用数据包络分析方法(DEA)及Tobit回归模型就大陆8大台资集中区与台湾经贸合作对各地的经济发展绩效进行探讨,得出如下结论:(1)1994—2008年间,8省市的纯技术效率总体上表现较好,而从综合技术效率来看,总体上表现并不理想,究其原因主要是规模效率表现不佳;(2)从各省市绩效排名来看,与台湾经贸合作活跃、与台湾贸易额较大以及吸引台资较多的省市,其绩效并非很理想,而导致这些省市综合技术效率偏低的原因主要是规模效率偏低;(3)通过比较各省市2001—2008年和1994—2000年的绩效均值发现:2000年后,各省市之规模效率的进一步下降导致了各省市综合技术效率的进一步下降;(4)从各省市1994—2008年绩效变动趋势来看,各省市纯技术效率总体上呈上升趋势,规模效率总体上呈下降趋势,而综合技术效率和规模效率的变动趋势基本上相同,总体出现下降的态势;(5)Tobit回归结果显示,人口素质及科技水平的确会影响各省市与台湾经贸合作对各地的经济发展绩效,交通状况越好,其纯技术效率越佳,此外,1997年亚洲金融危机对各省市的经济发展绩效均产生负面影响。

综合技术效率可分解为纯技术效率和规模效率。实证结果表明,大陆8大台资集中区与台湾经贸合作对各地的经济发展绩效中,其综合技术效率并不高,原因是规模效率不高。另外,各省市与台湾的经贸合作中,那些贸易额较大及吸引台资较多地区,其绩效排名反而在后面。

  针对这些问题,为进一步提高各地区与台湾的经贸合作对各区域经济发展的绩效,我们建议:一是对于台商劳动密集型产业集中的福建、广东、江苏等地区,各地政府应积极引导台商投资产业的转型升级,同时鼓励那些在福建东南沿海、珠三角等地区已处于劣势但在大陆中西部仍具比较优势的台资传统制造业产业转移至中西部地区以获得新的发展;另外,福建在上述各地区中其交通便捷程度比较差,因此福建应当抓住"海峡西岸经济区"建设的契机,加快交通等基础设施的建设,不断改善台商投资环境,促使台商投资再上新台阶。二是对于上海、北京、天津等经济比较发达、科技力量雄厚的地区,各地政府应积极引导台湾高新技术产业到上述地区投资,促进台资企业规模效率的提高和改善。三是对于山东而言,山东是大陆第二大人口大省,既要注重对台资劳动密集型产业的引进,又要重视对资本密集型和技术密集型产业的引进;而对于浙江而言,更多的是加大对资本密集型和技术密集型台资企业的引进。四是各地对台商投资要从过去只重视引资数量转向重视投资质量的轨道上来,强化资源的合理利用与生态环境的有效保护,促使那些"能耗高、污染大"的台资企业向"高能效、低能耗和低碳排放"的模式转型,走可持续发展之路。五是统计数据表明,上述各地台资、各地与台湾的贸易额在各地的境外投资、各地的贸易额中所占比重很小。1991—2008 年的 18 年,各地台资占各地总投资额的比重(为年平均占比)分别为[①]:福建 18.66%、江苏 10.52%、浙江 8.64%、山东 7.76%、上海 4.76%、广东 3.65%、天津 3.29%、北京 2.19%;1996—2008 年的 13 年,各地与台湾的贸易额占各地总贸易额的比重(为年平均占比)分别为:福建 11.68%、江苏 8.68%、广东 8.40%、上海 5.49%、浙江 4.15%、北京 3.96%、天津 3.39%、山东 2.01%。从整个大陆来看,2009 年台资在大陆累计吸收境外投资中仅占 5.2%(按实际使用外资统计)。各地台资以及与台湾贸易额小的原因是,在《海峡两岸经济合作框架协议》(ECFA)签订以前,台湾当局禁止陆资赴台,对大陆产品出口到台湾有诸多限制;两岸经贸交往呈现出"只有台资到大陆"、"大陆对台贸易逆差严重"这样一种"单项投资"、"贸易高度失衡"的经贸交往格局。由于投入项的比重小,对产出项的拉动作用就小,使得规模效率不高。为此,应当

[①] 浙江为 1992—2008 年的年均占比,福建为 1995—2008 年的年均占比。

海峡西岸和其他台商投资相对集中地区的经济发展

牢牢抓住 ECFA 签署所带来的"陆资赴台、扩大对台出口"的机遇①,不仅要加大引进台资的力度,而且要鼓励资金富足的广东、上海、北京等地以及其他地区的企业赴台投资,同时各地应当扩大对台出口,尤其要注重贸易质与量的提高,扩大高新技术产品贸易,进一步提高高新技术产品在两岸贸易产品中所占的份额;换言之,就是要促使两岸的投资额、贸易额实现量和质的大飞跃,以此提升规模效率乃至整体绩效。六是从实证结果看,金融危机对绩效有负的影响,因此,要从东南亚金融危机、美国次贷危机中吸取教训,不断完善金融体质,促使金融业更好地为大陆经济发展服务。另外,值得一提的是,规模效率小的一个很重要的原因是各地的产出项即地区 GDP、财政收入、城镇居民人均可支配收入和全员劳动生产率这四个指标的增长比较缓慢,而产出项各指标增长缓慢的原因除了模型中的因素外,还有各地自身的因素诸如消费需求、其他境外投资以及对其他地区的贸易等。因此,各地区还得通过扩大内需等促进自身 GDP 等产出项的持续增长,从而提升各地经济发展绩效。

---

① 2010 年 6 月 29 日 ECFA 的签订标志着两岸的经贸合作、交往进入了制度化、程序化、规范化的新阶段,也意味着两岸的经济合作享有比 WTO 更多的优惠,两岸间的贸易、投资更加自由,两岸间的经济合作更趋紧密,从而改变了以往只有"台资到大陆"、"对台出口受台湾限制"这样一种"单项投资"、"贸易不对等"的经贸交往格局,也为陆资赴台、扩大对台出口提供了新的契机。

第五章 后 ECFA 时期台湾与大陆台资集中区的经济整合

进入 21 世纪以来,经济全球化和区域经济一体化成为世界经济发展中两股并行不悖的潮流。经济全球化的深化推动了区域经济一体化的进程,同时加速了区域经济整合的步伐,而位于东亚的中国大陆和台湾地区同样面临着经济整合的挑战。随着两岸经济实力的消长及经贸交流的密切发展,台湾对大陆,尤其是对大陆台资集中区的经济依赖不断加深,从而构成了双方经济整合的现实基础。2010 年 6 月 29 日,ECFA 的签订意味着两岸的经济整合由功能性整合进入了制度性整合时期,因此,台湾与大陆台资集中区的经济整合进程更快了。

第一节 台湾与大陆台资集中区的经济整合分析

20 世纪中叶后,台湾曾以高速的经济增长率、较低的失业率、合理的基尼系数和特有的经济发展机制引起人们的高度关注。但 20 世纪 90 年代中期以来,特别是进入 21 世纪,这一切发生了逆转:经济增长连续多年位居"亚洲四小龙"之末、失业率上升、分配差距拉大,并已引发社会不满。相比之下,改革开放后的中国大陆造就了令世人震惊的"中国奇迹",经济增长速度始终位于世界前列,并在成功加入 WTO 后迎来了对外开放的新局面。中国大陆地区从 2003 年开始融入区域经济整合的浪潮,先后与东盟、中国香港和澳门地区签署了区域经济合作的协定。2010 年 6 月两岸 ECFA 的签署加快了台湾与大陆台商投资集中区乃至整个大陆的整合进程。

一、两岸实行经济整合的必要性、可行性

(一) 经济整合的内涵

对于经济整合的内涵,理论界至今未能给出比较一致的见解。一般地,经济整合指的是不同的经济体系相互之间结合的经济区域结构,在区域内共同废除彼此的某些经济壁垒,进行适度合作和协调,取长补短,相辅相成,发挥双边

海峡西岸和其他台商投资相对集中地区的经济发展

或多边的整体优势,以推进区域经济发展。[①] 笔者认为,经济整合是在区域经济一体化的背景下,以相关国家或地区间的物资、资金、人力和技术等诸生产要素的自由流动为前提,经贸合作从松散到紧密,产业分工从单一到混合,资源配置从低效到合理的发展过程,以提高区域经济竞争力。可以说,经济整合是经济全球化的初级形态,也是区域经济一体化的阶段表征。

台湾与大陆台资集中区有着密切的经贸合作关系,实现经济层次的全面整合对于两岸未来的经济成长来说都具有十分重要的意义。两岸尤其是闽台两地有着悠久的交往历史,以及与生俱来的亲缘关系,在目前两岸关系比较缓和的态势下,推动两岸的经济合作和整合,加快建立海峡西岸经济区,与现有的"三大经济区"(即珠江三角洲经济区、长江三角洲经济区、环渤海经济区)形成全国一盘棋的大好局面,对进一步推动两岸经济合作,结合两岸四地的资源,共创"中华经济圈",应该说是有现实而深远意义的。

(二) 两岸实行经济整合的必要性

从两岸经济发展的进程来看,大陆经济正处于工业化的重要时期,经济持续高速增长,同时机遇大于挑战,机会多于困难;台湾经济虽然进入"后工业化时期",也即中低速增长的时期,但自21世纪以来,由于政局动荡加之"浅蝶形"经济的固有弊端,挑战大于机遇,困难多于机会。从而,在这样的背景下,实现两岸经济的合作与整合,则是实现两岸经济共同发展,振兴中华的必由之路,是兼顾二者利益诉求的最佳路径。

1. 两岸经济整合是区域经济一体化的必然要求

经济全球化与区域经济一体化已经成为当今世界经济发展的最有力标志。这就提醒我们,必须把经济问题放在国家和地区发展的首位。也正是出于这样的考虑,才导致了欧盟、北美自由贸易区、东盟自由贸易区等区域经济一体化组织的层出不穷,并引发了两岸学者就两岸四地建立"中华经济圈"的思考。改革开放后,大陆地区的对外贸易在国民经济中占据着举足轻重的地位,导致其逐渐受制于国际经济的波动。面对日益激烈的国际竞争,中国这一经济大国也急需考虑如何演变为世界经济强国,如何保持经济的持续增长,加速产业结构的升级,发挥市场经济的自发调控作用,以更好地融入经济全球合作的浪潮中。同时,台湾地区由于其自身地域和资源的限制,以及对外贸易过高的依存度,使得其极易受制于世界经济的变迁。于是在亚洲金融危机与政党更替后,经济转型和产业升级无法突破"瓶颈",岛内投资意愿低落,居民消费需求不足,出现了

---

① 刘克辉,单玉丽.区域经济整合与台湾海峡经济区的构想[J].福建学刊,1998年第2期。

长期增长乏力的隐忧。① 而且,在美国贸易保护主义的压力下,台湾提出"市场分散化",却由于在欧美和东南亚国家投资市场的饱和,唯有选择投资大陆。在这样的经济格局下,加强两岸的经济合作,实行经济整合是最佳出路。正如台湾舆论所指出的那样,台湾经济的发展不能局限于这个小岛,而必须以大陆为腹地来维持与推动。

2. 两岸经济整合是一国两制下实现祖国统一的前提

改革开放后,"一国两制"构想在香港和澳门两地的成功实施,为两岸关系的发展指明了前进的方向。台湾是我国领土不可分割的一部分,台湾问题是关系到祖国政治稳定和经济安全的重大问题,实现祖国统一是包括两岸同胞在内的全国人民的共同心声。随着改革开放的深入,两岸经济合作也走过了近三十年的历程,可以说,在中央政府的大力支持下,祖国大陆与港、澳、台的经济合作日益密切,业已呈现"共生共荣"的局面。尤其值得一提的是,自两岸关系缓和以来,福建、广东等由于地理和历史原因,与台湾的经贸合作一直居全国前列,并已形成良性互动之势,为进一步进行经济整合奠定了坚实基础。然而,台海关系随着1997年台湾当局推行的"戒急用忍"而不断恶化,其对大陆采取的政治封闭和经济封闭行为显然是愚昧的,对于台湾经济只会带来被快速边缘化的危机,也无助于提升台湾人民的福祉。既然从政治上难以取得短时期内的突破,只有从经济出发,在经济合作的基础上寻求整合,通过合理的区域战略布局、互补互利的经济发展方式来调整心态,构建海峡两岸资金流、物流、信息流的直接沟通平台,加快台湾与大陆台资集中区域间的经济互动,实现两岸经贸直接、双向和共赢的局面。因此,经贸的融合发展将有效地推进两岸经济的一体化,促进两岸的和平与繁荣发展,加速祖国统一大业的完成。

3. 两岸经济整合是双方经贸合作升级的必然结果

从经济发展的阶段性特征来看,两岸实行经济整合是经济合作的高级阶段,是经贸合作升级的必然结果。自从1987年年底两岸同胞隔绝状态被打破以来,两岸的经济合作和文化交流不断深入,推动着两岸经济整合的进程。从两岸贸易规模和台商赴大陆投资来看,截至2010年12月底,两岸间接贸易总额累计为11 089.6亿美元,其中,祖国大陆对台湾出口累计为2 019.46亿美元,自台湾进口累计为9 070.14亿美元,台湾对大陆的贸易顺差累计达7 050.68亿美元,大陆已经成为台湾第一大出口市场和最大的贸易顺差来源

---

① 穆怀阁.台湾局势与两岸关系观察[M].九州出版社,2006年,第145页。

地,实际利用台资520.2亿美元,占大陆累计实际利用外资比重的5%。此外,海峡两岸人员往来相当频繁。所以,海峡两岸经济整合进程加快,且具有不可逆转的强劲趋势。

4. 生产要素的差异决定了两岸经济整合是必然趋势

海峡两岸在生产要素上具有较强的差异性,这些差异性体现在资源、劳动力、资金、技术和市场等各方面,并由此奠定了两岸经济整合的基础。一方面,祖国大陆地域辽阔,自然资源丰富,劳动力资源充足且廉价,有着广阔的市场前景。然而,由于缺乏雄厚的资金支持,技术水平和管理经验仍比较落后,产业结构上仍然以较落后的农业和附加值较低的制造业为主导,第三产业的规模效应尚未形成。另一方面,台湾地区拥有相对雄厚的资金,以及先进的科技实力,电子、石化、机械和金融等行业较为发达,但其受限于狭小的市场空间,以及昂贵的劳动力成本,经济外向度高。由此可见,两岸生产要素存在较大的差异,即较强的互补性。随着2001年两岸先后成功加入WTO尤其是2010年6月29日ECFA的签署,两岸可以利用经济的互补性促进两岸产业的分工合作,如台湾地区可以将其具有比较优势的电子和机械制造产业转移至大陆地区,利用大陆广阔的市场和资源优势扩大其经营网络,形成优势互补、产业互动、共同获利的合作伙伴。由于这种互补性,地域间的分工协作成为可能,经济整合也自然成为产业分工与协作的题中之意。

(三)两岸实行经济整合的可行性

1. 一脉相承的纽带是经济整合的历史基础

海峡两岸仅一水之隔,平均距离仅190公里,最窄处只有130公里,可谓咫尺相望。两岸的自然气候、海岸地貌、地质植被都有相同之处,语言相通,习俗也相近,更有"血浓于水"的亲缘和血缘关系,现今台湾80%的人口祖籍在福建。可见,在两岸之间,尤其是闽台两地之间具有地缘近、血缘亲、文缘深、商缘广、法缘久的"五缘"优势,为实现闽台两地乃至两岸间更紧密和深入的经济整合提供了历史条件。我们完全有理由相信,如此独特的历史根基对于闽台以及其他台资集中区都是一笔宝贵的财富,也只有在两岸尤其是闽台间率先试行全方位的经济整合,以后逐步推广到其他经济地带,才能提高祖国大陆的产业层次,扩大对外贸易水平,并且有助于两岸经贸和政治关系的进一步整合。

2. 国家政策的扶持是经济整合的政治基础

从本质上看,两岸经济的整合具有较高的政治敏感度,无论对于大陆还是台湾地区都是如此。因此,大陆始终重视两岸整合的工作开展,并不断加大政策支持的力度。从政策层面分析,2005年党的十六届五中全会通过的"十一五"规划建议明确提出"支持海峡西岸经济区和其他台商投资相对集中地区的经济发展,促进两岸经济技术交流和合作";2006年十届全国人大四次会议上的《政府工作报告》和《国民经济和社会发展第十一个五年规划纲要》都明确提出支持海峡西岸经济发展;2006年年初,胡锦涛总书记视察福建时,希望福建抓住"中央继续鼓励东部地区率先发展、支持海峡西岸经济发展的重大历史机遇,推动经济社会又快又好发展";2007年10月,在举世瞩目的党的"十七大"报告中,胡锦涛总书记提出:"我们理解、信赖、关心台湾同胞,将继续实施和充实惠及广大台湾同胞的政策措施,依法保护台湾同胞的正当权益,支持海峡西岸和其他台商投资相对集中地区经济发展";2009年5月,国务院颁布了《关于支持福建省加快建设海峡西岸经济区的若干意见》,从而"海西区"发展战略从地方发展战略上升为国家发展战略。在"十二五"规划纲要中明确提出"充分发挥海峡西岸经济区在推进两岸交流合作中的先行先试作用"。这一系列政策和规划的出台,充分表明了祖国大陆对于增进两岸经济往来,加快大陆台资集中区经济发展的决心,从而为两岸的经济整合提供了坚实的政治保障。经济基础决定上层建筑,只有实行了经济上的整合,才可能谈政治上的和平统一。

3. 大陆与台湾经济差距的缩小是经济整合的经济基础

祖国大陆在改革开放的三十多年里,经济取得了长足的发展,综合竞争力显著增强,不仅与台湾经济差距缩小,在经济规模、发展速度和投资水平上,甚至将台湾远远地抛在身后(见表5.1.1)。

首先,在经济总量方面,2005年大陆GDP总量首次跨过2万亿美元大关,是台湾的6.36倍,而且大陆GDP从1991年到2010年提高了近16倍;其次,在经济增长速度方面,1991—2010年的20年间,大陆GDP年均增长率达到14.63%,尤其是从2003—2007年始终保持着10%以上的增长速度,显示了其强大的经济实力;2008年以来虽受全球金融危机的影响,但仍然以8.7%以上的中高位速度运行。而台湾经济在2000年政党轮替之后,在2001年出现了惊人的负增长,在随后的五年内经济景气虽然有所回升,但是2008年以来,受全球金融危机的影响,一路下滑,2009年其经济成长率跌到-1.87%。最后,从投资水平而言,随着大陆地区经济的蓬勃发展,国际资本纷纷趋之若鹜,从而带来了大量的外商投资,其中包括许多台商投资成果。以与台湾仅一水之隔的福建为例，闽台经贸合作开展二十余年来，已取得明显成效。台湾成为福建吸收外资的第二大来源，是福建的第三大贸易伙伴、第一大进口来源地。台商到福建投资的热度仍在增长，据台湾"经济部"投资审议委员会统计，1991—2010年累计核准台商赴闽投资项目5 383件，合计金额67.4亿美元。在后ECFA时期，大陆地区必然是台湾地区投资的首选。目前，大陆（尤其是沿海地区）的经济发展呈现超越台湾之势，两岸对比格局发生调转，出现了"大陆高、台湾低"的全新态势，因此，台湾地区要想促进经济的早日繁荣，恢复"亚洲经济强者"的本色，就不得不依靠大陆这个高速增长的"经济火箭"，以大陆为其经济发展的驱动力；为此，台湾努力促进与大陆的经济整合方为其明智之举。

表5.1.1　大陆与台湾经济规模比较

年　份	大陆			台湾		
	GDP（亿美元）	增长率（%）	人均GDP（美元）	GDP（百万美元）	增长率（%）	人均GDP（美元）
1991	3 795.69	9.2	356	179 370	7.60	8 982
1992	4 226.61	14.2	419	212 200	7.50	10 502
1993	4 405.01	14.0	520	224 266	7.00	10 964
1994	5 592.25	13.1	469	248 337	7.11	11 806
1995	7 280.07	10.9	604	269 125	6.42	12 686
1996	8 560.85	10.0	703	293 303	6.30	13 714
1997	9 526.53	9.3	774	303 127	6.59	14 048
1998	10 194.59	7.8	821	278 154	4.55	12 773
1999	10 832.76	7.6	865	301 562	5.75	13 737
2000	11 948.80	8.4	949	325 698	5.77	14 721
2001	13 248.05	8.3	1 042	297 374	-2.17	13 348
2002	14 538.28	9.1	1 135	301 816	4.25	13 476
2003	16 409.67	10.0	1 274	309 340	3.43	13 752
2004	19 316.44	10.1	1 490	333 422	6.07	14 770
2005	22 570.68	10.4	1 716	355 009	4.09	15 676

(续　表)

年　份	大陆			台湾		
	GDP（亿美元）	增长率（％）	人均GDP（美元）	GDP（百万美元）	增长率（％）	人均GDP（美元）
2006	27 168.69	11.6	2 028	385 957	5.44	16 911
2007	35 055.30	13.0	2 568	403 267	5.98	17 596
2008	45 327.92	9.6	3 268	412 592	0.73	17 941
2009	49 687.31	8.7	4 351	391 573	-1.87	16 969
2010	58 775.83	10.3	4 383	444 008	10.59	19 188

资料来源：大陆的数据来自于中华人民共和国国家统计局网站(http://www.stats.gov.cn)，大陆人均GDP为作者根据人民币美元汇率的年平均价计算。台湾的数据来源于《台湾"国民经济"动向统计季报》以及《"中华民国"统计月报》各期。台湾经济成长率系实质GDP成长率。

4."一国两制"的成功是经济整合的制度基础

"一国两制"在香港、澳门的实践表明，该构想是完全正确的，具有强大的生命力。其实，邓小平最早提出的"一国两制"构想是针对台湾的，却由于历史原因在香港首先践行。回归后的香港不仅维持原有的社会制度不变，而且依然保持了金融、贸易和航运中心的地位，保持着独立的财政税收制度和金融货币制度，继续执行自由贸易区政策。同时，香港抓住回归祖国的大好时机，发挥了内地在资源、市场、劳动力及科技力量等方面的腹地作用，提升了香港的经济结构和竞争力。[①] 如此成功的经验为两岸的经济整合奠定了牢固的制度基础，足以说服台湾当局与广大民众，让他们深信国家和平统一不但不会损害其当家做主的愿望，而且让他们更多地享有国家创造的财富。此外，在两岸先后加入WTO后，世界经济的格局发生了显著的变化，多元化的国际关系呼唤"地缘经济时代"的到来，这对于在政治和经济上对大陆闭锁的台湾来说，无疑是一种潜在的巨大威胁。为了防止出现经济边缘化的局面，台湾当局唯有在承认"一个中国"的大前提下，积极稳妥地推进两岸经贸合作关系，充分发挥台湾与大陆以及香港的产业互补优势，与大陆携手推进两岸经济整合的进程，才能拓展台湾的"国际生存空间"，与大陆实现"你中有我，我中有你"的良性互动局面。

[①] 许世铨.激荡中的台湾问题[M].九州出版社，2007年，第13页。

海峡西岸和其他台商投资相对集中地区的经济发展

二、两岸实行经济整合的进程

海峡两岸经济整合是指源于市场机制自发的内在要求,以经济活动本身的高度密切为基础的海峡两岸经济整体联系性的增强。从海峡两岸经济整合的现实看,虽然还存在诸多问题,但总体上还是不断向高层次发展。从两岸经贸关系发展的历程来看,与生产要素联系密切的物流、资金流、人流和技术流共同推动着两岸的经济整合。目前,两岸的经济合作机制属于由市场机制推动的,以政策为导向的运行机制。可以说,经济整合还处于功能性整合的层次,即仅以经济上的合作为基本形式。由于政治上的因素,两岸经济整合始终停留在由民间自发形成的、间接的、未形成规模效应的经济安排上。但是,随着ECFA的付诸实施和日渐完善,两岸经济整合将会走向更加规范和稳定的制度性整合阶段。

纵观两岸经济整合的演进,1987年是具有标志性意义的一年,其间国民党解除了戒严令,首次开放民众赴祖国大陆探亲,从此两岸在人员往来、投资与贸易方面的活动变得日益频繁起来,海峡两岸间的物流、资金流与人流与日俱增,两岸经济整合拉开了序幕。而2010年6月29日,大陆海协会与台湾海基会领导人在重庆签署的ECFA则标志着两岸的经济整合进入了制度化、程序化、规范化的新阶段,也意味着两岸的经济合作享有比WTO更多的优惠,两岸间的贸易、投资更加自由,两岸间的经济合作更趋紧密。① 大体上,我们可以将三十多年来海峡两岸经济整合的演变进程大致划分为四个阶段:

(一)两岸经济整合的闭锁阶段(1979—1986)

改革开放后,我国党中央领导人站在历史的战略高度,开始寻求使两岸结束紧张关系的出路,这种利益诉求充分体现在1979年年初全国人大常委会发表的《告台湾同胞书》中,其中表达了大陆追求和平统一的愿望。然而,台湾当局采取"以不变应万变"的举措,固执地提出"不接触、不谈判、不妥协"的"三不"政策,甚至诬蔑大陆是"叛乱集团",两岸"水火不相容"的敌对状态可见一斑,至于经济合作就更是无从谈起了。然而,从20世纪80年代起,大陆继续对台实施开放和鼓励政策,最典型的要属叶剑英提出的关于"通邮、通商、通航"(即"三通")的政策建议,以及邓小平所倡导的"一国两制"的科学构想。而台湾当局在大陆的积极推动及舆论的压力下,对大陆的"合作"政策不再采取极力

---

① 戴淑庚等.后ECFA时期福建产业面临的冲击与因应对策[A].第四届海峡经济区高层论坛论文集,2010年12月,第266—172页。

排斥的做法,尤其从1985年下半年起对大陆转口贸易实行"不鼓励、不干涉"的原则,并带来了当年贸易额11亿美元的佳绩。尽管如此,两岸的经济整合仍然处于闭锁状态,双方的经济合作只是在两岸关系难得的松动中求得了一丝发展的空间。

(二)两岸经济整合的兴起阶段(1987—1995)

这一阶段可谓是两岸关系的转折阶段,其间海峡两岸由长期敌对开始走向关系趋缓,而经济整合也打破了长久封锁的状态。大陆方面针对双方形势的变化,积极调整对台政策,对台商投资采取了一系列特殊政策与灵活措施。1988年国务院颁布了鼓励台商投资的"二十二条",又相继建立马尾、杏林、海沧与集美四大台商投资区。此外,台湾当局为了"求生存、求发展",解除了戒严令,改变了以往封闭的政治气氛,对于大陆的限制性交流政策也有所松动。具有标志性意义的是1987年台湾当局开放民众赴大陆探亲,为两岸经贸往来和经济整合开辟了道路,从此海峡两岸的经济整合从闭锁走向萌芽。据统计,在开放通行令的短短一年内,大约有45万台胞踏上了自己的故土,同时有1 000多名大陆同胞赴台与亲人团聚,在随后的几年间,两地居民往来就更加频繁了。从经贸合作的成果来看,由于两岸最早开放了"三通"中的"通商",因此海峡两岸贸易额不断增长,1987年双方转口贸易额达到15.8亿美元,而1991年猛增到57.93亿美元;在实际利用台资方面,1991年台商对祖国大陆的实际投资为4.66亿美元。

在开辟了两岸经贸往来的大好形势下,邓小平同志的南方讲话与中共"十四大"的顺利召开从客观上推动了两岸整合的步伐,随后我国进入建设社会主义市场经济与加快改革开放的新时期。1994年我国颁布了《台商投资保护法》,对台商投资采取"同等优先、适度放宽"的政策,引发了台商大陆投资的新热潮。在台商投资的带动下,海峡两岸间的物流、资金流与人流更加频繁,可以说海峡两岸经济整合进入了成长阶段。1994年两岸经香港转口的贸易就达到了98.05亿美元,比1979年增加了120多倍,年平均增长率高达35%,同时,台商投资祖国大陆的增长速度更快,至1995年年底,台商到祖国大陆投资的总额已达58.5亿美元。另外,台商为了降低运营成本,开始在大陆对其所需的原料、中间产品和零部件"就地取材",实现了本土化经营。因此,在这个阶段,物流、人流以及资金流在两岸整合中发挥着重要的作用,各种形式的技术合作、农业开发以及区域合作等经济联系不断发展,同时海峡两岸产业分工模式也开始突破单一的"台湾接单、大陆生产"的垂直分工模式,并逐渐呈现水平分工的局面。

(三) 海峡两岸经济整合的徘徊阶段(1996—1999)

两岸经济整合的步伐未能如人们所预期的那样一帆风顺,而是伴随着台湾当局政治压力的加大而受到了较大的限制,同时亚洲金融危机也使台湾经济发展受到了冲击。在政治方面,李登辉自从1988年上台以来,对两岸关系的立场从原先的"一个中国"逐步转变为"一中一台"。1994年,李登辉在台湾当局发布的《台海两岸关系说明书》中虽然声称坚持"一个中国",但是从那时起,他就开始有计划地推行其"隐性台独"的政策,这种掩人耳目的做法直到其下台前九个月演变为"两个中国"和"一中一台"的公开声明。同时,这个阶段"台独"势力所奉行的"戒急用忍"政策也极大地扼杀了两岸经济整合的苗头。

此外,台湾当局在政治上对两岸经贸合作的不断施压,使得台湾尝到了亚洲金融危机的"恶果"。台湾的对外贸易依存度较高,极易受到世界经济波动的影响。在这一阶段,海峡两岸之间无论是物流、资金流,还是人流都有所放缓,双方贸易额维持在200亿美元的水平,台商实际投资从1997年的32.89亿美元减至1999年的25.9亿美元。与此同时,海峡两岸人员往来人次增速明显放缓,以入境台胞人数为例(见图5.1.1),1996年至1999年的四年间仅上升了不到50%,1997年和1998年几乎持平。此外,台湾当局的错误政策还放慢了两岸企业的合作步伐,体现在限制基础设施企业和高科技企业投资大陆,严重影响了技术密集型产业向大陆的转移。海峡两岸经济整合在这个时期迫于政治的压力进入了徘徊阶段。

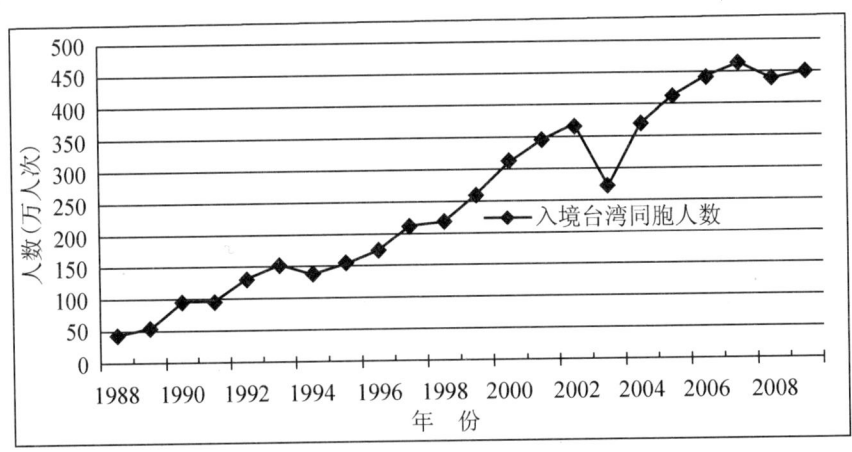

图5.1.1　1988—2009年入境台湾同胞人数

资料来源:根据国家旅游局统计数据绘制。

(四)海峡两岸经济的整合提速阶段(2000年—2010年6月)

进入21世纪以来,台海关系的局面发生了一些微妙的变化,从总体上看还是呈现出加速的经济整合势头。

首先,伴随着海峡两岸先后加入世贸组织,祖国大陆与台湾方面均对海峡两岸经贸政策做了一系列调整,极大改善了海峡两岸经济整合环境,显示出大陆对台湾经济的助推作用。这一阶段,两岸的贸易整体上呈现良好的增长态势。以台湾的贸易状况来说明,2000年是一个转折点,此后,台湾地区的对外贸易一路攀升,虽然2004年后出现了下调,但是从2006年起逐渐恢复。在两岸经贸推进步伐加快的同时,技术的交往也更趋深入,贸易产品的技术含量也逐步提高,呈现出产业内贸易的新特征。同时,台商投资已不再停留于传统产业的单纯转移,而是包含了高技术产品在内的新兴制造业的急剧扩张,以电子资讯为代表的技术密集型产业成为台商投资的主流。台商投资产业层次趋向高级化,两岸产业分工进一步从垂直分工向水平分工模式转变,台商投资经营本土化趋势明显。在人流方面,海峡两岸人员往来频繁,台湾居民赴祖国大陆人数由2000年的310.86万人次升至2009年的448.4万人次,而祖国大陆居民赴台也由11万人次升至93万人次。

其次,2000年陈水扁上台后,多次抛出"急独"论调,严重破坏一个中国原则。2003年9月首次提出"催生台湾新宪法",2005年6月启动"第二阶段宪改",2006年"元旦讲话"和"春节讲话"中声称2007年举办"新宪公投",妄图以"宪法"和"法律"的形式,确立"台湾是一个主权独立国家"的地位。更令人难以容忍的是,由于李登辉的纵容,"台独"活动公开化、合法化,岛内外"台独"逐渐合流。陈水扁上台后,"台独"团体及其社会组织恶性发展,岛内外"台独"势力联手进行大型"台独"造势活动,无形中助长了"台独"分子的嚣张气焰。政局的动荡对处于经济复苏期的台湾来说是极为不利的,尤其是台湾的引资能力受到抑制,核准华侨及外国人投资从2001年起始终在走下坡路(见图5.1.2),2002年达到了32.72亿美元的新低,而后逐步回升,至2007年达最高峰153.61亿美元,随后受国际金融危机的冲击,核准华侨及外国人投资2008年、2009年开始下滑,至2009年为47.98亿美元。

(五)海峡两岸经济整合进入制度性整合时期(2010年6月以来)

在两岸签署ECFA之前,两岸的经济整合还只是功能性整合,也就是说两岸之间的经贸交往与合作并没有以双方达成的协定、条约等法律契约形式对其进行制度上的规范与安排,只是各自制定了一系列经贸政策以规范两岸之间的

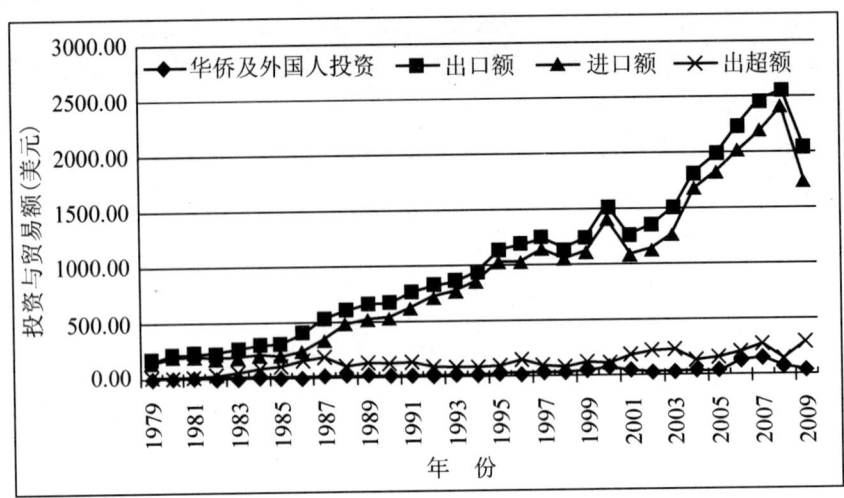

图 5.1.2　1979—2009 年台湾地区核准华侨及外国人投资与贸易状况
资料来源：根据历年《台湾统计年鉴》绘制。

经贸交往。而 2010 年 6 月 29 日 ECFA 的签署意味着两岸的经济整合进入了制度性整合时期。

　　该协议的签订旨在"逐步减少或消除彼此间的贸易和投资障碍，创造公平的贸易与投资环境；进一步增进双方的贸易与投资关系，建立有利于两岸经济繁荣与发展的合作机制"①。虽然 ECFA 作为自由贸易的初级形态，只是一个框架协议，即在正式协议之前所拟定的纲要，仅先制定架构及目标，具体内容日后再协商，但它毕竟是两岸经过协商达成的从制度层面上对两岸经济合作进行规范的基本协议。该协议遵循 WTO 的原则，对两岸间的主要经济活动进行了规范和制度安排。由于协议中具体内容的协商尚需时日，所以两岸以务实的态度率先制定了《早期收获协议》(Early Harvest)②。在协议的附件《货物贸易早期收获产品清单及降税安排》(以下简称"早期收获清单")中，对两岸合计 806 项商品实施关税减让，并在 3 年内实现零关税；相互开放 26 项金融服务贸易项目，大陆对台湾 18 项农产品实施零关税。《早期收获协议》的实施，将加快两岸贸易的发展和服务业的合作。

　　另外，该协议在秉承 WTO 精神的同时，赋予其"两岸特色"。由于两岸关系

---

　　①《海峡两岸经济合作框架协议》(ECFA)。
　　② 由于协商签署正式协议旷日持久，故先签署纲要式的框架协议，同时就攸关生存关键的产业先进行互免关税或优惠市场开放条件的协商，协商完成者先执行，这部分称为"早期收获"，也就是规定双方可以在现阶段提早享有降税与服务业开发利益的项目。

的特殊性以及两岸经济规模的差异性,尤其是考虑到台湾目前经济的窘境,大陆在推动两岸贸易自由、投资便利化的过程中,做出了诸多惠台举措和高姿态的让利格调。在早期收获清单中大陆单方面对台湾部分农产品实施零关税,台湾对大陆不增加新的农产品开放项目,维持现行的高关税;台湾对大陆工业产品降税项目只有大陆对台的一半;台湾对大陆服务市场的开放程度也远较大陆开放的范围与程度小。[①] 如附件四关于非金融服务部门的开放方面,大陆承诺对市场的开放没有任何的限制,甚至采取了相当惠台的让利措施,如通信服务的视听服务方面,大陆做出了这样的承诺:"根据台湾有关规定设立或建立的制片单位所拍摄的、拥有50%以上的电影片著作权的华语电影片经大陆主管部门审查通过后,不受进口配额限制在大陆发行放映。该电影片主要工作人员组别中台湾居民应占该组别整体员工数目的50%以上。"这种承诺既有利于台湾的华语影片占领大陆市场,又有利于台湾演艺界人员就业。反之,显然对大陆影片和大陆演艺界人员就业不利。此外,在大陆金融业尤其是保险业还相当脆弱的情况下,对台湾金融业的市场开放条件已相当宽松。如附件四承诺,台湾的银行只要在大陆已经设立代表处1年以上即可申请设立独资银行或分行;台湾的银行在大陆开业2年以上且提出申请前1年盈利即可申请经营人民币业务。

从区域整合理论来看,两岸 ECFA 属于特惠贸易协定的性质,也是经济整合的最低级阶段;不过,可喜的是 ECFA 的签署标志着两岸经济整合自此迈入了制度性合作的轨道,标志着两岸经济关系进入了一个新阶段。当然应该清醒地认识到,两岸的经济整合向自由贸易区、关税同盟、共同市场等目标迈进还有一段较长的路要走。在后 ECFA 时期,两岸将继续就 ECFA 协议的具体内容进行磋商并签署相关协议,经过十年左右时间的努力,届时两岸大部分货物贸易将实现零关税,两岸服务市场将大幅相互开放,两岸经济整合将达到一个较高的程度,两岸自由贸易区将基本建成。

三、台湾与大陆台资集中区经济整合的现状

(一)台湾与大陆台资集中区经济整合的阶段

就目前台湾与大陆台资集中区经济整合的阶段而言,双方因受到政治层面的制约,经济整合基本处于功能性整合的"热身"阶段。其表征是两岸双边的贸易往来,以及单边(指台湾对大陆,且是 ECFA 签署前)的投资流向,但至今未形成优惠贸易协定及自由贸易区等制度安排。

---

① 王建民. ECFA 开启两岸经济合作制度化与经济一体化新局[J]. 今日中国,2010 年第 8 期。

海峡西岸和其他台商投资相对集中地区的经济发展

首先,就海峡西岸和东岸的整合阶段来看,属于"稳步发展"期。一般地,相对于"海峡东岸"的台湾,我们把北起浙江温州、南至广东汕头的沿海地区及其腹地统称为"海峡西岸",其主体为福建省。福建地处长江三角洲与珠江三角洲的联结点,并与台湾有着相同的血缘、地缘、人缘、商缘和法缘。近年来,海峡东西岸间的经济整合进程有所放缓,贸易和投资都出现了一定的波动,总体上看二者的整合仍处于"热身"阶段,且为"稳步发展"的起步期。但是两地产业结构和经济增长方式的互补性,奠定了两地经济整合的利基。

其次,环渤海地区与台湾地区的经济整合尚处于"初步发展"期,其崛起的历程较短。环渤海地区的主体部分是"京津冀"地区,它是决定环渤海地区经济腾飞的核心地带。近年来,随着台商投资北移倾向的加强,作为中国大陆新经济增长极的环渤海经济区无疑成为台湾对大陆贸易往来的新焦点。

再次,作为台商贸易和投资的核心区域,长三角地区(主体部分是江苏、浙江和上海)与台湾的经济整合程度已超越前两个区域,处于"强劲发展"期。该区域地处我国海岸线中部的长江入海口,区位优势明显,经济基础良好,科技和文化教育事业发达。改革开放三十多年来,长三角地区经济飞速发展,凭借突出的科技创新能力、良好的基础设施建设,以及国家政策的有力支持,它必将成为台商投资大陆的核心区域。

最后,珠三角经济区是最早与台湾进行贸易往来的地区之一,也是台湾重要的顺差输出地。改革开放以来,随着深圳和广州两大中心城市的崛起,珠三角已经达到世界中等发达地区水平。但是,在近两年我国经济呈现过热苗头的影响下,珠三角因其高开放度受到不小的冲击,在台商投资布局中的重要地位也在削弱。珠三角与台湾地区的经济整合正处于动荡发展的时期,双方贸易、投资和产业合作面临的不确定性较大。

(二)台湾与大陆台资集中区经济整合的效应

1. 贸易创造效应

贸易创造效应可以说是经济整合带来的直接效应,其突出地体现在贸易结合度、贸易依存度等贸易关系指标上。所谓贸易结合度,是指一国对某一贸易伙伴的出口占该国出口总额的比重与该贸易伙伴进口总额占世界进口总额的比重之比。而贸易依存度是指一国商品与劳务进出口总额占其国内生产总值的比重。

其一,台湾近年来与海西区的经贸合作呈现小幅波动的态势。双方的贸易结合度自 2000 年起经历了从高至低,后又重新提升的过程(见图 5.1.3)。2000—2009 年,福建对台进口占其进口总额的比重保持在 2%—3% 左右。然而，受台湾对大陆政治行动的影响，对台出口额占其出口总额的比重在经历了2003—2004年的低谷后，从2005年起逐渐逼近原先的30%的水平。尤其是2007年福建对台湾贸易进出口额达69亿美元，同比增加23.1%。目前，台湾已成为福建第一大进口市场和重要的出口市场。

其二，珠三角对台贸易表现为内部的非对称性。其对台进口占其进口总额的比重较大，2000—2009年在13%—20%的区间浮动。然而，其对台出口占其出口总额的比重较低，至今未突破3%的关口，这主要是由于近年来台商投资呈现向中北部地区转移的态势，珠三角对台的经贸优势地位已逐步被后起的长三角和环渤海地区取代。同时，珠三角与台湾的贸易结合度从1993年的0.13飙升至1995年的1.28，后常年保持在1.0左右的水平。

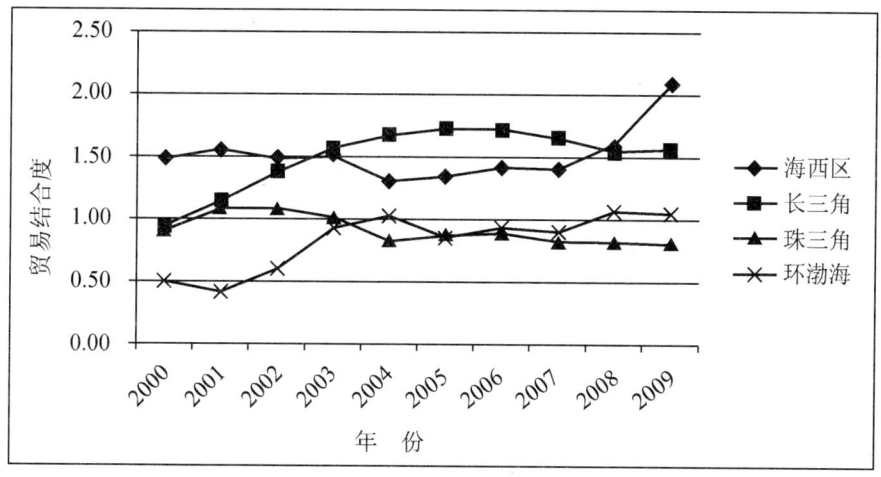

图 5.1.3　2000—2009 年大陆台资集中区对台贸易结合度
资料来源：根据历年相关省市统计年鉴、《台湾统计年鉴》及国际统计年鉴绘制。

其三，两岸先后加入 WTO 后，长三角地区对台湾的贸易依存度迅速提升，至 2006 年达 8.61%，随后有所下降，加上国际金融危机的影响，至 2009 年为 4.62%（见图 5.1.4）。同时，对台湾的贸易结合度总体呈上升态势，从 2000 年的 0.94 攀升至 2005 年的 1.73，随后开始下降，至 2009 年为 1.57。在整个长三角区域内，江苏始终是对台的贸易中心，其对台进口的增长势头强劲，从 2003 年起就占据了两成以上的外贸比例，接近上海的两倍。上海作为长三角的经济中心，其对外贸易的总体水平与江苏相当，但在对台贸易上略逊一筹。而浙江对台的贸易结合度和依存度是最低的。

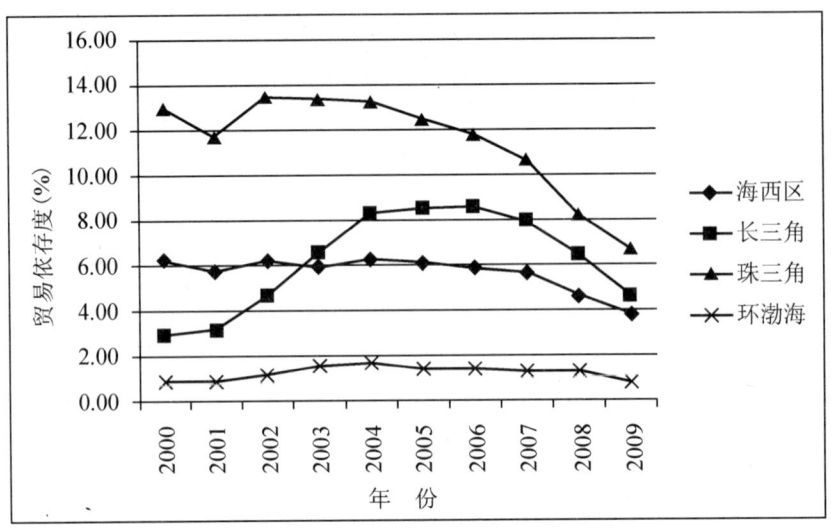

图 5.1.4　2000—2009 年大陆台资集中区对台贸易依存度(%)

资料来源:根据相关省市统计年鉴绘制。

其四,进入 21 世纪以来,环渤海地区与台湾的贸易依存度始终保持在 1% 的水平,位居四大区域之末。而贸易结合度总体上呈上升趋势,2009 年贸易结合度相对于 2008 年的高峰值略有下降。

2. 投资转移效应

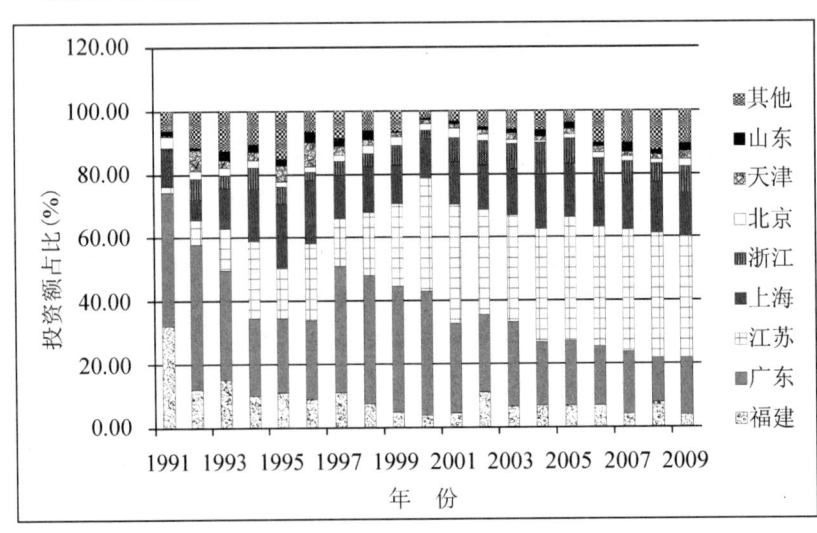

图 5.1.5　1991—2009 年台湾核准对大陆投资区域分布图

资料来源:根据台湾"经济部"投资审议委员会《"中华民国"历年核准华侨及外国人投资、对外投资、对大陆间接投资统计月报》绘制。

两岸经济整合带来的另一重要效应是投资转移效应,它的显著特点是会带来投资区域和投资产业的转移。从历史发展的进程来看,形成了自东向西发展的"雁行模式",出现了珠三角、长三角、环渤海和海西区共同发展局面,台商投资最初主要集中在闽、粤两省,随后开始向长江流域和北方扩展,投资重心逐渐从东南沿海转向长三角地区(苏、沪、浙三省市)。近年来台资开始北上和西进,台资的西进从长三角沿着长江流域向西推进,北上从长三角向环渤海地区发展,同时辐射至东北。当前八大台商投资相对集中地区分别是:苏、粤、沪、闽、浙、津、鲁和京,约占台商投资总额的85%—95%(见图5.1.5);相比之下,台商在中西部地区的投资份额较低,仅占5%—15%。

其一,海峡西岸从2002年起迎来了台商投资的高峰,台湾核准对福建投资额高达7.50亿美元(见图5.1.6)。2008年,闽台经贸合作又上了一个新台阶,全年福建共签订台资项目357项,合同利用台资15.1亿美元,同比增加52.3%;实际利用台资15亿美元,同比增长54.2%。台湾已成为福建第二大外资来源地,其中福建农业实际利用台资位居大陆各省市首位。

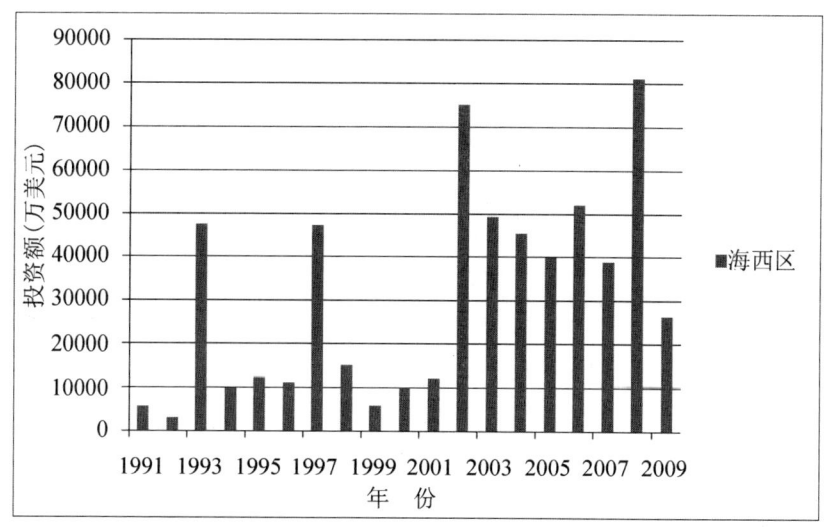

图5.1.6　1991—2009年台湾核准对海西区投资额
资料来源:根据台湾"经济部"投资审议委员会《"中华民国"历年核准华侨及外国人投资、对外投资、对大陆间接投资统计月报》绘制。

其二,长三角地区是台商投资大陆的首选。1991—2010年间,台商实际对大陆投资比重最大的是长三角地区,占比高达46.19%以上,其台商投资总额是环渤海的8.22倍(见图5.1.7)。就区域内部而言,江苏依靠其巨大的市场规模和先进的生产技术,已茁壮成长为世界制造业中心;上海作为国际金融中心,近三年来坐稳了区内引资的头把交椅;浙江民营企业的增长势头迅猛,但其在经济实力和产业竞争力上不及沪苏两地。

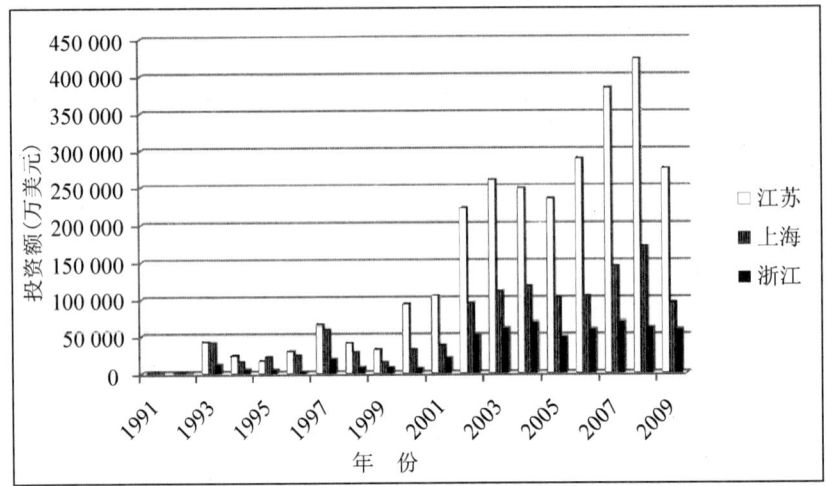

图 5.1.7　1991—2009 年台湾核准对长三角投资额

资料来源:根据台湾"经济部"投资审议委员会《"中华民国"历年核准华侨及外国人投资、对外投资、对大陆间接投资统计月报》绘制。

其三,珠三角已经达到世界中等发达地区水平,是最早吸引台商投资大陆的区域之一,但是其在台商投资布局中的重要地位正在日益削弱。台商对珠三角的投资分别在 2002 年和 2003 年出现了两次高峰(见图 5.1.8),虽然在随后的几年出现下滑的趋势,但是在 2007 年又逼近了前期的高点。

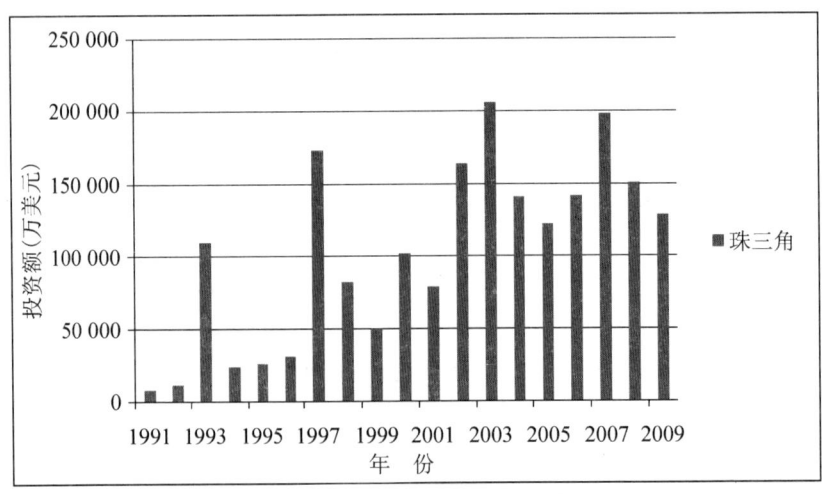

图 5.1.8　1991—2009 年台湾核准对珠三角投资额

资料来源:根据台湾"经济部"投资审议委员会《"中华民国"历年核准华侨及外国人投资、对外投资、对大陆间接投资统计月报》绘制。

其四,进入 21 世纪以来,环渤海地区在吸引台资方面取得了显著的进展,台湾核准金额大幅上升。山东吸收台资在 2007 年达到峰值,台湾核准金额为 2.8 亿美元,北京与天津吸收台资在 2009 年达到最大,台湾核准金额为 1.8 亿美元与 1.7 亿美元(见图 5.1.9)。虽然受国际金融危机的影响 2008 年台湾核准金额有所下滑,但 2009 年又出现大幅增长。

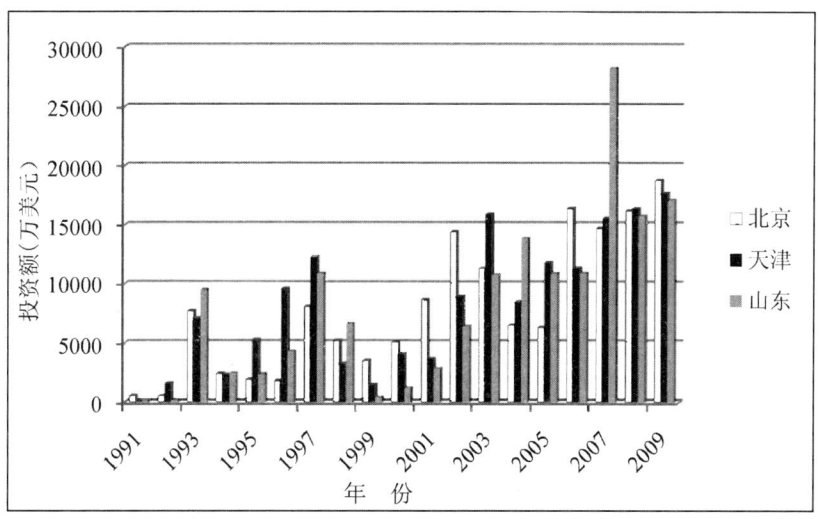

图 5.1.9　1991—2009 年台湾核准对环渤海投资额
资料来源:根据台湾"经济部"投资审议委员会《"中华民国"历年核准华侨及外国人投资、对外投资、对大陆间接投资统计月报》绘制。

四、台湾与大陆台资集中区经济整合的困境

(一) 政治困境

纵观台湾与大陆台资集中区经济整合的格局,要想取得新的实质性进展,亟待解决的首要问题是政治对立问题。自从 1979 年大陆提出和平统一的政策以来,大陆曾多次就两岸结束敌对状态提出谈判的建议。然而,台湾当局对大陆积怨太深,敌意甚强,并以大陆先放弃武力威胁、承认台湾为对等政治实体为谈判的前提,至今双方无法进行政府层面的磋商与谈判。2006 年是"台独"分子十分活跃的不平凡年份,陈水扁为求自保,加快了以"宪政"谋求"法理台独"的进程。其卑劣行径不仅无益于两岸尤其是台湾的经济发展和社会稳定,也对台湾的国际地位带来了极大的负面影响。

然而,祖国大陆始终保持着灵活、务实的对台政策。2005 年,胡锦涛总书记提出"四点意见",使两岸关系显著改善。同年,大陆通过了《反分裂国家法》,

正是对"台独"分子猖狂行为的最有效回应;2006年4月16日,胡锦涛总书记会见国民党荣誉主席连战时进一步提出推动两岸关系和平发展的四点建议:坚持"九二共识"、为两岸同胞谋福祉、深化互利双赢的交流合作和开展平等协商;2007年召开的中国共产党第十七次代表大会上,胡主席也就两岸关系提出了诚挚的希望,即只要在"一个中国"的前提下,关于两岸的其他问题都可以谈。可见,两岸对立的政治关系是台湾与大陆台资集中区的经济整合迈向制度性整合的最大障碍。

(二)经贸困境

除了政治困境之外,两地乃至两岸的经济整合还面临经贸困境。由于两岸的经济体制、经济发展阶段、经济规模等还有一定差距,这些因素将在一定程度上延缓两岸的经济整合进程。大陆的经济体制是社会主义市场经济体制,处于发展中国家的行列,经济规模已跃居世界第二,但人均国民生产总值仍很低;而台湾是资本主义经济体制,经济发展进入了后工业化时期,属于中等发达地区。固然,两岸的经济具有互补性,从而为两岸的经济整合提供了经济基础;但制度上的差异也对两岸的经济整合造成了制度障碍。可喜的是,大陆台资集中区在改革开发后其经济得到了迅速发展,这些地区与台湾的经贸交往最为热络,上述地区与台湾的经济差距在日渐缩小,其与台湾整合的障碍也在逐渐消弭。

五、后ECFA时期台湾与大陆台资集中区经济整合的模式

经济整合的程度不论深浅,都将使参与国或地区发挥各自的比较利益,从而为双方人民创造更高的经济福祉。① 实现台湾与大陆台资集中区的经济整合,是两岸经济共同发展和振兴中华的必由之路,也是达成"双赢"的最佳路径。

(一)台湾与大陆台资集中区经济整合的产业模式

在现阶段,台湾与大陆台资集中区总体上应该采取以垂直整合为主、水平整合为辅的混合型产业整合模式。

其一,台湾与海峡西岸在产业结构上的互补性较强,目前应当稳固垂直整合的根基,并逐步加大水平整合的比重,以及确立农业和高科技产业的整合重点。一方面,第一产业是闽台两地合作的重点之一。随着台湾岛内农业的不断萎缩,农产品加工技术和设备客观上将加速外移,可通过两岸农业合作园区等多种方式,推进两岸农业的垂直整合。另一方面,以高科技产业为主导的制造

---

① 高希钧.忽视与大陆的经济整合,只会造成伤害[J].远见,2003年第7期。

业成为两地经济整合的新亮点。福建省的高科技产业发展相对滞后,在两地高科技产业的合作中,未来可以在石化、机械、汽车和电子信息等高附加值产业加强垂直和水平整合。

其二,环渤海与台湾地区在产业结构上存在较大的互补性,具备了实行产业整合的利基,短期内应以第一和第二产业为整合重点。首先,两地农业合作的互补性强。以农业劳动力资源为例,环渤海地区拥有明显优势,全台湾农业劳动力只有60万,而河北农业劳动力有1 552万,几乎相当于台湾人口的一半。未来两地可以尝试"两岸农业合作试验区"等方式,促进第一产业的垂直整合。其次,工业合作将是两地产业整合的长期重点。环渤海地区在未来应以IT产业为龙头,加速与台湾地区资本和技术密集型产业的混合型整合。

其三,与海峡西岸和环渤海地区有所不同,长三角地区与台湾地区的竞合程度较高,双方在第二和第三产业上的水平整合趋势不断增强。在长三角经济区内,上海是国际金融中心,江苏拥有强大的现代服务业实力,而浙江的制造业根基雄厚。可见,长三角地区具有其他三大区域不可比拟的产业竞争力。在与同样拥有出众的现代工业和服务业的台湾地区的产业整合中,两地应从比较优势的原则出发,促进两大产业的水平整合进程。

其四,与长三角地区相似,珠三角地区也拥有与台湾地区类似的产业结构,从而奠定了其以水平整合为主导的产业整合进程。就珠三角地区而言,2003年以来,第二、第三产业比重不断提高,第一产业的比重明显下降。在与台湾地区的产业整合中,珠三角地区仍应以第二产业,尤其是具有传统优势的电子信息产业为基础,加快产业集群建设和产业转移的步伐。同时,鉴于珠三角地区显现的"离经"现象,应该加速其产业结构的调整,从政策上向第三产业倾斜,以广州为经济腹地,扩大与台湾合作的范围,推进两地第三产业的混合型整合。

(二) 台湾与大陆台资集中区经济整合的空间模式

台湾与大陆台资集中区经济整合的空间模式,适宜先后采取"点—点"式和"以点带面"式的模式。一方面,在近期内,即两岸基本处于"功能性整合"的"热身"阶段之时,应该分区域进行"点—点"式的整合模式。海峡西岸和环渤海地区由于同台湾的经济整合起步较晚,可以先从区域内部的商品和要素市场一体化开始,重点发挥福州、厦门、天津和北京等区域核心城市的作用。相比之下,长三角和珠三角地区则具有先天的整合优势。在"点—点"式的整合中,两地可以依托第二和第三产业的功能性整合,以上海和广州等核心城市的辐射作用,带动周边城市的协调发展。另一方面,随着两岸政治对立的逐渐消除,以及两岸全面的直接经贸交流,两岸的经济整合必将跨入"制度性"整合的阶段。在这个过程中,先行的长三角和珠三角地区可通过其与台湾深度整合的示范效应,带动海峡西岸和环渤海地区与台湾地区的整合,使得海峡西岸成功对接长三角和珠三角地区,联合环渤海地区,扩张对台的整合力度,最终实现五大区域的资源、资金和市场的全面融合。

六、后 ECFA 时期台湾与大陆台资集中区经济整合的路径选择

根据"点—点"式和"以点带面"式的整合思路,必须在"一个中国"的大前提下,坚持"加强合作,互利共赢"的基本原则,遵循从低级到高级发展的路径,分步骤推进两岸经济整合。

(一) 近期路径:"海峡西岸经济区"和"海峡经济区"的构建

在两岸"三通"和 ECFA 模式的基础上,台湾与大陆台资集中区的经济整合迈进了制度性整合的初级阶段,并逐步向更高级阶段迈进。在这一进程中,大陆的四大区域应主动打造适应台资需求的经济区,尤应以"海西区"的成功构建为模板。2005 年 1 月 24 日,"海西区"建设正式启动。"海西区"通过有效承接台湾地区的产业转移,缩短了与世界先进水平的差距,并"热络"了海峡西岸与台湾的经贸往来。① 因此,大陆应该打好"海峡牌",依托福建对台的历史、地理和资源优势,加强两岸的经济交流与合作,优先整合农业和高科技产业,试点建立"厦门自由贸易区"、"福州—台湾高科技产业合作园区"等合作平台,形成带动其他三大区域发展的"虹吸效应"。同时,还应把重心转向寻求"长三角"、"珠三角"、"环渤海"和海峡西岸的互动合作,构筑全国最具竞争力的"沿海经济繁荣带",引领其他区域的经济发展与互动。

(二) 中、远期路径:从两岸自由贸易区到两岸共同市场的构建

正如"中华经济研究院"祖国大陆所所长高长指出的:"台湾近年来也积极推动与美国、日本、新加坡及新西兰等国签订自由贸易协定,但若从台湾与各国间的经贸关系紧密程度来看,与外贸依存度高达 20% 的祖国大陆共同推动两岸自由贸易区,是台湾必须优先思考的。"② 当两岸四地真正实现了功能性整合之后,面临的问题中难度最大的是制度性整合问题。以政治协商制度的建立为导向,遵循从低级向高级,从自由贸易区到两岸共同市场的路径,是该阶段的合理路径。然而,建立两岸共同市场是一个长期、复杂的系统工程,应该分步骤、分层次地推行。首先,应由"学者先行、充分沟通"。对于两岸共同市场建立的可

---

① 林昱君. 中国泛珠三角之发展与对台商的吸引力[J]. 经济前瞻,2007 年第 7 期.
② 高长. 从国际分工前瞻两岸合组 FTA[J]. 联合报,2003 年第 3 期.

行性,应该先经过两岸学术界人士的理论评估,提出解决问题的办法和思路。其次,要排除政治障碍。在"九二"共识的基础上恢复两岸政治协商关系的正常化是第一要务,进而为两岸四地的经济整合提供政策便利。再次,完善产业合作机制,根据产业结构调整的需求,采取产业倾斜政策,大力引进资本与技术密集型企业。在经济全面融合的利基上,推进政治层面的整合,即通过"以经促政"的核心战略,完成祖国统一大业。只有两岸四地的深度整合才能最大限度地发挥各自的比较优势,有效地配置市场资源,提高国家经济竞争力。当然,笔者并不认为两岸共同市场是两岸经济整合的最高形态,若条件成熟,中国大陆和台湾地区还可进一步协商货财政、金融等政策的统一,实现"中华经济圈"的全面融合。

七、结论及建议

正如温家宝总理所指出的,"一心中国梦,万古下泉诗"、"度尽劫波兄弟在,相逢一笑泯恩仇",面对全球经济一体化和区域经济整合进程的提速,祖国大陆和台湾地区的经济整合正面临着空前的机遇与挑战。祖国大陆应该坚定不移地以大陆台资集中区为基点,促进两岸四地产业的融合,采取"点—点"式和"以点带面"式相结合的整合模式,以及分步骤逐级推进的经济整合路径,排除一切障碍,为两岸关系的和平发展奠定坚实的经济基础。

第二节　台湾与大陆台资集中区的产业分工

不同国家或地区间根据各自的资源禀赋和生产要素,按照比较优势的原则参与国际分工,以获取经济利益,从而形成了不同国家或地区间的产业分工形态与体系。台湾凭借其优越的区位条件,在经济上先于大陆起飞,率先进入成熟的工业化社会。大陆自实行改革开放政策以来,与台湾的经贸交往逐渐趋于密切并朝向正常化方向发展。在两岸经济贸易、投资等经济活动中,两岸产业分工经历了从垂直分工到水平分工,再到功能性分工的演变阶段,每一阶段又各具特点,而在这一演变过程中,台商对大陆的投资起到了十分关键的作用。

一、垂直分工和水平分工的概念

不同国家或地区间的产业分工,依照整合的层次可以分为水平分工与垂直分工。[①] 垂直分工,指双方根据经济发展阶段、发展水平和资源条件的不同,本

[①] 刘克辉,单玉丽.区域经济整合与台湾海峡经济区的构想[J].福建学刊,1998年第2期。

海峡西岸和其他台商投资相对集中地区的经济发展

着"比较效益原则"进行区域分工,即初级产品与制成品、行业低端与行业高端的分工,通过发挥互补效应,推动区域经济的发展。这种产业分工形态一般发生在发达国家和发展中国家之间。水平分工,是由于合作双方社会经济发展水平接近、资本和生产力相当,发生在制成品内部零部件、工艺流程上的差别分工。借助整合进行水平分工,降低成本,提高经济效益,如发展中国家和地区之间的整合。

二、海峡两岸产业分工的概况

自新中国成立,到大陆实行改革开放政策,再到 20 世纪 80 年代两岸开始经贸交往,经过三十多年的隔离,海峡两岸除了在资源禀赋上的巨大差异外,在经济发展水平和产业结构等方面也均有一定的差别,构成了起初两岸进行产业分工的基础。从两岸经贸往来的发展可以看出,两岸产业分工的发展与演变,与台商对大陆投资活动的发展演变具有密切关系。自 80 年代以来,两岸产业分工经历了阶段性的变动。

(一) 产业间垂直分工阶段(80 年代中后期至 1992 年)

这一阶段形成的产业间垂直分工,是有多方面原因的。首先,从政治层面看,自大陆实行改革开放政策,呼吁实行两岸"三通"以来,大陆先后颁发了《关于开展对台湾贸易的暂行规定》(1979)、《关于台湾同胞到经济特区投资的特别优惠办法》(1983)、《国务院关于鼓励台湾同胞投资的规定》(1988)等有关规定,1989 年国务院正式批复设置"台商投资区",此后又陆续颁布了一些有关台商投资大陆的新措施,改革开放速度加快,对吸引台商到大陆投资产生了积极影响。这一阶段大陆主要鼓励台商投资出口加工产业,在内销市场、产业方面对台商均有一定的限制。但台湾方面对大陆经贸政策的开放是有限的,准许台商赴大陆投资的多是岛内产业关联小、劳动密集型产业项目,对重化工业、技术密集型工业及服务业项目采取禁止的态度。

其次,从经济资源和生产要素禀赋看,根据建立在李嘉图的比较成本说和赫克歇尔－俄林的资源禀赋论基础之上的比较优势理论,由于各国自然资源、资本、劳动生产率、生产规模等生产的要素禀赋不同,一国应当生产并出口本国具有成本优势,即要素禀赋较为丰富的产品,进口本国不具有要素禀赋优势的产品,以获取经济利益。海峡两岸在经济资源及要素禀赋上存在高度的互补性。大陆物产丰富,市场广阔,消费潜力巨大,劳动力充沛,物价水平低,生产成本低。加上实行改革开放政策,先后开放 14 个沿海港口城市、5 个经济特区,对台资来大陆产生很大的吸引力。而台湾是一个资源缺乏的海岛,绝大部分能源与工业用原料依赖进口,土地开发已趋饱和,工业用地取得十分不易且成本极高,再加上劳力短缺,工资成本大幅上涨。相比之下,台湾传统的以出口为导向的劳动密集型产业已失去国际比较利益优势,在岛内难以生存,纷纷移向海外。

最后,从两岸产业结构变动的差异看,两岸实行的是不同的经济政策,使得两岸在产业结构方面有着显著的差异。1984年以前,大陆改革的重点在农村,农业获得长足发展,GDP比重攀升,生产力得以极大解放。1984年以后,改革重点转向城市,第二、第三产业比重开始上升。台湾20世纪80年代中期以前经济资源由第一产业转向第二产业,第二产业GDP比重1986年上升至最高点,此后,工业发展速度放缓,服务业开始迅速增长,经济资源开始由第一、第二产业向第三产业转移。此阶段,大陆工业部门为经济资源的相对吸入部门,而台湾工业部门为经济资源的相对释出部门。在工业部门内部,大陆为调整之前重工业超前发展的失衡结构,重点发展轻纺工业,而台湾在1986年后轻纺工业大量外移,重工业却保持着一定的增长速度,并超过了轻纺工业。在80年代后期,台湾先于大陆进入重工业时期,轻纺等劳动密集型产业更进一步大量转移到内陆。

在上述因素的共同作用下,海峡两岸产业分工便形成基于资源互补的产业间垂直分工的形态,即台湾相对过剩的资本与大陆相对廉价的土地、劳力相结合。这一阶段两岸产业间的垂直分工主要体现在两岸的台商之间,即转移至大陆的台湾下游加工业与岛内中、上游产业之间的垂直分工关系,台商将营销、管理、研发活动留在台湾,形成了"台湾接单,大陆生产,香港转口,海外销售"的多角运营模式,而在陆台商与当地产业体系缺乏有机联系。

从台商投资大陆的行业来看,主要集中于制造业尤其是劳动密集型产业部门。台湾"经济部"投资审议委员会1991年上半年的统计资料显示,台商在大陆投资的2 503家企业中,制造业占78.3%,其中电工器材、车辆、金属、制鞋、纺织、成衣及塑胶、皮件占56.4%,平均投资规模约30万美元。①

从在陆台资企业对台湾原料、零组件及生产设备的依赖程度看,与岛内产业的垂直分工特点相似。该阶段台商赴大陆投资的目的就是利用廉价的劳力及土地资源。据台湾学者高希均的调查,由岛内供给原料的厂商占53.6%,由岛内供给机器设备的厂商占75.4%,而由大陆提供原料及设备的厂商分别占34.3%和14.5%,表现为典型的垂直分工生产方式。

---

① 张冠华.从因素变动探讨两岸产业分工关系的发展[J].台湾经济金融月刊(台),1995年第6期。

从两岸贸易的内容看,台湾输往大陆的主要是工业原料和半成品,如纺织材料和制品、人造树脂、塑胶、轻工消费品、机电产品和半成品,对大陆的出口依存度高;台湾自大陆进口的产品皆属于农业与消费轻工业产品,主要有中药材、纺织原料、矿产品、土特产品和水产品类、成衣及服饰品、烟草及烟制品等,多为原料性初级产品,加工层次低,附加值低。台湾参与分工的是加工技术,大陆参与分工的是劳动力和自然资源。由于台湾传统出口加工业的大量外移和大陆轻工业的迅速发展,两岸产品在海外市场的关系,在劳动密集型产品上表现出此消彼长的替代关系,大陆出口产品在美、日的市场占有率逐渐赶超台湾。这种贸易上的垂直分工与台商投资大陆的形式有着密切的联系。

(二) 垂直分工向水平分工转化,兼具垂直分工与水平分工的多元化分工阶段(1993年至两岸加入WTO)

1992年邓小平南方讲话后,大陆掀起了第二次改革开放的浪潮,经济开放程度进一步提高。在引进外资方面出台了一系列新的政策和优惠措施,各地台商工业区、台资经济技术区更多地建立起来,为两岸产业分工的发展演变提供了有利条件。在这一阶段,大陆进入了重化工业为主的工业发展中期阶段,但科技成果转化率低、技术水平普遍低下、设备极度老化、企业无法实现规模经济、重加工工业的发展落后于原料工业,这些现实问题为台资提供了更为广阔的投资领域,而不仅是局限于为了获取成本优势的劳动密集型产业。随着岛内下游加工厂商的大量外移,岛内中上游制造厂商也开始追随外移,进行就地生产和就地供应。以石化产业和电子信息产业为例,石化下游产业如制伞、制鞋、玩具、制袋、制衣、织布等产业的大量外移,使石化中间原料在岛内的市场萎缩,转而大量移往大陆的下游厂商,1993年ABS、PS等塑胶原料销往大陆的数量占塑胶石化外销总量的八成以上。① 20世纪90年代中期前后,台湾电子信息产业在国际跨国公司采取供应链管理的推动下,开始大规模地移往大陆,初期其主要设备、零部件仍由岛内母公司供应,而随着该产业中上游厂商的加快外移,大陆台商的本地化趋势愈发增强,移至大陆的加工出口台商就地获得中上游设备、零部件的比重增加。两岸分工开始由原来的产业间垂直分工向产业内水平分工演变,投资企业由中小企业转向上市企业,行业由劳动密集型产业转向技术密集型产业,投资地点亦由东南沿海转向长江三角洲及内陆地区。②

---

① 张冠华.从因素变动探讨两岸产业分工关系的发展[J].台湾经济金融月刊(台),1995年第6期.
② 林祖嘉.大陆产销+台湾运筹=稳健企业[J].投资中国(台),2003年第11期.

从台商投资大陆的行业分布看,逐渐由劳动密集型产业转向资本和技术密集型产业。台湾"经济部"投资审议委员会统计资料显示,1993年至2000年间,台商投资大陆劳动密集型行业资金比重大幅下降。如表5.2.1所示,传统的劳动密集型产业如食品饮料业、纺织、成衣及服饰品业投资金额比重,2000年分别较1993年下降8.58、6.65个百分点,而电子零组件,电脑、电子产品及光学制造,电力设备等技术密集型行业的投资金额比重分别大幅上涨12.33、22.36、8.99个百分点。台商在电子等行业投资力度的增加,说明原先依靠岛内供应的格局逐渐转变为在投资地设厂生产、当地供应的状态;这在一定程度上反映了两岸台商之间由原来的垂直分工向水平分工转化。

表5.2.1 台商投资大陆行业分布　　单位:%

年份 行业	1993	1994	1995	1996	1997	1998	1999	2000
制造业合计	93.28	92.13	91.39	90.78	90.04	89.98	93.08	91.45
食品饮料业	10.24	15.16	10.75	9.90	7.68	3.44	4.65	1.66
纺织、成衣及服饰	8.84	6.96	7.39	8.72	6.35	6.91	3.23	2.19
塑胶制品业	6.79	6.45	5.56	5.15	7.30	3.09	7.69	7.00
电子零组件业	3.49	4.24	9.32	7.19	6.54	13.83	12.29	15.82
电脑、电子产品及光学制品业	4.44	5.02	5.05	9.36	7.24	16.79	21.67	26.80
电力设备制造业	7.41	7.76	6.52	6.97	7.26	7.90	9.48	16.40
其他制造业	52.06	46.55	46.80	43.49	47.68	38.00	34.06	21.59

从台商在大陆的经营活动看,台商已逐渐摆脱过去"台湾接单,大陆生产"的模式,与大陆相关产业体系产生密切联系。如消费性电子产业逐渐由以前的设厂组装外销转为内销,更有厂商开始利用投资地人才,建立大陆研发中心。以"统一"等为代表的大企业集团为实现开拓大陆市场的长远目标,投资范围开始向北、向内陆延伸,由单一据点转向多地区投资,构筑在大陆的市场网络。在投资形式上也开始采取与大陆国有企业合作的方式,以有效利用大陆国有企业已有的原料与市场资源。从两岸间的贸易内容来看,虽然仍呈现一定的垂直分工特点,但台商对两岸间的贸易带动效果已开始减弱。台湾对大陆进出口增长势头明显逐年放缓,与台商投资大陆的增长形成强烈对比,在陆台商就地获取原料的趋势逐年明显。

(三) 功能性水平分工为主，兼具垂直分工与水平分工的混合性分工阶段（两岸加入 WTO 至今）

2001 年，两岸先后加入 WTO 后，台湾产业链的制造端加快向大陆转移，大陆台商生产企业仍以加工出口形态为主，而岛内主要从事管理、研发、财务运作、市场营销等，因而形成两岸同一产业间不同生产与经营环节的功能性分工。在该阶段初期，功能性水平分工已逐渐显现。台湾"经济部"统计处 2001 年的《制造业对外投资实况调查》显示，赴大陆投资的台商，约有 10% 在台湾已完全不生产，仅留下营销部门，其中尤以皮革毛皮制品业对外投资厂商在台已无生产部门所占比重最高（约占 45%），家具及其制品、木竹制品、橡胶制品业等劳动密集型产业，在台湾已无生产部门的比重亦有两成左右。[①] 以光学产业中的大立光电及亚洲光学为例，其在台湾制造较高层次的产品及做研发创新，并进行财务调度及国际营销，在大陆则进行一般光学产品的生产；以生产电脑周边设备的光宝集团为例，其两岸分工规划是台湾从事高阶的产品创新工作，大陆作为制造中心及进行部分产品研发。[②]

该阶段台商企业在两岸的布局，使得两岸产业间呈现功能性分工的特征，但不同产业却呈现出垂直和水平或两者兼具的分工形态，且产业分工形态随时间的推移而发生了显著的变化。陈智凯[③]的研究表明（见表 5.2.2），2002 年两岸产业分工现况为：水平分工的产业包括电机设备及其零件、塑胶及其制品等，垂直分工的产业包括机械用具及其零件、铝及其制品。随着两岸经济的发展、产业结构的调整升级，以及两岸投资贸易的扩大，到 2005 年，两岸产业分工状况又经历了一些变化（见图 5.2.1）。

表 5.2.2　2002 年两岸产业分工现况

垂直分工	水平分工	
机械用具及其零件 铝及其制品	电机设备及其零件 塑胶及其制品 光学仪器 人造纤维丝、棉	钢铁 有机化学品 漆墨染料

资料来源：陈智凯. 两岸产业贸易静态与比较静态分析[M]. 台湾金融经济月刊（台），2003 年第 12 期。

---

① 高长. 台湾电子产业两岸分工与全球布局策略[J]. 经济前瞻（台），2002 年第 9 期。
② 李世聪. 水平分工抬头，垂直分工式微[J]. 投资中国（台），2003 年第 11 期。
③ 陈智凯. 两岸产业贸易静态与比较静态分析[J]. 台湾金融经济月刊（台），2003 年第 12 期。

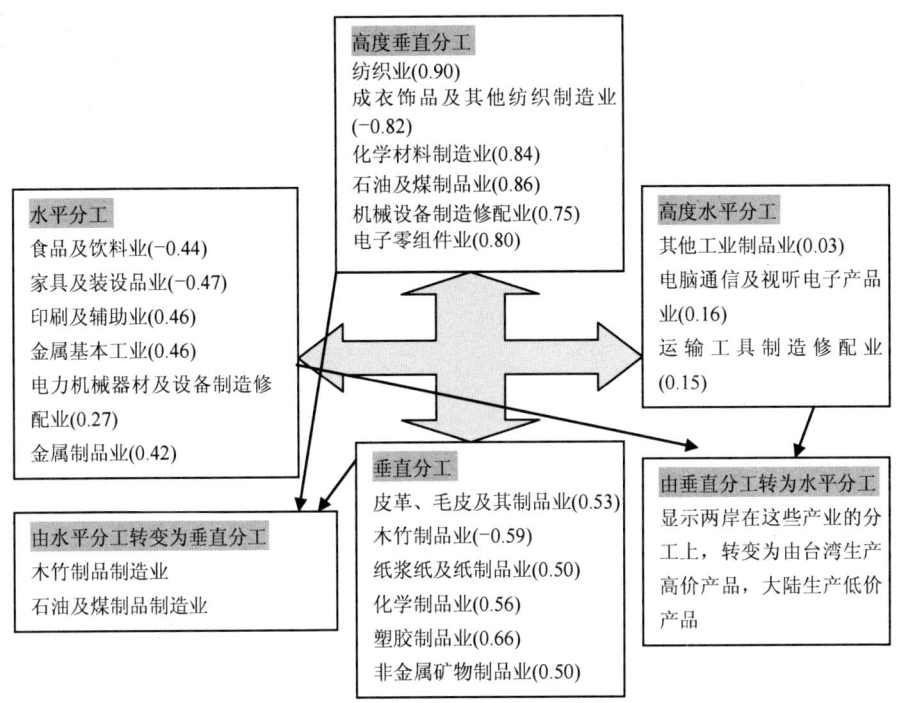

图 5.2.1　2005 年两岸产业分工概况

资料来源:《"中华民国"经济年鉴 2007》第 55 页。

塑胶及其制品业由 2002 年的水平分工转为 2005 年的垂直分工,木竹制品制造业、石油及煤制品业由水平分工转为垂直分工。其中有一些行业值得我们注意,如劳动密集型产业中的纺织、成衣业等,表现出高度垂直分工的状态,这些是台湾最早转移至大陆,也是转移得较为彻底的行业,在台湾基本已不进行实质性的生产而全由大陆进行生产;又如电脑通信及视听电子产品业,2005 年已表现出高度水平分工的特征,以此为代表的台湾电子信息产业自 20 世纪 90 年代后期开始,对大陆的投资在台商投资领域中一枝独秀,投资增长势头迅猛,大陆发展也十分迅速,已从最初的垂直分工转变为高度水平分工。2005 年以来,大陆经济一直维持高增长,与台湾的贸易投资往来也不断发展扩大,经过几年的发展,到 2009 年,两岸产业分工不断向纵深发展(见表 5.2.3)。

在电子信息产业内部,垂直分工与水平分工并存。其中电子零组件制造业中的印刷电路板、液晶面板及其组件、集成电路、分离式元件、被动电子元件、电子管维持着垂直分工的状态,但电脑、电子产品等却呈现出高度水平分工。

表 5.2.3　2009 年两岸产业竞合差异

产业关系	主要产业	台湾品质优势
垂直分工	化学材料制造业	39~45
	塑胶制品业	41~69
	电子零组件制造业	93~95
	—半导体业	95~99
	—液晶面板及其组件制造业	—
	机械设备制造业	93
水平竞争	生技医药业	85~98
	橡胶制品制造业	83
	非金属矿物制品制造业	74~81
	基本金属制造业	60~88
	金属制品制造业	76~80
	电脑、电子产品及光学制品	93~95
	电力设备制造业	65~80
	家具	70~80
	其他制造	74~91

资料来源:陈家宏.技术研发分工的治理——论两岸产业技术合作机会研析流程[J].台湾经济研究月刊(台),2010 年第 7 期。

该阶段,在陆台商当地化趋势进一步增强。不管是原料或是零组件、半成品,当地台商提供比例上升,这也说明台商到大陆投资往上游相关产业发展,下游投资产业已逐渐带动上游产业的外移投资。由表 5.2.4 可以看出,进入 21 世纪后,台商原料与半成品由台湾提供和自其他国家进口的比例下降,而由当地台商和当地非台商提供的比例上升。在 20 世纪 90 年代,大陆台商原料、零组件及半成品半数以上由台湾岛内提供,而 2000 年后,半数以上由当地供应,说明在陆台商企业与当地产业开始建立密切的产业联系。

表 5.2.4　台商赴大陆投资原料、零组件及半成品来源比重　　　　单位:%

	1995	1996	1997	1998	1999	2003	2004	2005
原料部分								
由台湾提供	52.47	50.31	45.15	49.8	43.16	39.32	35.06	35.62
当地台商提供	17.22	17.57	21.02	18.06	21.85	25.52	25.93	26.18
当地非台商提供	18.19	19.49	20.97	19.89	21.95	22.33	25.9	26.53
自其他国家进口	12.12	12.63	12.86	12.25	13.04	12.93	13.11	11.67

（续　表）

	1995	1996	1997	1998	1999	2003	2004	2005
零组件半成品								
由台湾提供	56.26	53.04	47.99	52.86	46.56	46.11	40.88	39.65
当地台商提供	18.26	18.56	22.06	20.56	23.98	24.87	25.00	26.49
当地非台商提供	18.78	20.53	21.99	18.59	21.54	21.75	26.44	26.12
自其他国家进口	6.8	7.86	7.97	7.98	7.92	7.27	7.68	7.74

资料来源：《"中华民国"经济年鉴2007》第55页。

三、台湾与大陆台资集中区的产业分工

大陆台资集中区与台湾的产业分工情况，与前面分析的两岸产业间分工的发展与演变特征基本一致。广东、福建、上海、江苏、浙江、北京、天津、山东等八大台商投资相对集中区与台湾的经贸、投资往来最为密切，以几大地区为代表的两岸间经济活动最为活跃。在台商投资大陆各产业中，自20世纪90年代中后期以来，电子信息产业一枝独秀，投资金额比重几乎占据了半壁江山，如表5.2.5所示，2009年年底电子零组件和电脑、电子产品及光学制品合计投资金额占当年台湾投资大陆金额的比重为39.49%，而当年制造业总体投资比重为82.49%。许多学者如高长（2002）、张冠华（2003）、段小梅（2010）等人的研究表明，两岸产业贸易、分工的发展演变是由台商投资推动的。因此，下文以台湾电子信息产业投资大陆的情况来分析台湾与大陆台资集中区的产业分工情况。

表5.2.5　台湾电子信息产业投资大陆概况　　　单位：%

	1997	1999	2001	2003	2005	2007	2009
电子零组件制造业	6.54	12.29	21.57	10.60	14.15	24.33	25.22
电脑、电子产品及光学制品制造业	7.24	21.67	17.71	12.68	20.70	16.93	14.27

资料来源：台湾"经济部"投资审议委员会《核准历年对外投资情况统计》。

根据产品生命周期理论，产品的成长过程历经新产品时期、成熟产品时期和标准化产品时期三个阶段，一旦进入标准化产品生产，该产品便进入海外直接投资阶段，以直接供应当地市场或利用当地廉价生产要素降低生产成本。台湾电子信息产业在20世纪80年代中期以后开始在大陆设厂，起初只是为了利

海峡西岸和其他台商投资相对集中地区的经济发展

用大陆廉价的劳动力和土地资源,进行加工出口活动。由于政策相对开放、语言文化相对接近等原因,台商企业主要集中在东南沿海珠三角地区一带。到1989年为止,只有三四十家劳动密集型、技术层次低的电子零组件与消费性电子的成品组装业在大陆投资。与当时两岸高度垂直分工的产业体系和台湾代工生产进行出口的产业模式相对应,台商IT小型企业只是招募廉价民工,建立产业链下游的外向型加工制造基地,形成"台湾接单,大陆生产"的模式,原料与关键零组件来自岛内。

进入20世纪90年代,台湾IT产业投资大陆逐步增加,到90年代后期成为台湾投资大陆的主力产业,投资区域逐渐北移。如表5.2.6所示,2000年台湾电子信息业各行业前五大外移企业落户"珠三角"的有17家,落户"长三角"的有6家。由于当时国际IT产业链与跨国公司的全球经营管理模式发生了巨大的变化,影响台湾电子信息产业步入新的转型升级期。大陆丰富而廉价的劳力及土地资源不再是台商投资考虑的首要因素,1998年台湾工业主管部门的调查显示,当地市场发展潜力、配合海外客户要求、岛内经营环境恶化、跟随下游客户赴当地投资等因素已显得日趋重要。从2001年开始,国际跨国公司要求岛内下游代工厂商加紧赴大陆投资就地供货,再加上加入WTO与后来的两岸"三通"的实现,台湾电子信息产业的大陆投资策略由加工出口转向注重内地市场,而"长三角"则成为该目标的理想投资基地,因此,台湾IT产业逐步在"长三角"建立起产业集群,而原本投资"珠三角"一带的IT厂商生产经营模式也经历着一系列的调整变化。

表5.2.6 台湾信息硬件厂商赴大陆投资状况

产业类别	各产业外移前五大厂商
台式电脑	神达(顺德)、鑫明(深圳)、宏碁(中山)、大同(上海)、大众(深圳)
主机板	鑫明(深圳)、华硕(苏州)、技嘉(东莞、黄江)、微星(深圳)、精英(深圳)
扫描仪	旭丽(东莞)、虹光(清溪、上海、苏州)、致伸(东莞)、鸿友(东莞)、力捷(苏州)
光碟机	建兴(东莞)、英群(东莞)、广宇(东莞)、明碁(苏州)、建碁(东莞)
监视器	冠捷(福州)、明碁(苏州)、源兴(东莞)、美齐(黄江)、仁宝(昆山)

资料来源:《经济日报》(台),2000年8月24日。

随着两岸产业分工向纵深发展,进入功能分工为主、兼具垂直与水平分工的混合性分工时期,分布在"珠三角"、"长三角"的两岸电子信息产业也表现出这一特征,为了更加有效地利用内陆广阔的市场腹地,并进一步北上至环渤海一带,经过多年的在陆经营与发展,部分台商 IT 企业已逐渐摆脱过去"台湾接单,大陆加工"的模式,开始在大陆设立生产研发中心,开始向台湾、大陆都可独立接单、独立研发生产的模式试探性转变。据统计,早在 2006 年年底,在深圳、珠海建立研发中心的台商科技企业有富士康、蓝点软件等 5 家,在苏州、南京、昆山、杭州、上海建立研发中心的有英业达、大宇资讯、明碁、华硕、神达等 21 家,在北京、天津建立研发中心的有英业达、宏碁、蓝点软件等 16 家。[①] 整体上看,"长三角"成为台湾电子信息产业聚集重镇,产业群聚效应强,产业链相对最为完整。

总的来说,20 世纪 80 年代后期,一些劳动密集型、技术层次低的电子零组件与消费性电子的成品组装业在"珠三角"一带设厂,进入 90 年代后半期,"珠三角"开始聚集台湾相对层次较低的电脑周边产业及零配件产业,而 21 世纪后台湾产业层次相对较高的产业如笔记本电脑、液晶显示器以及芯片制造业等,则加速在"长三角"聚集,投资规模不断加大,且在大陆台资集中区设立了自己的研发机构。

第三节 后 ECFA 时期台湾与大陆台资集中区的农业整合

"民以食为天,食以农为本",粮食是人类生存和发展的第一需要,仓廪实,则天下定,农业在国民经济和社会发展过程中发挥着基础性的关键作用。大陆和台湾历来重视农业发展,农业更是两岸交流与合作的先行、重点行业。两岸农业交流自 20 世纪 80 年代开始逐渐展开,并在两岸农业界人士的共同努力之下不断推进。大陆地域广阔、劳动力资源丰富、市场庞大,目前正处于由粗放的传统农业向高效的现代农业转变的阶段。而台湾的农业经过五十多年的发展已进入现代农业发展阶段,在农业专业化程度、农业技术、市场营销和品牌管理等方面具有优势,然而受制于土地、劳动力成本高昂、市场狭小等先天条件,农业发展遭遇瓶颈。两岸在发展阶段、要素禀赋上的差异性,为两岸农业资源进一步整合、实现互补共赢提供了强有力的动力。两岸农业整合面临哪些问题?如何有效利用两岸农业各自的优势、整合两岸农业资源以谋求双方利益的共同实现? 这些都将是两岸农业迈向合作共荣之路须加以研究的关键问题所在。

[①] 刘孟俊等.两岸经验 20 年[M].台湾天下远见出版公司,2006 年,第 249 页.

一、台湾与大陆台资集中区的农业优劣势比较

(一) 大陆台资集中区的农业优劣势分析

1. 大陆台资集中区的农业优势

(1) 土地资源相对丰富

一般认为,农业生产要素主要包括以土地为代表的农业自然资源、农业劳动力、资本和技术。各国或地区之间对各农业生产要素拥有量的相对丰裕程度,决定了该国或该地区农业的比较优势所在。土地是农业生产中最基础的生产要素,是农业生产的前提条件。虽然在生产过程中,土地要素的贡献率正在下降,然而土地仍然在农产品生产中居于重要地位,决定了资本、技术等其他要素发挥作用的潜力。从各台商投资相对集中地区和台湾所拥有的耕地面积来看(见图5.3.1),大陆台资集中区占据绝对优势。"环渤海"、"长三角"、"珠三角"和"海西区"的耕地面积分别为8 188 083.9公顷、6 928 607.2公顷、2 830 731.5公顷和1 330 103.9公顷,远远超过台湾地区的耕地面积(822 364公顷)。尤其是"环渤海"和"长三角",其耕地面积拥有量分别为台湾地区的9.96倍和8.43倍。从人均耕地面积这一指标来考察,大陆台资集中区的优势愈发明显。"环渤海"、"长三角"、"海西区"和"珠三角"的人均耕地面积分别为0.07亩/人、0.05亩/人、0.04亩/人和0.03亩/人,而台湾地区人均耕地面积不足0.01亩/人,仅0.000004亩/人。

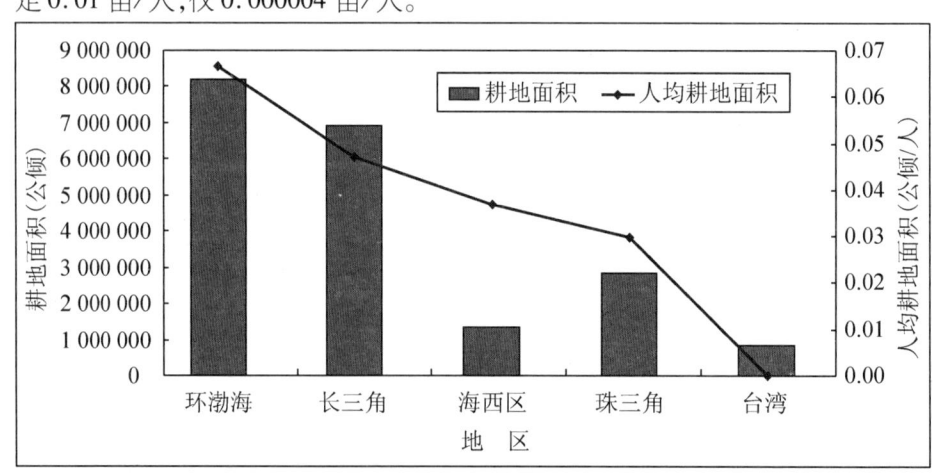

图5.3.1 各台商投资相对集中地区与台湾耕地面积(2008年年底)比较

资料来源:《中国统计年鉴2010》、《"中华民国"统计年鉴2009》。

(2) 农业发展迅速,产出能力不断提高

从农业总产值这一指标来看(见图5.3.2),大陆台资集中区的农业总产值均领先于台湾地区:2009年"环渤海"、"长三角"、"珠三角"、"海西区"的农业总产值分别达到966.15亿美元、600.08亿美元、488.59亿美元和292.96亿美元,而台湾地区农业总产值仅123.20亿美元,上述台资相对集中地区的农业总产值分别为台湾地区的7.84倍、4.87倍、3.97倍和2.38倍。从农业总产值增速上来考察,台湾地区农业产值已经进入停滞期,2003—2009年间年均增长率仅为3.10%,2006年和2009年曾出现负增长率。相较之下,大陆台资集中区的农业产值则呈现出良好的增长动力,"环渤海"地区的农业产值年均增长率以16.01%居四大地区之首,"长三角"、"海西区"和"珠三角"的农业产值年均增长率亦分别达到14.81%、13.23%和13.61%的较高水平。

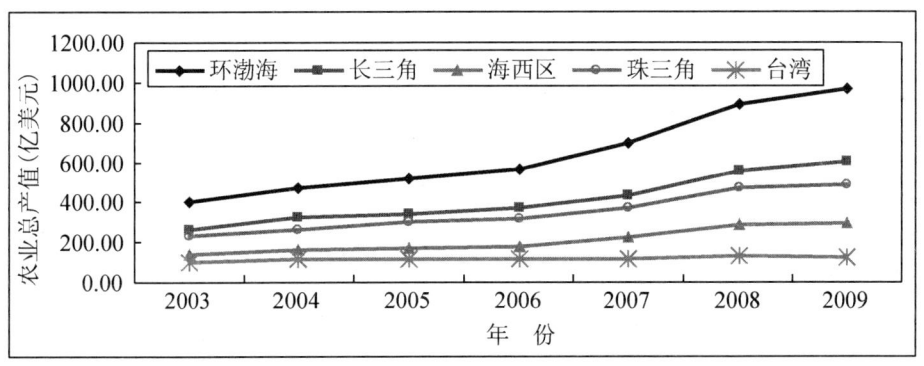

图5.3.2　各台商投资相对集中地区与台湾农业总产值对比①

资料来源:各省市统计年鉴、《"中华民国"统计月报》第539期。

(3) 在世界农产品贸易中地位增强

自农业对外开放以来,"环渤海"、"长三角"、"珠三角"和"海西区"的农产品贸易规模不断扩大。从农产品贸易绝对值看(见图5.3.3),2004—2008年大陆台资集中区农产品贸易值均逐年上升,"环渤海"持续保持领先地位,2008年农产品贸易额高达334.29亿美元,"长三角"和"珠三角"分别以232.37亿美元和128.76亿美元排名第二、第三位,"海西区"以54.79亿美元居于末位。若从增速上加以考察,2004—2008年"长三角"农产品贸易额增长最快,年均增长22.70%,"海西区"和"环渤海"分别以18.01%和16.82%排名第二、第三位,

"珠三角"农产品贸易增长较慢,仅13.32%,但仍远高于台湾6.67%[①]的增速。各地区在世界农产品贸易中的地位提高,运用国际市场调节农产品供需的能力得以提高,将在世界农产品贸易领域发挥更大的作用。

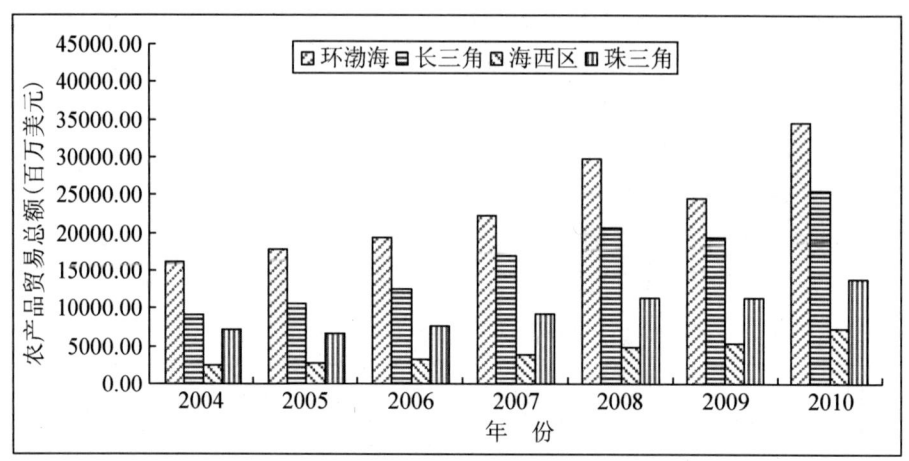

图 5.3.3　各台商投资相对集中地区农产品贸易总额

资料来源:中国农产品进出口月度统计报告(http://wms.mofcom.gov.cn/index.shtml)。

(4) 坐拥世界上最大的农产品消费市场,且劳动力资源丰富、成本低廉

大陆地区近年来经济保持较快增长,居民财富极大增加,成为全球经济最具有活力的地区。一方面,大陆地区人口众多,虽然改革开放以来出生率和人口自然增长率均已大幅下降,但是由于人口基数非常高,每年净增加人口数仍非常庞大,2009年年底人口已达133 474万人,比2008年净增加672万人,对粮食的需求量自然不断增加;另一方面,由于居民财富极大增加,对农产品的购买力不断释放,对粮食的直接消费有所下降,对肉、蛋等副食品的需求不断增加,而肉类食品均由粮食转化,故而对农产品的总体需求量不断上升。大陆台资集中区坐拥大陆这个庞大的消费市场,由于农产品本身具有不易长期储存的特点,在农产品运销方面具备天然优势。同时,大陆劳动力资源丰沛,大量过剩的农村劳动力正待吸纳,劳动力成本相对台湾而言相当低廉,发展农业具有极大的成本优势。

2. 大陆台资集中区的农业劣势

(1) 农业技术含量不高,劳动生产率水平低下

农业现代化水平落后一直是大陆地区包括大陆台资集中区农业发展的硬

---

① 根据《"中华民国"统计年鉴2009》计算得到。

伤,而落后的主因则在于对农业科技、基础设施等方面投入的不足。大陆地区每年约有6 000多项农业科技成果,但实际投入在农业生产上的却只有30%—40%,真正达到规模效益的仅有20%左右,科技成果转化率低。[①] 从大陆台资集中区各区一般财政预算支出中用于农林水事务的比重来看[②](见表5.3.1),各地区农业投入均表现出逐年上升之势,但是投入水平仍然偏低,"环渤海"、"海西区"、"长三角"和"珠三角"的农业投入比重分别为8.57%、8.56%、7.29%和6.44%。农业总体投入偏低,致使农业劳动生产率严重落后。

表5.3.1 各台商投资相对集中地区农业投入情况

	环渤海			长三角		
	一般预算支出(亿元)	农林水事务支出(亿元)	占比(%)	一般预算支出(亿元)	农林水事务支出(亿元)	占比(%)
2007	4 585.68	292.32	6.37	4 735.40	256.23	5.40
2008	5 531.67	395.61	7.15	5 841.41	355.13	6.08
2009	6 711.32	575.05	8.57	7 007.01	510.72	7.29
	珠三角			海西区		
	一般预算支出(亿元)	农林水事务支出(亿元)	占比(%)	一般预算支出(亿元)	农林水事务支出(亿元)	占比(%)
2007	3 159.57	172.53	5.46	910.64	61.49	6.75
2008	3 778.57	192.60	5.10	1 137.72	80.43	7.07
2009	4 334.37	279.21	6.44	1 411.82	120.89	8.56

资料来源:各省市统计年鉴。

图5.3.4显示,2003—2009年"环渤海"、"长三角"、"海西区"和"珠三角"地区的人均农业产值虽然大体逐年提高,然而与台湾之间仍保持着极大差距,2009年台湾人均农业产值高达22 688.39美元/人,为四大地区中农业劳动生产率最高的"环渤海"地区人均农业产值(3 964.00美元/人)的5.72倍,"珠三角"的劳动生产率仅次于"环渤海",为3 082.69美元/人,"海西区"和"长三角"则分别以1 350.78美元/人和1 270.51美元/人居于最后两位,台湾地区优势明显。

---

① 庄朝荣.中国农业面临之困境与解决方案[J].台经(台),2010年第3期。
② 与以往年份相比,2007年财政收支科目实施了较大改革,财政支出项目口径变化很大,与往年数据不可比,故此处仅对2007—2009年数据进行统计。

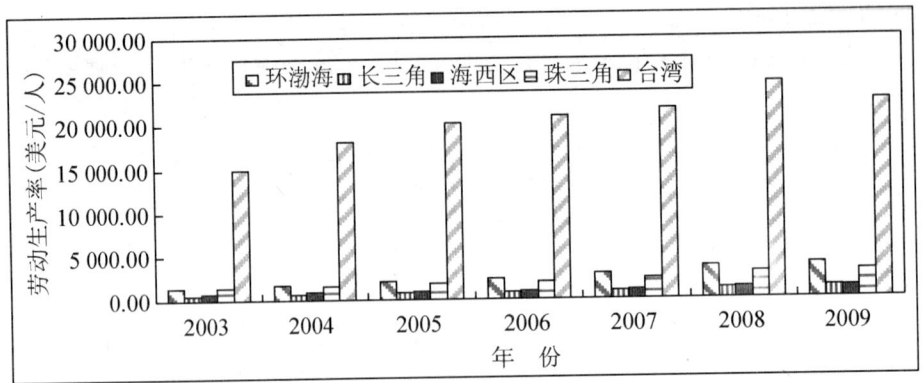

图 5.3.4　各台商投资相对集中地区与台湾人均农业产值比较

(2) 农村金融发展滞后,无法满足农业发展需求

农村金融是农业发展的重要推动力。为了因应不同时期农业发展需要,大陆农村金融组织体系经历了多次变迁,目前形成以农村信用社为主,中国农业银行和中国农业发展银行为辅,邮政储蓄银行和新型农村金融机构(村镇银行、农村资金互助社、贷款公司)为补充的格局。这种变迁,对于大陆农业生产、乡镇企业及农村个体私营经济的快速发展发挥了一定的积极作用,然而在运作中仍存在极大的缺陷。农业以家庭为单位分散生产、受自然灾害影响大和对市场价格波动极为敏感的特点,使得农村信贷资金投放存在回收风险大、成本高的特点,各商业性金融机构追求利润最大化的目标导向下,势必倾向于将信贷资金投放于经济发达的城区,出现所设农村网点收缩、农村存款资金流向城市的现象。作为农村金融组织体系主体的农村信用社则出现商业化趋势,资金运用显示出非农化特征。农村金融发展滞后,成为农业进一步发展的极大障碍。

(3) 食品安全等问题影响农产品出口,贸易逆差不断扩大

一方面,各台商投资相对集中地区的土地资源虽然相对于台湾而言较为丰富,但是由于人口众多,与世界平均水平相比则处于极低水平,致使农产品供给压力大,每年从国际市场进口的农产品数量居高不下。由于缺少对农产品贸易的定价权,农产品进口居于弱势地位。另一方面,随着大陆农产品出口竞争力的提升,发达国家采取的贸易限制也进一步升级,利用食品安全设置贸易壁垒,提高大陆农产品的市场准入门槛。尤其是日本《食品中残留农业化学品肯定列表制度》的实施,针对进口食品、农产品限量标准的数量大大增加,涉及农产品种类由 184 个增加到 264 个;化学物的品种和残留限量标准分别比原规定高出 2.8 倍和 5.6 倍,标志着发达国家的技术壁垒已趋制度化、法制化,对大陆包括

各台商投资相对集中地区的农产品出口形成威胁。①"三鹿奶粉事件"发生后,多国禁止进口产自大陆的奶制品,食品安全问题成为制约农产品出口增长的重要因素。

图5.3.5显示,2004—2010年,四大地区除"海西区"之外,"环渤海"、"长三角"和"珠三角"的农产品贸易连年逆差,且逆差有不断扩大之势。进口增加,固然有国家粮食安全方面的考虑,但就出口而言,如何进一步提高农产品国际竞争力,解决食品安全问题,避免农产品出口市场萎缩,成为各地区农业发展的一大挑战。

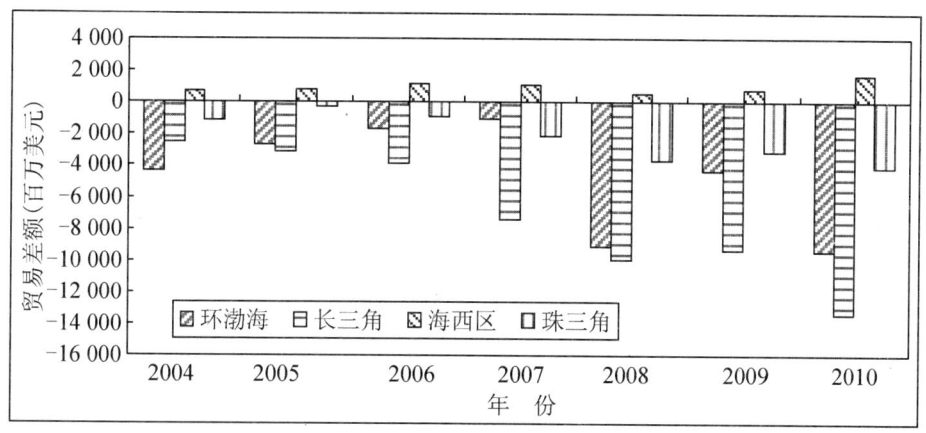

图5.3.5　2004—2010年各台商投资相对集中地区贸易差额

资料来源:中国农产品进出口月度统计报告(http://wms.mofcom.gov.cn/index.shtml)。

(二)台湾农业优劣势分析

1. 台湾农业优势

(1)农业发展优势突出,渔业、畜牧业发达

图5.3.6显示,台湾的农业结构中,畜牧业和渔业产值非常高,渔业产值有缓慢下降趋势,畜牧业产值则不断攀升,与产值最高的种植业之间的差距越来越小。2009年种植业、林业、畜牧业和渔业产值在农业产值中的比重分别达到43.92%、0.10%、34.88%和21.10%,畜牧业和渔业相当发达。20世纪80年代以来渔业在农业产值中的比重基本维持在21%至28%之间,是台湾农业发展的重要支撑。由渔业带动的相关产业如修造船业、修造机业、渔具制造业、水产加工业、鱼货运销服务业以及观光及休闲渔业不断发展,如今已经成为台湾重

---

① 中华人民共和国商务部. 中国农产品出口分析报告[R]. http://wms.mofcom.gov.cn/accessory/201005/1272939548240.pdf

要的产业关联体系。台湾地区捕捞渔业产量位居全世界第 19 位,是全球六大"公海渔业国"之一。远洋渔业历来是台湾渔业的支柱产业,在 20 世纪八九十年代曾盛极一时,实力在世界上排名第四位,设备先进,续航能力强,共设有 71 个岛外渔业基地,基地分布广。畜牧业集中于台湾中南部,近年来朝向科技化、精细化方面发展,结合休闲农业模式,在品种培育和品牌打造上走在前列。

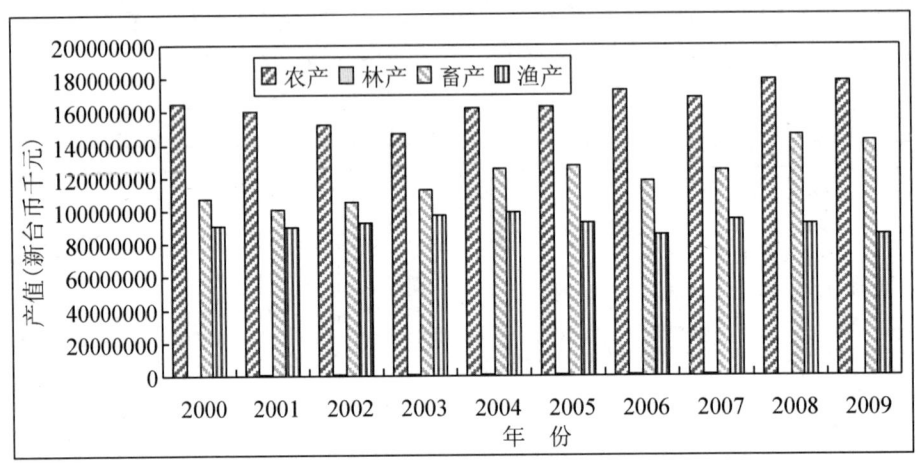

图 5.3.6　2000—2009 年台湾农业结构

资料来源:《"中华民国"统计年鉴 2009》。

(2) 农业技术和经营模式先进,产销体系完善

台湾农业在技术和经营模式上具有领先优势,目前水果、花卉、蔬菜、甘蔗、甜玉米等农作物种子种苗的培育和生产技术具有很高水平,资讯产业、材料、医学、服务等科技产业对农业的带动效果显著,化肥、有机肥料、包装等工业以及农业金融和运销服务配套完整,农作物品质好、价格高,不仅内销,在国际上也大有市场,农民收入得到保证。精致农业的发展,将传统农业与生物科技相结合,在有限的资源上创造出高附加价值的农业产品,赋予了传统农业生机与活力。而精致农业的发展亦带动了休闲农业的盛行,目前岛内有 1 500 多个休闲农场和 2 800 多个民宿,将地方的产业特色、地方的特殊料理、地方特色文化与休闲农业相结合,带动了台湾农村的发展与农民收益的增加。而台湾农业中的产销班运行机制——对各农户生产出来的农产品进行统一采购、统一集中包装、统一产品商标和品牌、统一产品运输、统一销售的共同运销方式,则大大提高了农民组织化水平,一定程度上克服了台湾农业小农模式、分散经营的弱点。

(3) 农村金融网络覆盖面广,农村金融体系健全

台湾农村金融网点覆盖面广,形成严密的金融服务网络。2009 年台湾的农会

信用部达1 086个,渔会信用部达67个,平均每个农会拥有3家农会信用部。台湾合作金库的网点也较发达,在市镇都设有支库或办事处,并在重要业务地区设立代理处。合作金会信用部等以合同形式委托办理通汇业务,结成广泛的通汇网络,从而加强了金库、农会信用部之间的横向联系,大大提高了农村资金融通的效率。台湾的农村资金来源于多个渠道,主要表现为:一是农村金融机构大多采取股份制形式,广筹资金。如合作金库、信用部都采取股份制,台湾合作金库由台湾政府、农渔会、农田合作社、合作农场合股组成。二是除金融机构外,还有一些政府及事业机关也提供农贷,扩大了农贷的规模。如台湾粮食局,为配合当局的粮食政策掌握粮源而向农民提供贷款,包括实物贷款、现金贷款及灾害救济贷款等。[①] 健全的农村金融体系为农业发展提供了充足的资金支持。

2. 台湾农业劣势

(1) 农业增长缓慢,在经济中已经居于相当次要的地位

台湾是亚洲最早发展现代农业的地区之一。但20世纪60年代末期后,农业逐步进入停滞期。受工业化影响,1980—1998年间,台湾农业生产年均增长率下降为1.1%,其中有7年还是负增长。2000年,农业生产更大幅衰退16%。[②] 进入21世纪,台湾农业虽然大部分年份实现增长,然而其在台湾GDP中的比重却不断下滑(见图5.3.7),2007年仅占GDP的1.49%,之后虽有略微上升,但仍无法恢复到2002年的水平。

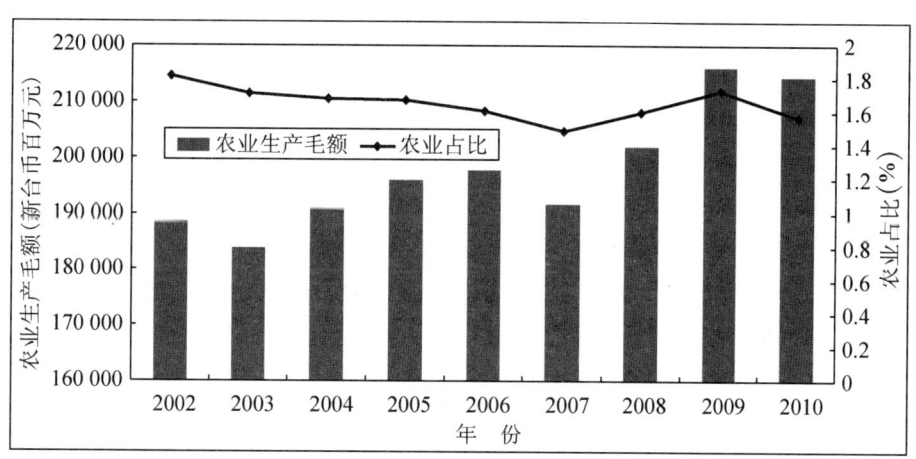

图5.3.7　2002—2010年台湾农业生产毛额与农业占比图

资料来源:《"中华民国"统计月报》,第541期,2011年2月。

---

① 雷启振.台湾农村金融体系及对大陆的借鉴[J].当代经济,2010年第12期。
② 周忠菲.两岸农业合作须加强一体化运筹[J].经济导报(台),2007年总第2995期。

(2) 岛内市场狭小,土地、劳动力成本高昂

台湾地区面积仅360.1万公顷,不足四大地区中"块头"最小的"海西区"面积的1/3;人口仅2 312万,为四大地区中人口数量最少的"海西区"的63.74%,和余下三大地区相比,则还不足其1/4。伴随着台湾经济的成长,岛内土地成本和劳动力成本日渐高涨,致使农产品生产成本居高不下,其中稻米、金针菇、洋菇等农产品的生产成本为大陆的4倍左右,而其他农产品大概为2倍至3倍。①而岛内人口数量亦限制了台湾农产品内需的扩大。台湾农产品市场是典型的"浅碟式市场",农产品生产数量稍微增加一点,就极易引起农产品市场价格的急剧下跌,造成农民利益的极大损失。台湾的农业因客观条件所限注定不能局限在土地面积狭小、生产成本高昂的海岛上,否则无法实现农业发展的重大突破。

(3) 农产品外贸依存度过高,国际竞争力下降

对"环渤海"、"长三角"、"海西区"、"珠三角"和台湾的农产品对外贸易依存度做一比较(见表5.3.2),可发现台湾的出口贸易依存度和进口贸易依存度均高于四大台商投资相对集中地区。尤其是农产品进口贸易依存度,2009年,"环渤海"、"长三角"、"海西区"、"珠三角"的进口贸易依存度仅分别为31.49%、44.66%、15.12%和27.16%,而台湾的进口贸易依存度则高达153.81%,分别为前述四大地区的4.88倍、3.44倍、10.17倍和5.66倍。

表5.3.2　各台商投资相对集中地区与台湾农产品贸易依存度(%)

	环渤海		长三角		海西区		珠三角		台　湾	
	出　口	进　口	出　口	进　口	出　口	进　口	出　口	进　口	出　口	进　口
2004	28.99	47.39	22.20	36.72	18.80	11.00	23.36	23.36	62.28	155.28
2005	32.52	42.70	23.14	39.45	19.43	12.02	20.51	20.51	58.85	153.68
2006	34.37	40.06	24.93	43.86	22.19	11.77	20.03	24.70	54.31	155.22
2007	33.59	36.59	23.12	52.62	20.86	12.71	18.59	28.03	58.84	179.19
2008	26.09	45.65	20.84	52.16	18.20	14.67	16.30	29.11	60.12	189.33
2009	22.90	31.49	17.78	44.66	19.77	15.12	16.72	27.16	49.10	153.81
2010	25.73	42.23	12.95	35.49	24.61	16.25	16.79	28.98	—	—

资料来源:根据《中国农产品进出口月度统计报告》、大陆各省市统计年鉴、《"中华民国"统计年鉴2009》。

---

① 罗祥喜.台湾的农业经验与两岸农业交流[J].中国评论(台),2010年第5期。

相对于台湾农产品停滞不前的出口额,其进口额不仅数额庞大且逐年递增(见图5.3.8)。过高的农产品外向度,一方面意味着台湾农产品价格受国际农产品市场影响大,加剧了农产品价格风险;另一方面也从侧面反映了台湾农产品产量无法满足岛内需求,事实上,台湾粮食自给率仅为30%[①],粮食供应压力很大。

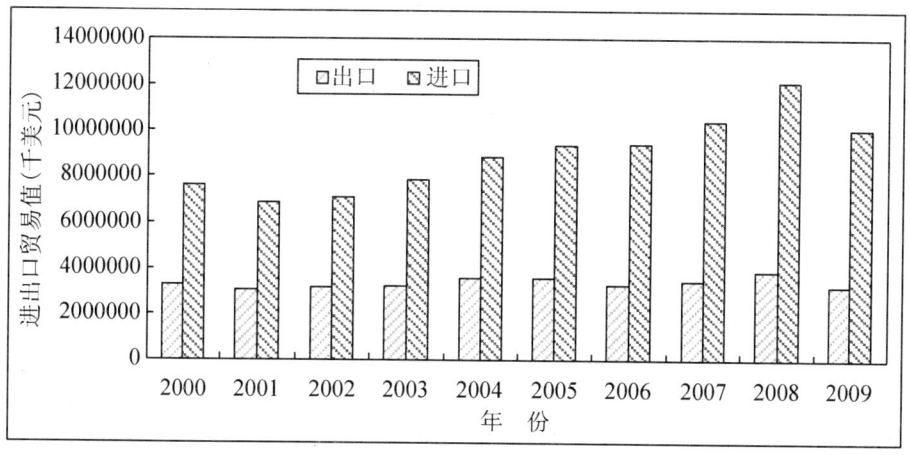

图5.3.8　台湾农产品进出口贸易值

资料来源:《"中华民国"统计年鉴2009》。

此外,台湾部分农产品的国际竞争力已经逐渐下降。以鳗鱼出口为例,在目前每年鳗鱼进口量超过其消费量的80%的庞大日本鳗鱼市场上,1987年,大陆与台湾所占相对份额分别为9%和91%,至1999年,两者的相对份额完全倒转,大陆占91%,而日本仅占9%。尽管2000年以来台湾鳗鱼出口有过不俗表现,但已经无法改变"鳗鱼王国"在两岸更替的既定格局。[②]

二、台湾与大陆台资集中区的农业整合

经济全球化与区域经济一体化是当今世界经济发展的两大趋势。在全球范围内配置生产要素,实现资源的有效整合,成为各国和各地区发展自身产业、保持自身产业竞争力的关键途径。台湾地区农业自20世纪60年代进入停滞期之后,亦积极寻求农业再生发展的路径。两岸农业由于存在极大的互补性,整合潜力巨大,即使存在政治阻力,但在两岸的共同努力下,自20世

[①] 中国评论编辑部.台南县的农业发展与两岸农业交流[J].中国评论(台),2010年第11期。
[②] 程漱兰,张慧东,梁希震,李彦敏,李冬梅.两岸农业贸易和投资协作之研究[J].台湾研究集刊,2005年第88期。

纪80年代至今,亦实现了初步的整合。2010年6月29日两岸签署ECFA,在原先已对原产台湾的15种水果、11种蔬菜和8种水产品实施进口零关税的基础之上,又将石斑鱼、茶叶、香蕉、火龙果、兰花等18种台湾特色农产品列入ECFA早期收获计划中的"免税清单"。ECFA使两岸农业的进一步整合获得了更为广阔的前景。

（一）整合的现状

1. 贸易

产业整合的第一层次,即是实现区域间该产业商品要素的直接流动。鉴于统计资料的可获得性,以及四大台商投资相对集中地区与台湾之间的农产品贸易又占据两岸农产品贸易的绝大部分（其中"海西区"对台出口、自台进口农产品数额占大陆对台出口、自台进口农产品总额的比重均超过三成①）,此处以大陆与台湾间农产品贸易状况反映四大地区与台湾间的农产品贸易状况。

图5.3.9显示,近年来两岸农产品进出口贸易中,台湾对大陆进口大于出口。进出口贸易额无明显上行或下行趋势,而是在一定水平区间平缓波动,这与两岸间农产品贸易无法实现正常化发展有极大关联。自大陆和台湾相继加入WTO之后,依照规定,两岸都须遵守最惠国待遇的规定,不能片面对农产品

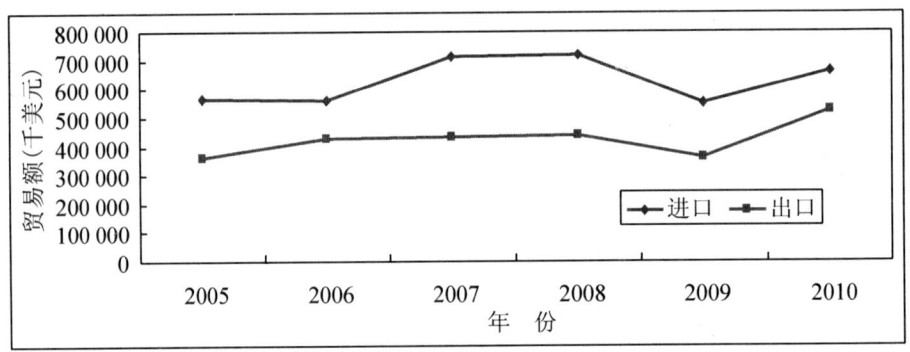

图5.3.9　2005—2010年间台湾与大陆间农产品贸易情况

进出口采取管制措施。事实上,台湾对大陆农产品采用正面列表方式进行进口限制,没有列入表中的八百多项农产品一律不允许进口。大陆具备竞争优势的许多农产品如玉米、小麦、大豆等均在台湾限制进口农产品之列,影响了大陆对台湾农产品出口额的增加。台湾对大陆出口的农产品则由于之前两岸无法实现全面"三通"而导致运输成本高昂,出口亦增长缓慢。2008年两岸"大三通"

---

① 詹托荣.福建对台农产品贸易额稳占大陆首位［N/OL］.http://www.chinanews.com/tw/2010/09－29/2564604.shtml

全面启动,为提振两岸农产品贸易提供了良好条件。随着全球金融危机后经济回暖以及2010年两岸间ECFA的签订,两岸农业进出口贸易均呈现良好的增长势头。

2009年大陆在台湾地区主要进出口市场中的排位为:第四大农产品出口市场和第五大农产品进口市场(见表5.3.3)。大陆向台湾出口的农产品仅占台湾进口农产品总额的5.47%,台湾向大陆出口的农产品在其农产品出口总额中的比重则为11.35%,近几年比重变动不大,两岸农产品经贸互动仍有相当大的空间。

表5.3.3　2009年台湾地区前十大农产品进出口市场

排名	国家或地区（千美元）	出口（千美元）	比重(%)	国家或地区	进口（千美元）	比重(%)
1	日本	702 446.8	21.9	美国	3 236 078	32.21
2	中国香港	392 740.4	12.24	日本	683 117.9	6.80
3	美国	364 661.1	11.37	澳大利亚	593 207.0	5.90
4	中国大陆	364 052.2	11.35	泰国	577 425.2	5.75
5	越南	281 073.1	8.76	中国大陆	549 460.4	5.47
6	泰国	196 778.6	6.14	巴西	514 641.4	5.12
7	韩国	105 037.3	3.28	马来西亚	504 696.5	5.02
8	马来西亚	75 906.5	2.37	新西兰	358 506.2	3.84
9	菲律宾	71 661.0	2.23	印尼	287 676.8	2.86
10	新加坡	630 24.5	1.97	加拿大	267 138.3	2.66

资料来源:台湾"财政部"关税总局。

2. 投资

资金的自由流动是区域产业整合的第二层次的要求。两岸之间的农业投资表现出单向性,即基本上是台湾西进大陆投资,大陆对台湾的农业投资几近于零。这种单向性,一方面由两岸市场大小与农业发展优势决定;另一方面,农业项目并未在台湾开放大陆赴台投资项目之列。20世纪80年代初,台商就开始对大陆农业进行投资,投资领域包括种植业、养殖渔业、畜牧业、食品饮料等。由于开放之初政策方向不明朗,台商的投资行为倾向不公开或是间接投资,1997年台湾政策给予台商补办许可登记后,投资件数与金额激增。大陆方面对于台商到大陆投资农业采取鼓励与支持态度,截至2009年年底,农业部会同国台办先后在大陆12个省市设立了25个台湾农民创业园,同时在9个省设立了9个海峡两岸农业试验区,在项目审批、用地服务、基础建设、财政与金融支持、通关检验检疫便利化等方面给予扶持政策,吸引和鼓励台湾农业企业及农民投资大陆农业。目前,进入园区发展的台资农业企业已达5 000多家,占在大陆台资农业企业总数的82%左右,实际利用台资58亿美元,占台资投资大陆农业实际金额的81%左右。①

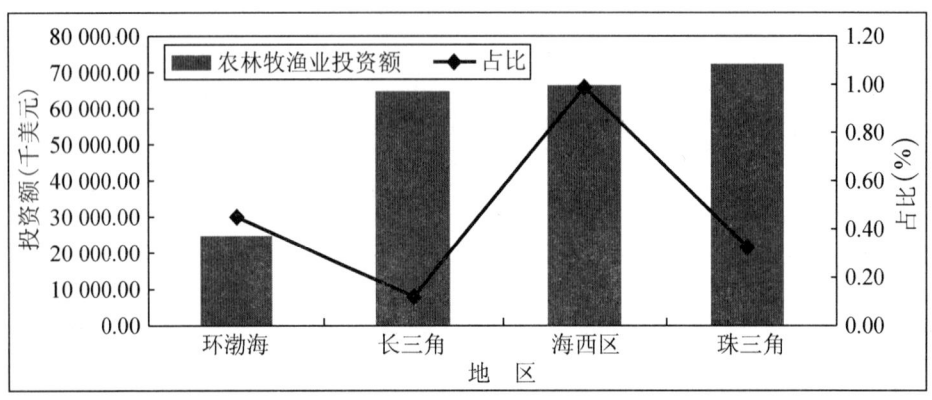

图5.3.10 1952—2010年台商对各地区农业累计投资金额及占比

从台商对"环渤海"、"长三角"、"海西区"和"珠三角"的农业投资累计金额可以发现(见图5.3.10),台商对各地区的投资金额随纬度的增加而递减。台商对"珠三角"的农业投资金额居四大地区之首,1952—2010年累计投资了7 212.34万美元,"海西区"以6 640.41万美元位居第二,"长三角"以6 440.50万美元居于第三,拥有最丰富土地资源的"环渤海"地区吸引台商农业投资金额最少,仅为2 475.19万美元。从台商对各地区农业投资额占地区总投资额的比重看,"海西区"、"环渤海"、"珠三角"和"长三角"的农业投资比重分别占到0.98%、0.45%、0.33%和0.12%。经过多年发展,两岸农业整合已经由简单的种、养殖业投资向农副产品深加工、物流、电子商务等农业服务和整体配套以及引进农业高新技术方向发展,投资的农业产业链条不断加长,合作朝多层次、多渠道领域深化。② 截至2010年1月,台商对大陆的农业投资项目中,食品、饮料制造业及皮革、毛皮及其制造业占主导地位,而农林牧渔业等初级农业投资金

---

① 农业部(2010).进一步推动两岸农业产业合作和资源一体化配置[N/OL]. http://www.moa.gov.cn/leaders/chenmengshan/jianghua/201003/t20100301_1438128.html

② 陈蘋.两岸农业合作大势难逆[J].经济导报(台),2006年总第2990期。

额占6%。台资农业企业以外销与大陆内销为主,回销台湾的比例较低。①

3. 技术转让和人员交流

台湾虽对农产品销往大陆无任何限制,但在农业技术方面,由于畏惧两岸农业技术交流会导致大陆农业技术赶超台湾从而削弱台湾农业竞争优势,对于农业技术转让采取消极、限制态度。根据台湾"经济部"制定的《在大陆地区从事投资或技术合作审查原则》的规定,禁止赴大陆投资或技术合作的农业项目有434项,其中有三十多项农业技术是列为禁止投资与技术外移类的先进农业技术与资金。② 在两岸人员互访方面,十多年来两岸农业人员互访频繁,台湾农业人员赴大陆除政府机关人员外,基本不受限制③;大陆农业人士到台湾访问则按《大陆地区农业人士来台从事农业相关活动许可办法》办理,两岸农业界之间基本形成了宽领域、多层次的交流关系。

(二) 存在的问题

1. 政治因素成为两岸农业整合的最大阻碍

两岸农业互补性明显,农业整合的发展潜力巨大。然而在两岸农业交流与合作的过程中,相对于大陆单方面扩大台湾农产品市场准入,支持和鼓励台湾农民和农业企业到大陆投资和发展农业,台湾方面对两岸农业整合却采取较为严格的限制政策,阻碍两岸农业向纵深方向发展。

贸易方面,台湾自2002年加入WTO以来就管制部分大陆农产品进入台湾市场。台湾方面开放大陆农产品进口项目为1415项,占农产品进口项目总量的63.02%。对稻米、花生、大蒜、红豆、东方梨、香蕉、芒果、凤梨等16项关税配额产品,以及大宗产品如茶叶、马铃薯、热带水果、花卉、畜产品等台湾主要初级生鲜及加工产品则实行管制,管制项目达830项④(占36.97%),多数产品为大陆具有优势的农产品。与之形成鲜明对比的是大陆对农业利益的频频让渡。2005年8月1日起,大陆对台湾的椰子、槟榔、菠萝、番石榴、芒果、柚、木瓜、桃、梅、番荔枝、杨桃、莲雾、枣、柿子、枇杷15种生鲜水果,实施零关税措施。⑤ 2010年6月29日,两岸签署ECFA,大陆对台湾的18项农产品,包括鱼、动物产品、

---

① 周忠菲. 两岸农业合作须加强一体化运筹[J]. 经济导报(台),2007年总第2995期。
② 张淑卿. 从农业登"陆"谈技术保护问题[J]. 展望与探索(台),2005年第8期。
③ 吴同权. 两岸农业交流现况与展望[J/OL]. http://www.npf.org.tw/post/2/4846
④ 谢佳珍. 农委会:830项大陆农产品续管制进口[N/OL]. http://news.cts.com.tw/cna/politics/201002/201002010401549.html
⑤ 张勇. 15种台湾水果零关税今起正式实施[N/OL]. http://news.xinhuanet.com/tai_gang_ao/2005-08/01/content_3295665.htm

海峡西岸和其他台商投资相对集中地区的经济发展

鲜兰花、金针菇、香蕉、火龙果、橙、柠檬、哈密瓜、茶等十类实施降税。

投资与技术合作方面,如前所述,台湾禁止对大陆投资或与大陆进行合作的农业项目多达 434 项,严格限制大陆引进台湾农业技术和品种,限制先进技术与优良品种进行有偿转让。然而,市场力量和经济法则有其无法阻挡的运行动力。岛内环境对农业发展造成的瓶颈促使台湾农民、农业企业纷纷投资大陆,并私自携带技术和品种进入大陆。台湾的大部分技术与品种实际上已经外流到大陆。① 事实上,农业技术的转移,对台湾而言不一定是有害无益,关键是如何通过制度设计实现技术的有偿转让,使原本囿于台湾岛内无法实现最大价值的农业技术,服务于两岸农业,共同实现两岸的农业发展目标。

2. 各农民创业园缺乏特色,农业配套机制尚待完善

1997 年以来,大陆先后建立了二十多个台湾农民创业园区,这些园区自创立以来,吸引了越来越多的台资企业和台湾农民到创业园投资发展,形成了以水果、花卉种苗的繁育、水产、畜牧养殖、农产品加工、农业技术交流推广、人才培训等为重点的产业基地,对推动两岸农业整合起到了积极作用。然而许多台湾农民创业园区未能结合各省市的地理状况和农业特点,因地制宜形成自己的特色②,出现"千园一面"现象。另外,台湾农产品在大陆的配套问题也亟须解决。完整的农业产业链,不仅包括生产和加工环节,亦包括种苗/种畜、肥料/饲料、农药等生产资材部门以及整合交通运输、储藏、资金融通和资讯收发的营销部门。③ 目前大陆的农产品批发或运销机制还没有建立起来,与农业相关联的化学工业、农药工业、包装工业和研发单位也未能与之形成良性互动的长效机制,很大程度上减弱了台湾农产品在大陆的产销活力。

3. 台湾农产品在大陆的知识产权保护问题有待解决

台湾的农特产在大陆多走精品路线。以水果为例,由于长期以来对生产技术和品种改良的投入,以及台湾自身具有的良好的利于水果栽培的客观条件,产自台湾的水果质优味美,已经在国际上打响了自己的品牌,在大陆的销售价格亦达到了大陆产水果价格的四到五倍。而台湾水果如芭乐、凤梨等,大陆亦有种植,成本却低得多,高利润成为大陆水果仿冒台湾水果的诱因,致使大陆市场中"山寨版"台湾水果泛滥,严重损害了台湾农民的利益,对两岸农产品贸易造成了严重的负面影响。

---

① 罗祥喜.台湾的农业经验与两岸农业交流[J].中国评论(台),2010 年第 5 期。
② 周忠菲.两岸农业合作须加强一体化运筹[J].经济导报(台),2007 年总第 2995 期。
③ 雷立芬,官俊荣.促进两岸农业共同发展之合作模式[J]."立法院"新闻(台),2006 年第 5 期。

4. 开拓两岸农产品贸易与避免台湾农民利益受损之间存在矛盾

避免农民利益受损历来是两岸经济整合中的重要考量。农民团体在台湾有其特殊的政治影响力,两岸农业整合能否进一步推进很大程度上取决于能否得到两岸农民尤其是台湾农民的支持。台湾地区加入 WTO 后农业受到来自欧美等国农产品的冲击,加剧了农业发展的弱势,导致农民收益严重受损。近年来大陆农产品通过非正规渠道进入台湾,更使台湾农民对农产品市场进一步开放心生畏惧。生产绝对不是台湾农业的优势所在,通过贸易进一步开拓台湾市场不可避免会使部分农民受损。如何在谋求大陆农民利益的同时最大限度地避免台湾农民利益受损,是两岸农业整合面临的一大难题。

(三) 整合的对策

1. 充分利用自身农业资源优势,加大各地区农业整合力度

相对于制造业和服务业而言,农业成功实现整合对于地理条件和社会环境方面的要求更高。与其他三大地区相比,"海西区"在地理条件和社会环境上更具优势。"海西区"与台湾一水之隔,地缘相近,血缘相亲,文缘深厚,语言相通,习俗相同,台湾同胞80%以上祖籍在福建,在两岸农业合作中发挥了重要作用,成为承接台湾水产养殖业、园艺产业、林业转移的重要地区,而福建省海峡两岸试验区亦是目前成效最好的试验区之一。由于地理环境和气候条件相近,"海西区"与台湾生产的农产品具有高度同质性,未来应继续积极创造有利条件,吸引在台湾已不具备比较优势的农业产业将生产转移到"海西区",同时加快两地在休闲农业这一最有潜力领域的合作。"珠三角"是台湾农业在大陆最主要的投资地区之一。"珠三角"气候条件与台湾亦十分相近,且户籍人口多,流动人口多,供港澳特区鲜活农产品需求量大,市场需求可观。未来在继续深化与台湾农业生产方面合作的同时,应重点加强在农产品精加工、农产品物流配送体系和农业科技与机械方面的合作。加工环节是"长三角"农业发展的短板,却是农业增效、农民增收的重要环节;"长三角"农业旅游资源丰富,广大农村地区既是青山秀水、古迹名胜、风情民俗等传统旅游资源的富集地,也是自然生态、田园风光、农业景观等农业旅游资源的聚集地,未来"长三角"应充分利用自身优势同时认识短板所在,与台湾在农产品加工、休闲农业和农业服务领域加强合作。"环渤海"地区中的山东省是农业大省,但在吸引台商农业投资数额上却与其农业大省的地位极不相称。台商在山东的农业投资以种植、水产品和畜产品及其加工为主[①],未来应重点吸引台商投资农产品深加工项目,同时利用台湾多

---

① 王建民,苏志新.台商对祖国大陆农业的投资与合作[J].中国外资,2003 年第 2 期。

年来所经营的外销渠道,大力发展"环渤海"地区农产品的出口贸易。

2. 进一步拓展两岸农业技术交流,推进研发合作

台湾由于土地、劳动力成本高昂,大多数农产品生产已经失去竞争力,然而技术和资本却极富竞争力。近年来,越来越多的台湾农民和农业企业选择到大陆投资,由此产生的技术外溢带动了大陆农业技术的提升,同时亦带来农业经营和品牌管理方面的理念,使大陆农业受益匪浅。如何进一步开拓两岸农业技术交流,使台湾农业技术由不自觉外溢转变为积极主动转移,从而建立起两岸农业技术交流的长效互利机制,是值得研究的课题。台湾许多研发机构具备深厚而长期积累的研发能量,若能积极定位台湾为世界性农业科技发展中心之一,将农业技术商品化、产业化,不失为台湾农业的可行出路。通过技术的有偿转移,大陆获得了取得先进技术的途径,加速农业现代化,而台湾的农业技术亦创造了比囿于岛内更大的市场价值,双方都从中获益。同时,大陆亦有许多农业研究机构,且生物技术发展较快,部分技术,如在基因工程育种和核辐射诱变育种以及矮秆小麦育种技术、水稻基因组研究、禽流感等动物重大传染病防治技术等方面①,已处于国际先进水平,未来应积极推进两岸在项目研发上的合作,共同造福两岸农业。

3. 建立两岸农产品供需信息数据库,实现农产品贸易良性增长

台湾农产品市场狭小,虽然大陆拥有许多极具优势而又尚未获准进入台湾的农产品,但是要进一步开拓台湾市场,会受到台湾农民的重重阻力。故两岸进行贸易时,应遵循互补原则,根据双方市场需求来决定农产品进出口,即台湾岛内不生产,或者虽然生产但一定时期内供不应求的农产品,抑或是从其他国家(地区)进口的成本高于从大陆进口的农产品,可以由大陆供应。要实现这一点,应建立起两岸农产品供需信息,及时通报农产品生产与市场供需情况,同时有关部门积极配合,提供快速、便捷的通关服务与运输保障②,实现农产品贸易良性增长。

4. 强化知识产权保护机制,完善农产品产销体系

2006 年举行的两岸农业合作论坛上,大陆宣布将对出现的"山寨版"台湾水果、大陆台商或个人先行将台湾产茶地的知名地名如日月潭、阿里山等在大陆进行商标注册等侵害台湾农民利益的现象予以严厉查处,目前已经取得了一定的成效。未来应继续强化对台湾农产品的知识产权保护机制,加大市场

---

① 任爱荣,赵一夫.祖国大陆对台湾地区农业技术引进的模式探讨[J/OL]. http://fass.net.cn/fassnews/erji01.asp? NewsID = 3041

② 王建民.两岸农业合作应有更大目标[J].经济导报(台),2006 年总第 2990 期。

监管力度,积极推进两岸在知识产权保护、原产地认证等方面的合作。同时完善农产品产销体系,在目前已有厦门台湾水果集散中心、台湾农产品集散中心和霞浦水产品集散中心的基础上,结合已经实现直航的各港口,合理布局,拓展台湾农产品集散中心的地区分布,以缩短台湾农产品到达各地区的运输时间和成本。借鉴台湾农产品产销班运行模式,尽快建立大陆农产品的运销体系。

5. 合理规划台湾农民创业园主题,强化产业链各环节的相互联系

台湾农民创业园的设立要立足于本地区的地理和农业状况,合理规划园区主题,定位园区特色,优化产业布局,除继续完善园内基础设施建设外,更应注重吸引包括农业深加工、销售、金融服务和相关产业进驻园区,强化农业产业链上各环节的相互联系。同时,鼓励台湾农业研究机构进入创业园,创办创业园研发中心,并在土地使用等方面给予业者更为优惠的政策条件。为保证园内农民和企业在发展过程中产生的资金需求,应积极打造多层次、多渠道的融资机制,政府发挥更大的引导作用,除了一般的民营资金和外资以外,引导风险资本进入,加快园区发展。

第四节　后 ECFA 时期台湾与大陆台资集中区的制造业整合

两岸制造业整合,以 20 世纪 80 年代中期以来台湾制造业向祖国大陆转移为开始,作为全球产业链分工的重要一环,目前已取得了初步的进展。然而,受政治等因素影响,两岸尚未实现制造业资源要素的充分利用和优化配置。当前祖国大陆正处于经济增长方式与产业结构的调整时期,大力发展先进制造业和高科技产业,有效整合两岸制造业成为当务之急。20 世纪 80 年代以来,受台湾岛内市场狭小、新台币大幅升值、工资与地价上涨、劳动力短缺、环保运动崛起等因素影响,台湾制造业国际竞争力逐步衰退,纷纷向外转移,祖国大陆同根同源,拥有巨大的市场、丰富的劳动力资源,因此成为台湾制造业外移的重要目的地。2010 年 ECFA 的签署,标志着两岸经贸合作进入制度化阶段。后 ECFA 时代,两岸制造业若能取长补短,互补合作,发挥各自优势,实现进一步整合,必将对两岸制造业国际竞争力与经济实力的提升大有助益。本节将以大陆与台湾经济整合程度最高的"海西区"(闽)[①]、"长三角"(沪、苏、浙)、"珠三角"(粤)、

---

① 由于广义的"海西区"其制造业相关数据不系统,在这里指狭义的"海西区",即福建省。

"环渤海"(京、津、鲁)四大台商投资相对集中地区为对象,对两岸制造业整合进行深入探讨。

一、台湾与大陆台资集中区制造业的优劣势比较

(一) 台湾与大陆台资集中区制造业整体竞争力比较

1. 台湾制造业发展现状

台湾经过近四十年的发展,一跃成为新兴的工业化地区。从产业结构来看,台湾早在20世纪80年代就已经形成"三二一"的产业格局,并且基本上完成了从劳动密集型产业向资本和技术密集型产业转化的过程。2009年台湾第一、第二、第三产业之比为1.55:29.86:68.59。在台湾工业的五大行业中,制造业所占比重最大,2009年台湾制造业总产值为新台币105 823.51亿元,折合人民币22 568.85亿元,占台湾工业总产值的92.4%;制造业增加值为新台币29 603亿元,折合成人民币6 313.4亿元,占台湾工业增加值的82.3%,占台湾GDP的23%(见表5.4.1)。近年来受岛内新台币大幅升值、工资与地价上涨、劳动力短缺、环保运动崛起,特别是2008年国际金融危机的影响,台湾制造业工业总产值增长缓慢,甚至出现负增长。据台湾统计,2004—2006年这6年间,有3年出现负增长,其中2008年、2009年分别同比下降10.46%与18.54%(见表5.4.2)。虽然近年来台湾制造业国际竞争力有所衰退,但目前仍然是带动其经济增长的主要力量。

整体而言,目前台湾制造业已经相当成熟,具有完备的产业体系和产业链,电子、石化、机械、纺织等产业具有相对优势。电子信息产业是台湾的重要产业,在产业内部,侧重于发展通信、半导体、芯片等附加值高的产品,研发投入高,主要以新竹科学工业区为依托,以代工生产(OEM)、代工设计(ODM)为主要经营模式,形成了较强的接单能力。台湾石化工业是上中下游最完整的工业体系之一,有多项产品在国际市场上占有重要地位。台湾石化工业具有高度发展的成熟市场,已形成环环相扣配套齐全的生产体系,其在产品、技术、资金等方面具有明显优势。台湾石化企业研发能力强,科技成果转化率高,资金充足,对外投资能力强。台湾机械产业产值排名位居世界前列,专业化水平高,具有完整的零部件供应及生产体系,产品具有较高的品质,在模具、电子生产设备、塑料机械、木工机械、切削机床等领域具有世界水平。台湾纺织业上中下游结构完整,以外销为主,生产营运模式灵活,目前正处于结构转型与产业升级阶段,在产品研发、技术、设计等方面在行业内具有突出地位,特别是在功能性纺织品制造上拥有较强的竞争力,近年来,台湾纺织业致力于绿色环保纺织品的研发与运用。

表 5.4.1　台湾与大陆台资集中区制造业工业总产值比较　　　单位：亿元

年　份	合　计	海西区	长三角	珠三角	环渤海	台　湾
2003	85 624.65	4 860.94	39 679.12	20 235.28	20 849.31	21 585.44
2004	114 809.52	6 166.11	53 365.80	26 872.04	28 405.57	27 384.41
2005	146 746.52	7 828.5	67 224.96	32 719.04	38 974.02	27 327.36
2006	182 632.87	9 107.42	83 884.53	40 743.75	48 897.17	29 138.37
2007	229 645.88	11 416.95	105 593.95	50 675.97	61 959.01	30 943.03
2008	276 246.17	13 877.1	126 276.02	60 149.02	75 944.03	27 704.87
2009	293 598.91	15 257.76	130 297.31	62 950.81	85 093.03	22 568.85

注：台湾数据用新台币兑人民币的中间价折算成人民币。
资料来源：大陆数据根据历年各省统计年鉴编制，台湾数据根据《"中华民国"统计年鉴2010》编制。

2. 大陆台资集中区制造业发展现状

改革开放三十多年来，大陆台资集中区经济得到迅速发展，成为祖国大陆经济最发达地区，拥有较为发达的制造业。从产业结构来看，大陆台资集中区呈"二三一"的产业格局，目前正从劳动密集型产业向资本和技术密集型产业转化。从规模来看，2009年大陆台资集中区制造业工业总产值293 598.9亿元，占全国工业总产值的61.3%。从各区来看，"长三角"（130 297.31亿元）居于首位，占全国制造业工业总产值（规模以上）的27%；其次为"环渤海"（85 093.03亿元，占比18%）；"珠三角"（62 950.81亿元，占比13%）排在第三位；"海西区"（15 257.76亿元，占比3.18%）排在最后（见表5.4.1）。从增长速度来看，2004—2009年大陆台资集中区制造业工业总产值（规模以上）年均增长速度超过22.8%；从各年来看，除2009年受国际金融危机影响增长速度有所放缓外，其他年份制造业工业总产值增长速度均超过20%（见表5.4.2）。从各区来看，2004—2009年"环渤海"制造业工业总产值年均增长速度最快（26.42%），其次是"长三角"（21.92%），"海西区"（21%）排在第三位，而"珠三角"（20.82%）增速最慢。

表 5.4.2　台湾与大陆台资集中区制造业工业总产值增长率比较　　　单位：%

年　份	台资集中区	海西区	长三角	珠三角	环渤海	台　湾
2004	34.08	26.85	34.49	32.80	36.24	26.87
2005	27.82	26.96	25.97	21.76	37.21	−0.21
2006	24.45	16.34	24.78	24.53	25.46	6.63

海峡西岸和其他台商投资相对集中地区的经济发展

(续 表)

年 份	台资集中区	海西区	长三角	珠三角	环渤海	台 湾
2007	25.74	25.36	25.88	24.38	26.71	6.19
2008	20.29	21.55	19.59	18.69	22.57	-10.46
2009	6.28	9.95	3.18	4.66	12.05	-18.54
2004—2009年均增长率	22.80	21.00	21.92	20.82	26.42	—

资料来源:大陆数据根据历年各省统计年鉴编制,台湾数据根据《"中华民国"统计年鉴2010》编制。

较之于台湾,大陆台资集中区制造业发展差异显著。"海西区"(闽)制造业经过改革开放以来三十多年的发展,已成为拉动"海西区"经济发展的主导力量,对经济的主导作用日益加强。目前,"海西区"制造业在纺织服装、鞋业、建材、冶金等传统产业的基础上,形成了以电子信息、机械装备、石油化工三大产业为主导的产业体系。为推动产业结构的优化升级,近年来"海西区"除已经占据主导地位的电子信息产业外,重点加速推动一批包括节能环保、新能源、新材料、生物工程、新医药等产业在内的技术含量要求高、附加值大的新兴产业的发展,目前各产业呈现快速发展态势。"长三角"是我国最主要的制造业生产基地,制造业的产值和制成品的数量十分庞大,目前已形成了既有具有比较优势的劳动密集型产业又有高技术、资本密集型的制造业的结构,制造业发展处于工业化的中期,即重工业化过程中的深加工阶段。"长三角"制造业在电子通信、纺织业、化工和机械制造等产业上具有相对领先实力,尤其是电子产业独具优势。"珠三角"制造业开始于20世纪70年代末期,经过三十多年的发展,已经从原来"三来一补"的加工制造业基地转型为全国规模最大、发展最快、出口总额最大的高新技术产品制造基地,产业结构得到了实质性的提升。"珠三角"制造业已形成电子信息、电气机械、石油化工等支柱产业,产业基础较好,配套能力较强,逐步形成产业集聚,企业在"珠三角"设厂较易获得上下游产业和辅助产业的配套与支援,基础设施和产业服务功能比较完善,初步形成了以企业为主体的技术创新体系。"环渤海"制造业发展差异显著。北京制造业经过三十多年的发展,已经发展成为包括机械、电子、汽车、化工、建材、冶金、医药、纺织和食品等行业的制造业总体。天津作为我国一个重要的制造业城市,近年来,电子、汽车、冶金和化工等优势产业有力带动了其制造业的发展。山东经过改革开放三十多年的发展,制造业取得了巨大成就,已成为我国重要的制造业基地,其制造业竞争力较强的产业主要集中在传统产业。

(二) 台湾与大陆台资集中区制造业行业竞争力比较分析

为比较分析台湾与大陆台资集中区制造业的行业竞争力,本节用台湾与大陆台资集中区制造业工业总产值比重及区位熵为标准来衡量台湾与大陆台资集中区制造业的优势产业部门。

1. 台湾与大陆台资集中区制造业工业总产值比重比较

整体而言,目前台湾制造业已经相当成熟,具有完备的产业体系和产业链,电子、石化、机械、纺织等产业具有相对优势。从工业总产值比重来看,2009年台湾电子零组件所占比重最高(25.91%),其次是化学材料制造业(14.28%),基本金属制造业(10.62%)与石油及其煤制品制造业(9.01%)分别排在第三与第四位,而计算机、电子产品及光学制品制造业(5.37%)与金属制品制造业(5.05%)排在第五与第六位(图5.4.1)。目前台湾制造业已经相当成熟,高科技产业发达,具有完备的产业体系和产业链,2009年高科技产业电子零组件与计算机、电子产品及光学制品制造业所占比重达31.27%。

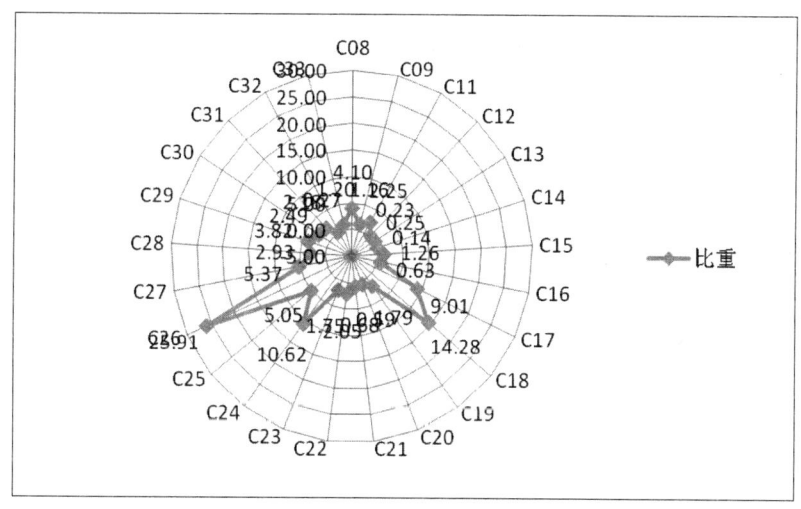

图 5.4.1　2009 年台湾制造业各行业工业总产值比重

注:C08—C33 为台湾制造业行业编码,其中:C08 食品制造业;C09 饮料制造业;C10 烟草制造业;C11 纺织业;C12 成衣及服饰品制造业;C13 皮革、毛皮及其制品制造业;C14 木竹制品制造业;C15 纸浆、纸及纸制品制造业;C16 印刷及数据储存媒体复制业;C17 石油及煤制品制造业;C18 化学材料制造业;C19 化学制品制造业;C20 药品制造业;C21 橡胶制品制造业;C22 塑料制品制造业;C23 非金属矿物制品制造业;C24 基本金属制品制造业;C25 金属制品制造业;C26 电子零组件制造业;C27 计算机、电子产品及光学制品制造业;C28 电力设备制造业;C29 机械设备制造业;C30 汽车及其零件制造业;C31 其他运输工具制造业;C32 家具制造业;C33 其他制造业。

资料来源:根据《"中华民国"统计年鉴 2010》相关数据绘制。

大陆台资集中区与台湾制造业各具优势,但较之于台湾,许多产业尤其是高科技产业还存在一定的差距。从工业总产值比重来看,大陆台资集中区在通信设备、计算机及其他电子设备制造业等高科技产业上具有一定的竞争优势,尤其是"珠三角"上述行业工业总产值比重达25%,但是就制造业整体而言,优势产业还主要集中在传统劳动密集型产业。从各区来看(见图5.4.2),2009年"海西区"通信设备、计算机及其他电子设备制造业所占比重最高(11%),其次是皮革、毛皮、羽毛(绒)及其制品业(8%),非金属矿物制品业(7%)排在第三位,农副食品加工业、纺织业以及纺织服装、鞋、帽制造业(6%)排在第四位;"长三角"通信设备、计算机及其他电子设备制造业所占比重最高(13%),其次是化

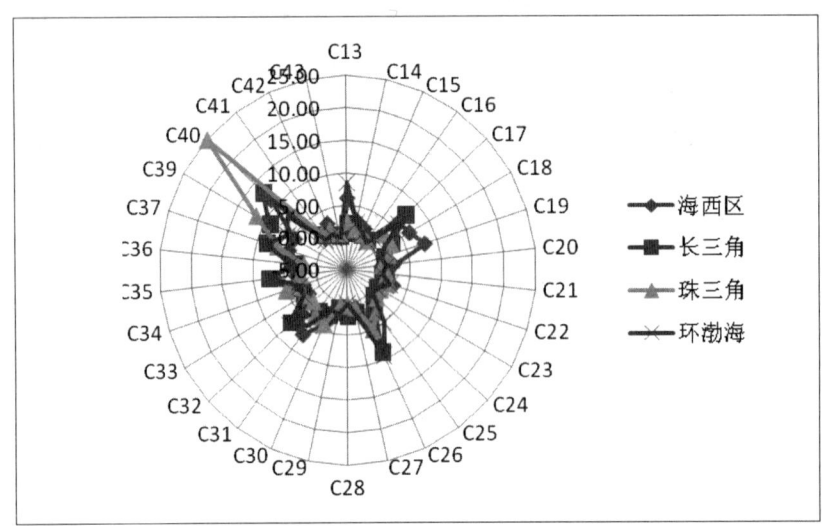

图5.4.2　2009年大陆台资集中区制造业各行业工业总产值(规模以上)比重

注:C13—C43为制造业行业代码,其中:C13 农副食品加工业;C14 食品制造业;C15 饮料制造业;C16 烟草制品业;C17 纺织业;C18 纺织服装、鞋、帽制造业;C19 皮革、毛皮、羽毛(绒)及其制品业;C20 木材加工及木、竹、藤、棕、草制品业;C21 家具制造业;C22 造纸及纸制品业;C23 印刷业和记录媒介的复制;C24 文教体育用品制造业;C25 石油加工、炼焦及核燃料加工业;C26 化学原料及化学制品制造业;C27 医药制造业;C28 化学纤维制造业;C29 橡胶制品业;C30 塑料制品业;C31 非金属矿物制品业;C32 黑色金属冶炼及压延加工业;C33 有色金属冶炼及压延加工业;C34 金属制品业;C35 通用设备制造业;C36 专用设备制造业;C37 交通运输设备制造业;C39 电气机械及器材制造业;C40 通信设备、计算机及其他电子设备制造业;C41 仪器仪表及文化、办公用机械制造业;C42 工艺品及其他制造业;C43 废弃资源和废旧材料回收加工业。

资料来源:根据历年各省统计年鉴相关数据绘制。

学原料及化学制品制造业与电气机械及器材制造业(9%),纺织业与交通运输设备制造业(8%)排在第三位,通用设备制造业与黑色金属冶炼及压延加工业(7%)排在第四位;"珠三角"通信设备、计算机及其他电子设备制造业所占比重最高(25%),其次是电气机械及器材制造业(12%),交通运输设备制造业(7%)排在第三位,金属制品业与化学原料及化学制品制造业(5%)排在第四位;"环渤海"化学原料及化学制品制造业与农副食品加工业所占比重最高(9%),其次是交通运输设备制造业(8%),通信设备、计算机及其他电子设备制造业、通用设备制造业与黑色金属冶炼及压延加工业(7%)排在第三位,纺织业、电气机械及器材制造业与非金属矿物制品业(6%)排在第四位。

2. 大陆台资集中区制造业区位熵分析

为进一步比较分析大陆台资集中区制造业的行业竞争力,本节测算了大陆台资集中区制造业各行业的专业化指数。所谓专业化指数,即区位熵(熵指数是借用物理学中度量系统有序程度的熵而提出来的),它反映了某一行业在某地区的专业化程度。区位熵通过各产业部门在各地区的相对专业化程度间接地反映了区域间经济联系的结构和方向。其公式为:$\beta_{ij} = \dfrac{q_{ij}/q_j}{q_i/q}$(其中,$q_j = \sum\limits_{i=1}^{n} q_{ij}$,$q_i = \sum\limits_{j=1}^{n} q_{ij}$,$q = \sum\limits_{i=1}^{n}\sum\limits_{j=1}^{n} q_{ij}$)。式中,$q_{ij}$表示 j 地区 i 行业的工业生产总值,q_j 表示 j 地区制造业的工业生产总值,q_i 表示全国 i 行业的工业生产总值,q 表示全国制造业工业生产总值。如果 $\beta_{ij} > 1$,则表明 j 地区 i 行业具有竞争优势,否则处于竞争劣势。计算结果见图5.4.3。

由图5.4.3可以看出,"海西区"在皮革、毛皮、羽毛(绒)及其制品业(5.95),工艺品及其他制造业(3.02),纺织服装、鞋、帽制造业(2.95),化学纤维制造业(2.06),木材加工及木、竹、藤、棕、草制品业(1.97),塑料制品业(1.75),橡胶制品业(1.68),文教体育用品制造业(1.56),家具制造业(1.54),造纸及纸制品业(1.52),食品制造业(1.41),非金属矿物制品业(1.38),饮料制造业(1.25),纺织业(1.22),通信设备、计算机及其他电子设备制造业(1.21),农副食品加工业(1.04)等行业上具有竞争力;"长三角"在化学纤维制造业(2.65),纺织业(1.59),仪器仪表及文化、办公用机械制造业(1.54),纺织服装、鞋、帽制造业(1.47),通信设备、计算机及其他电子设备制造业(1.39),文教体育用品制造业(1.34),通用设备制造业(1.31),电气机械及器材制造业(1.29),金属制品业(1.22),化学原料及化学制品制造业(1.14),塑料制品业(1.09)等行业上具有竞争优势;"珠三角"在通信设备、计算机及其他电子设备制造业(2.69),文教体育用品制造业(2.59),废弃资源和废旧材料回收加工业(2.37),家具制造业(1.94),印刷业和记录媒介的复制(1.86),工艺品及其他制造业(1.85),塑料制品业(1.83),仪器仪表及文化、办公用机械制造业(1.77),电气机械及器材制造业(1.66),金属制品业(1.54),皮革、毛皮、羽毛(绒)及其制品业(1.45),纺织服装、鞋、帽制造业(1.41),造纸及纸制品业(1.15)等行业上具有竞争优势;"环渤海"在橡胶制品业(1.9),农副食品加工业(1.47),食品制造业(1.3),通用设备制造业(1.23),化学原料及化学制品制造业(1.22),造纸及纸制品业(1.21),纺织业(1.21),专用设备制造业(1.18),医药制造业(1.15),工艺品及其他制造业(1.11),石油加工、炼焦及核燃料加工业(1.08),非金属矿物制品业(1.07),木材加工及木、竹、藤、棕、草制品业(1.04)等行业上具有竞争优势。

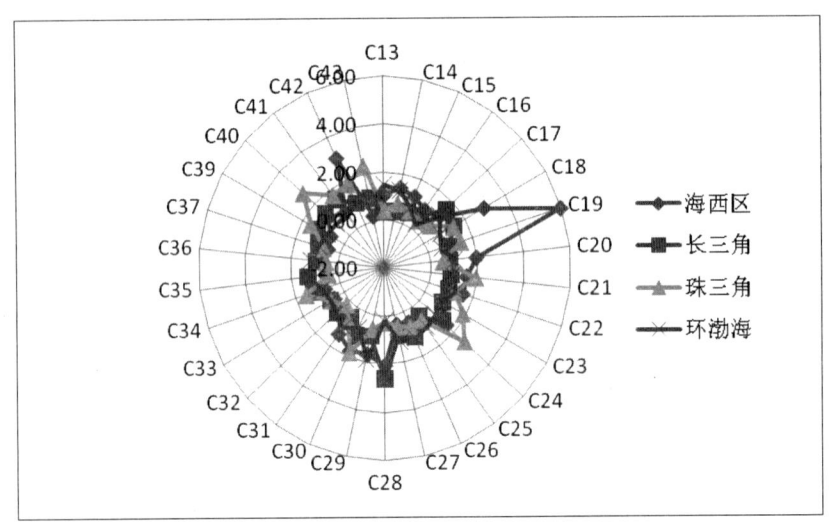

图 5.4.3　大陆台商投资相对集中地区 β_{ij} 的雷达图

注:C13—C43 为制造业行业代码,具体见图 5.4.2。

资料来源:根据历年《中国统计年鉴》及各省统计年鉴相关数据绘制。

(三) 台湾与大陆台资集中区制造业产品竞争力比较分析

鉴于大陆台资集中区相关数据获得困难,本节主要通过对两岸制造业的产品竞争力进行比较分析,以反映台湾与大陆台资集中区的制造业国际竞争力情况。本节拟采用国际竞争力指数(CAI)来比较分析台湾与大陆台资集中区制造业产品的竞争实力。

制造业产品国际竞争力指数,是用来表示制造业产品竞争力的重要指标之一。其计算公式为：$CAI_i = \dfrac{X_i - M_i}{X_i + M_i}$，其中，$X_i$ 和 M_i 分别表示第 i 类产品的出口值和进口值。若 $CAI_i > 0$，表示该类产品具有竞争力或比较优势；若 $CAI_i < 0$，则表示缺乏竞争力。当然，现实中普遍存在的鼓励出口或限制进口的政策，使得竞争力指数并不能准确反映产品竞争力的实际优劣状况，但是作为一种比较静态分析，它可以考察特定时间、特定保护程度下的竞争力或比较优势。

由表5.4.3可以看出，大陆在轻纺产品、橡胶制品、矿冶产品及其制品以及机械及运输设备、杂项制品上具有一定竞争力，而且国际竞争力逐步增强。其中，大陆轻纺产品、橡胶制品、矿冶产品及其制品的国际竞争力指数升幅较大，从2003年的0.04上升至2009年的0.26；机械及运输设备从2003年的-0.01上升至2009年的0.18。而在化学品及有关产品上几乎没有竞争力，其国际竞争力指数为负值，但近年来化学品及有关产品国际竞争力有所提升，从2003年的-0.43上升至2009年的-0.2。此外，受国际金融危机影响，大陆大部分制造业产品国际竞争力有所下降。

表5.4.3 大陆制造业主要产品国际竞争力指数

产品	2003	2004	2005	2006	2007	2008	2009
化学品及有关产品	-0.43	-0.43	-0.37	-0.32	-0.28	-0.20	-0.29
轻纺产品、橡胶制品、矿冶产品及其制品	0.04	0.15	0.23	0.34	0.36	0.42	0.26
机械及运输设备	-0.01	0.03	0.10	0.12	0.17	0.21	0.18
杂项制品	0.59	0.51	0.52	0.54	0.54	0.55	0.56

资料来源：根据《中国统计年鉴2010》编制。

与大陆相比，台湾制造业产品国际竞争力相对较高，尤其是在高科技产业方面具有较强的国际竞争力。由表5.4.4可以看出，台湾在纺织品上最具竞争力，但近年来台湾纺织品竞争力有所减退。而在塑料、橡胶及其制品，机械及电机设备，精密仪器、钟表及乐器等产品上具有一定的国际竞争力，且近年来国际竞争力逐步增强，如精密仪器、钟表及乐器在2003年与2004年时还几乎没有竞争力，其国际竞争力指数为负值，但随后国际竞争力逐步增强，至2009年其国际竞争力指数为0.37。但台湾在调制食品、饮料及烟类，化学品，木材、木制品及编结品、合板等制造业产品上一直处于缺乏竞争力状态，其国际竞争力指数始终为负值。

表 5.4.4 台湾制造业主要产品国际竞争力指数

产品＼年份	2003	2004	2005	2006	2007	2008	2009
调制食品、饮料及烟类	-0.65	-0.65	-0.68	-0.69	-0.65	-0.63	-0.58
化学品	-0.40	-0.38	-0.32	-0.33	-0.25	-0.21	-0.19
塑料、橡胶及其制品	0.49	0.47	0.48	0.48	0.52	0.53	0.53
木材、木制品及编结品、合板	-0.52	-0.58	-0.61	-0.62	-0.65	-0.69	-0.66
纺织品	0.66	0.64	0.64	0.62	0.63	0.60	0.62
基本金属及其制品	0.12	0.00	0.04	0.02	0.02	-0.01	0.12
机械及电机设备	0.20	0.17	0.18	0.21	0.24	0.24	0.23
车辆、航空器、船舶及有关运输设备	0.19	0.10	0.02	0.20	0.20	0.35	0.30
精密仪器、钟表及乐器	-0.04	-0.02	0.12	0.19	0.21	0.34	0.37

资料来源：根据《"中华民国"统计月报》2010 年 4 月编制。

(四) 台湾与大陆台资集中区制造业资源要素禀赋比较分析

从 1960 年起,台湾制造业持续了二十余载的兴旺,使台湾迅速跃升为"亚洲四小龙"之一,然而受技术创新力不足等诸多因素的影响,台湾制造业的国际竞争力持续衰退。较之于台湾,大陆制造业经过改革开放以来三十多年的发展取得了举世瞩目的成就,但整体来看,仍处于国际分工的中低端,制造业发展成就主要体现在规模扩张、承接国际产业转移、融入国际分工等方面,制造业国际竞争力的主要源泉仍是廉价的劳动力,而非技术水平、生产效率或品牌价值。因此,有必要对台湾与大陆台资集中区的劳动力成本及技术创新能力进行比较。

1. 劳动力成本比较

从劳动力成本来看,大陆台资集中区较之于台湾具有明显优势,2009 年台湾制造业平均工资(年)为 100 199 元人民币,而大陆台资集中区平均工资最高的地区上海也仅为 46 672 元人民币,不足台湾的一半。从大陆台资集中区各区来看,平均工资(见表 5.4.5)从高到低分别是沪、京、津、苏、粤、浙、鲁、闽。"海西区"劳动力成本最低,较之于台湾最具优势,其次是"环渤海"的山东。从平均工资增长速度来看,2004—2009 年这 6 年间,台湾除 2004 年平均工资为正增长外,其他年份都是负增长,尤其是受 2008 年国际金融危机的影响,台湾平均工资出现明显的下降,其中 2008 年与 2009 年分别同比下降 9.97% 与 8.35%。较之于台湾,大陆台资集中区由于近年来受《劳动合同法》及其他因素的影响,平均工资不断上涨,劳动力成本优势正在逐步散失,2004—2009 年大陆台资集中区除广东(9.77%)外,其他省市平均工资增长超过 10%,其中山东(15.56%)上涨最快,其次是天津(14.52%)。较之于台湾,大陆台资集中区虽然受国际金融危机的影响平均工资增长速度有所放缓,但并未出现负增长(见表 5.4.6)。

表 5.4.5　台湾与大陆台资集中区制造业就业人数平均工资(年)比较　单位:元

年 份	海西区	长三角			珠三角	环渤海			台 湾
	闽	苏	浙	沪	粤	京	津	鲁	台
2003	12 217	13 512	14 267	25 477	15 763	20 059	16 179	10 000	115 636
2004	13 300	15 146	14 722	27 456	17 007	22 338	18 431	11 376	127 265
2005	14 229	16 937	16 446	29 835	18 019	24 958	21 183	13 019	125 332
2006	15 936	19 117	18 218	35 453	19 785	29 121	23 545	15 381	124 398
2007	18 103	21 895	20 677	39 483	22 003	33 380	28 785	18 203	121 427
2008	20 445	25 187	23 629	43 678	24 751	38 136	33 356	21 114	109 325
2009	22 631	27 765	25 429	46 672	27 578	41 595	36 495	23 930	100 199

注:台湾数据用新台币兑人民币的中间价折算成人民币。
资料来源:大陆数据来源于历年《中国统计年鉴》,台湾数据来源于《"中华民国"统计月报》2010 年 4 月。

表 5.4.6　台湾与大陆台资集中区制造业就业人数平均工资增长率比较　单位:%

年 份	海西区	长三角			珠三角	环渤海			台 湾
	闽	苏	浙	沪	粤	京	津	鲁	台
2004	8.86	12.09	3.19	7.77	7.89	11.36	13.92	13.76	10.06
2005	6.98	11.82	11.71	8.66	5.95	11.73	14.93	14.44	-1.52
2006	12.00	12.87	10.77	18.83	9.80	16.68	11.15	18.14	-0.75
2007	13.60	14.53	13.50	11.37	11.21	14.63	22.26	18.35	-2.39
2008	12.94	15.04	14.28	10.62	12.49	14.25	15.88	15.99	-9.97
2009	10.69	10.24	7.62	6.85	11.42	9.07	9.41	13.34	-8.35
2004—2009 年均增长率	10.82	12.75	10.11	10.62	9.77	12.92	14.52	15.65	—

资料来源:同表 5.4.5。

海峡西岸和其他台商投资相对集中地区的经济发展

2. 技术创新能力比较

一般而言,技术创新能力的提升会带来效率的提高和市场竞争力的增强,制造业的技术创新水平直接或间接地制约着制造业竞争力的现状及其未来发展的潜力。因此,对各地区制造业技术创新能力进行比较分析,能有效反映各地区制造业的技术要素禀赋,体现各地区制造业的竞争力。本节用科技活动人员、每万人口科技活动人员数、R&D 经费、R&D 经费占 GDP 比重等指标来比较分析台湾与大陆台资集中区技术创新能力。

从科技活动人员数量来看,2008 年台湾与大陆台资集中区排名为粤、苏、京、浙、鲁、台、沪、闽与津。其中广东科技活动人员数量最多,其次是江苏,天津与福建分列倒数第一与第二位,而台湾排在第六位(见表 5.4.7)。此外,从科技活动人员的增长幅度来看,大陆台资集中区明显大于台湾。从每万人口科技活动人员数量来看,台湾与大陆台资集中区的排名为京、沪、津、台、浙、苏、粤、鲁、闽(见表 5.4.8)。各省市差异显著,北京、上海、天津位列前三位,台湾排在第四位,浙江、江苏、广东处于中间,而福建与山东分列倒数第一与第二位。可见,较之于台湾,京、沪、津的技术创新能力较强,而其他大陆台商投资相对集中地区技术创新能力弱于台湾,其中闽、鲁的技术创新能力与台湾存在较大差距。

表 5.4.7 台湾与大陆台资集中区科技活动人员比较　　　　　单位:人

年 份	海西区	长三角			珠三角	环渤海			台 湾
	闽	沪	苏	浙	粤	京	津	鲁	台
2003	71 504	175 859	331 771	188 408	277 576	270 921	78 761	260 161	172 950
2004	79 953	173 995	335 255	209 275	292 927	301 981	83 760	279 156	187 001
2005	85 879	186 165	375 670	257 749	320 406	352 588	90 680	274 058	195 721
2006	101 100	200 681	381 127	310 526	368 805	382 757	99 054	285 381	212 483
2007	112 758	227 867	437 923	347 787	448 946	401 595	112 650	330 500	228 551
2008	130 618	224 234	511 670	413 108	527 477	419 741	123 965	363 503	240 876

资料来源:历年《中国统计年鉴》与《中国科技统计年鉴》。

表 5.4.8 台湾与大陆台资集中区每万人口科技活动人员数比较　　　　单位:人

年 份	海西区	长三角			珠三角	环渤海			台 湾
	闽	沪	苏	浙	粤	京	津	鲁	台
2003	20.50	131.06	46.31	41.39	35.94	235.83	85.06	28.56	76.51
2004	22.77	128.66	46.52	45.72	37.53	259.68	89.82	30.47	82.42
2005	24.29	136.86	51.80	56.01	40.56	298.63	96.54	29.75	85.96

(续 表)

年 份	海西区	长三角			珠三角	环渤海			台 湾
	闽	沪	苏	浙	粤	京	津	鲁	台
2006	28.41	146.69	52.08	67.08	45.82	319.60	104.39	30.75	92.88
2007	31.49	165.26	59.55	74.64	55.04	330.99	117.45	35.36	99.55
2008	36.24	161.20	69.25	88.12	63.80	341.28	127.95	38.70	104.56

资料来源:历年《中国统计年鉴》与《中国科技统计年鉴》。

从R&D经费(见表5.4.9)来看,大陆台资集中区R&D经费支出明显低于台湾,在大陆台资集中区中京、苏、粤的R&D经费支出较高,而闽、津的R&D经费支出与其他省市差距较大。2008年台湾R&D经费支出742.71亿元,是福建的7.27倍,是北京的1.2倍。但从R&D经费的增速看来,虽然台湾与大陆台资集中区的R&D经费支出逐年上升,但大陆台资集中区的增长幅度明显大于台湾。从R&D投入占GDP的比重(见表5.4.10)来看,从高到低依次为京、台、津、沪、苏、浙、粤、鲁、闽。除北京外,其他大陆台资集中区R&D经费占GDP的比重均低于台湾,其中福建R&D经费占GDP的比重最低,2003—2008年,福建R&D经费的比重均低于1%,不到北京R&D经费占GDP的比重的1/5。目前,台、津和沪研发投入占GDP的比重距离发达国家3%的水平还有一些距离,而苏、浙、粤、鲁和闽距离发达国家还有很大距离,尤其是福建不足发达国家的1/3。可见,目前台湾技术创新能力较之发达国家还存在一些差距,但较之大陆台资地区(北京除外)还是具有一定的比较优势的。

表5.4.9　台湾与大陆台资集中区R&D经费比较　　　　单位:亿元

年 份	海西区	长三角			珠三角	环渤海			台 湾
	闽	沪	苏	浙	粤	京	津	鲁	台
2003	37.50	128.92	150.46	77.76	179.84	256.25	42.54	103.84	591.84
2004	45.03	170.28	213.98	115.55	215.19	316.91	56.31	140.81	686.82
2005	53.73	213.77	270.30	163.29	249.60	379.55	63.97	193.79	701.15
2006	67.43	258.84	346.05	224.03	313.04	432.99	95.03	234.13	750.72
2007	82.17	307.50	430.20	286.32	405.50	527.06	115.65	312.31	776.78
2008	102.13	362.30	584.57	345.76	504.57	620.10	169.66	435.19	742.71

资料来源:历年《中国统计年鉴》与各省统计年鉴。

表 5.4.10　台湾与大陆台资集地区 R&D 经费占 GDP 比重比较　　　单位:%

年份	海西区	长三角			珠三角	环渤海			台湾
	闽	沪	苏	浙	粤	京	津	鲁	台
2003	0.72	1.93	1.21	0.80	1.34	5.12	1.65	0.86	2.27
2004	0.74	2.11	1.38	0.99	1.14	5.25	1.81	0.94	2.32
2005	0.82	2.31	1.48	1.22	1.12	5.45	1.73	1.05	2.39
2006	0.89	2.45	1.60	1.42	1.19	5.33	2.18	1.06	2.51
2007	0.90	2.46	1.68	1.52	1.3	5.35	2.29	1.20	2.57
2008	0.94	2.58	1.93	1.61	1.47	5.38	2.67	1.40	2.77

资料来源:根据历年《中国统计年鉴》与各省统计年鉴编制。

二、台湾与大陆台资集中区的制造业整合

所谓产业整合是指为了谋求长远的竞争优势,按产业发展规律,以企业为整合对象,跨空间、地域、行业和所有制重新配置生产要素,调整和构筑新的资本组织,从而形成以大企业和企业集团为核心的优势主导产业和相应产业结构的过程。产业整合包括横向整合、纵向整合和混合整合。产业横向整合是指产业链条中某一环节上多个企业的合并重组;而产业纵向整合是指处在产业链中的上、中、下游环节的企业合并与重组,包括前纵向整合和后纵向整合。长期以来,两岸产业整合受政治因素的影响一直无法实现正常化发展,然而市场自发的力量促使两岸商品流动先于资金流动首先发展起来,近年来随着两岸关系步入和平发展轨道,两岸的商品、资金的流动更为活跃,产业分工协作进一步加深。后 ECFA 时期,两岸间生产要素有望实现更为活跃的双向交流,为两岸产业整合迎来难得的契机。

(一) 整合的现状

1. 两岸制造业分工模式由垂直分工向垂直和水平的混合型分工转变

当前两岸制造业整合主要表现为垂直分工与水平分工这两方面的整合形态。两岸制造业垂直分工多以台湾生产上游产品(生产零组件与半成品)、大陆生产下游产品(装配制造成品)的方式进行,而水平分工主要通过上、中、下游产业联合投资和"中心(厂)—卫星(厂)"、"下游产品—上游产品"相捆绑的投资方式,把台湾的一些制造业关键配套产品的生产甚至整个产业链转移到大陆,

形成两岸制造业水平分工。目前,就两岸整体制造业观察[①],1999—2007 年,两岸制造业皆维持在垂直分工的状况。若以二分位产业分工来看,两岸制造业分工模式(见表 5.4.11)正由垂直分工向垂直与水平的混合分工转变,具体为:木竹制品制造业明显由水平分工转变为垂直分工;纸浆、纸及纸制品制造业,印刷及数据储存媒体复制业,化学制品制造业,橡胶制品制造业,金属制品制造业,计算机、电子产品及光学制品制造业,汽车及其零件制造业,其他制造业,其分工模式则显著地由垂直分工转变为水平分工;印刷及数据储存媒体复制业,橡胶制品制造业,计算机、电子产品及光学制品制造业,汽车及其零件制造业则转变为高度水平分工的形态。

表 5.4.11 1999—2007 年两岸制造业分工模式

分工模式	所属之二分位产业别
垂直分工→ 垂直分工	烟草制造业(−)纺织业(−)皮革、毛皮及其制品制造品(−)化学材料制造业(−)塑料制品制造业(−)机械设备制造业(−)石油及媒制品制造业(+)成衣及服饰品制造业(+)电子零组件制造业(0)
垂直分工→ 水平分工	化学制品制造业(0.47)家具制造业(−0.44)纸浆、纸及纸制品制造业(0.36)基本金属制造业(0.36)金属制品制造业(0.35)橡胶制品制造业(0.25)汽车及其零件制造业(0.24)印刷及数据储存媒体复制业(0.16)计算机、电子产品及光学制品制造业(0.02)
水平分工→ 垂直分工	木竹制品制造业(−0.68)食品制造业(−0.6)其他运输工具制造业(−0.5)
水平分工→ 水平分工	非金属矿物制品制造业(−)电力设备制造业(−)饮料制造业(+)药品制造业(+)其他制造业(+)

注:"+"代表在分工上为正面趋势,如朝向更密集的垂直分工或水平分工;"−"代表在分工上为负面趋势,如朝向较松散的垂直分工或水平分工;"0"代表其分工模式转变较不明显。

资料来源:林祖嘉,庄奕琦,谭瑾瑜.东亚经贸新局与台湾经济发展[M].台湾"行政院"经济建设委员会委托计划,第119—120页。

2. 台湾与大陆台资集中区资源要素整合现状

目前,两岸资源要素整合主要由台商赴大陆投资所带动,由于长久以来两岸对经贸关系存在限制,两岸投资地位表现出极度的不对等性,20 世纪 80 年代以来台湾制造业投资大陆逐年增加,而台湾直到 2009 年 7 月才开放陆资赴台

[①] 林祖嘉等(2009)曾就贸易专业化系数(TSC)观察两岸二分位产业分工变化。

投资,以致陆资赴台投资非常有限,据台湾统计,2009年7月至2010年12月陆资赴台投资项目累计102项,金额1.32亿美元。因此,两岸资金流动主要呈现自台湾向大陆流动的单向性特征,两岸制造业整合更多从台商利益出发考量,未能实现两岸资源要素的充分利用和最优配置。20世纪80年代以来,受台湾岛内市场狭小、新台币大幅升值、工资与地价上涨、劳动力短缺、环保运动崛起等因素的影响,台湾制造业国际竞争力逐步衰退,纷纷向外转移,祖国大陆同根同源,有庞大的市场、丰富的劳动力资源,因此成为台湾制造业外移的重要目的地,尤其主要集中在大陆台资集中区。据台湾统计,1991—2010年台湾核准赴大陆投资中台资集中区制造业累计金额达762.2亿美元。其中,"环渤海"41.5亿美元,占比5.45%;"长三角"457.7亿美元,占比60.06%;"海西区"(闽)59.1亿美元,占比7.76%;"珠三角"203.8亿美元,占比26.74%。从台湾制造业投资的行业分布来看,涉及了所有行业(台湾制造业二分位行业包括26个行业),主要分布在电子零组件制造业,计算机、电子产品及光学制品制造业,电力设备制造业,金属制品制造业,塑料制品制造业,机械设备制造业,化学材料制造业,非金属矿物制品制造业,基本金属制造业等行业。据台湾统计(见表5.4.12),上述9大行业1991—2010年累计利用台资601.25亿美元,占比78.89%。虽然两岸制造业投资呈"单边"特征,但目前两岸制造业已形成一定的分工合作关系,为两岸制造业进一步整合以提升整体竞争力打下了良好基础。伴随着ECFA的签署与正式实施,可以预见未来两岸制造业整合层次必将得到进一步提升。

表5.4.12　1991—2010年大陆台资集中区制造业台商投资金额统计　单位:百万美元

行　　业	合　计	环渤海	长三角	海西区	珠三角
制造业	76 217.42	4 151.23	45 773.30	5 910.69	20 382.20
食品制造业	1 965.87	500.27	849.06	267.68	348.86
饮料制造业	384.44	49.73	211.95	67.48	55.28
烟草制造业	0.38	0.00	0.00	0.38	0.00
纺织业	1 952.42	133.35	1 252.40	188.94	377.73
成衣及服饰品制造业	867.26	41.11	538.31	135.72	152.12
皮革、毛皮及其制品制造业	1 034.48	7.98	145.73	190.47	690.29
木竹制品制造业	204.91	19.01	39.50	74.97	71.42
纸浆、纸及纸制品制造业	1 482.87	94.80	1 085.68	93.27	209.11
印刷及数据储存媒体复制业	207.42	16.29	132.11	6.47	52.55

(续 表)

行　业	合　计	环渤海	长三角	海西区	珠三角
石油及煤制品制造业	214.58	6.16	73.62	105.56	29.24
化学材料制造业	3 418.72	76.28	2 646.04	223.59	472.82
化学制品制造业	1 120.57	77.79	569.45	150.34	322.99
药品制造业	586.32	37.01	525.52	10.38	13.41
橡胶制品制造业	1 002.47	71.33	558.09	172.92	200.13
塑料制品制造业	4 354.00	198.04	2 252.75	400.19	1 503.02
非金属矿物制品制造业	2 757.40	171.80	1 412.78	320.76	852.06
基本金属制造业	2 142.92	178.94	1 257.12	231.80	475.05
金属制品制造业	4 971.26	334.09	2 798.56	399.64	1 438.97
电子零组件制造业	17 677.61	887.42	11 713.29	861.62	4 215.27
计算机、电子产品及光学制品制造业	12 893.60	442.39	8 040.50	438.94	3 971.77
电力设备制造业	7 946.69	355.55	4 484.87	360.19	2 746.08
机械设备制造业	3 962.86	169.71	2 772.41	239.60	781.15
汽车及其零件制造业	1 462.72	45.24	874.50	399.84	143.14
其他运输工具制造业	1 105.42	47.98	528.63	142.89	385.92
家具制造业	388.11	49.20	183.59	43.72	111.60
其他制造业	2 111.80	139.74	826.53	383.34	762.20

资料来源:根据台湾"经济部"投资审议委员会《"中华民国"历年核准华侨及外国人投资、对外投资、对大陆间接投资统计月报》编制。

3. 台湾制造业投资大陆台资集中区的产业集群分析

为进一步分析台湾与大陆台资集中区制造业的整合现状,我们进一步对台湾制造业投资大陆台资集中区的产业集群现状进行分析,为此,我们计算了大陆台资集中区各制造行业台商投资的区位熵。其计算公式为:$\beta_{ij} = \dfrac{q_{ij}/q_j}{q_i/q}$,(其中,$q_j = \sum\limits_{i=1}^{n} q_{ij}$,$q_i = \sum\limits_{j=1}^{n} q_{ij}$,$q = \sum\limits_{j=1}^{n}\sum\limits_{i=1}^{n} q_{ij}$)。式中,$q_{ij}$表示$j$地区$i$行业台湾核准台商投资金额,$q_j$表示$j$地区制造业台湾核准台商投资金额,$q_i$表示全国$i$行业台湾核准台商投资金额,$q$表示台湾核准台商投资金额。如果$\beta_{ij} > 1$,说明台湾制造业投资$i$行业在$j$地区的聚集程度高于全国平均水平,也就是说,台湾制造业投资i行业在j地区聚集,且β_{ij}越大,聚集程度越高。计算结果见图5.4.4。根据1991—2010年台湾制造业投资大陆台资集中区各制造行业区位熵的大小(表5.4.13),可将产业集群加深行业分为三类:第一类是 $\beta_{ij}<1$ 的行业,这类行业正在形成产业集群;第二类是 $1\leqslant\beta_{ij}\leqslant2$ 的行业,这类行业在大陆台资集中区有一定聚集程度,且集聚程度逐年加深,属于产业集群强化行业;第三类是 $\beta_{ij}>2$ 的行业,这类行业聚集程度较高,但聚集程度依然在强化过程之中,属于产业集群较高行业。

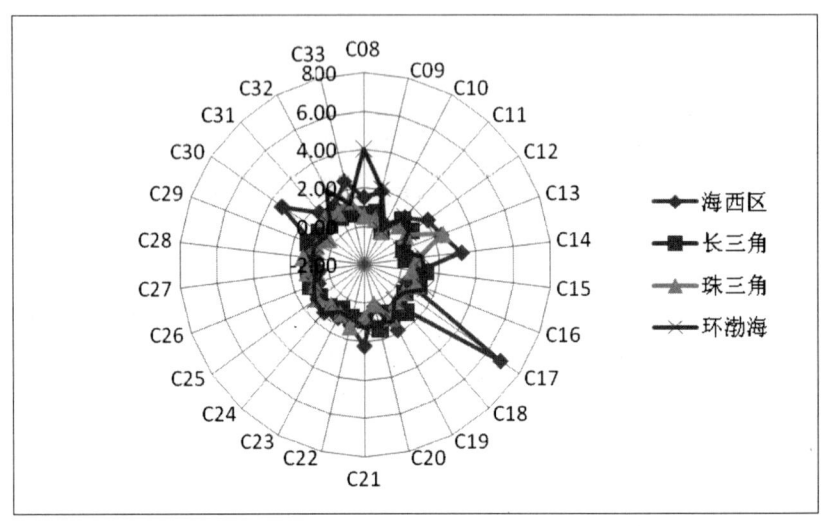

图5.4.4　1991—2010年台商投资制造业区位熵雷达图

注:C08—C33为台湾制造业行业编码,具体参见图5.4.1。

资料来源:根据台湾"经济部"投资审议委员会《"中华民国"历年核准华侨及外国人投资、对外投资、对大陆间接投资统计月报》绘制。

表5.4.13　1991—2010年台商投资制造业产业集群加深行业分类比较

	$\beta_{ij}<1$	$1\leqslant\beta_{ij}\leqslant2$	$\beta_{ij}>2$
海西区	化学材料(0.87)纸浆、纸及纸制品(0.86)机械设备(0.83)电子零组件(0.64)电力设备(0.62)计算机、电子产品及光学制品(0.44)印刷及数据储存媒体复制(0.43)烟草(0.39)药品(0.23)	饮料(1.96)化学制品(1.82)其他运输工具(1.62)食品(1.52)家具(1.49)纺织(1.3)基本金属(1.29)塑料制品(1.22)非金属矿物制品(1.09)金属制品(1.07)	石油及煤制品(6.68)汽车及其零件(3.34)木竹制品(3.23)其他(2.48)皮革、毛皮及其制品(2.4)橡胶制品(2.21)成衣及服饰品(2.13)

(续 表)

	$\beta_{ij}<1$	$1\leqslant\beta_{ij}\leqslant2$	$\beta_{ij}>2$
长三角	电力设备(0.99)金属制品(0.97)汽车及其零件(0.93)橡胶制品(0.92)基本金属(0.90)化学制品(0.89)塑料制品(0.89)家具(0.81)饮料(0.79)其他运输工具(0.77)其他(0.69)食品(0.62)非金属矿物制品(0.62)石油及煤制品(0.61)皮革、毛皮及其制品(0.24)木竹制品(0.22)	药品(1.48)化学材料(1.33)纸浆、纸及纸制品(1.3)机械设备(1.24)印刷及数据储存媒体复制(1.12)电子零组件(1.12)纺织(1.11)成衣及服饰品(1.09)计算机、电子产品及光学制品(1.04)	
珠三角	电子零组件(0.91)木竹制品(0.89)非金属矿物制品(0.84)机械设备(0.78)基本金属(0.77)纺织(0.75)橡胶制品(0.74)成衣及服饰品(0.69)食品(0.58)纸浆、纸及纸制品(0.56)石油及煤制品(0.55)化学材料(0.53)饮料(0.47)汽车及其零件(0.35)药品(0.08)	其他(1.43)电力设备(1.37)塑料制品(1.33)其他运输工具(1.27)计算机、电子产品及光学制品(1.15)化学制品(1.13)金属制品(1.12)家具(1.1)印刷及数据储存媒体复制(1)	皮革、毛皮及其制品(2.52)
环渤海	电子零组件(0.94)成衣及服饰品(0.92)电力设备(0.87)塑料制品(0.86)机械设备(0.84)非金属矿物制品(0.83)其他运输工具(0.78)计算机、电子产品及光学制品(0.63)石油及煤制品(0.57)汽车及其零件(0.54)化学材料(0.42)皮革、毛皮及其制品(0.14)	印刷及数据储存媒体复制(1.53)基本金属(1.42)化学制品(1.34)纺织(1.3)橡胶制品(1.3)其他(1.29)金属制品(1.28)纸浆、纸及纸制品(1.25)木竹制品(1.17)药品(1.15)	食品(4.05)家具(2.28)饮料(2.05)

资料来源:根据台湾"经济部"投资审议委员会《"中华民国"历年核准华侨及外国人投资、对外投资、对大陆间接投资统计月报》编制。

由图5.4.4可以看出,整体而言,台商投资形成的产业集群主要分布在传统的劳动密集型产业,其中,"海西区"台商投资制造业产业集群主要以传统的劳动密集型产业为主,而台商投资高科技产业在"长三角"、"珠三角"及"环渤海"已形成一定的产业集群。此外,从表5.4.13可以看出,"海西区"产业集群较高行业包括:石油及煤制品,汽车及其零件,木竹制品,皮革、毛皮及其制品,橡胶制品,成衣及服饰品等行业;而饮料、化学制品、其他运输工具、食品、家具、纺织、基本金属、塑料制品、非金属矿物制品、金属制品等行业属于产业集群强化行业;其他相关行业正在形成产业集群。"长三角"在药品,化学材料,纸浆、纸及纸制品,机械设备,印刷及数据储存媒体复制,纺织,成衣及服饰品,电子零组件,计算机、电子产品及光学制品等行业具有一定的聚集程度,且聚集程度逐年加深,属于产业集群强化行业;其他行业正在形成产业集群。"珠三角"在皮革、毛皮及其制品制造业具有较高的聚集程度;而在电力设备,塑料制品,其他运输工具,计算机、电子产品及光学制品,化学制品,金属制品,家具,印刷及数据储存媒体复制等行业已形成一定的聚集度,属于产业集群强化行业。"环渤海"在食品、家具、饮料等行业具有较高的聚集度;而在印刷及数据储存媒体复制,基本金属,化学制品,纺织,橡胶,金属制品,纸浆、纸及纸制品,木竹制品,药品等行业已形成一定的产业集群。

(二)存在的问题

诚如上述,两岸制造业整合始于20世纪80年代中期,但由于受两岸政治等因素影响,目前台湾与大陆台资集中区制造业的整合层次还比较低,处于"自发—自觉"阶段,还存在许多问题。

1. 整合层次低,以产业纵向整合为主,缺乏产业横向整合,特别是台资企业与陆资企业有待进一步整合

整体而言,目前台湾与大陆台资集中区制造业整合层次还比较低,处于"自发—自觉"阶段,两岸制造业整合更多从台商利益出发考量,未能实现两岸资源要素的充分利用和最优配置。受台湾岛内新台币大幅升值、工资与地价上涨、劳动力短缺、环保运动崛起等因素影响,台湾制造业纷纷向祖国大陆转移,从而形成两岸制造业的垂直分工与水平分工。这种分工主要是通过台商赴大陆投资而实现,而台资多半是独资企业,与祖国大陆企业合资、合作的并不多见,因此,未能实现台资企业与陆资企业的有效整合。

2. 两岸资源要素整合呈"单边"特征,两岸资本流动仅限于台湾向大陆流动,且台资在各地区各行业分布极不均衡

受两岸经贸政策的限制,在台湾当局开放陆资赴台之前,两岸资本要素流

动呈明显的"单边"特性,即由台湾向大陆单向流动。由于台湾直到 2009 年 7 月才开放陆资赴台,因此资本从大陆向台湾流动的金额极为有限,据台湾统计,2009 年 7 月至 2010 年 12 月陆资赴台投资累计金额 1.32 亿美元,不足台资赴陆的千分之二。而制造业资本要素整合当前还未完全实现双向整合,仍以单向整合为主,即是从台商的利益出发考量,以台资企业为主角进行的区域性整合,而陆资企业进行区域性整合极为有限。此外,台资在各地区各行业分布极不均衡。就大陆台资集中区台资分布而言,1991—2010 年"长三角"所占比重最大,达 60.06%,其次是"珠三角",为 26.74%,而"海西区"(闽)与"环渤海"分别为 7.76% 与 5.45%。而就台资产业分布而言,虽然各产业都有涉及,但各产业投资差异显著,其中,电子零组件制造业,计算机、电子产品及光学制品制造业,电力设备制造业,金属制品制造业,塑料制品制造业,机械设备制造业,化学材料制造业,非金属矿物制品制造业,基本金属制造业 9 个行业所占比重接近 80%。

3. 大陆台资集中区制造业产业结构趋同严重,产业集群层次低,产业链不完善,有待进一步整合

当前,大陆台资集中区制造业结构趋同严重,许多地区尚未形成自己独特的优势行业,如"长三角"是国际制造业转移的主要区域,各地区都在大力招商引资加快承接国际产业转移,由于各城市的自然条件、文化传统、要素禀赋类似,拥有相同的比较优势,造成"长三角"地区制造业结构趋同严重。产业集群层次较低,发育不够成熟,没有形成较为完整的产业链,产业集群效应并未得到有效发挥,如台资企业上游产品、机械设备等大部分还要从台湾进口。此外,产业链的延伸还受到相当程度的制约,同时缺少完善的市场机制及统一的市场规范和市场化的行为规则,企业之间、区域之间长期各自为战,并未实现有效整合。这不仅使布局过于分散的产业难以聚集和优化组合,而且不利于扩大经营规模、减少低水平的重复建设和恶性竞争。

(三)整合的对策

诚如上述,虽然目前台湾与大陆台资集中区制造业的整合还存在许多问题,但随着 ECFA 的签署与正式实施,两岸经贸合作进入制度化阶段,为两岸制造业整合提供了新的契机。后 ECFA 时代,两岸若能取长补短,互补合作,发挥各自优势,实现制造业的进一步整合,必将对两岸制造业国际竞争力与经济实力的提升大有助益。

1. 抓住 ECFA 签署及实施的契机,积极开展台湾与大陆台资集中区资源要素整合

由于台湾与大陆台资集中区制造业资源要素各具优势,产业具有互补性,

因此开展台湾与大陆台资集中区制造业资源要素整合,可将台湾与大陆台资集中区研发、生产、营销等企业主要活动依资源禀赋布局,实现生产要素在台湾与大陆台资集中区之间自由流动与合理配置,促进台湾与大陆台资集中区制造业的共同发展。具体而言,台湾与大陆台资集中区制造业资源要素整合可以从人力资源、资本及技术等方面展开。首先,实现台湾与大陆台资集中区人力资源的有效整合。大陆人力资源丰裕,劳动成本较低,而台湾在高端人才方面具有相对优势。因此,两岸可根据各自的人力资源优势,在制造业上进行合理分工,同时建立两岸人力资源流动机制,制定人力资源流动政策,尤其是大陆要制定台湾高端人才引进的优惠政策,实现两岸人力资源有效整合。其次,开展台湾与大陆台资集中区资本的双向整合。要充分利用两岸资本各自的优势,抓住ECFA推动"双向投资,陆资赴台"的契机,加强两岸资本要素的双向整合,强化资本要素在制造业整合中的核心作用。最后,加强台湾与大陆台资集中区的技术要素整合。相对而言,台湾在技术创新能力上较大陆具有一定优势,且高科技产业发达,因此要加强两岸在产品研发、设计等方面的交流合作,积极引进台湾先进技术,实现两岸制造业共同发展。

2. 抓住ECFA签署及实施的契机,推进台湾与大陆台资集中区产业机制整合

两岸制造业整合,有赖于双方在产业机制上的整合能力。前ECFA时代,两岸经贸合作处于非制度化阶段,两岸制造业整合主要由民间自发推动,缺乏有效、规范的产业整合机制;随着两岸经贸合作进入制度化阶段,台湾与大陆台资集中区产业机制整合产生新的契机。因此,大陆台资集中区要抓住ECFA签署及实施的契机,建立承接台湾制造业转移的产业整合机制,在ECFA基础上,构建两岸制造业更深层次的分工体系,实现两岸制造业的优势互补,合作共赢。首先,大陆台资集中区要动态、合理地选择特定产业与台湾建立分工体系,即围绕自身产业优势及经济增长方式与产业结构调整的需要,在吸引台资的项目规模和科技含量上合理规划。其次,大陆台资集中区要加强承接台湾制造业转移的对接规划。要加强两岸制造业整合的可行性研究,建立承接台湾制造业转移的有效机制,完善大陆台资集中区承接台湾制造业转移的项目采集、分析、筛选与动态储备制度,促进产业对接,形成制造业整合的长效机制。最后,要充分利用大陆台资集中区的区位优势及各地台商投资区、开发区、科技园、经济特区、保税区等,促进两岸制造业的有效整合,实现两岸制造业的共同发展。

3. 大陆台资集中区要根据各自优势及经济增长方式与产业结构调整的需要,确定制造业整合的重点产业

大陆台资集中区要在统筹考虑台湾制造业结构优化升级的基础上,根据各自在人力资源、资本、科技实力、产业优势等方面的优劣,结合经济增长方式与产业结构调整的需要,确定制造业整合的重点。要结合实际研究制定具有前瞻性的主导产业规划,建立与台湾转移产业配套的机制和服务体系,逐步形成产业集群效应。各区要合理确定与台湾制造业整合的重点产业,促进两岸制造业有效整合,优劣互补,合作共赢。首先,"海西区"要加强与台湾在电子信息、机械装备、石油化工等产业上的整合,引导台资传统劳动密集型企业向山区转移。"海西区"作为两岸人民交流合作的先行区,与台湾一峡之隔,在对台经贸交流过程中具有"五缘"优势,目前制造业形成了以电子信息、机械装备、石油化工三大产业为主导的产业体系,较之"海西区",台湾在上述行业上具有明显优势,因此,"海西区"要加强与台湾在上述产业上的整合。此外,考虑到台湾制造业投资"海西区"主要以传统的劳动密集型产业为主,且已形成一定的产业集群,因此,要合理引导台资企业与当地企业进行有效整合,以致产业集群发挥更大效应。其次,"长三角"与台湾制造业整合要确定电子通信、纺织业、化工和机械制造等产业为重点产业。"长三角"制造业在电子通信、纺织业、化工和机械制造等产业上具有相对领先实力,尤其是电子产业独具优势,台资电子企业已在该地区形成一定的产业集群,产业链及产业配套较为完善,且"长三角"科技实力雄厚、人力资源素质较高,因此,要加强与台湾在纺织业、化工和机械制造,尤其是电子通信等高科技产业上的整合。再次,"珠三角"要加强与台湾在电子信息、电气机械、石油化工等产业上的整合。"珠三角"已形成电子信息、电气机械、石油化工等支柱产业,产业基础较好,配套能力较强,逐步形成产业集群,企业在"珠三角"设厂较易获得上下游产业和辅助产业的配套与支援,基础设施和产业服务功能比较完善,已初步形成以企业为主体的技术创新体系。值得一提的是,目前台资在"珠三角"的电子信息、电力设备等行业已形成一定的产业集群。因此,"珠三角"可确定电子信息、电气机械、石油化工等产业为重点整合产业。最后,"环渤海"的北京、天津,可利用其得天独厚的人力资源、智力优势,加强与台湾在电子等高科技产业上的整合,而山东可利用其劳动成本等优势加强与台湾在纺织等传统劳动密集型产业上的整合。

4. 深化台湾与大陆台资集中区制造业整合,既要开展产业纵向整合,也要开展产业横向整合,提升制造业整合层次

首先,要进一步深化台湾与大陆台资集中区制造业的纵向整合与横向整

合。当前台湾与大陆台资集中区制造业整合主要是产业的纵向整合,缺乏产业的横向整合。因此,要进一步深化台湾与大陆台资集中区制造业的纵向整合,同时要推进制造业的横向整合。要优化台商投资的产业结构,鼓励台资企业在大陆设立研发中心,促进产业结构调整和升级,提升主导产业竞争力和效益,同时积极吸引科技含量高的产业向大陆转移,利用其拥有的先进技术及雄厚的资本来进一步提高大陆制造业的质量,充分利用产业关联效应,注重产业链招商,大力发展产业集群,提升制造业整合层次。其次,要推进企业之间、地区之间产业的有效整合。由于大陆台资集中区许多企业规模不大,加之各地区产业趋同严重,产业结构急需优化升级,因此要推进企业之间的整合,具体可采取合并、并购、合作、控股等方式,同时还要推进各地区趋同产业的整合,避免过度竞争,此外,要开展当地企业与台资企业的整合,推进两岸制造业的优化升级,促进两岸制造业共同发展。

第五节 后 ECFA 时期台湾与大陆台资集中区的高科技产业整合

高科技产业是 21 世纪强化一国或地区竞争力的关键因素,是经济发展的战略性先导产业。诺贝尔经济学奖得主库兹涅茨教授曾指出,人力及资本积累对平均生产力的成长率的贡献不到 1/10,经济成长的主要来源是技术进步。两岸高科技产业的整合,以 20 世纪 90 年代中期以来台湾高科技产业向大陆台资集中区各区的转移开始,作为全球产业链分工的重要一环,取得了初步的进展。然而由于政治等因素的影响,尚未实现两岸高科技产业资源的最优配置和要素的充分利用。大陆正处于产业结构调整和经济增长方式转变的重要时期,加速发展高科技产业成为当务之急。台湾岛内市场狭小,利用大陆这个庞大市场作为高科技产业持续发展的重要支撑亦为时下之需。两岸高科技产业发展各有优势,若能取长补短,互补合作,实现进一步整合,必将对两岸经济竞争力的共同提升大有助益。本节将以大陆与台湾经济整合程度最高的"环渤海"、"长三角"、"海西区"、"珠三角"这四大台商投资相对集中地区为对象,对两岸的高科技产业整合做一多维度分析。

一、台湾与大陆台资集中区的高科技产业优劣势分析

台湾高科技产业的发展始于 20 世纪 90 年代,台湾当局有针对性地将资讯、电子、生技等高科技产业作为发展重点以改善台湾的产业结构和提升对

外竞争力。目前,依知识经济的发展趋势,半导体、消费电子、通信、资讯硬件、电子材料、资讯软件、精密仪器与自动化、航太、特殊合金材料、高性能塑胶材料、高级纤维材料、精密结构陶瓷材料、高级复合材料、特用化学品、生技、制药、环保、医疗保健等 19 项工业被列为新兴高科技产业。[①] 大陆自 20 世纪 80 年代以来,先后制定推动了"863 计划"、"火炬计划"、"973 计划"等一系列重要发展计划,高科技产业迅速发展,"十二五"规划中更将包括电子信息产业、生物产业、航空航天产业、新材料产业、新能源产业、海洋产业等高技术制造业和以电信业、网络产业、数字内容产业等为代表的高技术服务业列为未来的发展重点。

(一)大陆台资集中区各区的高科技产业优劣势分析

1. 大陆台资集中区的高科技产业优势

(1)高科技产业发展迅速,产出和创汇能力不断提高

从四大台资集中区高科技产业的产出指标来看(见图 5.5.1),四大地区的高科技产业总产值和主营业务收入均逐年提高,其中"长三角"和"珠三角"在高科技产业总产值上的表现最为突出,一直领先于"环渤海"和"海西区",其 2004—2010 年高科技产业总产值年均增长率分别达到 18.26%和 16.88%。"环渤海"地区则以 21.18%的主营业务收入年均增长率(2004—2008 年)排名四大台资集中区的首位,领先于"长三角"和"珠三角"的 19.00%和 16.64%。

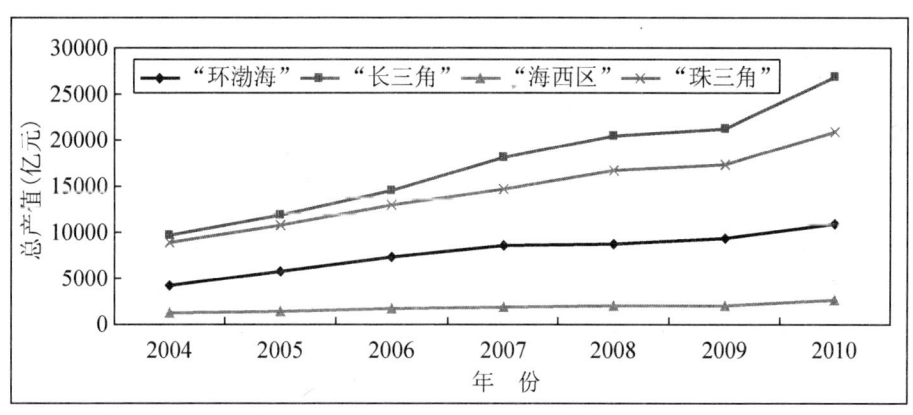

图 5.5.1　四大台资集中区高科技产业总产值

资料来源:《2009 中国高技术产业统计年鉴》和中国高技术产业司网站(http://gjss.ndrc.gov.cn/)。

---

① 朱延智(2008).产业分析[M].五南图书出版公司,2005 年,第 221 页。

海峡西岸和其他台商投资相对集中地区的经济发展

四大地区高科技产品在国际市场上的竞争力也在逐年提升(见图5.5.2)。虽然"环渤海"地区和"海西区"高技术产品出口表现相对平淡,但是"长三角"与"珠三角"高技术产品出口屡创新高,成为引领大陆高科技产品出口的中坚力量。受全球金融危机影响,2009年四大地区的高技术产品出口值有所回落,然而2010年迅速逆势上扬,尤其是"长三角"和"珠三角",出口分别高达16 092.36亿元和13 827.43亿元,较2009年分别上涨26.38%和23.99%。

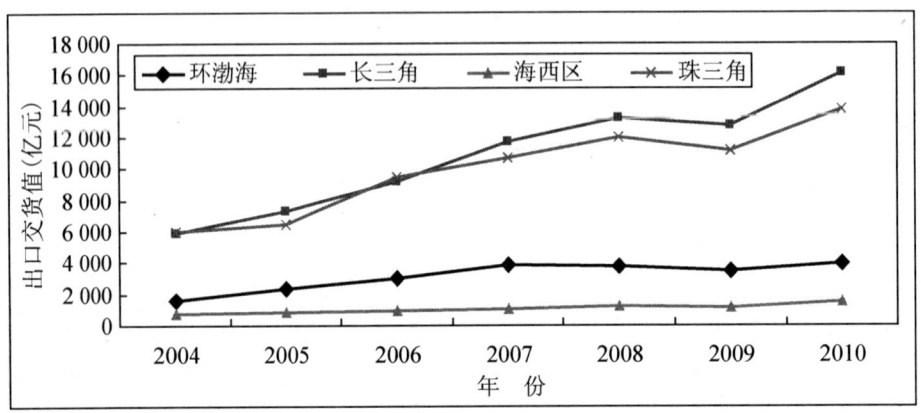

图5.5.2　四大台资集中区高科技产业出口交货值

资料来源:《2009中国高技术产业统计年鉴》、中国高技术产业司网站(http://gjss.ndrc.gov.cn/)。

(2)部分高科技产业集聚效应明显,已拥有相当规模的产业集群

经过多年的发展,各台资集中区均已逐渐形成各自具有相当规模和配套能力、产业链较为完整的高科技产业,产业集聚效应明显。以电子信息产业为例,"环渤海"地区形成了以软件、移动通信、家电等为主的产业集群,"长三角"地区的产业集群以集成电路、计算机、软件等为主,"珠三角"地区则形成了以计算机、通信产品、家电、软件等为主的产业集群[1],以上三个地区电子信息产业的产值和产品销售收入份额居大陆前列,2008年"长三角"和"珠三角"地区更分别以6471家和4594家电子信息企业数成为整个大陆地区电子信息产业集聚效应最明显的地区。

(3)坐拥世界上最大的潜在消费市场,科技人力资源充沛且具有成本优势

大陆地区近年来经济保持较快增长,居民财富极大增加,成为全球经济最具有活力的地区,越来越多的世界企业将大陆由原来的"工厂"转而定位为"市场"。四大台资集中区坐拥大陆这个最大的潜在消费市场,且其自身就属大陆

---

[1] 连玉明,武建忠.中国国力报告2009—2010[M].中国时代经济出版社,2010年,第330页。

经济最为发达的地区行列,在市场开拓上具有天然优势。四大台商投资相对集中地区作为一个整体而言,科技人力资源充沛,专业研究机构数量庞大,有利于研发广度的扩大和研发任务的细分,在部分"非渐进式"技术创新领域可挟其庞大内需潜力去影响和建立难为人所轻忽的世界新产业标准(如3G行动电话),使其在研发与市场两方面都有相当的影响力[1],且工资水平较之于台湾具有优势。台湾人力素质整体较高,然而数量有限,限制了研发活动的细分度。[2]

2. 四大台商投资相对集中地区的高科技产业劣势

(1)研发投入经费不足,地区间差异较大

如表5.5.1所示,从总量上看,2008年台湾R&D经费投入为新台币3514.05亿元,折合成人民币约为732亿元,远落后于四大台商投资相对集中地区中R&D经费投入最高的"长三角"地区(1 292.63亿元)和次之的"环渤海"地区(1 078.01亿元),却远远领先于"珠三角"(504.57亿元)和"海西区"(102.13亿元)。然而,若将各地的经济规模考虑在内,台湾在R&D经费上的投入强度则明显超过上述四大地区:2008年台湾R&D经费投入在GDP中的比重高达2.77%,比R&D经费投入强度最高的"环渤海"地区高出0.56个百分点,较之"长三角"、

表5.5.1 台湾与四大台资集中区R&D经费投入比较

	年 份	2000	2005	2007	2008
台湾	R&D经费(新台币百万元)	197 631.00	280 980.00	331 386.00	351 405.00
	占GDP比率(%)	1.94	2.39	2.57	2.77
环渤海	R&D经费(亿元)	213.69	582.35	854.72	1 078.01
	占GDP比率(%)	1.62	1.99	2.09	2.21
长三角	R&D经费(亿元)	164.15	723.11	1 024.02	1 292.63
	占GDP比率(%)	0.84	1.76	1.80	1.96
海西区	R&D经费(亿元)	21.19	53.73	82.17	102.13
	占GDP比率(%)	0.56	0.82	0.89	0.94
珠三角	R&D经费(亿元)	107.12	249.6	237.6	504.57
	占GDP比率(%)	1.00	1.11	0.75	1.37

资料来源:《中国统计年鉴2010》、各省份统计年鉴。

[1] 陈信宏,刘孟俊,史惠慈.两岸实质经济整合与国际创新网络[J].开放导报,2003年第2期。
[2] 刘孟俊.国际金融风暴后两岸产业科技合作之策略与建议[J].经济前瞻(台),2009年第11期。

"珠三角"、"海西区"则分别高出 0.81、1.40、1.83 个百分点。此外四大台商投资相对集中地区的 R&D 经费投入表现出极大的不平衡。"环渤海"和"长三角"地区 R&D 经费投入力度明显大于"珠三角"和"海西区"。如果说"海西区"的发展晚于其他三大区、经济实力较弱，R&D 经费投入低情有可原的话，"珠三角"地区作为改革开放最早、经济发展最为迅速的地区之一，其 R&D 经费投入强度明显与其经济增长极的地位极不相称。发达国家的经验表明，R&D 投入强度与高科技产业的发展呈现出很大程度的正相关关系，台湾高科技产业的蓬勃发展与 R&D 的高投入密不可分。四大台商投资相对集中地区尤其是"海西区"R&D 投入的不足，将不利于这些地区研发活动的开展和创新动能的提升，从而制约高科技产业向更高水平发展。

（2）科技人力资源相对落后，且分布极不均衡

如图 5.5.3 所示，2008 年台湾科技活动人员达 240 876 人，分别为四大台商投资相对集中地区中科技人力资源最为丰富的"珠三角"和最为贫乏的"海西区"的 1.32 倍和 12.49 倍。从资源密度上来考察，则差距更为明显。2008 年台湾每万人中科技活动人员的数量达到 62.4 人，而"珠三角"、"长三角"、"海西区"和"环渤海"地区分别仅为 19.1 人、9.5 人、5.4 人和 4.5 人，台湾每万人中科技活动人员的数量分别是"珠三角"、"长三角"、"海西区"和"环渤海"地区的 3.27 倍、6.57 倍、11.66 倍和 13.90 倍。

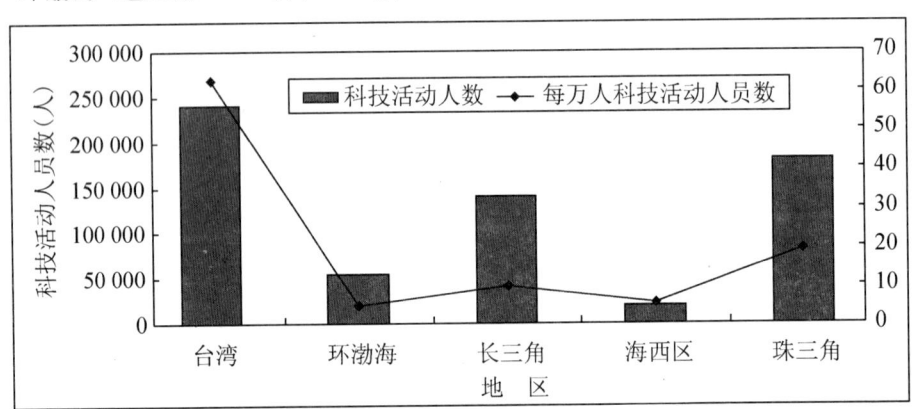

图 5.5.3 2008 年台湾与四大台商投资区科技活动人员投入比较

资料来源：《2009 年中国高新技术产业统计年鉴》、《中国统计年鉴 2009》。

四大地区的科技人力资源量不仅均落后于台湾，从 R&D 人员全时当量这一指标来看，科技人力资源在四大地区间的分布也极不均衡（见图 5.5.4）。"珠三角"地区一直以来科技人力资源拥有量均居四大地区之首，2008 年"珠三角"科技

人员投入达114 772.4人年,分别为"环渤海"、"长三角"、"海西区"的4.23倍、1.92倍和10.71倍。其他三个地区的科技人员投入虽然在逐年增长,但增长速度远不及"珠三角",其他三个地区与"珠三角"之间的差距正在逐年快速扩大。

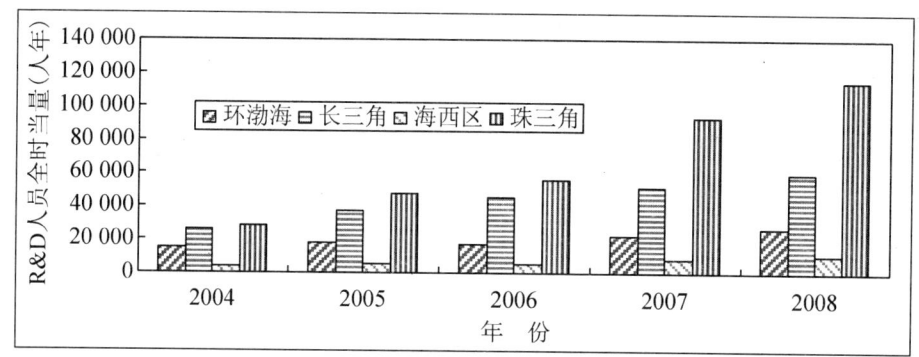

图5.5.4　2008年四大台商投资相对集中地区R&D人员全时当量

资料来源:《2009年中国高新技术产业统计年鉴》。

(3)企业自主创新能力不强,获利能力有待提高

消化吸收经费与技术引进经费之比是考察一个地区企业技术创新能力的重要指标之一。发达国家的经验表明,企业消化吸收经费支出至少应达到技术引进经费支出的3倍以上,我国却呈现出技术引进经费支出高于消化吸收经费支出的"倒挂"现象。① 2008年"长三角"、"珠三角"、"海西区"、"环渤海"地区的消化吸收经费支出占技术引进经费支出的比重普遍偏低(见表5.5.2),最高的"长三角"也仅占到38.50%,企业对国外引进的技术进行消化吸收的自主创新能力不强。

表5.5.2　2008年四大台商投资相对集中地区科技活动经费对比

	技术引进经费支出（万元）	消化吸收经费支出（万元）	消化吸收经费支出/技术引进经费支出(%)
环渤海	282 230	13 120	4.65
长三角	242 489	93 360	38.50
海西区	67 124	4 088	6.09
珠三角	181 660	23 131	12.73

资料来源:《2009年中国高新技术产业统计年鉴》。

---

① 上海财经大学区域经济研究中心.2009中国区域经济发展报告[M].上海财经大学出版社,2009年,第187页。

此外,四大台商投资相对集中地区的高科技产值利润率在各地区总产值均逐年上升的情况下表现出各自不同的特征(图5.5.5)。"环渤海"地区的产值利润率几乎连年下降,由2004年的6.92%持续下滑至2008年的4.96%;"长三角"和"珠三角"虽在产值上远远超过"环渤海"和"海西区",但在产值利润率这一指标上却处于劣势;"海西区"高科技产业产值虽低,但2005年之后跃升为四大地区中产值利润率最高的地区,但在四大地区中产值利润率却最不稳定。四大地区共同面临着高科技产业获利能力有待提升的问题。

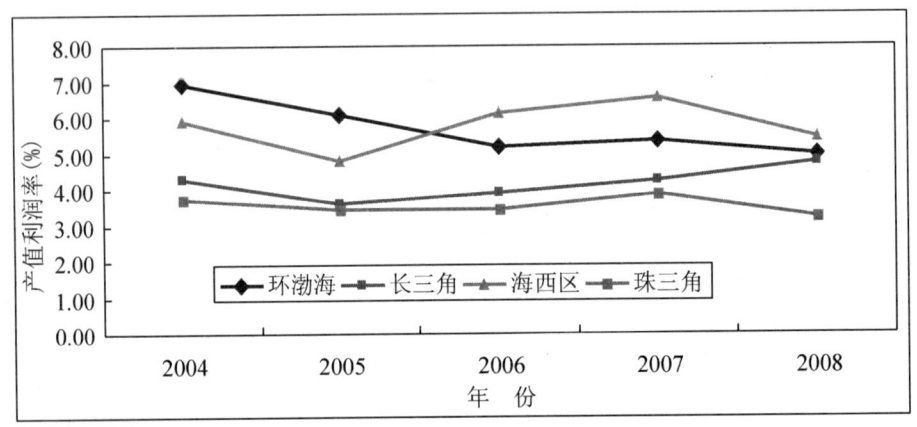

图5.5.5 四大台商投资相对集中地区高科技产值利润率

(4) 高新区企业群"形似神散",未能充分发挥群聚效应

产业集群是通过分工专业化与交易的便利性将产业发展与区域经济有效地结合起来,形成一种有效的生产组织方式,产生1+1>2的竞争优势。2009年"环渤海"、"长三角"、"海西区"和"珠三角"开发区的高新技术企业数量分别达到21 350、6 732、468、3 695个,形成了一定的产业集群。但是这些地区的企业集聚建立在税收、土地优惠的基础上,而非基于产业协作和技术分工的需要而自发集聚,且在技术引进上以被动吸纳跨国公司入驻为主,致使技术选择上难以合理规划,进一步弱化了企业之间的联系,更造成了各地区高新企业之间在技术发展和产业定位上的趋同现象,不利于各高新区企业之间的良性发展。

(二) 台湾高科技产业优劣势分析

台湾地区的高科技产业发展早于海峡西岸沿海地区。20世纪七八十年代,台湾地区逐渐确立起高科技产业的发展方向,从发展策略、科研机构、产业基地建设等各个方面为高科技产业打下基础。二十多年来,台湾高科技产业蓬勃发展,带动岛内产业结构升级与转型,在全球价值链中处于关键地位。

1. 台湾高科技产业优势

(1) 高科技产业产值占比大,对经济的拉动能力强

2009 年台湾的经济成长率为 -1.87%,制造业生产总值约为新台币 10 582.35 亿元。而台湾制造业的生产总值中,资讯电子、机械设备、运输工具等高技术投入密集度的产品就占了 42.34%[1],高新科技产品出口达 885 亿美元,占总出口比重的 43.47%[2],从中可见高科技产业对经济增长率所起的拉动作用。[3] 台湾高科技产量有七大世界第一,包括晶圆代工、IC 封装测试、笔记本电脑(NB)、液晶显示器(TFT-LCD)、缆线数据机(Cable Modem)、掌上数位个人秘书(PDA)、无线传讯设备,另外伺服器(Server)、液晶面板、数位相机也高居世界第二,美国《商业周刊》评论说,"少了台湾,世界的经济将无法运转",足见台湾高科技产业生产实力。[4] 台湾地区的科技企业在全球评比中也常有不俗表现。如美国《商业周刊》评选的"2004 年度全球 IT 企业百强",台湾就以入榜 15 家仅次于美国而高居第二位。若仅取前 20 名,则台湾更以在榜 6 家,占比例 33% 而高居榜首。其中广达电脑、鸿海精工还分列全球第三、第四位。

(2) 具有发达的代工能力

台湾的信息硬件产业是从组装和代工电脑开始的,之后代工模式不断发展,已经从委托生产代工(OEM)升级为委托设计代工(ODM)。到 20 世纪 90 年代后期,台湾电脑代工生产比重高达 70% 以上。台湾的半导体产业更是获得全球芯片代工市场的绝对优势。2000 年,台湾芯片代工产值达 2 966 亿元新台币,占岛内半导体制造业产值的 63.3%,在全球芯片代工市场的占有率高达 76.8%,几乎垄断了全球芯片代工市场,台湾一跃成为国际 IT 产品的采购重镇,外商每年在台湾的采购金额连年上升。不仅如此,全球跨国公司如康柏、IBM、戴尔等均将台湾作为重要的生产基地。

(3) 依托各科学园区,产业集群发展成熟

台湾历来重视高新技术产业的发展,积极在岛内规划建设科学工业园区,目前从北至南已经建有新竹园区、竹南园区、铜锣园区、龙潭园区、竹北园区、宜兰园区、台中园区、虎尾园区、后里园区、二林基地、高等研究园区、台南园区、高雄园区等。[5] 依托各大工业园区,形成了一大批制造业产业集群,如北部的南港

---

[1] 台湾"经济部"统计处."中华民国"九十八年工业生产统计年报[J].2010 年 3 月。
[2] 台湾"财政部"统计处."中华民国"进出口贸易统计月报[J].2010 年 4 月。
[3] 台湾"经济日报社"."中华民国"九十六年经济年鉴[M].联经出版事业公司,2007 年。
[4] 李郁怡.台湾制造业的聚落策略:成本→市场作战术[J].管理杂志(台),2009 年总第 376 期。
[5] 台湾科学工业园区工业同业公会网站,http://www.asip.org.tw/

软件工业园区,主要以 IC 设计、数位内容、生物科技为主,且目前为吸收外商投资比重最大的一个园区(达 30%);新竹科学工业园区则主要以 IC 制造、光电、生物科技为主;南部的高雄临海、大发工业及软件园区则以石化、钢铁、游艇制造、金属加工、精密机械、通信及环保科技等集群为主。各产业集群内部分工日趋精细,专业化程度高,产业关联度较强,缔造出全球出众的生产制造能力。WEF 的 2007—2008 年全球竞争力报告中,台湾的产业聚落发展指标排名高居全球首位。

(4) 创业投资基金提供的资金保障

台湾的高新技术企业多为中小企业,且高新技术产业具有高风险、高投入、回报时间长的特点,是否能够获得资金上的保障是高新技术企业能否顺利设立、进行研发运营的关键之一。早在 20 世纪 80 年代,台湾就已经十分重视高新技术企业的资金支持问题,并于 1983 年引进了美国创业投资制度,通过了《创业投资事业管理规则》和《创业投资事业推动方案》。自 1984 年台湾第一家创业投资公司设立至今,创业投资发展迅速,1998 年仅有 114 家创业投资公司,2006 年高峰时增至 270 家,无论基金规模、投资金额、投资项目数、经营绩效均有很大成长。台湾地区也因此与美国、以色列并列为全球三大创业投资业最为发达的地区。创业投资所投资产业多集中于半导体、电子业、通信业、资讯业和光电、友讯、联电、宏碁、合勤、旺宏、英业达、台积电、华邦、智邦、联发科技、明碁、华晶科技、瑞仪光电等如今的知名品牌,均是创业投资基金投资成功的例子。[①] 最近几年,由于产业外移、资金外流加上台湾创业投资业无法投资大陆的限制,台湾创业投资业日渐衰弱。据台湾"经济部"工业局的调查,截至 2009 年年底,台湾的创业投资公司实际营运家数仅剩 173 家。[②] 但不可否认的是,在台湾高科技产业发展阶段中,创业投资基金的资金支持发挥了不可替代的重要作用。

(5) 政府对高新技术中小企业的有力扶持

为扶持高新技术中小企业的发展,台湾当局出台了多项措施。一是由当局提出专案研究计划,委托工业技术研究院研究,再扩散转移给民间企业或衍生出民营高科技企业;二是积极引导企业与研究机构之间进行合作;三是对无足够财力委托科研机构进行研发的企业,通过编列预算来进行支援;四是在企业创办方面,允许符合条件的企业申请政府出资;五是出台各种政策如税收减让等支持高新技术中小企业的发展。[③]

---

① 台湾"经济部"工业局.2007 年台湾创投产业年鉴[M].2007 年。
② 蔡靓萱.台湾创投再战中国[J].财讯(台),2010 年第 347 期。
③ 朱之文,潘征.海峡西岸发展研究论集[M].科学出版社,2008 年,第 235—236 页。

2. 台湾高科技产业劣势

台湾高科技产业面临的最大问题,在于整个原本以成本制胜的代工模式遭受经济环境变化而导致的竞争力的下降,高科技产业需要改变盈利模式,往价值链的两端移动,才能促进高科技产业的后续健康发展。

(1) 长期以来的代工模式优势渐失,附加价值率降低

长期以来,台湾通过优越的工程能力、高度弹性化的生产技术和高效率的运筹后勤能力,以委托生产代工和委托设计代工服务世界范围内的品牌公司,在电子资讯业占有一席之地。然而,从附加价值上来考察(见表5.5.3),虽然台湾每年投入高科技领域的研发经费有增无减,但是附加价值率却是有减无增。2002年的附加价值率为26%,2006年已经下降至21.3%,代表生产力的每人附加值,也由2002年的1 089元/人下降至2006年的1 059元/人。究其原因,主要为代工模式优势渐失所致。因为长期采用代工模式来发展高科技产业,台湾高科技产业的创新能力受到限制。无论是OEM还是ODM,均处于整条产业价值链的底端,附加价值较低。加上台湾各高科技产业以垂直分工体系为主且分工精细,如晶圆代工产业,从制造、设计、光罩、材料到设备、封装测试,分工越精细,中间投入相应越高。近年来岛内厂商的相互杀价使代工价格下降,而中间投入成本不断上升,加之台湾厂商自己的委外比重不断提高,在国际大厂主导订单、零组件采购权,自主研发又必须向国际大厂支付高额的技术转移费的情况下,台湾的高科技产业已经进入微利时代。

表5.5.3　2002—2006年台湾制造业国内生产总额及附加值　单位:新台币百万元

年　份	生产总额	中间投入	附加价值	附加价值/生产总值	附加价值/就业人数
2002	4 265 165	3 157 992	1 107 173	26.00%	1 089
2003	4 588 702	3 419 653	1 169 049	25.50%	1 117
2004	5 228 993	4 047 724	1 181 269	22.60%	1 069
2005	5 366 498	4 172 029	1 194 469	22.30%	1 058
2006	5 767 361	4 540 201	1 227 160	21.30%	1 059
年平均复合增长率	7.8%	9.5%	2.6%	—	-0.7%

资料来源:《"中华民国"九十六年经济年鉴》,2007年。

(2) 高科技产业内发展不平衡

台湾2000年提出"六年国家总体建设计划",将"两兆双星"列为政策推动

重点。所谓"两兆双星",指推动半导体与彩色影像显示器这两项产业的产值在2006年时各自突破新台币1兆元(即1万亿元),且推动数位内容与生物技术两项产业成为具有发展潜力的明星产业。这一政策取向直接导致台湾高科技产业发展的不平衡。目前台湾各高科技产业由于产值与规模之间存在落差,已经形成"兆级"、"星级"和"细级"三个层次。"兆级"产业的产值规模最大,2004年半导体产业(含设计、制造、封装、测试)产值达到新台币1.14兆元,成为第一个"兆元产业";光电产业产值则于2005年突破1兆元,达到新台币1.1289兆元,成为台湾第二个"兆元产业",2007年又达到2兆元,成长速度惊人。"星级"产业以生物科技和数位内容产业为代表,2004年生物科技产业(广义,含生物技术、制药及医疗资材三项)的产值为新台币1 300亿元,数位内容产业产值为2 200亿元,与"兆元产业"差距很大。"细级"产业如航太工业、高级材料等,这些产业发展缓慢,规模较小,如2006年航太工业产值仅414亿元。即使是在资讯电子产业内,也出现诸如硬件业发展快过软件业、集成电路(IC)制造业快过IC设计业的不平衡现象。①

二、台湾与大陆台资集中区高科技产业整合

(一) 整合的现状

经济全球化与区域经济一体化是当今世界经济发展的两大趋势。长期以来,两岸经济关系受政治因素的影响一直无法实现正常化发展,然而市场自发的力量促使两岸商品流动先于资金流动首先发展起来,近年来随着两岸关系步入和平发展轨道,两岸的商品、资金的流动更为活跃,产业分工协作进一步加深。2010年6月29日两岸签署ECFA,两岸间生产要素有望实现更为活跃的双向交流,两岸的产业整合迎来难得的契机。

1. 贸易体系表现为高度垂直分工与高度水平分工并存

区域经济整合范畴内的产业整合,是指根据区位优势、比较优势、要素禀赋差异,按照产业分工和合作的原理,在区域之间不断延伸产业链条,以不断降低产业内企业间的生产和交易成本,最大限度地实现规模经济和范围经济,达到共同提升产业竞争力的目的。产业整合的第一层次,即是实现区域间该产业商品要素的直接流动。由于大陆的四大台商投资相对集中地区与台湾间的贸易表现出"投资驱动"的特征,四大地区亦是大陆与台湾间贸易互动最为活跃的地区,鉴于统计资料的可获得性,此处以大陆与台湾间贸易状况反映四大地区整体的贸易状况。

---

① 林世渊,赵奕山.台湾高科技产业现状研究[J].亚太经济,2005年第5期。

由表 5.5.4 可看出,台湾的电子产品、机械、电机产品和光学、照相、计量、医疗等器材这些高科技产品对大陆的出口依存度要远大于进口依存度,其中电子产品和光学等器材的依存度远胜于其他高科技产品,产业贸易联系更加紧密。资讯与通信制品的出口依存度则小于进口依存度,而资讯与通信制品的进出口总额仅占这五大类高科技产品进出口总额的 5% 左右,故总体来看,两岸间的高科技产业贸易体系显著地表现出台湾顺差的单向性。从产业间的贸易专业化系数(TSC[①])来考察可以发现,2010 年前三季度两岸的光学、照相等器材的 TSC 高达 0.85,显示两岸在该产业高度垂直分工;电子产品和资讯通信制品的 TSC 亦分别达到 0.62 和 -0.45 的较高水平,呈垂直分工形态;而机械、电机产品的 TSC 较低,分别为 0.45 和 0.19,两岸在这两类产业上呈水平分工形态。

表 5.5.4 台湾对大陆进出口依存度(%)及 TSC 指数

	2010 年前三季度			2009			2008		
	出口依存度	进口依存度	TSC 指数	出口依存度	进口依存度	TSC 指数	出口依存度	进口依存度	TSC 指数
电子产品	8.67	2.03	0.62	7.55	1.51	0.67	7.66	1.4	0.69
机械	1.28	0.49	0.45	0.82	0.38	0.36	1.14	0.42	0.46
电机产品	0.96	0.65	0.19	0.88	0.53	0.25	1.15	0.65	0.28
资讯与通信制品	0.31	0.80	-0.45	0.23	0.73	-0.53	0.19	0.76	-0.61
光学、照相、计量、医疗等器材	4.69	0.39	0.85	3.46	0.32	0.83	4.6	0.38	0.85

资料来源:《"中华民国"进出口统计月报》。

2. 高科技产业投资显示出明显的"单边"性

资金的自由流动是区域产业整合的第二层次的要求。由于长久以来台湾当局对其与大陆经贸进行诸多限制,"环渤海"、"长三角"、"海西区"和"珠三角"与台湾之间的高科技产业投资地位表现出极度的不对等性,台湾对四大地区的投资逐年增加,而台湾对于大陆企业入岛投资却存在诸多限制,致使四大地区对台投资极为有限,且以餐饮业等非高科技产业投资为主,资金流动呈现自台湾向大陆的单向性特征,高科技产业的整合更多从台商利益出发考量,未能达到双

---

① $TSC_{ij} = (X_{ij} - M_{ij})/(X_{ij} + M_{ij})$,$X$、$M$ 分别代表出口额与进口额。当 TSC 的绝对值在 0.75 和 1 之间时,两地产业为高度垂直分工;在 0.5 和 0.75 之间时,为垂直分工;在 0.25 与 0.5 之间时,为水平分工;在 0 和 0.25 之间时,为高度水平分工。

方资源的最优配置。从四大地区高科技产业对台资的吸引力看(见表5.5.5),台湾在实行改革开放较早的"长三角"和"珠三角"地区的高科技产业累计投资额最高,分别达到310.60亿美元和127.16亿美元,正在崛起的"环渤海"和"海西区"在累计投资额上虽有落后,但近年来凭借资源成本和人才优势,未来在吸纳台资上极具潜力。从所投资高科技产业类别上看,台资所投资产业主要集中于电子零组件和电脑、电子产品及光学制品,其次是电力设备、化学材料和机械设备。尽管两岸高科技产业投资关系以单边为主,但台湾高科技产业历年来在四大地区的集中投资已经使两地形成一定的分工协作关系,为两地高科技产业进一步整合以提升整体竞争力打下基础。

表5.5.5　1952—2010年台湾对各地区高科技产业累计投资金额 单位:千美元

	环渤海	长三角	海西区	珠三角
化学材料	76 275.04	2 646 042.01	223 590.09	472 817.45
电子零组件	887 424.20	11 713 288.85	861 619.40	4 215 274.68
电脑、电子产品及光学制品	442 385.47	8 040 504.05	438 940.82	3 971 769.52
电力设备	355 554.19	4 484 868.87	360 187.36	2 746 078.82
机械设备	169 705.45	2 772 408.75	239 599.29	781 150.57
汽车及其零件	45 237.73	874 500.96	399 842.66	143 143.28
其他运输工具	47 979.52	528 631.81	142 889.37	385 920.91
总计	2 024 561.61	31 060 245.30	2 666 668.99	12 716 155.23

注:根据台湾"行政院"主计处对高科技产业的定义和台湾"财政部""进出口商品结构别复分类之研究"的认定标准,以及统计资料的可获得性,取以上类别进行统计。

资料来源:《"中华民国"历年核准华侨及外国人投资、对外投资、对大陆间接投资统计月报》。

3. 台商对四大地区的高科技产业投资由下游向上游转变

电子信息业,包括电脑及相关设备、通信业、半导体、电子零组件、光电产业等行业,在台湾和四大台商投资相对集中地区均为高科技产业中的第一产业,亦是两岸产业整合程度最高的高科技产业。由于台湾的电子信息产业经营模式以代工生产(OEM)、代工设计(ODM)为主,对成本极为敏感,故始于20世纪90年代的电子信息产业等高科技产业向大陆地区的转移主要是基于降低成本的考虑,投资于加工、组装等下游环节,目前电子信息产业中的笔记本电脑业的生产能力有95%以上均已转移到大陆。① 近年来,在四大地区的高科技产业发

---

① 曹琼.台湾笔记本电脑业全球生产网络的治理模式[J].台湾研究,2008年第2期.

展迅速、研发能力有所提升的情况下,台湾电子信息业在这些地区的投资已经向上游环节扩展,其中半导体产业从下游封装测试,到中游的 IC 制造,再到上游的 IC 设计,已经投资形成完整的产业链,各大资讯电子集团亦纷纷在四大台商投资相对集中地区设立研发中心(见表5.5.6)。

表5.5.6　部分台资企业在四大地区所设研发中心一览表

环渤海	北京	金宝电子、研华科技、宝成集团、威盛、凌阳、英业达、宏碁、微星科技、德鑫科技、鸿海(富士康)、蓝点软件、华茂、蒙恬、智冠科技、冶天
	天津	顶新集团、英业达
长三角	上海	金宝电子、大霸电子、神达电脑、大宇资讯、盛群、杨智、英业达、智邦、大众、广达、汉康科技
	苏州	华硕、明碁、华鼎科技、化邦光美电子
	南京	明碁
	昆山	微星科技、统一企业、恩克斯、神达电脑、汉钟精密机械
	杭州	鸿海(富士康)、丰腾
海西区	厦门	士林电机
珠三角	深圳	鸿海(富士康)、义隆电、蓝点软件
	珠海	第三波、瑞昱

资料来源:刘孟俊.两岸经验20年[M].天下远见出版有限公司,2006年。

4. 产业链分工由垂直分工为主向混合分工转变

过去基于两岸在生产要素禀赋和技术发展程度上的差异,两岸的高科技产业分工模式为台湾优势产业主导的垂直分工模式,属资本和技术密集的生产环节留在台湾,而属劳动力密集的生产环节则由大陆的"长三角"、"珠三角"等沿海地区完成。这种分工模式充分利用了两岸在高科技产业上的比较优势,实现了两岸高科技产业发展的共同利益。近年来,大陆经济发展重点转向结构的调整和升级,随着对高科技产业投入的增加和力度的加大,两岸产业的分工模式正在发生变化,大陆高科技产品的品质不断提升,两岸分工正在向垂直分工和水平分工并存的混合分工转变。例如在消费性电子领域,"2008—2009全球消费性电子50强"评选结果显示,大陆品牌迅速崛起,海尔、联想、海信、TCL分列榜上第18位、第21位、第30位和第32位,与台湾的华硕(第13位)、宏碁(第23位)、冠捷(第33位)、瑞轩(41位)、明碁(第44位)等品牌构成竞争之势。

海峡西岸和其他台商投资相对集中地区的经济发展

(二) 存在的问题

1. 两岸高科技产业整合缺乏良好的制度化平台

首先,在两岸高科技产品贸易方面,台湾采取"宽进严出"的政策,对高科技产品的输出实行严格的管制。2002 年 4 月 30 日台湾"经济部"发布的战略性高科技货品种类、特定战略性高科技货品种类及输出管制地区的公告中,大陆与伊朗、伊拉克、朝鲜、古巴、苏丹和叙利亚等国家一并被明确列为战略性高科技货品输出的管制地区,限制 23 项半导体制造设备输往大陆。①

其次,在两岸高科技产业投资方面,台湾对产业投资的管制政策自 1990 年以来可划分为以下几个时期:产业间接投资大陆管制时期(1991—1995),"戒急用忍"管制时期(1996—2000),"积极开放、有效管理"管制时期(2001—2005),"积极管理、有效开放"管制时期(2006—2008),产业直接投资大陆时期(2008 年以后)。虽逐次放宽禁止投资的产业类别,但对关系经济命脉的部分高科技产业投资始终予以管制。台湾"经济部"发布的"在大陆地区从事投资或技术合作审查原则"中,属制造业投资或技术合作的项目归于禁止类的多达 102 项,多数属高科技产业。② 目前台湾开放陆资入岛投资的项目十分有限,大陆对台湾高科技产业的投资更少。

最后,在两岸人才和技术流动方面,台湾现行法规对引进大陆技术或人才限制过多。如根据《大陆地区产业技术引进许可办法》第十条的规定,"经许可引进大陆地区产业技术者,就该技术之引进,仅得支付一定技术报酬金,不得约定在台湾地区作为股本投资";第七条则规定,"引进之人才在台湾地区停留期间不得逾一年",需延期必须申请,且"总停留期间不得逾六年"。

产业整合的内在驱动力为市场自发的优化配置资源的要求,两岸高科技产业的整合要达到优势互补、合作加强,也应由市场和企业主体的商业目光来调节,政治因素过多的干预,是两岸高科技产业整合过程中最大的阻碍。

2. 两岸高科技产业整合层次仍有待进一步提升

台湾在电子资讯业等高科技产业上虽然表现亮眼,但由于其代工模式以及政府政策导向引致的台湾高科技企业普遍重制造轻研发的缺陷,使得产业竞争力多倚赖高效的运筹管理能力,技术驱动力较弱,主力产品多为技术成熟的产品及应用延伸,对于成本变动极为敏感,这也是两岸高科技产业整合最初的诱因。大陆对台湾高科技产业转移的承接,也沿袭了其代工模式,产业整合虽已

---

① 肖真美. 两岸科技产业之交流合作[J]. 中国大陆研究(台),2001 年第 7 期。
② 同上。

由加工组装环节向上游的研发环节发展,却仍偏重于生产和组装环节,而"微笑曲线"两端的研发、工艺技术和管理,则主要来自发达国家。行业的关键设备,也多依赖于向发达国家进口。[①] 虽然越来越多的台商在大陆设立研发中心,但是出现的所聘用大陆研发人员频繁跳槽、流失严重问题,以及大陆本土企业仿冒台湾产品现象,则对两岸高科技产业整合层次的提升造成了不利影响。如何营造良好的研发环境亦是产业整合层次提升过程中面临的重大问题。

3. 高科技产业整合的机构服务网络尚不完善

产业配套由两个网络构成:一是生产网络,指由原材料、辅料和设备供应,生产制造,运输和销售的各环节形成的网络;二是机构网络,指由政府、行业协会和营利与非营利的中介机构,如创新中心、培训中心、融资、会计等服务于产业的支持机构形成的网络。近年来,两岸经贸往来迅速发展,台商在大陆的投资活动日益活跃,台湾高科技产业在大陆的生产网络已经逐渐搭建起来,并呈现出由南向北、由沿海向内地的扩张态势,然而机构网络,尤其是为台商提供融资服务的资金支持网络却远远未能满足台资企业的需求。究其原因,主要是两岸在服务业领域的交流有限,大陆融资机构无法获得台资企业征信资料而难以授信,台资金融机构又受两岸政策法规限制无法跟随台资登陆提供服务。

(三) 整合的对策

2008 年全面爆发的全球金融危机,使大陆加速了产业结构调整的步伐,加大了对高科技产业的发展力度。2010 年两岸之间 ECFA 的签订,亦对两岸产业的进一步整合发出了积极的信号,未来两岸应积极为推动产业整合、实现互利共赢创造更为良好的条件。

1. 积极推动两岸高科技产业整合相关平台的搭建

以往由于两岸高科技产业在投资等方面缺乏良好的制度性平台,致使两岸高科技产业整合多有阻滞,台湾方面对两岸科技产业合作事宜仅通过投资审议委员会、"海基会"来分散处理,缺乏专门统一的管理单位,未来两岸政府应积极建立专职的产业科技合作管理部门。[②] 同时,应推动建立多元化的产业沟通与协商机制,台湾当局 2008 年启动的"两岸产业搭桥专案"即为目前情势下颇有创意的尝试。通过在大陆和台湾两地举办以生物技术与医材、数位内容、通信产业、绿能产业(LED 照明)、太阳光电等两岸产业为主题的交流会,为两岸有意向合作的企业提供了共通平台,且与原来两岸产业关联效应主要发生在台商之

[①] 周忠菲.两岸科技合作与两岸经贸关系发展[J].经济导报,2007 年第 6 期。
[②] 刘孟俊.国际金融风暴后两岸产业科技合作之策略与建议[J].经济前瞻(台),2009 年第 11 期。

间不同,由于合作主体为两岸企业,外溢效果可大大增强。① 未来应在现有的"海协会"与"海基会"框架下,继续推动类似搭桥专案等两岸产业合作论坛和交流平台的搭建,选择两岸产业发展中最迫切、优势互补效应最为明显的项目优先进行合作。两岸进行产业合作共谋发展是不可逆转的大势,而产业整合的成功反过来又会促进两岸制度化平台的完善,实现良性循环。

2. 根据自身优势和发展需要有侧重地进行产业整合

"环渤海"、"长三角"、"海西区"、"珠三角"虽均属台商投资相对集中地区,但在技术、人才、资金等方面存在着差异。台商早期投资于"长三角"、"珠三角"等地区时,主要以其低廉的土地和人力成本为考虑因素,经过多年的发展,"长三角"和"珠三角"地区的这些优势正在减弱,而"海西区"土地和人力成本方面的优势则凸显出来,成为未来与台湾实现高科技产业深度对接的有利条件。对"海西区"而言,其三大支柱产业之一的电子信息产业虽然处于高速成长期,但不仅技术水平仍与台湾存在较大差距,产值规模亦远落后于其他三大台商投资区,未来应利用"海西区"先行先试的政策优势,继续承接台湾电子信息业转移。"长三角"、"珠三角"和"环渤海"地区均已成为半导体产业热区,其中"长三角"凭借完善的 IC 产业链优势,成为 IC 封装测试企业和 IC 设计企业最集中、产业规模最大的区域,"环渤海"地区依靠高校和科研单位集中的知识优势,成为大陆第二大 IC 设计产业集中区,"珠三角"依靠强大的市场需求和销售渠道体系(大陆电子元件分销商约 2/3 的企业总部位于深圳)优势成为又一 IC 设计企业集中区。② 相比之下,"海西区"半导体产业仍处于萌芽阶段,而台湾半导体产业发展已经相对成熟,"海西区"未来在对接台湾半导体产业上大有可为。"环渤海"、"长三角"和"珠三角"则可凭借其科研单位和科研人员丰富这一有利条件,就双方均处于不成熟阶段的高科技产业,如新能源、新材料等,积极与台湾间开展学术与研发合作。在技术更新周期越来越短的趋势下,传统的内部研发已非企业获取新技术的主要途径,大陆在基础性研究方面具有优势,而台湾在应用性研究以及产品营销、管理方面具有优势,应促成其相互合作,共蒙其利。

3. 进一步深化知识产权保护合作,优化研发环境

2010 年 6 月 29 日,大陆"海协会"和台湾"海基会"于重庆签署了 ECFA,拟

---

① 朱磊. 台湾经济发展与两岸经济关系[J/OL]. http://www.tailian.org.cn/n1080/n1110/n1489/n1803/645494.html

② 中国半导体行业协会,中国电子信息产业发展研究院. 中国半导体产业发展状况报告[M]. 中国半导体产业发展状况报告编辑部,2009 年,第 25—26 页。

建立四个官方平台分别处理专利权、商标权、著作权和品种权等问题,为两岸间解决商标抢注、专利仿冒等纠纷建立了初步的框架。未来应在此基础上,继续加大知识产权保护力度,推动知识产权保护方面的合作,如两岸携手探索建立高效的知识产权评估交易办法、研究建立专利许可合作机制,同时促进两岸专利、商标审查人员定期互访交流,建立两岸相关行政部门联系机制以及专家证人或鉴定人资料互相提供机制。针对台资企业中大陆研发人员频繁跳槽问题,可考虑由政府宣传和协助建立台资企业博士后工作站、设立人才"扎根"基金等方式加以缓解或解决。①

4. 促进两岸科技人才交流互补

两岸人才交流伴随着两岸产业互动,自20世纪80年代开始逐渐发展。大陆人才结构则呈"金字塔"形结构,即初级劳力供应充足、中间的专业技术人才短缺、高级人才总量相对较大但比重较低;台湾人才结构呈"橄榄球"形,即两头的初级劳动力和高级人才短缺、中间的专业技术人才相对过剩,两岸人才优势存在极大互补空间,未来在两岸高科技产业整合的过程中,应积极促进两岸科技人才交流。目前,"海西区"在两岸人才交流方面发挥的作用日益活跃,其主体福建省充分利用近台和自身资源优势搭建平台,创建了台湾地区专业人才大陆就业洽谈会等一批人才交流合作载体,构建了台湾学者创业园等一批吸引台湾人才平台,培育了两岸大学校长论坛等一批教育人才交流品牌,创立了两岸科技与经济、中医药论坛等一系列学术交流载体,建立了中国闽台缘博物馆等一批文化交流基地,签订了闽台高校、研究机构、企业之间等一批点对点合作协议②,率先成为大陆开展台湾地区居民专业技术职务任职资格评审试点工作的省份,未来两岸在人才交流合作方面的政策不妨在"海西区"先行试验,进而推广至其他地区,最终达到加强两岸科技人才合作深度和广度的目的。

5. 加速高科技产业配套机构服务网络建设

过去由于两岸服务业交流有限,高科技产业整合缺乏完善的配套机构服务网络尤其是融资渠道的支持。两岸签署的ECFA为台资服务业进驻各台商投资相对集中地区提供了较其他外资服务业更为优惠的展业条件,有望缓解大陆融资机构无法满足台商资金需求的问题。目前各台商投资相对集中地区中,

---

① 方志坚,郑胜利. 台商大陆研发创新的特点与趋势分析[J]. 台湾研究,2007年第6期。
② 詹托荣. 两岸人才在闽大融合先行先试构筑前沿平台[J/OL]. http://www.chinanews.com.cn/tw/2010/09-15/2533658.shtml

"长三角"设有台资银行营业机构和办事处共7家,"环渤海"和"珠三角"分别设2家和1家台资银行办事处,"海西区"尚无台资银行营业机构或办事处,但台湾富邦金控已通过其香港子公司富邦银行成功参股厦门市商业银行。未来各台商投资相对集中地区应抓住ECFA签订的契机,吸引台商金融机构在各地区合理布局,同时加强两岸在除金融以外的现代生产型服务业如物流、会计等行业上的合作,整合两地资源,为两岸高科技产业整合营造良好的配套服务网络。

第六节 后ECFA时期台湾与大陆台资集中区的服务业整合

一、台湾与大陆台资集中区的服务业优劣势比较

(一)台湾服务业优劣势分析

三次产业结构显示,台湾早已进入后工业化时代,已经是一个服务化社会。服务业增加值在GDP中的比重在1981年(比重为50%)就超过制造业(42.9%),2009年服务业产值占GDP的比重为68.6%。服务业早已成为拉动台湾经济增长的主要产业,经过多年的发展,具有一些大陆不可比拟的优势,但也存在一些不足。

1. 台湾服务业的优势

(1)服务业增加值占GDP的比重高,就业人员比重高,对经济成长带动能力强。如表5.6.1所示,2004年至2009年间,台湾服务业增加值比重由66.57%上升至68.59%,就业人员比重由57.52%上升至58.02%。而我国大陆台资集中区除北京、上海两市以外,其他省市的产业结构仍然呈现"二三一"的格局,服务业增加值比重较低。北京市2009年服务业增加值占GDP的比重为75.53%,上海市则为59.36%,最低的为山东省,只有34.72%。大陆几大地区服务业就业人员比重除北京市超过台湾、上海与之水平相当之外,其他地区均低于台湾10—27个百分点,最低的仍为山东省。除了增加值占GDP、就业人员占比这两项指标外,台湾服务业对经济增长带动力强。如表5.6.2所示,2003年至2009年间,台湾的经济成长率与服务业GDP成长率之差基本只维持在0.9—1.5个百分点。

表 5.6.1　台湾与大陆台资集中区服务业比较　　　　　　　单位:%

年份	北京	天津	山东	上海	江苏	浙江	福建	广东	台湾
服务业增加值/GDP 比重									
2004	60.00	43.30	32.20	47.86	34.87	38.98	38.41	36.81	66.57
2005	69.15	41.49	32.00	50.48	35.45	40.03	38.48	42.91	67.08
2006	70.91	40.21	32.55	50.59	36.26	40.07	39.07	42.72	67.06
2007	72.09	40.54	33.43	52.58	37.37	40.71	39.98	43.27	67.12
2008	73.25	37.94	33.37	53.66	38.10	41.01	39.26	42.93	69.16
2009	75.53	45.27	34.72	59.36	39.55	43.14	41.26	45.72	68.59
服务业就业人员/总就业人员									
2004	65.50	41.90	28.00	54.20	32.20	30.33	30.40	28.0	57.52
2005	66.60	43.00	29.30	55.60	34.20	30.43	31.20	29.80	57.67
2006	68.90	43.90	29.50	56.75	35.60	31.59	31.60	30.82	57.94
2007	69.30	44.90	30.03	53.51	37.10	33.15	32.20	31.61	57.92
2008	72.40	46.20	31.00	55.04	38.10	33.17	33.30	32.25	58.02
2009	73.78	47.30	31.50	55.70	39.20	33.63	34.80	32.83	58.87

资料来源:大陆数据来自历年《中国统计年鉴》和各省市统计年鉴,台湾数据来自《"中华民国"统计月报》(2010 年 4 月)。

表 5.6.2　台湾经济增长率与服务业增长率　　　　　　　单位:%

年份	2003	2004	2005	2006	2007	2008	2009
经济成长率	3.67	6.19	4.7	5.44	5.98	0.73	-1.87
服务业 GDP 成长率	2.57	5.17	3.87	4.22	4.43	0.94	-0.22

资料来源:林晓芬.我国商业服务业发展契机研析[M].台湾经济研究月刊(台),2010 年第 3 期。

(2)成熟的制造业作为强大的支撑,为服务业开拓岛外市场创造了条件。在工业化阶段,制造业成为台湾经济增长的主力,曾带动台湾成为世界制造基地。现如今,台湾制造业发展已经相当成熟,具有完备的产业体系和产业链,尤其是电子及通信设备、机械、电脑及周边器材等行业,为台湾积累了大量财富,不仅给服务业岛内的发展创下坚实的基础,而且带动服务业打开岛外市场。现如今,台湾制造业大量外迁至大陆,尤其是大陆台资集中区,而台商服务业投资的地域分布与制造业投资具有极强的相关性,一些服务业跟随制造业投资进行布局。在两岸签署 ECFA 之后,两岸经贸合作步入制度化轨道,估计将会迎来台商服务业投资大陆的一波浪潮。

(3) 多行业并存发展,行业龙头企业带动作用强,且形成了金融及保险业、批发及零售业、通信服务业、科技服务业、医疗保健服务业等五大支柱性行业。据台湾《天下杂志》统计,2009 年台湾服务业 500 强中,贸易服务业进榜家数高居榜首(70 家),第二位是资讯、通信、IC 通路行业(63 家),第三位是批发及零售业(52 家),第四、第五位是工程承揽和资讯设备销售与服务业。服务业 100 强企业涉及 24 个子行业中的 16 个行业,50 强企业中涉及 15 个行业,可见台湾服务业各行业形成了并存发展的局面。在 20 强企业中,资讯设备销售与服务业有 4 家企业进榜,资讯、通信、IC 通路业 3 家,空运业 2 家,电信业 2 家,批发及零售业 4 家,投资控股、建设、海运及船务代理服务业、水电燃气业、汽车销售及修理业各 1 家。上述行业中除空运和投资控股外,其余行业规模都排在前十位,资讯设备销售与服务,资讯、通信、IC 通路两大行业更是排名第一、第二,且营收成长率排名第七、第六,可见,行业的龙头企业对整个行业的发展带动作用强。值得一提的是,台湾医疗保健服务业 2009 年营收成长率排名第九,平均净利润排名第五。综合上述和各行业产值比重(表 5.6.3)来看,台湾服务业已形成金融及保险业、批发及零售业、通信服务业、科技服务业、医疗保健服务等五大支柱性行业。

表 5.6.3 台湾服务业各行业产值比重 单位:%

	2003	2004	2005	2006	2007	2008	2009
服务业	67.10	66.60	67.10	67.10	67.10	69.20	68.60
商业服务业	26.10	26.30	26.60	26.40	26.80	27.50	27.20
批发及零售业	16.65	17.08	17.63	17.88	18.22	18.80	18.49
金融及保险业	7.50	7.60	7.70	7.30	7.30	7.20	6.40
不动产业	8.30	8.20	8.20	8.50	8.50	8.80	9.10
专业、科学及技术服务业	1.90	1.90	1.90	2.10	2.10	2.20	2.30
教育服务业	5.00	4.70	4.70	4.70	4.70	4.80	4.90
医疗保健及社会工作服务业	2.80	2.70	2.80	2.80	2.80	3.00	3.20
艺术、娱乐及休闲服务业	0.90	0.80	0.80	0.80	0.80	0.90	1.00

资料来源:林晓芬.我国商业服务业发展契机研析[M].台湾经济研究月刊(台),2010 年第 3 期,其中商业服务业包括批发及零售业、餐饮业、物流业。

(4) 服务技术、企业管理、产品等的比较优势。台湾早已进入后工业化社会,服务业在国民经济中早已是最大的产业。多年的发展造就了一批在岛内甚至相邻经济区域内具有较大影响力的企业,如宏碁、华硕、统一、顶新国际等,而且塑造了一批对服务业有深刻认知的企业家和从业人员,形成了较为规范的公司化运作管理模式,在服务技术和产品上深得市场消费者的信赖。台湾一些产品在大陆消费者中被广泛接受,如康师傅、统一。2008 年台湾有 3 家服务业企业入围世界 500 强,足以证明台湾服务业企业的竞争力。

2. 劣势

(1) 服务业就业人员比重低于同期服务业产值/GDP 比重。从世界范围来看,一般是服务产业就业人员比重高于产业增加值比重,而且就业比重的上升快于产值比重[1],如日本、新加坡、韩国的统计特征满足上述规律。由表 5.6.1 的数据可知,台湾服务业就业人员比重低于同期服务业增加值/GDP 的比重约 10 个百分点,而大陆八大台资集中区却与之不同。除广东和浙江两省就业人员比重与服务业产值/GDP 比重之差较大之外(2009 年浙江有约 9 个百分点之差,广东有约 13 个百分点之差),其余地区维持在一两个百分点左右,天津市的就业比重甚至超过增加值比重。

(2) 岛内消费市场空间狭小,且服务业面临人才危机。一般来讲,服务业对本土消费市场容量的依赖性很强。台湾岛内市场狭小,产业达到规模经济不容易,而近年来岛内人均收入增长放缓,居民消费扩张力减弱,使消费性服务业增长动力减弱,岛内市场进一步收缩,服务业发展规模和速度受到影响。再加上台湾长期较为重视制造业的发展和后来大力发展科技产业的政策导向,使得人才集中在制造业和高技术产业,服务业专业人才不足,且服务业多属中小企业,不具经济规模,吸引优质人才的投入有困难。因此,培育和延揽产业发展所需的专业人才,以促进服务创新和产业加速发展,已成为台湾刻不容缓的重要课题。[2]

(3) 制造业外流,服务业发展的优良基础被削弱。近年来受岛内资源限制、人力成本上升、市场容量饱和等因素影响,台湾制造业外移已经是越来越普遍的现象。电子、通信等主导产业的加速外移使得岛内制造业出现空心化的倾向。岛内一些优势服务行业如金融及保险业、科技服务业等对制造业的发展有较强依赖性,然而制造业的外移使得岛内一些服务企业赖以发展的基础被削

---

[1] 曾文利.台湾服务业发展与竞争力分析[D].厦门大学博士学位论文,2009 年。
[2] 张馨月.我国商业服务业人才培育之现况与问题面面观[J].台湾经济研究月刊(台),2010 年第 6 期。

弱。正因为制造业的外移使服务业不得不承担起带动经济发展的重任,服务业在岛内经济发展中的地位才显得如此重要。但有学者计算台湾服务贸易的国际竞争力后得出结论,台湾服务业在国际市场的竞争力日益削弱,也即是说台湾服务业在内部经济中的地位的提升并不是建立在国际市场扩大的基础上,而是制造业弱化凸显了其地位,因此服务业存在"虚肥"现象。

(二)大陆台资集中区的服务业优劣势分析

1. 优势

除去上述内容中提到的就业比重与产值比重相当,比重上升速度较快之外,我国大陆台资集中区的服务业还具有如下比较优势:

(1)服务业市场、人力资本的比较优势。八大地区中,有北京、上海两个特大型城市,已经进入"三二一"的产业格局,居民收入高,消费能力强,服务业发展基础好;有江苏、浙江、广东、福建几个制造业发达的地区,服务业GDP占比正处于快速上升赶超制造业的阶段,有厚实的制造业基础作为服务业的支撑,且几省人口流动性较强,为服务业发展提供了有利条件;有天津和山东两大工业地区,可为生产性服务行业发展提供工业基础。因此,几大地区服务业市场空间比台湾要大很多。在服务业人力资本方面,不必像台湾那样担心从业人员的缺乏问题。上述几大地区都是我国人口较多的地区,除去山东、天津以外,其他地区人口流动性较大,不断有周边农村劳动力向城市涌进,也有其他地区劳力向这些地区转移,是服务业基础就业人员的丰富资源;且各个地区都有国内赫赫有名的高校,能源源不断地向社会输送高级人才。

(2)加快服务业发展的产业政策优势。为转变经济增长方式,促进产业结构升级,各地纷纷出台政策、规划,向服务业倾斜以加快其发展。北京市提出大力发展金融、科技、信息、物流等生产性服务业。天津市2009年出台《天津市现代服务业发展规划》,明确金融、现代物流、商贸流通、文化创意等八大产业作为重点发展对象。长江三角洲地区区域规划可谓是上海、江苏、浙江地区服务业规划的总纲,其中指出应加快发展金融、软件、信息、会计、法律等生产性现代服务业。上海出台《2009—2012年上海服务业发展规划》,提出重点发展金融、航运、物流、商贸、信息、专业服务业等。江苏省2010年出台了《服务业提速计划》,指出要着力发展金融、物流、商贸流通、软件、信息服务等行业。浙江省出台了《浙江省服务业发展规划(2008—2012年)》《浙江省"十二五"金融业发展规划研究》《关于创建浙江省现代服务业集聚示范区的意见》等。广东省"十二五"规划以发展现代服务业作为重点。这一系列的规划和围绕规划出台的一系列相关政策,很大程度上将为服务业的发展理顺政策机制。

2. 劣势

（1）服务业增加值比重低、就业比重低，且增长较为缓慢。表5.6.1的数据显示，大陆台资集中区中，除北京、上海两市服务业增加值/GDP的比重超过制造业外，其余地区该比重均落后于制造业的比重，更与台湾相距甚远。从就业人员比重看，这一数值与服务业增加值/GDP的数值表现出相同的特点，服务业增加值比重高的地区，就业比重也较高，除北京、上海、天津三市外，其余地区就业比重都偏低。2004—2009年，就业比重低出台湾约18—28个百分点。其中北京市增加值比重增长幅度最大，其次为上海和广东，就业比重增长幅度最大的仍为北京，其余地区增长幅度很小，一定程度上也反映出其他几个地区产业升级进程较为缓慢。

（2）服务业发展呈现出地区不平衡性和同一地区产业内部不平衡性。为说明这一问题，本节采用计算显性比较优势指数（Revealed Comparative Advantage, RCA）的方法对各地区服务业的比较优势进行分析，RCA大于1表明该行业具有竞争力，反之则没有竞争力。以八大台商投资集中区为样本总体，RCA[①]指数的计算公式为$RCA_{ik}(t) = Q_{ik}(t)/Q_k(t)$，其中，$Q_{ik}(t)$表示$t$时期$i$地区$k$行业产出比重，$Q_k(t)$表示$t$时期样本中$k$行业产出的比重。表5.6.4给出了八大地区2007年和2009年的服务业各行业的RCA指数计算结果。从表中数据可以看出，北京和上海两市服务业整体竞争力较强，RCA指数值分别为2007年的1.72和1.23以及2009年的1.68和1.32，山东最弱为0.78和0.77，其次为江苏，其余地区整体竞争力相当。在服务产业内部，信息传输、计算机服务和软件业，金融业，租赁和商务服务业，科学研究、技术服务与地质勘查业，文化、体育与娱乐业等五大行业在地区间发展不平衡表现较为明显。北京市信息传输、计算机服务和软件业RCA指数最高（大于3），山东最低约为0.5，其次为江苏约0.6；金融业RCA指数最高的为北京（大于2），山东最低约为0.5；北京、天津、上海科技服务业RCA较高，北京为3.4—4.5，山东最低，约为0.3—0.4，其次为江苏；文化、体育与娱乐业北京、上海最具竞争力，RCA指数超过3，最低仍为山东（约0.5）。在各地区内部，北京各行业竞争力都较强，最弱的为居民服务和其他服务业，上海的情况与之类似；天津科技研究服务业、居民服务和其他服务业较具竞争力，金融业、教育和八大地区整体水平大致相当，其余行业竞争

---

① RCA指数最先由巴拉萨（Balassa,1965）提出，用于测量产品的国际竞争力，后来和区位熵指数一起被广泛用于区域经济研究领域。

力水平略显薄弱;山东基本没有什么行业处于显性比较优势地位,且有信息传输、计算机服务和软件业、金融业、租赁和商务服务业、科技服务业、文体娱乐业等五大行业处于明显的竞争弱势地位;江苏、浙江两省情况相近,科技研究服务业、租赁服务业处于明显弱势地位;福建的水利、环境和公共设施管理服务业处于劣势地位,广东各行业还相对均衡。

表5.6.4 八大地区服务业各行业竞争力统计简表

	北京		天津		山东		上海	
	2007	2009	2007	2009	2007	2009	2007	2009
第三产业	1.72	1.68	1.00	1.01	0.78	0.77	1.23	1.32
交通运输、仓储和邮政业	1.05	1.01	1.32	1.38	1.12	1.13	1.23	0.93
信息传输、计算机服务和软件业	3.03	3.19	0.61	0.65	0.52	0.48	1.79	1.45
批发与零售业	1.35	1.22	1.36	1.08	0.91	0.89	0.06	1.41
住宿和餐饮业	1.13	1.10	0.80	0.89	1.07	0.89	1.87	0.80
金融业	2.25	2.07	0.93	0.96	0.55	0.48	1.50	1.89
房地产业	1.67	1.49	0.70	0.70	0.72	0.67	0.36	1.40
租赁和商务服务业	2.15	2.69	0.54	0.82	0.33	0.42	3.37	1.72
科学研究、技术服务与地质勘查业	3.43	4.52	1.49	2.11	0.28	0.44	3.95	1.63
水利、环境和公共设施管理业	0.72	1.38	0.70	1.32	0.46	0.88	5.33	0.75
居民服务和其他服务业	0.58	0.48	1.70	1.80	1.02	0.79	1.55	0.82
教育	1.72	1.49	1.07	0.95	0.97	0.85	0.21	1.03
卫生、社会保障和社会福利业	1.26	1.26	0.74	0.80	0.95	0.98	0.87	1.09
文化、体育与娱乐业	2.64	3.37	0.51	0.79	0.42	0.51	3.49	0.92
公共管理与社会组织	1.27	1.12	0.77	0.70	1.09	1.14	0.89	0.71

(续 表)

	江苏		浙江		福建		广东	
	2007	2009	2007	2009	2007	2009	2007	2009
第三产业	0.88	0.88	0.95	0.96	0.94	0.92	1.01	1.02
交通运输、仓储和邮政业	0.84	0.91	0.83	0.85	1.46	1.35	0.84	0.89
信息传输、计算机服务和软件业	0.61	0.55	0.81	0.81	0.78	0.93	1.02	1.19
批发与零售业	1.14	1.01	1.07	0.90	1.06	0.83	1.09	0.96
住宿和餐饮业	0.73	1.00	0.78	0.92	0.68	0.98	1.05	1.22
金融业	0.79	0.73	1.13	1.30	0.67	0.79	0.98	0.91
房地产业	0.88	1.00	1.05	0.98	1.04	0.92	1.38	1.07
租赁和商务服务业	0.48	0.65	0.56	0.64	0.95	0.69	1.05	1.35
科学研究、技术服务与地质勘查业	0.36	0.60	0.52	0.54	0.75	0.50	0.49	0.71
水利、环境和公共设施管理业	0.64	1.12	0.51	0.95	0.04	0.62	0.77	1.07
居民服务和其他服务业	1.14	0.67	0.82	0.99	0.11	1.68	1.04	1.34
教育	1.19	1.03	1.18	1.08	0.41	0.80	1.00	0.97
卫生、社会保障和社会福利业	0.88	0.87	1.07	1.05	1.96	0.96	0.82	1.04
文化、体育与娱乐业	0.80	0.69	0.64	0.95	0.04	1.43	0.74	0.93
公共管理与社会组织	1.12	0.99	1.25	1.07	0.10	0.87	0.94	1.02

因此,综合台湾和大陆八大地区的服务业优劣势看,两岸开展服务业合作,实现服务业的两岸整合,将是提升台湾服务业竞争力和加速大陆产业升级转型的有效途径。

二、台湾与大陆台资集中区的服务业整合

(一) 整合的现状

1. 台商投资大陆服务业件数和规模由少增多,发展迅速

从大陆与台湾的经贸交往可以发现,台湾投资大陆服务业始于20世纪

海峡西岸和其他台商投资相对集中地区的经济发展

90年代初期。1991年台商投资大陆服务业金额为20万美元,所属行业为批发零售业。1992年台商没有任何资金投向大陆服务业。1993年开始,台商投资大陆服务业金额和件数陡然增加,从此之后快速增长。1991年至2010年年底(见表5.6.5),台商投资大陆服务业累计金额达127.74亿美元,年均增长率为63.28%,投资件数累计为6 057件,其中投资金额增长最快的年份为1993年、1997年、2000年、2002年和2010年。从行业的角度看,台商投资累计金额和件数较多的为批发及零售、信息及通信传播两大行业,分别是44.46亿美元和14.57亿美元,与台湾该两大行业在服务业整个产业中的基础地位相符;累计金额和件数较少的为用水供应及污染整治、公共行政及国防、教育服务业,分别为0.6亿美元、0.37亿美元和0.25亿美元,与这些行业受政府管制有关。

2. 投资涵盖行业变得较为全面,但服务业整体投资比重较低

台湾对大陆投资比重最大的产业一直是制造业,2007—2010年,除北京、上海两市,其余省市服务业投资比重均远低于制造业投资比重。由于北京、上海两地产业结构已经进入"三二一"的格局,台商在两市投资服务业的比重自然较高,分别为53%和42.28%。① 江苏、浙江、广东的比重较低,只有约10%,最低的为浙江,而三省制造业投资比重却是最高的,与各自制造业大省的地位相称。从服务业内部各行业的角度分析,各地区台商投资比重最高的行业基本为批发及零售业,北京、山东、江苏、浙江、福建、广东呈现这一特征,天津和上海比重最高的行业为不动产业,其他行业比重在地区间各有差异(见表5.6.6)。

在"环渤海"地区,台商投资北京服务业涵盖行业最为全面(在明细分类15个行业中,涉及12个行业)。北京市批发及零售业投资比重(2.63%)在所有行业中是最高的,信息及通信传播业(1.11%)居次,其他投资比重较大的行业依次为不动产业、营造业、科学技术服务业;天津市台商投资服务业涵盖行业仅为北京市的2/3,比重最高的行业为不动产业0.78%,其次为住宿及餐饮业、批发及零售业、运输及仓储业;山东省台商服务业资金投向批发及零售业和不动产业,占整个服务业投资资金的比重约为七五成。

---

① 书中提及第一、第二、第三产业的比重时,是指i地区k产业投资金额占i地区投资总金额的比重,根据台湾"经济部"投资审议委员会统计数据计算,时间跨度为2007年至2010年,为节省篇幅,没有以表格的形式给出。下同。

表 5.6.5　历年台商投资大陆服务业情况　　　　　　　　　　单位：美元

年　份	金　额	增长率(%)	件　数
1991	200	—	1
1992	0	0	0
1993	180 140	—	737
1994	63 606	-64.69	106
1995	88 744	39.52	75
1996	98 881	11.42	55
1997	376 485	280.75	721
1998	179 823	-52.24	131
1999	79 753	-55.65	58
2000	216 994	172.08	141
2001	258 699	19.22	299
2002	605 699	134.13	541
2003	832 773	37.49	718
2004	621 089	-25.42	705
2005	684 593	10.22	388
2006	974 004	42.27	313
2007	1 069 311	9.79	336
2008	1 644 197	53.76	228
2009	1 169 141	-28.89	174
2010	3 629 471	210.44	330
累　计		12 773 603	—
		累计件数	累计金额
电力及燃气供应业		37	349 697
用水供应及污染整治业		66	59 707
营造业		267	335 297
批发及零售业		2 297	4 445 862
运输及仓储业		220	592 487
住宿及餐饮业		487	467 448
信息及通信传播业		850	1 456 675
金融及保险业		209	1 365 124
不动产业		140	1 446 362
专业、科学及技术服务业		577	821 010
支持服务业		142	275 995
公共行政及国防,强制性社会安全		15	37 036
教育服务业		22	24 918
医疗保健及社会工作服务业		53	157 240
艺术、娱乐及休闲服务业		411	471 822

资料来源：台湾"经济部"投资审议委员会历年核准对外投资统计。

海峡西岸和其他台商投资相对集中地区的经济发展

"长三角"是我国经济最为发达的地区,也是我国乃至世界闻名的制造业基地,台商在这一区域的投资涵盖行业较为全面。上海是我国的经济、金融、航运中心,是台商投资行业最为全面的地区,涉及全部15个行业,投资比重较大的行业依次为不动产业10.18%(此比重在八大地区中亦是最高的)、批发及零售业7.79%、金融及保险业7.62%、科技服务业4.2%、信息及通信传播业3.72%。台商投资江苏省服务业虽涉及行业较为全面,但是资金比重低,且呈现批发及零售业一业独大的现象。浙江省台商投资服务业涵盖行业12个,但投资比重是几大地区中最低的,比重最大的行业为批发及零售业1.11%和不动产业0.96%。

福建和广东两省得益于对台的独特区位优势,台商服务业投资行业分别为12个和15个,且都呈现出批发及零售业一业独大的现象,比重分别为4.99%和4.28%,其次为信息及通信传播业和金融及保险业。值得一提的是,台湾医疗保健业、娱乐休闲服务业在福建和广东两省投资比重位列前茅。台湾、福建、广东基于地缘、亲缘等优势,语言基本相通,消费者习惯相似,因此市场需求相近,而这两大服务业属于消费性服务业,受到这些因素的影响而在这两地的投资比重较高。

表5.6.6 分地区分行业台商投资大陆统计　　　　单位:%

	北京	天津	山东	上海	江苏	浙江	福建	广东	合计
电力及燃气供应业	0.00	0.00	0.15	0.49	0.31	0.48	0.00	0.04	1.47
用水供应及污染整治业	0.00	0.00	0.00	0.03	0.04	0.02	0.00	0.12	0.21
营造业	0.46	0.00	0.00	0.60	1.10	0.07	0.10	0.05	2.39
批发及零售业	2.63	0.45	1.05	7.79	10.88	1.11	4.99	4.28	33.18
运输及仓储业	0.02	0.21	0.02	0.90	0.76	0.10	0.17	0.07	2.24
住宿及餐饮业	0.21	0.75	0.10	1.84	0.19	0.08	0.15	0.12	3.45
信息及通信传播业	1.11	0.11	0.01	3.72	4.64	0.26	1.99	1.17	13.01
金融及保险业	0.03	0.14	0.17	7.62	3.47	0.00	1.39	1.57	14.38
不动产业	0.56	0.78	0.89	10.18	2.92	0.96	0.20	0.85	17.33
专业、科学及技术服务业	0.31	0.01	0.05	4.20	0.80	0.19	0.08	0.42	6.06
支持服务业	0.01	0.00	0.00	1.60	0.05	0.57	0.08	0.13	2.45

(续 表)

	北京	天津	山东	上海	江苏	浙江	福建	广东	合计
公共行政及国防,强制性社会安全	0.00	0.00	0.00	0.31	0.00	0.00	0.06	0.11	0.48
教育服务业	0.07	0.00	0.02	0.01	0.06	0.00	0.00	0.11	0.27
医疗保健及社会工作服务业	0.15	0.00	0.00	0.25	0.30	0.01	0.17	0.28	1.18
艺术、娱乐及休闲服务业	0.01	0.00	0.00	0.11	0.05	0.01	0.30	0.27	0.75
其他服务业	0.02	0.08	0.14	0.28	0.40	0.16	0.04	0.05	1.17
合　计	5.57	2.53	2.60	39.95	25.97	4.02	9.72	9.64	100.00

资料来源:台湾"经济部"投资审议委员会历年核准对外投资统计,时间跨度为2007年至2010年。表中数值由公式A/B得来,A代表某地区某行业投资金额合计值,B代表八大地区服务业投资金额总计值。

(二)存在的问题

1. 台商投资服务业资金比重较低,且地区间、行业间存在不平衡现象

台商投资上海服务业比重居首,比排第二的江苏高出13.98个百分点,比位居第三的福建高出30.23个百分点,比最低的天津高出37.42个百分点,这显示出服务业投资地域的极度不平衡性(见表5.6.6、表5.6.7)。其中属"长三角"、广东、福建、北京涉及行业较为全面,天津和山东两地涉及行业较少,且广东、福建存在单一行业投资比重独大的现象。2007年至2010年间台商投资服务业金额比重最高的为批发及零售业,其余依次为不动产业、金融及保险业、资讯及通信传播业、科技服务业、住宿及餐饮业,而台湾相对大陆极具优势的医疗保健服务业在15个明细行业中却排名第十一,娱乐休闲服务业排在末位。批发及零售业投资金额比重独大,占比33.18%,比不动产业高出15.85个百分点,金融及保险业比重与资讯及通信传播业相当,这四大行业合计占比77.91%,其余11个行业的投资比重已很小。

表5.6.7　台商在八大地区服务业投资金额和比例

行业类别	金额(百万美元)	比重(%)
服务业累计	3 605.79	100.00
批发及零售业	1 460.60	40.51
信息及通信传播业	572.16	15.87
金融及保险业	509.35	14.13

(续 表)

行业类别	金额(百万美元)	比重(%)
未分类	471.74	13.08
专业、科学及技术服务业	247.48	6.86
住宿及餐饮业	161.19	4.47
运输及仓储业	124.34	3.45
支持服务业	101.53	2.82
营造业	100.37	2.78
医疗保健及社会工作服务业	68.76	1.91
电力及燃气供应业	66.48	1.84
不动产业	62.06	1.72
其他服务业	36.51	1.01
艺术、娱乐及休闲服务业	35.69	0.99
公共行政及国防;强制性社会安全	30.22	0.84
教育服务业	15.81	0.44
用水供应及污染整治业	13.23	0.37

资料来源:台湾"经济部"投资审议委员会历年核准对外投资统计,时间跨度为2007年至2010年3月共计27个月,作者据此整理。

2. 台商投资大陆服务业的集中行业与该地区处于竞争力优势的行业不相吻合

对比表 5.6.4 和表 5.6.6 可以看出,台商投资大陆服务业的集中行业与该地区处于竞争力优势的行业不相吻合。例如在浙江省,服务业最具竞争优势的行业是金融业,而台商在该行业的投资比重却为零。北京市科研技术服务业在几大地区中是最具竞争力的,但台商投资该行业的比重却远低于上海市,甚至不及处于竞争力弱势地位的江苏省。相反,福建省批发零售业并不具有竞争力优势,而台商投资该行业的比重却是服务业各行业中最高的。江苏省服务业各行业竞争力指数表现平平,且服务业整体处于弱势地位,但却次于上海市成为吸收台商服务业投资的第二大省份。虽然台商投资大陆制造业极大程度上促进了相应地区制造业的发展,但以上情况说明,台商对大陆服务业的投资却似乎不存在这种效应,很大程度上还是由于台商投资服务业资金远比制造业少,达不到规模效应,再有就是服务业投资可能对制造业投资有一种追随效应,属于跟进投资。

3. 台商服务业投资行业并未达到与当地产业投资结构的最优匹配,投向房地产的资金与日俱增

在江苏和浙江两省,台商投资制造业的比重是几大地区中最高的,而服务业投资行业集中在批发零售这一消费性行业,诸如资讯服务业、专业及科技服务业、金融及保险业等生产性服务行业的投资比重却相当低,山东、广东的情况亦如此。如果说服务业投资与制造业投资存在极强的相关性,那么这就出现了台商产业投资结构不匹配的现象,从而服务业不能更好地为当地制造业服务,在地方产业升级中不能发挥应有作用。统计数据显示(见表5.6.8),自2007年以来,台商投资大陆房地产的举动愈发频繁,资金与日俱增。2007年累计投资金额1 364.7万美元,2008年累计2 896万美元,2009年累计1 720万美元,2010年累计金额骤然增加至11.28亿美元。但是从ECFA关于服务贸易的早期收获清单中,大陆房地产业并没有被列入,而台湾的统计资料却显示大量资金投向了房地产。由此表明,部分台资只是想投机大陆房地产获取暴利,并非抱着发展实业的目的。这将使大陆房地产市场雪上加霜,更违背了引进外资以发展实体经济的初衷。

表5.6.8　台商投资大陆房地产市场金额统计表　　单位:千美元

时　间	金　额	时　间	金　额
2007年1月	126	2009年6月	2 000
2007年2月	767	2009年12月	7 000
2007年3月	1 900	2010年2月	2 248
2007年4月	10 000	2010年4月	28 020
2007年7月	154	2010年5月	746 566
2007年10月	700	2010年6月	50 064
2008年1月	2 000	2010年7月	131 500
2008年6月	12 815	2010年8月	11 150
2008年7月	2 000	2010年9月	10 128
2008年9月	645	2010年10月	12 966
2008年11月	1 500	2010年11月	68 000
2008年12月	10 000	2010年12月	67 643
2009年4月	8200	累计	1 188 091

资料来源:台湾"经济部"投资审议委员会历年核准对外投资统计。

4. 双方服务业投资非均衡态势凸显

2009年台湾对大陆投资开放了制造业64项、服务业117项、公共建设11项,对原来的陆资赴台投资限制进行了放宽和进一步的拓展,而ECFA的签订正式将两岸服务业的合作推向了制度化的轨道。2010年大陆企业赴台投资稳步增长,截至2011年1月12日,大陆企业赴台投资已达63家,金额1.41亿美元。① 2010年赴台投资闽企有21家(含12家分支机构),居大陆第一,其中获台湾"经济部"主管部门正式批准16家,涉及果树、花卉、儿童服装销售、建筑、会展服务、交通物流、旅游观光等。② 2010年两岸金融合作取得重要突破,6家台湾银行在大陆筹建了分行,3家大陆银行获准在台设立代表处。虽然大陆服务业已逐渐开始赴台投资,但相比台商在大陆的投资,无论在企业数量还是资金规模上都只是冰山一角。

(三) 整合的对策

1. 将投资的重点行业由消费性服务业转移到生产性服务业

目前台商服务业投资出现批发及零售业一业独大现象,占服务业投资的比重约为三成,而信息及通信传播业、金融及保险业、科技服务业等生产性服务行业投资比重较低,合计比重约与批发及零售业持平。现有研究表明外商投资具有跟进效应,且服务业的投资很大程度上受制造业外移的影响。而八大台商投资相对集中地区除北京、上海两市外,其余省市都是制造业投资比重远超过服务业,仍旧处于制造业占主导地位的阶段。所以,应该引导台商服务业投资转移到信息、科技、会计等生产性服务行业上来,以更好地服务当地制造业并促进其发展。金融及保险业、资讯服务业、专业及科技服务业等生产性服务业是台湾的支柱性行业,在服务技术、产品、管理等方面具有大陆不可比拟的优势,2008年就有3家台湾服务业企业进入世界500强。因此,大力促进两岸生产性服务业整合,为制造业发展提供有力支撑,促进制造业升级,更有利于各地产业结构升级和经济转型。

2. 对台商投资服务业的资金流向进行合理引导和后续的严格监控

各地应充分认识自身服务业的优劣势和经济发展的需要,在此基础上与台湾服务业进行有效整合,严格杜绝台商资金流向房地产行业,合理引导资金流向实业。如上所说,台商投资行业与当地处于竞争优势地位的行业存在不匹配现象,因此不能达到资源有效配置的目标。为应对ECFA签订后投资的自由

---

① 资料来源:人民网,http://finance.people.com.cn/GB/13718730.html。
② 资料来源:两岸投资网,http://www.latz88.com/latz/lzft/201102/346.html。

化,同时为避免盲目性,使外资最大限度地服务于当地经济发展,各地政府及相关主管部门更要保持清醒的头脑,进行准确判断,结合自身的优劣势和发展需要,采取措施对台资进行合理有效的引导,使其投向对生产服务性强、关联效应大、就业带动和经济带动强的行业。相关部门还应对台商投资资金流向进行核实和后续跟踪,严格监控,有效杜绝台资流入大陆房地产市场。

3. 参与台资服务业企业的本土化过程,加强学习,最终打造自主服务品牌

20世纪六七十年代,台湾主动承接国际制造业转移,运用代工模式打响了"MIT 台湾制造"的品牌,面对岛内成本上升和资源制约,将制造业逐渐外移至大陆沿海地区。大陆台资集中区主动承接台湾制造业的转移,推动了当地制造业和经济的快速发展,在台商制造业逐渐本土化的进程中,大陆企业通过融入其产业链,学到了很多台湾较为先进的技术,同时也培育和扶植了一批有实力的大陆制造企业。ECFA 的签订和实施使两岸投资往来进一步开放,由于受制造业投资大陆的引导,台湾服务业投资大陆将会越来越多。从长远看,前述台资集中区将会率先进入服务型经济社会。因此,借鉴融入制造业产业链的经验,在台商服务业本土化过程中,通过服务业人员的加入、上下游配套产业的加入、经营管理的参与等一系列活动,加强对台湾先进服务理念、产品、技术、管理运作方面的学习,然后通过人员流动等一系列安排,将学习到的经验运用于本土服务业企业,促进其发展,做大做强,最终打造本土服务业品牌。

4. 积极创造条件,推动大陆服务业资金赴台

服务业整合建立在相关国家或地区间的资金、人力、技术等诸多生产要素自由流动的基础之上。而目前台湾与大陆台资集中区的服务业整合却在生产要素上表现为台湾对大陆的单边形态,服务业合作严重失衡,不利于两岸优势互补,有效利用资源,共同提升经济实力。因此,为有效改善这一现状,政府及相关部门应积极采取措施,支持具备条件的服务业赴台投资,积累国际化发展经验。对此,政府可以定期召开企业赴台投资说明会,组织机构对台湾经济发展概况、投资环境及优劣势、相关行业的法规等进行研究,以供投资企业参考,简化投资审批手续,在投资操作和前期准备上给予支持。

第七节　后 ECFA 时期台湾与大陆台资集中区的金融整合

金融整合(regional financial integration),即为金融一体化,是指国家或地区之间在金融开放的基础上,金融活动相互影响、相互渗透而形成一个联动整体

的发展态势。金融整合涉及金融各领域,包括金融机构之间的合作与并购、金融制度与金融监管趋同化、金融市场一体化,乃至区域货币一体化。金融整合既是一个不断深化的过程,又是一个最终目标。

而对于海峡两岸金融整合,首先必须是两岸金融业的相互开放,其后才能进行金融交流与合作,从而步入金融整合的进程。元惠萍(2002)[①]提出金融整合的过程可以由国际间金融服务的四种提供方式表示,即跨境提供、境外消费、商业存在与自然人流动,层层推进。

基于以上对金融整合概念的分析,并结合目前海峡两岸金融往来的现状,我们可以看出:两岸金融业相互开放程度有限,严重制约了两岸金融交流与合作;两岸间金融服务的提供方式主要仍停留在跨境提供与境外消费的初级阶段。

纵观当前动荡的国际金融形势,生产要素具有高度流动性,经济一体化程度高的区域之间,通过加强区域金融整合,最终实现货币一体化,有利于稳定区域内经济,增强抗击外来风险的能力。经过2008年全球金融危机的冲击,美元的地位已经有所动摇,目前欧元区也饱受债务危机的困扰,在此背景下中国应抓紧时机,加快与台湾的金融整合,尽快实现两岸四地的金融一体化,完善中国金融体系,提高人民币的国际地位,打破美元、欧元的双寡头格局。此外,随着两岸政治局势的缓和,两岸经贸交往日益热络,也要求两岸金融进一步整合,以提供便捷的金融服务,支持两岸经贸交流的进一步发展。因此,应尽快将两岸金融整合提上议事日程,协商整合的框架与路径,尤其以大陆台资集中区作为实验区,先行开放市场,深化与台湾的金融合作,既可以解决投资集中区内台商的融资难题,加强两岸联系,还可以借此考察两岸金融整合的效应,为未来进一步整合做好准备。

一、台湾与大陆台资集中区的金融整合现状与制约因素

由于两岸政治与经济因素的制约,长期以来台湾与大陆的金融交流与合作主要是民间的、低层次的,缺少一个官方的合作平台。2009年11月16日,两岸银监会、证监会签署了《海峡两岸银行业监督管理合作谅解备忘录》、《海峡两岸证券及期货监督管理合作谅解备忘录》和《海峡两岸保险业监督管理合作谅解备忘录》(三个备忘录统称《两岸金融监管合作谅解备忘录》,简称 MOU),MOU的内容包括信息交换、信息保密、金融检查、持续联系和危机处置5项。MOU的签订意味着消除了两岸在金融监管上的障碍,为两岸金融的进一步整合开创了

---

① 元惠萍,陈浪南.海峡两岸金融一体化模式[J].东南学术,2002年第5期。

新的局面。在 ECFA 签订前,台湾与大陆台资集中区的金融整合主要体现在金融机构互设、两岸货币清算两个方面。

(一) ECFA 签订前,台湾与大陆台资集中区金融整合状况

1. 金融机构互设方面

截止到 2010 年 3 月,已经有 11 家台资银行在大陆设立办事处,其中彰化银行一家驻扎江苏昆山,世华银行、第一商银、土地银行和台湾银行四家银行在上海设立办事处,合作金库、"中国信托"与远东国民银行三家银行入驻北京,华南银行一家落户深圳。另外玉山、兆丰两家银行分别落户东莞、苏州。从台资银行进入大陆的地理布局上可以看到,目前"长三角"台商投资集中区与环渤海湾地区的北京是台资银行大陆办事处的主要聚集地,而"珠三角"鲜少有台资银行代表处入驻,福建投资区甚至尚未有任何一家台资银行代表处入驻。与此形成鲜明对比的是,目前大陆尚未有一家银行在台湾设立办事处或分支机构。

台湾保险业在大陆设立的机构也非常有限。目前,台湾保险业对大陆的投资仅限于成立合资寿险公司或独资财险公司。在大陆的合资寿险公司中,国泰人寿、新光海航和君龙人寿三家公司的外方股东来自台湾,注册资本分别是 8 亿元、5 亿元和 2.4 亿元人民币;而国泰财险是迄今为止唯一一家台湾独资财险公司。从地理格局上看,国泰人寿的总部设在上海,目前在江苏、浙江、北京、福建、山东均设有分公司。君龙人寿由台湾人寿与厦门建发股份获批合资筹建,总部设于厦门,其建立打破了福建地区金融业没有涉台总部的格局。而目前尚无大陆保险公司在台湾设立分支机构。

在证券机构设置方面,两岸证券业交流与合作已有多年。自 1996 年台湾"证券管理委员会"允许台湾证券公司间接投资大陆市场以来,京华证券国际有限公司和群益国际控股于 1997 年领先一步,成为首批来大陆设点的台资券商。元富证券香港有限公司也在翌年设立了上海代表处。至 2005 年年底,大陆共批准 17 家台湾证券公司经第三地或从岛内直接来大陆设立办事处 26 个,尽管只能从事信息收集与咨询业务,但许多经香港进入的台湾证券公司早已经营相关业务,如群益证券上海代表处、元大京华证券北京代表处、宝来证券上海代表处等。[①] 而目前大陆还未有证券公司登陆台湾。相对于银行业与保险业而言,两岸证券业交流还十分有限。然而开放台资券商登入大陆已经是既定的方向。

---

① 衣长军. 海峡两岸金融合作的瓶颈与机制创新构想. 经济纵横,2007 年第 6 期。

2. 两岸货币清算现状

从两岸通汇与货币清算上看,2001年以前,台湾禁止两岸银行直接往来,大陆与台湾之间的通汇及信用证等银行业务一直须经第三地金融机构中转。但迫于民间需求的压力,台湾当局逐步放松管制,2002年7月,中国人民银行总行批准大陆商业银行与台湾商业银行建立代理关系,交换密押,互开账户,两岸的直接通汇业务正式启动。2005年10月,台湾"行政院"开放金门、马祖金融机构试办人民币兑换业务,每人每日兑换上限为2万元人民币,这是两岸通汇进程中的一个重要举措。2007年,台湾金融机构与海外分支机构,承做两岸汇款与进出口外汇业务达2 098亿美元。2008年,台湾金融部门批准台银、土银、兆丰银行开办台湾本岛人民币双向买卖业务,但是一般民众在台湾兑换人民币每次兑换金额以2万元人民币为限。公司、法人户暂不在开放之列,并且获批银行也不会在全台所有分行都提供人民币兑换业务。

而在大陆方面,人民币与新台币兑换试点主要集中在福建投资区。早在1998年,中国银行厦门分行、福州分行与马江支行就率先开办了新台币兑换人民币业务。2003年12月,福州、厦门、漳州、泉州、莆田5个地区的中国银行分支机构在实行新台币兑入业务的基础上,办理一定范围的新台币现钞的兑出业务,并允许台湾地区旅行社和从事对台小额贸易的台湾贸易机构开立人民币临时存款账户。福建成为大陆唯一的新台币兑出业务试点。

(二) 台湾与大陆台资集中区金融整合的影响因素分析

1. 政治因素

金融业是国民经济的枢纽,金融业的稳定发展关系到国家经济的安全。鉴于金融行业的特质,台湾与大陆的金融整合要取得实质性进展,就必须依赖于两岸政治关系的改善。然而,自李登辉、陈水扁等上任之后,台湾当局主张"台独"政治路线,否定"九二共识"与"一个中国",破坏了两岸沟通的基础,造成了两岸关系的不稳定,还对两岸金融交往实行更严厉的管制,从而使得政治因素成为两岸金融合作最关键的制约因素。

2008年国民党的重新执政使两岸关系逐步明朗化,两岸互动增加,尤其是中断近十年的海协会与海基会恢复协商,展开了频繁的接触与协商,半年多时间内就举行了两次重要会谈,达成六项两岸经贸交流与合作协议。与此同时,努力了近三十年的两岸直接"三通"基本实现。两岸政治关系的良性发展促使两岸经贸关系进入了一个新的时期。

2. 经济因素

两岸经贸交往的不断扩大使得两岸资金流动规模日益庞大且持续快速增

长,两岸资金流动的压力越来越大。然而,由于人民币与新台币均为不可自由兑换货币,且台湾与大陆目前尚未建立货币清算机制,人民币与新台币的自由兑换仅局限在少数地区,且对交易额存在严格限制。通汇的速度慢、成本高、手续烦琐等因素制约了两岸资金的流动规模,还助长了地下钱庄的兴起,扰乱了两岸正常的金融秩序,增加了两岸金融体系的风险。

两岸的金融业发展水平不一致,而且由于长期以来缺乏合作的实践经验,两岸的金融体制、金融法规、行业标准等都不协调,这也对双方深化业务合作造成很大的障碍。与此同时,两岸的金融监管当局也尚未建立完善的监管机制与监管体系,管理部门之间交流不畅顺,无法联手对两岸金融市场进行有效的监管。

另外,两岸缺乏金融资讯交流的渠道,信息技术与网络都无法实现共享,这些都阻碍了两岸金融整合的步伐。

3. 政策因素

ECFA 签订前,台湾与大陆的经济交往一直没有双方认可的政策支持,而是各自制定政策法规以规范两岸经贸交往。大陆制定了一系列开明的政策以促进两岸经贸交往,相反,台湾当局则制定了诸多政策法规以限制两岸经贸往来,极大地损害了两岸同胞的共同利益,阻碍了两岸经济的发展。自大陆加入 WTO 以来,金融业逐步对外开放,大陆也十分欢迎台湾的银行、证券、保险业等来大陆设立分支机构,但台湾当局总是以政治安全等理由对大陆的政策开放置之不理,大陆金融市场的单向开放无助于两岸的金融合作。官方会谈基础的缺失,造成两岸对话无从恢复,货币清算协议与两岸金融监管备忘录等也无法签署,金融整合的瓶颈一直无法突破。

2009 年,MOU 的签订标志着台湾与大陆金融合作进入实质性阶段,为两岸金融的进一步整合打下良好的基础。而 2010 年 6 月 29 日 ECFA 的签署意味着两岸的金融整合已从低层次的民间合作走向制度化整合的新阶段。

二、台湾与大陆台资集中区金融整合的路径选择

(一)台湾与大陆台资集中区金融整合的原则

台湾与大陆的金融整合必定是长期曲折的过程,需要社会各界的共同努力。在此过程中,我们必须遵守循序渐进、互惠共赢、区域先行的原则。

1. 循序渐进原则

根据前文的分析,台湾与大陆金融业发展水平有差别,制度安排不一致,市场结构也存在差异。因此,两岸金融整合必须根据金融业的实际情况有计划地分阶段进行。首先,两岸应该加强信息交流,促进金融合作,为金融进一步整合打下良好的基础。其次,在两岸金融合作的过程中要尽量确保双方市场参与者的利益,充分调动社会各界对推动两岸金融整合的积极性。最后,在推进两岸金融整合的过程中,要完善制度安排,政府要在此过程中起引导作用。

2. 互惠共赢原则

台湾与大陆进行金融整合是为了实现要素的自由流动,使资源得到最优配置,两岸市场取长补短,各自发挥比较优势,互惠互利,最终共同实现两岸利益最大化。在此过程中,需要相关利益集团在两岸共同利益面前做出妥协和让步,在两岸市场上进行利益协调。因此必须遵循互惠共赢的原则,才能在整合过程中兼顾双方的利益,实现长远的发展。

3. 区域先行原则

目前台湾与大陆的金融整合处于初级阶段。对于双方的合作模式、整合的制度框架和路径选择等方面都没有确定的规划。因此两岸金融整合要遵循区域先行的原则,以大陆台资集中区为试点,先加强台湾与大陆台资集中区的金融交流和整合,在实践基础上逐步调整两岸金融整合的整体规划与布局,再扩张到全面整合。区域先行原则正是循序渐进、互惠共赢原则的进一步延伸。

(二) 台湾与大陆台资集中区金融整合的路径选择

根据两岸金融整合的基本原则与目前两岸金融合作现状,台湾与大陆金融整合的路径选择主要从短期、中期和中长期路径来考量。

1. 短期发展路径——以 MOU、ECFA 的签订为契机,以大陆台资集中区作为两岸金融整合的"先行先试区",加快建立两岸金融服务的自由贸易区

(1) 后 ECFA 时期,继续就 ECFA 协议的金融服务的具体内容进行协商并达成相关协议,促进两岸金融市场双向对等开放。2009 年 11 月,MOU 已顺利签署,并于 2010 年 1 月正式生效。这标志着两岸金融监管机构将据此建立合作机制,为两岸互设或参股金融机构创造了良好的前提,但是具体的实施细则仍未商定。以银行业为例,在 MOU 生效之后,尽管当时已有 8 家台资银行在大陆的办事处可以升格为分行,但是仍然要等分行设立满三年且连续两年盈利才能开展人民币业务。另外,台湾方面对于大陆银行赴台设立办事处或分行仍有诸多限制,对于大陆银行参股台湾银行比例也有严格的控制。而证券、保险业的机构互设与参股也存在同样的问题。

而 2010 年 6 月签署的 ECFA 则为两岸金融的进一步整合提供了制度保障，因此，ECFA 将有力地促进两岸货币、银行业、证券业、保险业的合作。① ECFA 签署后，2010 年 7 月 13 日中国人民银行与中国银行（香港）有限公司（中银香港）签署了《关于向台湾提供人民币现钞业务的清算协议》，授权中银香港为台湾人民币现钞业务清算行，负责向台湾方面许可的台湾商业银行的香港分行（即现钞业务行）提供人民币现钞兑换等相关服务。此次授权可以有效保证中银香港为台湾人民币现钞业务提供公平、及时、准确、专业的人民币清算服务，从根本上解决目前台湾人民币现钞货源不稳定、残旧钞多、兑换成本高等问题，更为重要的是，这一安排将进一步为海峡两岸人员往来提供便利，也为逐步建立两岸货币清算机制和加强两岸货币管理合作奠定基础，提高两岸要素的流动性。① ② 在 ECFA 中，大陆对台湾的银行业从事人民币业务是超外资待遇的。ECFA 的早期收获清单规定：台湾的银行在大陆设立代表处 1 年以上可以申请设立独资银行或分行；台湾的银行在大陆的营业性机构在大陆开业 2 年以上可申请经营人民币业务。③ 在证券业方面，ECFA 同意尽快将台湾证券交易所、期货交易所列入大陆允许合格境内机构投资者投资金融衍生产品的交易所名单。④ 在保险业方面，ECFA 规定，只要总资产在 50 亿美元以上，经营历史在 30 年以上，且在大陆设立代表处 2 年以上（"532"条款）的保险公司集团可以申请进入大陆市场。大陆方面的上述惠台举措将极大地促进台湾金融业到大陆发展。

就 ECFA 中台湾对大陆金融业的开放而言，台湾的开放度远低于大陆对台湾的开放程度。台湾同意大陆的银行经许可在台湾设立代表人办事处且满 1 年，可申请在台湾设立分行。MOU 中台湾不开放大陆银行赴台参股及设立子行。在保险业方面，只准陆资来台设办事处及参股，全部都不能取得经营权；参股条件必须最近 3 年经营绩效良好、财务健全，近 5 年不能有违规纪录，预估有 2 家到 3 家大陆保险公司符合资格；在参股比例上，单一的大陆投资一家上市保险公司或证券公司的资本限额为 5%，所有大陆资本持股一家上市保险公司或券商的上限为 10%；如果大陆资本参股非上市保险公司或券商部分，单一大陆资本的上限为 10%，所有陆资上限为 15%。在证券业方面，台湾同意开放大陆券商来台设办事处和参股；参股条件中，资本额须达新台币 50 亿元，且业务经营绩效良好，不能有违规情形，财务能力须健全，预估只有一家陆资券商符合资格。因此，台湾当局对大陆的金融资本，无论是银行、证券还是保险资本进入台湾金融市场都设置了诸多关卡，表明台湾对大陆金融业的开放程度与大陆对台

---

① 中国人民银行网站（http://www.pbc.gov.cn/detail.asp?col=100&ID=3689）。

湾金融业的开放程度是不对等的。

因此,后 ECFA 时期,两岸将继续就 ECFA 协议的金融服务的具体内容进行磋商并签署有关协议,一方面要消弭两岸金融监管方面的差异,另一方面要突破两岸政治障碍,努力促进两岸金融市场双向对等开放。

(2)以大陆台资集中区作为两岸金融整合的"先行先试区",以点带面,纵深推进,逐渐建立两岸金融服务的自由贸易区。大陆台资集中区经济金融的发展水平较高,与台湾的经贸合作最为热络,对两岸金融整合的需求更为迫切,应当将其作为两岸金融整合的试验区、先行区,在前期与台湾地区金融往来的经验基础上,进一步开放金融市场,加快建立两岸金融服务的自由贸易区。

(3)加快建立人民币与新台币双向通汇与货币清算机制。后 ECFA 时期应当加快建立两岸货币清算机制,目前可以先在大陆台资集中区展开试点,与台湾地区银行建立双边结算关系,在试点银行直接开办人民币与新台币的双向通兑业务。尤其在福建台商投资区,可以充分利用其地缘、人文等方面的先天优势,完善金融服务,建立两岸货币结算中心。台湾方面,也应逐步开放两岸货币兑换渠道,扩大新台币与人民币直接兑换的地区与机构,让居民手中的人民币与新台币能便捷地兑换,增加资产流动性,以降低持有人民币的风险。

2. 中期发展路径——深化两岸金融合作,重视港澳地区的桥梁作用,构建海峡两岸乃至两岸四地共同市场

从中期来看,深化两岸金融合作,构建两岸共同市场的过程中,必须充分重视港澳地区的桥梁作用。根据区域经济整合理论,共同市场的条件除了废除成员国间的贸易障碍以及设立对外共同关税外,还更进一步要求废除区域内劳动与资本移动的国别限制。因此,必须在两岸前期金融合作深化的基础上,建立统一的市场机制,利用港澳地区的中介作用,消除两岸金融交流的壁垒,实现要素区域内的自由流动。

(1)构建两岸金融市场统一的规则,逐步消除两岸金融体制的差异。由于两岸金融发展水平不一致,金融体制差异长期存在,要实现两岸金融市场一体化,首要任务就是消除两岸在金融体制上的差异。该阶段宜在两岸金融交流与合作前期成果基础上,建立两岸金融市场的统一的市场准入、经营管理与监管标准,从而保证两岸进入彼此市场的金融机构公平竞争,实现双边金融要素直接流动。因此,两岸的金融监管部门之间应通力合作,以两岸金融市场的特点为基础,共同商议制定统一的市场规则,或者将前期民间形式的协议与行业惯例升级为官方的范本。而两岸共同市场规则的制定将为港澳地区与台湾官方层面的合作提供借鉴,有利于两岸四地单一金融监管机制的构建,以及两岸四

地金融市场的统一。

（2）构建系统性风险防范处置合作机制，设立统一机构监控两岸的市场风险。两岸金融市场的统一，在为金融资源和要素在更大范围内自由流动提供便利的同时，也加大了两岸金融市场的风险。若不能有效防范，将会严重损害两岸金融市场的稳定性，阻碍两岸金融市场一体化进程。因此，在推进两岸金融市场一体化进程中，必须加强对两岸金融市场风险的调控。为此，首先应完善风险监测预警与防范机制，建立覆盖两岸四地金融市场的运行信息实时发布平台，构建金融风险应急处置机制，并设立统一的机构来监管与保证风险机制的有效施行，以规范和促进两岸金融市场的融合与发展。[①]

（3）要重视港澳地区与台湾经济的密切关联性。长期以来，香港是台湾与大陆经贸往来的重要中转站，随着香港与华南地区的进一步融合，香港对台湾的作用更加重要，即使"两岸三通"已经基本实现，香港的地位仍然举足轻重。两岸三地之间经济的密切关联性决定了在推进两岸金融整合的过程中不可忽视香港的地位，要促进台湾与港澳的合作深化，努力建立两岸四地的共同市场。

3. 长期发展路径——以大陆、香港、澳门三地的货币合作推动两岸四地的货币合作，以内地、香港、澳门三地的货币一体化推动两岸四地的货币一体化，最终建立"中元区"

金融整合的远期目标就是货币一体化。台湾与大陆金融整合应逐步扩展到两岸四地的金融整合，首先推进大陆、香港、澳门三地的货币合作，利用港澳地区与大陆、台湾地区经济的密切相关性，促进两岸四地的货币一体化。

根据区域经济整合理论，区域货币一体化除了具备共同市场的特质外，还要求区域内各国的财政政策与货币政策的实行都必须经过区内各国的协商。此外，参考货币一体化理论，货币一体化分为三个层次，为实现这一目标，可以从以下几方面逐步推进：

（1）推进两岸四地货币合作，以内地与港澳地区的货币合作带动两岸四地的货币合作。自从内地与港澳地区签订CEPA后，内地与香港、澳门的经济进一步融合，港澳地区对人民币的需求量日益扩大，这对三地货币合作提出了新的要求。因此，应进一步推进人民币在港澳地区的自由兑换，加快三地货币市场、证券市场与外汇市场的衔接，为三地货币统一打下坚实基础。鉴于台湾与内地、香港之间经济的高度依存性，内地与香港、澳门货币合作程度加强，将对

[①] 吴国培,郑航滨,张立.两岸金融合作的现实基础与分阶段推进战略构想[J].亚太经济,2008年第3期。

台湾产生一定压力。台湾为了防止经济被边缘化,将可能主动或被迫加入两岸四地的货币合作进程,从而可在前期实现台湾与大陆台资集中区货币双向结算的基础上,逐步扩大货币结算试点地区,从大陆台资集中区逐步扩展向全国,以实现两岸货币自由兑换。

(2)推动两岸四地金融市场区域一体化,加强区域内宏观政策、汇率等协调。在两岸四地货币合作基础上,实现区域内开放资本账户,取消对两岸四地之间资本流动的管制,推进两岸四地金融市场的完全开放,促进区域内各项金融资源、产品服务的多向自由流动,实现市场参与者在两岸四地市场内资源的自由配置。在推进经济金融一体化的过程中,区域间的宏观政策与汇率之间的协调关系到区域内经济、金融的稳定。若区域内各地区政策缺乏有效协调,可能产生政策的外溢效应,对区域内其他地区的经济发展造成影响,甚至很大的危害。因此,可以借鉴欧盟的经验,通过两岸四地的磋商,签署合作协议,立法约定区域内政策协调与货币合作的办法,并且通过彼此间汇率政策的协调,以保持两岸四地货币汇率相对稳定,并建立两岸四地的货币市场基金,以共同防范区域外部风险。

(3)建立"中元区"。根据欧洲货币一体化的经验,要建立货币联盟必须具备三个条件:一是保证货币完全和不可取消的自由兑换;二是在银行和其他金融市场充分一体化的基础上,实现资本的完全自由流动;三是取消汇率的波动幅度,实行不可改变的固定汇率平价。因此,在前期金融整合的基础上,该阶段金融整合的关键在于建立两岸四地统一的稳定汇率机制,以人民币为主导货币,作为两岸四地货币汇率的共同基础,保证两岸四地之间汇率水平固定,并在区域内设立统一央行来制定和执行统一的货币政策,集中管理两岸四地的官方储备。最终,在区域内发行统一的货币,实现两岸四地一体化的大中华金融区。

(三)现阶段大陆台资集中区的战略选择

目前两岸金融整合仍处在初级的金融合作水平,因此现阶段必须以大陆台资集中区为试点,区域先行,推进台湾与大陆的金融整合。具体措施如下:

(1)放宽台资金融机构进入大陆台资集中区的市场准入条件,吸引台资银行、证券、保险等机构尽快来大陆设立分支机构或者对大陆金融机构进行投资。在引进台资金融机构入驻的同时,推进两岸金融业在人才、技术、管理等方面的交流。利用台湾成熟的管理经验和高级金融专业人才来提高大陆金融业的金融管理与创新水平。

(2)大陆台资集中区各省市在引进台资的同时,要进行政策调节,促进台资企业的产业结构升级,打造高品质的大陆台资集中区。

（3）利用上海金融中心的地位以及"长三角"所积累的全国最优厚的金融、信息网络与人才资源，建立台湾与大陆企业的征信体系，并实现区域间信息共享，为两岸企业相互投资创造良好的平台。

（4）利用福建台商投资集中区地理、人文、历史等方面的天然优势，完善福建地区金融生态环境，率先建立两岸货币结算中心。

（5）在"珠三角"台商投资集中区，由于其与港澳地区的密切关联，在推动两岸金融市场融合的同时，也要促进台湾与港澳金融市场的合作深化。

第六章　后 ECFA 时期大陆台资集中区与台湾经贸合作及各区经济的可持续发展

2010年6月29日,大陆海协会与台湾海基会领导人在重庆签署 ECFA,包括序言和5章16条及5个附件。内容基本涵盖了两岸间的主要经济活动,是一个综合性的、具有两岸特色的经济协议。ECFA 的签订标志着两岸的经贸合作、交往进入了制度化、程序化、规范化的新阶段,也意味着两岸的经济合作享有比 WTO 更多的优惠,两岸间的贸易、投资更加自由,两岸间的经济合作更趋紧密。从长远来看,这对于两岸经济合作乃至经济发展具有促进作用;不过,目前由于两岸经济发展所处阶段不同,发展程度有差距,随着两岸贸易壁垒的逐步剔除,大陆竞争力弱的产业即处于劣势的产业将受到严峻的挑战。换言之,大陆与台湾经贸合作面临着新的机遇与挑战。因此,后 ECFA 时期,大陆台资集中区如何与台湾进行经贸合作,并以此促进各台商投资集中区经济的可持续发展? 后 ECFA 时期,两岸经贸合作以及台商在大陆投资将发生怎样的变化? 这些问题确实是值得深入研究的。

第一节　后 ECFA 时期"海西区"与台经贸合作及"海西区"经济的可持续发展

"海西区"自2009年5月之后从区域发展战略上升为国家发展战略,意味着其在促进祖国统一大业中的战略地位更加突出,所起的作用更加重要。之所以如此,主要是由于"海西区"得天独厚的地理区位所致。"海西区"与台湾海峡东岸的台湾向来有着"地缘相近、血缘相亲、文缘相承、商缘相连、法缘相循"的"五缘"关系,两岸关系缓和以来,两地的经贸交往、人员往来日趋热络。而两岸签署 ECFA 之后,两地的经贸合作走上了制度化、程序化、规范化的轨道,也迈进了一个崭新的发展阶段,"海西区"也迎来了发展的"第二春"。

第六章 后 ECFA 时期大陆台资集中区与台湾经贸合作及各区经济的可持续发展

一、"海西区"与台湾经济发展状况比较

(一)土地面积、人口规模比较

"海西区"的土地面积是 270 180 平方公里,到 2010 年年末其总人口达 8 841.9 万人,人口密度为 327 人/平方公里;而台湾的土地面积仅为 36 191 平方公里,到 2010 年年末其总人口为 2 316.2 万人,人口密度为 640 人/平方公里。所以,"海西区"的土地面积、人口规模分别是台湾的 7.47 倍、3.82 倍,人口密度仅为台湾的 51.09%。由比较可知,台湾是地小人稠的区域,这在一定程度上制约了它的发展。

(二)经济规模与发展速度比较

2010 年"海西区"的地区生产总值为 25 162.13 亿元人民币(见表 6.1.1),折合 3 717.00 亿美元,比台湾少了 585.91 亿美元;2010 年"海西区"的经济规模约相当于台湾 2006 年的水平。然而,就人均 GDP 来说,2009 年"海西区"的人均 GDP 仅为 3 764.76 美元,而同期台湾的人均 GDP 高达 16 442 美元,是"海西区"人均 GDP 的 4.4 倍。可喜的是"海西区"的经济总量保持了快速增长的势头。在 2008 年、2009 年全球经济低迷的情况下,"海西区"经济仍以 28.15%、13.56% 的增速向前迈进。台湾经济自 21 世纪以来出现了严重的停滞甚至衰退。2001 年其经济成长率出现了 51 年来的首次负增长,为 -2.17%,此后的 6 年,台湾经济以 4%—6% 的低速运行,2008 年和 2009 年因受美国金融危机影响,其经济成长率分别为 0.73%、-1.83%。所以,相比较而言,"海西区"的经济总量比台湾大得多,但人均地区生产总值与台湾则有较大差距。根据世界银行 2007 年的分类标准①,"海西区"2009 年才跨入中等高收入地区,相当于台湾 1986 年的水平(其时人均 GDP 为 3 993 美元)。实际上,台湾在 1974 年时其人均 GDP 只有 920 美元,仍是低收入地区,然而过了 20 年,即 1994 年其人均 GDP 高达 11 806 美元;换言之,台湾花了 20 年时间由低收入地区发展成为高收入地区。虽然"海西区"的经济基础较为薄弱,与台湾经济差距较大,但"海西区"经济增长十分迅速,具有明显的后发优势。

---

① 世界银行根据 2007 年的人均国民收入,将其所有的成员国(185 个)和人口超过 30 000 人的其他经济体(209 个)进行分类,人均 GNP 低于 935 美元的,为低收入国家;936—3 705 美元的,为中等低收入国家;3 706—11 455 美元的,为中等高收入国家;高于 11 456 美元的,为高收入国家(资料来源:世界银行网站 http://web.worldbank.org/wbsite/external/datastatistics/html)。此外,需说明的是 GNP 与 GDP 有所区别,但因这两个数值的差额对"海西区"以及台湾而言都不大,故用人均 GDP 代之。

海峡西岸和其他台商投资相对集中地区的经济发展

表 6.1.1 "海西区"与台湾 GDP、人均 GDP 对比简表

年 份	"海西区"			台 湾		
	GDP（亿美元）	增长率（%）	人均 GDP（美元）	GDP（亿美元）	经济成长率（%）	人均 GDP（美元）
1991	116.44	17.26	383.00	1 793.70	7.55	8 982
1992	142.29	26.59	464.00	2 122.00	7.49	10 502
1993	193.37	41.99	617.00	2 242.66	7.01	10 964
1994	190.79	47.58	603.00	2 483.37	7.11	11 806
1995	250.86	27.40	781.00	2 691.25	6.42	12 686
1996	298.80	18.59	919.00	2 933.03	6.30	13 714
1997	346.32	15.56	1 059.00	3 031.27	6.59	14 048
1998	381.67	10.07	1 160.00	2 781.54	4.55	12 773
1999	412.42	8.00	1 247.00	3 015.62	5.75	13 737
2000	861.89	9.50	1 352.00	3 256.98	5.77	14 721
2001	929.10	7.80	1 125.23	2 973.74	−2.17	13 348
2002	1 011.87	8.91	1 221.73	3 018.16	4.25	13 476
2003	1 150.86	13.74	1 486.71	3 093.40	3.43	13 752
2004	1 331.86	15.73	1 583.97	3 334.22	6.07	14 770
2005	1 432.78	7.58	1 664.62	3 550.09	4.09	15 676
2006	1 695.70	18.35	1 942.47	3 859.57	5.44	16 911
2007	2 122.10	25.15	2 607.73	4 032.67	5.98	17 596
2008	2 719.51	28.15	3 048.78	4 125.92	0.73	17 941
2009	3 087.11	13.56	3 764.76	3 915.73	−1.87	16 969
2010	3 717.00	20.40	10 064.95	4 302.91	10.82	18 577

资料来源："海西区"的数据根据历年《江西统计年鉴》、《福建统计年鉴》、《浙江年鉴》、《广东年鉴》、《中国城市统计年鉴》计算，将以人民币表示的 GDP 折算成美元时，用的是《中国统计年鉴》中的汇率。其中"海西区"1991—1999 年的数据为狭义"海西区"即福建省的数据。台湾的数据来源于《"中华民国"台湾地区国民经济动向统计季报》以及《"中华民国"统计月报》各期。台湾经济成长率系实质 GDP 成长率。

330

(三) 产业结构比较

产业结构方面（见表6.1.2），"海西区"的第一产业比重过大，第三产业比重过低，产业结构水平低。2010年其一、二、三产之比为9.78∶51.31∶38.91，仍处于"二三一"的产业结构形态。台湾的产业结构比较独特，1951—1965年这15年的时间是"三一二"的产业结构形态，1965年其一、二、三产之比为26.9∶26.6∶46.5；1966年以后其产业结构（1966年的产业结构为22.5∶30.5∶47.0）转型为"三二一"的格局，此后第三产业的比重不断上升，第一产业的比重不断下降，第二产业的比重则经历了先升后降的过程，2009年其第三产业的比重为68.59%，而第一产业的比重仅占到1.55%的分量。所以，在20世纪60年代末70年代初，台湾完成了由农业社会向工业社会的转型，基本实现了工业化[①]，并且逐步从劳动密集型产业向资本和技术密集型产业转变。到了20世纪80年代，台湾又由资本和技术密集型产业向高科技产业转型。因此，从产业比较来看，"海西区"刚刚跨入工业化后期阶段，今后一段时间，第二产业的增长仍将是整个经济增长的主要动因，至于第三产业，目前还处在培育阶段；换言之，"海西区"还需要花一段较长的时间优化产业结构。

表6.1.2 "海西区"与台湾三次产业结构对比表　　　　单位：%

年份	"海西区"			台湾		
	第一产业	第二产业	第三产业	第一产业	第二产业	第三产业
1991	27.2	35.1	37.7	3.8	41.1	55.1
1992	24.8	37.2	38.0	3.6	40.1	56.3
1993	22.8	40.9	36.3	3.6	39.4	57.0
1994	22.1	43.8	34.1	3.5	37.7	58.8
1995	22.2	42.1	35.7	3.5	36.4	60.2
1996	21.6	41.3	37.1	3.2	35.7	61.1
1997	20.1	42.3	37.6	2.6	35.3	62.1
1998	19.3	42.3	38.4	2.5	34.7	62.9
1999	18.4	42.0	39.6	2.6	33.2	64.2
2000	17.0	43.3	39.7	2.1	32.5	65.4

---

① 中共福建省委统战部课题组. 福建建设海峡西岸繁荣带若干战略问题研究[M]. 厦门大学出版社，1999年，第27页。

(续表)

年份	"海西区"			台湾		
	第一产业	第二产业	第三产业	第一产业	第二产业	第三产业
2001	16.3	45.6	38.1	2.00	31.20	66.90
2002	15.0	46.4	38.6	1.82	30.38	67.80
2003	14.3	47.8	37.8	1.71	31.20	67.08
2004	13.5	48.8	37.7	1.68	31.75	66.57
2005	12.9	49.0	38.1	1.67	31.26	67.08
2006	11.6	49.5	38.9	1.61	31.33	67.06
2007	10.8	50.0	39.2	1.49	31.38	67.12
2008	10.7	50.7	38.6	1.60	29.25	69.16
2009	10.3	49.4	40.3	1.55	29.86	68.59
2010	9.78	51.31	38.91	1.57	31.37	67.05

资料来源:"海西区"2001—2005 年数据源自《2006 年:海峡西岸经济区发展报告》(社会科学文献出版社 2006 年版,第 391 页);2006—2009 年数据源自《第四届海峡经济区高层论坛论文集》(2010 年 12 月),1991—1999 年的数据为狭义"海西区"即福建省的数据。台湾数据根据历年《"中华民国"统计年鉴》、《"中华民国"统计月报》编制。

(四) 外向型经济比较

"海西区"的经济外向度比较低。自 2001 年到 2010 年其每年的进出口总额都比台湾多,但实际利用外资有 4 年却比台湾少(见表 6.1.3),其中 2007 年比台湾少了 89.09 亿美元。从对外贸易依存度来看,"海西区"远低于台湾,2008 年时台湾的贸易依存度高达 120.24%,而"海西区"最高只有 50.55%。由此说明,一是"海西区"的经济增长对进出口贸易的依赖程度较低,不易受国际经济波动的影响;而台湾是"浅蝶形"经济,其经济增长对进出口贸易的依赖程度高,容易受国际经济波动的影响。二是"海西区"的经济外向度还不够高,排在"长三角"、"珠三角"、"环渤海"之后;而台湾的经济外向度较高,因此,在经济全球化和区域经济一体化进程加快的态势下,"海西区"一方面要根据自身优势积极参与国际分工和国际贸易,加强区域合作,完善对外贸易的状况和结构,提高出口产品的科技含量,由现阶段单纯靠提高工业制品比例的粗放式、数量型的出口导向型外贸发展战略转向差别化的、注重提高产品技术含量的集约型贸易发展战略①,不断扩大对外贸易规模;另一方面要注意不能过度依赖对外贸易以减缓国际经济低迷、危机对本地区的冲击。

表6.1.3 "海西区"与台湾外向型经济比较　　　　　单位:亿美元

年份	"海西区"					台湾				
	出口	进口	进出口总额	对外贸易依存度	实际利用外商直接投资	出口	进口	进出口总额	对外贸易依存度	核准侨外投资
2001	186.08	113.73	297.37	32.01	47.93	1 263.14	1 079.71	2 342.85	78.80	51.29
2002	234.82	137.57	368.37	36.40	54.00	1 353.17	1 132.45	2 485.62	82.36	32.72
2003	290.39	177.29	460.74	40.03	62.56	1 506.01	1 280.10	2 786.11	90.07	35.76
2004	401.32	227.23	615.86	46.24	66.77	1 823.70	1 687.58	3 511.28	105.31	39.52
2005	487.14	247.35	718.27	50.13	79.14	1 984.32	1 826.14	3 810.46	107.34	42.28
2006	585.62	273.17	858.79	50.55	50.93	2 240.17	2 026.98	4 267.15	110.56	139.69
2007	708.08	317.36	1 025.44	47.67	64.52	2 466.77	2 192.52	4 659.29	115.54	153.61
2008	815.75	220.89	1 036.64	37.69	78.38	2 556.29	2 404.48	4 960.16	120.24	82.37
2009	772.30	350.16	1 122.46	36.68	82.17	2 036.75	1 743.71	3 780.45	96.55	47.98
2010	1 036.37	493.21	1 529.58	41.15	81.89	2 746.00	2 512.36	5 258.37	122.20	38.12

资料来源:"海西区"2001—2005年数据源自《2006年:海峡西岸经济区发展报告》(社会科学文献出版社2006年版,第391—392页);2006—2009年数据源自《第四届海峡经济区高层论坛论文集》第507页(2010年12月)。台湾资料来自《"中华民国"统计年鉴》,其中对外贸易依存度(=进出口总额/地区生产总值×100%)为作者根据相关数据计算。

二、ECFA签订前"海西区"与台湾的经贸合作及对"海西区"经济发展的影响

在ECFA签订前,"海西区"与台湾的经贸交往主要呈现以下几个特点:一是"非制度化"的交往。在这种背景之下,"海西区"对台贸易逆差严重,投资"单向",即只有台商赴"海西区"投资,而没有"海西区"等地的大陆资本赴台投资;换言之,两地经贸交往呈现出"贸易严重失衡、投资不对等"的格局。二是"海西区"与台湾经贸交往地域范围相当有限,早期主要局限于"海西区"的厦

---

① 戴淑庚,董斌,曾维翰.人民币升值能改善中美经贸关系吗?[J].厦门大学学报(哲学社会科学版),2011年第6期。

海峡西岸和其他台商投资相对集中地区的经济发展

门、汕头两个经济特区以及福州,即使是厦门特区也仅限于海沧、杏林、集美3个台商投资区而非全岛,福州也仅限于马尾台商投资区而非整个福州;之后,"海西区"与台湾经贸交往的空间才逐渐向闽中、闽西、赣南、浙南等地推进。因此,涉及"海西区"与台湾经贸交往的贸易额、投资额等数据并不系统,只有"海西区"的主体部分或者说狭义的"海西区"即福建省与台湾的有关经贸数据比较系统。为此,本节利用这些比较系统的数据以福建为案例从实证的角度探讨两地经贸交往对"海西区"经济发展的影响。

(一)问题的提出

闽台经贸交流自20世纪70年代末恢复以后,获得了迅速发展。两地之间的经贸交流与合作由当初仅局限于贸易这一方面,逐渐向投资、产业分工、区域整合、劳务合作等领域拓展,由单向、小规模、低层次向双向、较大规模、较高层次发展。① 截止到2010年年底,闽台两地贸易总额达702.05亿美元,其中对台出口111.01亿美元,自台进口590.94亿美元。台湾已经成为福建第一大进口来源地、第五大贸易伙伴(2007年时为第三大贸易伙伴)和第六大出口地。在台商投资方面,福建累计批准台资项目10162项,实际利用台资163.91亿美元,台湾已成为福建第二大外资来源地(2007年);其中农业实际到资16.8亿美元,实际利用台资位居大陆各省市首位。台资企业在福建初步形成了上中下游配套、相互依存的产业集群。随着区域经济整合进程的加快,闽台两地的经贸交往将更趋热络。

至于"海西区"(指狭义范围的,其主体部分是福建)的经济发展方面,自改革开放以来经济持续快速发展。改革开放三十多年来,福建经济以年均增长12.8%的速度向前迈进,经济增长率平均高出同期全国平均增长率3个百分点。2010年,福建经济总量位居全国第12位,人均经济总量位居全国第10位。② 为加速发展福建经济,2004年福建提出了建立"对外开放、协调发展、全面繁荣的海峡西岸经济区"发展战略,而在2005年10月11日通过的《中华人民共和国国民经济和社会发展第十一个五年规划纲要》中明确提出"支持海峡西岸的经济发展"。更令人欣喜的是,2009年5月6日国务院批复了《关于支持福建省加快建设海峡西岸经济区的若干意见》,非常明确地提出要"支持和推动福建省加快建设海峡西岸经济区"。

那么"海西区"的建立和发展能否促进闽台经贸的交流与合作?另外,闽台

---

① 戴淑庚等.闽台经贸交流与合作可持续发展研究[J].台湾研究集刊,1999年第1期。
② 数据为作者根据历年《中国统计年鉴》、《福建统计年鉴》计算而得。

经贸合作对"海西区"的形成与发展是否具有促进作用？对此,有一种观点认为,"海西区"的发展若剔除台湾因素,准确地说是剔除两地经贸合作因素,海峡西岸依然可以发展得很好。还有一种观点认为,两地经贸合作若无"海西区"的因素,其发展也能更上一层楼。事实果真如此吗？本书从计量经济学的角度,通过建构计量模型对此问题进行探讨并从理论上揭示其原因。

(二) 文献综述

经贸合作与经济增长之间的关系向来都是经济研究的重要问题之一。西方传统理论对此论述较多,本书第四章第三节做了详细阐述,这里不再赘述。

近年来,随着计量经济学的不断发展,许多学者运用更多现代方法,深入研究贸易、外商直接投资与经济发展之间的关系。其中主流的分析方法是平稳性检验、协整分析以及因果检验。例如：Bahmani 和 Alse(1993)[①]实证分析得到出口与经济增长存在协整关系。Dhawan 和 Biswal(1999)[②]利用向量自回归模型和 JJ 协整分析方法,发现在短期内出口促进经济增长,但在长期内关系却不明显。张小济和胡江云(1999)[③]得出贸易顺差与国内生产总值增长之间呈"负相关"的结论。至于在外商直接投资和经济增长的研究方面,国内外学者做了大量研究,本书主要选择其中就外商直接投资与中国经济增长进行研究的相关文献简述之。沈坤荣、耿强(2001)[④]通过构建一个内生增长模型并就外国直接投资与中国经济增长率之间的关系进行实证分析,认为外国直接投资的增长导致了经济增长率的增加。兰宜生(2002)[⑤]通过选择进出口额、实际外商直接投资额与 GDP 建立对外开放度(Foreign Openness,FO)这一指标分析对外开放度与各地经济增长之间的关系,表明对外开放度与各地经济增长之间有显著的正相关性,对外开放有力地推动了我国国民经济的发展。萧政、沈艳(2002)[⑥]对中国的外国直接投资和经济增长之间的关系所做的统计分析表明,外商直接投资和 GDP 之间存在着互动的关系,并揭示了影响外商直接投资在中国分布的因素。

---

① Bahmani Oskooee, M & Alse, J. Export Growth and Economic Growth: An Application of Co Integration and Error Correction Modeling[J], Journal of Developing Areas, 1993, 27: 535 – 542.

② Dhawan U & B Biswal. Re – examine Export – led Growth Hypothesis: A Multivariate Cointergration Analysis for India[J], Applied Economics, 1999, 31: 525 – 530.

③ 张小济,胡江云. 在自由贸易背后[J]. 国际贸易,1999 年第 1 期.

④ 沈坤荣,耿强. 外国直接投资、技术外溢与内生经济增长——中国数据的计量检验与实证分析[J]. 中国社会科学,2001 年第 5 期.

⑤ 兰宜生. 对外开放度与地区经济增长的实证分析[J]. 统计研究,2002 年第 2 期.

⑥ 萧政,沈艳. 外国直接投资与经济增长的关系及影响[J]. 经济理论与经济管理,2002 年第 1 期.

海峡西岸和其他台商投资相对集中地区的经济发展

上述实证研究主要就单要素对经济增长的影响进行分析,而未将贸易、外商直接投资两方面结合起来分析各要素对经济增长的影响;其弊端是可能夸大单要素对经济增长的贡献。

至于有关台海两岸经贸发展对两岸经济增长影响的研究方面,两岸多位学者对此做了探讨。戴淑庚(1997)[①]的计量研究表明:两岸贸易尤其是台湾对大陆出口的持续快速扩张对台湾经济的绩效是相当显著的;而且,随着两岸贸易的发展,两岸贸易对台湾经济发展的影响将日益深刻。龙永枢(1998)[②]从两岸之间存在的比较利益出发,分析了海峡两岸经贸发展的动因以及对两岸经济的影响。台湾学者吴江湖(1994)[③]指出台海两岸同文同种,双方经贸相辅相成,而台湾方面应采取积极妥善的管理办法,与大陆方面共同努力,共存于两岸经贸的互动之中。翁嘉喜(1995)[④]曾以大陆经济改革为背景,分别从转口贸易以及台商赴大陆投资变化,来探讨两岸经贸关系的新发展。魏艾(1999)[⑤]从台海两岸转口贸易的发展、台商在大陆投资情况、台海两岸经贸政策的动向、两岸经贸关系发展的影响和限制四方面入手进行分析,得出结论,即两岸基于历史文化传统的密切关系,存在整合的动力,但由于制度差异的存在,无论是在较低层次的合作或是较高层次的整合都将面临诸多的困难。赵弘静(2004)[⑥]认为"两岸经贸往来之密切,既是一个已客观存在的事实,且为台湾经济发展不可或缺的一环。不论从贸易面还是从投资面来看,对中国大陆之经济发展均有一定之贡献",因此,两岸之间应加强垂直整合关系,进行互助合作,并指出两岸的执政当局应做出相关的优惠制度安排,以达到共赢的目的。胡伟星(2006)[⑦]认为大陆作为东亚地区的经济增长级,其所产生的"磁吸效应"能带动东亚各国特别是台湾地区对外贸易的发展,而大陆本身亦能从台湾方面获得充足的资金、先进的设备以及成熟的管理技能。因而两岸的合作建立在互惠互利的基础之上,两岸政府应共同致力于维护和进一步发展两岸的经贸关系。

---

① 戴淑庚等.两岸贸易对台湾经济影响的计量分析[J].台湾研究集刊,1998年第1期。
② 龙永枢.海峡两岸经贸合作关系研究[M].经济管理出版社,1998年,第20—45页。
③ 吴江湖.台海两岸经贸关系之研析[J].台湾经济(台),1994年第1期。
④ 翁嘉喜.从大陆经济改革趋向看两岸经贸的互动[J].台湾经济(台),1995年第4期。
⑤ 魏艾.台海两岸经贸关系的发展及其限制[J].问题与研究(台),1991年第2期。
⑥ 赵弘静.论两岸经贸发展之情势与因应之道[J].台湾经济金融月刊(台),2004年第7期。
⑦ 胡伟星."面碗效应"两岸经贸关系的前景[J].中国评论,2006年第10期。

以上几位学者大部分是从定性角度分析两岸经贸的互动和经贸关系走向,仅一位学者是从计量经济学角度探讨两岸贸易对台湾经济的影响。上述的研究得出的结论,见仁见智,但不够全面和深入,重宏观研究而乏微观探讨。尤其在探讨闽台经贸合作与"海西区"经济发展方面,其文献甚少且以定性研究为主,只有两位学者[①]是就闽台贸易这个单要素对海峡西岸经济发展的绩效进行实证分析,认为闽台贸易在促进"海西区"的经济发展方面绩效显著,闽台贸易与"海西区"经济发展之间互为 Granger 成因。然而,如上所述,单纯就一个要素对经济增长做实证研究,未免失之偏颇,会夸大其对经济增长的贡献。因此,本书拟将闽台贸易、福建台商投资两者结合起来,通过构建二元线性回归模型对闽台经贸合作与"海西区"的经济发展问题进行实证研究。

(三)实证分析

1. 指标选取和资料来源

由于本书重点研究"海西区"的主体部分——福建省,因此,在指标选取上选取福建省的总量经济指标(地区生产总值,GRP)作为因变量。闽台的经贸指标本来应该包括贸易额、投资额、劳务合作的经济效益、旅游的经济效益等多项指标,但鉴于后面两项指标不系统,不易采集,故仅选取两地的贸易额以及台商在闽投资额作为解释变量。考虑到数据的可比性,我们利用福建省地区生产总值及其指数以 1990 年为基期计算了各年的 GRP,并用相应各年度的人民币汇率(中间价)把两地商品贸易额、台商投资额的美元值换算为人民币;同时用福建省各年的商品价格指数对贸易额进行平减,台商投资额则采用永续盘存数逐年计算固定资产形成额。上述数据取自《中国统计年鉴》、《新中国五十五年统计资料汇编》、《福建统计年鉴》和《福建经济年鉴》。其中 2007 年的闽台贸易额、台商在闽投资额和地方 GRP 来自于《2008 年福建省政府工作报告》。由于考虑到 2008 年和 2009 年的数据受全球金融危机影响而不能真正反映现实情况,故未将该年数据纳入模型中。

2. 模型建构

为探讨闽台经贸合作与福建经济关系,本书试选取如下模型:

$$LGRP = c + b_1 TRADE + b_2 ASSET + \varepsilon \qquad (6.1.1)$$

其中 $LGRP$ 表示福建 GRP(记为 Y)的自然对数值,而 $TRADE$ 表示闽台贸易额(记为 $X1$),$ASSET$ 表示台商在闽投资的固定资产形成额(记为 $X2$)。其中逐

[①] 戴淑庚,金虹.闽台贸易对海峡西岸经济区发展的绩效研究[J].国际经贸探索,2008 年第 1 期。

年的固定资产形成额计算公式为

$$k_t = k_{t-1} \times (1 - 5\%) + I_t/P_t \qquad (6.1.2)$$

式(6.1.2)中 k_t、I_t 和 P_t 表示第 t 年的固定资产形成额、台商在闽投资额和福建省固定资产投资价格指数($t = 1, \cdots, 18$,基期 1990 年为 100%),k_0 表示 1989 年的固定资产初始值,5% 为年固定资产折旧率。这里 k_t 即为 $ASSET_t$。

采用最小二乘法,得到结果如表 6.1.4 所示(以下参数估计及统计检验都在 EViews 5.1 中进行)。

表 6.1.4　模型拟合结果

Dependent Variable:LY				
Variable	Coefficient	Std. Error	t – Statistic	Prob.
X1	0.001986	0.000591	3.361252	0.0043
X2	0.003316	0.000350	9.462392	0.0000
C	6.188604	0.046877	132.0166	0.0000
R – squared	0.984361	Mean dependent var		7.428014
Adjusted R – squared	0.982275	S. D. dependent var		0.649521
S. E. of regression	0.086474	Akaike info criterion		– 1.906945
Sum squared resid	0.112165	Schwarz criterion		– 1.758550
Log likelihood	20.16250	F – statistic		472.0558
Durbin – Watson stat	0.663738	Prob(F – statistic)		0.000000

由模型拟合结果可知,模型的拟合度极高,有强的解释能力,模型中解释变量高度显著,系数符号与预期相同。为进一步验证模型的正确性和可靠性,我们进行以下的一系列验证分析:

(1) 异方差检验

利用 WHITE 交叉项检验方法,得到结果如表 6.1.5 所示。该检验的统计量为 Obs×R – squared,其 p 值为 0.886642,远大于 0.05,因此接受原假设——模型不存在异方差。由此表明模型的设定是正确的。

表 6.1.5　怀特检验

F – statistic	1.623163	Prob. F(5,12)	0.227624
Obs × R – squared	7.262181	Prob. Chi – Square(5)	0.201860

(2) 自相关检验

根据表 6.1.4 模型回归结果，DW = 0.663738，在 1% 的显著性下，$N = 18$，$K = 2$ 时，$dl = 0.80$，$du = 1.26$，则 DW = 0.663738 < dl = 0.80，存在正自相关。考虑时间序列误差随机项的自相关，在参数估计时加入 AR(1) 项后，得到下面的结果。

这时 $R^2 = 0.999516$，模型的拟合效果极佳。

表 6.1.6　误差自相关模型的参数据估计

Dependent Variable:LOG(Y)			
Variable	Coefficient	Std. Error	t – Statistic	Prob.
X1	0.000922	0.000165	5.569509	0.0001
X2	0.000575	0.000181	3.182308	0.0072
C	9.070490	0.419868	21.60320	0.0000
AR(1)	0.952811	0.008197	116.2346	0.0000
R – squared	0.999516	Mean dependent var	7.496826
Adjusted R – squared	0.999404	S. D. dependent var	0.598068
S. E. of regression	0.014601	Akaike info criterion	– 5.413162
Sum squared resid	0.002771	Schwarz criterion	– 5.217112
Log likelihood	50.01188	F – statistic	8944.145
Durbin – Watson stat	2.462545	Prob(F – statistic)	0.000000
Inverted AR Roots	0.95		

(3) 平稳性检验

由于模型中非平稳时间序列之间经常存在伪回归现象而使模型结论无效，所以要对模型中的时间序列进行平稳性检验。采用的方法是 ADF 检验，结果如表 6.1.7 所示。检验结果表明 LOG(Y)、X1 和 X2 都是二阶单整的。

表 6.1.7　ADF 检验

变量	ADF	检验形式(c,t,k)	临界值(5%)	结论
LOG(Y)	– 2.7277	(c,t,2)	– 3.7912	平稳
X1	– 2.4665	(c,t,2)	– 3.0656	平稳
X2	– 6.5937	(c,0,2)	– 3.0810	平稳

注：检验形式中，c 为常数，t 为趋势，k 为变量的差分阶数。

那么两个解释变量与因变量之间是否可以建立长期的稳定关系呢?按协整理论三个时间序列不仅要求同阶单整,而且要求回归残差是平稳的。我们把 $\log(Y)$ 关于 $X1$ 和 $X2$ 进行线性回归,对回归残差做 ADF 检验,发现在 5% 的显著性水平下具有平稳性 ($p = 0.0001$)。说明变量间存在长期关系。

(4) Granger 因果关系检验

下面检验三个变量的 Granger 因果关系,得到了表 6.1.8 的结果。

表 6.1.8　Granger 检验

Null Hypothesis:	Obs	F – Statistic	Probability
$X1$ 不是 LY 的 Granger 原因	16	0.03837	0.96249
LY 不是 $X1$ 的 Granger 原因		3.61261	0.06222
$X2$ 不是 LY 的 Granger 原因	16	4.81309	0.03150
LY 不是 $X2$ 的 Granger 原因		5.08683	0.02728
$X2$ 不是 $X1$ 的 Granger 原因	16	0.00018	0.99982
$X1$ 不是 $X2$ 的 Granger 原因		6.40435	0.01431

这里 LY 即 $\mathrm{LOG}(Y)$。可以看到 $\mathrm{LOG}(Y)$ 是 $X1$ 的 Granger 原因,$\mathrm{LOG}(Y)$ 与 $X2$ 互为 Granger 因果,$X1$ 是 $X2$ 的 Granger 原因。说明福建经济的发展是闽台贸易的原因,而闽台贸易的发展又是台商在闽投资的原因。特别值得注意的是,福建经济发展与台商赴闽投资互为因果。

(5) 误差修正模型

首先必须计算误差修正项 ecm,通过对 ADL(1,1) 模型的参数估计,可以得到其计算式:

$$\mathrm{ecm} = \mathrm{LOG}(Y) - 0.007694 X1 + 0.002997 X2 \qquad (6.1.3)$$

记 $\mathrm{LOG}(Y)$、$X1$ 和 $X2$ 的一阶差分为 DLY、DX1 和 DX2,我们可以得到误差修正模型 ECM 的参数估计:

表 6.1.9　误差修正模型

Dependent Variable: DLY				
Variable	Coefficient	Std. Error	t – Statistic	Prob.
DX1	0.000525	0.000142	3.704612	0.0026
DX2	0.000394	0.000162	2.429722	0.0303

(续　表)

Dependent Variable:DLY			
ECM	-0.051047	0.007380	-6.917387	0.000000
C	0.476394	0.056094	8.492798	0.000000
R - squared	0.892989	Mean dependent var	0.127704
Adjusted R - squared	0.868294	S. D. dependent var	0.035106
S. E. of regression	0.012741	Akaike info criterion	-5.685724
Sum squared resid	0.002110	Schwarz criterion	-5.489674
Log likelihood	52.328660	F - statistic	36.160940
Durbin - Watson stat	2.731381	Prob(F - statistic)	0.000001

其中 ecm 系数小于零，符合误差修正模型的调节机制，说明变量间协整关系是合理的。

从上述实证研究可以看出，"海西区"的经济发展有助于两地贸易的持续深化，闽台贸易的发展驱动台商赴闽投资，也就是说台商赴闽投资是属于"贸易驱动型的"。同时，台商投资对"海西区"的形成与发展具有促进作用，而"海西区"的发展则有助于两地经贸合作的持续深化。

3. 理论阐释

（1）闽台之间的产业互补性较强，从而奠定了两地进行经贸交往的物质基础，在互惠互利的利益驱动下，两地贸易不断增长，进而驱动了台商赴闽投资

至于福建的产业结构，从 1980 年到 2010 年，福建省内的第一产业的产值占 GDP 的比重基本呈现稳步下降的趋势，第二产业所占比重在经历了 1982 年和 1984 年以及 1990 年的短暂下滑后即表现为持续上升的景象，至于第三产业的比重也一直处于平稳上升之中，近年来，虽有微量的下降，但同 20 世纪 80 年代、90 年代相比，其比重也上升了不少。由表 6.1.10 可见，福建的产业布局仍然停留在"二三一"的状态，同时劳动密集型产业仍然占很大的比重，资本密集型与技术密集型产业只是处于初步发展阶段。因此，福建自 20 世纪 80 年代以来，一直着力于产业结构的转型升级以促进经济发展。

表 6.1.10　福建与台湾产业结构变动比较　　　　　　　　单位:%

年　度	合　计	第一产业		第二产业		第三产业	
		台　湾	福　建	台　湾	福　建	台　湾	福　建
1980	100	7.7	36.7	45.7	41.0	46.6	22.3
1982	100	7.7	37.6	44.3	36.4	47.9	26.0
1984	100	6.3	35.5	46.2	35.9	45.5	28.6
1986	100	5.5	32.5	47.1	36.9	47.3	30.6
1988	100	5.0	30.8	44.8	37.0	50.1	32.2
1990	100	4.2	28.1	41.2	33.4	54.6	38.4
1992	100	3.6	24.8	40.1	37.2	56.3	38.0
1994	100	3.5	21.7	37.7	44.1	58.8	34.2
1996	100	3.2	20.8	35.7	42.2	61.1	37.0
1998	100	2.5	18.3	34.6	43.4	63.0	38.3
2000	100	2.1	16.3	32.4	43.7	65.5	40.0
2002	100	1.9	14.2	31.0	46.1	67.1	39.7
2004	100	1.68	13.7	25.58	48.1	72.73	38.2
2005	100	1.70	12.6	24.97	49.2	73.33	38.2
2006	100	1.62	11.8	26.84	49.1	71.54	39.1
2007	100	1.45	11.5	27.50	49.7	71.05	38.8
2008	100	1.7	10.7	25.1	49.1	73.2	40.2
2009	100	1.55	9.9	29.86	48.6	68.59	41.5
2010	100	1.57	9.5	31.37	51.3	67.05	39.2

资料来源:福建方面的数据来源于历年《福建年鉴》以及福建省统计局网站,台湾方面的数据来源于台湾"行政院"主计处网站。

　　正是由于两地产业结构存在着巨大的差异性,构成了两地经济的互补性,奠定了两地经贸往来的经济基础。台湾将其机电产品,以及电子元器件、芯片、零部件等中间品出口到福建,以供福建第二产业升级所需;而福建将其中药材、烟酒、鲜活水产品、粗加工制成品、纺织服装、鞋类、石材及其制品、手工艺品、小电器、小五金及鞋带半成品等出口到台湾,以弥补台湾传统产品的不足。由于两地的贸易互补性强,闽台贸易获得了迅速发展。

此外,台湾利用两地经济互补性强这个特点,纷纷将其岛内几无生存希望的"夕阳产业"——劳动密集型产业转移至海峡西岸,充分利用这些地区廉价的土地、劳动力资源优势,从而使其"夕阳产业"获得了发展的"第二春";其所产生的"磁吸效应"吸引了大量台商赴闽投资。

(2)闽台经贸合作空间不断扩大,由沿海向内地延伸,解决了省内偏僻山区的引资难题,从而带动了"海西区"的经济发展

近年来,闽台经贸合作的领域正在不断拓展,台商到福建投资的劳动或资本密集型产业由原来的厦门、福州、漳州、泉州、莆田等闽东南地区逐渐向闽西北地区转移,台商通过与当地政府合资建厂或独资办企业等方式,充分开发和利用了当地的资源优势,不仅带动了当地经济的发展,而且有助于福建实现产业的"梯度转移"和经济的"梯度发展"。龙岩、三明、南平等原本属于福建省内经济发展相对缓慢的内陆山区也初步形成了具有地域特色的产业群,在一定程度上产生了"集聚效益"和"规模效益",促使福建内地经济逐渐崛起,使得福建经济逐步走上均衡发展的道路。

从理论上来说,台商赴闽投资之所以能促进"海西区"的经济发展,主要是因为一是台商投资作为资本来源的一部分,在一定程度上弥补了"海西区"经济建设所需的资金缺口;二是台商赴"海西区"投资的同时,带来了成熟的管理理念、生产技术,通过提升生产技术水平、提高生产效率来促进整体经济的发展;三是台商投资具有"溢出效应",从而使当地的企业受益,也带动周边地区经济的发展。

(3)"海西区"的形成、发展有助于两岸经贸关系的持续深化

第一,福建在发展对台经贸关系方面,具有得天独厚的区位优势和对台优惠政策,而构建以福建为主体的"海西区",必将增强福建省内各区域内部的协调性和竞争力,从而推动两岸经贸关系的可持续发展。

福建与台湾有着密切的"地缘、血缘、法缘、商缘、文缘"等"五缘"关系。由于区位优势独特,福建作为大陆对台经贸往来的前沿阵地还拥有中央赋予的对台政策优势。中央政府予以福建"先行先试"的政策优惠。譬如福州,它是国家指定的为数不多的海峡两岸船舶直航试点口岸,能与台湾金门、马祖、澎湖地区开展直接经贸往来,同时也是海峡两岸农业合作试验区、台商落地办证口岸,是享有最多的对台优惠政策以及对台经贸活动最活跃的地区之一。再譬如厦门,作为福建省内唯一的经济特区,与海峡东岸的小金门只有一水之隔,拥有"同等优先,适当放宽"的对台优惠政策,例如允许台湾工商业

海峡西岸和其他台商投资相对集中地区的经济发展

在金融、保险、医疗卫生、社会中介等在厦门设立分支机构,在区域内实行台币与人民币的自由兑换;放宽台湾高新技术产业、现代服务业和高优农业来厦门投资的政策,在项目审批等政策上给予特别支持;出台相应的政策配套措施,使厦门港与高雄港实现对接,实行自由港政策;允许台湾学生来厦门就读,与厦门市民享受同等待遇等。

诚如上述,福建在对台经贸方面拥有得天独厚的区位优势和对台优惠政策。但是由于省内各地区的协调性不强,产业结构雷同,导致产业的竞争性大于互补性;同时,省内各区域发展不平衡,对台经贸关系以往只是局限于福建沿海地区展开,而资源丰富的闽西北山区却很少参与两岸的经贸合作,结果是沿海地区的资源优势渐失,劳动力资源短缺,原本拥有的对台经贸优势逐渐变为劣势,使两地经贸关系出现非可持续发展的局面。而构建"海西区",通过制定区域内的分工合作机制以及统一的区域经济政策,使得以中心城市为核心的区域之间相互协调发展,发挥区域内各自的优势,从而有利于增强"海西区"对台湾产业的吸纳能力,促进两岸经贸关系可持续发展。

第二,"海西区"的形成和发展有助于瓦解台湾当局的种种限制,从而促进两岸经贸合作的可持续发展。

台湾加入 WTO 以后,尤其是 2008 年马英九执政以来,当局出于重振台湾经济之需和迫于区域经济一体化加速发展之情势,对大陆经贸法规转而采用"开放、松绑"的基调。马英九执政以来,密集修订了对大陆的经贸法规。这些法规包括"台商在大陆地区从事投资及技术合作、台湾与大陆贸易、台湾与大陆金融往来、台湾与大陆直航、陆资赴台"等方面,尤其值得一提的是 2009 年 6 月台湾当局出台了《大陆地区人民来台投资许可办法》,该法规的出台标志着台湾当局结束了长期以来"准出不准进"这样一种"单向投资"的格局,两岸投资呈现"双向互动"的局面。不过,虽然台湾当局对台商赴大陆投资及两岸经贸交往的限制有所放宽,但仍然采取"严进宽出"的贸易管理原则,对大陆出口台湾的产品层层设限,另外,对台商赴大陆投资从投资产业、投资数额、投资对象等诸多方面加以限制,而对大陆资本流向台湾设限仍严。台湾当局对两岸经贸交往的种种限制直接导致两岸经贸交往的不平等,两岸贸易、投资严重失衡。截至 2010 年 12 月底,两岸间接贸易总额累计为 11 089.6 亿美元,其中,大陆对台湾出口累计为 2 019.46 亿美元,自台湾进口累计为 9 070.14 亿美元,台湾对大陆的贸易顺差累计达 7 050.7 亿美元,占两岸贸易额的 63.58%;至于投资方面,据商务部统计,大陆累计批准台资项目 83 133 个,实际利用台资 520.2 亿美元。

相反,大陆对台湾投资始自2009年6月以后,据台湾方面的统计,截止到2010年12月,陆资赴台投资项目累计102件,投资金额13 183.1万美元,约为大陆台资的2.5%。而两岸经贸交往以来,台湾一直是贸易顺差。换言之,两岸经贸交往以来台湾一直是赢家,而大陆是输家;两岸经贸交往的不和谐态势日益凸显。从经济理论上来说,经贸交往的不平等不利于经贸合作的持续深化。而"海西区"的构建却能在一定程度上促进闽台两地乃至两岸经贸合作的可持续发展。这是因为,一方面,如上所述,"海西区"具有其他地区不可替代的区位优势和对台优惠政策,在经济利益的驱使下,台商会通过各种渠道规避台湾当局的管制而赴闽或其他地区投资。另一方面,"海西区"已经建立了"保税区"、"加工出口区"、四个"台商投资区"、两个"海峡农业合作试验区"等,能与台湾的"自由贸易港"等进行对接,从而有利于拓宽两地贸易、投资渠道,促进台资企业的产品返台销售,进而改善两地乃至两岸间长期存在的巨额贸易逆差和投资失衡问题,使两岸经贸合作可持续发展。

(4) 入世为闽台经贸合作扫除了一些贸易障碍,有利于促进台商赴闽投资和"海西区"经济的发展

进入21世纪以来,随着两岸相继加入WTO,长期阻碍两岸贸易发展的各种人为贸易壁垒正在和即将被扫除,两岸生产要素的流动日趋自由,市场日趋开放,从而为两岸经贸关系的发展提供了更为广阔的空间。在WTO原则的制约下,双方的经贸合作行为将逐步走向规范化、法制化;同时,两岸之间的竞争也将凸显其公平性,因而作为对台开放窗口的福建,将率先在对台经贸合作中获取正面的经济利益,进而产生"引致效应",推动其整体经济发展。

(四) 结论

由上述实证分析得到如下结论:①"海西区"的经济发展是闽台贸易的Granger成因,而闽台贸易的发展又是台商在闽投资的Granger成因。换言之,"海西区"的发展有助于两地贸易的持续深化,闽台贸易的发展驱动台商赴闽投资,也就是说台商赴闽投资是属于"贸易驱动型的"。②"海西区"的经济发展与台商赴闽投资互为Granger成因。概而言之,在经济全球化和区域经济一体化的态势下,台商投资对"海西区"的形成与发展具有促进作用,而"海西区"的发展则有助于两地经贸合作的持续深化。

三、后ECFA时期"海西区"与台经贸合作的挑战与机遇

从两地产业的优劣势比较来看,"海西区"的产业结构处于"二、三、一"的阶段,而台湾的产业结构已迈入"三二一"的阶段,农业、工业、服务业各有

海峡西岸和其他台商投资相对集中地区的经济发展

优劣势,但"海西区"总体上弱于台湾。一方面表明两地的产业具有互补性,"海西区"在承接台湾产业转移方面仍能够有比较大的作为;但另一方面也表明福建的许多产业将受到比较大的冲击。因为,从 ECFA 的内容及相关附件来看(见第五章第一节),一是在计划实施后不到 2 年时间内,对台湾的产品实行零关税。如附件一《货物贸易早期收获产品清单及降税安排》承诺,早期收获计划产品的协议税率在该计划实施后不超过 2 年的时间内最多分 3 次降为零。二是大陆采取了诸多惠台举措和高姿态的让利格调。三是在大陆金融业尤其是保险业还相当脆弱的情况下,对台湾金融业的市场开放条件已相当宽松。从 ECFA 协议来看,两岸产业开放是不对等的,大陆对台湾的开放程度远远大于台湾对大陆的,从而使得"海西区"在与台湾经贸交往上面临严峻的态势。

(一) 后 ECFA 时期"海西区"与台经贸合作面临的挑战

1. "海西区"各产业将受到的负向冲击

(1) "海西区"农业方面将受到的负向冲击

在 ECFA 协议的附件一中,大陆将对包括农产品、化工产品、机械产品、电子产品、汽车零部件、纺织产品、轻工产品、冶金产品、仪器仪表产品及医疗产品等十类共计 539 项原产于台湾的产品实施降税。其中农产品有 18 项,包括鱼、动物产品、鲜兰花、金针菇、香蕉、火龙果、橙、柠檬、哈密瓜、茶等十类。这十类农产品,"海西区"都有养殖、种植,因为两地都属于亚热带气候,农作物品种大同小异。从产业分工来看,上述产业属高度水平分工,只不过台湾使用比较先进的农机技术而使其农产品的品质略胜一筹。因此,随着贸易壁垒的剔除,"海西区"的这些农产品将面临严峻的竞争态势。

(2) "海西区"工业方面将受到的负向冲击

"海西区"的福建工业以电子信息、机械、石化为三大主导产业;浙南的温州制造业产业门类较为齐全,以鞋类、服装、泵阀、汽摩配、低压电器、机械等为主导产业;赣东南主要有电解铜、水表、铜材加工、化学农药、水泥等产业;粤东主要有陶瓷、服装、食品、电子、五金、医药、建材、化工、塑料等产业。① 上述产业从大类而言,可归类为化工产品、机械产品、电子产品、汽车零部件、纺织产品、轻工产品、冶金产品、仪器仪表产品及医疗产品等九类,而这九大类产业在 ECFA 协议附件一中已列出,这些产品是否将受到负向冲击取决于两地产业的分工状

---

① 张志南,李闽榕.海峡西岸经济区发展报告[M].社会科学文献出版社,2010 年,第 5 页。

况。上述产品中的精密机械、仪表、电子产品、半导体、个人电脑及电脑周边产品(主板机、被动元件、平面显示器)、环保设备产品、生物科技产品等高科技产品,石油及煤制品等属于高度垂直分工的产品,两地产业之间的互补性较强,台湾的这些产品将占领"海西区"乃至大陆市场。此外,皮革、皮毛及其制品制造业,木竹制品制造业,纸浆、纸及纸制品制造业,化学制品制造业,塑胶制品制造业,非金属矿物制品制造业等产业已由原来的垂直分工转变为水平分工,故上述产业将对"海西区"乃至大陆的相应行业产生较大的冲击。至于运输工具制造业、纺织业、成衣服饰及其他纺织制造业、烟草制造业、家具及装设品、水产品加工业、食品及饮料制造业、工艺美术品制造业、家具行业等则属于高度水平分工的产业[①],这对"海西区"的相应产业将产生强烈的冲击。

(3)"海西区"服务业方面将受到的负向冲击

在 ECFA 协议的附件四,即《服务贸易早期收获部门及开放措施》这个附件里,大陆方面承诺,对会计、计算机及其相关服务、研究和开发、会议、专业设计、进口电影片配额、医院、民用航空器维修,以及银行、证券、保险等 11 个服务行业对台实施更加开放的政策措施,具体开放措施包含 19 项内容。从大陆承诺的 11 个服务业来看,"海西区"第三产业中的传统产业即交通、运输、仓储、邮电通信业、批发和零售、贸易、餐饮业会受到一定的冲击;而高附加值的第三产业,如信用、金融、保险、证券、期货、中介、咨询等由于发达程度较低,竞争力比较弱,将受到比较大的冲击;另外,由于"海西区"整体医疗水平比较低,在医疗服务方面将面临来自台湾的严峻挑战。

2. "海西区"的本土民营企业将受到较大的负向冲击

改革开放以来,"海西区"的民营企业得到了迅速的发展,在促进当地经济发展、加速经济市场化进程、解决就业问题方面起到了重要的作用。"海西区"的温州其民营经济发展最为迅速,现有民营企业 14 万家以上,其中企业集团 180 多家,民营企业的数量、工业产值、上交税收、外贸出口、从业人员,分别占到全市的 99.5%、95.5%、80%、90%、93%。温州已经成为"中国电器之都"等 35 个国家级生产基地,拥有 118 个中国驰名商标和中国名牌产品。[②] 汕头民营经济蓬勃发展,民营企业正成为汕头经济发展的主力。截至 2008 年,全市个体工

[①] 大陆投资带动出口,谈两岸产业贸易关系."中华民国"九十六年经济年鉴[M].联经出版事业公司,2007 年.

[②] 王赛芝.金融危机下温州民营企业的挑战与机遇[J].特区经济,2009 年第 5 期.

商户以及私营企业总数已达12.62万户,实现民营经济增加值689.46亿元,占全市GDP的60.5%。汕头民营投资总额达144.64亿元,占全社会总投资的55.3%。福建的民营企业有18 240家(2006年),2009年实现工业增加值1 261.81亿元。① 不过,"海西区"的民营企业与整个中国的民营企业一样,目前存在规模小、管理水平低、自主创新能力差、以传统行业为主、高新技术行业比重小、融资难、国际化程度低等问题。这从全国工商联2010年8月发布的《2010年中国民营企业500强分析报告》中即可得到印证。中国民营企业500强所处行业主要分布于建筑业,黑色金属、有色金属冶炼及压延加工业,批发及零售业,电气机械及器材、线缆制造、仪器仪表制造业,纺织业,化学纤维制造业,而身处后五个行业的企业多达260家,占500强的52%,这说明传统行业仍然是大型民营企业的主战场;从技术创新看,民营企业500强2009年共拥有29 037项专利,但其中仅有发明专利4 138项,其余皆为外观设计和实用新型专利,这说明自主创新能力欠缺仍然是民营企业承待解决的问题。这些问题的存在意味着随着ECFA协约的生效,"海西区"的民营企业将受到台湾企业的严重冲击。因为台湾中小企业经过长时间的发展,其在管理水平、技术创新、国际化程度、开拓市场等方面有明显的优势。

3. 与"长三角"、"珠三角"、"环渤海"等大陆经济区的竞争更加激烈

ECFA这个协议是海峡两岸之间签订的经济合作框架协议,也就是说这个协议对大陆的所有地区都是适用的,因此,在对台贸易、吸引台资、大陆资本赴台、人员往来、金融业等服务业的合作方面即涉及两岸间的主要经济活动方面,"海西区"与"长三角"、"珠三角"、"环渤海"、"北部湾"、"成渝经济区"、"关中—天水经济区"、"辽宁沿海经济带"、"中部地区"等大陆经济区之间的竞争将更趋激烈。

(二) 后ECFA时期"海西区"与台湾经贸合作面临的机遇

1. 后ECFA时期,"海西区"产业与台湾产业整合的进程将加快,"海西区"产业转型升级步伐将加快,"海西区"产业带将加速形成和完善

两岸在签订ECFA之前,"海西区"乃至整个大陆与台湾的产业对接和合作是非制度化的,故整合的层次低、进程缓慢。其中的原因是台湾当局对台商赴大陆投资有诸多限制,特别是对那些相对于大陆其技术含量较高的行业设限颇严。如此则一方面延缓了台湾企业的转型升级,因为台湾有相当一部分企业虽

---

① 资料来源:《2009年福建省国民经济和社会发展统计公报》。

相对于大陆其技术含量较高但对国际而言其比较优势渐失;另一方面也阻碍了两地产业的整合进程。ECFA 签订后,台湾的上述这些行业为了在"海西区"乃至大陆寻找出路,获得比较优势,其向大陆移转的步伐将加快,从而能与"海西区"的产业形成产业链。此外,由上面的比较可知,台湾的产业结构已经是高度"三产化",其经济实现了由工业经济向服务经济的转变。后 ECFA 时期,台湾的服务业将形成继劳动密集型产业、资本密集型产业、电脑及电子信息产业之后对"海西区"乃至整个大陆投资的第四波浪潮,从而将推动"海西区"产业的转型升级和产业带的加速形成。

2. "海西区"对台贸易逆差的状况将得到较大的改善,两地的投资将呈现"双向互动"的格局

ECFA 签订前,"海西区"对台贸易逆差严重。以福建为例,截止到 2010 年,福建对台贸易逆差达 507.2 亿美元。签署 ECFA 后,在早期收获项目中,台湾将对 267 项原产于大陆的产品实施降税,虽然大陆出口台湾的早期收获项目数量比台湾销往大陆的少了 272 项且关税减免水平较低,但相比 ECFA 签订前,"海西区"乃至大陆的对台出口将大幅度增加,从而能在一定程度上缩小"海西区"对台贸易逆差。

至于投资方面,2009 年 6 月起台湾当局允准陆资赴台,从而结束了长期以来只有台商赴大陆投资这样一种"单向投资"的局面,两岸投资进入了"双向互动"的时代。据台湾"经济部"投资审议委员会统计,2009 年 7 月至 2010 年 3 月,已有 39 件共计 4 516.4 万美元的陆资赴台投资。因此,随着 ECFA 协议的付诸实施和不断完善,"海西区"的资本也将不断地向台湾投资。

四、加快与台湾的经贸合作,促进"海西区"经济的可持续发展

诚如上述,后 ECFA 时期,"海西区"与台湾的经贸合作既面临挑战,又有发展的新机遇。由于"海西区"经济发展阶段、发展程度等与台湾尚存差距,故从近期来看,挑战大于机遇。不过,经济区域化、国际化的世界潮流浩浩汤汤,顺之者昌、逆之者亡。后 ECFA 时期,"海西区"若能在此挑战中采取相应对策,知难而上,抓住新的发展机遇,加快与台湾的经贸合作,那么"海西区"经济将迎来发展的"第二春"。

第一,要本着"公平、公正、双赢"的原则不断完善 ECFA 的制度安排,因为只有基于均衡、双赢的机制,两岸的经贸交往方可持续,才能出现和谐发展的局

面;否则,大陆对台贸易逆差难以消弭,2009年6月才出现的"双向投资"办法难以付诸实施。

第二,始终抓住两地产业合作的主轴,以台湾产业促进"海西区"产业的转型升级。

1. 完善"海峡两岸农业合作试验区"、"林业合作实验区"以及六个"台湾农民创业园",以此为依托,促进"海西区"农业向高优农业发展

1997年7月,国家批准福州、漳州设立了全国首批"海峡两岸农业合作试验区",2005年在福建省三明市设立了"海峡两岸现代林业合作实验区",2006年以来在福建又设立了六个"台湾农民创业园":漳州漳浦(国家级),福州福清(国家级),漳平永福,莆田仙游,三明清流,泉州惠安等。这些试验区、创业园的设立为闽台农业合作尤其是吸引台商赴闽投资农业提供了平台和基地,极大地激发了台商的投资热情。截止到2010年,全省累计批准台资农业项目2 252个,合同利用台资29.5亿美元,实际到资16.8亿美元,农业利用台资的数量和规模位居全国第一。

土地和资本是经济增长的重要因素,因此,一方面要以上述试验区、创业园为依托,更重要的是,要有效地利用农业台资改造传统农业,促进农业向高优农业发展,促进林产品加工、生物医药开发、森林食品加工、生物多样性保育、森林生态休闲观光、林业科技开发等六个方面向纵深层次发展。

2. 完善现有的四个台商投资区,适时将台商投资区扩大至整个"海西区",以促进产业的"梯度转移"和"海西区"的"均衡发展"

ECFA签订前,国家已在福建设立了四个台商投资区:福州马尾台商投资区以及厦门市的海沧、杏林、集美3个台商投资区。台商投资区的设立吸引了台湾许多企业如台塑、大同裕隆、统一、台泥、太平洋电线电缆、华阳电业、冠捷电子、华映光电、东南汽车、金龙客车、灿坤电器、翔鹭化纤、正新橡胶、清禄鞋业、三丰鞋业等到福建投资,而且不少企业如华阳电业、冠捷电子、华映光电、东南汽车、金龙客车、灿坤电器、翔鹭化纤、正新橡胶、清禄鞋业、三丰鞋业等已成为福建省相关产业的龙头企业,这些企业对促进地方经济的发展具有重要的作用。然而,随着福州、厦门经济的不断发展,地价上扬、劳工工资增加,企业的生产成本上升;加之,ECFA签订后,台商赴闽投资更加便利,因此,一是要适时将台商投资区扩大至整个"海西区",二是要引导台商将劳动或资本密集型产业由原来的厦门、福州、漳州、泉州、莆田等闽东南地区逐渐向闽西北、赣东南、粤东、浙南等地区转移,以利用当地的资源优势和劳动力优势,从而促进产业的"梯度转移"和"海西区"经济的"均衡发展"。

3. 以知识经济为导向,以高校、科研机构为依托,以科技园区的对接与整合为动力,密切两地科技交流与合作,促进"海西区"科技产业再上新台阶

21世纪,人类已迈入了知识经济时代。知识经济不仅体现在经济与科技的结合日益紧密上,而且体现在国际间、地区间科技、经济的交流与合作不断扩大上。不论是"海西区"还是台湾,都应当顺应时代的潮流,以知识经济为导向,以ECFA的签订为契机,积极地进行科技文化的交流与合作。

(1)台湾方面可就数学、化学、矿冶等基础学科与"海西区"进行合作,以纠正其科技总体偏于应用,难以在产业升级中发挥更大作用的弱点和攀登科技尖端底蕴不足的缺点。

(2)福建方面可结合已确定的石油化工、机械电子、建筑材料、林产业、水产业这些支柱产业;粤东地区可结合自身的装备制造、船舶修造、石化深加工和现代物流、新材料、生物医药、文化创意、纺织服装、工艺玩具、电子信息、印刷包装、生物环保、精细化工、仓储物流等产业;浙东南可就临港产业以及IT产业、精细化工、旅游业;赣东南可就制造业、纺织业、制鞋业等,与台湾的12项重点科技中的资讯、能源、材料、生物、食品、海洋等项目进行合作,以促进"海西区"产业结构的加速升级。

(3)以福州高新技术产业区、厦门火炬高科技园区的建设为龙头,推进石化、光电、汽车、装备制造等专业园区建设,构建福、厦、漳、泉、莆为一体的高新技术产业带,搞好福州高新技术产业区、厦门火炬高科技园区与台湾新竹高科技园区共建的试点工作。力争与台湾的北、中、南三大核心科学园区为主干的高新技术带对接,可就福建已初步形成的通信设备、计算机软件、消费类电子产品、新材料、生物制品、机电一体化产品、海洋高新技术产品等高新技术产业与台湾相关产业进行合作研究与产品开发。为此,要注意吸收台湾先进的应用技术和管理技术,同时,可接受台湾调整下来的以水平分工为主的项目,利用大陆先进技术与台湾厂商在区域内的合作项目,则以垂直分工为主。

(4)以高校、科研机构为依托,建立两地人才培养基地、科研基地。台湾的高等教育在外贸、经济建设、市场开拓营销、经营管理等应用学科方面有优势,而"海西区"的高等教育在化学、数理统计等基础学科方面有优势。因此,两地的高校、科研机构可进行协作,建立人才培养基地、科研基地,互派学生、科研人员到高校、科研机构进行培训,开展研究工作,以弥补各自人才的不足。

4. 应当就国家制定的节能环保、新一代信息产业、生物、高端装备制造、新材料和新能源汽车七大战略性新兴产业①与台湾推动的生物科技、观光旅游、绿色能源、医疗照护、精致农业、文化创意及新兴智慧型产业(包含云端运算、智慧电动车、智慧绿建筑、发明专利产业化)等六大新兴产业②进行对接与整合,以促进"海西区"产业的转型升级

第三,"海西区"要制定适合自身发展的区域发展战略、区域合作机制,不断优化软硬环境。在"先行先试"的优惠政策下,要大胆进行制度创新,将"海西区"建成"对台经贸特区"。

(1)"海西区"要制定适合自身特色的区域发展战略,以在新一轮区域经济整合过程中力抗"边缘化",寻求更大发展,从而起到北承"长三角"、南接"珠三角"的作用,进而实现沿海经济一体化。从根本上讲,"海西区"只有不断增强自身经济实力,才能缩小与"长三角"、"珠三角"的差距。另外,从实证结果来看,"海西区"的经济发展是两地贸易的 Granger 成因,因此只有不断增强自身经济实力才能促进两地贸易的发展,才能进一步激发台商赴海峡西岸投资的热情。

(2)"海西区"内部则应建立区域内的分工合作机制和协调机制,以增强区域内部的协调性和竞争力,缩小区域内的贫富差距,走和谐发展之路;此外,对区域内的招商引资要从全局的角度考虑,引导台商将劳动密集型产业向闽中、闽西等"海西区"的中西部地区转移,以推动落后地区的经济发展。

(3)要优化"海西区"的软硬环境,尤其要构建通达的交通网络体系,拓展经济腹地和增强自身经济辐射能力,强化对台商投资的"磁吸效应"。

(4)宜将"海西区"建成"对台经贸特区",采用"自由贸易港"的运作模式,从而使两地的资金、劳动力等生产要素自由流动,使两地的产业对接和整合,最终形成"海峡经济区"。

(5)由于城市的发展对台商投资区位具有多方面的影响③:一是有利于台商投资产生"空间聚集",二是经济相对发达地区较有利于吸引台商投资,三是邻近城市台商投资及经济发展水平对台商投资流向将产生影响,所以一是要积极推进海峡西岸台商投资区的建设,以使台商投资产生"聚集效应",二是要加

---

① 2010 年 9 月 8 日国务院审议并原则通过《国务院关于加快培育和发展战略性新兴产业的决定》,确定节能环保、新一代信息产业、生物、高端装备制造、新能源、新材料和新能源汽车七大战略性新兴产业。
② 谢明辉. ECFA 签订后之两岸经贸合作[J]. 中国评论,2010 年第 7 期。
③ 戴平生,戴淑庚. 城市 GDP 对台商投资区位流向影响的空间分析[J]. 统计与决策,2008 年第 1 期。

大对经济欠发达的闽中、闽西、赣南、浙东南、粤东地区的支持力度,促进闽中、闽西地区城市的发展和城市群的形成,以使这些地区产生"极化效应",这样才能吸引台商到上述地区投资。

第四,"海西区"产业要走新型发展模式:农业要走"产业化"的发展模式,工业要走"集群化、高新技术化、低碳化"的发展模式,服务业要走"高端化"、"特色化"的发展模式。

1. 农业要走"产业化"的发展模式

大陆农村自实行"家庭联产承包责任制"以来,形成了以家庭为单位,各自为阵、单打独斗的小农经济格局,"海西区"农业亦不例外。这种格局导致"投入多、产出低、绩效差",农业粗放经营,技术水平和现代化程度低,竞争力弱。要改变这种落后局面,"海西区"农业应当走"产业化"的发展模式,也就是要使"海西区"的农业和农村经济实行区域化布局、专业化生产、一体化经营、社会化服务和企业化管理,从而形成贸工农一体化、产销一条龙的农村经济的经营方式和产业组织形式。为此,一是要深化农村土地制度改革,二是要积极推进农产品流通体制改革,三是要积极改善农业金融环境,四是要加强信息网络建设,五是要加大农业科技和教育投入力度,提高农民的科技知识水平。

2. 工业要走"集群化、高新技术化、低碳化"的发展模式

"海西区"的工业已经形成了一定的产业集群,如福建工业已经形成三大主导产业集群:服装纺织产业集群、鞋业产业集群、石材产业集群。另外,产业的高技术化程度日益提高,工业的低碳化日益受到重视。然而,"海西区"产业集群化、高新技术化以及低碳化过程中存在以下问题:(1)企业规模小、群聚效应低,关联企业的集合度低;(2)企业研发和自主创新能力较弱,产业高新技术化程度低;(3)原材料与资源约束凸显;(4)产业能源消耗大。要解决这些问题,"海西区"工业必须走"集群化、高新技术化、低碳化"的发展模式。目前,一是要加快福建 21 个成长型产业集群和产业基地建设,提高产业群聚效应,形成产业群协同竞争优势。二是要以优势工业促进"海西区"工业的高新技术化。"海西区"的福建已形成了通信设备、计算机及其他电子设备制造业,皮革、皮毛、羽绒及其制品业,电力、热力的生产和供应业,非金属矿物制品业,纺织服装、鞋、帽制造业,交通运输设备制造业,农副食品加工业,黑色金属冶炼及压延加工业,电器机械及器材制造业,塑料制品业,化学原料及化学制品制造业等 12 个优势行业;赣东南地区的赣州已形成有色冶金工业、食品工业、生物制药、机电制造、建材、轻纺等六大优势产业;浙东南地区的温州已形成电子信息、通信、电气机械等优势工业;粤东地区的汕头已形成纺织服装、工艺玩具、机械装备、电

子信息、音像材料、化工塑料、食品医药、印刷包装等八大传统优势产业。[①] 由于优势产业所具有的一定的专业化生产规模、较高的增长率和较好的经济效益以及较强的竞争力等优点,它能够促进产业的高技术化。因此要做大做强优势产业,大力引导和促进优势产业的集群式发展。三是要加大高端人才培养和引进力度,同时引导企业加大研发和技改投入,提升产品的高新技术化程度。四是要抓好重点行业、企业节能减排,加快淘汰落后产能,以政策措施推动节能技术和清洁能源技术的开发、应用及推广,促进"海西区"产业向"高能效、低能耗和低碳排放"的模式转型。

3. 服务业要走"高端化"、"特色化"的发展模式

如上所述,"海西区"服务业的主体仍然是交通、运输、仓储、邮电通信、批发及零售、贸易、餐饮业,即第三产业中的传统产业,而"高知识含量、高技术、高附加值"的"高端服务业"发达程度比较低,这将严重阻碍"海西区"经济的可持续发展。而在当今的知识经济时代,服务业尤其是高端服务业成为经济增长的重要推动力量。因此,"海西区"服务业应当走"高端化"的发展模式。一是与台湾《服务业发展纲领与行动方案》中规划出的"金融服务业、流通服务业、通信媒体服务业、医疗保健及照顾服务业、人才培育人力派遣及物业管理服务业、观光及运动休闲服务业、文化创意服务业、设计服务业、资讯服务业、研发服务业、环保服务业和工程顾问服务业"等12项新兴服务业进行对接与整合,提升服务业的层次和水平。二是大力发展现代服务业。重点发展金融服务业,将福州、厦门建成"区域金融服务中心";重点发展信息服务业,增强数字内容服务和软件信息技术服务能力,将福建打造成"数字福建"。三是促进闽西、闽北、浙南、赣东南、粤东等地传统服务业向"高端化"发展,重点发展特色服务业,诸如生态旅游、红色旅游和文化旅游等。

总之,只有多方面着手、"多管齐下"才能促进两地经贸合作与"海西区"经济的可持续发展。

第二节 后ECFA时期粤台经贸合作与"珠三角"经济的可持续发展

"珠三角"与台湾之间的经贸互动由来已久。"珠三角"是台商投资大陆最早、台资企业最多的地区。台商对"珠三角"的投资,由劳动密集型的传统产业,

---

[①] 张志南,李闽榕.海峡西岸经济区发展报告[M].社会科学文献出版社,2010年,第187—194页。

发展到资本、技术密集型的高科技产业;由小规模、以外销为主的投资模式,发展到规模越来越大、越来越注重内销市场开拓的投资模式,在"珠三角"经济成长过程中,发挥了举足轻重的拉动作用。进入21世纪,"珠三角"在土地和劳动力资源等方面的优势逐渐减弱,面临产业结构转型升级、寻求经济可持续发展新的增长动力的严峻挑战。此时ECFA的签订为粤台新一轮经贸合作的开展提供了历史性机遇。如何把握此次机遇,应对挑战,成为书写后ECFA时期"珠三角"经济可持续发展这一篇章的关键一笔。

一、"珠三角"与台湾经济发展状况比较

"珠三角"[1]是我国最早实行改革开放的地区。改革开放三十多年来,凭借"先行一步"的制度创新和毗邻港、澳的区位优势,"珠三角"取得了令人瞩目的经济增长成就,1979—2010年其地区生产总值实现了年均18.75%[2]的成长,完成了从传统农业经济向现代工业经济的转变。台湾经济的发展进程早于"珠三角",20世纪六七十年代大陆实行改革开放之前,台湾经济就已经实现腾飞,并与中国香港、韩国、新加坡并称"亚洲四小龙"。目前,台湾不但已跻身发达地区行列,且已经进入后工业化社会。"珠三角"与台湾在地理位置、气候条件以及文化等方面十分相近,对两者的经济发展状况做一多维度的比较分析,对探寻"珠三角"经济的可持续发展和两地在新机遇下的竞合共荣具有深远意义。

(一)土地面积、人口规模

"珠三角"的土地面积是179 813平方公里,到2010年年末其总人口达10 430万人,人口密度为580.06人/平方公里;而台湾的土地面积仅为36 191平方公里,到2010年年末其总人口为2 316万人,人口密度为639.99人/平方公里。"珠三角"的土地面积、人口规模远远超出台湾,分别是台湾的4.97倍、4.50倍。近年来,"珠三角"经济的快速发展吸引越来越多的资本汇聚"珠三角",并带动劳动力源源不断涌向这一地区,"珠三角"人口密度不断上升,越来越接近台湾的人口密度。由此可知,台湾地小人稠,这成为制约其发展的一大瓶颈。"珠三角"虽然"块头大",却也面临人口密度膨胀,从而土地资源紧张等问题。

---

① "珠三角"的概念界定有宽、中、窄三个不同的层次。宽泛的是指"泛珠三角"(9+2,即9个省加港、澳);狭义的是指深圳、广州、珠海等珠江三角洲的9个城市(深圳、广州、珠海、佛山、中山、东莞、江门、惠州及肇庆的一部分);中度的是指广东省。考虑到省级行政区划的相对稳定性及地方政府对区域经济发展的重要影响,本章采取中度界定。

② 资料来源:根据《广东统计年鉴2010》和《广东2010年国民经济和社会发展统计公报》,采用几何平均法计算得到。

（二）经济规模

首先，从经济总量上来考察。2007年之前，"珠三角"地区的GDP总量一直落后于台湾。从表6.2.1可看出，1991年时，台湾的GDP总量为1 793.70亿美元，"珠三角"GDP总量仅为其的19.84%。1992年邓小平南方讲话开启了"珠三角"继改革开放之后第二次经济高速发展时期，"珠三角"与台湾之间GDP总量的差距迅速缩小。经过短短10年的发展，至2002年时"珠三角"GDP已经达到台湾GDP的一半。进入21世纪，"珠三角"经济持续高速增长，2007年其GDP达4 087.90亿美元，首次超过台湾的4 032.67亿美元。至此，"珠三角"已经成功超越"亚洲四小龙"中的新加坡、中国香港和中国台湾，显示出极强的经济增长潜力。

表6.2.1 "珠三角"与台湾经济规模比较

年 份	"珠三角"			台 湾		
	GDP（百万美元）	增速（%）	人均GDP（美元）	GDP（百万美元）	经济成长率（%）	人均GDP（美元）
1991	35 570	21.44	553	179 370	7.60	8 982
1992	44 380	29.27	671	212 200	7.50	10 502
1993	60 211	41.75	883	224 266	7.00	10 964
1994	53 593	33.14	758	248 337	7.11	11 806
1995	71 049	28.45	973	269 125	6.42	12 686
1996	82 292	15.20	1 100	293 303	6.30	13 714
1997	93 785	13.75	1 222	303 127	6.59	14 048
1998	103 042	9.73	1 307	278 154	4.55	12 773
1999	111 746	8.44	1 379	301 562	5.75	13 737
2000	129 750	16.11	1 538	325 698	5.77	14 721
2001	145 453	12.08	1 673	297 374	-2.17	13 348
2002	163 132	12.15	1 856	301 816	4.25	13 476
2003	191 430	17.35	2 150	309 340	3.43	13 752
2004	227 916	19.06	2 522	333 422	6.07	14 770
2005	273 039	18.56	2 983	355 009	4.09	15 676
2006	328 151	16.96	3 548	385 957	5.44	16 911

(续 表)

年 份	"珠三角"			台 湾		
	GDP（百万美元）	增速（%）	人均GDP（美元）	GDP（百万美元）	经济成长率（%）	人均GDP（美元）
2007	408 790	18.83	4 360	403 267	5.98	17 596
2008	513 981	14.84	5412	412 592	0.73	17 941
2009	577 989	10.61	6 026	391 573	-1.93	16 969
2010	671 642	15.17	6 942	430 291	10.82	18 577

资料来源:《广东统计年鉴2010》、《"中华民国"统计年鉴》、《"中华民国"统计月报》。

其次,从人均生产总值来考察。虽然"珠三角"目前在经济总量上已经超越台湾,然而若综合考虑两地在人口方面的巨大差异,采用人均GDP来加以考察,则"珠三角"和台湾之间仍然差距甚远。1992年台湾人均GDP首次突破1万美元,而"珠三角"的人均GDP不足台湾的1/15。近20年来"珠三角"加快发展脚步,将差距大大缩小。对两地2009年的人均GDP加以审视,"珠三角"的人均GDP为6 026美元,虽已上升为台湾的约1/3,但却只相当于台湾20世纪90年代以前的水平,充分说明了两地在发展能力和人民生活水平之间的差异。

最后,从经济增长速度上加以考察。从图6.2.1可看出,1991年至今,"珠三角"的经济增长速度始终快于台湾,增长波动也较为剧烈。"珠三角"在90年代的年均增长速度达到20%以上,其中1993年的经济增长速度达到41.75%的高峰。相比较而言,台湾经济在1991—1997年间走势相对温和,整体上呈现稳步下行趋势,平均增长速度仅为6.93%,受1997年亚洲金融危机影响,1998年经济成长率下滑幅度加大。进入21世纪之后,"珠三角"的经济增长速度有所放缓,但年均增长速度仍保持15.6%左右;台湾经济增长出现大幅波动,2001年经济成长率出现90年代以来的首次负增长(-2.17%),之后经济成长率有所上升,但始终无法回到1997年之前的高成长水平。虽然经济发展到一定程度增长率必然会有所下降,但台湾近年来多项指标均落后于其主要竞争对手韩国的最重要原因即是执政的民进党刻意阻挠两岸经济交流与合作,使台湾无法充分分享大陆经济快速增长的成果。2008年和2009年"珠三角"和台湾受国际金融危机影响经济增速剧减,然而台湾经济所受影响更大,2009年经济出现负增长。

海峡西岸和其他台商投资相对集中地区的经济发展

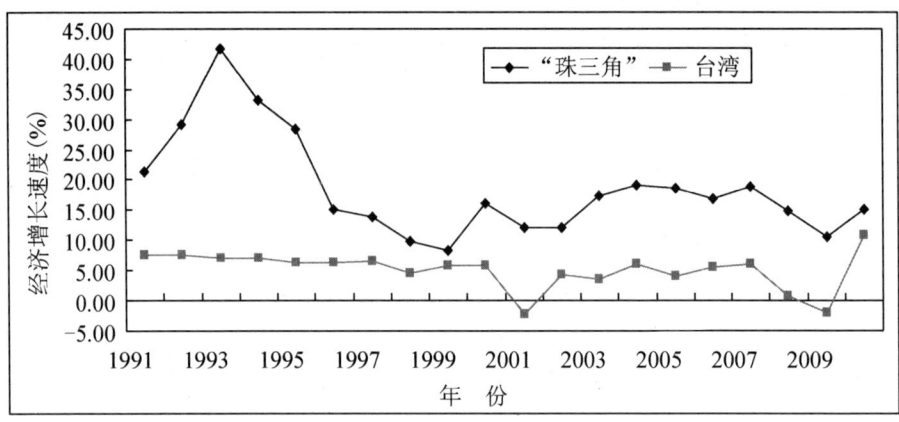

图 6.2.1　1991—2010 年"珠三角"和台湾经济增速对比

资料来源:同表 6.2.1。

(三) 三次产业结构

三次产业结构是判断国家或地区经济发展所处阶段的重要依据。我国学者蒋海清结合区域经济发展阶段的各种划分标准和理论,将区域经济发展分为传统经济阶段、工业化初级阶段、全面工业化阶段、后工业化阶段,并刻画了各阶段的产业结构特征(见表 6.2.2)。① 此划分方法较客观、准确地把握了各阶段的变化且较适合我国现状,故此处采用这种方法对"珠三角"和台湾的经济发展阶段加以判断。

图 6.2.2 对"珠三角"和台湾 1991 年以来的产业结构变动进行了对比,显示了两地的产业结构存在重大差异。

表 6.2.2　区域经济发展的产业结构特征

发展阶段	传统经济阶段	工业化初期阶段	全面工业化阶段	后工业化阶段
三次产业比重	Ⅰ＞Ⅱ＞Ⅲ	Ⅱ＞Ⅰ＞Ⅲ	Ⅱ＞Ⅲ＞Ⅰ	Ⅲ＞Ⅱ＞Ⅰ
主导产业	农业	纺织、食品、采矿	电力、化学、钢铁、汽车、机电	高新技术和第三产业

首先,从趋势上来看,1991 年以来,"珠三角"和台湾的第一产业所占比重均持续下滑,然而"珠三角"第一产业比重下降速度明显快于台湾——从 1991 年的 21.97% 迅速下降至 2009 年的 5.09%,台湾第一产业比重从 1991 年的 3.8% 微幅下降至 2009 年的 1.55%。"珠三角"第二产业所占比重平缓波

---

① 朱之文,潘征. 海峡西岸发展研究论集[M]. 经济科学出版社,2008 年,第 72 页。

动,总体上行,1991年时第二产业占比仅为41.34%,1993年时迅速上升至49.14%,第二产业中制造业占主导,台湾第二产业比重则呈现出清晰的缓步下行走势。"珠三角"和台湾的第三产业与第二产业比重之间均呈现此消彼长的关系。20世纪90年代,"珠三角"第三产业的发展水平相当低,最低时其比重仅占GDP的34.75%(1993年),但1993年以来上升速度较快,2002年达到最高峰(46.98%)。2001年和2002年一度超过第二产业所占比重。2003年以后则艰难徘徊于43%左右的水平,难以进一步提升。相比较而言,台湾第三产业所占比重一如其第二产业一样走势清晰规则,持续稳步攀升,且20世纪90年代时上升速度最快,进入21世纪有所放缓。

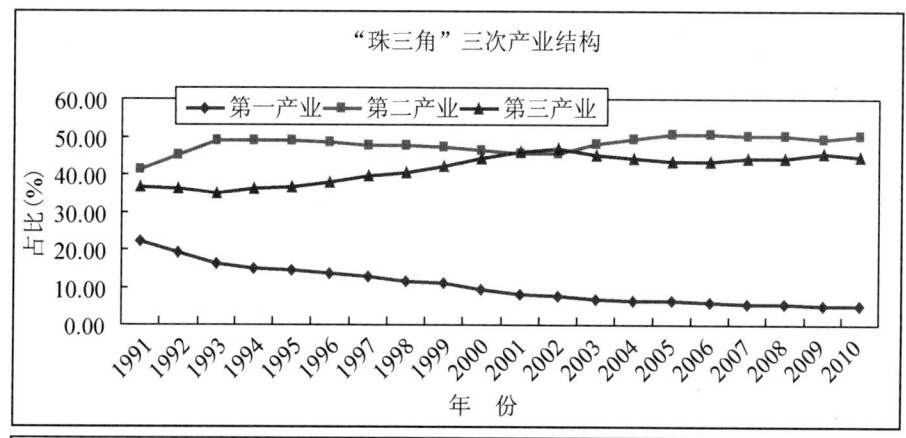

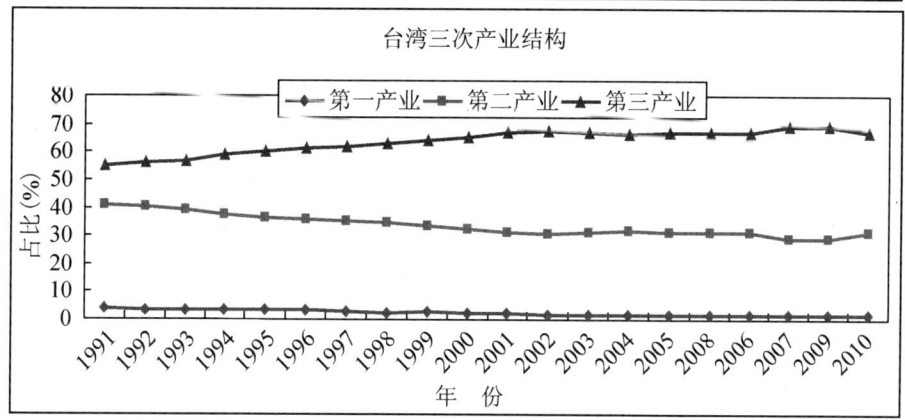

图6.2.2　1991—2010年"珠三角"和台湾产业结构对比

资料来源:《广东统计年鉴2010》、《"中华民国"统计月报》。

其次,从三次产业比重数值上来看,"珠三角"第一产业所占比重虽逐年缩小,2010年降至5.03%,但仍高于台湾1.57%的水平。除在2001年和

海峡西岸和其他台商投资相对集中地区的经济发展

2002年第三产业所占比重略微超过第二产业外,基本上保持"二三一"的产业格局,第二产业比重虽然高于第三产业,然而两者之间的差距相对台湾来说较小。台湾三次产业从20世纪90年代至今均保持"三二一"的稳定状态,且三大产业所占比重之间差别显著。伴随着第一、第二产业比重的下降,第三产业比重不断上升,2010年第三产业比重高达67.05%,第二产业比重仅为31.37%,第三产业相当发达。事实上,台湾的产业结构早在20世纪80年代就已经形成"三二一"的产业格局,并且基本上完成了从劳动密集型向资本密集型和技术密集型转化的过程。根据前述区域经济发展的产业结构特征,"珠三角"仍然处于全面工业化阶段,并加速向后工业化阶段发展,台湾早已进入后工业化阶段。两地在产业结构上的差异意味着未来在产业上存在相当大的互补合作空间。

(四)对外贸易发展状况

1. 对外贸易依存度

对外贸易依存度是对外贸易总额占国内生产总值的比重,反映一个国家或地区经济的对外依赖程度,是衡量一个国家或地区参与国际分工和国际经济合作程度的重要指标。相类似地,出口依存度和进口依存度分别表示一个国家或地区对出口或进口的依赖程度。

由图6.2.3可看出,"珠三角"的对外贸易依存度要远高于台湾。90年代"珠三角"的对外贸易依存度平均为1.42,2002年以来呈倒U形走势,2006年达到最高的1.61后持续下降。90年代台湾对外贸易依存度平均为0.77,2001年以来逐年上升,平均达到1.02。对外贸易依存度过高易导致两地经济的脆弱性,2007年下半年全面爆发的国际金融危机致使外需市场降温,两地进出口贸易应声回落即是明证。

2. 进出口商品结构及主要市场

(1)进出口商品结构

2009年"珠三角"出口商品以机电产品为主,占比为69.68%,高新技术产品占比为38.83%,初级产品(农产品)占比很小,仅占1.35%。更进一步考察,出口排名前六位的商品中(见表6.2.3),电器及电子产品占比最高,达38.03%。归入高新技术产品大类的计算机及通信技术产品占比略低于电器及电子产品,排名第二。这两大类商品所占比重高达出口总额的70%。机械及设备以18.37%的占比位居第三。进口产品亦以机电产品为主,占比62.53%,高新技术产品占比为45.64%,农产品占比仅为3.17%。进口排名前六位的产品中,电器及电子产品仍排名第一,占比高达39.02%,电子技术类产品以占比24.64%而排名第二。由上可知,"珠三角"与其他国家和地区的贸易为产业内贸易,产业内贸易指数越高,说明产业结合程度越高,"珠三角"与其他国家和地区间的经济融合程度较高。从贸易方式来看,则以加工贸易为主(62.17%),其中进料加工占48.91%,来料加工占13.26%。相比1990年而言,加工贸易比重下降了9.87个百分点。进料加工和来料加工在加工贸易中的相对比重发生了巨大变化,1990年两者比重分别为30.79%和41.25%,来料加工这一贸易方式的地位已经大为下降。

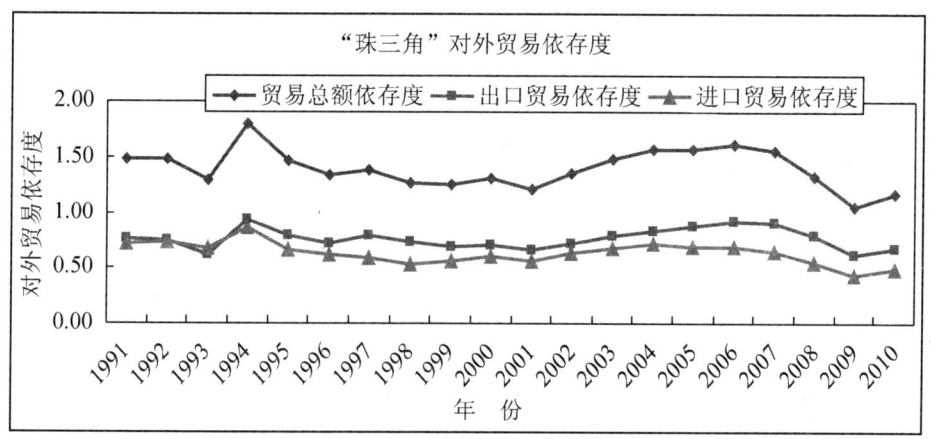

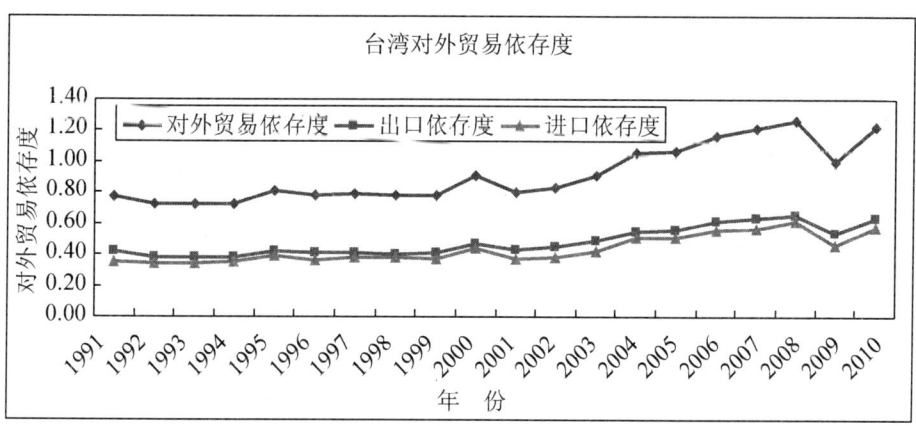

图 6.2.3　1991—2010 年"珠三角"与台湾对外贸易依存度对比

资料来源:同图 6.2.2。

海峡西岸和其他台商投资相对集中地区的经济发展

表 6.2.3 2009 年"珠三角"主要进出口商品类别及所占比重 单位:%

出口六大类商品	所占比重	进口六大类商品	所占比重
电器及电子产品	38.04	电器及电子产品	39.02
计算机与通信技术	32.60	电子技术	24.64
机械及设备	18.38	计算机及通信技术	12.03
电子技术	3.41	机械及设备	11.78
仪器仪表	3.53	仪器仪表	7.95
金属制品	3.26	光电技术	5.47

资料来源:《广东统计年鉴2010》。

2010 年台湾出口商品以工业产品为主,占比为 98.94%,其中又以重化工业产品为主,占比为 83.30%,农产加工品和农产品分别占 0.79% 和 0.27%。进口产品则以农工原料为主,比重高达 75.45%。从台湾主要进出口商品来看,台湾的贸易与"珠三角"之间存在很大程度的相似性,即均具有产业内贸易的特征。

表 6.2.4 2010 年台湾主要进出口商品类别及所占比重 单位:%

出口六大类商品	比 重	进口六大类商品	比 重
机械及电机设备	47.81	机械及电机设备	34.44
基本金属及其制品	9.43	矿产品	22.02
精密仪器、钟表及乐器	8.60	化学品	11.67
塑胶、橡胶及其制品	8.10	基本金属及其制品	9.69
化学品	7.00	精密仪器、钟表及乐器	4.32
纺织品	4.12	塑胶及制品	2.91

资料来源:《"中华民国"统计月报》。

(2) 主要进出口市场

如表 6.2.5 所示,"珠三角"和台湾的出口产品流向路径有相当大部分的重合,均以中国香港、美国、日本、新加坡、荷兰、韩国为主要市场,台湾的出口产品对大陆市场有很强的依赖性,26.64% 的产品销往大陆,居各市场之首。"珠三角"的产品绝大部分出口至中国香港,与台湾相比,与欧盟和东盟之间的贸易联系更为紧密。从进口市场来看,东盟不仅成为"珠三角"继中国香港、美国、欧盟之外的第四大出口贸易伙伴,更位居"珠三角"进口市场之首,而台湾仍旧未能参与到与东盟的贸易之中。另外,我们发现台湾位居"珠三角"主要进口市场的第三位,所占比重达到 13.21%。长久以来,台湾与"珠三角"之间的贸易关系呈现不对等的状态,"珠三角"自台进口产品数额要远大于对台出口数额,两地贸易仍有相当大的改善与提升空间。

表 6.2.5　2010 年"珠三角"和台湾主要进出口市场

"珠三角"				中国台湾			
出口	比重	进口	比重	出口	比重	进口	比重
中国香港	33.71%	东盟	14.86%	中国大陆	26.64%	日本	20.77%
美国	18.50%	日本	14.05%	中国香港	14.46%	中国大陆	14.01%
欧盟	14.72%	中国台湾	13.21%	美国	11.56%	美国	10.47%
东盟	6.92%	韩国	9.34%	日本	7.12%	韩国	6.03%
日本	4.77%	欧盟	7.91%	新加坡	4.23%	沙特阿拉伯	4.97%
中东 17 国	3.79%	美国	4.37%	韩国	3.59%	澳大利亚	3.42%
南美 12 国	2.62%	中东 17 国	3.28%	越南	2.94%	印尼	2.97%
韩国	2.19%	南美 12 国	1.85%	德国	2.31%	新加坡	2.76%
印度	1.73%	澳大利亚	1.82%	菲律宾	2.18%	马来西亚	2.61%
澳大利亚	1.32%	中国香港	1.80%	荷兰	2.08%	泰国	1.54%

资料来源:《广东统计年鉴》、《"中华民国"统计月报》。

(五) 投资

一个国家或地区引进外资的方式主要有外商直接投资、对外借款、国际租赁、对外发行债券或股票等,其中外商直接投资对经济发展的影响更加稳定和持久,因而是各地尤其是资本稀缺地区谋求经济发展的重要途径。由于"珠三角"对利用外商投资的统计口径在 2003 年发生变动,故此处只对近 5 年来"珠三角"实际利用外商直接投资做一回顾。由图 6.2.4 可知,2005 年来"珠三角"实际利用外商直接投资额逐年上升,然而增速却在不断下降。从所利用外商直接投资的来源地看,港、澳对"珠三角"的投资一直居于首位,2010 年占到利用外资总额的 77.1%,其次是维尔京群岛、法国,台湾地区居第十位。从所投资行业来看,外资集中投资于制造业、房地产业和批发及零售业。

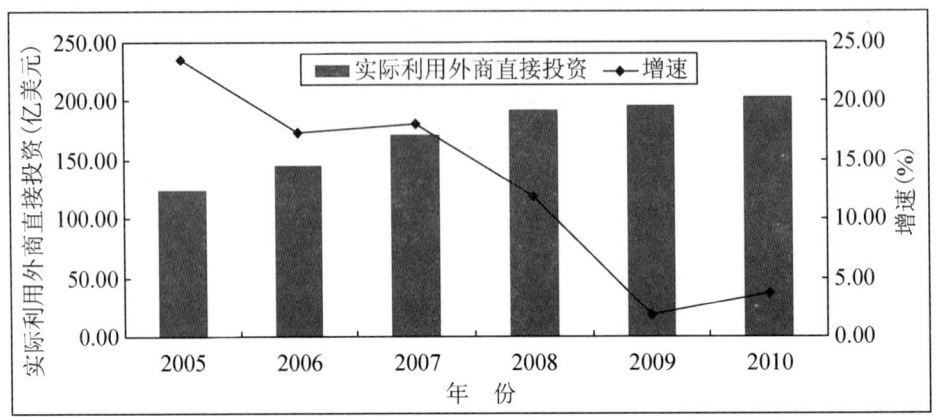

图 6.2.4　2005—2010 年"珠三角"实际利用外商直接投资

资料来源:《广东统计年鉴 2010》广东省对外贸易经济合作厅网站(http://www.gddoftec.gov.cn)。

　　进入 21 世纪以来,台湾历年吸收外商直接投资金额波动相当剧烈,2006 年在全球流动性泛滥的大背景下外商直接投资增幅达到 230.39%,2007 年吸收的外商直接投资更是达到 20 年来的最高峰 1 536.12 亿美元,但之后便逐年大幅下降。从所投资行业来看,外商投资最为集中的行业为制造业和金融及保险业,2000—2010 年累计投资金额分别达到 295.84 亿美元和 253.34 亿美元;其次是批发及零售业、资讯及通信传播业,2000—2010 年累计投资金额分别达到 72.84 亿美元和 38.00 亿美元(见图 6.2.5)。

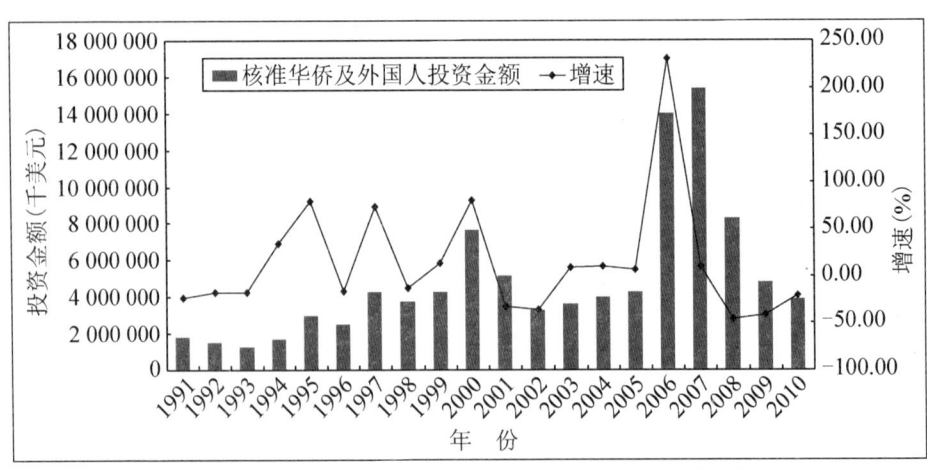

图 6.2.5　1991—2010 年台湾核准华侨及外国人投资金额

资料来源:《"中华民国"历年核准华侨及外国人投资、对外投资、对大陆间接投资统计月报》。

二、ECFA 签订前"珠三角"与台湾的经贸合作

（一）"珠三角"对台贸易发展现状与特征

1. "珠三角"对台贸易规模

随着两岸经贸合作的发展，"珠三角"对台贸易规模不断扩大（见表 6.2.6）。1991 年以来，"珠三角"对台贸易得到了长足的发展，1997 年增长率达 135%。加入 WTO 后，"珠三角"对台贸易得到了进一步发展，2002—2007 年对台贸易保持两位数增长。2008 年国际金融危机爆发后，"珠三角"对台贸易受到严重冲击，对台贸易出现负增长，其中 2009 年对台贸易增长率为 -11.92%。从贸易规模来看，2010 年，"珠三角"对台贸易达 495.7 亿美元，其中对台出口和自台进口分别为 57.7 亿美元和 438 亿美元，占当年"珠三角"出口总额与进口总额的 1.27% 和 13.21%。可见，对台贸易在"珠三角"对外贸易中具有举足轻重的地位。从贸易差额上来考量，"珠三角"对台贸易呈现出明显的单向性，一直以来"珠三角"对台贸易均是逆差，且逆差规模呈现逐年扩大之势，仅在 2008 年、2009 年受国际金融危机影响有所缩小。

表 6.2.6 "珠三角"对台贸易统计表

年 份	贸易总额（万美元）	增长率（%）	对台出口（万美元）	增长率（%）	自台进口（万美元）	增长率（%）	贸易差额（万美元）	增长率（%）
1991	17 063	—	3 652	—	13 411	—	-9 759	—
1992	31 009	81.73	6 262	71.47	24 747	84.53	-18 485	89.41
1993	68 898	122.19	9 636	53.88	59 262	139.47	-49 626	168.47
1994	443 117	543.15	79 773	727.86	363 344	513.11	-283 571	471.42
1995	505 439	14.06	105 948	32.81	399 491	9.95	-293 543	3.52
1996	505 821	0.08	99 628	-5.97	406 193	1.68	-306 565	4.44
1997	1 188 700	135.00	142 600	43.13	1 046 100	157.54	-903 500	194.72
1998	1 245 468	4.78	170 890	19.84	1 074 578	2.72	-903 688	0.02
1999	1 394 932	12.00	163 355	-4.41	1 231 577	14.61	-1 068 222	18.21
2000	1 687 748	20.99	175 095	7.19	1 512 653	22.82	-1 337 558	25.21
2001	1 705 200	1.03	172 800	-1.31	1 532 400	1.31	-1 359 600	1.65
2002	2 201 300	29.09	214 900	24.36	1 986 400	29.63	-1 771 500	30.30
2003	2 555 600	16.10	252 400	17.45	2 303 200	15.95	-2 050 800	15.77

(续　表)

年　份	贸易总额(万美元)	增长率(%)	对台出口(万美元)	增长率(%)	自台进口(万美元)	增长率(%)	贸易差额(万美元)	增长率(%)
2004	3 019 100	18.14	279 300	10.66	2 739 800	18.96	-2 460 500	19.98
2005	3 440 200	13.95	353 800	26.67	3 086 400	12.65	-2 732 600	11.06
2006	3 941 200	14.56	437 600	23.69	3 503 600	13.52	-3 066 000	12.20
2007	4 452 300	12.97	465 400	6.35	3 986 900	13.79	-3 521 500	14.86
2008	4 380 000	-1.62	485 000	4.21	3 895 000	-2.31	-3 410 000	-3.17
2009	3 858 000	-11.92	404 000	-16.70	3 454 000	-11.32	-3 050 000	-10.56
2010	4 957 000	28.49	577 000	42.82	4 380 000	26.81	-3 803 000	24.69

资料来源:历年《广东统计年鉴》。

2. 对台贸易在"珠三角"进出口贸易中的地位

"珠三角"对台贸易在"珠三角"进出口贸易中的地位可以用贸易依存度来体现。1991年以来,"珠三角"对台出口依存度、进口依存度以及进出口依存度均呈现先上升后下降的趋势(具体见图6.2.6)。

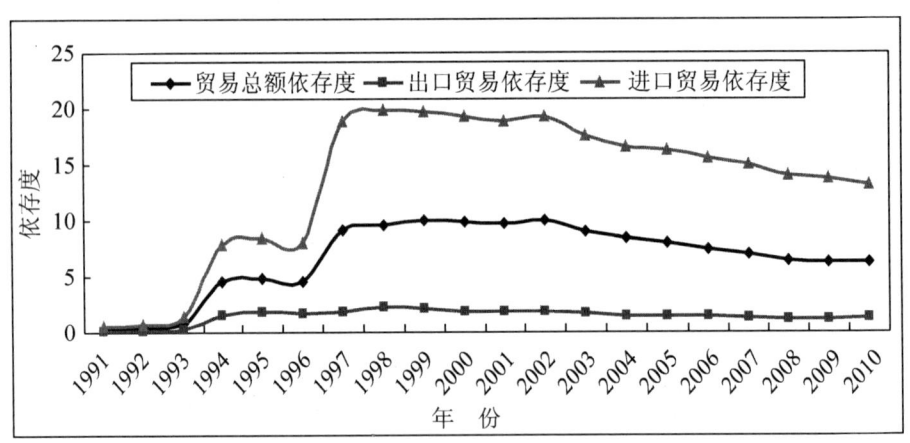

图6.2.6　1991—2010年"珠三角"进出口贸易与对台贸易依存度

1991年以来,"珠三角"进出口贸易与对台贸易依存度上升非常明显(见表6.2.7),其中,1998年"珠三角"对台湾出口贸易依存度与进口贸易依存度分别为2.26%与19.83%。随后,"珠三角"进出口贸易与对台贸易呈下降趋势,2010年"珠三角"对台出口贸易依存度与"珠三角"对台湾进口贸易依存度分别为1.27%和13.21%。

表 6.2.7　1991—2010 年"珠三角"对台贸易依存度统计表　　　　单位:%

年　份	贸易总额依存度	出口贸易依存度	进口贸易依存度
1991	0.32	0.13	0.53
1992	0.47	0.19	0.77
1993	0.88	0.26	1.45
1994	4.58	1.59	7.82
1995	4.86	1.87	8.43
1996	4.60	1.68	8.03
1997	9.14	1.91	18.83
1998	9.60	2.26	19.83
1999	9.94	2.10	19.65
2000	9.92	1.90	19.35
2001	9.66	1.81	18.90
2002	9.96	1.81	19.35
2003	9.01	1.65	17.63
2004	8.45	1.46	16.55
2005	8.04	1.49	16.26
2006	7.48	1.45	15.55
2007	7.02	1.26	15.06
2008	6.41	1.20	13.95
2009	6.31	1.13	13.70
2010	6.32	1.27	13.21

资料来源:根据历年《广东统计年鉴》编制。

由此可见,虽然近年来"珠三角"对台贸易增长有所放缓,但其在"珠三角"进出口贸易中的地位是相当重要的,自台进口贸易更是如此。

(二)台商投资"珠三角"发展现状与特征

1. 台商投资"珠三角"发展现状

"珠三角"是台商投资相对集中地区之一,同时也是台商最早投资的目的地之一,自 1991 年以来,台商赴"珠三角"投资蓬勃发展。据台湾"经济部"投资审议委员会统计,1991—2010 年核准台商赴"珠三角"投资项目累计 12 316 件,金额累计 220.42 亿美元,2008 年台湾核准台商赴"珠三角"投资项目 152 件,核准

海峡西岸和其他台商投资相对集中地区的经济发展

金额15亿美元。2009年受国际金融危机影响,台湾核准台商赴"珠三角"投资项目与核准金额均出现负增长(见表6.2.8)。"珠三角"吸引的投资在八个台商投资相对集中地区中位列第二,占台湾核准赴大陆投资金额的23.49%。台商投资在"珠三角"外商投资中具有举足轻重的地位,据大陆统计,2008年"珠三角"台商投资实际金额占其外商投资实际金额的比重为1.74%。

表6.2.8 台商对"珠三角"投资金额统计

年 份	台湾核准资料			大陆统计资料			
	件 数	金额(万美元)	平均每件金额(万美元)	项 目	合同金额(万美元)	实际金额(万美元)	实际金额占比(%)
1991	109	7 332.50	67.27	264	26 159	10 956	6.01
1992	128	11 333.80	88.55	524	65 827	12 857	3.62
1993	3078	109 054.60	35.43	868	114 135	26 700	3.56
1994	247	23 583.20	95.48	639	85 211	43 816	4.66
1995	114	25 478.80	223.50	579	81 320	35 951	3.53
1996	100	30 450.40	304.50	621	47 930	47 436	4.08
1997	3 424	172 415.00	50.35	436	23 633	45 394	3.88
1998	549	82 456.90	150.19	498	38 971	35 115	2.92
1999	177	50 011.40	282.55	388	39 563	46 934	3.85
2000	288	101 970.30	354.06	482	48 354	49 746	4.07
2001	315	78 797.00	250.15	697	59 586	49 029	3.78
2002	877	163 509.30	186.44	802	80 706	63 562	4.85
2003	1228	205 447.50	167.30	674	62 822	67 688	4.35
2004	464	140 408.20	302.60	589	63 108	34 897	3.49
2005	314	122 018.30	388.59	531	60 237	33 370	2.70
2006	245	141 518.15	577.63	483	60 321	38 941	2.68
2007	216	197 846.44	915.96	422	38 665	32 051	1.87
2008	152	150 459.83	989.87	228	17 899	33 382	1.74
2009	132	128 216.50	971.34	254	13 682	25 545	1.31
2010	159	261 886.69	1647.09	—	—	—	—

资料来源:台湾资料来源于台湾"经济部"投资审议委员会,大陆资料来源于历年《广东统计年鉴》。

2. 台商投资"珠三角"的产业构成

从三大产业构成来看,20世纪90年代以来,台商投资"珠三角"产业结构的基本特点是,三大产业皆有投资,但主要以第二产业为主,其中,第二产业主要集中在制造业。据台湾"经济部"投资审议委员会统计,1991—2010年,台湾核准赴"珠三角"投资项目第一产业占0.88%、第二产业占93.52%、第三产业占5.61%。

从核准金额比重来看(见表6.2.9),台湾投资"珠三角"三大产业所占比重分别为第一产业占0.33%、第二产业占92.77%、第三产业占6.91%。在第二产业中制造业所占比重最大,占核准金额比重达92.47%,其中,计算机、电子产品及光学制品制造业,电子零组件制造业,电力设备制造业,塑料制品制造业,金属制品制造业,机械设备制造业,皮革、毛皮及其制品制造业和非金属矿物制品制造业为主要行业,占核准金额比重达73.49%。此外,台商投资"珠三角"的第三产业比重为6.91%,主要集中在批发及零售业和信息及通信传播业,占核准金额比重分别为3.38%和1.17%。

表6.2.9 1991—2010年台湾核准赴"珠三角"投资行业分布

指 标	件 数	比重A(%)	金 额(百万美元)	比重B(%)
第一产业	107	0.87	72.12	0.33
农、林、渔、牧业	107	0.87	72.12	0.33
第二产业	11 518	93.52	20 447.35	92.77
制造业	11 467	93.11	20 382.20	92.47
电子零组件制造业	1 041	8.45	4 215.27	19.12
计算机、电子产品及光学制品制造业	1 099	8.92	3 971.77	18.02
电力设备制造业	1 440	11.69	2 746.08	12.46
塑料制品制造业	1 021	8.29	1 503.02	6.82
金属制品制造业	965	7.84	1 438.97	6.53
非金属矿物制品制造业	400	3.25	852.06	3.87
机械设备制造业	530	4.30	781.15	3.54
皮革、毛皮及其制品制造业	995	8.08	690.29	3.13
其他制造业	3 976	32.28	4 183.59	18.98
其他	51	0.41	65.14	0.30
第三产业	691	5.61	1 522.48	6.91
批发及零售业	347	2.82	744.18	3.38

海峡西岸和其他台商投资相对集中地区的经济发展

(续 表)

指 标	件 数	比重A（%）	金 额（百万美元）	比重B（%）
信息及通信传播业	124	1.01	257.38	1.17
其他	220	1.79	520.92	2.36
合 计	12 316	100.00	22 041.95	100.00

注：比重 A 系指该产业台商投资件数占台商投资总件数的比重，比重 B 系指该产业台商投资金额占台商投资总金额的比重。

资料来源：根据台湾"经济部"投资审议委员会《"中华民国"历年核准华侨及外国人投资、对外投资、对大陆间接投资统计月报》编制。

三、后 ECFA 时期"珠三角"与台经贸合作面临的挑战与机遇

（一）后 ECFA 时期"珠三角"与台经贸合作面临的挑战

1. 过分依赖出口的外向型经济发展模式无法摆脱内在脆弱性

改革开放以来，"珠三角"充分利用先行一步的政策优惠，吸引包括港、澳在内的资本连同劳动密集型产业、技术、管理等大规模转移，并大力发展"三来一补"的加工贸易，不仅使"珠三角"一跃成为经济的领跑者，更使"珠三角"的工业化一开始就面对国际市场，形成以国际市场为导向带动经济的外向型经济格局。1991—2010 年，"珠三角"进、出口贸易在 GDP 中的份额平均达到 63% 和 77%。然而这种经济发展模式具有极大的脆弱性，在 2008 年以来的国际金融危机的冲击下，更显疲态：2009 年第一季度经济增速骤降至 5.8%，较上年同期下降 4.7 个百分点，为近 20 年来最大跌幅。后经济虽止跌回稳，但回升乏力，企业订单中短单、小单、急单多，长单、大单少。① 台湾的外向型特征亦相当明显，虽对外贸易依存度要低于"珠三角"，然而受 2008 年以来的国际金融危机的影响更大。台湾岛内市场狭小，要寻求内源增长困难重重，而"珠三角"正由小康向富裕小康转变，大众高消费时代即将来临，加之内地市场需求正待开拓，未来"珠三角"和台湾如何更好地展开合作，利用大陆的扩大内需政策开拓市场，提升双方经济竞争力，将是双方需要共同面对的一大挑战。

2. 对台经贸合作将面临各大经济圈的激烈竞争

"珠三角"虽然具有临近港、澳、台的区位优势，外向型经济和高科技产业发展较为成熟，目前已积累了雄厚的物质基础及经济实力，然而"长三角"、"环渤

---

① 戚本超，景体华. 中国区域经济发展报告[M]. 社会科学文献出版社，2010 年，第 225 页。

海"、"海西区"已经在迅速崛起,尤其是"长三角",已经成为"珠三角"最强有力的竞争对手,从国内生产总值和外资投入等硬指标来看,"珠三角"的先发优势已经不复存在。如图6.2.7所示,进入21世纪以来,"长三角"已经超过"珠三角"成为吸收台商投资最多的地区,且差距不断扩大,2008年"长三角"吸收的台资为"珠三角"的四倍。"环渤海"为欧亚大陆桥东部的起点,具备资源、设施及人才等优势,目前为大陆北方经济最活跃地带,未来极有可能成为继"珠三角"和"长三角"之后的又一台商投资热点区域。"海西区"虽然经济发展尚落后于前述几个经济区,然而北接"长三角",南承"珠三角",对台关系具有"五缘"优势,利用先试先行的政策优势,恰可成为两岸经贸合作最佳试点。近年来台湾对"海西区"的投资已经占到全国的1/4强,未来将成为"珠三角"不容小觑的竞争对手。

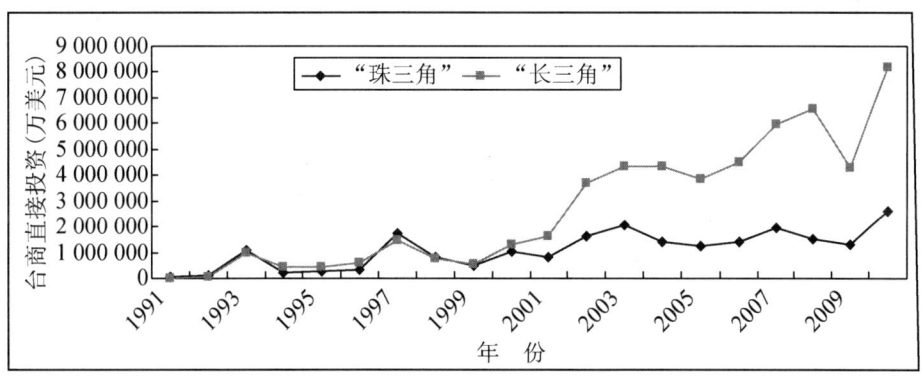

图6.2.7　1991年以来"珠三角"和"长三角"吸收台商直接投资对比

3. "珠三角"相关产业将受到一定冲击

"珠三角"与台湾同属亚热带地区,在气候条件等方面十分相近,两岸农产品在种类上具有高度的相似性。ECFA协议的附件一中,大陆对台湾的18项农产品,包括鱼、动物产品、鲜兰花、金针菇、香蕉、火龙果、橙、柠檬、哈密瓜、茶等十类实施降税。台湾的农产品由于农机技术先进而在品质上更胜一筹,已经形成了"台湾制造"的品牌效应,以往由于价格昂贵而乏人问津,ECFA的签订将使上述十类产品以更具亲和力的价格进入"珠三角"市场。而这十类产品"珠三角"几乎均有生产,部分品种已经具备一定实力,凭借低成本从而低价格这一优势,"珠三角制造"将与"台湾制造"展开竞争。此外,"珠三角"的传统产业中的纺织业、纺织服装、鞋、帽制造业,化学纤维制造业,水产品加工业,食品及饮料制造业等与台湾相应产业已经属于高度水平分工的产业,这些产业将会受到台湾产业最为强烈的冲击。服务业方面,大陆将对计算机服务业、会议服务业、专业设计、银行、保险、证券等11项服务业敞开大门,让台湾享受比欧、美、日更优惠的市场进入条件。台湾服务业整体优势明显,其服务业已经在产业结构中占最主要地位。金融业是台湾服务业的第一大产业,ECFA签订以前台湾的金融机构无法在大陆开展具体业务,ECFA签订之后台湾金融业进驻"珠三角"后,不可避免地会同当地服务业进行客户争夺。以银行业为例,"珠三角"是大陆台商投资最为集中的地区之一,台湾银行业进驻"珠三角"后,将凭借其对台商的信息优势、文化认同和征信优势,争夺优质大型台商及扩大中小台商客户群。如何化解产业冲击,将冲击降至最低,将是摆在"珠三角"面前的一大课题。

4. 反倾销和进口救济争议无法避免

根据台湾工业总会的《2010年进口威胁调查》,台湾业者受进口威胁的来源中,以大陆为首,占70.7%,其次是韩国,占10.0%,排名第三、第四的是印度尼西亚和俄罗斯,可见大陆产品已经被认为是台湾产业进口竞争的最大威胁来源。目前大陆产品不论是经由正规渠道、走私、伪标产地、出具虚伪产证或自香港等其他地区进口转进台湾市场,因价格低廉已经对台湾相关产业造成影响,并引发了包括反倾销控诉和援引进口救济措施在内的各种争议。① 虽然ECFA早期收获清单未列入敏感性产品,但是只要"珠三角"劳动力、土地价格低廉导致的部分劳动密集型产品价格低廉这一比较优势没有改变,台湾方面出于保护产业、促进经济复苏的考虑,"珠三角"出口到台湾的产品遭受反倾销和进口救济的争议就将无法避免。

(二) 后ECFA时期"珠三角"与台经贸合作面临的机遇

1. "珠三角"迎来产业结构和经济增长模式调整升级的新契机

改革开放以来,"珠三角"凭借其低廉的土地和劳动力要素,吸引了大批外资进入以出口为导向的制造业,并形成了具备较完整产业链的产业集群。这种以劳动密集型产业支撑、以加工贸易为主的经济模式为"珠三角"赢得了"全球制造业王国"的称号,然而这种发展模式也将"珠三角"置于全球制造业产业链的低端。尽管"珠三角"已经形成了具备一定竞争力的制造体系,产品在国际市场上占据了一定份额,然而这种发展方式是建立在生产要素充足、成本低廉的前提之下的。进入21世纪以来,"珠三角"尤其是南部沿海地区的土地、劳动力等资源已经不同程度地出现了短缺,粗放式的资源消耗型的产业发展模式已经难以为继。同时"珠三角"的经济具有明显的外向型特征,受国际经济运行状况影响较大,经济增长模式具有内在的脆弱性。要摆脱"珠三角"经济发展过程中

---

① 蔡宏明. 后ECFA时代的两岸经贸新格局[J]. 中国评论(台),2010年第8期。

存在的各种深层次问题,产业升级势在必行。台湾的高新技术产业发展较早,带动岛内产业结构升级与转型,台湾的制造业已经实现以电子信息业为主导的资本与技术密集型产业为主的转型,制造业产品科技含量高、附加值高,许多产品如个人电脑(PC)、半导体、液晶显示器(LCD)、数位电视、通信产品等已经在全球创出第一或第二的产值(或产量)纪录。ECFA签订后,台湾对"珠三角"的投资将进入新的高度,在未来的产业布局中,将有越来越多的台资企业把总部、研发、设计和销售环节放在"珠三角",而将生产加工环节延伸转移到欠发达的"珠三角"东西北翼或是内陆地区,开拓大陆庞大的消费市场,为"珠三角"发展先进制造业和现代服务业,优化第二产业并促进第三产业增长,实现自身产业的调整升级提供难得的机会。

2. 两地间贸易规模有望进一步扩大,贸易状况将得到改善

在ECFA的早期收获清单中,货物贸易方面,大陆对台湾降税的产品多达539种,合计138.4亿美元,降税产品包括农产品、化工产品、机械产品、电子产品、汽车零部件、纺织产品、轻工产品、冶金产品、仪器仪表以及医疗产品等十类。[①]台湾方面亦对267项原产于大陆的产品包括石化产品、机械产品、纺织产品及其他产品等四类实施了降税。由前面的分析可知,中国台湾与日本、韩国均为"珠三角"主要进口市场,而中国台湾与日本、韩国之间的产品具有较高的同质性,ECFA的签订所给予台湾的关税优惠必将使台湾的产品,尤其是竞争激烈的石化原料、机械等,较之日、韩在价格上更有优势。以韩国为例,大陆对台湾的早期收获清单中的降税产品有14个大项与韩国出口大项重叠[②],可以预想,未来台湾对"珠三角"的出口份额将有很大提升。而受益于税率的降低,"珠三角"的某些产业竞争力也会提升。如汽车业,广州已经是大陆最重要的国际品牌汽车制造基地之一,目前台湾对大陆汽车的进口关税为17.5%,未来降为零之后,"珠三角"的汽车不但更有价格优势,还会吸引更多国际汽车品牌,包括原在台湾的国际品牌将生产重心转至"珠三角"。由于早期收获清单中以大陆向台湾让利为主,台湾降税产品数量仅为大陆的1/2,"珠三角"对台湾的出口短期内增长幅度有限,然而ECFA为两岸经贸交流打开了一扇大门,未来随着ECFA谈判的不断深入和两岸经贸交流的不断深化,"珠三角"对台湾出口亦会大幅增长,两地之间货物贸易的"单向"特征将得到改善。服务贸易方面,大陆将对会计、计算机及其相关服务、研究和开发、会议、专业设计、进口电影片配

---

① 中华人民共和国商务部台港澳司.海峡两岸经济合作框架协议,2010年。
② 李彦谋.两岸签ECFA,"南韩"超紧张[J].新新闻(台),2010年第1223期。

额、医院、民用航空器维修,以及银行、证券、保险等11个服务行业扩大开放,台湾将对研究与发展、会议、展览、特制品设计、进口电影片配额、经纪商、运动及其他娱乐、航空电脑订位系统以及银行等9个服务行业进一步开放,"珠三角"与台湾之间的服务贸易将更为热络。

3. 两地间投资朝制度化、自由化方向发展,有利于实现产业分工、互补共赢

由于两岸之间长久以来存在的对于经贸关系的限制,"珠三角"与台湾之间的投资地位表现出极度的不对等性,台湾对"珠三角"的投资逐年增加,而台湾对于大陆企业入岛投资却存在诸多限制,致使"珠三角"对台投资极为有限。ECFA签订之后,台湾对于大陆企业入岛投资的限制有所放宽,增加了对大陆的直接投资开放项目,具体包括:中草药、汽车、纺织业、橡胶制品制造等65项制造业,批发业、零售业、观光旅游、海空运等23项服务业,以及11项公共建设工程。台湾的企业在管理、人才与技术方面具有较大优势,开放陆资赴台后,"珠三角"资本有望采取独资、合资、合作等方式与台湾资本展开合作,取长补短,共谋发展。目前大陆企业在台湾的市场布局以餐饮业为主,观光旅游、公共建设工程等方面也将是未来陆资在台的布局重点。ECFA不仅使两岸投资由单向过渡到双向,更重要的是表明台湾方面在经贸交流政策方面的一大改观,基于此,大陆在台的投资环境也会逐渐完善,相关规定和配套措施也将相继出台,未来"珠三角"对台投资领域将进一步扩大和自由化。

4. 台资服务业得以进驻"珠三角"提供配套服务,有利于提高"珠三角"对台资吸引力

"珠三角"是吸收台商投资最为集中的地区之一,1991—2010年台商赴"珠三角"投资项目累计12 316件,金额累计220.42亿美元,且历年来所投资产业由纺织、食品饮料和化学制品等传统的劳动密集型产业向计算机、电子产品及光学制品制造业以及电子零组件制造业等高科技含量的产业转变,对"珠三角"的经济发展和产业结构升级作出了很大的贡献,然而有利于台资企业更好地发展的产业配套却未有效形成。产业配套由两个网络构成:一是生产网络,指由原材料、辅料和设备供应,生产制造,运输和销售的各环节形成的网络;二是机构网络,指由政府、行业协会和营利与非营利的中介机构,如创新中心、培训中心、融资、会计等服务于产业的支持机构形成的网络。生产网络近年来已经逐渐搭建起来,然而机构网络,尤其是为台商提供融资服务的资金支持网络却远远未能满足台资企业的需求。究其原因,主要是两岸在服务业领域的交流有限,大陆融资机构无法获得台资企业征信资料而难以授信,台资金融机构又受两岸政策法规限制无法跟随台资登陆提供服务。后ECFA时期,台资服务业不

仅可以直接进驻"珠三角",而且部分服务业如银行业还可享受到较其他外资服务业更为优惠的展业条件,从而解决台资企业在"珠三角"的融资等配套服务不足、无法支撑制造业发展的问题。

四、加快与台湾的经贸合作,促进"珠三角"经济的可持续发展

（一）促进"珠三角"与台湾服务业的交流与合作

2008年广东出台的《关于加快建设现代产业体系的决定》明确提出了"珠三角"构建现代产业体系的方向是"建设以现代服务业和先进制造业双轮驱动的主体产业群",并将现代服务业的建设置于优先地位。在ECFA的背景下,推动"珠三角"与台湾现代服务业的交流与合作,不但是顺应"珠三角"广大台商扩大生产的客观需求,更是推进包括台商在内的广大中小企业实现转型升级的关键一环,同时也是为"珠三角"与台湾之间产业对接与转移提供支撑的必要条件。"珠三角"应结合自身优势及发展所需,确定与台湾服务业合作的重点领域,积极促进现代生产型服务业如金融、物流、会计等的合作。目前在"珠三角"设立办事处的台资银行仅华南银行一家,未来应积极吸引台资金融机构在"珠三角"合理布局,鼓励台资参与到广州、深圳市区域金融中心的建设当中,继续争取中央批准设立"海峡两岸金融合作试验区"和"海峡两岸金融高新技术服务区",推动粤台贸易采用人民币结算,利用深圳证券交易平台为台资高新技术创业提供融资途径,打造"海峡两岸现代服务业集聚区"。① 经济合作,物流先行。台湾物流发展水平较"珠三角"相对领先,未来应鼓励台湾大型物流业落户"珠三角",整合两地物流资源,加强物流合作规划,加大两地物流基础设施和信息平台建设,加快两岸物流标准、营运法规的对接,为"珠三角"和台湾经贸合作营造良好的物流环境。

（二）加快与台湾先进制造业的合作交流

"珠三角"制造业近年来面临的成本上升、资源紧张等问题,使"珠三角"竞争力在一定程度上被削弱,然而国家质检总局发布的《2008年全国制造业质量竞争力指数公报》显示,"珠三角"制造业在全国范围内排名首位,仍具有较强竞争力。面对"长三角"等经济区的激烈追赶,"珠三角"应牢牢把握2008年以来的全球金融危机创造的升级调整时机和ECFA的签订带来的两岸产业合作的重大机遇,与台湾资本、技术密集型产业展开全面合作,进一步提升制造业竞争力。在继续发展通信设备、计算机及其他电子设备制造业、交通运输设备制造

---

① 广东政府.新形势下加强粤台经贸交流与合作的意见,2009年。

业、电气机械及器材制造业等优势产业的基础上,引进台湾的光电、石化、钢铁、汽车及其配件、塑料、工程塑料、电脑及配套设备、精密机械制造、现代装备为主体的先进制造业以及电子信息、生物技术、新技术、新材料、新能源、环保、节能减排等产业辐射带动和技术溢出能力强的高新技术产业,培育新兴产业集群,整合两地产业链,摒弃以往的简单移植加工组装环节的模式,使"珠三角"的产业链真正得以向研发设计、品牌营销的"微笑曲线"两端延伸。同时,结合全球金融危机过后大陆扩大内需的政策取向,协助台资企业扩大内销市场,如降低台资企业设立和开办商业零售项目的门槛,简化台资企业设立内销公司和连锁商业零售店铺的审批程序,引导和支持台资生产型企业参与国内或省内专业性或综合性的品牌会展活动,以扩大内销渠道和建立内销网络,使以往产业合作以外销为主逐渐转向内销与外销并重的模式,最大限度地降低对国际市场的依赖性。

(三) 借鉴台湾农业发展经验,加强两地农业交流与合作

相较于台资对"珠三角"制造业的投资而言,"珠三角"与台湾之间的农业合作一直处于被忽视的地位。ECFA 的签订,使两地农业合作进入大交流、大合作、大发展的新阶段。台湾农业在技术和经营模式上具有领先优势,目前水果、花卉、蔬菜、甘蔗、甜玉米等农作物种子种苗的培育和生产技术具有很高水平,休闲农业和精致农业已经发展得相当成熟,资讯产业、材料、医学、服务等科技产业对农业的带动效果显著,化肥、有机肥料、包装等工业以及农业金融和运销服务配套完整,农作物品质好、价格高,不仅内销,在国际上也大有市场,农民收入得到保证。台湾的农业发展值得"珠三角"借鉴。"珠三角"曾是著名的"粮仓"之一,拥有丰富的农业资源和庞大的消费市场。"珠三角"和台湾的农业之间存在巨大的优势互补空间。目前"珠三角"已经设立了佛山、湛江"海峡两岸农业合作试验区"和珠海金湾、汕头潮南、梅州梅县"台湾农民创业园",未来应在园区构想上着力,依据自身地理和农业状况,突出"珠三角"自身园区特色,同时完善农业产业配套,包括化学工业、农业工业、包装工业、研发单位、市场销售等,尤其是解决中小农业企业的销售管道问题。① 加强两地农业科技的交流,强化与台湾农会的交流合作,推动"珠三角"农业向高效农业发展。

(四) 积极创造条件,推动"珠三角"资本赴台

一直以来,"珠三角"与台湾之间的投资以台资单向流入"珠三角"为主,这种投资状况违背了两岸交流互利互惠的原则。继 2009 年台湾开放大陆资本赴台投资后,ECFA 的签订将进一步推动大陆资本赴台。事实上,"珠三角"三十多年来的飞速发展已经为其赴台投资积累了足够的经济实力。《2009 年度中国

---

① 罗祥喜.台湾的农业经验与两岸农业交流[J].中国评论(台),2010 年第 5 期。

对外直接投资公报》显示,2009年"珠三角"对外直接投资达到9.2亿美元,在各地对外直接投资流量中位列第三。然而由于对台湾投资环境与投资政策缺乏了解,"珠三角"民间资本赴台投资意愿普遍不高。为此,政府应组织相关部门,就台湾的政治、经济、社会等与投资相关的信息进行全面研究,定期举行赴台投资说明会,完善赴台投资促进和公共信息服务机制,对企业赴台投资中应注意的问题进行公告和说明,引导企业选择重点行业,逐步开拓台湾市场,促进粤台双向的投资互动。

第三节 后ECFA时期"长三角"与台经贸合作及"长三角"经济的可持续发展

"长三角"①凭借其临江靠海的区位优势,是我国开放最早、经济活动最为活跃、发展最为迅速的经济圈之一,也是我国经济发展的引擎之一。多年的发展,奠定了其厚实的产业基础,积累了丰富的经济发展经验。进入21世纪以来,"长三角"经济圈面临了前所未有的土地、资源等方面的制约,产业结构亟待调整,经济活动亟待优化。在"长三角"经济发展的进程中,台商扮演着十分重要的作用,对"长三角"制造业的发展作出了不可磨灭的贡献。如今,ECFA的签订为两岸进一步加强经贸往来搭建了制度性平台,也为"长三角"与台湾未来的经贸合作迎来了新的历史契机。深刻分析过去二十多年来"长三角"与台湾经贸合作的特点,认识未来两地经贸合作面临的挑战和机遇,对"长三角"实现经济可持续发展尤为重要。

一、"长三角"与台湾经济发展状况比较

(一)人口规模和土地面积

台湾的土地面积仅为36 191平方公里,到2010年年末其总人口为2 316.2万人,人口密度为639.99人/平方公里;而"长三角"地区土地面积210 723.5平方公里,到2010年年末其总人口为15 610.59万人,人口密度为740.81人/平方公里。由此可见,"长三角"地区的人口规模和土地面积分别是台湾的6.55倍、5.82倍,人口密度也较台湾高。相比"海西区"、"环渤海"等地,台湾和"长三角"都属于人口稠密地区。因此,两地经济的发展可能都面临着来自人口和

---

① "长三角"主要包括江苏、上海和浙江三个省市(重点是其中的上海、江苏的南京、苏州、无锡、常州、镇江、扬州、泰州、南通、浙江的杭州、宁波、绍兴、湖州、嘉兴、舟山,安徽的马鞍山等16个城市)。

海峡西岸和其他台商投资相对集中地区的经济发展

土地方面的制约。

(二) 经济总量比较

改革开放以来,中国经济保持高速增长。"长三角"地区是我国开放较早、经济发展最快的地区之一,经济发展取得了骄人的成绩。1991—2010 年间,"长三角"GDP 快速增长,由 1991 年的 673.32 亿美元增长到 2010 年的 12 556.72 亿美元,年均增长率为 16.65%,除 1994 年为负增长外,其余年份都保持较快增长,2003 年以后在总量上超过了台湾。相比"长三角"地区,台湾经济增长较为平稳,GDP 由 1991 年的 1 793.7 亿美元增长为 2010 年的 4 302.91 亿美元,年均增长率仅为 5.06%。从人均 GDP 来看,"长三角"地区由 1991 年的 542.75 美元增长到 2010 年的 8 050.12 美元,年均增速为 15.65%,但还是始终低于 1991 年的台湾人均 GDP 水平;台湾人均 GDP 由 1991 年的 8 769 美元增长为 2010 年的 18 577 美元,年均增速为 4.09%,具体情况如表 6.3.1 所示。

表 6.3.1 "长三角"与台湾 GDP、人均 GDP 对比简表

年 份	"长三角"			台 湾		
	GDP（亿美元）	增长率(%)	人均 GDP（美元）	GDP（亿美元）	增长率(%)	人均 GDP（美元）
1991	673.32	—	542.75	1 793.70	7.55	8 982
1992	838.82	24.58	670.08	2 122.00	7.49	10 502
1993	1 118.29	33.32	885.97	2 242.66	7.01	10 964
1994	1 013.73	-9.35	796.94	2 483.37	7.11	11 806
1995	1 342.63	32.44	1 047.72	2 691.25	6.42	12 686
1996	1 581.62	17.80	1 225.54	2 933.03	6.30	13 714
1997	1 785.90	12.92	1 372.75	3 031.27	6.59	14 048
1998	1 939.13	8.58	1 479.39	2 781.54	4.55	12 773
1999	2 093.46	7.96	1 585.69	3 015.62	5.75	13 737
2000	2 351.48	12.32	1 750.20	3 256.98	5.77	14 721
2001	2 605.39	10.80	1 909.96	2 973.74	-2.17	13 348
2002	2 942.02	12.92	2 147.18	3 018.16	4.25	13 476
2003	3 484.55	18.44	2 523.45	3 093.40	3.43	13 752
2004	4 195.49	20.40	3 012.00	3 334.22	6.07	14 770
2005	5 003.95	19.27	3 557.87	3 550.09	4.09	15 676

(续 表)

年 份	"长三角"			台 湾		
	GDP（亿美元）	增长率(%)	人均GDP（美元）	GDP（亿美元）	增长率(%)	人均GDP（美元）
2006	6 016.25	20.23	4 222.57	3 859.57	5.44	16 911
2007	7 498.14	24.63	5 191.28	4 032.67	5.98	17 596
2008	9 484.36	26.49	6 490.04	4 125.92	0.73	17 941
2009	10 531.17	11.04	7 137.19	3 915.73	-1.93	16 969
2010	12 556.72	19.23	8 050.12	4 302.91	10.82	18 577

资料来源：根据历年《上海统计年鉴》、《江苏统计年鉴》、《浙江统计年鉴》、《"中华民国"国民经济动向统计季报》以及《"中华民国"统计月报》各期计算所得。

（三）产业比较

"长三角"地区正在从一个初步工业化地区发展为一个中后期工业化地区。从1991年到2010年，"长三角"地区一、二、三产业的结构已从15.2∶53.89∶30.92调整为4.72∶50.6∶44.67。20年时间里，第一产业增加值绝对数量增长的同时，在GDP中的构成比重却下降了10.48个百分点，而第三产业的比重上升了13.75个百分点，第二产业则呈现出先降后升的趋势。第三产业的迅速发展，一方面体现了工业化的必然趋势（工业化派生的服务、工业化所要求的服务带来了服务业的发展），另一方面也推动了工业化的提升和发展。台湾三次产业结构表明其已经进入后工业化时期，从1991年到2010年的20年时间里，一、二产业的比重逐年下降，第三产业的比重稳步提高，一、二、三产业在GDP中的比重由1991年的3.8∶41.1∶55.1调整为2010年的1.57∶31.35∶67.00，服务业在国民经济中的贡献具有绝对优势地位，具体情况见表6.3.2。

表6.3.2 "长三角"与台湾三次产业结构对比表　　　　　　单位：%

年 份	"长三角"			台 湾		
	第一产业	第二产业	第三产业	第一产业	第二产业	第三产业
1991	15.20	53.89	30.92	3.80	41.10	55.10
1992	13.17	55.28	31.56	3.60	40.10	56.30
1993	11.70	55.35	32.95	3.60	39.40	57.00
1994	12.10	55.14	32.76	3.50	37.70	58.80
1995	12.10	54.01	33.89	3.50	36.40	60.20

(续 表)

年 份	"长三角"			台 湾		
	第一产业	第二产业	第三产业	第一产业	第二产业	第三产业
1996	11.80	52.12	36.08	3.20	35.70	61.10
1997	10.95	51.25	37.80	2.60	35.30	62.10
1998	10.19	50.10	39.71	2.50	34.70	62.90
1999	9.35	49.68	40.97	2.60	33.20	64.20
2000	8.44	49.86	41.70	2.10	32.50	65.40
2001	7.99	49.84	42.16	2.00	31.20	66.90
2002	7.28	50.32	42.40	1.82	30.38	67.80
2003	6.50	52.23	41.27	1.71	31.2	67.080
2004	6.29	53.43	40.28	1.68	31.75	66.57
2005	5.63	53.48	40.89	1.67	31.26	67.08
2006	5.09	53.45	41.46	1.61	31.33	67.06
2007	5.02	51.99	43.00	1.49	31.38	67.12
2008	4.98	51.26	43.76	1.60	29.25	69.16
2009	4.83	50.40	44.76	1.55	29.86	68.59
2010	4.72	50.60	44.67	1.57	31.35	67.00

资料来源:根据历年《江苏统计年鉴》、《上海统计年鉴》、《浙江统计年鉴》、《"中华民国"统计年鉴》、《"中华民国"统计月报》编制。

从产业发展来看,上海市形成了信息产业、金融业、商贸流通业、汽车制造业、成套设备制造业、房地产六大支柱型产业,这六大产业增加值2000年为1 919.10亿元,2009年上升到7 948.48亿元,增长4.14倍,占上海市GDP的比重由2000年的40.2%上升到2005年的43.5%,2009年进一步上升到52.8%。① 江苏省的主导优势产业集中在制造业和批发及零售业,两大产业增加值占GDP的比重在2004—2009年间维持在55%以上,往下细分主要包括装备制造、电子信息、生物与新医药、基础材料与新材料、现代轻纺等。② 浙江省形

---

① 上海统计局网站www.stats-sh.gov.cn,《上海统计年鉴2010》。
② 殷君伯,刘志迎.泛长三角区域发展分工与合作——泛长三角区域经济发展研究报告[M].安徽人民出版社,2008年,第167—170页。

成了区域块状特色经济,主导优势产业包括临港重化工业、船舶修造产业、整车制造、电子通信业、纺织服装业、皮革等。① 台湾"三二一"的产业格局中,服务业增加值早已占据了 GDP 比重的 2/3。台湾制造业以电子、机械等为主导,服务业则形成了金融及保险业、批发及零售业、通信服务业、科技服务业、医疗保健服务等五大支柱性行业。

（四）对外贸易、外来投资比较

1. 对外贸易方面

（1）台湾进出口贸易额增长较为平稳,"长三角"进出口贸易额增长较为迅速。以 2002 年为分界点,2002 年之前台湾进出口贸易额大于"长三角"地区,之后进出口贸易额小于"长三角"地区。两地都处于贸易顺差的地位,台湾贸易顺差一直比较小,"长三角"贸易顺差在 2002 年以前较小,之后由于出口贸易迅速增长,贸易顺差呈不断扩大之势。2009 年受全球金融危机影响,两地进出口贸易都明显下降,具体如图 6.3.1 所示。

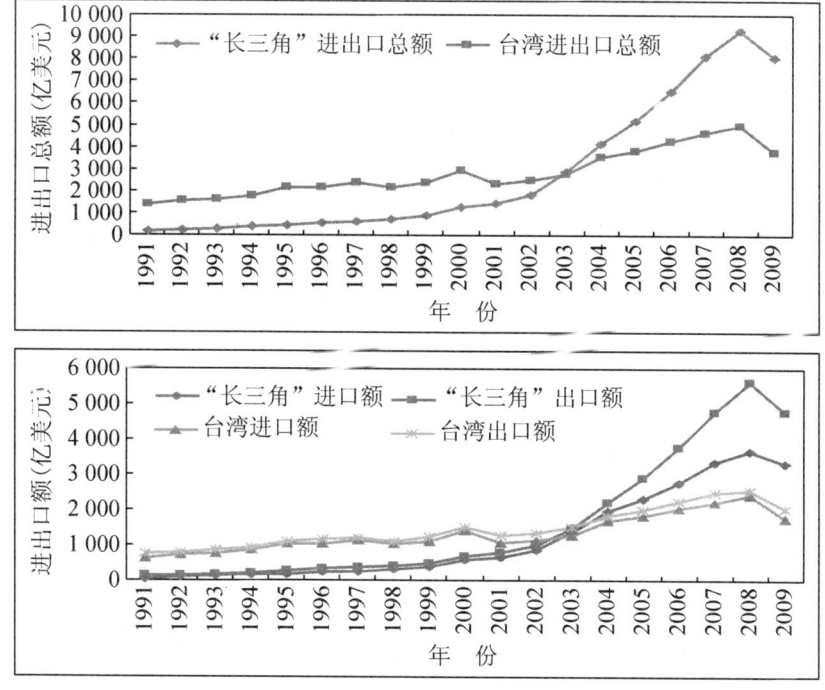

图 6.3.1　1991—2009 年"长三角"与台湾对外贸易对比图

---

① 殷君伯,刘志迎. 泛长三角区域发展分工与合作——泛长三角区域经济发展研究报告[M]. 安徽人民出版社,2008 年,第 167—170 页。

（2）贸易主要集中地区存在差异。"长三角"进出口贸易集中于中国香港和台湾、日本、韩国、欧盟、美国,2004—2009年合计平均占进、出口总额的70%和74%;台湾进口来源集中于日本、美国、中国大陆、韩国、沙特阿拉伯,2004—2009年合计平均占进口总额的52.16%,其他地区占47.84%,出口去向集中于中国香港、大陆、美国、日本、新加坡、韩国,2004—2009年合计平均占出口总额的74.84%,其他地区占25.16%。总体来说,台湾进出口贸易对象地区较"长三角"分散。具体见图6.3.2。

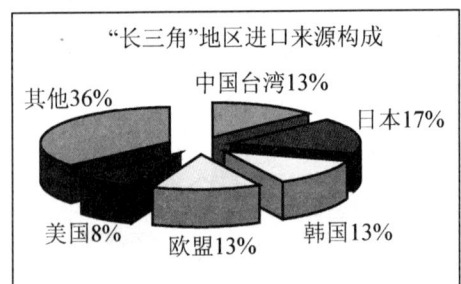
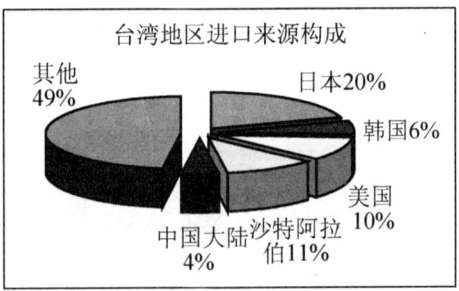
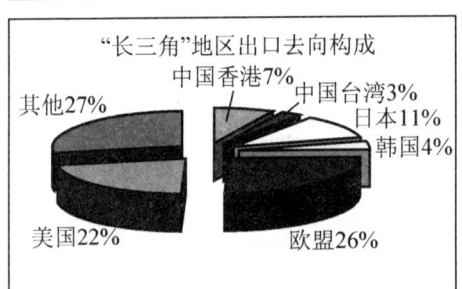
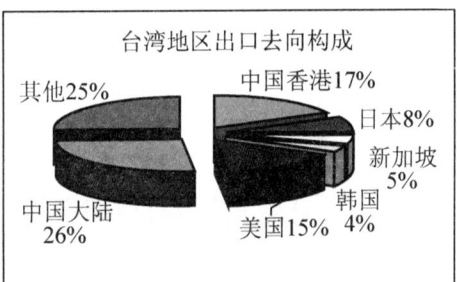

图6.3.2 "长三角"和台湾进出口地域构成

注:进口统计图采用2004—2009年各地进口额占当年进口额比重的算术平均值,出口统计图采用2004—2009年各地出口额占当年出口额比重的算术平均值。

资料来源:台湾地区资料来源于《"中华民国"统计月报》和《中华民国统计年鉴》,"长三角"资料来自《上海统计年鉴》、《江苏统计年鉴》、《浙江统计年鉴》。

（3）主要进出口商品类别存在较大差异。根据江苏、浙江、上海统计年鉴数据计算,2004—2009年间,江苏省进口产品主要集中于有机化学品、电力机械器具及其电器零件、专业科学及控制用仪器和装置,三者进口额合计占当年进口总额的比重平均达47.23%;江苏省出口产品主要集中于纺纱、织物制成品及有关产品,办公用机械及自动数据处理设备,电信及声音的录制及重放装置设备,电力机械器具及其电器零件,其出口合计额占当年出口商品总额的比重平均为66.23%。2004—2009年间,浙江省进口商品主要是机电产品、高新技术产品、农副产品、初级形状塑料,三者进口额合计占当年进口总额的比重均值达58.19%;浙江省出口商品主要类别为机电产品,高新技术产品,服装及衣着附件,纺纱、织物制成品及有关产品,其出口合计额占当年出口商品总额的比重平均为79.52%。根据上海海关统计,上海市进口商品主要是机械设备、电器及电子产品、仪器仪表、计算机及通信设备产品、集成电路产品,出口商品主要集中于机械设备、电器及电子产品、运输工具、计算机及通信设备产品、自动数据处理设备及其部件(主要是便携式电脑)。台湾出口产品类别主要为机械及电机设备、基本金属制品、塑胶橡胶及制品、精密仪器及制品、纺织品、化学品,2002—2009年间这几类产品出口额占台湾出口额的比重均值为49.91%、10.22%、7.27%、6.95%、6.07%、5.19%;进口产品类别主要为基本金属及制品、机械及电器设备、调制食品、化学品、石料、水泥、陶瓷、车辆、航空设备、船舶及有关运输设备,2002—2009年间这几类产品进口额占台湾进口额的比重均值为36.98%、18.04%、17.95%、10.86%、10.32%、8.78%。[①]

2. 外来投资方面

"长三角"由于对外开放较早,且具有优良的地理区位优势,经济增长迅速,历来是我国吸收外商直接投资最多的地区之一,2001—2010年间"长三角"实际利用外商直接投资金额占我国利用外商直接投资金额的比重平均为47%。从总量上看,外商对"长三角"直接投资协议金额由2001年的274.85亿美元上升到2010年的921.87亿美元,而实际利用外商直接投资金额由137.26亿美元增长到506.21亿美元,年均增速分别为14.39%、15.61%;台湾"经济部"投资审议委员会核准的华侨及外商投资金额由2001年的51.29亿美元上升到2007年的153.61美元,随后三年受全球金融危机影响而连续下滑至47.98亿美元。从表6.3.3可以看出,台湾吸收外商直接投资金额低于"长三角"同期的水平。从外商直接投资行业来看,2004—2009年间江苏省外商直接投资主要投向通信设备、计算机及其他电子设备制造业、电气机械及器材制造业、交通运输设备制造业、专用设备制造业、通用设备制造业、房地产业,其中制造业投资比重最大,但呈现逐年下降趋势,由2004年的82.76%降至2009年的68.2%;2006—2009年浙江省吸收外商投资主要行业为通信设备、计算机及其他电子设备制造业、房地产业、纺织业、通用设备制造业;《"中华民国"统计月报》数据显示,2001—2010年间,台湾吸收外商投资主要行业为电脑、电子产品及光学制品业、

---

① "中华民国"统计月报.2010年4月。

电子零组件制造业、批发及零售业、金融及保险业,其中金融及保险业年均资金比重达33.59%,远高于"长三角"的水平。

表6.3.3 2001—2010年"长三角"与台湾利用外资对比　　单位:亿美元

年份	"长三角"		台湾
	协议金额	实际利用	核准投资
2001	274.85	137.26	51.29
2002	370.38	185.56	32.72
2003	539.22	271.02	35.76
2004	623.30	253.60	39.52
2005	763.98	277.56	42.28
2006	802.18	334.28	139.69
2007	879.77	401.78	153.61
2008	856.58	452.77	82.37
2009	803.00	458.01	47.98
2010	921.87	506.21	38.11

资料来源:大陆资料根据历年上海、江苏、浙江统计年鉴计算,台湾资料来自《"中华民国"经济年鉴》。

二、ECFA签订前"长三角"与台湾的经贸合作

"长三角"与台湾的经贸关系大致可以分为启动、快速发展、调整发展三个主要的发展阶段。[①] (1)启动阶段(1979—1991):台商通过香港或其他地区开始对"长三角"进行小量的试探性投资。1981年江苏开始与台湾开展间接贸易,而台湾对江苏投资则起步于1988年。1984年第一家台资企业在上海落户。1985年,浙江设立第一家台资企业。该阶段"长三角"与台湾的经贸往来数量较少,经贸发展缓慢。(2)快速发展阶段(1992—2003):这一阶段"长三角"开始全方位开放,尤其是浦东新区的开发开放为"长三角"开放型经济发展带来了历史性机遇。1992—2003年间,"长三角"与台湾进出口贸易总额年均增长率达49.97%,除1992年、1995年两年外,其余年份均为贸易逆差,且逆差额度不断扩大,但"长三角"对台进出口贸易在全国对台贸易中的地位不断上升。该阶

---

① 钱方明.长三角与台湾经贸关系发展研究[J].嘉兴学院学报,2009年第5期。

段台湾对"长三角"投资金额呈逐年上升的趋势,台商投资的产业逐渐转向电子、精密机械、光学等资本和技术密集型产业。(3)调整发展阶段(2004年至ECFA签订):"长三角"开放型经济进入新的发展阶段,外资外贸发展方式发生了转变。2003年前后,"长三角"地区经济发展遇到了前所未有的土地、资源和环境压力,经济转型升级紧迫性日益凸显。不少地方纷纷转变引资战略,从原来以追求引资数量为主转向提高引资质量为主,对台资项目的投资行业、技术先进程度、环保影响等提出了更高的要求。这一时期"长三角"与台湾贸易、吸收台湾投资额度有所回落。对台贸易总额逐步下降,实际吸收利用台湾直接投资由2003年的26.36亿美元减少到2008年的12.02亿美元,2009年有所回升。

(一)"长三角"与台湾贸易发展现状和特征

从贸易规模上看,1992—2010年"长三角"对台进出口贸易呈现逐年上涨的趋势,2009年受国际金融危机影响,进出口贸易额有所下降。1992年"长三角"对台进出口贸易总额为2.67亿美元,2008年增加至620.14亿美元,年均增速为40.55%,2009年骤减至492.97亿美元,2010年得益于全球经济回暖和ECFA早期收获清单,贸易额较2009年增加了190.48亿美元;"长三角"对台出口额由1992年的1.61亿美元增长至2008年的127.13亿美元,年均增速为31.38%,2009年小幅回落至102.91亿美元,2010年上升至148.55亿美元;"长三角"自台进口额由1992年的1.06亿美元增加至2008年的493.01亿美元,年均增速为46.8%,2009年下滑至390.08亿美元,2010年增加至534.92亿美元。"长三角"对台贸易增长最快的两年为1993年和1996年,在2003年过后增速开始放缓,2009年为负增长。在这19年间,除1992年、1995年之外,"长三角"对台贸易差额保持逆差,且逆差呈现出不断扩大的趋势,2009年由于国际金融危机的影响才有所减小,具体见表6.3.4。从贸易增速(见图6.3.3)看,1992—2010年间,"长三角"对台进、出口增长率呈现出剧烈的波动特征。尤其在1997年以前的五年间,自台进口额增长率、对台出口额增长率和贸易总额增长率起伏变化幅度都相对较大,1998—2003年增长率波动相对前几年有所减小,2004—2009年对台贸易增速呈现逐年下降的趋势。

表6.3.4 1992—2010年"长三角"与台湾贸易情况统计表

年 份	贸易总额(万美元)	增长率(%)	对台出口(万美元)	增长率(%)	自台进口(万美元)	增长率(%)	贸易差额(万美元)	增长率(%)
1992	26 731.8	—	16 131.3	78.75	10 600.5	—	5 530.8	—
1993	53 074	98.54	21 857	35.49	31 217	194.49	-9 360	-269.23
1994	95 426	79.80	45 658	108.89	49 768	59.43	-4 110	-56.09

(续 表)

年份	贸易总额(万美元)	增长率(%)	对台出口(万美元)	增长率(%)	自台进口(万美元)	增长率(%)	贸易差额(万美元)	增长率(%)
1995	131 453	37.75	67 782	48.46	63 671	27.94	4 111	-200.02
1996	278 975	112.22	59 264	-12.57	219 711	245.07	-160 447	-4 002.87
1997	324 004	16.14	66 075	11.49	257 929	17.39	-191 854	19.57
1998	342 116	5.59	78 773	19.22	263 343	2.10	-184 570	-3.80
1999	441 748	29.12	91 109	15.66	350 639	33.15	-259 530	40.61
2000	699 935	58.45	138 447	51.96	561 488	60.13	-423 041	63.00
2001	826 084	18.02	152 587	10.21	673 497	19.95	-520 910	23.13
2002	1 381 048	67.18	232 289	52.23	1 148 759	70.57	-916 470	75.94
2003	2 306 339	67.00	381 413	64.20	1 924 926	67.57	-1 543 513	68.42
2004	3 518 191	52.54	647 908	69.87	2 870 283	49.11	-2 222 375	43.98
2005	4 300 224	22.23	843 710	30.22	3 456 514	20.42	-2 612 803	17.57
2006	5 184 955	20.57	1 046 324	24.01	4 138 631	19.73	-3 092 307	18.35
2007	6 001 413	15.75	1 207 708	15.42	4 793 705	15.83	-3 585 997	15.97
2008	6 201 383	3.33	1 271 320	5.27	4 930 063	2.84	-3 658 743	2.03
2009	4 929 865	-30.5	1 029 098	-19.05	3 900 767	-20.88	-2 871 669	-21.51
2010	6 834 644	38.64	1 485 450	44.34	5 349 193	37.13	-3 863 742	34.55

资料来源：历年《上海统计年鉴》、《江苏统计年鉴》、《浙江统计年鉴》和各地2010年统计公报。

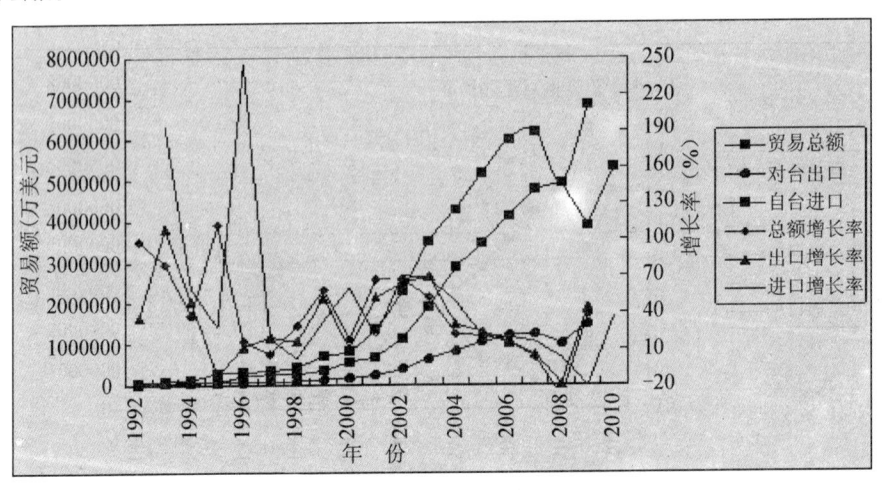

图6.3.3 "长三角"对台贸易统计图

从贸易地位来看,1992—2009 年间,"长三角"与台湾进出口贸易总额占"长三角"对外进出口贸易总额的比重(图 6.3.4 中比重 B)小幅增长,由 1992 年的 1.08% 上升至 2004 年的最高值 8.46%,之后几年逐渐下降至 2009 年的 6.13%。1992—2008 年间,"长三角"与台湾进出口贸易总额占全国对台进出口贸易总额的比重(图 6.3.4 中比重 A)大幅提升,由 1992 年的 4.08% 上升至 2008 年的 47.99%。由此可见,"长三角"对台湾贸易地位提升的同时,台湾在"长三角"对外贸易中的地位近几年却有所下降,这说明我国对台贸易存在着向"长三角"聚拢的趋势,而"长三角"对外贸易却有缓慢弃离台湾的趋势。

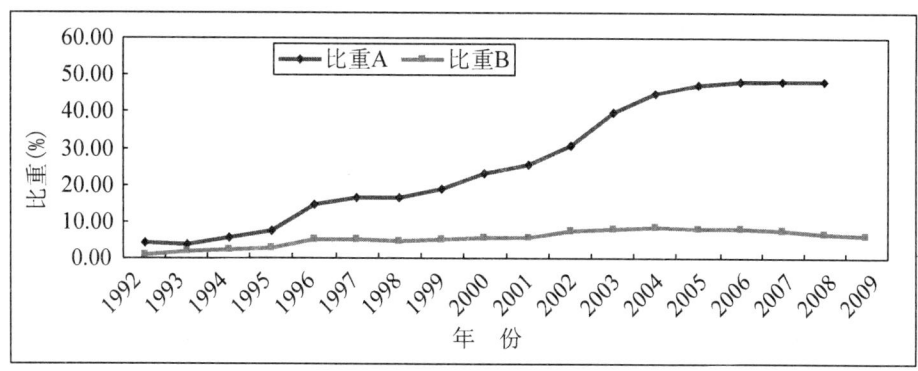

图 6.3.4 "长三角"对台贸易地位

(二)"长三角"吸收台商直接投资现状与特征

从"长三角"吸收台商投资资金规模看,1992—2009 年间,实际利用台商投资金额最多的为 2003 年的 26.36 亿美元,金额最少的为 1992 年的 3.09 亿美元。从实际利用台商资金增长率看,1992—2010 年间台商对"长三角"的投资

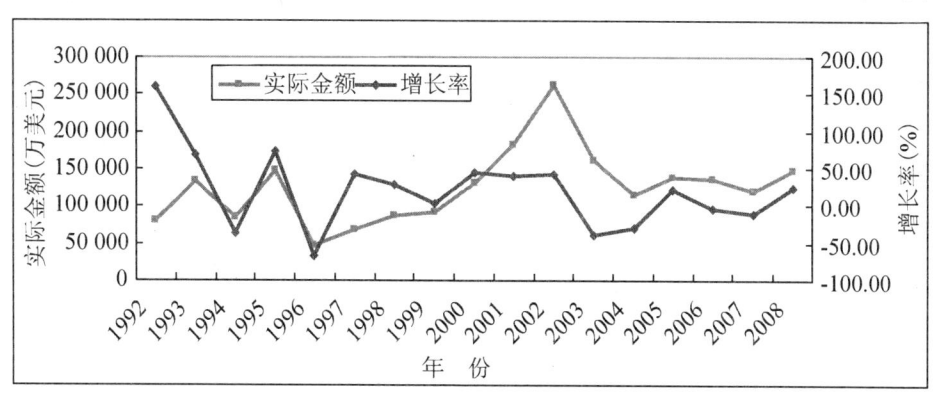

图 6.3.5 "长三角"吸收台商直接投资统计图

波动剧烈,增速出现正负交替的特征,其中增速最大的为1993年的159.57%,增速最小的为1997年的-67.7%。这在一定程度上反映了两岸投资缺乏一种制度性的安排,因而呈现波动特征,由此可见ECFA对规范两岸投资往来的必要性。

表6.3.5　1992—2010年台湾投资"长三角"情况统计表　　　单位:万美元

年 份	台湾核准资料			大陆统计资料		
	件　数	金　额	平均每件金额	项　目	合同金额	实际金额
1992	52	5 114.5	98.36	2 184	195 163	30 946
1993	2 502	95 815.0	38.30	3 322	276 094	80 326
1994	326	45 461.6	139.45	1 997	165 525	134 738
1995	190	45 219.7	238.00	1 476	—	84 804
1996	150	57 474.5	383.16	963	—	147 924
1997	2 238	144 257.4	64.46	842	—	47 779
1998	370	78 056.2	210.96	808	—	67 904
1999	196	55 399.2	282.65	806	—	87 828
2000	424	132 029.4	311.39	1 108	179 825	90 804
2001	683	163 107.6	238.81	1 737	348 653	131 514
2002	1 378	368 386.5	267.33	2 245	389 560	183 938
2003	1 671	431 312.0	258.12	2 187	521 664	263 589
2004	734	435 121.1	592.81	1 727	475 334	161 736
2005	614	385 141.7	627.27	1 726	603 774	114 692
2006	525	452 003.8	860.96	1 686	658 950.1	139 326.7
2007	473	597 291.4	1 262.77	1 517	528 925	135 105
2008	300	654 512.3	2 181.71	1 151	677 218	120 241
2009	278	429 381.3	1 544.54	1 227	715 611	148 487
2010	418	818 578.9	1 958.32	—	—	—

资料来源:台湾"经济部"投资审议委员会统计,历年《江苏统计年鉴》、《浙江统计年鉴》、《上海统计年鉴》。

从台商投资"长三角"地区产业结构来看,制造业比重占据80%以上,服务业投资比重较低。1952年至2010年间,台商投资"长三角"行业构成中,电子零组件制造业,计算机、电子产品及光学制品制造业两大行业按照资金比重排名一直居于前五位。值得注意的是,2010年不动产业投资比重跻身第二位,低于第一位的电子零组件制造业25.87个百分点(见表6.3.6)。上海、江苏、浙江两省一市的投资重点行业有所不同。2008年、2009年、2010年三年统计数据显示,台商投资上海行业资金比重排名前五位的分别为计算机、电子产品及光学制品制造业,电子零组件制造业,批发及零售业,金融及保险业,专业及科技服务业;台商投资江苏行业资金比重排名前五位的分别是电子零组件制造业,计算机、电子产品及光学制品制造业,电力设备制造业,塑胶制品制造业,机械设备制造业;台商投资浙江行业资金比重排名前五位的分别是电子零组件制造业、化学材料制造业、汽车及其零配件制造业、机械设备制造业、药品制造业。

表6.3.6 台商投资"长三角"行业构成　　　　　　　　单位:%

1952—2007		2008		2009		2010	
行业	比重	行业	比重	行业	比重	行业	比重
制造业	88.53	制造业	80.41	制造业	84.68	制造业	72.63
化学材料制造业	6.03	塑料制品制造业	5.36	电子零组件制造业	26.23	电子零组件制造业	36.21
金属制品制造业	6.44	电子零组件制造业	18.61	电力设备制造业	6.79	不动产业	10.34
电子零组件制造业	18.33	电力设备制造业	10.79	计算机、电子产品及光学制品制造业	13.96	计算机、电子产品及光学制品制造业	8.23
计算机、电子产品及光学制品制造业	16.18	计算机、电子产品及光学制品制造业	17.04	机械设备制造业	6.80	批发及零售业	5.05
电力设备制造业	9.09	机械设备制造业	5.30	批发及零售业	8.73	机械设备制造业	4.72

资料来源:台湾"经济部"投资审议委员会统计,历年台商对大陆投资分区分业统计表。

三、后ECFA时期"长三角"与台湾经贸合作的挑战与机遇

(一)后ECFA时期"长三角"与台湾经贸合作面临的挑战

1."长三角"对台贸易失衡的状况非一时所能改善,从而影响两地经贸合作的可持续发展

"长三角"对台经贸往来中,其对台出口额和自台进口额均不断增长,但出

口额增速小于进口额增速,贸易差额除1992年、1995年呈顺差以外,其余年份均保持逆差,且逆差额逐年扩大(见图6.3.6),这与ECFA签订前台湾对大陆商品进口实行管制有直接关系。长期的贸易失衡,会导致地区内需求和供给失衡,不利于产业结构的升级调整及经济可持续发展。"长三角"自台进口商品主要是台资企业所需的机器设备、原材料及关键组件,包括有机化学品、机械设备、电器及电子产品、专业科学及控制用仪器和装置、计算机及通信设备产品、集成电路及微电子组件、液晶显示板、初级形状塑料、钢材、印刷电路等;对台出口的商品主要是台资企业在大陆加工后返销台湾的产品以及岛内缺少的大宗商品,包括集成电路及微电子组件,自动数据处理设备及零部件,钢坯及粗锻件,电视、收音机及无线电讯设备的零附件等。ECFA签订前,台湾当局限制大陆近2 000种产品对台出口,致使两地经贸长期处于非均衡状态,造成了"长三角"对台贸易的巨额逆差。从贸易理论及国际与地区经验来看,倘若两地的贸易逆差一直持续下去且有增无减即贸易失衡的状况一直得不到改善,那么,两地的摩擦和冲突将愈演愈烈。因此,"长三角"对台贸易的长期失衡不利于两地经贸合作的可持续发展。在后ECFA时期,要改变这种失衡状态还有一段较长的路要走。因为,从ECFA公布的早期收获清单来看,大陆对原产于台湾的539种商品的进口关税进行减免,台湾对原产于大陆的267种商品的进口关税进行减免,单从商品数量看就体现了大陆的让利行为,539种台湾商品中包括农产品、工业用品,而267种大陆商品都是工业用品。由于台湾的农产品品质高、竞争力强,关税的减免势必造成进口价格降低,使其更具竞争力,进口数量将增

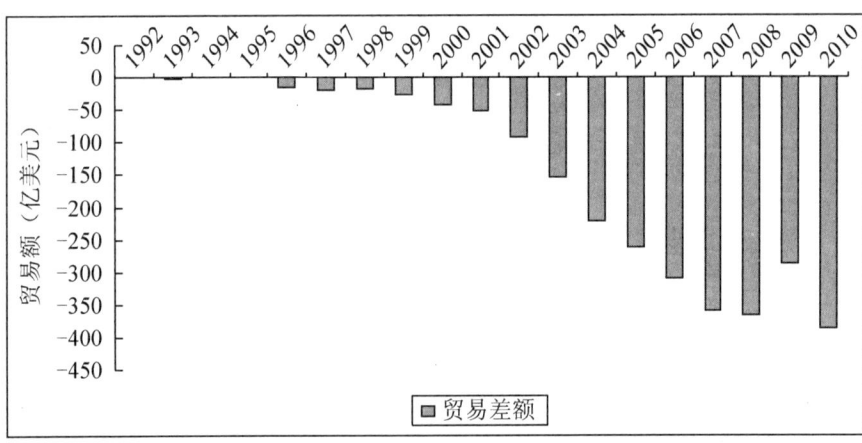

图6.3.6 "长三角"对台贸易趋势图

加;而大陆自台进口的多是关键零组件,属于产业链的上游[①],大陆对其依赖性较强,替代性低。所以,后 ECFA 时期,两地都面临着如何改善贸易失衡以促进两地经贸合作可持续发展的问题。

2. 国际新贸易保护主义盛行

随着经济全球化的深入,以及跨国公司全球化生产布局的加快,国际贸易的流向和贸易方式发生了深刻变化,跨国公司内部贸易在国际贸易中的地位不断提升,在一定程度上改变了国际贸易差额的分布。跨国公司通过内部分工和核算体系,在内部贸易中获得了较为稳定的收益,但却把各国账面上的贸易差额的此消彼长以及由此引发的贸易摩擦甩给了各国政府。以中国、印度、墨西哥、马来西亚等为代表的发展中国家,作为承接跨国公司产业转移最集中的地区,其制成品出口迅速增长,使得对美国、欧盟保持大规模贸易顺差,而美国、欧盟跨国公司在这些地区投资企业的出口已经成为美国和欧盟贸易逆差的重要组成部分。为维持贸易平衡、保护本土企业,美国、欧盟等发达国家大肆地在全球范围内打出贸易保护牌,对发展中国家出口产品实施反倾销、反补贴等,贸易摩擦不断。

"长三角"是我国最大的制造业基地,其工业制成品绝大多数靠出口海外。近两三年来,其产品出口海外不断被反倾销调查。2008 年 10 月印度对我国出口子午线轮胎正式进行反倾销调查,涉及佳通轮胎安徽、福建、重庆等公司;2009 年 6 月美国对我国发动轮胎特保战,对我国输美乘用车和轻卡车轮胎连续三年加征 55%、45%、35% 的从价税;2010 年 9 月我国玻纤出口欧盟的玻纤被认定存在反倾销事实,其控股子公司巨石集团(集团公司所在地为浙江)等企业相关涉案产品被征收 43.6% 的临时反倾销税;2010 年 6 月至 9 月,欧盟对我国出口的无线数据卡先后发动反倾销、保障措施和反补贴调查,涉及浙江博创科技等 5 家企业,为历来最严厉贸易保护措施……其实,自从我国加入 WTO 以来贸易摩擦就不断,而且有愈演愈烈的趋势。现如今 ECFA 的签订,使得两岸进出口产品关税得以大幅减免,制造业加工成本得以降低,中国出口产品在价格上将更具优势,届时如何应对国际反倾销等贸易保护手段,将会是无法避免的问题。

---

① ECFA 好不好?关键 10 问[J].远见杂志(台),2010 年第 6 期。

3. 外向型经济易受国际不利因素的冲击

"长三角"是我国对外开放程度最高的地区之一,经济对外依存度高,台湾亦如此。后 ECFA 时期,两地经贸往来成本降低且将更加自由化,贸易额将有望再上一个台阶。但经验告诉我们,这种外向型经济易受国际不利因素的冲击,而且影响颇大。1997 年爆发亚洲金融危机,1998 年台湾对外进出口贸易总额减少 200 亿美元(对外出口减少 110 亿,进口减少 90 亿),大陆由于受危机影响小,"长三角"对外进出口贸易总额虽有增加,但出口额增速较 1997 年明显低了 9 个百分点。2008 年全球金融危机蔓延,2009 年台湾进出口贸易总额减少 1 180.31 亿美元(出口减少 519.54 亿,进口减少 660.77 亿),台湾核准对"长三角"投资比 2008 年减少 22.51 亿美元;"长三角"进出口总额减少 1 212.54 亿美元(出口减少 874.99 亿,进口减少 337.55 亿)。后 ECFA 时期,两岸经贸交往将步上制度化、正常化轨道,如何共同应对国际经济危机等不利因素的冲击,保持两地经济增长,将是以后两地经贸合作中面临的重要挑战。

4. 国内各大经济圈纷纷瞄准台资,"长三角"吸收利用台资金额下降

"长三角"经济经过将近 20 年的高速发展,劳动力、土地、资源等表现出匮乏的态势,对经济发展的制约日益明显。影响台商在陆投资区位选择的因素中,对外开放水平的影响力表现出由东、中向西逐次递减的趋势,台商选择西向投资更看重市场、资源等比较优势。东部地区虽开放较早且奠定了较好的交通运输等硬件基础,但在台商投资决策中的重要性已经相对下降。[①] 从图 6.3.7 可以看出,2002 年以后,"长三角"地区吸收利用台湾直接投资金额有了大幅下降,福建得益于海峡西岸经济区建设和地理区位优势,近 5 年吸收台湾直接投资开始大幅攀升,加之 ECFA 给两岸经贸合作构建了制度化平台,带来了很多便利,台商未来投资可能向中西部等地区扩散,以寻求更广阔的市场和更丰富的资源等。且不说环渤海经济区、海峡西岸经济区,像中部的武汉、"长株潭",西部的重庆、成都等,借力于国家中部崛起、西部发展战略的政策优势以及劳动力、土地资源优势等,将成为未来吸引台资的热点地区。面对"长三角"吸收利用台商投资金额下降的事实,"长三角"与台湾未来经贸合作将必须考虑如何提高台资使用质量和效率,以促进经济永续发展。

---

① 王华.台商对大陆投资区位选择的影响因素分析——基于偏最小二乘回归方法的最新考证[J].台湾研究集刊,2009 年第 1 期。

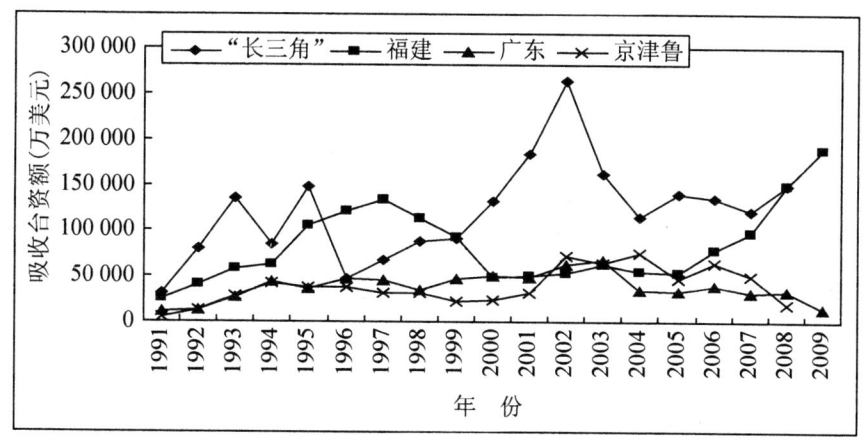

图 6.3.7　八大台商投资集中区 1991—2009 年实际吸收台资对比图

(二) 后 ECFA 时期"长三角"与台湾经贸合作面临的机遇

1. 经济全球化、东亚区域经济整合趋势是推动两地经贸发展的外在动力

20 世纪 90 年代初期以来,经济全球化已逐渐成为世界经济的潮流。经济全球化推动资源和生产要素在全球进行合理配置、资本和产品在全球自由流动、科技在全球扩张,加速世界经济增长的同时也给各个国家的经济带来不同程度的冲击,它既是机遇也是挑战。为应对经济全球化,各国纷纷采取措施:一是促进产业升级,健全经济结构;二是通过双边或多边协议推动区域经济整合,加速区域间生产要素和资源的流动与融合,以提升国际经济竞争力。

在东亚地区,早在 20 世纪 80 年代便朝向经济整合的方向发展,形成亚太经合组织(APEC)。但就近二三十年来东亚区域内贸易来看,始终无法形成类似北美和欧盟自由贸易区的经济合作机制。东亚各国积极寻求双方或多方经贸合作,努力抓住经济全球化带来的机遇、应对经济全球化的挑战,截至 2010 年 1 月,东亚地区共有 214 个自由贸易区协定已经生效或在酝酿中,其中新加坡最多(18 个,台湾地区只签订了 4 个)。[①] 中国大陆经济近十年的高速增长和崛起,让世界看到了潜力和实力,成为亚洲各国经济合作的重要对象,在区域经济整合中扮演着重要的角色。且东盟 10 + 1、东盟 10 + 3 自由贸易投资协议在 2010 年和 2012 年生效,台湾地区为在东亚区域经济整合中不被边缘化、维持其外向型经济平稳增长与发展,与大陆签订了 ECFA 以更好地促进两岸经贸良性

---

① 魏艾. ECFA 与未来两岸经贸互动关系[J]. 海峡评论(台),2010 年第 7 期。

互动,融入东亚区域经济整合大趋势之中。

"长三角"一直是大陆经济增长和发展最具潜力的地区,集合地理区位、人才、科技、基础设施、贸易、投资等众多优势于一体,一直以来与台湾保持密切的经济贸易往来与合作,在"长三角"制造业崛起的过程中,台资的集聚助推了"长三角"制造业基地的加速形成。① 2008 年"长三角"对台进出口贸易额达 620.14 亿美元,占当年台湾进出口贸易总额的 16%,占当年"长三角"进出口贸易总额的 8%;"长三角"地区实际吸收利用台资 12.02 亿美元,占当年实际吸收利用外资金额的 3%,截止到 2009 年年底,仅上海一市就累计吸收台资 36.65 亿美元,累计签订合同项目 6165 个。ECFA 签订之后,两地经贸合作将走向制度化、双向化和多元化,优势互补,势必会在世界经济发展中形成一股竞争合力。

2. "长三角"区域发展目标和战略定位为两地经贸合作指出明确方向

党中央、国务院高度重视"长三角"地区的发展,继续加大支持力度,"长三角"区域经济一体化发展势头强劲。在《长江三角洲地区区域规划 2009—2015》中,对"长三角"的战略定位是亚太地区重要的国际门户、全球重要的现代服务业和先进制造业中心、具有较强国际竞争力的世界级城市群,并提出到 2015 年率先实现全面建设小康社会的目标,服务业比重进一步提高(服务业比重达到 48%,核心区达到 50%),产业结构明显优化,创新能力显著增强(研发经费支出占地区生产总值的比重达到 2.5%,核心区达到 3%),区域分工和产业布局趋于合理,对外开放水平明显提高;到 2020 年,力争率先基本实现现代化,形成以服务业为主的产业结构(服务业比重达到 53%,核心区达到 55%),三次产业协调发展,在重要领域科技创新接近或达到世界先进水平,对经济发展的引领和支撑作用显著增强,区域内部发展更加协调,形成分工合理、各具特色的空间格局。该规划围绕这一战略定位和一系列目标,制订了详细的发展计划,包括产业(传统产业、制造业、服务业、新兴产业四个大类)、基础设施、人口、科技、社会保障、生态等方面的优化提升与合理布局。在今后相当长一段时间内,"长三角"地区的经济社会发展必将遵循这一规划的步伐,在经济贸易、招商引资方面必定对规划中重点发展的产业、行业有所倾斜,注重区域内产业空间布局的合理优化,一步步向目标接近,这就为"长三角"与台湾进一步加强经贸合作指明了重点和方向。

---

① 李清娟.长三角都市圈产业一体化研究[M].经济科学出版社,2007 年,第 37 页。

此外，2008年年初胡锦涛总书记在安徽视察时首次正式公开地提出"泛长三角"概念，指出安徽要充分发挥区位优势、自然资源优势、劳动力资源优势，积极参与"泛长三角"区域发展和分工，主动承接沿海地区产业转移，不断加强同兄弟省份的横向经济联合和协作，预示着"泛长三角"将成为"长三角"地区深化发展和合作的主力平台。因而，在"长三角"与台湾未来的经贸合作中，安徽、江西的加入又加重了砝码，也即台资可以在更宽泛的范围内考虑资源的整合和产业布局，利用更为丰富的"泛长三角"地区资源，发展自身实力的同时也促进当地的经济发展。

3. 新一轮的国际产业转移给两地经贸合作带来新契机

当今以服务外包、服务贸易以及高端制造和技术研发环节转移为主要特征的新一轮世界产业结构调整正在兴起。[①] 中国经济的发展证明，只有主动承接国际产业的转移，才能加快自身产业结构的升级换代，实现经济的崛起。20世纪80年代末，面对以加工贸易为主要特征的国际产业转移，广东最先行动，因而打响了"广东制造"的品牌，广东成为中国经济发展最快的一极；90年代中期以来，国际产业转移的主要特征表现为世界制造业由发达国家向中国等发展中国家转移，"珠三角"、"长三角"顺势而动，承接国际制造业转移，从而成就了中国两大经济发达地区。新一轮以服务业为主的国际产业转移大势，为"长三角"与台湾经贸合作带来新的契机。从三次产业结构看，台湾已经进入工业化的后期，服务业在"国民经济"中的比重2010年约为67.05%，不仅在服务技术、企业管理、产品等方面具有比较优势，还具有成熟的制造业作为支撑，形成了多行业并存发展、行业龙头企业具有较强带动作用的格局，而且形成了金融及保险业、批发及零售业、通信服务业、科技服务业、医疗保健服务等五大支柱性行业。"长三角"地区有上海这一特大型城市，且与台湾类似已经进入"三二一"的产业发展格局，还有江苏、浙江两个制造业大省，其正处于服务业GDP占比快速上升阶段，有厚实的制造业基础作为服务业的支撑，且具有广阔的市场空间。由此可见，"长三角"地区具有发展服务业、承接国际服务业转移的优良基础。因此，借助ECFA的一切便利和新一轮国际产业转移的东风，"长三角"应和台湾加强服务业合作，优势互补，主动承接国际服务业转移，打造"长三角"现代服务业中心。

---

① 殷君伯，刘志迎. 泛长三角区域发展分工与合作——泛长三角区域经济发展研究报告[M]. 安徽人民出版社，2008年，第230页。

4. 两地经贸合作将逐步步入制度化、双向化、自由化轨道,有利于两地优势互补,合作共赢,提升经济竞争力

过去台湾与大陆的经贸合作多数是企业的自发行为,主流模式是台商带着设备和资本到大陆投资,大陆提供劳动力、土地和原材料,加工制造环节完成之后再由台商出口成品到海外,其实质是台湾企业之间的一种内循环,在很多领域与大陆的联系不是很密切。而 ECFA 的实施将有助于改善这一局面,使两岸经贸交流合作在 ECFA 框架下步入制度化轨道。随着贸易成本发生变化,两岸产业必然会进一步加强合作,延伸产业链。此外,大陆企业将可以以参股的方式或设厂的方式增加对台湾的投资,进而改变过去台商对大陆单向投资为主的模式,实现资金的双向流通,且服务业的开放也进一步拓宽了投资的领域。

"长三角"是我国经济最发达、制造业最先进、较早开放的地区之一,对外经贸交往频繁、经济外向度高,也是跨国公司集聚最多的地区,同时拥有一大批实力雄厚的内外资企业。后 ECFA 时期,首先,企业因得益于关税的进一步优惠,可降低加工制造成本,从而使产品出口更具竞争优势。"长三角"自台进口产品中绝大部分是用于制造加工的原材料或中间材料,而对台出口产品中大部分是大陆加工再返台的产品,其进出口产品主要属于电器及电子产品、计算机及通信设备产品、自动数据处理设备及其部件、机械设备、有机化学品等几大类。后 ECFA 时期,这些产品的进出口关税立即减免,在 2012 年以后基本实现零关税,这将大大降低两地制造业的加工成本。其次,台商将站在新的高度布局两岸产业,有望迎来台企更多的销售中心、研发中心和公司总部,"长三角"可以更充分借鉴台湾在管理、技术、创新研发等方面的经验,共同与台湾用好比较优势及分工优势,加快区域内制造业升级。最后,鉴于台湾与大陆同根同源,社会、经济、文化等各方面差异甚小,"长三角"优质企业可以借助投资台湾积累国际化发展的经验。

四、加快与台湾的经贸合作,促进"长三角"经济的可持续发展

(一) 加强与台湾制造业合作,推动制造业向高端升级,缓解贸易严重失衡局面

"长三角"要打造全球先进制造业中心,就必须加快制造业发展,努力提升制造业的层次和水平,在已有制造业产业集群的基础之上,利用 ECFA 实施后带来的成本优势和贸易投资制度化、自由化优势,渐进摒弃过去"台商带来资本和技术,大陆简单组装加工"的模式,推动制造业向高端升级。继续深化与台资的合作,吸引更多的台资企业研发中心、公司总部等进驻"长三角",推动制造业向"微笑曲线"的两端发展。加快学习并掌握当地台资企业所需的关键技术,借

力台资研发设计优势,形成自主知识产权的核心技术研发,改变过去核心技术、关键零组件依赖台湾供应的格局,进而缓解对台贸易严重逆差的问题。在制造业向产业链上级发展的同时,将处于产业链低端的或传统的已失去比较优势的产业向江西、安徽等兄弟省份或广大西部地区转移,一来台资企业可继续利用相对廉价的土地、劳力等资源,二来"长三角"的高端产业可以供应低端产业所需的原料、核心技术、关键零组件,达到降低生产成本的目的,同时制成品通过"长三角"的公司总部出口海外或返销台湾消费市场。通过关键零组件、技术的当地供应和产成品返销台湾,减少对台的进口和扩大对台的出口,缓解对台贸易的严重失衡,将有利于两地贸易的可持续发展。

(二)加快与台湾服务业合作,促进制造业发展,助力企业两岸布局

加快两地服务业合作,不仅有利于调整外商投资结构,促进"长三角"区域内制造业更好地发展,也有利于转变外贸增长方式,为"长三角"企业赴台创造条件,从而有利于改变单向投资,实现两地贸易、投资的双向化和经贸合作的可持续发展。后 ECFA 时期,大陆对台开放会计、研发设计、空运、金融等服务业,台湾对大陆开放研发设计、经纪、银行等服务业,在迎来两地服务业贸易热潮的同时将进一步促进两地制造业投资。企业为秉承一贯性或由于文化理念及市场的差异,或倾向于选择母公司所在地会计、金融等服务提供者,或倾向于选择市场所在地的服务提供者。加快两地生产性服务业者相互参股、合资、合作或者设立独资子公司,为当地企业提供更为高效和优质的配套服务或跨境服务,将大大促进当地外资企业的发展,并进一步吸引台资登陆和陆资赴台,为两地企业的两岸布局营造良好的外部条件。

(三)加强人才的交流合作

人口素质对各台商投资集中省份的经济绩效的影响明显为正,即人口素质越高,经济绩效越佳。因此,两地经贸合作的可持续发展,不能缺少两地人才的交流合作,尤其是创新型人才的培养、引进与交流。台湾在很多行业掌握着世界先进技术和持有专利,高端研究开发能力强。如电子信息技术、光电、集成电路设计、功能性纺织品等方面,台湾拥有大陆不可比拟的优势,相关行业的人才水准也自然高出大陆不少。而"长三角"也是我国精锐人才聚集之地,基础研究能力也不示弱。加强两地人才交流合作,需完善高端人才交流平台和机制。为此,政府可开辟人才引进的"绿色通道",并提供咨询、法律等相关配套服务,开展两地高等院校、科研机构、企业员工的交流项目,实现"长三角"区域内台资企业和赴台投资企业所需尖端人才的两岸自由流动,为企业发展做好人才开发和储备工作,降低企业来陆或赴台投资人才方面的顾虑。

海峡西岸和其他台商投资相对集中地区的经济发展

（四）政府及相关部门应该围绕ECFA架构，采取更为高效的支持政策或措施，吸引台资登陆的同时为陆资赴台创造条件

政府要发挥好两岸经贸合作的平台作用，为两地经贸合作做好充分、高效的支持和保障工作。台资登陆方面：加强区域内地方性法规、部门规章和规范性文件的制定、清理、审查备案工作的协作，形成区域相对统一的法制环境；合理界定"长三角"区域内苏、浙、沪政府的职责范围，充分发挥市场在资源配置中的基础性作用，避免政府之间各自搞引资优惠而形成不良竞争；改善投资环境，创新台商投资管理方式，可以适当实行台商投资格式化审批，推动投资便利化；政府出面牵头引导，建立并完善产业投融资体制，解决台资企业融资问题，促进其良好发展。"长三角"企业赴台投资方面：政府要健全和完善企业"走出去"支持服务平台，组织相关机构对台湾当前的政治、宏观经济、法律、产业乃至行业投资环境等方面进行深入研究，为具备条件的企业赴台投资提供咨询等服务，促进两地投资的双向化互动。

第四节　后ECFA时期"环渤海"与台经贸合作及"环渤海"经济的可持续发展

继"珠三角"、"长三角"之后的另一大经济增长点——"环渤海"地区（该区的核心地带是京津冀鲁地区），是我国经济发展较发达的区域之一，对保证我国政治稳定和经济发展起着核心作用。而且作为外商在我国北方投资最密集的地区，其发展带动着我国整个三北地区的发展及东北亚地区国际经济合作的发展。国际金融危机的爆发，"长三角"、"珠三角"等沿海地区外向型经济区都受到很大的影响，而偏向于内向型的"环渤海"经济区的优势更是得以突出。2010年上半年的经济数据显示，"环渤海"经济圈的GDP超越了"珠三角"，与"长三角"相差无几，其中天津的GDP增长速度达到了16.2%，位居全国第一。

虽说是偏向于内向型的经济区，但随着经济全球化、国际分工的进一步发展，"环渤海"地区的对外贸易增速较快。而且凭借劳动力、能源等的价格优势，"环渤海"地区也加大了对外商投资企业的吸引力。其中在2006年第十届海峡两岸机械电子商品交易会暨厦门对台出口商品交易会期间举行的"海峡两岸经贸论坛"中，多数与会专家学者达成一个共识——"环渤海"经济圈将成为未来台商投资的新热点。"环渤海"经济圈具有较好的区位优势，能够辐射东北、华北、西北，且原材料供应充足，港口、物流等功能已得到明显强化。此外，"环渤海"经济圈的传统工业基础较好，人口众多，高校和科研院所密集，且作为一个

较新的增长点,在经济开发方面不像华东、华南地区那样优势资源已经被大量消耗而所剩不多。由于当地劳动力、土地、能源等资源价格比"长三角"、"珠三角"低得多,而且随着 ECFA 的签订,两岸经贸合作将得到进一步的发展,"环渤海"经济圈的优势也将得到进一步的体现。

一、"环渤海"与台湾经济发展状况比较

(一)经济总量水平的比较

"环渤海"地区作为我国经济发展的另一增长点,发展速度较快,最近十年中除了 2007 年和 2009 年,其他年份的 GDP 增长速度均超过整个大陆地区的年均增长速度。从 2001 年到 2004 年,"环渤海"地区 GDP 的增长速度都处于逐步上升的状态(见表 6.4.1),2004 年和 2005 年的增长速度均达到 20% 以上。2006 年出现了一个回落,但之后到 2008 年又呈现出一个逐步恢复的趋势。2009 年,受金融危机的后期影响,"环渤海"地区 GDP 的增长速度有了一个较大的回落,但同时其 GDP 总量突破了万亿美元。进入 21 世纪以来,"环渤海"地区的 GDP 总量一直占有整个大陆地区 GDP 总量的 18% 以上,2004 年突破了 20%,而且至 2006 年之前,其对整个大陆地区经济的贡献都处于上升的态势,2007 年到 2009 年间有些波动,但都没有低于 21%。虽然 2009 年其增长速度低于整个大陆地区的增长速度,但其 GDP 总量仍占有 21.02% 的份额,可见"环渤海"地区对整个大陆地区经济发展发挥的重要作用。而且相对于"珠三角"和"长三角"的外向型经济,"环渤海"地区偏向于内向型的经济结构有利于整个大陆地区经济发展的稳定性。

表 6.4.1 "环渤海"地区与台湾地区的 GDP 数据

年份	"环渤海"地区			台湾地区		
	GDP(亿美元)	增长率(%)	人均 GDP(美元)	GDP(亿美元)	增长率(%)	人均 GDP(美元)
2000	2 203.93	——	1 210.55	3 256.98	5.77	14 721
2001	2 457.28	11.50	1 355.59	2 973.74	-2.17	13 348
2002	2 749.73	11.90	1 506.95	3 018.16	4.25	13 476
2003	3 211.87	16.81	1 749.29	3 093.40	3.43	13 752
2004	3 943.99	22.79	2 131.20	3 334.22	6.07	14 770
2005	4 795.11	21.58	2 566.98	3 550.09	4.09	15 676
2006	5 777.26	20.48	3 062.75	3 859.57	5.44	16 911

海峡西岸和其他台商投资相对集中地区的经济发展

(续 表)

年 份	"环渤海"地区			台湾地区		
	GDP(亿美元)	增长率(%)	人均GDP(美元)	GDP(亿美元)	增长率(%)	人均GDP
2007	7 176.83	24.23	3 723.00	4 032.67	5.98	17 596
2008	9 320.25	29.87	4 834.91	4 125.92	0.73	17 941
2009	10 318.50	10.71	5 304.05	3 915.73	-1.93	16 969
2010	9 204.16	-10.80	7 171.49	4 302.91	10.82	18 577

注:此表中的"环渤海"地区包括北京市、天津市、山东省和河北省。
资料来源:《中国统计年鉴》、《"中华民国"统计月报》、各省市的统计年鉴、《"中华民国"统计月报》。

被称为"亚洲四小龙"之一的台湾地区,自20世纪60年代以来经济飞速发展,国民生产总值的年均增长速度都超过或接近10%。70年代末期世界石油危机的爆发,导致国际环境发生了较大的变化,台湾则进入了经济转型期。处于向高科技工业转型阶段的台湾地区,进入21世纪以来,经济发展出现了较大的波动。2001年经济便出现了负增长,2004年经济有了比较大的发展,GDP增长速度高达6.07%,2007年GDP总量突破了4 000亿美元,但紧接着的全球金融危机使得偏外向型的台湾经济遭受了比较大的冲击,2009年的GDP呈现出负增长的情况。

从表6.4.1中可以看出,21世纪以来,"环渤海"地区的GDP增长速度要明显高于台湾地区。"环渤海"经济圈乃至整个大陆地区都处于高速发展阶段,而经历了20世纪60年代到80年代的飞速发展,正处于经济转型期的台湾地区,21世纪的经济发展波动较大。近十年来,除了2009年,"环渤海"地区的GDP增长速度都保持在10%以上,2004年和2005年甚至高达20%;而台湾地区则出现了两年的负增长,最高的增长速度也就是2004年的6.07%。从GDP总量来看,"环渤海"地区出现了跳跃式的增长,2000年时仅2000多亿美元,到2009年已实现万亿美元的突破。而台湾地区则相对稳定,一直保持在3 000亿—4 000亿美元左右。2003年是两地GDP总量比较的一个转折点,2003年之前"环渤海"地区的GDP总量要小于台湾地区,2003年则超越了台湾地区且一路领先,到2010年"环渤海"地区的GDP总量已是台湾地区的2.14倍。从人均GDP上加以考察,虽然两地的人均GDP差距正在缩小:2000年台湾人均GDP为14 721美元,为"环渤海"地区人均GDP的约12倍;2010年台湾人均GDP为"环渤海"地区的约2.59倍,"环渤海"地区的人均GDP与台湾地区仍存在很大差距。

(二) 产业结构的比较

与整个大陆地区一样,近十年来"环渤海"地区一直都呈现出"二三一"的工业化结构特征。经过不断的调整,产业结构也得到了不断的优化。21世纪以来,"环渤海"地区农业在 GDP 中的比重处于一直下降的趋势,2005 年降到了 10% 以下。工业和服务业则有一些波动,其中工业的波动性较大,在 45% 到 51% 之间,而服务业除了 2005 年,都维持在 40% 以上,且波动较小。与整个大陆地区相比,"环渤海"地区农业在 GDP 中的比重一直都低于全国平均水平,而工业和服务业略高于全国平均水平。服务业的高比重主要是由于北京地区的服务业比较发达,占其 GDP 的 60%—70%,从而提高了整个"环渤海"地区的服务业比重。在工业方面,"环渤海"地区偏重于重化工业,其中京、津、冀形成了以石油化工、钢铁冶金、机械电子为主导的综合型工业带,偏于重工业的结构。

表 6.4.2 "环渤海"地区与台湾地区的产业结构比较　　　　单位:%

	"环渤海"地区			台湾地区		
	第一产业	第二产业	第三产业	第一产业	第二产业	第三产业
2000 年	12.31	47.01	40.68	2	29.1	68.9
2001 年	11.96	45.99	42.05	1.9	27.6	70.5
2002 年	11.04	45.76	43.19	1.8	30.4	67.8
2003 年	10.23	47.87	41.90	1.7	31.2	67.1
2004 年	10.12	49.99	39.88	1.7	31.8	66.6
2005 年	9.25	50.76	39.99	1.7	31.3	67.1
2006 年	8.24	51.13	40.64	1.6	31.3	67.1
2007 年	8.29	50.25	41.46	1.5	31.4	67.1
2008 年	8.15	50.87	40.99	1.6	29.2	69.2
2009 年	8.08	49.48	42.44	1.6	29.9	68.6
2010 年	6.20	47.44	46.36	1.6	31.4	67.0

注:此表中的"环渤海"地区包括北京市、天津市、山东省和河北省。

资料来源:《中国统计年鉴》、《"中华民国"统计月报》、各省市的统计年鉴、《"中华民国"统计月报》。

由于世界第二次石油危机的爆发,再加上受到能源缺乏和工资上涨的影响,台湾地区的重化工业和出口加工业的发展难以继续,故 20 世纪 80 年代初台湾便进入了经济转型期,改变其发展策略,不断优化其产业结构。到 1988 年服务业占 GDP 的比重达 50.6%,首次超过 50%,形成了以服务业为主导的产业结构。21 世纪以来,台湾的产业结构基本处于稳定的状态,由于土地资源较为稀缺，农业占 GDP 的比重较小，在 15%—20% 之间，工业维持在 30% 左右，服务业稳居 66% 以上，最高达 70%。在工业方面，以重工业为主的制造业占其比重的 80% 以上，目前台湾地区正从电子信息、石化、新材料、精密机械等制造业领域寻求产业拓展机遇。服务业方面，以批发及零售业为主，通信、科技研发、金融、教育、咨询等知识密集型行业或新兴服务业的发展较快。

比较两岸的产业结构可以发现，"环渤海"地区和台湾地区的经济发展结构还是存在着比较大的差距。"环渤海"经济区是以重化工业为主导的发展模式，除了北京外（北京市的产业结构与台湾比较类似，服务业的比重接近台湾），其他省市的服务业发展缓慢，而台湾地区已形成了以服务业为主的经济结构。具体在制造业方面，按轻重工业分，"环渤海"地区和台湾地区都是以重工业为主；按行业类别分，"环渤海"地区以化工业、机械等工业为主，而台湾地区资讯电子工业占制造业的比重最大，其次是化学工业和金属机械工业。

(三) 对外贸易的比较

由于金融危机导致的全球经济疲软，2009 年"环渤海"地区的对外贸易总额、进口额和出口额都出现了负增长。除此之外，从 21 世纪开始到 2008 年，不论是该地区的对外贸易总额，还是进口、出口都呈现稳步上升的趋势。从 2003 年开始，"环渤海"地区的对外贸易增速都维持在 20% 以上，其中 2003 年、2004 年和 2008 年的增速都超过 30%。2000—2010 年，"环渤海"地区的对外贸易总量占整个大陆地区对外贸易的比重有较小的波动（见表 6.4.3），保持在 20% 左右。由于北京市的贸易逆差较大（其他省市都是贸易顺差），导致整个"环渤海"地区都处于贸易逆差的地位，而且随着对外贸易量的增加，贸易逆差也在不断增加，其中 2008 年和 2010 年的贸易逆差最为明显，2008 年突破千亿美元，2010 年则达到 1780.87 亿美元。随着全球化经济的发展，"环渤海"地区的贸易依存度也出现了波动性的上升（2009 年除外）。2004 年之后，进出口的贸易依存度稳居 50% 以上。

表 6.4.3 "环渤海"地区的对外贸易数据

	进出口总额（亿美元）	出口（亿美元）	进口（亿美元）	贸易差额（亿美元）	对外贸易依存度（%）
2000 年	967.82	398.34	569.48	-171.14	43.91
2001 年	1 043.86	433.59	610.26	-176.67	42.48
2002 年	1 159.40	499.18	660.22	-161.04	42.16
2003 年	1 515.08	637.62	877.45	-239.83	47.17
2004 年	2 109.02	866.47	1 242.55	-376.07	53.47
2005 年	2 718.54	1 154.59	1 563.95	-409.36	56.69

(续　表)

	进出口总额 （亿美元）	出　口 （亿美元）	进　口 （亿美元）	贸易差额 （亿美元）	对外贸易依存度 （%）
2006 年	3 364.24	1 429.76	1 934.48	－504.72	58.23
2007 年	4 127.06	1 793.48	2 333.59	－540.11	57.51
2008 年	5 487.95	2 169.33	3 318.62	－1 149.29	58.88
2009 年	4 469.46	1 735.94	2 733.52	－997.58	43.32
2010 年	5 725.61	1 972.37	3 753.24	－1 780.87	62.21

注：此表中的"环渤海"地区包括北京市、天津市、山东省和河北省。其中对外贸易依存度（＝进出口总额/地区生产总值×100%）为作者根据相关数据计算得到。

资料来源：《中国统计年鉴》、《"中华民国"统计月报》、各省市的统计年鉴、《"中华民国"统计月报》。

早在20世纪60年代初，台湾便制定了出口导向的经济方针，也由此带来了台湾经济的飞速发展。虽然有了一系列的经济调整措施，但台湾经济的对外依存度还是相当高。从表6.4.4中的数据可以看到，21世纪以来随着经济的发展，台湾的对外贸易总额、出口量和进口量都处于上升的态势（除了2009年全球经济萎缩之外）。2000—2010年中，台湾都处于贸易顺差的地位，但由于出口和进口两者的增加速度不一样，导致了其贸易顺差的起伏波动呈现阶段性的上升。2009年贸易顺差最大，接近300亿美元。从台湾地区对外贸易总量占其GDP的比重可以发现，台湾地区的外贸依存度也有较大的波动性，但都在80%以上，其中2004年到2008年间，其进出口额均超过了当年的GDP总量，可见其外贸依存度较高。

表6.4.4　台湾地区的对外贸易数据

年　份	进出口总额 （亿美元）	出　口 （亿美元）	进　口 （亿美元）	贸易差额 （亿美元）	对外贸易依存度 （%）
2000	2 926.82	1 519.50	1 407.32	112.18	98.39
2001	2 342.85	1 263.14	1 079.71	183.44	80.08
2002	2 485.62	1 353.17	1 132.45	220.72	80.72
2003	2 786.11	1 506.01	1 280.10	225.90	90.07
2004	3 511.28	1 823.70	1 687.58	136.13	106.34
2005	3 810.46	1 984.32	1 826.14	158.17	108.50
2006	4 267.15	2 240.17	2 026.98	213.19	117.04
2007	4 659.29	2 466.77	2 192.52	274.25	112.50
2008	4 960.77	2 556.29	2 404.48	151.81	128.29

海峡西岸和其他台商投资相对集中地区的经济发展

（续　表）

年　份	进出口总额 （亿美元）	出　口 （亿美元）	进　口 （亿美元）	贸易差额 （亿美元）	对外贸易依存度 （％）
2009	3 780.45	2 036.75	1 743.71	293.04	95.18
2010	5 258.37	2 746.00	2 512.36	232.64	122.20

资料来源：《"中华民国"统计月报》。

比较"环渤海"和台湾地区的对外贸易可以看到，由于国际分工合作的进一步加强，两地的对外贸易量都随着经济的增长而不断增长。金融危机对两地的进出口都造成了一定程度的影响，但台湾受到的冲击更大，对外贸易额减少了近24%。在2008年和2009年之前，"环渤海"地区的对外贸易量一直落后于台湾，但其出口量在最近十年中都没有超过台湾，进口量则于2007年超越了台湾。在贸易差额方面，由于北京的进口远远大于其出口导致了"环渤海"地区近十年来的贸易逆差，且逆差较大，占其对外贸易量的13%以上，最近两年更是突出，比重超过了20%；而台湾一直都处于贸易顺差，进出口量也相对平稳，顺差额占其对外贸易量的比重不超过10%，最高的是2002年的8.88%。从两地进出口额占其GDP的比重可以看到，台湾的外贸依存度明显地高于"环渤海"地区，"环渤海"地区的比重在50%左右，而台湾的对外贸易量接近甚至是超过了其GDP总量。

二、ECFA签订前"环渤海"地区与台湾的经贸合作

（一）"环渤海"地区的对台贸易

随着两岸经贸合作的进一步加强，"环渤海"地区与台湾的贸易量也在不断增加。从2000年到2008年的数据来看，"环渤海"地区（见表6.4.5）对台湾的贸易总量一直在上升，在大陆加入WTO的前两年得到了飞速的发展，增长速度超过50%，2004年的速度放缓，2005年出现了一个较大的回落，到2008年又恢复到了2004年的增长速度。"环渤海"地区对台湾的出口波动较大，2001年出现负增长，到2002年则增加了90%多，而进口相对来说起伏较小。在两地的贸易往来中，以京津鲁由台湾进口为主，出现了较大的贸易逆差，表中数据显示京津鲁由台湾进口的数量都保持其对台湾出口量的两倍以上，从而导致其对台贸易差额都要超过其对台的出口量。从21世纪以来京津鲁对台贸易占整个大陆地区对台贸易的比重看，京津鲁的份额较小，要明显小于其对外贸易占大陆对外贸易的比重，也大大小于其GDP对大陆GDP的贡献，最高是2008年的7.25%，2000年到2003年在稳步增加，2005年到2007年有个回落，2008年则出现了一个跳跃。在进口和出口方面，虽然京津鲁对台是贸易

逆差，但其由台进口的份额要小于出口，也说明其对台的逆差要小于整个大陆地区对台逆差的水平。

表6.4.5　京津鲁对台贸易量

	进出口 （亿美元）	出口 （亿美元）	进口 （亿美元）	贸易差额 （亿美元）	对台贸易占大陆对台贸易的比重		
					进出口 （%）	出口 （%）	进口 （%）
2000年	14.69	3.80	10.88	-7.08	4.81	7.55	4.27
2001年	15.67	2.71	12.96	-10.25	4.85	5.42	4.74
2002年	23.76	4.57	19.19	-14.61	5.32	6.95	5.04
2003年	37.24	8.75	28.49	-19.75	6.38	9.71	5.77
2004年	49.88	14.02	35.86	-21.85	6.37	10.35	5.54
2005年	51.14	15.02	36.12	-21.09	5.61	9.08	4.84
2006年	60.79	19.88	40.90	-21.02	5.64	9.59	4.70
2007年	70.04	22.51	47.53	-25.03	5.63	9.59	4.71
2008年	93.73	30.03	63.70	-33.67	7.25	11.60	6.16
2009年	62.90	23.00	39.91	-16.91	4.43	7.75	3.45

资料来源：历年京津鲁统计年鉴、《中国商务年鉴》、中华人民共和国商务部网站（http://www.mofcom.gov.cn/）。

京津鲁对台的贸易依存度较小（见表6.4.6），2000—2010年的数据显示其对台的贸易量仅仅是该地区GDP总量的1%左右，2000年到2004年处于上升的趋势，2004年达到最高值1.71%，之后又回落了，但维持在1%以上。而且从京津鲁对台贸易量占其对外贸易量的比重也可以看到，京津鲁对台贸易的比重较小，仅2001年到2003年三年是增加的，之后直到2007年都是下降的，2008年出现较小的反弹，基本在2%左右，只有在2002年到2005年达到了2%，最高的是2003年的2.61%。

表6.4.6　京津鲁对台贸易依存度　　　　　　　　　单位（%）

	进出口占 GDP的比重	出口占 GDP的比重	进口占 GDP的比重	对台进出口占其 总进出口的比重
2000年	0.92	0.24	0.68	1.60
2001年	0.88	0.15	0.72	1.59
2002年	1.17	0.23	0.95	2.17

(续 表)

	进出口占GDP的比重	出口占GDP的比重	进口占GDP的比重	对台进出口占其总进出口的比重
2003 年	1.57	0.37	1.20	2.61
2004 年	1.71	0.48	1.23	2.53
2005 年	1.44	0.42	1.01	2.00
2006 年	1.40	0.46	0.94	1.91
2007 年	1.30	0.42	0.88	1.81
2008 年	1.34	0.43	0.91	1.84
2009 年	0.61	0.22	0.39	1.41

资料来源:京津鲁统计年鉴、《中国商务年鉴》各期。

(二) 台商对京津鲁的投资状况

根据台湾方面的核准资料(见表6.4.7),2000—2010年中台商对京津鲁的投资件数在2000年到2003年间不断上涨,2003年出现顶峰,之后几年便是下滑的趋势;投资金额是一个波段性的上涨过程,而平均每件投资的金额在2003年前较为平缓,之后有个小的波动,从2005年起便进入了一个高速上涨的阶段,到2009年突破了千万美元。在2000年到2009年间,台商累计对京津鲁的投资件数有964件,累计金额高达35亿美元之多。而根据大陆方面的统计资料,京津鲁三地21世纪以来截至2008年累计利用台商投资金额则超过了44亿美元。从2000年到2002年,京津鲁利用台商投资的金额占其利用外商投资总额的比重在增加,2002年为6.40%,之后到2008年则处于波动性的下降,其中2008年受金融危机的影响该比重最小,小于1%。

表 6.4.7 台商对京津鲁投资金额统计　　　　　单位:万美元

	台湾核准资料			大陆统计资料		
	件 数	金 额	平均每件金额	项 目	合同金额	实际金额
2000 年	57	10 373.80	182.00	365	49 615.2	23 537.3
2001 年	88	15 215.10	172.90	452	95 788.0	30 666.8
2002 年	156	29 814.40	191.12	523	119 592.0	71 485.5
2003 年	217	38 018.70	175.20	505	120 943.0	64 021.2
2004 年	83	28 827.60	347.32	555	189 097.0	75 125.0
2005 年	100	29 070.40	290.70	515	162 130.0	46 890.0

(续　表)

	台湾核准资料			大陆统计资料		
	件　数	金　额	平均每件金额	项　目	合同金额	实际金额
2006年	82	38 654.55	471.40	388	124 825.0	64 549.0
2007年	78	58 480.61	749.75	289	—	50 268.70
2008年	50	48 290.76	965.82	169	—	19 323.95
2009年	53	53 535.01	1 010.09	—	—	—
2010年	93	84 270.16	906.13			

资料来源：台湾资料来源于台湾"经济部"投资审议委员会，大陆资料来源于历年京津鲁统计年鉴。

从台商对京津鲁地区的投资产业构成（见表6.4.8）来看，20世纪90年代以来，台商投资京津鲁的产业结构的基本特点是，三大产业皆有投资，但主要以第二产业为主，其中，第二产业主要集中在制造业。据台湾"经济部"投资审议委员会统计，1991—2010年，台湾核准赴京津鲁投资项目第一产业、第二产业和第三产业比重分别为1.41%、74.12%和24.48%。从核准金额比重来看，台湾投资京津鲁三大产业所占比重分别为第一产业占0.45%、第二产业占77.44%、第三产业占22.10%。在第二产业中，制造业所占比重最大，占核准金额的比重达75.91%，其中电子零组件，计算机、电子产品及光学制品，以及金属制品制造业在京津鲁各地的投资比重较大，其他制造业各地有所差异，比如在北京、天津台商投资于食品制造业、电力设备较多，而在山东则投资于纺织业较多；在山东、北京主要投资于机械设备和饮料，而在天津主要投资于基本金属制造等。在农业和服务业方面，各地也各有不同。近二十年来，台商投资的第一产业基本集中在山东，服务业中的信息及通信传播业则集中在北京。

表6.4.8　1991—2010年台湾核准赴京津鲁投资行业分布

指　标	件　数	比重A（%）	金　额（百万美元）	比重B（%）
第一产业	43	1.41	24.75	0.45
农、林、渔、牧业	43	1.41	24.75	0.45
第二产业	2 268	74.12	4 234.98	77.44
制造业	2 222	72.61	4 151.23	75.91
电子零组件制造业	121	3.95	888.50	16.25
电力设备制造业	231	7.55	576.06	10.53
纺织业	361	11.80	513.27	9.39

(续 表)

指 标	件 数	比重A (%)	金 额 (百万美元)	比重B (%)
计算机、电子产品及光学制品制造业	102	3.33	346.88	6.34
非金属矿物制品制造业	123	4.02	283.13	5.18
食品制造业	179	5.85	259.22	4.74
机械设备制造业	115	3.76	227.96	4.17
基本金属制造业	81	2.65	157.89	2.89
其他制造业	909	29.71	898.31	16.43
其他	46	1.50	83.76	1.53
第三产业	749	24.48	1 208.80	22.10
批发及零售业	254	8.30	495.98	9.07
住宿及餐饮业	206	6.73	264.22	4.83
其他	289	9.44	448.61	8.20
合 计	3 060	100.00	5 468.53	100.00

注:比重A系指该产业台商投资件数占台商投资总件数的比重,比重B系指该产业台商投资金额占台商投资总金额的比重。

资料来源:根据台湾"经济部"投资审议委员会《"中华民国"历年核准华侨及外国人投资、对外投资、对大陆间接投资统计月报》编制。

三、后ECFA时期"环渤海"地区与台湾经贸合作的机遇和挑战

从上述分析可以看到,21世纪以来不论是在GDP方面还是在其对外贸易方面,"环渤海"地区都处于一个高速发展的时期,而且除了2009年受金融危机的后期影响外,其GDP的增长速度都要大于大陆的平均水平,其对大陆的GDP贡献也在上涨,是继"长三角"、"珠三角"之后的另一增长点。随着大陆地区与台湾经贸合作关系的进一步加强,"环渤海"经济圈与台湾的进出口贸易也在不断增加,在其占大陆对台贸易中的比重和其对台的贸易依存度中都有所体现。而ECFA的签订,无疑将进一步推进整个大陆地区及"环渤海"地区与台湾的经贸合作关系,但同时也会是两岸合作发展的一大挑战。

(一)后ECFA时期"环渤海"地区与台湾经贸合作的机遇

首先,ECFA签订后"环渤海"地区与台湾的经贸合作将进一步加强。虽然21世纪以来"环渤海"地区和台湾的贸易量在不断增加,但可以看到"环渤海"地区对台的贸易依存度近几年有下降的趋势,而且整体来说依然较小。"环渤海"地区的重化工业比重较大,钢铁、煤炭、石油化工和机械等是其传统支柱产

业。在ECFA的早期收获清单中,台湾方面承诺减免关税进口大陆的货物项目包括42项石化产品、69项机械产品,还有其他金属制品等制造业产品,这对"环渤海"地区来说无疑是一大利好消息。减免关税有助于"环渤海"地区对台湾的出口,增强两地的经贸合作关系。

其次,两岸签订ECFA有利于台商对"环渤海"地区的投资以促进"环渤海"地区的发展。2007年之前台商投资主要集中在第二产业的制造业中,服务业较少,在2007年时台商开始关注对大陆服务业和高新技术产业的投资,而在ECFA的早期收获清单中,大陆已承诺开放部分台湾服务业进入大陆市场,并降低其进入门槛,这便为台商的投资提供了更大的空间。目前台商对"环渤海"地区的投资相对于"长三角"和"珠三角"来说还是较少,而且近几年是一个下降的趋势。在"环渤海"地区中,北京的服务业最为发达,占GDP的70%左右,而天津的金融服务业也有较雄厚的基础,这对台商的投资有一定的吸引力。

再次,两岸签订ECFA有利于加快"环渤海"地区产业结构的调整。目前"环渤海"地区是以第二产业为主导的工业性产业结构,服务业较为落后(北京除外),而经历飞速发展后处于经济转型期的台湾地区已形成了以服务业为主导的产业结构。在ECFA的早期收获清单中,不仅有农业、工业方面的税收减免,还有关于服务业的优惠政策:降低门槛开放台湾11个行业的服务业进入大陆市场。而上面已提到北京、天津等"环渤海"地区对台商服务业投资的吸引力。台商服务业的涌入,短期内会使"环渤海"地区本来就较为薄弱的服务业受到冲击,但从长远来看,加强竞争有利于增强自身的竞争能力,从而能带动"环渤海"地区服务业的发展,加快产业结构的调整优化。

最后,两岸签订ECFA有利于加快"环渤海"地区旅游业的发展。"环渤海"地区有着丰富的旅游资源,存在着大量的世界文化遗产和自然资源景观。而且"环渤海"地区各地的区位比较优势较为明显,但目前各地旅游业的发展较不平衡,签订ECFA后,随着台商对"环渤海"地区投资力量的加强以及两地贸易往来关系的加强,"环渤海"地区的旅游业无疑会获得巨大的发展空间。

(二)后ECFA时期"环渤海"地区与台湾经贸合作的挑战

首先,两岸签订ECFA后,"环渤海"地区产业链中的下游产业可能受到严重的冲击。从工业化发展阶段来看,目前"环渤海"地区除了北京的后工业化特征较明显之外,其他地方与我国大陆整体平均水平相当,还处于工业化初、中阶段,产品附加值较小。而且从"环渤海"地区的支柱产业来看,目前"环渤海"地区的支柱产业主要是传统偏资源型的产业,新兴产业和现代服务业的比重较小。而台湾的制造工业和服务业都较为发达,产品附加值较高。签订

ECFA 后,早期收获清单中大陆减免关税,进口台湾的产品,有助于提高台湾纺织等相关下游产业的竞争力,这将使"环渤海"地区乃至整个大陆地区的下游产业遭受重创。

其次,签订 ECFA 后,"环渤海"地区与台湾的同业竞争将更加激烈。在工业内部结构中,"环渤海"地区偏重于重化工业,其中京津冀形成了以石油化工、钢铁冶金、机械电子为主导的综合型工业带,而台湾地区也是以重工业为主的制造业为主导工业,化学工业和金属机械工业在制造业中的比重也很大,可见两地的工业结构较为类似。而且目前"环渤海"地区区域内的产业同构性很强,其中京津冀各自确定的支柱产业大体是相同的,区域内的同业竞争较为激烈。ECFA 的早期收获清单中涉及大量的石油化工和机械类产品,ECFA 签订后,将导致"环渤海"地区与台湾地区的同业竞争更激烈。

再次,签订 ECFA 后,"环渤海"地区高新技术产业的发展将受到严峻挑战。目前"环渤海"地区各省市都在努力发展电子信息、生物制药、新材料等高新技术产业,近几年发展较快,以电子信息业为例,"环渤海"地区电子信息产品的产量已占大陆总产量的 30%,并形成了以消费电子和工业电子为龙头的产业集群。虽然"环渤海"地区高新技术产业经过近来的大力投资已取得一定的发展,但与台湾地区相比还是存在很大的差距,属于需要政策保护的起步阶段。此时签订 ECFA,大量高新技术产品以优惠税率涌入大陆市场,将给处于起步阶段的"环渤海"地区的高新技术产业带来严峻的挑战。

最后,签订 ECFA 后,"环渤海"地区与"长三角"、"珠三角"的竞争将更加激烈。作为继"珠三角"和"长三角"之后的另一增长点,"环渤海"地区近年来发展迅速,与"珠三角"和"长三角"的竞争也日益激烈。ECFA 是针对台湾和整个大陆地区的经济合作框架协议,大陆地区各地的优惠政策是一样的。签订 ECFA 后,台湾方面承诺减免关税进口大陆产品项目中的机械产品、纺织品等,"珠三角"、"长三角"和"环渤海"地区都将激烈竞争对台湾的出口,抢占台湾市场,从而进一步加大"环渤海"地区与"珠三角"、"长三角"的竞争力度。

四、加强与台湾的经贸合作,促进"环渤海"地区经济的可持续发展

"环渤海"地区作为我国经济发展的另一增长极,与"珠三角"、"长三角"相比,有着丰富的自然资源且相对集中,易于开发;具有实力雄厚的工业基础和较强的科技、人力优势。但由于船舶运输、石油开发等经济活动,"环渤海"地区的资源和环境都遭到了严重的破坏,对该地区的可持续发展造成了一定的影响。"环渤海"作为我国北方规模最大的经济发展区,其可持续发展对整个大陆地区

的可持续发展有着重大的意义,因此必须通过转变经济增长方式、节约资源、保护环境等措施促进"环渤海"地区的可持续发展。签订 ECFA 后,"环渤海"地区可以通过加强与台湾的经贸合作,促进经济的可持续发展。

(一)加强与台湾的工业合作,促进"环渤海"地区的产业转型升级

"环渤海"地区作为我国经济发展新的增长极,不仅有雄厚的工业和高科技产业的基础,而且还具备较完善的技术体系和丰富的人才资源。但目前"环渤海"地区的主要支柱产业都偏于传统资源型,产品的附加值较小。近年来,虽大力发展电子信息等高科技产业,但还处于起步阶段,且区域内各省市之间的竞争激烈。签订 ECFA 后,一方面"环渤海"地区应加快加强与台湾的经贸交流和合作,充分利用自身的优势,建设电子信息、汽车造船等工业基地,大力发展高新技术产业,提高产品质量和技术服务,增加高端产品的比重;另一方面也应利用与台商合作的机会,缓和区域内的同业竞争,加强相互间的分工合作,从而调整区域内的产业结构布局,促进产业转型升级,推进其可持续发展。

(二)加强与台湾的资源合作,促进"环渤海"经济的可持续发展

目前台商在大陆投资发展中遇到的一大瓶颈就是自然资源的短缺。而相对于"珠三角"、"长三角"来说,"环渤海"地区有着丰富的自然资源,这便与台湾形成了很强的互补性。在农业方面,台湾在农业科技、管理和资金方面等有一定的优势,而"环渤海"地区则有大量的土地资源和劳动力资源。签订 ECFA 后,"环渤海"地区可充分利用台商的科技、管理、资金等提高土地资源的利用率,促进农业的发展。除了土地资源,"环渤海"地区还有着丰富的煤炭资源,而台湾所需的煤炭大部分来源于进口。签订 ECFA 后,"环渤海"可利用台商的管理、资金优势以提高煤炭开采的效率。而且由于资源少,台湾在发展过程中已积累了一定的节能降耗的经验,加强两地的合作,能够提高资源的利用率,减少浪费,促进可持续发展。

(三)加强与台湾的环保合作,促进"环渤海"经济的可持续发展

目前"环渤海"地区由于陆源污染、油气开发等经济活动,环境和资源都遭到了很大的破坏。而要实现经济的可持续发展,就必须发展低碳经济,节能减排。近年来,大陆方面提出要以节能环保为重点,发展绿色经济、节能环保产业;台湾方面提出的六大新兴产业也包括绿色能源等。ECFA 签订后,为实现共同的可持续发展,节能环保产业将是两岸合作关注的重点。对于"环渤海"地区,一方面,区域内各省市应根据自身的区位特点,有针对性地投资建设绿色环保产业,控制环境污染,发展环境友好型经济;另一方面,"环渤海"地区应加强与台湾的合作,充分利用台湾在环境保护、生态建设等方面的先进技术和成功经验,发展绿色经济,实现经济的可持续发展。

海峡西岸和其他台商投资相对集中地区的经济发展

第五节 后 ECFA 时期两岸经贸合作及台商在大陆投资趋势预测

ECFA 的签署及实施标志着两岸经贸关系进入了一个新时代,自此两岸经贸关系将步入正常化、制度化和自由化的轨道。后 ECFA 时代,两岸经贸交流与合作必将迎来新一轮的热潮。本节主要对后 ECFA 时代两岸经贸合作发展趋势进行预测,首先采用线性回归预测方法对台商投资与两岸贸易规模进行预测,然后对两岸贸易商品结构、台商投资空间分布以及产业结构的发展趋势分别进行预测。

一、台商投资与两岸贸易规模预测

本部分主要对台商投资与两岸贸易规模进行预测,台商投资包括台湾核准赴大陆投资与大陆实际利用台资金额,两岸贸易包括大陆对台出口贸易与大陆自台进口贸易。

(一) 研究方法与数据

1. 经济预测的基本方法

经济预测是以实际统计资料为基础,运用统计方法,揭示现象的变化特征和数量关系,对其未来发展状况进行估计和推断的方法。依据研究方法,经济预测可以分为:

(1) 定性预测法,即以逻辑判断为主的预测方法,其主要目的是揭示现象在未来的性质表现或发展方向,以及推算预测对象未来的数量表现,但所用方法较为简单,定量结果较为粗略。具体方法包括领先指标法、主观概率法、专家意见法、群众评估法等。

(2) 回归预测法,即通过描述经济变量之间的统计依存关系,建立回归模型,从因变量的数值变化中预测自变量的数值变化。具体方法包括一元线性回归、多元线性回归以及非线性回归等。

(3) 时间序列预测法,即通过由被研究对象所属时间,以及反映该现象一定时间条件下数量特征的指标值所组成的时间序列的分析方法,找出该序列的变动模式,对现象的未来发展状况进行测算和推断。该预测法可分为确定性模型,包括移动平均法、指数平滑法、长期趋势预测和季节变动预测等,以及随机性模型(又称 ARIMA 模型),包括自回归模型(AR)、滑动平均模型(MA)和二者的混合模型(ARMA 或 ARIMA)。①

2. 预测方法说明

本节拟选择回归预测法对台商投资与两岸贸易规模进行预测。在建立一元线性回归模型前,假设如下:(1)未来五年,国际经济环境相对稳定,不会发生转折性波动;(2)两岸经贸合作仍按目前状况正常发展,不会因非经济因素的干扰而发生重大偏离。在假设条件下,我们以时间 t 为解释变量,以台湾核准赴大陆投资累计金额(kta)、大陆实际利用台资累计金额(kt)、大陆对台出口额(ext)与大陆自台进口额(imt)为被解释变量。同时,为了将被解释变量与解释变量的非线性关系转化成线性关系,以及减少异常点、残差的非正态分布与异方差性对回归模型拟合优度的影响,我们对每一变量均取自然对数,记为 $\ln y$ 和 $\ln x$。一元线性回归模型表达式为:

$$\ln y = \alpha + \beta \ln x \tag{6.5.1}$$

其中,α 为常数项,β 为自变量的回归系数,即解释变量对被解释变量的弹性,能够体现各指标随时间推移而发展变化的幅度。

3. 数据来源

研究样本期间为 1991—2010 年,其中,大陆实际利用台资数据与两岸贸易数据来源于历年《中国统计年鉴》及商务部网站,台湾核准赴大陆投资数据来源于台湾"经济部"投资审议委员会《"中华民国"核准华侨及外国人投资、对外投资、对大陆间接投资统计月报》2010 年 12 月刊。

二、预测结果与分析

运用 EViews 6.0 对式(6.5.1)进行回归估计,结果见表 6.5.1。由表 6.5.1 可知,所有回归系数均在 1% 条件下显著,且 F 统计量较大,说明各模型都是整体显著的。从各模型调整后的 R^2 来看,其中,大陆对台出口与大陆自台进口模型的拟合优度较高,分别为 0.9710 与 0.9528,因此,其预测效果较理想;而台湾核准赴大陆投资与大陆实际利用台资模型的拟合优度不是特别理想,分别为 0.8371 与 0.7581,因此,其预测效果不是很理想。

---

① 黄良文,曾五一. 统计学原理[M]. 中国统计出版社,1999 年,第 318 页。

表 6.5.1　预测模型估计结果

因变量(y)	常数(α)	回归系数(β)	调整后 R^2	F 统计量	F 统计量概率
$\ln(kta)$	-3980.1840*** (-9.9180)	524.2824*** (9.9304)	0.8371	98.6131	0.0000
$\ln(kt)$	-2528.1740*** (-7.7641)	333.2957*** (7.7802)	0.7581	60.5322	0.0000
$\ln(ext)$	-2711.3850*** (-25.2065)	357.2478*** (25.2447)	0.9710	637.2930	0.0000
$\ln(imt)$	-2424.8520*** (-19.5677)	319.7624*** (19.6138)	0.9528	384.7014	0.0000

注：表中 *** 表示在 1% 的条件下显著，估计系数下的括号中的数值为估计系数的 t 统计量。

从表 6.5.2 模型预测结果可知，2011—2015 年，台湾核准赴大陆投资累计金额将继续保持增长趋势，将从 2011 年的 2232.85 亿美元的规模，增加到 2015 年的 6328.57 亿美元；大陆实际利用台资累计金额将继续保持增长趋势，将从 2011 年的 1099.06 亿美元的规模，增加到 2015 年的 2131.32 亿美元；大陆对台出口将继续保持高速增长趋势，将从 2011 年的 395.5 亿美元的规模，增加到 2015 年的 804.36 亿美元；大陆自台进口将继续保持增长趋势，将从 2011 年的 1611.12 亿美元的规模，增加到 2015 年的 3041.43 亿美元。

表 6.5.2　模型预测结果　　　　　　　　　　　　　单位：亿美元

变　量	2011	2012	2013	2014	2015
kta	2 232.85	2 897.72	3 760.07	4 878.41	6 328.57
kt	1 099.06	1 297.12	1 530.76	1 806.32	2 131.32
ext	395.50	472.37	564.13	673.65	804.36
imt	1 611.12	1 888.72	2 213.97	2 595.03	3 041.43

三、两岸经贸合作的发展趋势

后 ECFA 时代，两岸经贸交流与合作将出现以下趋势：

（一）两岸经贸合作的规模与地位继续上升

祖国大陆由于人均收入水平较低，国内需求对经济增长的作用有限，因而经济增长对出口的依赖程度比较高。然而，台湾岛内由于市场需求有限，导致其经济增长对出口贸易的依赖程度同样比较高。所以，海峡两岸经贸合作对于两岸经济增长具有非常重要的影响。随着两岸"三通"的实现以及 ECFA 的签署与正式实施,海峡两岸经贸合作规模将进一步扩大,其在各自经济体系中的地位将显著提升,具体表现在:一是由于ECFA将推进两岸货物贸易自由化,两岸将相互减免关税进口对方生产的产品。作为两岸货物贸易自由化的第一阶段,ECFA早期收获计划安排大陆方面率先减免关税进口原产于台湾的539项产品、台湾方面率先减免关税进口原产于大陆的267项产品。因此,两岸货物贸易自由化将强化大陆各地与台湾之间的生产专业化分工,扩大大陆各地与台湾之间的进出口贸易。二是由于ECFA将推进两岸服务贸易自由化,两岸将相互开放、放宽对方服务业进入的领域,并降低进入门槛。作为两岸服务贸易自由化的第一阶段,ECFA早期收获计划安排上,大陆方面率先开放11个业别的服务业,而台湾方面率先开放9个业别的服务业。因此,两岸服务贸易自由化将开创两岸服务贸易与服务业合作的新局面。三是ECFA实施后,将推动"双向投资,陆资赴台",因此,陆资赴台值得期待。四是随着两岸经贸合作由功能性阶段进入制度化阶段,两岸贸易与投资额在各自的对外贸易与投资总额中的比重将继续上升,大陆可望长期成为台湾的第一大贸易伙伴,而台湾可望继续成为大陆前五大贸易伙伴之一。五是随着海峡两岸经贸合作关系的深入发展,这种合作在各自产业结构升级中的作用也将越来越大。

(二)两岸贸易商品结构发展趋势

台湾对大陆出口的工业和农业商品技术含量不断增加。在过去,台湾对大陆出口的商品很大部分是零部件与原材料。这些商品是台湾在大陆投资的制造业企业所需要的,其技术含量比较低。现在台湾对大陆出口的商品的技术含量在增加,如电子信息商品中的关键零部件,这源于台湾产业结构升级以及大陆的电子信息等高新技术产业在技术上处于相对较低层次。台湾农产品的技术含量相对较高,这是台湾农业相对于大陆的优势,因此,今后台湾对大陆出口的农产品,其技术含量将会增加。

大陆向台湾出口商品中台资企业回销商品增加,并且以劳动密集型商品为主。从总趋势上看,大陆对台湾的出口会继续增加,且在大陆向台湾出口的商品总额中,台资企业出口商品所占比重将会提高,主要原因是台商在大陆投资是基于大陆的比较优势,因此大陆的台资企业在台湾具有较强的市场竞争力,加之ECFA规定两岸将相互减免关税进口对方生产的产品,台资企业商品回销台湾的比重会逐步上升。此外,由于ECFA将推进两岸服务贸易的发展,因此两岸服务贸易将成为新的增长点。

(三)台商投资动机的转变

台商投资动机从主要考虑生产成本因素转变为考虑潜在的消费市场。过去台商对海外投资主要考虑成本因素,将生产线扩展到拥有便宜土地与劳动力的国家(地区),再由当地将产品外销到其他国家(地区)或回销台湾岛内,大陆与台湾同根同源,加上土地租金便宜、劳动力成本低廉等优势,自然成为台湾岛内传统产业生产成本上升时的最佳海外投资目的地。然而,随着大陆逐渐由世界工厂转变为世界市场,其潜在的消费市场逐渐改变台商赴大陆投资的动机,从原来防守型的对外投资形式,逐渐转变为扩张当地市场。

从《2009年对海外投资事业营运状况调查分析报告》中受访台商的海外投资动机可以发现,考虑市场重要性的已经超过对成本的考虑,主要考虑当地市场发展潜力大的占总样本数的28.92%,高于主要考虑劳动力成本低廉的(占比27.04%),然而若与其他台商投资目的地相比较,劳动力成本低廉对于台商赴大陆投资仍然是一个重要因素。

(四)台商投资以大企业为主导,且出现台资企业本土化趋势

早期来大陆投资的台资企业主要是中小企业,且是中下游企业,拉动了对台湾生产原材料及半成品的需求,从而促进供应原材料的台湾中上游工业生产企业也到大陆投资设厂,提供配套、连锁的生产与服务。后ECFA时代,越来越多的台湾大企业将加入外移生产的行列,台湾高科技大企业加快向大陆转移,带动相关配套企业形成产业链,从而形成大企业主导的新格局。此外,当前及未来台资企业本地化趋势加强。在国际和两岸经济环境发生较大变化的情况下,大陆台资企业如何进一步创新发展,走出经营成本逐步提高的困境期,完成企业转型和优化升级,是两岸经贸关系持续、健康发展的重要因素。为因应市场竞争的需要,降低企业营运成本,越来越多的台商采取"就地取材"的策略,从而带动了大陆台资企业的本地化趋势,包括行政管理人员本地化、产品销售市场本地化、生产原材料供应本地化、企业资金筹措本地化和技术研发本地化等现象。虽然台湾仍是大陆台资企业生产所需原料或零组件的重要供应地,但是,台商对台湾原材料或零组件的供应依赖度逐年下降,由当地提供所需原料的比重大大提高。未来台资企业在生产、管理、销售等方面的本地化趋势将越来越明显,并成为台商在大陆经营和发展的重要策略之一。

(五)台商投资空间分布发展趋势

后ECFA时代,两岸经贸合作空间分布将从南向北、由东向西扩展。随着大陆沿海地区经济发展水平的逐步提高,早期转移到大陆的台资企业将逐步进入成熟期,并面临新的产业转型。从台商投资大陆的空间分布来看,未来台商北扩和内移的趋势将更加明显,对大陆投资的热点地区,将从过去以东南沿海地区为"主战场"逐步向北部和中西部"新土"扩展,即台资将进一步西进与北

上。当前,台商对"海西区"、"珠三角"、"长三角"的投资步伐已有所放缓,台资将从"长三角"沿着长江流域向西推进,同时将继续北上,向北逐步延伸到以京、津地区为中心,山东半岛和辽东半岛为两翼的"环渤海"经济圈。从长远发展趋势看,台商对大陆投资,将在环大陆沿海外凸弧形地带的基础上,进一步由东向西、由南向北、由沿海向内陆辐射,形成"遍地开花"的全方位发展格局。

1. "长三角"及"珠三角"仍为台商首选之地

根据台湾《2009年对海外投资事业营运状况调查分析报告》,台商投资首选之地仍为"长三角"地区,受访厂商在江苏省与上海市的投资比重将近60%,分别为35.97%与21.85%。另外,"珠三角"地区是台商赴大陆投资的第一个根据地,传统产业发展历史悠久,生产供应链也相当紧密,因此许多台商劳动密集型的传统产业会考虑在此投资。然而,由于"珠三角"土地资源紧缺,加上《劳动合同法》实施之后,劳动力成本逐步上升,以及人民币"一张货币两张皮"对外升值对内贬值,使得"珠三角"地区近年来受到"长三角"、"环渤海"等地区的竞争加强,面临发展瓶颈问题。虽然受访的台商中,广东仍有23.53%的投资比例,超过上海市,然而在大陆政策转变、积极发展"长三角"与"环渤海",并推动西部大开发与中部崛起等政策下,若无法改变目前沿海地区劳动力成本逐步上升的趋势,可以预见,未来传统产业将有可能由广东转移到大陆其他地区或是越南、印度等发展中国家。此外,虽然大陆正积极推动"环渤海"经济圈及成渝经济圈,然而受访台商投资比重仅4.88%与0.67%,还无法与"长三角"与"珠三角"相比,不过若政策继续推动,其后势看好。

2. "环渤海"和东北地区的经济发展战略吸引台资北上

后ECFA时代,"环渤海"经济圈将成为未来台商投资的新热点。"环渤海"经济圈具有较好的区位优势,能够辐射东北、华北、西北,且原材料供应充足,港口、物流等功能已得到明显强化。此外,"环渤海"经济圈的传统工业基础较好,人口众多,高校和科研院所密集,且目前在经济发展方面不像华东、华南地区那样,优势资源已经被大量消耗而所剩不多。由于当地劳动力、土地、能源等资源价格比"长三角"、"珠三角"低得多,而且台资企业生产的产品内销大陆的比重也不断增长,"环渤海"经济圈的优势得到了进一步的体现。此外,东北地区在能源、人才储备方面有较好的基础,有较好的配套基础设施,因此,在吸引台资方面也具有很大优势。

3. 台资西进的步伐不断加快

西部大开发战略提出后,西部广大内陆地区开始受到台商的密切关注。台资到西部投资,优势与劣势并存,优势主要是土地价格便宜、劳动力成本低、原材料资源丰富,其中最大的优势是西部大开发政策的高调出台;其劣势主要是基础设施落后,法制环境较差,劳动力素质较低,外向型企业物流成本较高,产业配套困难等。但是总体而言,西部对台资的吸引力正在不断上升,除西部大开发政策的牵引作用及成渝经济圈的积极推动外,东部沿海地区特别是"长三角"、"珠三角"地区投资趋于饱和也是驱使台资西进的重要动力。此外,台资企业生产的产品在大陆销售的比重不断上升,使台资向西部转移的力度加大,特别是"长三角"、"珠三角"由于地方政府优化产业格局使劳动密集型产业在当地已经不具有投资优势,然而这类产业恰好能使西部地区的劳动力成本低和资源丰富的优势得到充分的发挥。因此,从台商投资空间布局来看,台商在加大对"环渤海"、东北地区投资的同时,也会逐步向西部转移。在这个转移过程中,产业布局将进一步调整,劳动密集型、产品内销型企业将逐步向西部集中。

(六)台商投资产业结构发展趋势

未来台商投资产业结构的发展趋势主要体现在以下几个方面:

1. 劳动密集型传统产业将受到冲击

大陆 2007 年以来颁布的许多新政策法令,诸如《劳动合同法》、《企业所得税法》、出口退税政策调整等,使得劳动力成本逐渐上升,加上人民币对外升值对内贬值,劳动密集型产业受到严重冲击。其中,广东、福建为台商传统产业的投资密集区,但员工规模远不及"长三角"及"环渤海"地区。随着大陆劳动成本的上涨,受到冲击的传统产业的台资企业将另觅其他劳动力成本低廉的地区,如大陆中西部地区及越南、泰国和印度等发展中国家。此外,随着大陆开始鼓励高科技产业而减少传统产业的优惠政策,同时鼓励产业将发展重心北移至"长三角"与"环渤海"及西移至中西部等地区,也使得传统劳动密集型产业的发展空间受到压缩,面临转型与升级的压力激增。

2. 高科技产业成为台商投资的重点产业

以台商投资的产业分布来看,台商赴大陆投资,早期以传统制造业为主,主要是看中大陆成本低廉;在大陆逐渐运用政策鼓励台商投资高科技产业之后,高科技产业逐渐成为台商赴大陆投资的重点产业。依据《2009 年对海外投资事业营运状况调查分析报告》,受访台商中,2008 年对大陆投资金额前 10 名的产业,以制造业为主,受访台商投资大陆产业有 81.5% 集中在制造业,其中又以高科技产业的电子零组件制造业投资项目比重最高,达 32.94%,其次为计算机、电子产品及光学制品制造业,项目数比重达 17.31%,两者加起来超过 50%,其中电子零组件制造业虽然项目数同比减少 14.2%,但投资项目数及金额仍居首位,其中,显示电子零组件制造业为台商投资大陆的龙头产业。

3. 服务业投资将成为台商投资的新亮点

随着台商对制造业投资日趋成熟及 ECFA 的推动,服务业投资将成为投资的新亮点。当前,台湾岛内研发基地正加速向大陆转移,许多台湾知名企业纷纷在大陆筹设研发中心、IC 设计中心及软件开发基地,利用大陆的软件人才,开发设计新产品,提供生产性服务。此外,零售业、金融业、保险业、证券业、房地产业、物流业、电信业、医疗业、专业服务等服务业的投资也将逐年增加,尤其是生产性服务业将成为台商投资的重点。ECFA 的签署将进一步推动两岸服务业合作。在 ECFA 中,不但对于商品贸易有其早期收获清单的承诺,同时两岸也提出了服务贸易早期收获清单。大陆方面同意对台湾开放 11 项服务业,包括 3 项金融服务业、8 项非金融服务业;台湾方面则同意对大陆开放 9 项服务业,包括 1 项金融服务业及 8 项非金融服务业。在早期收获清单中的台湾服务业,包括商业服务、通信服务、与健康相关的服务和社会服务(除专业服务中所列以外)、运输服务、保险及其相关服务、银行及其他金融服务(不包括证券、期货和保险)、证券、期货及其相关服务等服务业将因为有超 WTO 的待遇,而有机会进驻大陆服务业市场。

参 考 文 献

一、外文部分

[1] Allen N. Berger, Rebecca S. Demseta, Philip E. Strahan, *The Consolidation of the Financial Services Industry: Causes, Consequences, and Implications for the Future*, Journal of Banking & Finance, 23(1999): 135-194.

[2] Andre Uhde, Ulrich Heimeshoff, Consolidation in Banking and Financial Stability in Europe: Empirical Evidence, *Journal of Banking & Finance*, 33 (2009): 1299-1311.

[3] Anselin L., *Spatial Econometrics: Methods and Models*, Boston: Kluwer Academic Publishers. 1988.

[4] Anselin L., The Local Indicators of Spatial Association – LISA, 1995, *Geographical Analysis*, 27: 93-115.

[5] Baelectal, *Measuring Financial Integration in the Euro Area*, Occasional Paper Series, 6 (2004).

[6] Bahmani Oskooee, M. & Alse J., Export Growth and Economic Growth: An Application of Co integration and Error Correction Modeling, *Journal of Developing Areas*, 27(1993): 535-542.

[7] Bela Balassa, *The Theory of Economic Integration*. London: Allen & Unwin, 1962: 7.

[8] Bill Francis, Iftekhar Hasan, Haizhi Wang, *Bank Consolidation and New Business Formation*, Journal of Banking & Finance, 32 (2008): 1598-1612.

[9] Broadman H. G. and Sun X., The Distribution of Foreign Direct Investment in China, 1997, *World Bank, Policy Research*, Working Paper: 1720.

[10] Canfei He, Location of Foreign Manufacturers in China: Agglomeration Economies and Country of Origin Effects, *Regional Science* 82(2003): 351-372.

[11] Cliff A. D. and Ord J., *Spatial Processes, Models and Applications*, 1981, London: Pion.

[12] Dean Amel, Colleen Barnes, Fabio Panetta, Carmelo Salleo, *Consolidation and Efficiency in the Financial Sector: A Review of the International Evidence*, Journal of Banking & Finance, 28 (2004): 2493-2519.

[13] Dhawan U., B. Biswal, Re-examine Export-led Growth Hypothesis: A Multivariate Cointergration Analysis for India, *Applied Economics*, 31(1999): 525-530.

[14] Dunning J., *Multinational Enterprises and the Global Economy*, 1993, New York: Addison-Wesley Publishers Ltd.

[15] Frederic S. Mishkin, Financial Consolidation: Dangers and Opportunities, *Journal of Banking & Finance*, 23 (1999): 675-691.

[16] Gianni De Nicolo, Myron L. , Kwast, *Systemic Risk and Financial Consolidation : Are They Related?* , *Journal of Banking & Finance* ,26 (2002): 861 – 880.

[17] Goodchild M. F. , *Spatial Autocorrelation, Concepts and Techniques in Modern Geography* , 1986, Norwich, UK: Geo Books.

[18] Jacob A. Bikker, Katharina Haaf, *Competition, Concentration and Their Relationship*, *Journal of Banking & Finance*, 26 (2002): 2191 – 2214.

[19] Jacob Viner, *The Customs Union Issue*, *The Journal of Political Economy* ,2 (1951):84.

[20] Joseph P. Hughes, William W. Lang, Loretta J. Mester, Choon – Geol Moon, Michael S. Pagano, *Do Bankers Sacrifice Value to Build Empires*, *Journal of Banking & Finance*, 27 (2003): 417 – 447.

[21] Leonard K. Cheng & Yum K. Kwan, What are the Determinante of the Location of Foreign Direct Investment? The Chinese Experience, *Journal of International Economics* 51 (2000):379 – 400.

[22] Peter J. Moniiel, *Capital Mobility in Developing Countries: Some Measurement Issues and Empirical Estimates*, *The World Bank Economic Review*, 8 (2003).

[23] Roy C. Smith, Ingo Walter, *Global Financial Services: Strategies for Building Competitive Strengths in International Commercial and Investment Banking*, New York Harper Business, 1990.

二、中文部分

[1] 安增军,陈瑜.福建省承接台湾产业转移问题研究——基于产业梯度视角[J].四川理工学院学报(社会科学版),2009年第6期.

[2] 安增军.福建吸收台商投资的现状、特征及政策分析[J].华东经济管理,2006年第8期.

[3] 彼得.尼茨钦普主编,安虎森等译.区域和城市经济学手册(第1卷)[M].经济科学出版社,2001年.

[4] 蔡宏明.通航对两岸经济整合与运输合作的影响[J].理论与政策,1996年第41期.

[5] 蔡靓萱.台湾创投再战中国[J].财讯(台),2010年第347期.

[6] 蔡雪雄,黄茂兴.改革开放以来闽台专门化分工与产业合作探析[J].亚太经济,2009年第6期.

[7] 曹宏苓.国际区域经济一体化[M].上海外语教育出版社,2006年.

[8] 曹琼.台湾笔记本电脑业全球生产网络的治理模式[J].台湾研究,2008年第2期.

[9] 陈初升,衣长军.海峡西岸区域金融生态环境存在的问题与对策[Z].福建省社科规划项目,2006年.

[10] 陈东瀛.初探日本国家经济战略之整合并构思台湾因应[J].台经,2006年第2期.

[11] 陈家宏.技术研发分工的治理——论两岸产业技术合作机会研析流程[J].台湾经济研究月刊(台),2010年第7期.

[12] 陈建勋.中国大陆外商直接投资区位选择之实证分析[M].经济专论(150号),1994年1月12日.

[13] 陈丽英.港、韩、台商大陆投资之比较[J].经济前瞻(台),1993年第30期.

[14] 陈能睿.建立两岸共同市场的效应分析[J].东南学术,2005年第5期.

[15] 陈能睿.两岸金融合作研究[D].厦门大学硕士学位论文,2007年.

[16] 陈蘋.两岸农业合作大势难逆[J].经济导报(台),2006年总第2990期.

[17] 陈晓杰,黄志刚.WTO框架下海峡两岸银行业合作研究[J].亚太经济,2007年第3期.

[18] 陈晓菁.31省市台商投资排行榜调查总分析[J].投资中国(台),2004年第1期.

[19] 陈信宏,刘孟俊,史惠慈.两岸实质经济整合与国际创新网络[J].开放导报,2003年第2期.

[20] 陈秀山,张可云.区域经济理论[M].商务印刷馆,2003年.

[21] 陈永志,万勇.台湾产业结构转型与两岸产业分工合作探讨[J].亚太经济,2007年第5期.

[22] 陈至还.区域经济整合的理论与实况[J].中华战略学刊,1989年第2期.

[23] 陈智凯.两岸产业贸易静态与比较静态分析[J].台湾金融经济月刊(台),第39卷第12期.

[24] 程漱兰,张慧东,梁希震,李彦敏,李冬梅.两岸农业贸易和投资协作之研究[J].台湾研究集刊,2005年第88期.

[25] 戴凤举.加入WTO与"两岸三地"保险业的发展[J].保险研究,2002年第5期.

[26] 戴平生,戴淑庚.城市GDP对台商投资区位流向影响的空间分析[J].统计与决策,2008年第1期.

[27] 戴淑庚等.大陆台商投资地区的空间关联性与影响因素分析[J].台湾研究集刊,2008年第4期.

[28] 戴淑庚等.风险投资对我国高科技产业发展的绩效研究[J].厦门大学学报(哲学社会科学版),2010年第6期.

[29] 戴淑庚等.海西经济发展与闽台经贸合作的关系研究[A].海西建设与两岸和谐互动研究,厦门大学出版社,2010年.

[30] 戴淑庚等.后ECFA时期福建产业面临的冲击与因应对策[A].第四届海峡经济区高层论坛论文集,2010年12月.

[31] 戴淑庚等.两岸贸易对台湾经济影响的计量分析[J].台湾研究集刊,1998年第1期.

[32] 戴淑庚等.闽台经贸交流与合作可持续发展研究[J].台湾研究集刊,1999年第1期.

[33] 戴淑庚等.厦门与台湾高科技产业发展合作研究[J].台湾研究集刊,2001年第2期.

[34] 戴淑庚.福建利用台资方略谈[J].沿海经济,1996年第9期.

[35] 戴淑庚,金虹.闽台贸易对海峡西岸经济区发展的绩效研究[J].国际经贸探索,2008年第1期.

[36] 戴淑庚,廖家玲.后ECFA时期"长三角"与台经贸合作可持续发展研究[J].综合竞争力,2011年第5期.

[37] 戴淑庚,林捷泉.后 ECFA 时期粤台经贸合作可持续发展研究[J].商业研究,2011年第11期.

[38] 戴淑庚,林捷泉.后 ECFA 时期祖国大陆银行业面临的冲击与因应对策[J].福建金融,2011年第1期。

[39] 戴淑庚,曾维翰.大陆台商投资集中地区与台湾贸易之就业效应研究[J].商业研究,2011年第6期.

[40] 戴淑庚,曾维翰.大陆台商投资相对集中地区与台湾制造业竞争力之比较[J].综合竞争力,2011年第2期.

[41] 戴淑庚,曾维翰.台商投资与大陆台资集中区经济发展——基于面板模型分析[J].创新研发学刊(台),2011年第12期.

[42] 戴淑庚,曾维翰.祖国大陆台资集中区与台湾地区贸易的经济增长效应[J].台湾研究,2011年第5期.

[43] 戴淑庚,曾维翰.祖国大陆台资集中区与台湾经贸合作的经济发展绩效比较[J].国际贸易问题,2011年第4期.

[44] 单玉丽,陈萍.加快闽台产业合作推进福建产业集群化发展[J].福建论坛,2004年第7期.

[45] 丁雪峰,陈晞,邱巍.全球金融危机下的两岸金融合作:现状、制度框架与发展路径[J].2009年第9期.

[46] 董子林,生柳荣.两岸金融合作现状与前景[C].两岸金融研究.厦门大学出版社,2002年.

[47] 段小梅,杜继淑.两岸资讯电子产品产业内贸易特征与产业分工[J].福建师范大学学报(哲学社会科学版),2010年第5期.

[48] 段小梅.台湾制造业投资大陆的产业集群分析[J].台湾研究集刊,2007年第2期.

[49] 范秉航.台湾金融整并绩效分析[J].台湾经济研究月刊,2007年第7期.

[50] 范新生,应龙根.中国 SARS 疫情的探索性空间数据分析[J].地理科学进展,2005年第3期.

[51] 方志坚,郑胜利.台商大陆研发创新的特点与趋势分析[J].台湾研究,2007年第6期.

[52] 冯剑.国际金融整合现象对我国金融体系之挑战[J].新金融,2005年第1期.

[53] 高长.从国际分工前瞻两岸合组 FTA[J].联合报,2003年第3期.

[54] 高长.台湾电子产业两岸分工与全球布局策略[J].经济前瞻(台),2002年第9期.

[55] 高敬峰.山东制造业比较优势与产业结构升级探讨[J].山东经济,2009年第3期.

[56] 高铁梅主编.计量经济分析方法与建模 EViews 应用及实例(第二版)[M].清华大学出版社,2009年.

[57] 高希钧.忽视与大陆的经济整合,只会造成伤害[J].远见,2003年第7期.

[58] 谷永芳,洪娟.从区域经济整合发展海峡两岸经贸共同市场[J].当代财经,2009年第6期.

[59] 郭楚.亚洲货币合作呼唤内地、香港、台湾金融协调[J].广东社会科学,2002年第1期.

[60] 韩晶.国际制造业转移与天津制造业基地的发展[J].东北亚论坛,2005年第7期.

[61] 何自力,房贤会.产业整合:目标、路径与政策[J].生产力研究,2007年第12期.

[62] 侯景新,尹卫红.区域经济分析方法[M].商务印书馆,2004年.

[63] 胡俊文.论"雁行模式"的理论实质及其局限[J].现代日本经济,2000年第2期.

[64] 胡伟星."面碗效应"两岸经贸关系的前景[J].中国评论,2006年第10期.

[65] 黄光晓,李建华,郑鸣.台资企业融资偏好与两岸金融合作[J].亚太经济,2009年第3期.

[66] 黄汉民.国际经济合作[M].上海财经大学出版社,2007年.

[67] 黄绍臻.海峡经济区的战略构想[M].社会科学文献出版社,2005年.

[68] 黄松玲.海峡两岸产业升级与产业技术合作[J].南开学报,1995年第6期.

[69] 黄松玲.海峡两岸的产业结构比较[J].天津师范大学学报,1998年第3期.

[70] 黄松玲,马恩祥.海峡两岸产业发展比较[J].天津师范大学学报,1999年第4期.

[71] 黄涛.台湾地区金融业架构与未来两岸金融合作空间[J].中国货币市场,2009年第3期.

[72] 黄伟.两岸三地资本市场合作研究[D].厦门大学硕士学位论文,2009年.

[73] 姜波克,杨长江.国际金融学[M].高等教育出版社,2002年.

[74] 金祥荣.世界区域经济一体化浪潮及其影响[J].国际贸易问题,1995年第6期.

[75] 康荣宝.欧美金融机构危机对两岸影响分析[J].展望与探索月刊(台),2008年第10期.

[76] 兰宜生.对外开放度与地区经济增长的实证分析[J].统计研究,2002年第2期.

[77] 雷立芬、官俊荣.促进两岸农业共同发展之合作模式[J]."立法院"新闻(台),2006年第5期.

[78] 雷启振.台湾农村金融体系及对大陆的借鉴[J].当代经济,2010年第12期.

[79] 李波,黄景贵.海峡两岸银行结算的现状及代理关系发展建议[J].海南金融,2005年第8期.

[80] 李鸿阶,金泓汛.两岸的产业合作与分工问题研究[J].华侨大学学报(哲学社会科学版),1997年第2期.

[81] 李建斌.关于闽台金融合作的探讨两岸[C].两岸金融研究.厦门大学出版社,2002年.

[82] 李廉水,袁克珠.长三角制造业区域一体化研究——基于制造业强省的比较分析[J].江海学刊,2007年第1期.

[83] 李玫,高小红.台湾与大陆银行业展开金融合作的前景分析[J].北方经济,2009年第6期.

[84] 李群.新贸易理论文献回顾和评述[J].产业经济研究,2002年第1期.

[85] 李仁柱.台湾制造业结构的变化及其存在问题[J].亚太经济,1997年第5期.

[86] 李容林、张岩贵. 我国对外贸易与经济增长转型的理论与实证研究[M]. 中国经济出版社,2001年.

[87] 李世聪. 水平分工抬头,垂直分工式微[J]. 投资中国(台),2003年第11期.

[88] 李郁怡. 台湾制造业的聚落策略:成本→市场作战术[J]. 管理杂志(台),2009年第376期.

[89] 连玉明,武建忠. 中国国力报告2009—2010[M]. 中国时代经济出版社,2010年.

[90] 梁双陆,程小军. 国际区域经济议题哈理论综述[J]. 经济问题探索. 2007年第1期.

[91] 林长庆. 自由贸易下台湾服务业发展之思维[J]. 经济前瞻(台),2010年第9期。

[92] 林卿,郑胜利,黎元生. 两岸"三通"与闽台经贸合作[M]. 中国经济出版社,2005年.

[93] 林世渊,赵奕山. 台湾高科技产业现状研究[J]. 亚太经济,2005年第5期.

[94] 林晓芬. 我国商业服务业发展契机研析[J].《台湾经济研究月刊》(台),2010年第3期.

[95] 林昱君. 中国泛珠三角之发展与对台商的吸引力[J]. 经济前瞻,2007年第7期.

[96] 林祖嘉. 大陆产销+台湾运筹=稳健企业[J]. 投资中国(台),2003年第11期.

[97] 刘进庆. 战后台湾经济分析[M]. 厦门大学出版社,1990年.

[98] 刘军,徐康宁. 台商对大陆投资地区性聚集的实证研究[J]. 国际贸易问题,2009年第3期.

[99] 刘克辉,单玉丽. 区域经济整合与台湾海峡经济区的构想[J]. 福建学刊,1998年第2期.

[100] 刘克辉,单玉丽. 区域经济整合与台湾海峡经济区的构想[J]. 福建学刊,1998年第2期.

[101] 刘孟俊等. 两岸经验20年[M]. 台湾天下远见出版公司,2006年.

[102] 刘孟俊. 国际金融风暴后两岸产业科技合作之策略与建议[J]. 经济前瞻(台),2009年第11期.

[103] 刘彤. 从垂直到水平,我国台商在内地投资信息产业的分工模式变化[J]. 经济师,2004年第10期.

[104] 刘莹. 两岸金融业合作双赢效应分析[J]. 金融前沿,2008年第9期.

[105] 刘再兴主编. 区域经济理论与方法[M]. 中国物价出版社,1996年.

[106] 刘震涛. 对新形势下两岸经济关系的思考[J]. 国际经济评论,2008年第1期.

[107] 龙永枢. 海峡两岸经贸合作关系研究[M]. 经济管理出版社,1998年.

[108] 鲁明泓. 外国直接投资区域分布与中国投资环境评估[J]. 经济研究,1997年第12期.

[109] 吕拉昌. 关于产业整合的若干问题研究[J]. 广州大学学报,2004年第8期.

[110] 吕民安,李成名等. 中国省级人口增长率及其空间关联分析[J]. 地理学报,2002年第2期.

[111] 吕耀明,罗丹. 中国台湾地区金融改革借鉴[C]. 两岸金融研究. 厦门大学出版社,2002年.

[112] 罗祥喜.台湾的农业经验与两岸农业交流[J].中国评论(台),2010年第5期.

[113] 罗亚非,宋德安.产业集群理念综述[J].科技咨询导报,2007年第15期.

[114] 马春文,张东辉.发展经济学[M].高等教育出版社,2010年.

[115] 聂华林,王成勇.区域经济学通论[M].中国社会科学出版社,2006年.

[116] 农业部.进一步推动两岸农业产业合作和资源一体化配置[N/OL].http://www.moa.gov.cn/leaders/chenmengshan/jianghua/201003/t20100301_1438128.html

[117] 邱垂正.两岸非正常化经济整合关系之省思与挑战[J].展望与探索月报,2005年第11期.

[118] 邱秀锦,"台湾经济对大陆经济之依赖度与可能影响"[J].《台湾经济金融月刊》(台),2001年第9期.

[119] 任保显.从CEPA的签订看两岸经贸关系的发展[J].沿海企业与科技,2007年第5期.

[120] 上海财经大学区域经济研究中心.2009中国区域经济发展报告[M].上海财经大学出版社,2009年.

[121] 沈坤荣,耿强.外国直接投资、技术外溢与内生经济增长——中国数据的计量检验与实证分析[J].中国社会科学,2001年第5期.

[122] 沈绿珠.空间关联分析及其应用[J].统计与决策,2006年第8期.

[123] 沈艺峰,贺颖.对海峡两岸证券市场相互合作的探讨[J].国际经济合作,1998年第12期.

[124] 司徒达贤.服务业面临人才危机[J].今周刊(台),2010年第685期.

[125] 宋建军.广东制造业的优势与经济发展战略[J].广东商学院学报,2000年第3期.

[126] 宋晓平.西半球区域经济一体化研究[M].世界知识出版社,2001年.

[127] 宋镇照.从东亚经济整合趋势看台湾区域发展思维与策略[J]."立法院"院闻(台),2006年第8期.

[128] 苏宁.推进"长三角"金融协调发展与建设上海国际金融中心的有效互动[J].上海金融,2008年第1期.

[129] 孙敬水,高玲芬等.浙江省对外贸易与经济增长关系的协整分析[J],国际贸易问题,2005年第10期.

[130] 檀江林.经济自由化以来台湾金融改革研究[M].合肥工业大学出版社,2005年.

[131] 天津财经大学经济学院课题组.珠三角、长三角及环渤海金融圈发展比较研究[J].华北金融,2007年第6期.

[132] 田青.国际经济一体化——理论与实证研究[M].中国经济出版社,2005年.

[133] 汪威毅.关于建立"两岸共同市场"条件与效应的思考[J].亚太经济,2005年第6期.

[134] 王建民.两岸农业合作应有更大目标[J].经济导报(台),2006年总第2990期.

[135] 王建民,苏志新.台商对祖国大陆农业的投资与合作[J].中国外资,2003年第2期.

[136] 王建文,何福平.WTO框架下两岸银行业合作现状与趋势及对策探析[J].华东经济

管理,2007 年第 6 期.

[137] 王鹏.大陆台资企业融资障碍的经济学分析与对策[J].区域经济,2008 年第 5 期.

[138] 魏艾.台海两岸经贸关系的发展及其限制[J].问题与研究(台),1991 年第 2 期.

[139] 翁嘉喜.从大陆经济改革趋向看两岸经贸的互动[J].台湾经济(台),1995 年第 4 期.

[140] 吴成颂.应当扩大海峡两岸证券市场合作与交流[J].学术界,2005 年第 6 期.

[141] 吴国培,郑航滨,张立.两岸金融合作的现实基础与分阶段推进战略构想[J].亚太经济,2008 年第 3 期.

[142] 吴江湖.台海两岸经贸关系之研析[J].台湾经济(台),1994 年第 1—6 期.

[143] 吴金梅.台湾地区急需解决银行业过度拥挤的问题[J].银行家,2005 年第 6 期.

[144] 吴乐进.从区域经济整合看海峡两岸自由贸易区的构建[J].特区经济,2006 年第 5 期.

[145] 吴能远.海峡两岸产业合作的宏观思考[J].台湾研究集刊,1995 年第 3 期.

[146] 吴同权.两岸农业交流现况与展望[J/OL].http://www.npf.org.tw/post/2/4846

[147] 吴新兴.整合理论与两岸关系之研究[M].台北五南出版社,1995 年.

[148] 吴湧超.探讨海峡两岸货币流通趋势与合作思路[J].海南金融,2009 年第 10 期.

[149] 伍长南.闽台两岸产业对接研究[J].亚太经济,2007 年第 2 期.

[150] 伍德李奇著,王忠玉译.横截面与面板数据的经济计量分析[M].中国人民大学出版社,2007 年.

[151] 伍贻康等.区域性国际经济一体化的比较[M].经济科学出版社,1994 年.

[152] 厦门大学课题组.两岸经贸合作的现实选择——两岸共同市场的构建[J].两岸关系,2007 年第 8 期.

[153] 萧万长.亚洲经济整合的前景与展望[J].经济前瞻,2005 年第 1 期.

[154] 萧政,沈艳.外国直接投资与经济增长的关系及影响[J].经济理论与经济管理,2002 年第 1 期.

[155] 谢明辉.ECFA 签订后之两岸经贸合作[J].中国评论,2010 年第 7 期.

[156] 辛伟.中国现代金融业国际竞争力影响因素分析[J].世界经济情况,2008 年第 1 期.

[157] 徐艳琳,黄影.试论近年来两岸金融合作的新发展[J].台湾研究集刊,2004 年第 1 期.

[158] 许峰.WTO 架构下两岸金融业的合作与发展[C].两岸金融研究.厦门大学出版社,2002 年.

[159] 亚当·斯密.国民财富的性质和原因的研究[M].商务印书馆,1974 年.

[160] 亚洲开发银行.东亚货币与金融一体化发展前景[M].经济科学出版社,2005 年.

[161] 杨胜刚.台湾金融制度变迁与发展研究[M].中国金融出版社,2001 年.

[162] 姚曾荫.国际贸易理论[M].人民出版社,1987 年.

[163] 衣长军.海峡两岸金融合作的瓶颈与机制创新构想[J].经济纵横,2007 年第 6 期.

[164] 衣长军.台商大陆投资与海峡两岸金融合作设想[J].国际经贸探索,2007 年第 3 期.

[165] 曾文利等.台湾服务业竞争力与发展前景分析[J].开发研究,2009 年第 2 期.

[166] 曾文利. 台湾服务业发展与竞争力分析[D]. 厦门大学博士学位论文,2009年.

[167] 詹托荣. 福建对台农产品贸易额稳占大陆首位[N/OL]. http://www.chinanews.com/tw/2010/09-29/2564604.shtml

[168] 詹托荣. 两岸人才在闽大融合先行先试构筑前沿平台[J/OL]. http://www.chinanews.com.cn/tw/2010/09-15/2533658.shtml

[169] 张二震,马野青. 贸易投资一体化与长三角开放战略的调整[M]. 人民出版社,2008年.

[170] 张冠华. 从因素变动探讨两岸产业分工关系的发展[J]. 台湾经济金融月刊,1995年第6期.

[171] 张冠华. 台湾IT产业祖国大陆投资格局与两岸产业分工[J]. 台湾研究,2003年第1期.

[172] 张淑卿. 从农业登"陆"谈技术保护问题[J]. 展望与探索(台),2005年第8期.

[173] 张贤,周勇. 外商直接投资对我国能源强度的空间效应分析[J]. 数量经济技术经济研究,2007年第1期.

[174] 张小济,胡江云. 在自由贸易背后[J]. 国际贸易,1999年第1期.

[175] 张晓峒主编. 计量经济学软件EViews使用指南[M]. 南开大学出版社,2003年.

[176] 张馨月. 我国商业服务业人才培育之现况与问题面面观[J]. 台湾经济研究月刊(台),2010年第6期.

[177] 张幼文. 全球村落:一体化进程中的世界经济[M]. 上海学林出版社,1999年.

[178] 张远为. 台商投资大陆对台湾地区经贸影响的实证研究[J]. 北方经济,2008年第5期.

[179] 张志南,李闽榕. 海峡西岸经济区发展报告2007[M]. 社会科学文献出版社,2008年.

[180] 张志南,李闽榕. 海峡西岸经济区发展报告2006[M]. 社会科学文献出版社,2006年.

[181] 张志南,李闽榕. 海峡西岸经济区发展报告2008[M]. 社会科学文献出版社,2009年.

[182] 张志南,李闽榕. 海峡西岸经济区发展报告2009[M]. 社会科学文献出版社,2010年.

[183] 赵弘静. 论两岸经贸发展之情势与因应之道[J]. 台湾经济金融月刊(台),2004年第7期.

[184] 赵清富. 外商直接投资与中国经济增长关系的研究[D],对外经济贸易大学,2004年.

[185] 郑航滨. 海峡两岸货币清算机制比较和模式研究[J]. 福建金融,2005年第5期.

[186] 郑鸣、黄光晓. 两岸证券市场整合与监管探讨[J]. 亚太经济,2009年第2期.

[187] 中共福建省委统战部课题组.《福建建设海峡西岸繁荣带若干战略问题研究》[M]. 厦门大学出版社,1999年.

[188] 中国半导体行业协会,中国电子信息产业发展研究院. 中国半导体产业发展状况报告[M]. 中国半导体产业发展状况报告编辑部,2009年.

[189] 中国评论编辑部. 台南县的农业发展与两岸农业交流[J]. 中国评论(台),2010年第11期.

[190] 中国人民大学金融与证券研究所课题组.亚洲金融一体化研究[M].中国人民大学出版社,2006年.
[191] 中国人民银行福州中心支行课题组.两岸货币流通与金融合作发展研究[J].福建金融,2005年第6期.
[192] 钟焰.两岸经济整合的战略内涵[J].经济导报,2005年第9期.
[193] 周莉,姜德波.长三角一体化与江苏产业整合[J].南京财经大学学报,2006年第2期.
[194] 周起业等著.区域经济学[M].中国人民大学出版社,1989年.
[195] 周忠菲.两岸科技合作与两岸经贸关系发展[J].经济导报,2007年第6期.
[196] 周忠菲.两岸农业合作须加强一体化运筹[J].经济导报(台),2007年总第2995期.
[197] 朱磊.台湾经济发展与两岸经济关系[J/OL].http://www.tailian.org.cn/n1080/n1110/n1489/n1803/645494.html
[198] 朱孟楠、陈文奇、江宇.关于福建省率先建立"海峡两岸金融合作实验区"的设想[J].福建金融,2004年第8期.
[199] 朱小梅.从博弈论视角看拉美的"美元化"前景[J].拉丁美洲研究,2006年第2期.
[200] 朱旭东,宋明岷.台湾制造业的发展及存在的问题分析[J].亚太经济,2000年第6期.
[201] 朱延智.产业分析[M].五南图书出版公司,2008年.
[202] 朱之文,潘征.海峡西岸发展研究论集[M].科学出版社,2008年.
[203] 祝小兵.东亚金融合作——可行性、路径与中国的战略研究[M].上海财经大学出版社,2006年.
[204] 庄荣良.海峡两岸产业分工的发展阶段、模式演进和发展机遇[J].福建论坛(人文社会科学版),2009年第5期.
[205] 庄荣良.海峡两岸产业分工的发展阶段、模式演进和发展机遇[J].福建论坛(人文社会科学版),2009年第5期.
[206] 庄宗明.从经济全球化视角看两岸经济合作[J].两岸关系,2008年第7期.
[207] 庄朝荣.中国农业面临之困境与解决方案[J].台经(台),2010年第3期.

后 记

本书是本人2006年主持的国家社会科学基金项目"海峡西岸和其他台商投资相对集中地区的经济发展"(项目号:06BJY005)这个课题的结题成果,该成果为优秀成果(证书号:20110722),同时也是中央高校基本科研业务费项目"海峡西岸经济区发展研究报告"(项目编号:2011231042)的研究成果。

历时四年半,足迹遍及大陆台资集中区之"环渤海"、"长三角"、"海西区"、"珠三角"四大经济区的京、津、鲁、苏、浙、沪、闽、粤八个省市,以及海峡东岸的台湾,收集了大量第一手资料以及最新的资料,建构了18个模型,应用四大软件对上万个数据进行计算机仿真,同时日夜笔耕而且经不断修改完善,最终形成了四十多万字的书稿。正可谓:"艰难困苦,玉汝于成。"

在本课题研究期间,国家重大战略举措频频出台(2009年,国务院颁布了《关于支持福建省加快建设海峡西岸经济区的若干意见》等七个区域经济规划,2010年6月两岸签署了ECFA,2011年国家描绘了"十二五"的宏伟蓝图),国家建设日新月异,因此,本课题的研究以与时俱进乃至赶超时代的精神对这个国家重大战略问题进行系统的研究,以期为加快两岸经济一体化乃至祖国统一、增进两岸福祉奉献心血、辛劳和汗水。基于上述理念,本书在对结题成果进行修改的过程中,用了大量的篇幅(第四、第五、第六章)探讨"后ECFA时期大陆台商投资相对集中地区与台湾的经济整合、经贸合作及各台商投资相对集中地区经济的可持续发展"问题。换言之,成稿时赋予其全新的时代特色。

本课题的完成归功于戴淑庚(拟定提纲,撰写摘要、导论、后记,以及第二、第四、第五、第六章的部分内容,负责审稿、修改和统稿),曾维翰(主要撰写第四章),戴平生(主要撰写第三章),郭富霞(收集、整理资料和撰写部分章节),踪家峰(参与课题讨论),以及戴淑庚的研究生廖家玲(撰写第五、第六章的部分内容),林捷泉(撰写第五、第六章的部分内容),赖静(撰写第六章的部分内容),张莉莉(撰写第五章的部分内容),高志勇(撰写第二章的部分内容),金虹(撰写第六章的部分内容)等人的辛劳勤勉和无私奉献。

本课题的完成还得到了中国社会科学院台湾研究所王建民研究员,南开大学国际经济研究所戴金平教授,苏州大学商学院王光伟教授,湖南大学金融学院杨胜刚教授,暨南大学金融系王聪教授,江西财经大学金融与统计学院胡援成教授,华侨大学经济与金融学院胡日东教授,福建社会科学院台湾研究所单

海峡西岸和其他台商投资相对集中地区的经济发展

玉丽研究员等学者的指导,从而使之日臻完善。对此,向他们表示深深的感谢。同时应当感谢厦门大学经济学院以及金融系对本课题的研究提供的便利。

本书的出版得到了北京大学出版社贾米娜女士的大力支持,对此,向她表示诚挚的谢意。

远在闽西山区年已古稀的父母对我在不到6平方米的办公室里常常做课题到深夜给予了充分的理解和支持,乃至好几次打消了来厦门走走的念头。为儿只有尽心力奉献于国家和人民,才能报答父母的养育之恩。

最后,以一副自题对联再一次感谢课题组全体成员、对本课题提出了许多真知灼见的教授们,以及予本课题以鼎力支持的亲人、师友等,同时也与为促进两岸经济交流与合作、增进两岸民众福祉、促进祖国统一大业而奋斗的仁人志士共勉。

弘天道、扬公理,给万方传至理学说
济苍生、安黎元,为百姓谋极乐福祉

戴淑庚
厦门大学经济学院金融系教授,博士生导师
2011年12月27日于厦门大学经济学院